365 DIAS QUE MUDARAM O BRASIL

365 DIAS QUE MUDARAM O BRASIL

VALENTINA NUNES

Planeta

Copyright © Valentina Nunes, 2018
Copyright © Editora Planeta do Brasil, 2018
Todos os direitos reservados.

Coordenação editorial: Sandra R. Ferro Espilotro
Pesquisa e texto inicial: Valentina Nunes e Edson Rosa
Preparação: Sandra R. Ferro Espilotro
Revisão: Carmen T. Costa, Andressa Veronesi
Projeto gráfico: A2 Publicidade
Capa: A2 / Mika Matsuzake
Ilustração de capa: Eva Uviedo

Dados Internacionais de Catalogação na Publicação (CIP)
Angélica Ilacqua CRB-8/7057

Nunes, Valentina
 365 dias que mudaram a história do Brasil / Valentina Nunes. – São Paulo : Planeta do Brasil, 2018.
 768 p.

ISBN: 978-85-422-1452-9

1. Brasil - História 2. Brasil - Política - História 3. Brasil - Cultura - História I. Título

18-1695 CDD 981

2018
Todos os direitos desta edição reservados à
EDITORA PLANETA DO BRASIL LTDA.
Rua Padre João Manuel, 100 – 21º andar
Ed. Horsa II – Cerqueira César
01411-000 – São Paulo-SP
www.planetadelivros.com.br
atendimento@editoraplaneta.com.br

Os tempos mudavam, no devagar depressa dos tempos.
Guimarães Rosa

APRESENTAÇÃO

Esta obra foi idealizada de forma a propiciar ao leitor um maior conhecimento sobre fatos, eventos, descobertas e personagens marcantes e decisivos para a história do nosso país.

De forma direta e com linguagem acessível, *365 dias que mudaram o Brasil* torna-se um livro fundamental, tanto como obra de referência abrangente, que pode ser consultada para dirimir dúvidas, como de leitura prazerosa e surpreendente.

Os mais diversos assuntos estão contemplados nos 365 dias, desde eventos como aquele em que o PCC promoveu a maior rebelião de todos os tempos em presídios brasileiros, até o enorme sucesso da novela *Vale tudo*, que inaugurou a exposição de um código moral até então ausente nas telenovelas brasileiras, em que os bandidos se saem bem no final. Passando por descobertas como a da doença de Chagas e da máquina de escrever; as invenções de Santos Dumont; os eventos de fé, como a primeira missa, a santificação de José de Anchieta, a vida de Chico Xavier, a história de Nossa Senhora Aparecida e de Mãe Menininha do Gantois; o massacre do Carandiru, o incêndio do Museu Nacional do Rio de Janeiro; a vida de Maria Bonita e Lampião; a abdicação de dom Pedro I; a obra de Machado de Assis; artistas como Roberto Carlos, Tom Jobim e Vinicius de Moraes, Chiquinha Gonzaga e Carmen Miranda; a primeira Festa Literária Internacional de Paraty (FLIP), o Cinema Novo e filmes premiados como *Cidade de Deus* e *O pagador de promessas*; o movimento dos Caras Pintadas; o suicídio de Getúlio Vargas; a renúncia de Jânio Quadros; o impeachment de Dilma Rousseff; o milésimo gol de Pelé e muito mais, este livro vai permitir ao leitor conceber o grande painel da trajetória do Brasil até aqui.

JANEIRO

1º de janeiro

Código Civil Brasileiro é aprovado
1916

Até o início do século XX, o direito brasileiro ainda sofria influência das obsoletas Ordenações Afonsinas, que foram o primeiro código legislativo de Portugal, datado do século XV, e que já tinham sido alteradas antes de serem, enfim, repudiadas pelos portugueses em 1865.

O convite para que o jurista, professor e articulista Clóvis Beviláqua redigisse, em 1899, o projeto do Código Civil Brasileiro veio do então ministro da Justiça e futuro presidente Epitácio Pessoa, durante o governo de Campos Sales. A obra acabou instituída pela Lei nº 3.071, de 1º de janeiro de 1916, e entrou em vigor um ano depois.

À época do convite, havia candidatos considerados mais influentes e de maior prestígio do que Beviláqua, como Rui Barbosa, por isso ele e sua obra se tornaram alvo de muitas críticas, principalmente quando o projeto foi avaliado pelo Congresso Nacional. Os ataques mais incisivos vieram justamente do então senador Rui Barbosa, que tinha sido o principal redator da Constituição Republicana de 1891, e que travou longa polêmica envolvendo o uso do português com o filólogo Ernesto Carneiro Ribeiro; este havia sido professor de Beviláqua e fora convidado justamente para fazer a revisão gramatical do novo código. A discussão teve réplica e tréplica. A aprovação do Código, por essa razão, acabou se estendendo por anos.

O debate público que daí se originou também levou Clóvis Beviláqua a publicar sua sustentação em livro, intitulado *Em defesa do projeto do Código Civil Brasileiro* (1906). Antes dessa obra, ele já havia escrito *Direito das obrigações* (1896), *Direito de família* (1896), *Criminologia e direito* (1896) e *Direito das sucessões* (1899). Quanto às opiniões sobre o próprio projeto de Código Civil, por discrição, ele levou dez anos para torná-las públicas, com a publicação de *Código Civil dos Estados Unidos do Brasil comentado*, em seis volumes, lançado entre 1916 e 1919.

1º de janeiro

O projeto de Código Civil apresentado por Beviláqua foi considerado avançado para a época, levantando algumas preocupações sociais. Por outro lado, a obra reunia soluções brasileiras e estrangeiras, em especial francesas e alemãs. O projeto apontou, por exemplo, a importância de se ter o direito do trabalho, e, no direito de família, admitiu o reconhecimento dos filhos ilegítimos e a investigação de paternidade. Certas passagens, hoje consideradas ultrapassadas, na verdade tinham a ver com os valores e as práticas vigentes na época.

O Código Civil de 1916 possuía 1.807 artigos e era antecedido pela Lei de Introdução ao Código Civil. Vigorou até o advento da Lei nº 10.406, de 10 de janeiro de 2002, que entrou em vigência em 11 de janeiro de 2003. O jurista Miguel Reale foi o autor principal do projeto do novo Código Civil.

Clóvis Beviláqua era natural de Viçosa do Ceará, cidade distante 350 quilômetros da capital Fortaleza, onde nasceu em 4 de novembro de 1859. Era filho de José Beviláqua e Martiniana Maria de Jesus. Seu pai havia sido padre e vigário da cidade antes de se casar.

Formado em 1882, pela Faculdade de Direito do Recife, o jurista Clóvis Beviláqua escreveu vários livros, foi secretário de governo do Piauí e membro da Assembleia Constituinte do Ceará, da qual renunciou por ter sido voto vencido ao propor referendo popular para aprovação da Carta. Também foi consultor jurídico do Ministério das Relações Exteriores (1906-1934), membro da Corte Permanente de Arbitragem e presidente honorário do Instituto da Ordem dos Advogados Brasileiros. Faleceu no Rio de Janeiro, em 26 de julho de 1944.

Você sabia?

Clóvis Beviláqua redigiu o projeto do Código Civil Brasileiro à mão, em apenas seis meses. Mas o Congresso Nacional precisou de mais de dez anos para que fossem feitas as devidas análises e emendas, antes de aprová-lo.

2 de janeiro

Morte de José Braz Araripe, inventor do câmbio automático
1972

Pouca gente soube da invenção do engenheiro brasileiro José Braz Araripe antes de sua morte, em 2 de janeiro de 1972, embora gerações inteiras venham se beneficiando dela desde 1939.

Criador do câmbio automático, juntamente com o brasileiro Fernando Iehly de Lemos, sua invenção é responsável por permitir aos motoristas dirigir sem precisar pisar na embreagem e trocar as marchas manualmente. Concluída em 1932, ela foi apresentada no mesmo ano à General Motors (GM), em sua sede de Detroit, nos Estados Unidos, já que no Brasil ainda não havia montadoras de automóveis.

O que houve a partir de então foi que, por mais de setenta anos, uma informação ficaria restrita às respectivas famílias e ao círculo da indústria automobilística. A maioria dos brasileiros só viria a saber que a GM fez na hora uma proposta irrecusável pela patente da invenção – para dali sete anos colocá-la na linha 1940 dos modelos Oldsmobile – porque um dia entrou em cena o escritor Paulo Coelho, o autor brasileiro contemporâneo mais traduzido no exterior.

O motivo para a relação de Coelho com essa história veio à tona em seu blog, no ano de 2006, no texto "Meu tipo inesquecível": José Braz Araripe era tio-avô do escritor. Posteriormente, a invenção foi confirmada pelo jornalista Fernando Morais na biografia *O mago*, lançada em 2008.

Irmão caçula do avô de Paulo Coelho, Araripe era um membro pouco compreendido pela família. Segundo o escritor, a má fama vinha por estar sempre de macacão, por suas excentricidades, solteirice convicta e vida de viagens, como quando trabalhou em uma mina de carvão nos Estados Unidos. Para o sobrinho-neto, no entanto, Araripe era uma figura admirável. A casa dele em Araruama, no estado do Rio de Janeiro, fazia a alegria da criançada: um mecanismo baixava paredes móveis do teto, para formar os

2 de janeiro

quartos durante as férias. Passada a temporada, elas subiam de novo e transformavam o ambiente num grande galpão, perfeito para as criações do velho engenheiro.

Amado pelas crianças e criticado pelos adultos, Araripe uma vez montou um carro que mais parecia uma mistura de jipe com trem, com o qual levava todos até uma lagoa próxima. Conta ainda Paulo Coelho que, ao ser um dos primeiros a comprar uma televisão, ele fazia questão de colocá-la na calçada, para que as pessoas pudessem conhecer a novidade e acompanhar a programação. Foi durante a adolescência do escritor que ele ouviu sobre a invenção que o tio-avô vendera à GM.

Segundo apuração de Fernando Morais, assim que a montadora conheceu o câmbio automático dos brasileiros, ela se interessou sobretudo pela solução empregada para a transmissão: com uso de fluído hidráulico, uma novidade em relação à invenção do canadense Alfred Horner Munro. Em 1921, Munro desenvolvera um dispositivo de transmissão automática que se utilizava de ar comprimido, mas que se mostrou inviável para produção em larga escala. Antes dele, em 1904, os irmãos Sturtevant, de Boston, em Massachusetts (EUA), haviam proposto um outro mecanismo para mudança automática de marchas – duas, na verdade –, por meio de contrapesos ligados ao motor, mas que também se mostrou comercialmente inviável.

A proposta que a GM fez ali na hora, em 1932, pela invenção dos brasileiros, apresentava duas opções: 10 mil dólares na mão ou o valor de um dólar por carro vendido. Araripe escolheu a primeira, sem imaginar a quantia que poderiam vir a ganhar – e até deixar de herança – com a futura popularização dos automóveis. Nos anos 1930, porém, os 10 mil dólares oferecidos, em valores da atualidade, equivaleriam a meio milhão de reais.

Você sabia?

Os carros dotados de câmbio automático por muito tempo foram chamados de "hidramáticos", por causa do nome do sistema de transmissão: Hydra-Matic.

Durante a Segunda Guerra Mundial, a GM produziu vários veículos de combate com câmbio automático, daí terem passado a estampar, após o conflito, o selo "testado em batalha".

3 de janeiro

Estreia série *O vigilante rodoviário*
1962

Às 20h05 do dia 3 de janeiro de 1962, após a exibição do *Repórter Esso*, que era o noticiário mais importante da época, a televisão brasileira ganhou sua primeira série filmada no país: *O vigilante rodoviário*, do diretor Ary Fernandes, que a idealizou, escreveu e musicou, compondo seu tema de abertura.

"De noite ou de dia/ firme no volante/ vai pela rodovia/ bravo vigilante!" eram as primeiras frases da canção que anunciava o início das aventuras do inspetor Carlos e seu cão Lobo, um pastor-alemão. A dupla combatia os criminosos locomovendo-se em uma motocicleta Harley-Davidson 1952 ou em um carro Simca Chambord 1959. O ator Carlos Miranda, que tinha iniciado a carreira no circo e trabalhava na produção da série, foi escolhido para dar vida ao inspetor Carlos, depois de terem sido rejeitados mais de duzentos candidatos. O cão Lobo, que pertencia a Luiz Afonso, seu adestrador, já tinha participado antes de comerciais e era conhecido no quartel da Força Pública.

O vigilante rodoviário somou 38 capítulos filmados em películas de cinema, de 35 mm, que posteriormente eram reduzidas para 16 mm, para a exibição na televisão. Cada episódio era dublado em português mesmo, por causa da qualidade do áudio, e tinha duração de aproximadamente vinte minutos, levando, em média, dez dias para ser feito. As filmagens aconteciam na rodovia Anhanguera, em São Paulo, na altura do quilômetro 38, trecho normalmente ensolarado, ideal para as tomadas externas. Alfredo Palácios assinava a produção técnica e a exibição era feita pela TV Tupi Canal 4, com patrocínio da Nestlé.

Série lançada para ter ares nacionais e concorrer com as estrangeiras, em sua grande maioria produções norte-americanas, *O vigilante rodoviário* estreou em uma época em que havia poucos televisores nas casas brasileiras, cerca de 30%. Ainda assim, bastou um mês para que ganhasse a preferência do público. Para atrair ainda mais visibilidade para os personagens e suas aventuras, oito episódios foram reunidos em filme a ser exibido nos cinemas, com estreia no cine Art-Palácio, em São Paulo, e posteriormente em outros estados.

3 de janeiro

Ary Fernandes contou em entrevistas que teve a ideia do programa porque sentia falta de um herói brasileiro. Envolvido com a produção de comerciais, ao buscar inspiração encontrou na imagem do patrulheiro rodoviário uma boa receptividade. A Polícia Rodoviária do estado de São Paulo foi criada em 1948, pelo governador Ademar de Barros, para dar emprego aos pracinhas que lutaram na Segunda Guerra Mundial, por isso tinha prestígio em meio à população.

Apesar do sucesso da série, ela não conseguiu prosseguir por falta de recursos, já que chegava a custar até dez vezes mais do que as importadas. Uma lei baixada pelo então presidente Jânio Quadros, que entrou em vigor logo após a assinatura do contrato dos produtores com a Nestlé, passou a taxar as importações, aumentando os custos da produção em 400%, uma vez que eram usados filmes e produtos de revelação fabricados no exterior.

Muito viva na lembrança de várias gerações, em 1967 a série foi reapresentada pela TV Tupi e, na década de 1970, pela TV Globo. Em 1978, negociações foram feitas para seu relançamento, dessa vez com novos atores. O galã e jurado de programa de auditório Antônio Fonzar foi escolhido para o papel do inspetor Carlos, e para viver Lobo, cinco cachorros da Polícia Militar. Um único programa piloto foi gravado e a produção foi cancelada por falta de verbas da Embrafilme, que apoiaria o projeto. Mais recentemente, negociações levaram a série original ao ar pelo Canal Brasil.

Ary Fernandes faleceu em 29 de agosto de 2008 e o cão Lobo em 1971, atropelado. O ator Carlos Miranda, ainda na década de 1960, entrou para a Polícia Rodoviária do estado de São Paulo, onde fez carreira, passando para a reserva em 1998 como tenente-coronel.

Você sabia?

Ainda na década de 1960, os personagens principais de *O vigilante rodoviário* viraram história em quadrinhos, publicada pela editora Outubro. O roteiro era de Gedeone Malagola e os desenhos, de Flavio Colin.

Muito atores em início de carreira, e que mais tarde se tornariam famosos, aceitaram convite para participar da série. Entre eles Fúlvio Stefanini, Ary Toledo, Milton Gonçalves, Rosamaria Murtinho, Stênio Garcia, Juca Chaves e Tony Campelo.

4 de janeiro

Painéis *Guerra e Paz*, de Portinari, são entregues à ONU
1956

O pintor brasileiro Candido Portinari já tinha conquistado notoriedade nacional e internacional, quando recebeu do ministro da Educação Gustavo Capanema, no início dos anos 1950, a encomenda dos painéis *Guerra e Paz*, para serem presenteados pelo Brasil à Organização das Nações Unidas (ONU).

A obra foi entregue em 4 de janeiro de 1956 e seria premiada, no mesmo ano, pela Solomon R. Guggenheim Foundation, de Nova York. Antes de embarcar, porém, os painéis foram expostos no Theatro Municipal do Rio de Janeiro, em cerimônia que contou com a presença do então presidente Juscelino Kubitschek.

Concebidos com técnica de pintura a óleo sobre madeira naval compensada, cada painel de *Guerra e Paz* mede cerca de 14 m × 10 m, e juntos ocupam 280 metros quadrados. O painel *Guerra* apresenta cor e tons mais escuros, sóbrios e frios, com figuras em gestual de desespero, lembrando morte e transmitindo medo e tristeza.

O painel *Paz*, em contraste, é mais vivo, com cores mais quentes e mostra mulheres dançando, homens jogando capoeira, um menino brincando e um coral de crianças, entre outras imagens que remetem à vida. Os críticos apontam nos dois um diálogo entre o trágico e o lírico, entre a fúria e a ternura.

Guerra e Paz é considerada uma obra do modernismo brasileiro, em estilo que brinca com ângulos e geometria. Sua criação levou quase dois anos e foi desenvolvida em um galpão, em Botafogo, no Rio de Janeiro, em um calor de mais de 40°C; tal condição viria a prejudicar ainda mais a saúde de Portinari, já abalada pelos efeitos da intoxicação pelo chumbo das tintas, e o levaria à morte, em 1962. O pintor morreu com 59 anos.

Nascido em Brodósqui, no interior de São Paulo, Portinari teve seu primeiro contato com a pintura ao auxiliar a restauração da Igreja da

4 de janeiro

Matriz de sua cidade. Ao se mudar para o Rio de Janeiro, em 1918, cursou o Liceu de Artes e Ofícios e a Escola Nacional de Belas-Artes. Em 1928, com os recursos de um prêmio, viajou para a Europa, onde por dois anos fez cursos e conheceu a fundo as obras dos principais artistas da pintura ocidental. Ao voltar ao Brasil, aos poucos foi deixando o academicismo para desenvolver estilo e temática próprios, em busca de uma arte nacional. Suas obras revelam forte preocupação com a questão social, expressa na retratação de tipos brasileiros, incluindo lembranças estilizadas da sua infância no interior. Tornou-se um dos pintores mais importantes do Brasil.

Com a pintura *Café*, de 1934, que retrata trabalhadores com formas robustas, com pés e mãos agigantados, em cores tom de terra – recursos estes para ressaltar a figura humana do campo, Portinari recebeu o prêmio do Carnegie Institute of Pittsburgh, tornando-se o primeiro modernista brasileiro premiado no exterior. Em 1941, Portinari pintou os painéis da Biblioteca do Congresso dos Estados Unidos, em que se destacam temas da história do Brasil. Também fez painéis para o prédio do Ministério da Educação e Cultura (MEC), abordando os ciclos econômicos brasileiros.

Os painéis *Guerra e Paz* voltaram ao Brasil em 2010, durante reforma do prédio da ONU, para serem restaurados, em ateliê aberto ao público, no palácio Gustavo Capanema, no Rio de Janeiro. Mais de 40 mil pessoas visitaram a instalação. Antes de voltar a Nova York, a obra passou por exposições em São Paulo, Paris, Hiroshima e Oslo.

Você sabia?

A tinta usada por Portinari em *Guerra e Paz* não secou totalmente, nem mesmo cinquenta anos depois. A suspeita é que, por ser importada e vendida a granel, ela tenha sido alterada pelos vendedores, em busca de maiores lucros.

Portinari era filiado ao Partido Comunista Brasileiro (PCB), sigla pela qual foi candidato a deputado, em 1945, e a senador, em 1947, sem se eleger. Suas convicções políticas levaram-no a se exilar no Uruguai durante o Estado Novo e motivaram a negação de visto, por parte dos Estados Unidos, impedindo o pintor de comparecer à inauguração de *Guerra e Paz* na ONU.

5 de janeiro

Morre o Bandido da Luz Vermelha
1998

Depois de solto, não chegou a cinco meses a vida em liberdade de João Acácio Pereira da Costa, conhecido como o Bandido da Luz Vermelha. O criminoso em série, que, com uma máscara e uma lanterna, começou praticando arrombamentos e furtos, depois a roubar e matar, aterrorizando a cidade de São Paulo na década de 1960, foi finalmente preso em agosto de 1967.

Condenado a 351 anos, nove meses e três dias, por quatro assassinatos, sete tentativas de homicídio e 77 assaltos, João Acácio foi morto em 5 de janeiro de 1998, aos 55 anos de idade.

Sua libertação ocorreu quando completou os trinta anos máximos de prisão previstos pela legislação brasileira, mas não antes de passar por exames psiquiátricos: uma liminar colocou em dúvida sua efetiva reintegração social, pois ele sofria de surtos psicóticos. João Acácio esteve preso na Penitenciária de São Paulo e na Casa de Custódia e ganhou a liberdade em 26 de agosto de 1997.

A alcunha mais famosa do bandido se deve aos métodos assustadores que ele usava para seus crimes: cortava a energia elétrica da residência, agia com o rosto coberto por um lenço, andava nas sombras com uma lanterna de bocal vermelho que se sobressaía na escuridão. Antes de ser chamado pela imprensa de Bandido da Luz Vermelha, foi tratado por Homem-macaco, porque usava um macaco hidráulico para afastar as grades das casas, e por Mascarado, por ocultar sempre o rosto.

A vida de crimes de João Acácio começou ainda na adolescência, logo depois de ele ir morar com seu tio, após a morte dos pais. João Acácio nasceu em Joinville em 24 de junho de 1942 e ficou órfão aos quatro anos. Quando preso, culpou o tio por maus-tratos, mas este negou a acusação.

Sempre metódico, dizia-se à época que João Acácio foi mudando de cidade à medida que seus crimes se sofisticaram: de pequenos delitos praticados em Joinville, ele deixou sua terra natal em direção a Curitiba, atrás de grandes residências para invadir, até se mudar para Santos e de lá viajar periodicamente a São Paulo, onde passou a assaltar mansões. Apesar de acusado de violência sexual, dúvidas foram levantadas a esse respeito. O medo generalizado em relação ao bandido, porém, era cada vez maior.

Dos quatro assassinatos como réu confesso, um resultou da briga de bar com José Enéas da Costa, e três por ter sido flagrado em ação: casos do estudante Walter Bedran, do industrial Jean von Christian Szaraspatack e do vigia José Fortunato. Especulava-se que João Acácio talvez fosse homossexual.

A fama do Bandido da Luz Vermelha veio da violência dos crimes praticados, assim como das atenções que recebeu da imprensa sensacionalista. O jornal *Notícias Populares*, por exemplo, publicou uma série com mais de cinquenta capítulos sobre a vida do criminoso. Mais tarde, ele se tornou tema de filmes, músicas e programas de televisão.

De volta a Joinville depois de solto, João Acácio terminou vítima de sua própria índole violenta: expulso por parentes que o receberam, mudou-se para a praia do Vigorelli, onde foi acusado de provocar brigas e assédio sexual. Flagrado com uma faca atacando Lírio Pinzegher, filho e marido das mulheres assediadas, acabou morto com um tiro de espingarda desferido pelo pescador Nelson Pinzegher, irmão de Lírio. Nelson seria absolvido só em 2004, por "legítima defesa de terceiro".

Você sabia?

O nome que deu fama ao Bandido da Luz Vermelha brasileiro foi inspirado em outro criminoso que intimidava suas vítimas com uma lanterna: o norte-americano Caryl Whittier Chessman, o Red Light Bandit, que foi executado na câmara de gás, em agosto de 1960.

Depois de solto, por onde João Acácio passava, ele atraía curiosos. Sempre vestido com roupas vermelhas, quando convidado a dar um autógrafo, simplesmente escrevia: "autógrafo".

6 de janeiro

Novela *Vale tudo* revela quem matou Odete Roitman
1989

Depois de treze dias de suspense e muita especulação da mídia, que não deixou um só dia de perguntar "Quem matou Odete Roitman?", o mistério foi revelado no último capítulo da novela *Vale tudo*, que a TV Globo exibiu em 6 de janeiro de 1989.

Com o país de olho grudado na televisão nesse dia, esperando o desfecho do caso que motivou conversas e apostas, a novela dos autores Gilberto Braga, Aguinaldo Silva e Leonor Bassères, com direção de Dennis Carvalho e Ricardo Waddington, revelou que a morte da vilã, interpretada pela atriz Beatriz Segall, tinha ocorrido por engano.

O assassinato, que fora ao ar no capítulo 193, no dia 24 de dezembro de 1988, véspera de Natal, resultara dos três tiros que a personagem Leila, papel da atriz Cassia Kis, desferiu de impulso, por trás de uma porta de vidro, pensando que atirava na amante de seu marido, Maria de Fátima, interpretada por Glória Pires.

Pelo menos cinco desfechos diferentes com a revelação do assassino foram gravados para despistar o final da trama. Segundo os autores, a decisão de culpar Leila acabou sendo tomada de última hora, já que a cena foi montada de modo que vários personagens poderiam ter praticado o crime.

Ao lado de Odete Roitman, Maria de Fátima entrou para a história da teledramaturgia brasileira como uma das maiores vilãs, capaz de tudo para enriquecer e ascender socialmente. O antagonismo entre ela e Raquel Accioli, sua mãe e papel da atriz Regina Duarte, ocupou boa parte da trama da novela: Maria de Fátima comete inúmeros golpes, começando por fugir com o dinheiro da venda da propriedade da família no Paraná. Na outra ponta da história está sua mãe, que passa necessidade e trabalha honestamente, até conseguir montar uma rede de restaurantes de sucesso.

6 de janeiro

Com 204 capítulos e exibida de segunda a sábado, a partir das oito da noite, *Vale tudo* desnudou temas caros ao Brasil: a corrupção, a falta de ética e a inversão de valores entranhadas no dia a dia dos brasileiros. As armações arquitetadas entre Odete Roitman e Maria de Fátima, e delas com outros personagens, foram o ponto alto desse enredo. Entre as vítimas da dupla estava Heleninha, papel de Renata Sorrah, que, como filha de Odete e menosprezada por esta, entregava-se ao alcoolismo.

A novela provocou muitas discussões e marcou especialmente pelo seu desfecho, ao não punir a maioria dos personagens inescrupulosos e autores de crimes. Maria de Fátima, por exemplo, no final da trama, casou-se com um nobre italiano gay, em artimanha arquitetada por seu amante. Leila fugiu para o exterior com o marido Marco Aurélio, vivido pelo ator Reginaldo Faria, depois que ele aplicou um golpe no mercado financeiro. Na cena final, ele repete o gesto de "dar uma banana" para o Brasil, antes de partir impunemente.

A abertura de *Vale tudo*, assinada pela equipe de Hans Donner, trazia um mosaico de imagens do Brasil, que se movia ao som da canção "Brasil", de Cazuza, Nilo Romero e George Israel, na voz da cantora Gal Costa. E impactava pela dose de ironia. A novela fez sucesso também no exterior, exibida em mais de trinta países, entre eles Alemanha, Angola, Bélgica, Canadá, Cuba, Espanha, Estados Unidos, Itália, Peru, Polônia, Turquia e Venezuela.

Você sabia?

Vale tudo teve o título provisório de *Pátria amada*.

Durante muito tempo, o nome "Heleninha" foi usado para se referir a quem abusava da bebida alcoólica.

Um *remake* em espanhol de *Vale tudo*, resultado de uma coprodução entre a Rede Globo e a Telemundo, o braço hispânico da norte-americana NBC, deu origem à novela *Vale tudo*, adaptação escrita por Yves Dumont, que teve direção-geral de Wolf Maya e atores hispanos.

7 de janeiro

A Cabanagem
1835

A data de 7 de janeiro é o marco inicial de uma das mais sangrentas revoltas populares no Período Regencial do Brasil. Foram cinco anos de batalhas, entre 1835 e 1840, com cerca de 40 mil baixas na província de Grão-Pará, imenso território com sede em Belém, a capital, e que abrangia também os atuais estados do Amazonas, do Amapá, de Roraima e de Rondônia, na região Norte.

Entre os milhares de mortos, a maioria foi de índios, escravos e mestiços, os cabanos, como eram chamados os miseráveis que moravam em pequenas cabanas de barro erguidas às margens dos rios da região amazônica. Sem trabalho e subsistindo em péssimas condições, a população ribeirinha reagiu com armas em punho diante do abandono a que foi submetida pelo governo central, depois de 1822.

A miséria em que viviam os ribeirinhos no Brasil independente foi um dos motivos da insurreição popular. Mas não foi o único.

Enquanto os cabanos lutavam por trabalho, moradia digna e comida, gente de posses também estava descontente com as medidas adotadas pelo governo do imperador dom Pedro I. Composta por comerciantes e fazendeiros, a elite local não concordava, principalmente, com a nomeação do governador Bernardo Lobo de Souza para a presidência da província, e uniu-se ao povo rebelado para lutar pela conquista da independência do Grão-Pará e, consequentemente, ter maior participação nas decisões administrativas e políticas.

Em uma das primeiras investidas das tropas populares, em agosto de 1835, os cabanos revolucionários ocuparam Belém, a capital da província, depuseram o governador regencial Lobo de Souza e declararam presidente o rico fazendeiro Félix Clemente Malcher, um dos líderes da revolução da Cabanagem ao lado dos irmãos lavradores Antônio e Francisco Pedro Vinagre e dos jornalistas Eduardo Angelim e Vicente Ferreira Lavor.

7 de janeiro

Ao assumir a presidência da província, o fazendeiro Malcher traiu o movimento revolucionário e firmou acordos espúrios com o governo regencial. Indignados, os cabanos revoltosos mataram o líder traidor, substituindo Malcher pelo lavrador Francisco Pedro Vinagre, que mais tarde também trairia o movimento popular.

Fragmentado e sem a liderança de Antônio Vinagre, que antes de se afastar da batalha impediu Francisco, o irmão traidor, de delatar ao governo do Império as intenções dos revoltosos, e também sem apoio das elites locais, o movimento armado começou a sofrer as consequências do enfraquecimento político. Com o afastamento de Antônio, a liderança da luta armada foi assumida pelo jornalista Eduardo Angelim.

Em 1836, o governo central do Grão-Pará estava sob comando do militar Francisco José de Souza Soares de Andréa, que ordenou ataque de grandes proporções à região onde se escondiam os revoltosos. Capturado, Angelim foi levado para o Rio de Janeiro.

Derrotados e encurralados, os cabanos resistiram à repressão imperial, buscando refúgio nas matas das cercanias de Belém. A tentativa de retomar o movimento revolucionário foi em vão diante da falta de novas lideranças e de apoio político para sustentar a batalha. O governo imperial passou a contar com apoio de tropas de mercenários europeus para reprimir o movimento. Em 1840, a revolta foi sufocada violentamente. O povo oprimido não obteve as condições de vida que reivindicava.

Você sabia?

Em 1833, a região do Grão-Pará tinha cerca de 100 mil habitantes, população que caiu para 60 mil em 1840, ano do fim do conflito da Cabanagem.

A Cabanagem não pode ser confundida com Cabanada, movimento revolucionário por melhores condições de vida a mestiços, escravos e índios da região Nordeste do Brasil (Pernambuco e Alagoas), nos primórdios do Brasil Imperial.

8 de janeiro

O casamento arranjado de dom João VI e Carlota Joaquina
1785

Quando chegaram ao Brasil em janeiro de 1808, escoltados por esquadra inglesa, o rei dom João VI e Carlota Joaquina já não dividiam a mesma cama. Ela se instalou com as filhas no palacete particular de Botafogo, ele foi morar no palácio de São Cristóvão, e só se encontravam eventualmente. Tudo dentro do esperado para um casamento arranjado ainda na infância, armado para manter a paz entre as coroas espanhola e portuguesa, embora sempre envolto em intrigas, traições, desencontros e disputas de poder.

Mesmo assim, o casal assumiu nove filhos, entre eles dom Pedro I, embora as más línguas tenham dito que alguns poderiam ser de relacionamentos extraconjugais da rainha, descrita como uma mulher sem beleza, mas de intensa atividade sexual.

O casamento entre o príncipe português e a infanta espanhola, oficializado em 8 de janeiro de 1785 – ela com dez anos; ele com dezoito –, só foi consumado cinco anos depois. Foi arranjado como estratégia de aproximação dos dois reinos, porque era vantajoso para ambos manter a paz e juntar forças contra as investidas do Exército francês comandado por Napoleão Bonaparte. Para consolidar a aliança das duas famílias reais, a irmã de dom João, Maria Ana Vitória, se casou com dom Gabriel, príncipe da Espanha.

Três anos depois, morreu José, primogênito da rainha de Portugal, Maria I, "a Louca". Na época, a saúde mental da matriarca já dava sinais de demência, e João foi aclamado herdeiro do trono português e príncipe do Brasil, assumindo a regência do Império Ultramarino a partir de 1792. Filha do rei Carlos IV e da rainha Maria Luísa de Parma, dona Carlota Joaquina de Bourbon era, acima de tudo, uma mulher ardilosa e ambiciosa. Estudou outros idiomas, história, etiqueta da corte e religião, e, apesar da aparente

8 de janeiro

fragilidade física, desfrutava de energia extraordinária. Teve ativa participação na história política da Espanha, de Portugal e do Brasil.

Após a prisão do irmão, o rei Fernando VII, Carlota Joaquina colocou em prática o plano para tentar assumir a regência das colônias espanholas na América, articulando com juntas de governo do vice-reino da Prata e do vice-reino do Peru, com apoio do almirante inglês Sydney Smith, um de seus supostos amantes, para cooptar adeptos aos seus propósitos, que, no entanto, não foram adiante.

Paralelamente aos conchavos políticos, Carlota Joaquina deu sequência aos arranjos matrimoniais entre suas filhas e seus irmãos, o que na época era permitido com anuência do papa. Em Portugal, uma série de protestos culminaria na Revolução Liberal do Porto, que exigia a volta da corte à Europa, com a permanência de dom Pedro no Brasil. No retorno, Carlota se recusaria a assinar a constituição que limitava os poderes dos monarcas, tentando, em vão, convencer dom João a fazer o mesmo.

Carlota passou, então, a articular a sucessão em favor do filho caçula, Miguel, estimulando um golpe de Estado contra o próprio pai. Organizou um partido com o objetivo de retirar o poder do príncipe regente, prendendo-o e declarando-o incapaz de cuidar dos assuntos de Estado, tal como ocorrera com Maria I, a mãe dele. O plano acabou descoberto, mas, para evitar escândalo público, João VI não concordou com a prisão da mulher, preferindo mantê-la confinada no Palácio Nacional de Queluz. Lá, ela ficou enclausurada até morrer, em 7 de janeiro de 1830.

Você sabia?

A capela de Nossa Senhora da Piedade é o que restou do palacete de Botafogo, onde Carlota Joaquina morou, no Rio de Janeiro.

Em suas articulações para reaver o trono espanhol, Carlota Joaquina foi responsável pela destituição de José I, que havia sido nomeado rei da Espanha por Napoleão Bonaparte.

9 de janeiro

Dia do Fico
1822

Meses antes de proclamar a Independência do Brasil, em 7 de setembro de 1822, o príncipe regente dom Pedro já demonstrava sinais de que não acataria as ordens para voltar a Portugal. Sua ação de resistência, que ficaria registrada na história, se originou da seguinte declaração: "Se é para o bem de todos e a felicidade geral da nação, estou pronto. Digam ao povo que fico". O brado que antecedeu em oito meses o grito que seria dado às margens do rio Ipiranga veio em resposta à carta das cortes portuguesas, enviada de Lisboa.

O Brasil, na época, era chamado de Reino Unido de Portugal e Algarves.

O Dia do Fico, como ficou conhecida a data de 9 de janeiro de 1822, consolidou a aliança do príncipe regente com os liberais do Partido Brasileiro, contra as investidas do governo central português. As cortes portuguesas estavam preocupadas com o crescimento dos movimentos de emancipação política e administrativa, e interessadas em restabelecer o poder sobre a antiga colônia. Chegaram a enviar tropas para garantir o domínio sobre o território e suas reservas de ouro e madeira.

Com apoio de 8 mil assinaturas recolhidas pelos liberais radicais, aliados do Partido Brasileiro, a permanência de dom Pedro consolidou os ideais de liberdade. Assim, ficou oficialmente declarado o conflito de interesses e o rompimento dos vínculos políticos e administrativos entre Brasil e Portugal.

A história da família real no Brasil começara em 1808. A vinda às pressas, que fez do Brasil novo centro do Império português, foi um jeito de escapar da política expansionista francesa de Napoleão Bonaparte, que planejava invadir o reino de Portugal. A mudança e consequente fixação da corte no Rio de Janeiro acarretou importantes consequências políticas e econômicas para o Brasil, entre elas a elevação da antiga colônia à condição de Reino Unido, em 1815.

9 de janeiro

Cinco anos se passaram a partir dali, até que o fim da era napoleônica e as reviravoltas na política europeia culminaram com a revolução das elites portuguesas. Uma nova constituição foi adotada, e o rei, dom João VI, foi obrigado a voltar a Lisboa para garantir o trono. No Brasil, o governo foi transferido ao príncipe regente, cujas medidas administrativas passaram a ser questionadas pelas cortes portuguesas.

Pressionado a voltar e a entregar o Brasil a uma junta submissa a Portugal, que deveria abrir caminho para um novo processo de colonização, dom Pedro contou com valioso apoio de políticos brasileiros para consolidação do processo de libertação nacional. Para isso, foi fundamental a figura de José Bonifácio de Andrada e Silva, naturalista, estadista e poeta brasileiro logo chamado de o "Patriarca da Independência".

Natural de Santos, estado de São Paulo, onde nasceu em 13 de junho de 1763, José Bonifácio foi ministro do Reino e dos Negócios Estrangeiros entre 1822 e 1823. Enquanto apoiou a Regência de dom Pedro, que com a proclamação da Independência passou a ser chamado de dom Pedro I, organizou vários combates aos focos de resistência.

Seu rompimento com dom Pedro I ocorreu durante a Assembleia Constituinte, e, em 1823, ele terminou banido e exilado na França, de onde voltou seis anos depois. Reconciliados, José Bonifácio passou a ser tutor de seu filho, dom Pedro II, de 1831 a 1833, quando foi demitido pelo governo da Regência.

Você sabia?

Assim como os políticos liberais e democratas, a elite agrária brasileira também reagiu às investidas para transformar o vice-reino do Brasil novamente em colônia de Portugal. Não pretendiam abrir mão das liberdades comerciais adquiridas após a vinda da família real, em 1808.

10 de janeiro

Nasce o compositor Lamartine Babo
1904

Samba e futebol foram parceiros inseparáveis da vida e da obra de Lamartine de Azeredo Babo, o Lalá, nascido no Rio de Janeiro em 10 de janeiro de 1904. Compositor conhecido mundialmente como o "Rei do Carnaval", com marchinhas cantadas ainda no século XXI, suas letras são temperadas com refinadas doses de humor e irreverência – entre elas "O teu cabelo não nega", em parceria com os irmãos Valença.

No futebol, sua grande paixão foi o América, o que não o impediu de compor os hinos dos principais rivais cariocas – Flamengo, Botafogo, Fluminense, Vasco da Gama, e dos menos cotados Bangu, Madureira, Olaria, Bonsucesso, São Cristóvão e Canto do Rio.

Acostumado desde a primeira infância aos saraus promovidos em casa pelos pais, Bernardina Preciosa Gonçalves e Leopoldo de Azeredo Babo, de quem herdou a paixão pela música, o talento do menino não tardou a despontar, levando-o a criar com facilidade melodias perfeitas.

Lamartine compôs aos catorze anos a primeira valsa, "Torturas de amor". A opereta "Cibele" foi criada dois anos mais tarde, ainda na adolescência. Nos anos 1920, o sucesso com as primeiras marchinhas de Carnaval deu a ele fama nacional. Tanto que, em 1924, deixou o emprego relativamente vantajoso em uma companhia de seguros e passou a viver de teatro musicado, e, em 1929, estreou na rádio. Cantava, apresentava esquetes e contava piadas, e no ano seguinte já conduzia o próprio programa – *Horas Lamartinescas*.

Como compositor, Lamartine Babo fez parceria com Francisco Mattoso na criação de músicas de grande sucesso, ainda que fosse leigo em técnicas musicais, como "Lua cor de prata", "Serra da Boa Esperança" e "Eu sonhei que tu estavas tão linda". Também é de autoria dele "Chegou a hora da fogueira", clássico das danças tradicionais de quadrilhas juninas.

10 de janeiro

De pouca sorte no amor, o compositor carioca teve apenas uma tardia união civil, aos 47 anos. Veio a falecer em 16 de junho de 1963, de infarto do miocárdio. Em 1981, foi homenageado pela escola de samba Imperatriz Leopoldinense, que conquistou o bicampeonato na Marquês de Sapucaí com o enredo "O teu cabelo não nega". O Carnaval ajudava, assim, a imortalizar o sambista.

Lamartine viveu pouco tempo na rua Teófilo Otoni, no centro do Rio de Janeiro, onde nasceu. A família mudou-se em seguida para a Tijuca, e o menino logo foi matriculado na escola pública do bairro. Em 1915, foi cursar o colegial no Colégio São Bento, onde se dedicou à música religiosa, formando-se em letras anos mais tarde, já no Colégio Pedro II.

Em 1925, foi despedido do emprego de *office boy* da companhia Light, e passou a se sustentar estritamente com o que ganhava na música, compondo, basicamente, temas para blocos de Carnaval. Naquele ano, a marchinha "Só você" lhe proporcionou algum prestígio, mas a primeira gravação foi com a música "Os calças largas", na qual, de forma divertida, debochava dos homens que na época vestiam calças boca de sino.

A censura imposta pelo Estado Novo de Getúlio Vargas, em 1937, tirou-o de cena, assim como outros compositores proibidos de satirizar. Sem o talento dele, as marchinhas de Carnaval perderam a criatividade e a irreverência.

Você sabia?

Lamartine nasceu em 1904, ano da fundação do América. Torcedor fanático, desfilou fantasiado de diabo em carro aberto pelas ruas centrais do Rio de Janeiro, para comemorar o último campeonato estadual, em 1960.

11 de janeiro

Primeiro *Rock in Rio* reúne 200 mil pessoas
1985

Queen, Iron Maiden e Whitesnake juntos, no Brasil, tocando no mesmo palco, parecia improvável. Mas era apenas a primeira noite do maior festival de rock realizado até então no país, que contaria ainda com os baianos Baby Consuelo (hoje, Baby do Brasil) e Pepeu Gomes, o tremendão Erasmo Carlos e o performático Ney Matogrosso. O sucesso da estreia, em 11 de janeiro, se repetiu durante os nove dias seguintes, transformando o *Rock in Rio* no maior festival musical do planeta já em sua primeira edição, em 1985.

E não poderia ser diferente. Além de reunir novatos e veteranos da música brasileira, entre eles Gilberto Gil, Rita Lee, Alceu Valença, Paralamas do Sucesso, Blitz, Eduardo Dusek e Kid Abelha, o primeiro festival colocou o país, definitivamente, no roteiro dos grandes shows internacionais. Proporcionou aos fãs brasileiros e de toda a América Latina a oportunidade de dançar ao som de artistas como George Benson, James Taylor, Al Jarreau, Rod Stewart, Nina Hagen, Ozzy Osbourne, AC/DC e Scorpions.

O Rio respirava música. O maior palco do mundo foi montado na Cidade do Rock, como ficou conhecida a área de 250 mil metros quadrados nas proximidades do Riocentro, na Barra da Tijuca. A infraestrutura montada na época contava com duas imensas praças de alimentação, dois shopping centers com cinquenta lojas, dois centros de atendimento médico de emergência, além de pessoal devidamente treinado para atender à multidão de cerca de 1,5 milhão de pessoas, que passou pelas catracas do evento durante dez dias seguidos – cinco vezes mais que o público registrado no lendário festival de Woodstock, em 1969, nos Estados Unidos.

Nem a chuva intermitente, que transformou a Cidade do Rock em um imenso lamaçal, interferiu no ânimo dos músicos e do público. Pelo contrário, ajudou a eternizar a memória do festival.

11 de janeiro

Acondicionada em embalagem especial, a lama pisoteada pela plateia, posteriormente retirada durante as escavações para a construção da Vila Olímpica dos Jogos Olímpicos de 2016, no mesmo terreno, foi transformada em souvenir. Chamou a atenção como um dos mais curiosos da loja oficial do evento. Passados trinta anos do primeiro *Rock in Rio*, os operários desenterraram pedaços de tênis, pulseiras e roupas.

Apesar da tentativa da organização de manter a posse do terreno, a Cidade do Rock foi desmontada logo depois do festival, por ordem do então governador do Rio de Janeiro, Leonel Brizola, decretando a reintegração de posse ao patrimônio público municipal.

Idealizado pelo empresário brasileiro Roberto Medina e organizado originalmente no Rio de Janeiro, o festival ganhou projeção mundial. Em 2004, ultrapassou as fronteiras nacionais e foi realizado pela primeira vez fora do Brasil: a estrutura foi montada em Lisboa, Portugal.

Entre 1985 e 2017, foram dezessete edições do *Rock in Rio*, sendo seis no Brasil, sete em Portugal, três na Espanha e uma nos Estados Unidos. Nesse período, segundo o site oficial do festival, foram escalados 1.588 artistas, 8,5 milhões de pessoas estiveram na plateia e 3 milhões de árvores foram doadas para reflorestamento da Amazônia. Foram gerados 182 mil empregos, além de mobilizar 11 milhões de fãs on-line. Em 2008, o festival teve duas sedes, em países diferentes: Lisboa e Madrid.

Você sabia?

O hino oficial do *Rock in Rio* é de autoria de Nelson Wellington, em parceria com o maestro Eduardo Souto Neto. A gravação original é do grupo Roupa Nova. Livro lançado em 2011, pelo jornalista Luiz Felipe Carneiro, conta a história do maior festival musical do mundo.

A segunda edição do *Rock in Rio* foi realizada em janeiro de 1991, no estádio do Maracanã. A terceira voltou a ser no terreno da Barra da Tijuca.

12 de janeiro

Zilda Arns morre em terremoto no Haiti
2010

Uma das maiores tragédias naturais do início do século XXI atingiu o Haiti em 12 de janeiro de 2010, uma terça-feira. A pediatra e sanitarista catarinense Zilda Arns Neumann, então com 73 anos, coordenadora internacional da Pastoral da Criança e um dos ícones do combate à desnutrição infantil, estava entre as vítimas do terremoto que arrasou o país caribenho.

A médica brasileira formada na Universidade Federal do Paraná morreu junto a 100 mil haitianos, a maioria crianças, pessoas que ela ajudaria no enfrentamento ao flagelo da fome. Também morreram voluntários de ONGs e militares da Força de Paz da Organização das Nações Unidas (ONU), entre eles onze representantes do Exército brasileiro.

A morte de Zilda Arns causou comoção internacional e interrompeu a agenda da missão especial em um dos países mais pobres do mundo. Lá, ela realizaria palestras na Conferência Nacional dos Religiosos do Caribe, encontros com representantes do terceiro setor que atuam junto à população haitiana e reuniões no arcebispado de Porto Príncipe, a capital, eventos que antecederiam a implantação da Pastoral da Criança do Haiti com a Igreja Católica local.

O terremoto que atingiu o Haiti no dia 12 de janeiro de 2010 registrou magnitude sete, destruindo vários prédios em Porto Príncipe. O tremor que devastou o país também afetou drasticamente a estrutura de telecomunicações, dificultando informações precisas sobre danos e número de vítimas.

No Brasil, as mortes de dona Zilda Arns e dos militares brasileiros que a acompanhavam na missão só foram divulgadas no dia seguinte pelo sobrinho dela, o então senador Flávio José Arns (PSDB-PR).

Nascida em 25 de agosto de 1934, em Forquilhinha, pequeno município do sul de Santa Catarina, a doutora Zilda Arns estava radicada em Curitiba, onde morava com a família. Irmã do arcebispo emérito de São Paulo, dom

12 de janeiro

Paulo Evaristo Arns, falecido em 2016, Zilda foi fundadora e coordenadora internacional da Pastoral da Criança e coordenadora nacional da Pastoral do Idoso, entidade também fundada por ela. Foi representante da Conferência Nacional dos Bispos do Brasil (CNBB) e do Conselho Nacional de Saúde, e fez parte do Conselho Nacional de Desenvolvimento Econômico e Social (CDES).

Fundada por Zilda Arns e pelo arcebispo de Salvador na época, dom Geraldo Majella, a Pastoral da Criança em 2010 abrangia, em 2010, mais de 72% do território brasileiro e alcançava países pobres da América Central e da África.

Um dos trabalhos desenvolvidos por ela, com utilização de soro caseiro para salvar crianças da desidratação e, consequentemente, reduzir os índices de mortalidade infantil, chegou a ser indicado ao Prêmio Nobel.

A receita se resumia na aplicação da substância resultante da mistura de duas colheres (sopa) de açúcar e uma colher (sopa) de sal dissolvidas em um litro de água potável.

Outra iniciativa singela de Zilda Arns e da equipe da Pastoral ainda eficaz no combate à fome, à desnutrição e à mortalidade infantil em várias partes do mundo, a multimistura é outro legado deixado por ela. Trata-se de poderoso alimento resultante da combinação de casca de ovo, arroz, milho e sementes de abóbora, triturados no liquidificador, e servido em forma de papinha.

Você sabia?

Um dos conceitos da Pastoral da Criança é a multiplicação dos conhecimentos e da boa vontade. No Brasil, contam-se mais de 260 mil voluntários, dos quais 92% são mulheres.

A doutora Zilda Arns era radicalmente contra o aborto e costumava alertar sobre os números de, segundo ela, falsas pesquisas realizadas no país pela Organização Mundial da Saúde (OMS).

13 de janeiro

Escritor Graciliano Ramos é solto
1937

"Estou a descer para a cova, este novelo de casos em muitos pontos vai emaranhar-se, escrevo com lentidão – e provavelmente isto será publicação póstuma, como convém a um livro de memórias."

Essa previsão, escrita nas primeiras páginas de *Memórias do cárcere* (1953), acabou se realizando: Graciliano Ramos morreu antes de finalizar o relato de sua experiência como preso político no governo de Getúlio Vargas, no final dos anos 1930. Suspeito de conspirar na Intentona Comunista de 1935, ele foi preso no dia 3 de março de 1936, em Maceió, e jogado de cadeia em cadeia até ser solto, em 13 de janeiro de 1937. Não foi acusado formalmente nem processado por crime algum.

A prisão ocorreu em momento-chave de sua carreira: naquela década, ele publicou seus quatro romances, consolidando sua reputação como um dos maiores escritores brasileiros. Estreou com *Caetés* (1933), seguido por *São Bernardo* (1934). Enquanto estava preso, deu-se a publicação de *Angústia* (1936), uma de suas obras-primas. Em 1938, lançou *Vidas secas*, seu primeiro livro narrado em terceira pessoa, que conta a saga de uma família de retirantes – Fabiano, Sinhá Vitória, o menino mais velho, o mais novo e a cadela Baleia.

Graciliano Ramos de Oliveira nasceu em Quebrangulo (AL), primeiro dos dezesseis filhos de Sebastião e Maria Amélia, no dia 27 de outubro de 1892. Teve infância movimentada, com a família mudando-se diversas vezes, e também opressiva – do que o escritor dá mostras em *Infância* (1945), livro de memórias. Depois de idas e vindas entre seu estado natal, com colaborações em diversos jornais, e uma breve passagem pelo Rio de Janeiro, então capital do Brasil, estabeleceu-se como comerciante e jornalista em Palmeira dos Índios (AL).

13 de janeiro

Em 1927, foi eleito prefeito da cidade, mas renunciou antes do fim do mandato, em 1932. Ficaram daquele período preciosos – e literários – relatórios ao governo estadual. "Procurei sempre os caminhos mais curtos. Nas estradas que se abriram só há curvas onde as retas foram inteiramente impossíveis", escreveu em 1929 o prefeito Graciliano Ramos, ao fazer um balanço de sua gestão no ano anterior.

"A palavra não foi feita para enfeitar, brilhar como ouro falso", afirmou o escritor, em 1948, ao jornalista Joel Silveira. "A palavra foi feita para dizer." É uma frase que resume seu estilo: linguagem econômica, direta, frases curtas e elípticas, poucos adjetivos. Graciliano é normalmente associado ao regionalismo de 1930, junto a autores como Jorge Amado, José Lins do Rego e Rachel de Queiroz, mas críticos literários apontam particularidades no seu caso, uma vez que os dramas internos de seus personagens se sobrepõem ao meio social em que vivem.

Além dos quatro romances e dois volumes de memórias, publicou livros de contos, crônicas e infantojuvenis. Filiou-se ao Partido Comunista Brasileiro (PCB) em 1945, a convite de Luís Carlos Prestes, quase uma década depois de preso exatamente por ser comunista. Pouco menos de um ano após viagem à Rússia, à então Tchecoslováquia, a Portugal e França, o mestre Graça, como era conhecido entre os amigos, morreu vítima de câncer no pulmão, em 20 de março de 1953, aos sessenta anos.

Você sabia?

Graciliano também foi tradutor, vertendo para o português *Memórias de um negro,* do norte-americano Booker T. Washington, e *A peste,* do Nobel de Literatura franco-argelino Albert Camus.

Três filmes baseados em livros do escritor estão entre os trinta melhores do cinema nacional, segundo lista de 2015 da Associação Brasileira de Críticos de Cinema: *Vidas secas* (1963, 3º lugar), *Memórias do cárcere* (1984, 29º lugar), ambos de Nelson Pereira dos Santos, e *São Bernardo* (1974, 20º lugar), de Leon Hirszman.

14 de janeiro

Liberado o uso medicinal de substância da maconha

2015

A data entrou para a história da medicina brasileira. Polêmica, a liberação do uso medicinal do canabidiol, ou CBD, foi aprovada pela Agência Nacional de Vigilância Sanitária (ANVISA), por unanimidade dos quatro diretores com direito a voto.

Um dos oitenta princípios ativos derivados da *Cannabis sativa*, nome científico da maconha, a substância saiu da lista das "proibidas" e passou a ser mais uma das relacionadas como "controladas" pelo Ministério da Saúde. Mesmo assim, os critérios preliminares para registro, venda e aplicação de medicamentos produzidos à base de compostos da erva só foram aprovados pelo governo quase dois anos depois, em novembro de 2016.

A votação inédita na ANVISA foi acompanhada de perto por familiares de crianças que dependem da substância para tratamentos regulares de saúde. Entre eles o enfermeiro Valdir Francisco Vaz, um dos ícones da batalha judicial em busca de qualidade de vida para seus filhos. Pai de um menino com epilepsia de difícil controle, na época com nove anos, ele entregou aos diretores da ANVISA abaixo-assinado com 67 mil adesões, solicitando a aprovação da substância para uso medicinal. Pais de outras crianças reforçaram a vigília de Valdir. A ANVISA começou a discutir a liberação da substância extraída da maconha em 2013, depois da primeira ordem judicial com autorização para a importação do produto fabricado em laboratórios dos Estados Unidos.

A liberação do canabidiol também mudou a rotina do casal Norberto e Katielle Fischer, pais de Anny, com seis anos em 2014, diagnosticada com síndrome rara, a CDLK5, epilepsia refratária que provoca convulsões gravíssimas. Eles também recorreram à Justiça e ganharam no tribunal o direito de importar o medicamento que reduziu a zero as cerca de setenta crises diárias que a menina sofria antes da aplicação do remédio. Como o enfermeiro Valdir, Norberto e Katielle comemoraram a liberação.

14 de janeiro

Uma das quatrocentas substâncias encontradas na planta da *Cannabis sativa*, o canabidiol é um composto isolado da erva que não altera os sentidos, tampouco causa dependência, mesmo se usado regularmente. De eficácia comprovada cientificamente, o uso medicinal já estava regulamentado em países da Europa e em parte dos Estados Unidos para tratamento de convulsões, esclerose múltipla e Mal de Parkinson, além de combater sintomas da Aids e do câncer.

Para os cientistas, a proibição era um dos obstáculos às pesquisas. Primeiro brasileiro a estudar o canabidiol no tratamento da epilepsia, em 1970, o médico Elisaldo Carlini chegou a contrabandear o produto para testes laboratoriais e aplicação em adultos. A reclassificação da substância para a lista de "controladas", segundo Antonio Zuardi, professor de psiquiatria da Universidade de São Paulo (USP) em Ribeirão Preto, passou a facilitar a pesquisa e o monitoramento de pacientes com quadros graves, "por não ser mais uma droga proibida".

O canabidiol foi a única substância extraída da maconha liberada pela ANVISA, na sessão de 14 de janeiro de 2015, para uso medicinal, passo considerado importante para as pesquisas na Faculdade de Medicina da USP.

Você sabia?

A legislação brasileira permite o uso de substâncias proscritas em situações específicas, como finalidades medicinais, de pesquisas e religiosas, desde que autorizadas por autoridades competentes.

O primeiro medicamento à base de maconha no Brasil, o Mevatyl, foi aprovado em 2017 pela ANVISA, para uso em pacientes com esclerose múltipla. Ele tem na composição tetrahidrocanabinol (THC) e canabidiol (CBD), substâncias antes proibidas.

15 de janeiro

Nasce Maria Lenk, pioneira da natação feminina no Brasil
1915

Uma pneumonia dupla mudou para sempre a rotina de vida da menina Maria Emma Hulga Lenk Zigler, descendente de alemães que nasceu em São Paulo, em pleno verão, no dia 15 de janeiro de 1915. Passado o susto, os pais perceberam que a prática do esporte seria o melhor remédio para manter a saúde da filha, e assim a incentivaram a nadar. A cura mudaria, também, os rumos da natação brasileira.

Aos dez anos, Maria Lenk dava as primeiras braçadas no ainda límpido rio Tietê, para tornar-se já na adolescência atleta amadora de nível internacional, até ser a primeira atleta brasileira a marcar um recorde mundial. E, anos mais tarde, seria também a única brasileira introduzida no seleto International Swimming Hall of Fame, o salão da fama, sediado em Fort Lauderdale, na Flórida (EUA), dedicado a esportistas, treinadores e personalidades envolvidas com os esportes aquáticos e reconhecido pela Federação Internacional de Natação (FINA).

Em 1932, aos dezessete anos, Maria Lenk se tornou a primeira sul-americana a competir em uma Olimpíada, em Los Angeles, na Califórnia. Naquele ano, a pioneira da natação brasileira disputou as nas provas de 100 metros nado livre, 100 metros nado costas, obtendo a classificação para os 200 metros nado peito, modalidade em que conseguiu suas melhores marcas.

A viagem aos Estados Unidos para a estreia em Jogos Olímpicos foi outra demonstração de superação, dessa vez de toda a delegação brasileira, formada por outros 68 atletas, cujas despesas foram pagas com a venda do café levado no porão do navio em que viajavam. "O que valia era o conceito de amadorismo. Eu competi com uniforme emprestado, que devolvi quando as provas acabaram", lembrou Maria Lenk em uma de suas últimas entrevistas em 16 de abril de 2007, no Rio de Janeiro, aos 92 anos.

15 de janeiro

Inovadora, Maria Lenk surpreendeu o mundo desportivo novamente em 1936, na Olimpíada de Berlim, na Alemanha, ao se tornar também a primeira mulher a nadar no estilo borboleta. Naquele ano, chegou novamente às semifinais na prova de 200 metros nado peito.

Em 1939, no auge da forma física, Maria Lenk bateu recordes mundiais nos 200 e 400 metros nado peito, em Tóquio, no Japão, sendo apontada como a favorita para a conquista do ouro olímpico, no ano seguinte. Os bombardeios da Segunda Guerra Mundial, entretanto, cancelaram os jogos de 1940 e adiaram o sonho da jovem nadadora brasileira, que na época já morava no Rio de Janeiro e defendia nas piscinas as cores rubro-negras do Clube de Regatas do Flamengo.

No início da década de 1940, foi a única mulher da delegação de nadadores da América do Sul em excursão pelos Estados Unidos. A viagem rendeu a ela nada menos do que doze recordes norte-americanos e a possibilidade de concluir o curso de educação física na Universidade de Springfield.

A carreira profissional de Maria Lenk terminou em 1942, mas ela se manteve perto das piscinas e do esporte. Participou da fundação da Escola Nacional de Educação Física, da Universidade do Brasil – atual Universidade Federal do Rio de Janeiro (UFRJ). Aposentada, voltou de forma triunfal às competições, na categoria master, e no Mundial de 2000 conquistou em Munique, na Alemanha, cinco medalhas de ouro na categoria 85/90 anos – foi campeã nas provas de 100 metros nado peito, 200 nado livre, 200 nado costas, 200 nado medley e 400 nado livre.

Você sabia?

Em 13 janeiro de 2007, três meses antes de morrer, Maria Lenk recebeu a última homenagem, com a publicação do decreto municipal que batizou com o nome dela o Parque Aquático dos Jogos Pan-Americanos, o templo da natação brasileira.

16 de janeiro

Tancredo Neves vence eleição indireta que põe fim à ditadura
1985

O Brasil sonhava alto com a democracia. Vinte e um anos de ditadura militar haviam se passado desde o golpe de 31 de março de 1964. E, mesmo de forma indireta, a eleição de Tancredo Neves, em 16 de janeiro de 1985, trouxe a esperança de que a Nova República seria a redenção política, econômica e social do país.

O povo nas ruas, no entanto, queria mesmo um outro desfecho para a campanha cívica iniciada no ano anterior, em apoio à emenda pelas Diretas Já, do então deputado federal Dante de Oliveira (PMDB-MT).

O mineiro Tancredo Neves era mestre na arte de traçar acordos na política nacional, a ponto de ganhar a eleição indireta do paulista Paulo Maluf (PDS), no Colégio Eleitoral, formado por deputados federais e senadores. Ainda assim acabou não levando a Presidência da República. Internado na véspera da posse, em 14 de março, morreu em 21 de abril, depois de sete cirurgias, no epílogo de uma agonia diária transmitida em rede nacional de televisão.

Em seu lugar, assumiu o vice-presidente, o maranhense José Sarney, que havia trocado o PDS, o partido governista, para filiar-se ao PMDB. Eleita com apoio popular nas ruas e respaldo dos principais líderes da política nacional entre eles Ulysses Guimarães, Leonel Brizola, Miguel Arraes, Franco Montoro e Fernando Henrique Cardoso, a chapa Tancredo e Sarney, do PMDB, conquistou 480 votos, contra 180 para o governista Paulo Maluf. Houve ainda dezessete abstenções.

A capacidade de negociar e costurar acordos políticos, segundo cientistas políticos, foi fundamental para a vitória de Tancredo no Colégio Eleitoral, até então dominado por deputados e senadores governistas do PDS. Entre eles estava José Sarney, que, ao sair do PDS, levou junto o grupo de dissidentes que fundou o PFL, e também apoiou a chapa peemedebista à Pre-

16 de janeiro

sidência da República para formação do acordo oficializado como Aliança Democrática.

A eleição presidencial de 1985, indireta, foi precedida por um dos mais importantes movimentos cívicos e populares já registrados até então, a campanha pelas Diretas Já, iniciada em 1983 pelo senador alagoano Teotônio Vilela (PMDB), que morreu em 27 de novembro desse mesmo ano, sem ver o país que ele sonhou redemocratizado.

No embalo das Diretas Já, a campanha eleitoral teve grande aparato de marketing, dos dois lados, com realização de comícios, criação de *jingles* e mobilização de militantes com bandeiras nas ruas. Foi uma grande festa democrática, depois de duas décadas de autoritarismo, prisões, tortura e mortes.

A escolha de Tancredo para disputar a primeira eleição presidencial depois do golpe de 1964, representando a oposição ao regime autoritário, não foi por acaso. De linha moderada e formação liberal, ele conseguiu acalmar também os militares, embora alguns partidos, como o PT, tenham votado contra as eleições indiretas.

Você sabia

Muito doente, Tancredo Neves temia que o general João Figueiredo, último presidente do regime militar, não transmitisse a presidência a José Sarney. Por isso, já internado no Hospital de Base, em Brasília, para tratar de tumor rompido no abdome, ele só assinou a autorização para a cirurgia depois de ter a garantia de que o vice estaria em seu lugar no dia seguinte.

Tancredo Neves, que foi ministro da Justiça de Getúlio Vargas, na última reunião ministerial antes do suicídio do presidente em 1954, recebeu dele a caneta Parker 51, folheada a ouro. Especula-se que era a mesma com que, horas antes, ele teria assinado sua carta-testamento. A recomendação de Vargas foi de que ele a guardasse para assinar a sua futura posse como presidente da República. Repassada ao neto Aécio Neves, a Parker nunca foi usada como sugerira Vargas, e faz parte do acervo do Memorial Tancredo Neves.

17 de janeiro

Morre Joaquim Nabuco, líder contra a escravidão
1910

Nascido em família abastada, em 19 de agosto de 1849, o pernambucano Joaquim Aurélio Barreto Nabuco de Araújo tinha 61 anos, e havia cinco estava nos Estados Unidos, quando morreu como embaixador brasileiro em Washington. O corpo dele está enterrado no Recife, onde é reverenciado como um dos principais líderes abolicionistas do Brasil, um dos fundadores da Sociedade Brasileira contra a Escravidão.

Além de diplomata, Nabuco foi político, jurista, orador, jornalista e advogado. Na data de seu nascimento é comemorado o Dia Nacional do Historiador. Foi também um dos fundadores da Academia Brasileira de Letras (ABL), dono da cadeira 27.

Parte da infância, até os oito anos, Nabuco viveu no engenho de um de seus padrinhos, em Cabo do Santo Agostinho, litoral sul de Pernambuco. Em 1857, mudou-se para o Rio de Janeiro, onde estudou no Colégio Pedro II, ao lado de ilustres colegas, como Rodrigues Alves e Afonso Pena, mais tarde presidentes do Brasil, e Castro Alves, o poeta baiano.

Alguns anos depois, o jovem Nabuco foi estudar direito na Universidade de São Paulo. Lá, começou a demonstrar abertamente seus ideais pela libertação dos escravos. Logo depois de formado, iniciou a carreira de diplomata, em 1870, e, seis anos mais tarde, aceitou o convite e foi nomeado adido brasileiro em Washington, sendo, posteriormente, transferido para Londres, na Inglaterra.

Em 1878, depois da morte do pai, o político baiano e juiz dos rebeldes da Revolução Praieira José Tomás Nabuco de Araújo Filho, Joaquim Nabuco voltou para o Rio de Janeiro e abandonou a carreira diplomática. No mesmo ano, foi eleito deputado geral da província de Pernambuco. Mesmo oriundo de família rica, Joaquim Nabuco sempre se posicionou de maneira veemente contra a escravidão, demonstrando suas ideias abolicionistas

17 de janeiro

seja pelas atividades políticas ou nos textos publicados em jornais da época. Condenava o uso de tropas do Exército brasileiro na perseguição a escravos fugidios. A mãe, Ana Benigna de Sá Barreto Nabuco de Araújo, era irmã de Francisco Pais Barreto, o marquês do Recife. Além do pai, o avô José Tomás Nabuco de Araújo e o bisavô José Joaquim Nabuco de Araújo, o barão de Itapuã, foram senadores do Império.

Estreante na Câmara dos Deputados, naquele ano liderou corajosa campanha pela abolição, mas não foi reeleito quatro anos depois. Mais tarde, voltou ao Parlamento e foi um dos responsáveis pela elaboração da Lei Áurea, a Lei Imperial nº 3.353, assinada em 13 de maio de 1888 pela princesa Isabel. Com o fim da escravidão e a Proclamação da República, Nabuco pôde, então, abandonar a carreira política e passou a se dedicar à literatura.

Além de *O abolicionismo*, outra obra importante no acervo de suas memórias pessoais é *Minha formação*. Ali são perceptíveis as contradições de ter sido um homem educado por uma família tradicionalmente escravocrata, mas que optou pela luta em favor dos negros escravizados no Brasil até a década derradeira do século XIX.

Joaquim Nabuco costumava dizer que sentia saudade dos escravos, pela generosidade deles, longe do egoísmo típico do senhor, patrão e proprietário, e por sua liberdade e dignidade humanas.

Você sabia?

Quando jovem, Joaquim Nabuco manteve romance de catorze anos com a investidora financeira e filantropa Eufrásia Teixeira Leite, dona de uma das maiores fortunas do mundo na época.

Caetano Veloso musicou em seu disco *Noites do norte*, de 2000, trecho de *Minha formação* (1900), de Nabuco, que começa com a seguinte frase: "A escravidão permanecerá por muito tempo como a característica nacional do Brasil".

18 de janeiro

Vacina fracionada é estratégica contra febre amarela
2018

Em pleno século XXI, o medo da febre amarela se espalhou pelo Brasil. Os casos se propagaram em seis meses, entre 1º de julho de 2017 e 14 de janeiro de 2018, quando o surto se concentrou em São Paulo. O temor fez sentido: nos nove dias seguintes, mais do que dobraram os números registrados em todo o país.

O pânico ultrapassou as divisas dos estados do Rio de Janeiro, Espírito Santo e Minas Gerais, na região Sudeste, e filas gigantescas se formaram nos postos de vacinação, na época despreparados para atender a demanda, apesar de as estatísticas do Ministério da Saúde indicarem índice de mortalidade inferior ao notificado de julho de 2016 a janeiro de 2017: 131 casos, mantendo a tendência de sazonalidade da doença, com maior incidência no verão.

Mas diante de números que passaram a aumentar e da falta de vacinas para imunizar a população das áreas de risco, no dia 18 de janeiro de 2018 os governos estaduais e federal intensificaram, também, a estratégia de prevenção. Pela primeira vez a medida foi colocada em prática no Brasil. Ficou definido o calendário de 19 de fevereiro a 9 de março para a vacinação emergencial com doses fracionadas.

A prioridade foi dada a 53 cidades do interior e vinte distritos da capital paulista, visando cerca de 8,3 milhões de pessoas, mais 10,1 milhões de moradores de quinze municípios do Rio de Janeiro e outros 3,3 milhões em oito cidades baianas. Viajantes nacionais e estrangeiros também tiveram tratamento privilegiado ao se deslocarem para regiões endêmicas em febre amarela silvestre, originária da Floresta Amazônica. Fabricada no Brasil desde 1937, a vacina é feita com vírus atenuado da própria doença.

A diferença entre a dose fracionada e a integral está no volume aplicado, que é de apenas 0,1 ml e não os 0,5 ml padronizados pela Organização Mundial da Saúde (OMS). Nesse caso, cada frasco com cinco doses pode imu-

18 de janeiro

nizar até 25 pessoas. O tempo de proteção também varia: enquanto a dose completa protege permanentemente, a fracionada tem validade temporária, de até oito anos, de acordo com pesquisas mais recentes realizadas na Fundação Oswaldo Cruz, a Fiocruz, que se comprometeu a continuar os estudos para definir se haveria a necessidade de aplicação de reforço – e quando.

O fracionamento aconteceu nos postos de vacinação, com seringa especial. Houve casos de reações adversas, com sintomas semelhantes aos da doença, embora mais fracos. A febre amarela causa febre súbita, calafrios, dor de cabeça intensa, nas costas e no corpo todo, náusea e vômitos, cansaço e fraqueza, icterícia e hemorragia na área gastrointestinal.

Os desmatamentos, o avanço das regiões metropolitanas sobre as florestas e o desastre ambiental causado pela Samarco, em Mariana (MG), podem ter influenciado o surto registrado entre 2017 e 2018 na região Sudeste. A lama de rejeitos que devastou o rio Doce e ecossistemas ao redor dizimou sapos, peixes e outros anfíbios que se alimentam dos mosquitos e *Sabethes*. São eles que fazem a transmissão depois de picarem macacos, animais que funcionam como sentinelas e alertam os cientistas sobre áreas de risco.

A febre amarela urbana, transmitida pelo *Aedes aegypti* e que não era registrada no Brasil desde 1942, voltou a ser notificada em fevereiro de 2018, com morte em São Bernardo do Campo (SP).

Você sabia?

Corredores ecológicos entre regiões metropolitanas são áreas de risco. Por isso a importância de manter os macacos vivos, cujas mortes são alerta para a doença.

O músico Flávio Henrique, de 49 anos, morreu de febre amarela, em janeiro de 2018, em Belo Horizonte.

19 de janeiro

Morre Elis Regina
1982

Uma mistura de cocaína com tranquilizantes e uísque silenciou uma das mais belas vozes da música brasileira de todos os tempos. O corpo da cantora Elis Regina foi encontrado pelo então namorado, o advogado Samuel Mac Dowell, caído no piso do apartamento onde ela morava, na rua Melo Alves, em bairro nobre da capital paulista. Era o dia 19 de janeiro de 1982.

No Hospital das Clínicas, para onde chegou a ser levada, os médicos apenas atestaram a causa da morte, em princípio contestada por familiares, na tentativa de preservar a imagem da cantora. Mais tarde, porém, a overdose acabou confirmada pela amiga Regina Echeverria, autora da biografia *Elis furacão*.

Elis Regina morreu aos 36 anos, no auge da carreira marcada por muita ousadia e insegurança. Na noite anterior à morte, ela e Mac Dowell receberam amigos para jantar no apartamento. Segundo depoimento do namorado, os convidados foram embora por volta das nove da noite, enquanto ele desceu cerca de uma hora mais tarde, porque ela queria ficar sozinha e ouvir as músicas do novo disco. Mac Dowell disse à polícia que, antes de dormir, telefonou e conversaram rapidamente.

No dia seguinte, Mac Dowell voltou a telefonar e, segundo ele, Elis falava palavras ininteligíveis. Ele correu ao apartamento e precisou arrombar a porta do quarto, onde a encontrou estendida no chão. Tentou, em vão, reanimá-la. Sem conseguir uma ambulância, levou-a de táxi para o hospital. O resultado da autópsia foi divulgado dois dias depois.

O velório da cantora lotou o Teatro Bandeirantes, em São Paulo, palco de um de seus shows mais marcantes, *Falso brilhante*, que fez sucesso entre 1975 e 1977. Em comoção, o Brasil se despediu de Elis Regina, a Pimentinha, gaúcha irrequieta dona de técnica e emoção magistrais, ingredientes que fizeram dela uma das maiores cantoras do país.

19 de janeiro

Elis Regina Carvalho Costa nasceu em 17 de março de 1945, e começou a cantar ainda menina, aos onze anos, em programas de rádios de Porto Alegre. Ainda no Rio Grande do Sul, entre 1961 e 1963, lançou quatro discos, mas o sucesso só chegou quando foi viver e começou a se apresentar no eixo Rio-São Paulo, a partir de 1964, coincidentemente o ano do golpe militar.

Com "Arrastão", de Edu Lobo e Vinicius de Moraes, ela venceu o 1º Festival de Música Popular Brasileira, em 1965, surgindo assim seu primeiro sucesso nacional. Havia sido convidada por Solano Ribeiro, diretor do evento, que ficou encantado quando a viu pela primeira vez no Beco das Garrafas, lendário palco da bossa nova no Rio de Janeiro.

Até o final dos anos 1960, Elis participou de mais cinco festivais, quatro como intérprete e um como integrante do júri. Em 1967, ganhou o prêmio de melhor intérprete, com "O cantador", de Dorival Caymmi. No ano seguinte, venceu a 1ª Bienal do Samba, com "Lapinha", de Baden Powell e Paulo César Pinheiro.

Elis Regina cantou samba, bolero, bossa nova, rock, sempre revelando novas possibilidades de vocalização e com uma presença de palco que transbordava emoção. Incentivou a carreira de novos talentos e, mesmo em sintonia com as novidades de seu tempo, nunca deixou de se voltar para o cancioneiro tradicional brasileiro.

Você sabia?

Elis Regina foi casada duas vezes. Com Ronaldo Bôscoli, se tornou mãe de João Marcello Bôscoli. Casou-se depois com o pianista César Camargo Mariano, com quem teve Pedro Camargo Mariano e Maria Rita Camargo Mariano. Seus três filhos são músicos.

Considerada por críticos a melhor cantora popular do Brasil entre 1960 e o início dos anos 1980, Elis Regina esteve no mesmo nível das norte-americanas Ella Fitzgerald, Sarah Vaughan e Billie Holiday.

20 de janeiro

Morre Garrincha, craque do futebol brasileiro
1983

Com suas pernas tortas, Mané Garrincha aplicava dribles desconcertantes em seus adversários. Fosse brasileiro ou não, jogasse Copa do Mundo ou um simples jogo de várzea em Pau Grande, no Rio de Janeiro, sua cidade natal, não tinha jeito: mesmo sabendo que ele driblaria para o lado direito, o marcador não conseguia impedi-lo.

Entortar os "joões", como se dizia, era a marca registrada desse que foi um dos maiores jogadores da história do futebol mundial.

Fora de campo, porém, houve um adversário que conseguiu marcar Garrincha e o derrubar: o alcoolismo. Apelidado de "alegria do povo", o craque morreu de cirrose, em 20 de janeiro de 1983. Tinha 49 anos.

Nascido em uma família humilde de quinze irmãos, Manuel Francisco dos Santos iniciou no futebol em clubes amadores da região serrana do Rio de Janeiro. O apelido Garrincha veio da infância: gostava de caçar com seu estilingue um passarinho que tinha esse nome. Na capital carioca tentou a sorte em times grandes, como Flamengo, Vasco e Fluminense. Só conseguiu uma chance no Botafogo.

Já nos primeiros treinos, começou a desenhar sua lenda: ponta-direita, Mané seria marcado pelo lateral esquerdo Nilton Santos, da Seleção Brasileira. Depois de levar vários dribles do jovem desconhecido de pernas tortas, Nilton, "a enciclopédia do futebol", teria dito: "Contratem logo esse homem. Prefiro tê-lo ao meu lado do que como adversário".

O Botafogo se tornaria o clube da vida de Mané Garrincha. Ali ele jogou entre 1953 e 1965, dividindo espaço com jogadores do quilate de Nilton Santos, Didi, Zagallo – companheiros também no bicampeonato mundial da Seleção Brasileira, em 1958 e 1962, em que Garrincha foi protagonista.

Na Copa do Mundo da Suécia, em 1958, Garrincha e Pelé – então com dezessete anos – assistiram às duas primeiras partidas no banco de reservas.

20 de janeiro

Titulares contra a União Soviética, não saíram mais do time que, liderado por Didi, seria campeão com a goleada de 5 × 2 sobre os donos da casa. Na final, Pelé marcou dois gols e Garrincha deu duas assistências.

O grande momento do craque com a camisa da Seleção viria na Copa do Mundo seguinte, no Chile. Com Pelé fora por causa de uma lesão, teria sido fatal para o Brasil se o camisa 7 não assumisse a liderança do time em campo. E Mané, com seu futebol irreverente, desarmou defesas adversárias, marcou quatro gols, foi expulso na semifinal, jogou a final – numa atuação nebulosa da cartolagem, para que a punição fosse anulada.

Nenhum brasileiro foi tão decisivo para a conquista de uma Copa do Mundo quanto Garrincha em 1962. Com problemas sérios no joelho, disputaria mais uma Copa, em 1966, e jogaria no Corinthians, Flamengo, Olaria e outros clubes, sem nunca repetir o brilho dos tempos do Botafogo e da Seleção Brasileira. Fora de campo, Garrincha teve uma vida conturbada de alcoolismo, internações, problemas financeiros, tentativas de suicídio, acidentes automobilísticos.

Um dia depois de sua morte, o poeta Carlos Drummond de Andrade escreveu, em crônica publicada no *Jornal do Brasil*, que o Deus cruel do futebol havia tirado do "estonteante Garrincha a faculdade de perceber sua condição de agente divino. Foi um pobre e pequeno mortal que ajudou um país inteiro a sublimar suas tristezas...".

Você sabia?

Em sessenta jogos pela Seleção, Garrincha perdeu apenas um: bem o último, contra a Hungria, na Copa do Mundo de 1966. Quando Garrincha e Pelé atuaram juntos, o Brasil foi imbatível: em quarenta jogos, 35 vitórias e cinco empates.

Garrincha casou-se duas vezes: com Nair Marques e com a cantora Elza Soares. Teve catorze filhos reconhecidos; um deles, sueco, de aventura amorosa durante excursão do Botafogo.

21 de janeiro

Caetano e Gil partem para o exílio
1969

No final dos anos 1960, o Brasil vivia os anos de chumbo da ditadura militar, que perseguia intelectuais, trabalhadores e artistas. Entre eles estavam os baianos Caetano Veloso e Gilberto Gil, artistas que sofreram a violência do regime de exceção, mas não sem desistir de levar para sua produção e postura social uma boa dose de consciência política misturada com liberdade e inovação artística. Mostravam-se em sintonia com os ideais do Tropicalismo, o movimento de valorização da brasilidade e miscigenação cultural que encabeçaram com outros artistas.

Mais do que contribuição musical ao país, portanto, Caetano e Gil consolidaram um estilo de vida contestador que, em tempos de autoritarismo, custou-lhes a prisão e, mais tarde, três anos de exílio em Londres, para onde partiram em 21 de janeiro de 1969.

Um dos marcos da trajetória de ambos é o álbum *Tropicália ou Panis et Circencis*, lançado em julho de 1968, com participação de Nara Leão, Os Mutantes, Torquato Neto, Rogério Duprat, Capinam, Tom Zé e Gal Costa. Com eles, declararam guerra à ditadura que oprimia, censurava e violentava direitos humanos, mas também reprimia uma estética libertária. Os tropicalistas, na esteira do movimento antropofágico e vanguardista do modernista Oswald de Andrade, de décadas antes, defendiam a convivência entre tradição e modernidade, nacional e universal, popular e erudito.

Em 15 de setembro de 1968, Caetano, em sintonia com o que pregava, dera uma demonstração de irreverência e coragem, quando, trajando roupas de plástico e acompanhado das guitarras distorcidas da banda Os Mutantes, fez um discurso antológico contra a plateia e os jurados do 3º Festival Internacional da Canção, da tv Globo, no Tuca, teatro da Pontifícia Universidade Católica (puc) de São Paulo. "Vocês não estão entendendo nada", gritou do alto do palco. A canção "É proibido proibir", de autoria dele e sintonizada com suas ideias vanguardistas, havia sido desclassificada.

21 de janeiro

Caetano e Gil já estavam na lista negra dos agentes do Exército e do Departamento de Ordem Política e Social (DOPS). Em 27 de dezembro, acusados de desrespeitarem o hino e a bandeira nacional, Gil e Caetano foram presos e levados para o quartel de Marechal Deodoro, no Rio de Janeiro, onde tiveram os cabelos raspados.

Foram 54 dias de isolamento, até serem soltos depois do Carnaval de 1969. Eles voltaram para a Bahia, onde ficaram em uma espécie de prisão domiciliar, sem aparições ou declarações públicas.

Enquadrados na Lei de Segurança Nacional, a clausura durou até julho daquele ano. Nos dias 20 e 21, Caetano e Gil se apresentaram no teatro Castro Alves, em Salvador, em memoráveis shows de despedida, antes de embarcarem para o exílio, na Inglaterra, ao lado das mulheres. Gravado de forma precária, três anos depois o espetáculo virou o disco *Barra 69*.

Três meses antes, Caetano já havia rompido o silêncio musical, ao gravar em estúdio as bases de voz e violão para o disco produzido em agosto, em São Paulo, com arranjos e direção do maestro Rogério Duprat. O repertório incluía "Atrás do trio elétrico", "Marinheiro só" e "Irene".

No exílio, longe da censura e do autoritarismo da ditadura no Brasil, os dois vivenciaram uma das fases mais criativas. Compondo em inglês, a dupla conquistou público e crítica da Europa. Na volta ao Brasil, tornaram-se ícones da música popular brasileira.

Você sabia?

Quando voltou do exílio, Caetano, coerente com suas ideias, mais uma vez desafiou o conservadorismo. Subiu ao palco de brincos de argolas, tamancos, batom e blusa tomara que caia, causando escândalo. Tornou-se referência para a futura carreira de Ney Matogrosso e do grupo Secos e Molhados.

22 de janeiro

Nasce Leonel Brizola
1922

De família muito pobre, o gaúcho Itagiba de Moura Brizola só mais tarde virou Leonel, ao adotar o nome de um líder maragato da revolução gaúcha de 1923. Filho de José de Oliveira e Onívia de Moura, Brizola nasceu em 22 de janeiro de 1922, no pequeno povoado de Cruzinha, no município de Carazinho, cidade do Rio Grande do Sul que na época pertencia a Passo Fundo. Dali saiu para se tornar técnico rural, em 1939, e se formar em engenharia, em 1949, mas não sem antes trabalhar como engraxate e, depois, como ascensorista.

Um dos principais opositores da ditadura de 1964, e um dos líderes da esquerda brasileira, com intensa atuação na política até sua morte em 21 de junho de 2004, Brizola, segundo o Diário Oficial da União, entrou em 29 de dezembro de 2015 para o Livro dos Heróis da Pátria, que fica em exposição permanente no Panteão da Pátria, em Brasília, e homenageia pessoas que tiveram papel importante na história do Brasil.

Sua trajetória política começou entre 1945 e 1949, enquanto estudava engenharia na Universidade Federal do Rio Grande do Sul e já fazia parte do Partido Trabalhista Brasileiro (PTB). Em 1947, foi eleito deputado estadual; tendo sido reeleito em 1950, cumpriu o mandato por um ano até ser nomeado secretário estadual de Obras.

Na época, Brizola já namorava com Neusa Goulart, irmã do também deputado estadual petebista João Goulart, o Jango, mais tarde eleito vice-presidente da República na chapa de Jânio Quadros. De seu casamento com ela nasceram três filhos.

Em 1954, foi eleito novamente pelo PTB, dessa vez deputado federal, chegando à prefeitura de Porto Alegre no ano seguinte. Eleito governador do Rio Grande do Sul com imenso apoio popular, em 1958, adotou medidas impactantes. Entre elas a implantação da reforma agrária e a estatização de empresas multinacionais. Em maio de 1959, o governo gaúcho encampou a

22 de janeiro

Companhia de Energia Elétrica Rio-Grandense, filial da norte-americana American & Foreign Power Company.

A trajetória nacional de Brizola como líder de esquerda começou a se consolidar a partir da renúncia do presidente Jânio Quadros, em agosto de 1961. Diante do veto dos ministros militares à posse do vice, João "Jango" Goulart, o caudilho gaúcho ocupou as rádios Guaíba e Farroupilha, em Porto Alegre, para formar o que chamou de "cadeia da legalidade". O objetivo de Brizola era aglutinar as forças populares.

Em 1962, Brizola conseguiu a façanha de se reeleger deputado federal, ainda pelo PTB, mas dessa vez pelo antigo estado da Guanabara, atual Rio de Janeiro. Recebeu 269 mil votos, a maior votação então registrada. Assumiu no ano seguinte a cadeira na Câmara, de onde exigia de Jango, o cunhado presidente, a implantação das "reformas de base" agrária, bancária e tributária.

Cassado pelo golpe militar de 1964, Brizola foi para o exílio no Uruguai. Em 1977, acusado de violar as normas do exílio, foi expulso e acabou indo morar em Lisboa, até 1979. Anistiado e de volta ao Brasil, perdeu a sigla PTB para o grupo político de Ivete Vargas, sobrinha-neta de Getúlio, e, em 1980, criou o Partido Democrático Trabalhista (PDT). Em 1982 foi eleito governador do estado do Rio de Janeiro, sendo reeleito em 1990.

Você sabia?

Concluído em março de 1987, o mandato de Brizola deixou como legado ao Rio de Janeiro os Centros Integrados de Educação Pública (CIEPS), escolas em tempo integral com assistência médica e odontológica gratuita. O Sambódromo, também com projeto arquitetônico de Oscar Niemeyer, é outra obra que o perpetuou na memória política nacional.

23 de janeiro

Guilherme de Pádua é condenado
1997

Foram praticamente 68 horas de expectativa, tensão e muita confusão. Cinco anos depois do crime e em um dos mais longos julgamentos da justiça criminal brasileira, o dia 23 de janeiro de 1997 ficou marcado pela condenação do ator Guilherme de Pádua, por cinco votos a dois, pelo assassinato da atriz Daniella Perez, com quem contracenava em casal romântico na novela *De corpo e alma*, da TV Globo.

A sentença, de dezenove anos de prisão em regime fechado, foi lida naquela manhã pelo juiz José Geraldo Antônio, do 1º Tribunal do Júri, do Rio de Janeiro. Acusada de cumplicidade, Paula Thomaz, na época mulher de Pádua, foi condenada três meses depois, em abril, a dezenove anos e meio de prisão.

Envolto em trama de ciúme doentio, sentimento de posse e até magia negra, numa mistura de ficção e realidade, o crime causou comoção nacional. Segundo relatório das investigações e dos laudos periciais apresentados pela promotoria ao Tribunal do Júri, no dia 28 de dezembro de 1992 Guilherme de Pádua e a mulher, Paula Thomaz, ele com 23 e ela com dezenove anos na época, atraíram Daniella Perez para um local ermo e escuro da Barra da Tijuca.

Lá, a atriz de 22 anos, filha de Glória Perez, a roteirista da novela em que a jovem atuava e mulher do também ator Raul Gazolla, foi dominada e espancada pelo casal. Depois, foi cruelmente assassinada a golpes de tesoura por Guilherme de Pádua e Paula Thomaz.

O réu foi descrito nos autos como "personalidade violenta, perversa e covarde". A leitura da sentença foi aplaudida pelo público que lotou o auditório de Tribunal do Júri, e, enquanto Glória Perez, a mãe de Daniella, era consolada por amigos, Guilherme de Pádua, algemado, foi escoltado por agentes policiais para o presídio Ari Franco, em Água Santa, Zona Norte do Rio de Janeiro.

23 de janeiro

Com a teatralização característica dos tribunais de júri, o julgamento de Pádua proporcionou debates acirrados entre defesa e acusação, cada qual no seu estilo. Enquanto a tranquilidade e a serenidade deram o tom ao trabalho do promotor José Muiños Piñeiro e do advogado Artur Lavigne, contratado pela família da vítima para atuar como assistente de acusação, o advogado de defesa Paulo Ramalho apelou à eloquência e agitação, em debate que demorou quase oito horas, com muitos gestos ensaiados e troca de acusações.

Segundo relato de jornalistas que acompanharam a sessão do Tribunal do Júri, Guilherme de Pádua, sempre de cabeça baixa, manteve-se impassível durante a leitura da sentença. Antes de ser empurrado pelos policiais militares para dentro do camburão que o levou ao presídio, porém, teve tempo de considerar o "julgamento injusto e de cartas marcadas".

Para o promotor Piñeiro, o fato mais importante do caso Daniella Perez foi a realização do júri popular quatro anos após o crime. A batalha jurídica teve desfecho depois de três adiamentos e inúmeros recursos em tribunais superiores.

Você sabia?

Em liberdade desde 2010, Guilherme de Pádua se tornou obreiro da Igreja Batista da Lagoinha, em Belo Horizonte. Perdeu contato com o filho Felipe, fruto do relacionamento com Paula Thomaz, e se casou novamente com Paula Maia, com quem desenvolveu projetos de proteção a animais.

Libertada pouco tempo depois de Guilherme, Paula Thomaz, hoje Paula Nogueira Peixoto, se casou novamente, com o advogado Sergio Ricardo Rodrigues Peixoto, com quem teve mais dois filhos.

24 de janeiro

Calabar, musical de Chico Buarque, é liberado pela censura
1980

Foram sete anos de espera nas gavetas da censura. Escrita originalmente em 1973 por Chico Buarque e Ruy Guerra, a peça *Calabar* ganhou nova montagem e, finalmente, estreou em São Paulo, no teatro São Pedro, em janeiro de 1980. Na época, o autoritarismo imposto pelo golpe de Estado começava a demonstrar enfraquecimento, e com a revogação do AI-5, o quinto e último dos atos institucionais baixados pela junta militar que governou o Brasil desde 1964, a liberdade de expressão voltou a dar o ar da graça.

Considerado pelo próprio Chico o mais político de toda a sua obra, o texto original foi revisado e reestruturado com pitada de ironia e maior aprofundamento dramático. As músicas ganharam novos arranjos e o elenco foi reduzido de 37 para dezenove atores e atrizes, alguns interpretando mais de um personagem – entre eles Sérgio Mamberti, como Frei Manoel de Salvador; Othon Bastos, como Mathias de Albuquerque e Maurício de Nassau; Tânia Alves, como Bárbara; Martha Overbeck, como Anna de Amsterdam. A direção musical e os arranjos foram de Marcus Vinicius, e Fernando Peixoto fez a direção-geral, com cenografia e figurinos de Hélio Eichbauer.

A montagem de 1973, que nunca estreou, tinha direção musical de Dori Caymmi e orquestração de Edu Lobo, com cenografia de Hélio Eichbauer, que assinava ainda os figurinos, ao lado de Rosa Magalhães. Numeroso, no elenco daquela época Tete Medina, a Bárbara, e Betty Faria, a Anna de Amsterdam, atuaram ao lado de vários atores. A produção foi de Fernando Torres e Fernanda Montenegro, com direção de Fernando Peixoto, Mário Masetti e Zdenek Hampl. Em novembro de 2013, *Calabar* voltou aos palcos, no mesmo teatro São Pedro de quarenta anos atrás.

A peça aborda a invasão holandesa ao Nordeste do Brasil, em 1630, e a disputa com Portugal pelo controle do mercado açucareiro em Pernambuco e estados vizinhos. Conta a história de Domingos Fernandes Calabar

24 de janeiro

(1600-1635), um brasileiro mestiço que integrava as tropas portuguesas, mas preferiu lutar ao lado dos holandeses e desafiar a Coroa, pelo que foi acusado de traidor, torturado, enforcado e esquartejado.

Resultado da parceria entre Chico Buarque e o cineasta moçambicano Ruy Guerra, o musical tem como pano de fundo a traição e busca elementos da história para revelar o período em que os artistas brasileiros, ou o povo brasileiro, precisavam criar alternativas para criticar de forma velada a ditadura militar.

Calabar, na verdade, nem aparece na peça. A história dele é contada por outros personagens, como Mathias de Albuquerque, o governador pernambucano que chefiava os portugueses, e seus auxiliares, exemplos da diversidade étnica e da mistura das raças do povo brasileiro: Felipe Camarão, índio convertido ao catolicismo; Henrique Dias, negro que perdeu todas as referências da própria cultura; e Sebastião Souto, branco, brasileiro e nascido na Paraíba.

Também têm destaque a figura de Frei Manoel; o holandês Maurício de Nassau, nomeado governador civil e militar do Nordeste do Brasil; e as mulheres: Bárbara, esposa de Calabar, e a prostituta Anna de Amsterdam, a holandesa trazida em um dos navios europeus, elas são responsáveis pelos números musicais.

Você sabia?

Em 20 de outubro de 1974, o general Antônio Bandeira, chefe da Polícia Federal, foi quem proibiu a peça, o nome Calabar e, ainda, que a interdição fosse divulgada.

Censuradas, a maioria das músicas foi instrumentalizada, como a quase desconhecida "Vence na vida quem diz sim".

25 de janeiro

Fundação da cidade de São Paulo
1554

Lá estavam os índios, os jesuítas, muitos mamelucos e uns poucos colonizadores portugueses. No calendário cristão, era o dia 25 de janeiro de 1554, dia da conversão do apóstolo são Paulo, daí o nome escolhido para a localidade que se fundava naquele ato, no planalto de Piratininga. Levaria ainda seis anos para obter o título de vila, apesar de já ter sido realizada ali missa inaugural e a criação de seu primeiro colégio.

A certidão de batismo da cidade de São Paulo surgiu dentro do projeto dos portugueses de ocupação das terras do Novo Mundo, com os jesuítas na linha de frente, a serviço da Companhia de Jesus. Essa ordem religiosa, fundada em Portugal, em 1534, por Inácio de Loyola, dentro do espírito da Contrarreforma, fez desembarcar no Brasil os padres encarregados da missão de catequizar os índios. E por aqui eles permaneceriam até 1759, quando foram expulsos por ordens do marquês de Pombal.

Três jesuítas – Manuel da Nóbrega, Manuel de Paiva e o jovem irmão José de Anchieta – foram os responsáveis por São Paulo assumir seu nome cristão em substituição a Piratininga, que em tupi significava "peixe a secar". Piratininga era então um campo iluminado aonde se chegava partindo do litoral e subindo a serra de Paranapiacaba, a muralha de mata densa, grutas e escarpas íngremes. Dizia-se que era um campo iluminado justamente porque ele se abria, depois da escuridão da mata fechada.

Os primeiros europeus a trilhar esse caminho, incluindo Martim Afonso de Sousa, em 1532, primeiro donatário da Capitania de São Vicente, foram conduzidos por João Ramalho, um português que naufragara em 1508 e conquistara a confiança do líder tupiniquim, o cacique Tibiriçá, unindo-se à sua filha Bartira. Valendo-se da união fortalecida pelo cunhadismo, conceito que estava na base da estrutura social e de ajuda mútua dos índios, Ramalho garantiu apoio dos tupiniquins aos portugueses, agindo como intermediário. Dizem que por isso seria ele o verdadeiro fundador de São Paulo, a quem

25 de janeiro

também se atribui a proteção das primeiras edificações na elevação entre os rios Tamanduateí e Anhangabaú, o atual Pátio do Colégio.

Até meados do século XIX, São Paulo não existia economicamente, em parte por se situar longe do litoral e das rotas dos ciclos da cana-de-açúcar e do ouro. Foram as chamadas Entradas e Bandeiras que levaram os bandeirantes a escravizar índios e a buscar ouro e pedras preciosas pelo interior do Brasil, na tentativa de combater a estagnação de seus três primeiros séculos de história.

A produção maciça de café para exportação mundial, na virada do século XIX para o XX, trouxe a grande mudança desse cenário. No ápice da economia cafeeira, ainda que as fazendas estivessem no interior, era na capital que se concentravam os negócios que abriram bairros, construíram edifícios, promoveram desenvolvimento e fortaleceram sua urbanidade e cultura. A mesma fase respondeu pela pluralidade de sua população, já que nela se fixaram os imigrantes – e seus descendentes –, que vieram para trabalhar nas lavouras de café. Muitos construiriam grandes impérios industriais e comerciais, fazendo a fama de São Paulo como a terra das oportunidades.

Passado o ciclo do café, a cidade passou por maciça industrialização que fez dela a maior metrópole brasileira, título apoiado em números que só crescem com os anos. Na primeira década do século XXI, a cidade abrigava em sua região metropolitana cerca de 20 milhões de habitantes. E o município respondia pelo décimo maior PIB do mundo e por 36% de toda a produção de bens e serviços do estado de São Paulo.

Você sabia?

A Faculdade de Direito do Largo de São Francisco, fundada em 1828, foi a primeira instituição de ensino superior da cidade, de onde sairiam grandes personalidades da história do Brasil, entre eles os ex-presidentes Artur Bernardes, Campos Sales, Prudente de Morais, Jânio Quadros; os poetas Castro Alves, Fagundes Varella; os escritores Monteiro Lobato e Lygia Fagundes Telles; os atores, autores e diretores de teatro José Celso Martinez Corrêa e Marcos Caruso; o diretor de cinema Nelson Pereira dos Santos, entre outros.

26 de janeiro

Assinado acordo de paz com holandeses invasores
1654

Longa e sangrenta, a presença holandesa em território nordestino começou em 1630 e só teve desfecho no verão pernambucano de 1654. Além da forte resistência popular, que reuniu nas mesmas trincheiras índios, escravos negros e mazombas (como eram chamados os colonos portugueses), reforçados por guerrilha de mulheres lideradas pela lendária índia Clara Camarão, os invasores de olhos azuis governados pelo príncipe Maurício de Nassau tiveram que enfrentar a ira dos senhores de engenho – os mesmos que os haviam apoiado na chegada em troca de financiamento para desenvolvimento da cultura açucareira.

O descontentamento dos fazendeiros com a cobrança dos empréstimos feitos pelos holandeses para novas lavouras e engenhos de cana-de-açúcar acirrou o conflito que se espalhava pela foz do rio São Francisco – entre Pernambuco, Alagoas, Sergipe e parte do Ceará. Paralelamente ao enfrentamento armado, as negociações para a saída das tropas flamengas e a devolução do território nordestino teriam custado a Portugal o pagamento de alta indenização, por causa das benfeitorias deixadas.

A resistência de índios, negros e colonos portugueses, base da nova identidade do povo brasileiro, ficou simbolizada pela vitória nas duas batalhas de Guararapes, em abril de 1648 e 19 de fevereiro de 1649. Mesmo em minoria, os guerrilheiros surpreenderam o inimigo nas encostas da atual Jaboatão de Guararapes, na Grande Recife, enfraquecendo as forças holandesas. Depois da segunda investida, com a perda do comandante Johan van den Brinken, as negociações evoluíram para o acordo de paz e a saída dos holandeses, em 26 de janeiro de 1654.

Liderados por Antônio Dias Cardoso, os combatentes portugueses tiveram apoio de indígenas comandados por Felipe Camarão, índio potiguar convertido ao catolicismo, e de negros africanos conduzidos pelo escravo liberto Henrique Dias. Como estavam em menor número, os combatentes desenvolveram táticas de guerrilha, escavando trincheiras para surpreender os inimigos em tocaias.

A presença das mulheres no campo de batalha também foi decisiva para a expulsão dos holandeses do território nordestino. É quando começa a ser reconhecida a história de Clara Camarão, índia potiguar da grande nação tupi, catequizada por jesuítas na aldeia de Igapó, onde se casou com o chefe também catequizado e rebatizado Felipe Camarão.

Proibida de lutar ao lado do marido, Clara Camarão montou um pelotão feminino, guerreiras que ficaram conhecidas como "heroínas de Tejucupapo". Além de excelente amazona, ela sabia como poucos usar arco e flecha, tacape e lança.

Conta a história que, em 24 de abril de 1646, Clara Camarão e suas guerreiras surpreenderam o Exército holandês com uma arma até então desconhecida. Ferveram água em panelas de barro e tachos de ferro, onde acrescentaram grande quantidade de pimenta, e se esconderam nas trincheiras que cavaram, à espera do melhor momento para atacar. Em duas horas de combate, mais de trezentos cadáveres de soldados holandeses ficaram espalhados pelo chão. Os sobreviventes bateram em retirada.

Você sabia?

A ocupação holandesa no Brasil em busca de açúcar fez parte da estratégia para estabelecer as Companhias das Índias Ocidentais e Orientais nas colônias portuguesas – Brasil, Gana, Angola, Golfo da Guiné, Sri Lanka e Indonésia.

O príncipe Maurício de Nassau, enviado para governar a colônia holandesa no Brasil, foi obrigado a recuar diante das recorrentes revoltas populares de que foi alvo, concordando com a rendição após a segunda Batalha dos Guararapes.
A Holanda deixou o Brasil, finalmente, em 1654.

27 de janeiro

Começa a Guerra do Paraguai
1865

O mais longo e sangrento conflito internacional do século XIX na América do Sul, a Guerra do Paraguai, custou àquele país cerca de 500 mil mortos, ou seja, 80% da população de jovens adultos, além da ruína econômica e social. Foram cinco anos de batalhas campais, a partir de 27 de janeiro de 1865, com o Brasil tornando-se responsável por boa parte da ruína paraguaia.

As desavenças políticas e territoriais na bacia do rio da Prata, contudo, são anteriores à Guerra Grande, como a denominam os paraguaios – ou Guerra da Tríplice Aliança (*Guerra de la Triple Alianza*), para brasileiros, uruguaios e argentinos.

Em 1864, o Brasil invadiu o Uruguai e derrubou Atanasio Aguirre, aliado do ditador paraguaio Francisco Solano López. Este tinha estratégias expansionistas e reagiu à investida contra o país aliado, além de cobrar pesados impostos das embarcações brasileiras que cruzavam Assunção para chegar ao Mato Grosso.

As causas do enfrentamento são atribuídas inicialmente às ambições de Solano López, cujas tropas invadiram territórios brasileiros (Mato Grosso e Rio Grande do Sul) e argentino (Corrientes). Com exército melhor estruturado, o Paraguai pretendia conquistar o acesso ao Oceano Atlântico pelo rio da Prata. E, assim, consolidar-se como a mais importante nação da América do Sul, independente e com potencial econômico então comparável ao dos Estados Unidos.

Paralelamente aos conflitos regionais, as reações contra o desenvolvimento econômico e o poderio do pequeno país ultrapassaram as fronteiras. Na Europa, a Inglaterra encarou a independência paraguaia como ameaça aos seus negócios na América do Sul e declarou apoio financeiro e bélico aos países da Tríplice Aliança.

Batalhas memoráveis foram travadas. Em uma delas, a do Riachuelo, as forças brasileiras sob comando do almirante Barroso libertaram o Rio Grande

27 de janeiro

do Sul do domínio paraguaio. Em 24 de maio de 1866, em Tuiuti, considerada a mais sangrenta de todas, o saldo foi de 10 mil paraguaios mortos.

Em setembro do mesmo ano, os paraguaios são vitoriosos em Curupaiti e provocam desentendimentos entre os comandantes militares da Tríplice Aliança. Diante do impasse e da iminente saída da Argentina e do Uruguai do conflito, o que se confirmou em 1867, o imperador brasileiro dom Pedro II convocou o comandante Luís Alves de Lima e Silva, o duque de Caxias, para reorganizar as tropas.

Sob o comando de Caxias e do general Manuel Luís Osório, o Exército brasileiro encurralou os já enfraquecidos inimigos. E venceu batalhas decisivas para a rendição paraguaia. Entre elas as de Humaitá, Itororó, Avaí, Angostura e Lomas Valentinas.

A tropa comandada pelo duque de Caxias chegou à capital paraguaia em 1869. Perseguido, o ditador paraguaio Solano López foi morto em 1870, em Cerro Corá, na última batalha campal da guerra que só terminou oficialmente seis anos depois – o acordo de paz foi oficializado pela Conferência de Buenos Aires de 1876.

No Paraguai, as consequências da guerra foram a devastação e a miséria. Terras de pequenos produtores foram vendidas a estrangeiros, que passaram a explorar os antigos proprietários, aniquilando sua economia e criando um dos países mais pobres do mundo. No Brasil, a popularidade de dom Pedro II despencou, com movimentos abolicionistas e republicanos preparando o fim da monarquia.

Você sabia?

A baiana Anna Nery foi enfermeira do 10º Batalhão de Voluntários da Pátria do Exército brasileiro, em agosto de 1865, e recebeu autorização para acompanhar dois filhos oficiais e o irmão major nas batalhas. Atuou em hospitais militares da campanha e viu um dos filhos tombar em batalha. Morreu em 20 de maio de 1880, aos 66 anos, no Rio de Janeiro.

28 de janeiro

Brasil indica Betinho ao Prêmio Nobel da Paz
1994

A fragilidade de Herbert de Sousa era apenas aparente. Betinho, como era conhecido, cresceu com as complicações da tuberculose malcurada que teve na infância e morreu, aos 62 anos, em decorrência da Aids, contraída em uma das frequentes transfusões de sangue a que era submetido para tratamento da hemofilia, doença herdada da mãe, dona Maria, assim como os irmãos mais novos, o cartunista Henfil e o músico Chico Mário.

Antes da morte, em 9 de agosto de 1997, no Rio de Janeiro, Betinho teve uma trajetória incansável de luta pelos direitos humanos iniciada ainda na adolescência, enfrentou os anos de chumbo da ditadura militar, ficou oito anos no exílio (Chile, Panamá, Canadá e México) e, na volta, já nos seus últimos anos de resistência física, ficou internacionalmente conhecido pela Ação da Cidadania Contra a Miséria e pela Vida, a Campanha Contra a Fome.

Formado em sociologia, o irmão de Henfil homenageado na música "O bêbado e a equilibrista", de João Bosco e Aldir Blanc, nos anos 1960 foi um dos fundadores da Ação Popular, movimento revolucionário da Juventude Universitária Católica que defendia a implantação do socialismo. Chegou a trabalhar como assessor do Ministério da Educação, no governo João Goulart, mas, perseguido pelos articuladores do golpe militar de 1964, passou a atuar na clandestinidade no exterior. No Chile, trabalhou ao lado de Salvador Allende, antes do golpe liderado pelo general Augusto Pinochet.

Anistiado, Betinho voltou ao Brasil em 1979 e, ao lado de Carlos Afonso e Marcos Arruda, companheiros de exílio, criou o Instituto Brasileiro de Análises Sociais e Econômicas (IBASE), organização não governamental, ecumênica e suprapartidária. Em 1991, ganhou o Prêmio Global 500, do Programa das Nações Unidas para o Meio Ambiente, pela luta em defesa da reforma agrária e dos povos indígenas. Dois anos depois, foi um dos articuladores da Campanha Contra a Fome, que, sem ajuda financeira do governo, em dois anos instalou

28 de janeiro

5 mil comitês em todo o Brasil para doação e distribuição de toneladas de alimentos à população carente.

Por essa iniciativa, em 28 de janeiro de 1994, o governo do ex-presidente Itamar Franco indicou o nome dele para o Prêmio Nobel da Paz. As ações práticas de Betinho foram inspiradas na obra de Josué de Castro, médico e ativista político nascido no Recife, em 1908, autor das obras *Geografia da fome* e *Geopolítica da fome*. Castro rompeu com algumas falsas convicções de que a fome e a miséria são resultantes do excesso populacional e da escassez de recursos naturais. E conseguiu provar que a falta de alimentos é causada pela má distribuição da renda e da terra, cada vez mais concentradas nas mãos da minoria privilegiada.

No governo seguinte, de Fernando Henrique Cardoso, Betinho passou a integrar o Conselho da Comunidade Solidária, que substitui a Legião Brasileira de Assistência (LBA), presidido pela então primeira-dama Ruth Cardoso. Em 1995, a Ação da Cidadania assumiu a campanha Democracia na Terra e passou a dar prioridade à luta pela democratização da propriedade agrícola, para combater a fome e o desemprego.

Betinho escreveu *A cura da Aids* em 1994, mas três anos depois morreu debilitado pela doença. Quem estava por perto naqueles momentos derradeiros não deixou de atender seu último pedido: um copo de cerveja gelada.

Você sabia?

Em 1986, depois de saber que era portador do vírus HIV, Betinho ajudou a fundar a Associação Brasileira Interdisciplinar de Aids. Em 2012, a história de Betinho foi reconhecida pela Organização das Nações Unidas para a Educação, a Ciência e a Cultura (UNESCO) como parte importante da memória mundial.

29 de janeiro

Nasce o Barão de Itararé, pioneiro do humorismo político
1895

Se tivesse vivido no século XXI, com a abundância de escândalos na política nacional, certamente seria ainda mais farta a produção intelectual humorística de Aparício Fernando de Brinkerhoff Torelly, ou simplesmente Barão de Itararé, como se autodenominou o jornalista nascido na cidade do Rio Grande, no litoral do Rio Grande do Sul, em 29 de janeiro de 1895. Pioneiro do humor político no Brasil, ele foi fonte de inspiração de publicações como *O Pasquim*, o tabloide de esquerda que enfrentou os anos de chumbo da ditadura militar com irreverência e coragem, entre as décadas de 1960 e 1970.

Segundo Cláudio Figueiredo, autor de *Entre sem bater – a vida de Aparício Torelly, o Barão de Itararé*, biografia de 480 páginas publicada pela editora Casa da Palavra, o humor do jornalista não perdoava ninguém: "Ridicularizava ricos, classe média e pobres. Sobretudo políticos, donos de jornais e intelectuais".

O gosto pela escrita foi descoberto ainda na infância. Em 1906, foi matriculado no Colégio Nossa Senhora da Conceição, em São Leopoldo (RS), e, três anos depois, aos catorze, escreveu seu primeiro jornal, o manuscrito *Capim Seco*. Na juventude, o Barão de Itararé chegou a cursar a Faculdade de Medicina, em Porto Alegre, mas um derrame durante as férias o reaproximou de vez das letras e do jornalismo.

Foi quando começou a escrever artigos e sonetos diários para jornais e revistas, ainda no Rio Grande do Sul. Em 1925, já no Rio de Janeiro, seu primeiro emprego como articulista foi em *O Globo*, antes de mudar para a redação do jornal *A Manhã*, onde ganhou a primeira página para publicar sonetos de humor com temas políticos. Um ano depois, estreou como titular da coluna "A Manhã tem mais", com o pseudônimo de "Apporelly", mistura de Aparício e Torelly.

A coluna foi um sucesso editorial e, em maio de 1926, ele abandonou o emprego para lançar, no dia 13, a primeira edição do próprio jornal: *A Manha*

29 de janeiro

(assim mesmo, sem o til), em formato tabloide e com circulação nacional, que em 1929 circulou como encarte do *Diário da Noite*, jornal do poderoso Assis Chateaubriand. Irreverente, foi durante a revolução de 1930 que Apparício Torelly se autoproclamou Barão de Itararé, a dois anos de ser preso, em 2 de setembro de 1932, por criticar o governo.

Em 1934, ele fundou outro tabloide, o *Jornal do Povo*, que teve a coragem de publicar a história de João Cândido, um dos marinheiros da Revolta da Chibata, de 1910, mas que teria curta duração. Em dez dias custou-lhe um sequestro seguido de espancamento, o que serviu como mais uma prova de sua coragem e irreverência. Ao ser solto, o Barão de Itararé colou um aviso na porta da redação: "Entre sem bater".

Comunista, o Barão foi um dos fundadores da Aliança Renovadora Nacional (ARENA), tendo sido preso diversas vezes durante o Estado Novo de Getúlio Vargas. Em 1947, elegeu-se vereador na cidade do Rio de Janeiro, pelo PCB, mas o partido foi cassado e ele ficou sem mandato, o que o afastou da política e do humor. No fim dos anos 1950, o Barão de Itararé passou a se dedicar aos estudos de esoterismo, filosofia hermética, Egito Antigo e astrologia.

Você sabia?

Inimigo do governo, o Barão de Itararé foi preso em 1936 pela polícia política de Getúlio Vargas e passou um ano na Casa de Correção. Foi preso diversas outras vezes, entre 1937 e 1945, durante o Estado Novo. Em uma dessas prisões, foi companheiro de cela do escritor Guimarães Rosa.

Na década de 1950, em São Paulo, criou paródias de almanaques tradicionais, como o *Almanhaque*. Morreu aos 76 anos, em 27 de novembro de 1971, no Rio de Janeiro, e deixou acervo com frases como "Não é triste mudar de ideia; triste é não ter ideia para mudar".

30 de janeiro

Porto Alegre sedia 1º Fórum Social Mundial
2001

Em 30 de janeiro de 2001, divulgou-se a Carta de Princípios do 1º Fórum Social Mundial, iniciado cinco dias antes, em Porto Alegre, com o lema "É possível um mundo melhor". O evento nasceu em contraponto à globalização neoliberal pregada pelo Fórum Econômico Mundial de Davos, na Suíça. De acordo com o documento, seu objetivo visa estimular a reflexão e viabilizar alternativas favoráveis ao desenvolvimento humano e à superação do domínio mercadológico nas relações internacionais.

Participaram da primeira edição do Fórum Social Mundial aproximadamente 4.700 pessoas, das quais 470 delegados de diversas entidades de 117 países e 1.870 jornalistas credenciados.

Na capital do Rio Grande do Sul, durante os cinco dias foram realizados seminários, conferências, palestras e oficinas, atividades pautadas em torno de quatro temas básicos: produção de riquezas e reprodução social, acesso às riquezas e à sustentabilidade, afirmação da sociedade civil e dos espaços públicos e relação entre poder político e ética na nova sociedade.

Criado a partir de parcerias entre Organizações Não Governamentais (ONGs) e movimentos sindicais e populares brasileiros com o jornal francês *Le Monde Diplomatique*, o Fórum não estabelece qualquer posição partidária ou governamental. Depois de ter sido a primeira sede do evento, em 2001, Porto Alegre foi escolhida para também sediar as edições seguintes, em 2002 e 2003.

Em 2004, o Fórum Social Mundial foi transferido para Mumbai, na Índia, onde, segundo os organizadores, mobilizou 111 mil pessoas, representando 117 países. Em 2005, o Fórum voltou ao Brasil, novamente a Porto Alegre, enquanto a edição de 2006, com 80 mil participantes, foi realizada simultaneamente em Caracas, na Venezuela; em Bamako, no Mali; e em Karachi, no Paquistão. No ano seguinte, foi a vez da África, com a transferência do Fórum Social Mundial para Nairobi, no Quênia.

30 de janeiro

No ano de 2008, não houve concentração em uma cidade específica, com as discussões do Fórum sendo substituídas pela Semana de Mobilização Global. Em 2009, mais uma vez no Brasil, 120 mil representantes de 150 países foram a Belém, a capital paraense, para discutir temas relacionados à sustentabilidade ambiental e ao modelo econômico atual, tido como uma das principais causas do aquecimento global e do esgotamento dos recursos naturais.

Você sabia?

Diante do sucesso da primeira edição, em 2001, em Porto Alegre, o comitê organizador do Fórum Social Mundial propôs discussões permanentes para a construção de alternativas sustentáveis em âmbito mundial, com a criação de redes temáticas, movimentos e organizações para se contrapor à globalização neoliberal.

Formam o comitê organizador no Brasil as seguintes entidades: Associação Brasileira das Organizações Não Governamentais, Comissão Brasileira de Justiça e Paz da Conferência Nacional dos Bispos do Brasil, Central Única dos Trabalhadores, Movimento dos Trabalhadores Rurais sem Terra, Rede Social de Justiça e Paz, Instituto Brasileiro de Análises Sociais e Econômicas e Cidadania, Identidades e Valores Políticos.

Em 2018, realizado pela primeira vez na região Nordeste, em Salvador, o Fórum Mundial Social priorizou a diversidade e a resistência, com temas como ancestralidade, terra e territorialidade; comunicação, tecnologias e mídias livres; culturas de resistência; democracia da economia; desenvolvimento, justiça social e ambiental; direito à cidade; direitos humanos; educação e ciência para emancipação e soberania dos povos; feminismos e luta das mulheres; diversidade de gênero; lutas anticoloniais; migrações; mundo do trabalho; povos indígenas; vidas negras importam; paz e solidariedade.

31 de janeiro

Navegador espanhol chega às Cataratas do Iguaçu
1542

Depois de sobreviver a um naufrágio onde hoje se localiza o estado da Flórida, nos Estados Unidos, e de viver por mais de cinco anos entre índios no atual Texas; depois de ser capturado por nativos na região do México, de ter sido mercador e até curandeiro, foi em uma nova viagem à América, desta vez mais ao sul, que o conquistador espanhol Álvar Nuñez Cabeza de Vaca viu pela primeira vez o esplendor das cataratas. Dizem que tudo aconteceu por acaso: no verão de 1542, ele as encontrou ao navegar em canoa fabricada por índios à procura de rota alternativa para Assunção.

Cabeza de Vaca acabou se tornado assim o primeiro europeu a explorar o curso dos rios Iguaçu e Paraguai, descrevendo o conjunto de quedas d'água na área do que viria a ser o parque nacional de 250 mil hectares de floresta subtropical, desde 1986 declarado, pela UNESCO, Patrimônio Natural da Humanidade.

Localizadas na atualidade entre a cidade paranaense de Foz do Iguaçu, a província argentina de Missiones e a paraguaia Ciudad del Este, na fronteira entre os três países, as cataratas descobertas pelo navegador espanhol chegaram a ser denominadas como Salto de Santa Maria. Prevaleceu, no entanto, a denominação indígena originária: *iguazu*, que no idioma tupi-guarani significa "grande volume de água".

Um dos principais destinos turísticos contemporâneos ao sul do Brasil e fonte geradora das turbinas da hidrelétrica de Itaipu, a binacional que fornece energia também para o Paraguai, as cataratas formam um conjunto de saltos com até oitenta metros de altura. Dependendo da vazão do rio Iguaçu, são de 150 a 300 cachoeiras lembrando uma gigantesca ferradura com 2.700 metros de extensão – 800 deles no lado brasileiro e os outros 1.900 em território argentino, onde está a bela Garganta do Diabo.

31 de janeiro

Com 150 milhões de anos, sua formação geológica é composta por dezenove grandes saltos, três deles em área do Parque Nacional do Iguaçu, no território brasileiro – Benjamim Constant, Floriano Peixoto e Deodoro da Fonseca. Equipado com boa infraestrutura turística, recebe cerca de 700 mil pessoas por ano. Acima das cataratas, o rio Iguaçu tem, em média, 1.200 metros de largura e percorre 1.320 quilômetros de leste a oeste, com vazão média de 1.500 metros cúbicos por segundo.

Entre as visitas ilustres, em 1916 Alberto Santos Dumont, o pai da aviação, conheceu as Cataratas do Iguaçu, e, inconformado por serem propriedade privada, usou sua influência política até que, em 1939, foi criado o parque nacional. Em gratidão, ganhou uma estátua na entrada principal.

Maior parque do gênero na América Latina, ele abriga mais de novecentas espécies de aves, algumas raras, outras em extinção, que convivem com jacarés, saguis, tartarugas, cobras e uma infinidade de insetos coloridos.

Você sabia?

Além de aventureiro, Cabeza de Vaca foi soldado, camareiro, curandeiro, governador e escritor. Entre os relatos que envolvem a sua história, há um que diz que ele teria percorrido a pé e quase nu milhares de quilômetros entre o sul e o norte da América. Em livros que contam suas experiências, ele descreve a flora e a fauna dos locais que visitou e defende os índios. O explorador morreu pobre, em Sevilla, entre 1558 e 1560.

Reza a lenda que o rio Iguaçu descia sinuoso, mas tranquilo e sem cataratas. Lá, os índios guarani adoravam ao deus Tupã e a seu filho M'Boi, o deus-serpente que vivia nas águas, a quem ofereciam em sacrifício as virgens mais belas da aldeia. Tarobá, guerreiro apaixonado, tentou impedir o sacrifício da amada, Naipi, fugindo com ela em canoa rio abaixo. Provocou a ira de M'Boi, que penetrou nas entranhas da Terra, abriu uma cratera gigantesca, revoltou as águas e petrificou Naipi.

FEVEREIRO

1º de fevereiro

Instalada a Assembleia Nacional Constituinte
1987

Depois de 21 anos da ditadura militar iniciada em 1964, a abertura para a redemocratização do Brasil concentrou-se na elaboração da nova Constituição Federal. Em 1985, com a morte de Tancredo Neves, eleito de forma indireta para a sucessão do general João Baptista Figueiredo, o último militar na Presidência da República, o vice José Sarney foi empossado presidente com a missão de encaminhar a reforma constitucional.

Assim, em 28 de junho daquele ano, Sarney enviou ao Congresso Nacional a proposta para convocação da Assembleia Nacional Constituinte, mensagem que foi aprovada e, em 27 de novembro, deu origem à Emenda Constitucional nº 26.

Os eleitos em 15 de novembro de 1986 para o Congresso Nacional – 487 deputados federais e 49 senadores – e 23 senadores da legislatura de 1982 ficaram responsáveis pela elaboração da nova Carta brasileira. Presididos pelo lendário deputado federal Ulysses Guimarães (PMDB), 558 parlamentares estavam na sessão de 1º de fevereiro de 1987, que declarou oficialmente aberta a Assembleia Nacional Constituinte.

Os trabalhos foram concluídos em 5 de outubro de 1988, quando Ulysses, visivelmente emocionado, declarou promulgada a Constituição da República Federativa do Brasil. Antes, os debates se mostraram acirrados e as negociações, bastante tensas, tanto em plenário como fora dele.

De um lado, estava o Centro Democrático, o Centrão, formado por parlamentares conservadores do PMDB, PFL, PDS e PTB, que atuavam contra as propostas defendidas por senadores e deputados ligados ao PT e ao PDT e com ideologia mais à esquerda. Elaboradas por grupos organizados da sociedade civil, como sindicatos e outras entidades de classe, ou lobistas que atuavam em nome de empresários e latifundiários, banqueiros e militares, as propostas polarizam os debates em torno de temas polêmicos. Entre eles direito à

1º de fevereiro

greve, reforma agrária, estrutura do Estado, duração de mandatos eletivos, atribuições das Forças Armadas e acesso aos serviços básicos de saúde e educação, por exemplo.

Divididos em sete etapas, os debates e as votações no Congresso Nacional se estenderam durante dezoito meses, com concessões de um e de outro lado para que fossem contempladas emendas destinadas a concretizar as diversas negociações.

Vários artigos foram ratificados, outros alterados, alguns temas nem foram devidamente regulamentados – como o direito de greve em atividades essenciais do serviço público. Mesmo assim, a Constituição Federal de 1988 ainda rege a organização social e o Estado brasileiro.

A Constituição de 1988, que regulamentou o caminho para a redemocratização do Brasil, representa, também, o legado de Ulysses Guimarães. É uma espécie de tributo ao "Senhor Diretas", morto em queda de helicóptero no mar do litoral de São Paulo, em 12 de outubro de 1992, ao lado do empresário e político Severo Gomes, ministro do governo militar de João Baptista Figueiredo, que se transformou em um dos defensores da reabertura política do país. Ulysses morreu sem realizar o ideal de chegar à Presidência da República.

Você sabia?

São impressionantes os números dos trabalhos da Assembleia Nacional Constituinte que ajudaram a elaborar a Constituição Cidadã de 1988, assim conhecida por ter sido um marco institucional do fim da ditadura iniciada em 1964 e por representar a garantia de independência dos poderes Legislativo, Executivo e Judiciário, além de conquistas fundamentais (licença-maternidade, fim da censura, proibição da tortura e ampliação dos direitos sociais) para o povo brasileiro: foram mais de 212 mil registros eletrônicos de emendas, projetos e destaques; mais de 2 mil caixas com documentos originais; 308 exemplares do Diário da ANC; 215 fitas de videocassete; 1.270 fotos; 2.865 fitas sonoras.

2 de fevereiro

Espanhol Francisco de Orellana desbrava o rio Amazonas
1542

Maior rio do mundo em extensão, o Amazonas também poderia se chamar rio Orellana. Teria sido uma homenagem ao explorador espanhol que, de 1541 a 1542, comandou a expedição que visava fazer dele o primeiro aventureiro a cruzar os Andes em direção à foz do imenso rio, no Oceano Atlântico, desbravando os 6.992 quilômetros em que ele serpenteia a Floresta Amazônica, entre Equador, Peru e Brasil.

Atacados por índias icamiabas durante a expedição, guerreiras da grande nação tupi que habitava a floresta, os aventureiros europeus resgataram sem querer a lenda das mitológicas guerreiras gregas (*a* = sem, *mazon* = centro) de quem copiaram o nome para batizar o grande rio. Lá, o corpo de Orellana desapareceu em 1546, na tentativa malograda de refazer o caminho da primeira aventura e garantir, por conta própria, a posse das terras desbravadas.

Nascido em Trujillo, em 1490, Francisco de Orellana viajou ainda adolescente para o Novo Mundo e se instalou na região da atual Nicarágua. Lutou no exército de Francisco Pizarro, de quem era parente, na vitória sobre os guerreiros incas para a conquista do território do Peru, entre 1533 e 1535. Três anos depois, participou também da fundação da cidade de Guayaquil, no Equador.

Relatam historiadores que, na expedição de 1535, Orellana navegou pelo Orinoco acima até encontrar um emaranhado de afluentes interligados ao Cachequerique que levava ao rio Negro e, na sequência, ao Amazonas – na época ainda chamado de rio Grande ou da Canela. Mas foi na companhia de outro irmão de Pizarro, Gonzalo, que entre 1540 e 1541 participou da expedição para explorar os rios Coca e Napo em busca de ouro.

Gonzalo havia recrutado cerca de 250 espanhóis, 4 mil índios, além de juntar porcos, cachorros e cavalos, e, em fevereiro de 1541, deixou

2 de fevereiro

Quito. Orellana, que estava em Guayaquil, a 320 quilômetros, perdeu a partida e, mesmo atacado por tribos hostis, cruzou os Andes até chegar à floresta fechada, com apenas 23 homens. Foi antes de seguir para leste e alcançar o Oceano Atlântico, em agosto de 1542, que a expedição enfrentou as índias icamiabas.

No retorno à Espanha com poucos sobreviventes, Orellana relatou a viagem ao rei Carlos e obteve a concessão das terras por ele exploradas. Como na época Espanha e Portugal discutiam os limites territoriais fixados na América pelo Tratado de Tordesilhas, o rei Carlos voltou atrás na proposta de financiar nova expedição para a colonização da Amazônia.

Sem apoio da corte espanhola, Francisco de Orellana montou por conta própria a expedição, em maio de 1544, e partiu do porto de Sanlúcar de Barrameda com quatro navios e cerca de quatrocentos homens. A segunda viagem, no entanto, foi um fracasso. Só duas das embarcações da frota chegaram à foz do Amazonas. Francisco de Orellana desapareceu no rio, dois anos depois, quando tentava navegar de volta à Europa.

Você sabia?

Francisco de Orellana pisou em território americano pela primeira vez em 1527, aos dezesseis anos. E em batalha no Novo Mundo foi que ele perdeu a visão do olho esquerdo: quando lutou ao lado de Francisco Pizarro, na derrota do imperador inca Atahualpa, em Cusco. Em busca de ouro e fortuna, depois ele se juntaria a Gonzalo Pizarro, para explorar a selvagem Amazônia.

Reza a lenda que um dos objetivos da expedição rio abaixo de Orellana era localizar El Dorado, mítico ser guardião das riquezas amazônicas que tinha o corpo coberto por fina camada de ouro. Mas também localizar a imensa floresta medicinal de cinamomo, de onde era extraída a mesma canela até então importada como especiaria exclusiva do Oriente.

3 de fevereiro

Presidente Dilma Rousseff demite diretoria da Petrobras
2015

Pressionado pelo escândalo da maior estatal brasileira, a Petrobras, o governo Dilma Rousseff (PT) resistiu o quanto pôde. Na primeira terça-feira de fevereiro de 2015, porém, concretizou enfim o que já vinha alinhavando nos bastidores do Planalto e entre a base aliada no Congresso Nacional: a demissão da presidente Graça Foster e de toda a diretoria executiva da empresa.

Foram meses de negociações, e a decisão só não ocorreu antes pela falta de um sucessor imediato para conduzir a estatal petroleira no momento de sua maior crise financeira e institucional. Na época, cresciam as denúncias de corrupção e de desvios astronômicos investigadas pela Operação Lava Jato, de competência da Justiça Federal, do Ministério Público Federal e da Polícia Federal.

No governo, a saída da engenheira química Graça Foster foi tratada como renúncia, não como demissão. Somente três dias depois, na sexta-feira, 6 de fevereiro, o sucessor dela, o administrador de empresas Aldemir Bendini, teve o nome aprovado pelo conselho da estatal e anunciado oficialmente por Dilma Rousseff. Bendini, que em 2015 havia renunciado à presidência do Banco do Brasil com a missão de sanear e moralizar a Petrobras, em abril de 2017 também seria indiciado na Operação Lava Jato, denunciado por delatores da empreiteira Odebrecht.

Naquela terça-feira, 3 de fevereiro de 2015, Graça Foster chegou ao Palácio do Planalto por volta das três da tarde, para uma demorada reunião com a presidente Dilma. A engenheira química estava sofrendo forte desgaste político na presidência da Petrobras, em razão de divulgar publicamente que os ativos da estatal tinham sido acrescidos para 88,6 bilhões de reais. A imagem pública dela ficou ainda pior ao declarar na ocasião que a exploração de petróleo cairia "ao mínimo necessário" e que haveria "corte de investimentos e desaceleração de projetos".

3 de fevereiro

Em meio às denúncias de corrupção, falta de dinheiro em caixa para dar continuidade aos investimentos previstos, e queda no preço do petróleo, a crise na Petrobras se espalhou como efeito dominó. Entre as consequências mais imediatas, houve suspensão de contratos, cancelamento de projetos e interrupção de pagamentos, inclusive de fornecedores estratégicos e de prestadores de serviços como estaleiros, empreiteiras e fabricantes de equipamentos pesados.

Resultado: houve redução de custos, com demissão em massa de trabalhadores, cerca de 40 mil entre 2014 e 2015, inicialmente no setor operacional, mas atingindo também mão de obra mais qualificada, como técnicos especializados e engenheiros.

Os cortes de pessoal atingiram, principalmente, projetos grandiosos e até então considerados prioritários, a exemplo do complexo petroquímico do Rio de Janeiro, no município de Itaboraí, e a refinaria Abreu e Lima, em Ipojuca (PE). Lá, só uma das empreiteiras, a Alumini, especializada em projetos na área de óleo e gás, demitiu 5 mil empregados em menos de seis meses. Até 2017, a inadimplência de prestadoras de serviços para a Petrobras ultrapassou a cifra astronômica de 200 milhões de reais, segundo os cálculos divulgados pela Associação Brasileira da Indústria de Máquinas e Equipamentos (ABIMAQ).

Você sabia?

Levantamento da Petra Group, agência especializada na seleção de executivos para companhias de gás e óleo, apontou queda de 15% nos salários do setor administrativo da área, depois da crise de 2014. Entre os operacionais, a redução foi de 10%.

Mesmo com a crise institucional e de caixa, a marca Petrobras aparentemente se mantém forte entre os trabalhadores. É o que indica o grande número de candidatos inscritos em recentes concursos públicos para admissão na estatal.

4 de fevereiro

Lançamento mundial do Facebook
2004

Em casa, no trabalho, na rua, no ônibus, nas manifestações, nas férias... Colegas, namorados, pais, mães, filhos, tios, sobrinhos, avós, até quem nunca se viu, enfim, todo mundo conectado, ora repassando fotos, ora compartilhando receitas saborosas, a própria imagem de perfil ou postando comentários sobre viagens, futebol, política, o que quer que seja. Ou, ainda, enviando um recado importante pela caixa de mensagem. Assuntos familiares, pessoais ou de negócios.

Toda essa dinâmica só se tornou possível e corriqueira por causa do Facebook, a maior rede social da internet, serviço que em 4 de outubro de 2012, exatamente oito anos e oito meses depois do seu lançamento, atingiu a impressionante marca de 1 bilhão de usuários ativos. Número que, obviamente, não para de crescer ao fazer o cruzamento virtual de "amigos" mundo afora.

Lançada em 4 de fevereiro de 2004 e operada pela empresa privada Facebook Inc., a maior rede social do mundo recebeu o mesmo nome do livro que, nos Estados Unidos, é um facilitador de relacionamentos, já que usado em universidades, no início do ano letivo, com o intuito de que os estudantes se conheçam mais rapidamente.

Aberto ao registro de qualquer usuário que declare ter pelo menos treze anos de idade, o site foi fundado por Mark Zuckerberg e três colegas de quarto da faculdade de Ciência da Computação, na Universidade de Harvard: o brasileiro Eduardo Saverin, Dustin Moskovitz e Chris Hughes. Inicialmente limitado aos estudantes de Harvard, logo expandiu-se às áreas de Boston, da Ivy League e da Universidade de Stanford.

Em 2008, quando ultrapassou o MySpace e se tornou a rede social com o maior número de usuários, com 100 milhões de pessoas conectadas, o site mudou o design das páginas e foi chamado de Novo Facebook. Uma novidade era o recurso de abas, que levava o visitante de um perfil à área de no-

4 de fevereiro

tícias, fotos e vídeos de um usuário. No mesmo ano, foi criado o bate-papo e lançado aplicativo para iPhone. Até então, só era possível entrar na rede pelo navegador do telefone celular, com acesso lento e menos opções disponíveis em relação à versão para computadores.

Gradualmente, foi adicionado suporte para alunos em outras universidades, até ser aberto também a estudantes do ensino médio e, em pouco tempo, a qualquer pessoa acima de treze anos, o que, rigorosamente, não é cumprido. De acordo com dados de maio de 2011 do ConsumersReports.org, eram 7,5 milhões de crianças abaixo da idade-limite com contas ativas, violando os termos de serviço.

Em fevereiro de 2014, a primeira década de operação foi comemorada com a marca de 1,19 bilhão de usuários. Em 21 de julho de 2016, o Facebook fez o primeiro voo, iniciativa para levar a internet a todo o mundo. O modo escolhido por Zuckerberg e equipe para alcançar o público off-line foi a aposta em equipamentos voadores alimentados pela energia solar. Foram meses de testes com modelos menores, até a empresa finalmente tirar do chão o drone Aquila.

O sucesso do site pode ser medido pelo tamanho da conta bancária do fundador Mark Zuckerberg, que também não para de crescer. Em março de 2011, por exemplo, a revista Forbes o classificou como 36º na lista das pessoas mais ricas do mundo, com fortuna estimada na época em 17,5 bilhões de dólares. Quatro anos depois, em junho de 2015, já eram 38,4 bilhões de dólares, chegando em 2016 a patrimônio líquido estimado em 51,8 bilhões de dólares.

Você sabia?

Em 2010, foi lançado *A rede social*, filme dirigido por David Fincher, contando a história do Facebook.

O site permitia identificar alunos solteiros ou comprometidos, um dos motivos do sucesso inicial.

5 de fevereiro

Estreia *Rá-Tim-Bum*, sucesso infantil da TV brasileira
1990

Quem foi criança na década de 1990, nunca se esqueceu das lições do professor Tibúrcio, da menina Nina e sua boneca Careca, do bordão "senta que lá vem a história" que anunciava novas curiosidades sempre divertidas. Era o programa infantil *Rá-Tim-Bum*, cuja abertura em animação também se tornou um marco da televisão brasileira: nela um ratinho querendo um pedaço de queijo corria desencadeando acontecimentos até terminar na explosão de um bolo de aniversário. Entre vários personagens carismáticos e quadros educativos, o programa inaugurou nova linguagem, conteúdo e ritmo em programas infantis de televisão.

Produzido pela TV Cultura de São Paulo, em parceria com a FIESP e o SESI-SP, o roteiro de *Rá-Tim-Bum* era escrito por uma equipe supervisionada por Flávio de Souza, com direção geral de Fernando Meirelles. Exibidos entre 5 de fevereiro de 1990 e 26 de março de 1994, foram 192 episódios, reprisados durante outros períodos. O programa ganhou vários prêmios, alguns internacionais, como a medalha de ouro no Festival de Nova York.

Rá-Tim-Bum acabou virando uma grife, dando origem a exposições, livros, peças de teatro e se tornando precursor do *Castelo Rá-Tim-Bum*, série educativa da televisão brasileira exibida originalmente entre 9 de maio de 1994 e 24 de dezembro de 1997, em noventa episódios e um capítulo especial, criação de Cao Hamburger e Flávio de Souza. Abriu caminho, também, para a TV Rá-Tim-Bum, canal fechado da TV Cultura voltado para a educação e o entretenimento infanto-juvenil.

Do *Castelo Rá-Tim-Bum*, que sucedeu o *Rá-Tim-Bum* e se diferenciou dele, mas manteve parte do nome por exigência dos patrocinadores, tornaram-se inesquecíveis o aprendiz de feiticeiro e o inventor Nino, com trezentos anos e que nunca foi à escola por causa da idade incomum, seu tio Victor, Morgana, a cobra Celeste, a charmosa repórter Penélope e o ET Etevaldo, entre outros.

5 de fevereiro

Enquanto o programa *Rá-Tim-Bum* se destacava pelo ritmo acelerado dos quadros, em que animações se entrelaçavam a encenações, lembrando videoclipes; o *Castelo Rá-Tim-Bum* trouxe para a TV uma linguagem mais teatral, com personagens, cenários, figurinos e diálogos mais presentes e marcantes. Entre os atores que tiveram as carreiras atreladas ao programa estão Cassio Scapin, o protagonista Nino; Luciano Amaral, que interpretou o jovem Pedro; Cinthya Rachel, que, no papel de Biba, colocava ordem na bagunça; e os veteranos Rosi Campos e Sérgio Mamberti. Rosi encarnando a boazinha bruxa Morgana, de 6 mil anos, contava histórias para a gralha Adelaide, enquanto Mamberti, o doutor Victor, era o dono do castelo.

Entre idas e vindas, em 30 de junho de 2014, o *Castelo Rá-Tim-Bum* foi reinserido na programação da TV Cultura, para comemorar vinte anos do início da série. No mesmo ano, foi aberta mostra especial no MIS (Museu da Imagem e do Som), em São Paulo, repetindo o sucesso da televisão. Na época, a assessoria de imprensa da emissora divulgou que o retorno do programa à grade garantiu crescimento de 67% na média da audiência noturna (indo de 1,5 para 2,5 pontos) e de 15% no período matinal (passando de 1,3 para 1,5), de segunda a sexta-feira. Cada ponto significa 65 mil domicílios ligados na Grande São Paulo.

Você sabia?

O personagem Nino, do Castelo, foi inspirado em Nina, do programa *Rá-Tim-Bum*.

Anna Muylaert, diretora do premiado filme *Que horas ela volta?*, foi colaboradora do *Castelo Rá-Tim-Bum*.

6 de fevereiro

Parte a campo a Missão de Pesquisas Folclóricas idealizada por Mário de Andrade
1938

Com o objetivo de gravar, filmar, anotar e fotografar manifestações da cultura popular brasileira, partiu do porto de Santos, em São Paulo, em 6 de fevereiro de 1938, rumo às regiões Norte e Nordeste do Brasil, a pioneira expedição de cultura batizada de Missão de Pesquisas Folclóricas.

Os quatro pesquisadores encarregados dessa Missão, o arquiteto Luís Saia, o maestro austríaco Martin Braunwieser, o técnico de som Benedito Pacheco e o auxiliar Antonio Ladeira, idealizada pelo então diretor do Departamento de Cultura de São Paulo, o escritor Mário de Andrade, embarcaram no navio *Itapagé* levando na pesada bagagem um gravador Presto e outros modernos equipamentos de registro, exatamente como faziam as grandes expedições científicas do século anterior.

De fevereiro a julho de 1938, a equipe percorreu cerca de trinta cidades de seis estados – Ceará, Maranhão, Pará, Paraíba, Pernambuco e Piauí – e coletou tamanha quantidade de material que, passadas oito décadas, acadêmicos e entusiastas ainda se debruçam sobre o legado da Missão. São 1.299 fonogramas (33 horas de gravação), 856 objetos, 674 fotografias, 15 filmes e 21 cadernetas de campo com o registro de músicas, danças, versos, festas populares, rituais religiosos e costumes do povo brasileiro.

O que motivou Mário de Andrade a idealizá-la foi a percepção de que, não fossem de uma vez documentadas, diversas manifestações populares corriam o risco de se perder para sempre em razão do avanço da modernidade. E, apesar de não ir a campo com a Missão, ele a comandou de São Paulo.

O projeto da Missão estava perfeitamente alinhado com a trajetória intelectual do escritor e intelectual Mário de Andrade, um dos principais nomes do modernismo no Brasil. Ele participou da Semana de Arte Moderna

6 de fevereiro

de 1922 e escreveu importantes livros do movimento, de poesia e de prosa. Entre estes últimos estão *Pauliceia desvairada* (1922) e *Macunaíma* (1928).

Entre 1927 e 1929, Mário realizou duas longas viagens à Amazônia e ao Nordeste, anotando à mão canções, histórias, impressões, descrições do que via. "Tudo vai se acabando quando o Brasil principia [...]", escreveu de João Pessoa (PB), pouco antes de tomar o navio de volta a São Paulo.

Quando se tornou chefe do Departamento de Cultura da Prefeitura de São Paulo, cargo que ocupou de 1935 a 1938, tomou diversas iniciativas, além da Missão de Pesquisas Folclóricas, para o estudo e a preservação da memória cultural do país. Mencione-se a criação da Discoteca Pública Municipal – hoje Discoteca Oneyda Alvarenga – e da Sociedade de Etnologia e Folclore. Contrário ao Estado Novo de Getúlio Vargas, o escritor foi demitido do departamento enquanto a Missão fazia seus registros.

O fascínio e a dedicação de Mário de Andrade pela música popular brasileira renderam diversos estudos e livros pioneiros, aliás, uma das facetas menos conhecidas, mas não menos importantes, de seu legado artístico e intelectual. Alguns de seus textos foram organizados postumamente por Oneyda Alvarenga, como *Danças dramáticas do Brasil*. Ela também transcreveu e catalogou o material coletado pela Missão, tarefa que levou décadas. Mário morreu vítima de ataque cardíaco em 25 de fevereiro de 1945.

Você sabia?

Boa parte do acervo da Missão de Pesquisas Folclóricas foi digitalizado e pode ser encontrado on-line, incluindo fac-símiles das cadernetas de campo.

A coleção *Mapa musical do Brasil* (1972-1976), outro projeto de Mário, da gravadora Discos Marcus Pereira, traz dezesseis LPs dedicados à música popular das regiões do país.

7 de fevereiro

Morre no Brasil o médico nazista Josef Mengele
1979

O corpo foi identificado seis anos depois, em 1985, quando uma equipe internacional de peritos examinou os registros da arcada dentária. Mas só em 1992 o teste de DNA realizado com amostras coletadas do filho dele, na Inglaterra, tirou qualquer dúvida da investigação iniciada em fevereiro de 1979 pela Polícia Civil de São Paulo.

Era mesmo Josef Mengele, o médico nazista que durante a Segunda Guerra Mundial foi apelidado de Anjo da Morte, aquele homem que morreu na tarde ensolarada de 7 de fevereiro de 1979 e permaneceu por algumas horas estendido na areia quente da enseada de Bertioga, litoral de São Paulo.

Mengele morreu da mesma forma como viveu durante 35 anos no Brasil: incógnito. Teve um fim tranquilo, ao contrário dos milhares de judeus que mandou para a câmara de gás ou mutilou com experiências médicas terríveis, no campo de concentração e extermínio de Auschwitz, na Polônia. Segundo o laudo da necropsia divulgado pela polícia paulista, Mengele sofreu infarto seguido de afogamento, enquanto nadava perto da arrebentação, no mar calmo da quase deserta praia central de Bertioga.

Duas pessoas estavam entre as poucas testemunhas dos últimos momentos de Mengele em vida. O casal austríaco com quem ele dividia a casa localizada a quatro quadras da praia, Liselotte e Wolfram Bossert. Ele, na verdade, era Wolfgang Gerhard, também integrante do Partido Nazista, cuja identidade foi assumida pelo Anjo da Morte enquanto se refugiou no Brasil.

Josef Mengele nasceu em Gunzburg, na Alemanha, em 16 de março de 1911, filho de um fabricante de equipamentos agrícolas na Bavária. Sua vida colegial começou com estudos de filosofia, dedicando-se às teorias racistas de Alfred Rosenberg sobre a superioridade intelectual e moral dos arianos. Graduado em medicina pela Universidade de Frankfurt, ainda jovem se alistou

7 de fevereiro

na SA (Sturmabteilung, ou divisão de assalto), a força paramilitar do Partido Nazista da Alemanha.

Entusiasta das ideias de Adolf Hitler, em 1934, aos 23 anos, já fazia parte da equipe de pesquisas do Instituto Nazista de Biologia Hereditária e Higiene Racial. Na Segunda Guerra Mundial, Mengele atuou como oficial médico da SS (Schutzstaffel, ou tropa de proteção), esquadrão de elite de escolta de Hitler, que espalhou o terror em nome da supremacia alemã.

De atuação destacada na SS, em 1943 Mengele foi designado pelo comandante Heinrich Himmler para uma missão que o fez merecer o infame apelido e ser ainda mais temido pelos prisioneiros judeus. Como chefe de Auschwitz, o Anjo da Morte gritava "direita" ou "esquerda" para determinar o destino de cada um – o lento extermínio nas câmaras de gás ou a tortura nos campos de trabalhos forçados.

Entre as atrocidades praticadas, ele mesmo injetava substâncias como petróleo e clorofórmio para avaliar os efeitos no corpo das vítimas, arrancava olhos de ciganos e de crianças judias para estudar a pigmentação e realizava testes horrorosos com gêmeos, na tentativa de criar siameses em laboratório.

Com o fim da guerra, Mengele fugiu para a Bavária, depois para a América do Sul. Morou na Argentina, onde foi descoberto pelo Mossad, o serviço secreto de Israel, e, em 1959, obteve cidadania paraguaia, antes de se mudar para o Brasil.

Você sabia?

No filme *Os meninos do Brasil* (1978), que faz um relato ficcional da vida de Josef Mengele, o médico nazista é interpretado por Gregory Peck. Laurence Olivier, James Mason e Lili Palmer completam o elenco principal.

Pelas atrocidades de guerra cometidas, Josef Mengele teve o título de doutor revogado pelas universidades de Frankfurt e de Munique.

8 de fevereiro

Lançado o Brasilsat A1, o primeiro satélite brasileiro
1985

É mais ou menos como a primeira viagem para longe de casa. Mesmo que muitas outras tenham ocorrido, algumas lembranças permanecem escondidas em uma das gavetas da memória para, eventualmente, serem resgatadas quando menos se espera. Assim é com o Brasilsat A1, o primeiro satélite essencialmente brasileiro, lançado ao espaço em 8 de fevereiro de 1985. Antes dele, a Empresa Brasileira de Telecomunicações (Embratel) pagava uma fortuna pelo aluguel de equipamentos estrangeiros.

O lançamento do satélite por um foguete Ariane, da base de Kourou, na Guiana Francesa, foi um acontecimento de repercussão internacional. O equipamento de forma cilíndrica e antena no topo, posicionado em órbita geoestacionária sobre o território nacional, abriu caminho ao sucessor, o A2, e mais tarde à rede denominada Sistema Brasileiro de Telecomunicações por Satélite (SBTS).

Com investimento de 125 milhões de dólares, o primeiro Brasilsat foi construído pela canadense Spar Aerospace em parceria com a Hughes Communications, dos Estados Unidos, que entrou no século XXI como a líder mundial de banda larga via satélite. Enquanto foi operado pela antiga Embratel, ainda estatal, foi mantido sobre o meridiano a 65 graus de longitude a oeste, mas em outubro de 1995, com o fim da vida útil e já em órbita inclinada, teve a antena redirecionada para a América do Norte.

O controle operacional foi repassado à PanAmSat em novembro de 1997, um ano antes da privatização da Embratel, vendida no governo de Fernando Henrique Cardoso à MCI, dos Estados Unidos. Os satélites da linha Brasilsat, da segunda geração (B1 e B4), lançada em 1994, passaram a ser administrados pela Star One, subsidiária da antiga estatal.

A mesma empresa detém o controle da terceira geração de satélites brasileiros, iniciada com o lançamento do Star One C1, em 2007, e da quarta, com o Star One D1, em 2016. Pioneira na região, a Embratel Star

8 de fevereiro

One conquistou a condição de única empresa da América Latina entre as dez maiores empresas do mundo, de acordo com o *ranking* mundial Top Fixed Satellite Service Operators da *SpaceNews*. A capacidade dos equipamentos é direcionada aos clientes dos segmentos de telefonia, televisão, dados e redes corporativas.

Desde a primeira viagem orbital do Brasilsat, em 1985, muita coisa mudou no país. Em maio de 2012, por exemplo, surgiu a Visiona Tecnologia Espacial, empresa com 51% do capital social originário da Empresa Brasileira de Aeronáutica (Embraer) e os outros 49% da Telecomunicações Brasileiras (Telebras).

A Visiona tem participação importante no Programa Nacional de Atividades Espaciais (PNAE). Passa a atuar no Satélite Geoestacionário Brasileiro, para atender às necessidades de telecomunicações do governo federal, incluindo o Programa Nacional de Banda Larga e amplo espectro de transmissões de defesa.

Com sede no Parque Tecnológico São José dos Campos, estado de São Paulo, a Visiona assumiu a liderança do Centro de Desenvolvimento de Tecnologias Espaciais. Atua no desenvolvimento aeroespacial, com novas gerações de satélites para ampliar o acesso à banda larga de internet em todo o território nacional e propiciar segurança às informações estratégicas e de soberania nacional.

Você sabia?

O primeiro satélite brasileiro transportava 24 transmissores de banda C, com seis transmissores sobressalentes, que forneciam poder de radiação incidente efetiva para a maior parte do território nacional.

A empresa Visiona atua como integradora de satélites, com foco no Programa Nacional de Atividades Espaciais (PNAE) e Programa Estratégico de Sistemas Espaciais (PESE).

9 de fevereiro

Sancionada a Lei de Imprensa
1967

A forma como se deu a aprovação da Lei de Imprensa, por si só, já representou uma violência contra os profissionais da área e, obviamente, contra a sociedade brasileira. Elaborada para manter sob a tutela do regime militar os meios de comunicação de massa, a Lei nº 5.250 foi sancionada em 9 de fevereiro de 1967, na gestão do presidente Castello Branco, um dos generais do Exército que chegaram ao poder pela força do golpe contra a democracia.

A lei entrou em vigência pouco mais de um mês depois, em 14 de março, com 77 artigos divididos em sete capítulos, resultado de manobra conduzida no Congresso Nacional da época pelo relator do projeto, o deputado federal Ivan Luz, da Aliança Renovadora Nacional (ARENA), do Rio Grande do Sul, que impediu a aprovação de substitutivo à Constituição e manteve a imprensa sob os anos de chumbo da censura.

O objetivo da Lei de Imprensa era sufocar os movimentos de oposição ao governo autoritário dos militares, aliados aos mais reacionários setores da direita nacional. Legitimada pelo Congresso assolado por cassações de mandatos e de direitos políticos, não só institucionalizou as restrições à liberdade de expressão durante a última ditadura no Brasil. Serviu, também, para punir jornalistas de forma mais dura.

As restrições à liberdade de imprensa pelo golpe de 1964, contudo, não se resumiram aos 77 artigos da Lei nº 5.520/1967. Logo depois de sua aprovação, o regime impôs pesadas penalidades a jornalistas e proprietários de empresas do ramo acusados de "subversivos". Houve recrudescimento das penas da Lei de Segurança Nacional (LSN), período de prisões políticas, torturas e mortes, terror respaldado também pelo AI-5, o Ato Institucional que outorgava plenos poderes ao Executivo, no caso ao governo militar, e que vigorou entre 13 de dezembro de 1968 e 31 de dezembro de 1978.

9 de fevereiro

Apesar de retrógrada, ultrapassada em relação à realidade das ruas, das redações e da política nacional, a Lei de Imprensa de 1967 foi revogada somente em 2009. Naquele ano, o Supremo Tribunal Federal (STF) finalmente a julgou incompatível com o Código Penal e com a Constituição Federal em vigor desde 1988.

Com a revogação, foram extintas as penas mais duras previstas a jornalistas em casos de injúria, calúnia e difamação. Os pedidos de direito de resposta passaram a depender de decisões judiciais, caso a caso, devidamente fundamentadas pela Constituição Federal.

Os tempos mudaram. Na época da repressão, a figura do censor, o grande incômodo dos jornalistas, caracterizava a falta de liberdade de expressão nas redações. Representante do Estado autoritário, era ele quem decidia o que seria ou não publicado.

No século XXI, com os jornais impressos e emissoras de TV dependendo cada vez mais da publicidade oficial para não sucumbirem diante do imediatismo interativo da internet, esse papel é assumido por diretores das empresas de comunicação, que até escamoteiam, mas mantêm em pauta a linha editorial preestabelecida pela Secretaria de Comunicação Social. Seja deste ou daquele governo.

Você sabia?

O controle sobre a imprensa é anterior à Independência do Brasil. Na época da colônia, era aplicada a lei portuguesa de 12 de junho de 1821, que atribuía o julgamento a juízo formado por 24 cidadãos escolhidos pelo regente, outorgado em 1823 por dom Pedro I

Na primeira Constituição republicana, em 1891, permaneceram os princípios liberais, sendo vetado o anonimato. Em 1921, o governo estava autorizado a prender jornalistas. Na Revolução de 1930, pela primeira vez na história a censura prévia constaria no texto constitucional.

10 de fevereiro

Morre Francesco Matarazzo
1937

Quando emigrou da Itália para São Paulo, em 1881, com apenas mil liras no bolso, os ventos pareciam conspirar contra Francesco Matarazzo, agricultor nascido em Castellabate, província de Palermo, em 9 de março de 1854. Ao despachar uma carga de banha de porco para iniciar a vida do outro lado do oceano, um naufrágio na Baía de Guanabara fez com que perdesse as duas toneladas enviadas. Mas não foi por isso que o jovem imigrante italiano desistiu.

Mudou-se para Sorocaba, no interior do estado de São Paulo, onde, com ajuda de conterrâneos, comprou a primeira carroça para venda de banha de porco de porta em porta. No ano seguinte, já estava abrindo sua primeira casa comercial: começava, assim, o império Matarazzo no Brasil.

Bom negociante, logo começou a ganhar dinheiro com fazendeiros da região. Mascate incansável, percorreu de carroça parte do interior paulista e, empreendedor que era, abriu duas fábricas de banha, em Sorocaba e Capão Bonito de Paranapanema. A indústria de banha foi, portanto, o ponto de partida para seu sucesso.

Francesco adquiria a matéria-prima a preços mais baratos nos grandes currais de criação e abate de suínos, em Itapetininga. Era ele quem escolhia pessoalmente os animais. E quando surgiram os primeiros concorrentes, ele manteve o domínio do mercado, por meio de competição desigual, já que conseguia manter seus preços mais baratos, justamente porque contava com a lealdade de seus fornecedores.

A súbita paralisação na importação de banha, que chegava dos Estados Unidos em barris de madeira, abriu caminho para mais um empreendimento pioneiro, assim considerado porque se deu fora dos limites de São Paulo. A sua terceira indústria surgiu em Porto Alegre, com uma novidade para o Brasil: a banha em lata, já utilizada no mercado norte-americano, segundo exigências sanitárias e de higiene.

10 de fevereiro

Mais tarde, Matarazzo fundou a própria fábrica de latas, até se transformar em um dos maiores industriais da história brasileira, criador do maior complexo industrial da América Latina no início do século XX. Antes de morrer, em 10 de fevereiro de 1937, na condição de homem mais rico do Brasil e com fortuna avaliada em pelo menos 10 milhões de dólares, o velho Francesco Matarazzo atuou nos mais diversos ramos industriais e comerciais. Também manteve seus próprios navios.

De acordo com levantamento feito na época de sua morte, pela Associação Comercial e Industrial de São Paulo, a fortuna amealhada pelas empresas do grupo Matarazzo era superior ao PIB de praticamente todos os estados brasileiros. Um dos três patriarcas do ramo ítalo-brasileiro da família Matarazzo no cenário econômico do Brasil, Francesco teve importância só comparável à atribuída ao visconde de Mauá no Segundo Reinado do Império brasileiro, entre 1822 e 1889. É considerado, portanto, um dos agentes da modernização do país e do árduo e proficuo trabalho dos imigrantes europeus, notadamente italianos, estabelecidos no Brasil no século XIX.

Admirador das ideias de Benito "Il Duce" Mussolini, nem assim se deixou levar pelo Partido Fascista que começou a atuar em São Paulo com apoio do consulado italiano. Manteve a oposição a campanhas ou agitação de qualquer natureza no Brasil. Isso não impediu de receber, em 1926, do governo de Mussolini, a Ordem da Coroa da Itália, a Grã-Cruz e o Cordão. Também lhe foi concedido em caráter hereditário o título de conde.

Você sabia?

O Edifício Matarazzo, onde ficava a sede das indústrias Matarazzo, é hoje a sede da prefeitura da cidade de São Paulo, conhecido também como Palácio do Anhangabaú.

Casado com a italiana Filomena Sansivieri Matarazzo, teve treze filhos. No dia seguinte a sua morte, jornais de São Paulo publicaram que Francesco Matarazzo deixou patrimônio composto de comércio, vagões, navios, cerca de quarenta fábricas e mais de duzentos imóveis.

11 de fevereiro

Começa a Semana de Arte Moderna, marco do modernismo no Brasil
1922

Entre os dias 11 e 18 de fevereiro de 1922, o Theatro Municipal de São Paulo foi palco de um dos mais emblemáticos eventos da história cultural brasileira: a Semana de Arte Moderna.

Com o movimento modernista lançado por artistas como Mário de Andrade, Oswald de Andrade e Menotti Del Picchia, nas letras; Tarsila do Amaral, Lasar Segall, Di Cavalcanti e Anita Malfatti, nas telas; Victor Brecheret, na escultura, e Heitor Villa-Lobos, na música, a arte nacional tomaria, a partir dali, novos rumos – ficaria mais irreverente, mais experimental, menos erudita e importada, mais *brasileira*.

A Semana de 1922 anunciou, com suas exposições, recitais, conferências e apresentações musicais, a chegada ruidosa de um movimento que buscava, a partir de influências das vanguardas europeias, renovar o jeito de se fazer arte no Brasil. O movimento modernista brasileiro, porém, não começou nem terminou com a Semana em si; seu legado e seus desdobramentos precedem e transcendem os agitados dias de fevereiro de 1922.

Foi mesmo um processo de ritmo lento e diversificado. Boa parte das pinturas de Anita Malfatti que figuravam no saguão do Theatro Municipal em 1922, como *O homem amarelo* e *A boba*, foi produzida entre 1915 e 1916 e já havia sido exposta em 1917. Di Cavalcanti, Mário de Andrade e Tarsila do Amaral – pintora que estava em Paris, assim como o escultor Victor Brecheret durante a Semana – criariam suas obras mais célebres em anos subsequentes.

No dia 13, a Semana contou com a palestra inaugural do escritor e diplomata Graça Aranha. O autor de *Canaã* (1902), ao contrário da maioria dos jovens intelectuais por trás do movimento modernista, era um nome havia tempos consagrado e respeitado pela intelectualidade do país. Mesmo com as críticas ao conservadorismo e academicismo da arte brasileira

11 de fevereiro

de então, com Graça Aranha não houve polêmicas: elas viriam, com vaias do público em resposta, dois dias mais tarde.

Em 15 de fevereiro, o escritor Mário de Andrade proferiu a conferência "A escrava que não é Isaura", sobre as bases estéticas da poesia moderna. À noite, a presença de Oswald de Andrade e a leitura do poema "Os sapos" de Manuel Bandeira, por Ronald de Carvalho, causaram reações negativas. A apresentação da pianista Guiomar Novaes acalmou os ânimos. No dia 17, a programação foi dedicada à música do maestro Heitor Villa-Lobos.

Ainda em 1922, o modernismo brasileiro ganhou outros marcos importantes, como a publicação de *Pauliceia desvairada*, de Mário de Andrade, e o lançamento da revista *Klaxon*, que ajudou a divulgar ideais e princípios estéticos do movimento. Oswald de Andrade também escreveu, ao longo da década, dois importantes manifestos: o *Manifesto da Poesia Pau-Brasil* (1924) e o *Manifesto Antropófago* (1928).

O impacto do movimento modernista na arte nacional se mostraria duradouro a ponto de influenciar movimentos culturais da segunda metade do século xx. O Cinema Novo de Glauber Rocha, o Tropicalismo de Gilberto Gil e Caetano Veloso e o Lira Paulistana de Itamar Assumpção e Arrigo Barnabé são apenas alguns dos que se valeram da fonte de inspiração modernista.

Você sabia?

Para realizar a Semana de Arte Moderna, organizadores e artistas – vários deles membros da elite paulistana – precisaram da ajuda financeira de parceiros como o cafeicultor e mecenas Paulo Prado, autor de *Retrato do Brasil*.

Diversos artistas do modernismo são personagens – como Oswald de Andrade em duas versões, homem e mulher – do filme *O homem do pau-brasil* (1982), de Joaquim Pedro de Andrade, que também dirigiu *Macunaíma* (1969), baseado na obra-prima de Mário de Andrade.

12 de fevereiro

Anunciada a primeira sequência do Projeto Genoma Humano
2001

Iniciativa do setor público, sob a liderança de James Watson, na época chefe dos Institutos Nacionais de Saúde dos Estados Unidos, o Projeto Genoma Humano só decolou depois da parceria com a iniciativa privada.

Criado como um esforço de pesquisa internacional para sequenciar e mapear todos os genes dos seres humanos, as primeiras investigações e os maiores programas foram desenvolvidos, basicamente, em dezoito países: Brasil, Alemanha, Austrália, Canadá, China, Coreia, Dinamarca, Estados Unidos, França, Holanda, Israel, Itália, Japão, México, Reino Unido, Rússia, Suécia e União Europeia.

Com investimentos privados em jogo, o projeto passou a priorizar pesquisas voltadas exclusivamente para genes que pudessem levar à cura de doenças. O setor público, por sua vez, percebeu aí a necessidade de rever seu programa, acelerando o processo de sequenciamento. E foi assim que a data de 12 de fevereiro de 2001 entrou para a história da ciência internacional.

Naquele dia, pesquisadores da empresa Celera, dos Estados Unidos, e do Programa Genoma Humano anunciaram, simultaneamente, o primeiro esboço contendo a sequência de 3 bilhões de pares de bases, cerca de 90% praticamente completos, do código genético do ser humano. O número de genes, conforme os cálculos publicados por ambas as equipes em duas revistas especializadas, é de pouco mais de 30 mil. Menor do que a previsão inicial dos cientistas, de 50 mil a 140 mil genes.

Na revista inglesa *Nature* foi publicado o trabalho dos pesquisadores do Programa Genoma Humano, liderados por Francis Collins, na época diretor do National Human Genome Research Institute, enquanto a *Science* divulgou nos Estados Unidos o trabalho dos pesquisadores da Celera, comandados pelo cientista Craig Venter.

12 de fevereiro

No Brasil, o sequenciamento do genoma da bactéria *Xylella fastidiosa* foi o ponto de partida para o desenvolvimento das primeiras pesquisas em genômica – o ramo da bioquímica que estuda a informação hereditária de um organismo. A experiência dos pesquisadores, adquirida com a metodologia utilizada no projeto pioneiro, foi a base para outros estudos que integram o Projeto Genoma da Fundação de Amparo à Pesquisa do Estado de São Paulo (FAPESP).

Entre esses trabalhos está o executado em parceria entre a FAPESP e o Instituto Ludwig de Pesquisa em Câncer, com sede nos Estados Unidos. Foram identificados 950 genes relacionados, com abertura concreta de possibilidade para descoberta de novos tratamentos. O câncer é uma das causas mais frequentes de morte no Brasil e no mundo.

De acordo com a diretora do Instituto Ludwig, Anamaria Camargo, a pesquisa realizada no Brasil foi a segunda maior contribuição em números relativos ao sequenciamento de genes. Ficou atrás apenas do Instituto Nacional do Câncer dos Estados Unidos. As descobertas ajudam a medicina a entender por que existem variações de agressividade entre tumores, além de possibilitar a identificação de métodos de diagnósticos e tratamentos mais sensíveis.

Você sabia?

Iniciado em 1990 e projetado para durar quinze anos, o projeto para determinar a sequência de todas as bases do DNA genômico e identificar e mapear os genes dos 23 pares de cromossomos humanos é base para desenvolver estudos nas áreas de biologia e medicina.

O Projeto Genoma Humano terminou oficialmente em abril de 2003, cinquenta anos após a descoberta seminal da estrutura molecular do DNA por James Watson e Francis Crick, a qual foi descrita na revista *Nature*, em 25 de abril de 1953.

13 de fevereiro

Bidu Sayão se consagra no Metropolitan Opera House
1937

Antes de estrear no palco do celebradíssimo Metropolitan Opera House, de Nova York, no dia 13 de fevereiro de 1937, de cujo quadro passaria a fazer parte pelos treze anos seguintes, em temporadas sucessivas, ganhando inclusive um retrato a óleo na galeria de honra da casa, a cantora lírica carioca Bidu Sayão já reunia pelo mundo uma legião de admiradores.

Considerada uma das maiores estrelas da ópera e uma das grandes intérpretes líricas do Brasil, estavam entre seus fãs o escritor modernista, professor e pesquisador musical Mário de Andrade, que a apelidou de "o rouxinol do Brasil"; o maestro italiano Arturo Toscanini, que a chamava de "*la piccola brasiliana*"; o príncipe Hiroito, do Japão; o presidente Franklin D. Roosevelt, dos Estados Unidos; e o ditador italiano Benito Mussolini.

Batizada como Balduína de Oliveira Sayão, Bidu nasceu no Rio de Janeiro em 11 de maio de 1902, tendo iniciado os estudos de canto com a romena Elena Teodorini, que a levaria para a Europa a fim de continuar seu aprimoramento, em especial com o tenor polonês Jean de Reszke, então radicado na França.

A estreia de Bidu nos palcos brasileiros aconteceu quando ela tinha dezoito anos, cantando *Lucia di Lammermoor*, de Donizetti, no Theatro Municipal do Rio de Janeiro, para onde voltaria em 1926, já mais experiente e dessa vez para interpretar Rosina, em *O barbeiro de Sevilha*, de Rossini. Foi com esse mesmo papel que Bidu Sayão estreara profissionalmente meses antes no Teatro Costanzi, de Roma.

Ao longo da carreira, que ela trilhou em sua maior parte no exterior, até 1958, Bidu Sayão cantou nas mais importantes casas de ópera da Europa, interpretando papéis de destaque, como Gilda, no *Rigoletto*, e Violeta, em *La Traviata*, de Verdi; Mimi, em *La Bohème*, de Puccini; Suzana, em *As bodas de Fígaro*, de Mozart; Ceci, em *Il Guarany*, de Carlos Gomes; e

13 de fevereiro

o papel-título da ópera *Manon*, de Jules Massenet, com o qual encantou os norte-americanos.

Uma das parceiras favoritas do maestro brasileiro Heitor Villa-Lobos, Bidu Sayão foi responsável por imortalizar sua "Bachiana nº 5", das *Bachianas brasileiras*, em uma gravação que lhe concederia o Hall of Fame, da National Academy of Recording Arts & Sciences, em 1984, honraria que atesta a perfeição da sua interpretação. Em 1959, já aposentada, ao atender um pedido pessoal do amigo, gravou com ele o belíssimo disco *A floresta do Amazonas*, para a United Records.

Várias homenagens marcam sua carreira, como a Ordem do Mérito, que recebeu em maio de 1987, do governo italiano, e, em 25 de junho de 1987, a Ordem Nacional do Mérito no Paço Imperial do Rio de Janeiro. Em 1995, Bidu Sayão foi tema do desfile da escola de samba Beija-Flor de Nilópolis, participando no último carro alegórico, O Cisne Negro, onde veio sentada em um trono.

A soprano mais famosa do Brasil morreu em 13 de março de 1999, no Pen Bay Medical Center, no Maine, estado onde morava nos Estados Unidos.

Você sabia?

Bidu Sayão chegou a ser vaiada no Theatro Municipal do Rio de Janeiro, em 1937, ao cantar *Pelléas et Mélisande*. Era um protesto dos fãs da meio-soprano Gabriella Besanzoni, que vinha regularmente interpretando o mesmo papel.

Entre 1936 e 1937, Bidu Sayão levou sua arte para o interior do Brasil, percorrendo mais de duzentas cidades brasileiras, onde se apresentou de graça, pagando as próprias despesas.

Em 1938, após se apresentar para o presidente Franklin D. Roosevelt, diante da oferta dele para que se naturalizasse norte-americana, Bidu declinou dizendo que preferia terminar sua carreira como artista brasileira.

14 de fevereiro

Ronaldo, o fenômeno, anuncia aposentadoria
2011

Aos 34 anos e depois de uma carreira que mesclou vitórias inesquecíveis e contusões dolorosas, o Fenômeno deu adeus aos gramados em uma segunda-feira. Bicampeão do mundo com a lendária camisa amarela da Seleção Brasileira, ídolo em todos os times nos quais jogou, Ronaldo marcou 475 gols desde o início da carreira profissional, em 1993, no Cruzeiro, de Belo Horizonte.

Na Europa, Ronaldo vestiu a camisa do PSV Eindhoven, da Holanda; as camisas dos dois maiores rivais da Espanha, Barcelona e Madrid; e, em Milão, as do Milan e da Internazionale.

Em sua volta ao Brasil, em 2009, o jogador flertou com o Flamengo, do Rio de Janeiro, time do coração, mas foi no Timão do Parque São Jorge, nas graças da nação corintiana, que ele brilhou. Lá, foi campeão paulista e da Copa do Brasil, e encontrou alento para pendurar definitivamente as chuteiras dois anos depois.

Ronaldo se aposentou sem nunca ter sido campeão brasileiro. O mais próximo que chegou foi o terceiro lugar de 2010, com a camisa do Corinthians. Naquele ano, o Timão chegou a liderar o campeonato, mas a saída do técnico Mano Menezes, as dificuldades de relacionamento e de assimilação do esquema de Adilson Batista, e, sobretudo, as contusões, inviabilizaram o projeto pessoal do jogador. Ronaldo sonhava em disputar a Copa do Mundo na África do Sul.

Festeiro e namorador, o fim da carreira de Ronaldo Fenômeno foi marcado por polêmicas fora de campo e sérios problemas com a balança. O peso dele foi mantido em segredo desde que foi contratado pelo Corinthians, em 2009, mas a silhueta dele em campo comprovou o que só revelaria mais tarde, ao anunciar a aposentadoria e o diagnóstico de hipotireoidismo, doença que reduz o metabolismo e dificulta a perda de peso.

14 de fevereiro

Carioca de São Cristóvão, subúrbio do Rio de Janeiro, Ronaldo Nazário nasceu em 22 de setembro de 1976. Apelidado de Fenômeno pelo que fez em campo, ganhou milhões e poderia viver confortavelmente sem nunca mais trabalhar. No entanto, antes mesmo de deixar profissionalmente os gramados, montou uma empresa de marketing esportivo, a 9ine, e, empreendedor como poucos no futebol, usou a própria imagem para aumentar sua fortuna.

Ronaldo nem precisou jogar para ganhar a sua primeira copa do Mundo, em 1994, aos dezessete anos, nos Estados Unidos. Em 2002, no Mundial da Coreia e do Japão, foi protagonista, marcando oito vezes, duas na final contra a poderosa Alemanha. Depois de dois anos de inatividade, o Fenômeno surpreendeu ao mostrar o mesmo futebol que o levou aos dois prêmios consecutivos de melhor jogador do mundo pela Fifa.

Foi na Espanha que Ronaldo se tornou pela primeira vez o melhor do mundo, em 1996, já na primeira temporada. No ano seguinte, foi para a Itália, jogar na Inter, de Milão; voltou à Espanha em 2003, para defender as cores do Real Madrid, no time dos Galácticos, onde ficou cinco anos; e então retornou à Itália, dessa vez para vestir a camisa do Milan.

Ronaldo sofreu lesões gravíssimas nos joelhos. Nas primeiras, em 1996, teve inflamação bilateral e calcificação no direito. Em 1999, rompeu o tendão patelar do joelho direito; em 2000, teve rompimento total do tendão patelar do mesmo joelho e precisou de quinze meses para recuperação. Em 2008, sofreu a mesma lesão, dessa vez no joelho esquerdo, ficando mais treze meses afastado, até voltar em 2009 ao Brasil para jogar no Corinthians.

Você sabia?

Ronaldo foi eleito o melhor jogador do mundo três vezes: em 1996, 1997 e 2002.

A apatia de Ronaldo em campo, durante a final da Copa da França, em 1998, até hoje é alvo de especulações: abatido por uma convulsão antes da partida, a causa foi diagnosticada ora como estresse, ora como ataque epilético.

15 de fevereiro

Nasce Nise da Silveira, pioneira na psiquiatria ocupacional
1905

A psiquiatria nunca mais foi a mesma desde que as cores da arte e a docilidade de cães e gatos começaram a substituir eletrochoques, camisas de força, dosagens intermináveis de drogas químicas e segregação social pelo confinamento clínico do paciente. No Brasil, a pioneira a combater os tratamentos tradicionais em patologias psicológicas, como a esquizofrenia, foi a médica Nise da Silveira, entre as décadas de 1940 e 1950, quando terapia ocupacional era tabu e se resumia a tarefas de limpeza e manutenção hospitalar.

Alagoana de Maceió, nascida em 15 de fevereiro de 1905, a garota franzina ingressou ainda adolescente, aos dezesseis anos, na Faculdade de Medicina de Salvador, a única mulher da turma de 157 formandos.

Uma das primeiras médicas do Brasil, Nise da Silveira dedicou-se aos estudos sobre comportamento humano e doenças mentais e, discípula de Carl Gustav Jung, inovou o tratamento com a utilização de técnicas artísticas. Foi pioneira, também, na pesquisa dos efeitos terapêuticos das relações emocionais entre pacientes e animais domesticados. A trajetória dela para revolucionar a forma de tratamento das doenças mentais começou em 1932, com estágio na clínica neurológica do famoso médico Antônio Austregésilo. No ano seguinte, foi aprovada em concurso público para o Serviço de Assistência a Psicopatas e Profilaxia Mental, na Praia Vermelha, que mais tarde foi transformado no Hospital Psiquiátrico Pedro II.

Por discordar dos tratamentos convencionais da psiquiatria praticados na época, Nise da Silveira foi afastada do setor clínico e transferida para a seção de terapia ocupacional do hospital. Lá ela criou ateliês de pintura e modelagem para tratamento clínico. As obras produzidas pelos pacientes, que se encaixavam nas teorias de Jung, formaram o primeiro acervo do Museu do Inconsciente, criado por ela em 1952 no próprio hospital, o atual Instituto Municipal Nise da Silveira, no bairro Engenho de Dentro, Rio de Janeiro.

15 de fevereiro

Também no Rio, em 1956 ela fundou a Casa das Palmeiras, centro de reabilitação para egressos de hospitais psiquiátricos, trabalho que em 1961 a levou a Brasília, convocada pelo então presidente Jânio Quadros para apresentar plano de desenvolvimento da terapêutica ocupacional nos hospitais psiquiátricos federais.

Casada com o sanitarista Mario Magalhães, conterrâneo e colega de turma, paralelamente à medicina, Nise da Silveira era engajada politicamente. Participou com o marido de movimentos artísticos e literários da época e frequentava ativamente os meios marxistas. O envolvimento dela com as ideias da esquerda resultou em quinze meses de reclusão no presídio da rua Frei Caneca, em 1935, onde conheceu o escritor Graciliano Ramos, que a cita no livro *Memórias do cárcere*, de 1953: "[...] lamentei ver a minha conterrânea fora do mundo, longe da profissão, do hospital, dos seus queridos loucos [...]".

A denúncia feita por uma enfermeira à polícia política de Getúlio Vargas provocou a reação inesperada de Luiza, uma paciente que todas as manhãs servia o café de Nise. Ao saber o motivo da prisão, ela surrou impiedosamente a delatora, episódio que serviu para ilustrar a total descrença da psiquiatra no "embotamento afetivo" dos esquizofrênicos.

Você sabia?

Nise da Silveira contou com a participação de Almir Mavignier na organização da Exposição de Arte Psicopatológica, no 1º Congresso Internacional de Psiquiatria, em Paris, 1950.

A médica Nise da Silveira colou grau com a tese *Ensaio sobre a criminalidade da mulher no Brasil*.

16 de fevereiro

Inauguração da primeira Estação da Luz, em São Paulo
1867

Mesmo quem passa apressado e cansado da correria diária na grande metrópole percebe o pouco que restou da mistura de passado e presente naquela edificação. Patrimônio histórico nacional e um dos cartões-postais de São Paulo, a Estação da Luz é a segunda em volume diário de passageiros, com média de 180 mil pessoas, atrás apenas da parada do Brás.

A estrutura atual, quase toda subterrânea, em nada lembra a primeira edificação, inaugurada oficialmente em 16 de fevereiro de 1867 com plataforma e pequeno bloco de um pavimento erguido lateralmente à estrada de ferro São Paulo Railway, entre Jundiaí e o porto de Santos, responsável pelo escoamento da produção de café. Foi reformada e ampliada pela primeira vez apenas em 1901, 34 anos depois da inauguração, mantendo na fachada o famoso relógio.

Marco zero na ferrovia paulistana, é uma das principais estações de transferência em horários de pico, com sobrecarga de movimento. Com o crescimento da cidade e o aumento da demanda de passageiros, novas obras foram realizadas, com expansão, abertura de novos acessos diretos e construção da galeria subterrânea de transferência por baixo dos trilhos da Companhia Paulista de Trens Metropolitanos (CPTM).

Na época da implantação da linha e da construção da primeira estação, o bairro da Luz era mais retirado, com amplo aterro entre o centro e a ponte Grande. A segunda obra, com área de 7.500 metros quadrados, foi projetada pelo barão de Mauá para ser um dos principais centros metroferroviários da cidade e região metropolitana de São Paulo. Desenhada no estilo vitoriano e inspirada na estação australiana de Flinders Street Station, em Melbourne, foi construída sob a supervisão do engenheiro James Ford, com matéria-prima importada da Inglaterra – exceto o material de alvenaria, de origem nacional. Em 1946, um incêndio quase extinguiu a Estação da Luz. O prédio

16 de fevereiro

foi recuperado com pequenas modificações e acréscimo de um pavimento na seção administrativa, e foi tombado em 1982 pelo Conselho de Defesa do Patrimônio Histórico, Artístico, Arqueológico e Turístico (CONDEPHAAT).

A construção do metrô modificou a paisagem no entorno, principalmente com a retirada do monumento a Ramos de Azevedo, significativo marco histórico da região.

Em 2005, quando completou seis meses de funcionamento, a integração subterrânea entre as linhas da CPTM e do metrô na Estação da Luz foi utilizada por mais de 13 milhões de usuários. A integração gratuita na Estação da Luz atraiu cada vez mais usuários aos trens da CPTM, com crescimento de 3,6% nas seis linhas, no primeiro trimestre de 2005.

Com aproximadamente 5 mil metros quadrados de área construída, o complexo subterrâneo é formado por dois saguões e áreas de acesso para a integração física e gratuita entre os dois sistemas. A estação abriga ainda o Museu da Língua Portuguesa, uma instituição cultural ligada à Secretaria de Cultura do Estado de São Paulo, inaugurada em 2006 e destruída por incêndio em dezembro de 2015.

Você sabia?

Um bombeiro civil morreu durante o incêndio que destruiu o Museu da Língua Portuguesa, em 21 de dezembro de 2015. O fogo começou depois de um curto-circuito nas instalações elétricas, mas o sistema de trens voltou a funcionar normalmente dez dias depois. A restauração do museu começou um ano depois.

Antes da integração de passageiros pela linha subterrânea na parada da Luz, as transferências gratuitas de passageiros na região central de São Paulo ocorriam pelas estações do Brás e da Barra Funda.

17 de fevereiro

Morre Darcy Ribeiro
1997

Até o último dia de vida, o antropólogo, educador, escritor e político Darcy Ribeiro se via comprometido com o "fazimento" de coisas, seus projetos e idealizações, como gostava de dizer. Continuou como um "fazedor" quando, internado no hospital Sarah Kubitschek, em Brasília, no sábado, dia 15 de fevereiro de 1997, surpreendeu a todos e pediu a presença de Vera Brandt, então diretora administrativa da Fundação Darcy Ribeiro, e lhe recomendou cuidar de seus livros e direitos autorais e, principalmente, dar encaminhamento ao Projeto Caboclo, sua maior preocupação.

A ideia de Darcy era criar áreas de até 5 mil hectares na Floresta Amazônica e instalar ali comunidades com cinquenta famílias, para frear o desmatamento e resgatar meios de sobrevivência sustentável, em harmonia com a natureza. Dois dias depois, na madrugada da segunda-feira, dia 17 de fevereiro, ele acordou por volta das duas da madrugada, pediu que lhe fizessem a barba e que lhe vestissem o terno, pois queria participar de seminário sobre o Projeto Caboclo em um hotel de Brasília. Os médicos, obviamente, não o atenderam, e, cerca de seis da manhã, foi levado à UTI, onde morreu.

Aos 74 anos, Darcy Ribeiro, senador, morreu de "falência múltipla dos órgãos provocada por uma neoplasia maligna da próstata, que gerou metástases ósseas". O corpo foi velado no salão nobre do Senado e sepultado no mausoléu dos imortais da Academia Brasileira de Letras, no Rio de Janeiro.

Debilitado, Darcy esteve pela última vez no plenário do Senado, em cadeira de rodas, em 4 de fevereiro, poucos dias antes de morrer, para votar no peemedebista goiano Íris Resende à presidência do Senado e do Congresso Nacional. A eleição foi vencida pelo baiano Antônio Carlos Magalhães (PFL). Na hora de votar, a urna foi levada até ele, que, com o bom humor de sempre, deixou que fotógrafos revelassem o seu voto.

No Congresso, participou ativamente da proposta que transforma os cidadãos brasileiros em doadores presumíveis de órgãos, e foi o autor da Lei de

17 de fevereiro

Diretrizes e Bases da Educação (LDB), que até ser aprovada tramitou durante oito anos até ser aprovada. Em seus últimos dias no Senado, enquanto percorria os corredores na cadeira de rodas, Darcy Ribeiro costumava repetir que esperava "a hora em que o presidente Fernando Henrique dirá que não privatizará a Vale do Rio Doce". A estatal foi vendida em 6 de maio de 1997, três meses depois de sua morte.

Darcy Ribeiro foi duas vezes ministro, do Gabinete Civil e da Educação, e assessor direto de quatro presidentes da República – Juscelino Kubitschek e João Goulart, no Brasil; Salvador Allende, no Chile; e Juan Velasco Alvarado, no Peru. Antropólogo, historiador, cientista político, romancista e membro da Academia Brasileira de Letras, teve reconhecimento internacional, recebeu oito títulos de doutor *honoris causa*, incluindo um da Sorbonne. Em 1982, em chapa encabeçada por Leonel Brizola, foi eleito vice-governador do Rio de Janeiro, pelo PDT. Oito anos depois, assumiu vaga no Senado. Em 1986, foi candidato derrotado a governador; e a vice-presidente, em 1994, ao lado de Brizola.

Você sabia?

Darcy Ribeiro nasceu em Montes Claros (MG), em 26 de novembro de 1922. Em 1947, ingressou no Serviço de Proteção ao Índio, e viveu cerca de dez anos junto a comunidades tribais da Amazônia. Em 1955, organizou o primeiro curso de pós-graduação em antropologia, na Universidade do Brasil, no Rio de Janeiro, onde lecionou etnologia até 1956. Ajudou a fundar a Universidade de Brasília, em 1962.

Para concluir *O povo brasileiro*, sua obra-prima, Darcy chegou a fugir de um hospital. No livro, ele dá destaque para a importância da miscigenação e da diversidade cultural na formação do Brasil.

18 de fevereiro

PCC impõe terror com rebeliões em série
2001

Facção criada em agosto de 1993, na Casa de Custódia de Taubaté, em São Paulo, e que se espalha Brasil afora na disputa pelo controle do crime organizado dentro e fora do sistema prisional, o Primeiro Comando da Capital (PCC) deu, em 2001, a primeira grande demonstração de força. Foi em 18 de fevereiro a data marcada para o "salve geral", estopim para a megarrebelião que eclodiu em 29 prisões de São Paulo, na capital e no interior.

A causa teria sido o vazamento da informação da transferência de 765 detentos vinculados à organização, entre eles o líder Marcos Willians Herbas Camacho, o Marcola, para o presídio de Presidente Venceslau, também em São Paulo.

Cerca de 25 mil presos participaram da maior rebelião de todos os tempos em presídios brasileiros. Pelo menos 58 pessoas morreram, entre agentes de segurança e amotinados. Cidades inteiras viveram o caos, com medo disseminado em meio à população.

A série de rebeliões começou por volta da uma da tarde daquele domingo, no Complexo Penitenciário do Carandiru, que na época já era o maior presídio da América Latina. De acordo com os registros da Secretaria de Segurança Pública de São Paulo, mais de 8 mil presidiários fizeram cerca de 7 mil reféns, entre agentes penitenciários e visitantes, dos quais 1.750 crianças e a cantora Simony, na época com 24 anos. Grávida, ela tinha ido visitar o marido, Cristian de Souza Augusto, o rapper Afro-X.

Depois de noticiada a tomada do Carandiru pelos presos, começaram a se suceder as informações de outras rebeliões no interior de São Paulo. As investidas do PCC contra a administração pública não se resumiram ao terror no sistema prisional, sendo desdobradas também em ações "externas", com ataques terroristas a delegacias de Polícia Civil, fóruns da Justiça e quartéis

18 de fevereiro

da Polícia Militar e do Corpo de Bombeiros. Foram incendiados onze ônibus do transporte público.

Ainda na capital paulista, a antiga unidade da Febem, na Vila Maria, também foi dominada por amotinados, forte indício de que o PCC já estava presente também em centros correcionais destinados a menores infratores. A ação criminosa em série ultrapassou as divisas de São Paulo. Além dos ataques organizados em 29 unidades desse estado, houve rebeliões em quatro penitenciárias do Paraná e em outras quatro unidades prisionais no Mato Grosso do Sul.

Em São Paulo, na tentativa de minimizar os efeitos dos ataques nas ruas, o governador Geraldo Alckmin adotou como estratégia negar a existência do PCC e do conflito entre facções no sistema carcerário do estado.

Durante a tarde daquele domingo, vários presídios encerraram pacificamente as rebeliões. Em outras, como em Franco da Rocha, Hortolândia e Campinas, a tropa de choque da Polícia Militar chegou a entrar nos respectivos pátios. No início da noite, as negociações avançaram no Carandiru, poucos reféns foram libertados, mas a rebelião foi mantida na maioria dos pavilhões até o começo da manhã de segunda-feira. Por fim, no início da tarde a situação foi controlada e todos os reféns, libertados.

A onda de violência só terminou na madrugada de quarta-feira, dia 21 de fevereiro, quando a PM reprimiu uma tentativa de rebelião na Penitenciária I de Pirajuí.

Você sabia?

A proximidade da rebelião com o período eleitoral provocou reação de tucanos e petistas. A queda dos índices de violência urbana em São Paulo era um trunfo que Geraldo Alckmin (PSDB) tinha para a eleição.

Mesmo os petistas de São Paulo evitaram relacionar a onda de violência nas prisões com o clima pré-eleitoral de 2001.

19 de fevereiro

Primeira transmissão pública de TV em cores
1972

Na era digital, para encontrar o canal preferido de televisão, basta acionar o controle remoto, ou até mesmo deslizar a ponta dos dedos na tela dos smartphones.

Dentro de casa, segundo estudo da CVA Solutions, empresa de pesquisa e consultoria de mercado, 69% dos consumidores trocaram de aparelho, entre 2015 e 2017, atraídos por tecnologias avançadas como Full HD, com maior definição, e Smart TV, conectada à internet. Pelo menos, metade dos consumidores brasileiros também optou pela substituição do velho tubo pela tela fina, passando de 28,9% para 79,2%, com a média nacional nas duas primeiras décadas do século XXI chegando a 2,6 aparelhos por domicílio. Esse é um cenário bem diferente daquele quando surgiu a televisão.

No início da década de 1970, o censo revelou que apenas 27% das casas brasileiras tinham televisão, com 75% dos aparelhos concentrados no Rio de Janeiro e em São Paulo. O tricampeonato da Seleção Brasileira, na Copa do Mundo do México, com a consagração de Pelé como rei do futebol, foi visto em 4 milhões de receptores, atingindo 25 milhões de telespectadores, o que representava um quarto dos 100 milhões de habitantes da época. E, ainda assim, em preto e branco e, dependendo da localização, com muita interferência, na época chamada de "chuvisco".

Geradas do México pelo sistema National Television System Committee (NTSC), as imagens daquela Copa foram retransmitidas para o Brasil pela Empresa Brasileira de Telecomunicações (EMBRATEL), que montou um auditório para a primeira transmissão ao vivo e em cores, fechada e em caráter experimental, para uma plateia seleta e privilegiada. A TV Cultura, de São Paulo, fazia a gravação do videotape no mesmo sistema, mas, como não existiam no mercado nacional aparelhos de recepção adequados, o público em

19 de fevereiro

casa ficou sem ver o colorido das arquibancadas e da mística camisa amarela do "escrete canarinho".

Só em 19 de fevereiro de 1972 foi realizada a primeira transmissão pública de televisão em cores, para todo o Brasil, com a programação produzida durante a Festa da Uva, em Caxias do Sul (RS). A TV Difusora, mais tarde canal 10 da Bandeirantes, que pertencia à Ordem dos Frades Capuchinhos do Rio Grande do Sul, entrou para a história com essa primeira transmissão, viabilizada graças ao acordo fechado pelo então ministro das Comunicações, Hygino Corsetti, gaúcho nascido na cidade serrana, e o diretor técnico da emissora, Frei Cirilo Matiello. Lá estavam vários artistas que mais tarde se tornariam famosos na telinha, como Tarcísio Meira e a mulher Glória Meneses, Francisco Cuoco, Tônia Carrero e Jô Soares.

O então presidente da República, general Emílio Garrastazu Médici, também esteve presente. Alguns prefeitos populistas compraram televisores coloridos e instalaram em praças públicas, levando às ruas famílias inteiras que não possuíam um, todos curiosos com a surpreendente imagem colorida. Na época ainda eram comuns as quedas de transmissão, com localidades passando dias sem receber sinal, como ocorreria também nos primeiros anos de implantação da internet.

Você sabia?

Nos anos de 1960, nas salas de visita de famílias abastadas, enormes aparelhos ocupavam lugar de honra. Vizinhos e parentes mais pobres eram convidados a compartilhar parte da programação noturna.

Com a chegada do século XXI, surgiram as televisões virtuais, com alguns provedores de internet incluindo em seus sites as programações das principais emissoras do país.

20 de fevereiro

Brasil perde Guerra da Cisplatina e território uruguaio
1827

Lutas por territórios são recorrentes na história e não foi diferente com as definições das fronteiras da América do Sul. Durante o período da colonização, quando Portugal e Espanha disputavam mais acirradamente as terras do Novo Mundo, 8 mil soldados mortos e um grande prejuízo equivalente a 30 milhões de dólares foi o saldo que a Coroa portuguesa amargou na chamada Guerra da Cisplatina.

Considerada uma das mais duras e criticadas derrotas bélicas e políticas do imperador dom Pedro I na disputa com a Espanha pelo domínio das terras sul-americanas, a guerra foi travada entre 1825 e 1828, mas desenhada quase dois séculos antes. Na verdade desde 1680, quando foi criada a Colônia de Sacramento, atual Uruguai, o território era disputado pelas Coroas portuguesa e espanhola. O conflito se agravou em 1816, depois que dom João VI, no auge de sua política expansionista, iniciou o processo de incorporação e ampliação dos limites do Brasil.

A anexação oficial da Cisplatina ao Império de Portugal foi anunciada em julho de 1821. No reinado de dom Pedro I, contudo, o movimento de libertação resultou na independência da província, proclamada em abril de 1825 pelos generais Juan Antonio Lavalleja e Fructuoso Rivera, apoiados por representantes das elites das Províncias Unidas do Rio da Prata, atual Argentina.

Em dezembro daquele ano, o governo imperial de dom Pedro I declarou guerra às Províncias Unidas, mas, em 1826, Lavalleja e o general Carlos María de Alvear, comandantes do Exército argentino, atravessam o rio da Prata para a reconquista do território uruguaio. Apesar de mais numeroso e melhor equipado, inclusive com superioridade bélica da Marinha e reforço de mercenários ingleses e alemães, o Brasil foi derrotado na maioria das grandes batalhas campais.

20 de fevereiro

Entre elas destaque-se a batalha do Passo do Rosário, ou batalha de Ituzaingó, travada em solo brasileiro entre os dias 19 e 20 de fevereiro de 1827. O confronto foi resultado do avanço do Exército argentino, comandado por Alvear, em janeiro, sobre vilas situadas do lado de cá da fronteira. Perseguido e localizado pelo visconde de Barbacena, o comandante argentino, que aparentemente batia em retirada, surpreendeu a tropa brasileira pelos flancos e pela retaguarda.

Depois de alguma resistência, o Exército republicano de Alvear conquistou o campo de batalha. Com pressão da Inglaterra e da França, só em 28 de agosto de 1828 foi assinado, no Rio de Janeiro, o tratado de paz entre o Império e as Províncias Unidas do Rio da Prata. Para a Coroa portuguesa e para o Brasil, o preço foi a perda do território mais tarde proclamado República Oriental do Uruguai.

Entre armas, munição e objetos abandonados pelos brasileiros, as tropas argentinas encontraram um cofre com uma partitura de marcha militar, que dom Pedro I havia entregado a Barbacena, para que fosse tocada depois de eventual vitória imperial. Em posse do inimigo, a partitura "Marcha de Ituzaingó" é interpretada até hoje sempre que a bandeira argentina é trasladada em atos oficiais. É um dos três atributos ostentados pelo presidente da República – ao lado do bastão de mando e da banda presidencial.

Você sabia?

A Marinha do Brasil, na época, tinha 3 mil homens, sendo 1.200 mercenários ingleses, alemães, irlandeses e norte-americanos. Composta, ainda, por dezoito brigues, seis fragatas e 25 embarcações menores, era infinitamente superior à esquadra inimiga.

O enfraquecimento político de dom Pedro I, a elevação do valor da dívida e o esfriamento da economia, além de questionamentos da população, foram as principais consequências da Guerra da Cisplatina para o Brasil.

21 de fevereiro

César Lattes, físico brasileiro, isola o méson, nova partícula do átomo
1948

Aos 23 anos, o jovem paranaense Cesare Mansueto Giulio Lattes, conhecido com César Lattes entrou para o seleto grupo de físicos internacionais que isolaram o méson pi (ou píon), então uma nova partícula do átomo.

O feito entrou para a história em 21 de fevereiro de 1948, quando o mundo ainda superava os bombardeios e a destruição causados pela Segunda Guerra Mundial. A descoberta veio, portanto, em um momento em que justamente se buscava compreender o mundo subatômico.

Cecil Frank Powell, diretor do laboratório em Bristol, na Inglaterra, com quem César Lattes trabalhou juntamente com o italiano Giuseppe Occhialini, recebeu pelo isolamento do méson pi o Prêmio Nobel de Física de 1950, dividindo a descoberta com os dois pesquisadores. Antes deles, o Nobel de 1949 ficara com o físico japonês Hideki Yukawa, que teoricamente previra a existência da partícula.

César Lattes nasceu em Curitiba, em 11 de julho de 1924, tendo concluído em 1943 o bacharelado em física pela Faculdade de Ciências e Letras da Universidade de São Paulo, a mesma instituição que lhe concedeu o título de doutor *honoris causa*. Ele foi professor da Universidade Federal do Rio de Janeiro, do Centro Brasileiro de Pesquisas Físicas e da Universidade Estadual de Campinas.

A carreira científica de Lattes começou em meados dos anos de 1940, na Universidade de São Paulo (USP). Sob a orientação do professor Gleb Wataghin, publicou seu primeiro trabalho científico, sobre a abundância de núcleos no universo, e, desde então, passou a ter o nome relacionado a resultados científicos de grande repercussão. Trabalhou também para o progresso da ciência no Brasil e na América do Sul.

A descoberta do méson pi se mostrou fundamental para se entender o comportamento das forças nucleares. Sua massa se mostrou intermediária

21 de fevereiro

entre o elétron e o próton, e a partícula revelou capacidade de se desintegrar fora do núcleo atômico em apenas um bilionésimo de segundo.

A produção artificial do méson pi, em 1948, por Lattes em parceria com Eugene Gardner, na Universidade da Califórnia, em Berkeley, inaugurou a corrida para construção de aceleradores de partículas mais potentes, uma característica da física nuclear pós-Segunda Guerra Mundial.

Em 1949, com colegas bolivianos, o físico brasileiro criou em La Paz o Laboratório de Físicas Cósmicas, adaptado em uma estação de observações meteorológicas. Foi lá que ele conseguiu os registros dos eventos que levaram à descoberta do méson pi. Esse laboratório acabou transformado em centro científico de interesse internacional, sobretudo para estudos sobre radiação cósmica.

No mesmo ano de 1949, César Lattes liderou um grupo de cientistas que criou o Centro Brasileiro de Pesquisas Físicas. Foi o ponto de partida do Instituto de Matemática Pura e Aplicada, da Escola Latino-americana de Física e do Centro Latino-americano de Física. Naquele período, ele se destacou pelas pesquisas internacionais e pelas medidas de modernização dos currículos de física.

Por suas pesquisas, Lattes recebeu vários prêmios, incluindo o Prêmio Einstein (1950); o Fonseca Costa, concedido pelo CNPq (1958); o Bernardo Houssay, da Organização dos Estados Americanos (OEA), em 1978; e o prêmio da Academia de Ciência do Terceiro Mundo (TWAS), em 1988.

Você sabia?

A descoberta do méson pi marcou o início da revisão de conceitos físicos sobre a estrutura da matéria. A grande variedade de partículas descobertas mais tarde colocaria em dúvida o conceito de partícula elementar como algo indivisível.

A maior base de currículos de pesquisadores e cientistas brasileiros foi batizada de Plataforma Lattes, em homenagem ao físico.

A irreverência de Dercy Gonçalves estreia no cinema
1943

Dercy nasceu Dolores Gonçalves Costa, em 23 de junho de 1907, na pequena Santa Maria Madalena, região serrana do Rio de Janeiro. Desde cedo, a menina pobre, de pouco estudo e debochada, filha de alfaiate e lavadeira, percebeu que seu mundo seria outro. Por isso, cantava no coral da igreja, nas procissões e quermesses paroquiais para alimentar o sonho de ser artista. Foram o talento e o espírito transgressor que a tiraram de casa aos dezessete anos. Fascinada por Eugênio Pascoal, cantor da Companhia Maria Castro, em visita à cidade, formou com ele a dupla Os Pascoalinos, que estreou em Leopoldina, na Zona da Mata de Minas Gerais.

Logo ela assumiu o nome artístico de Dercy Gonçalves, e em 1930 entrou no teatro de revista. Em 1932, estreou na Casa de Caboclo, no Rio de Janeiro, com o espetáculo *Minha terra*; mas, infectada pela tuberculose, interrompeu o sucesso para tratamento em Santos Dumont (mg), com ajuda de Ademar Martins, o pai de sua filha Decimar. Curada, voltou ao Rio e atuou em *A Marquesa de Santos*, de Viriato Correia. O sonho de ser cantora ruiu com a reprovação em teste feito pelo radialista César Ladeira.

No início dos anos de 1940, Dercy aceitou convite do compositor Custódio Mesquita e assinou contrato com a Companhia Jardel Jércolis. Tornou-se a estrela de *As filhas de Eva* e *Do que elas gostam*, espetáculos que lotaram o Teatro República durante quase um ano. Em 1942, já casada com Danilo Bastos, na Companhia de Manuel Pinto, tornou-se sucesso de público com o espetáculo *Rumo a Berlim*, no Teatro Recreio.

A estreia no cinema foi em 22 de fevereiro de 1943, em *Samba em Berlim*, de Luís de Barros. Ainda na Cinédia, atuou com o mesmo diretor em *Caídos do céu*, de 1946. Na Cinedistri, foi protagonista de filmes com sucesso de bilheteria, como *Depois eu conto*, de José Carlos Burle, em 1956; *Absolutamente certo*, de Anselmo Duarte, em 1957; e *Uma certa Lucrécia*, de Fernando de Barros, também em 1957. Seus grandes sucessos no teatro, como *Cala a boca e Etelvina*, de 1958, e *Minervina vem aí*, de 1959, de Eurides Ramos, estão registrados em celuloide.

A grande vedete, que Dercy considerava seu melhor trabalho no cinema, foi filmado com Watson Macedo em 1958, quando ela estava com 51 anos. Sua irreverência característica é ali compartilhada com a interpretação dramática de uma velha dona de companhia que perdeu o lugar absoluto para uma jovem também na preferência do homem amado. Com John Herbert e Marina Marcel, em *No fio da navalha*, alternou humor e dramaticidade.

Em 1947, montou a companhia Dolores Costa Bastos e produziu a comédia *A mulher infernal*, de José Wanderley e Renato Alvim. No mesmo ano, em coprodução com Walter Pinto, fez *Tem gato na tuba*, com Walter D'Ávila, recorde de público. Lançou *Burletas*, com Luz del Fuego, Elvira Pagã e Zaquia Jorge. Em 1951, contracenou com Ankito em *Zum-Zum*, de Renata Fronzi e César Ladeira, no Teatro Jardel.

Em seguida, foi para São Paulo e atuou no Teatro Cultura Artística. Em 1957, estreou na televisão, no Grande Teatro, da Tupi; mas o sucesso veio em 1961, na TV Excelsior, com o quadro "A perereca da vizinha" no programa *Viva o Vovô Deville*, de Sérgio Porto, e no teleteatro *Dercy Beacoup*, de Carlos Manga. Seu último trabalho no cinema foi em *Nossa vida não cabe num Opala*, em 2008, pouco antes de morrer, aos 101 anos.

Você sabia?

Dercy Gonçalves foi premiada como melhor atriz coadjuvante no Festival de Brasília do Cinema Brasileiro, no filme *Oceano Atlantis*, de 1993.

Famosa por suas tiradas, Dercy reconheceu que foi uma menina criada sozinha, "sem educação, sem mãe, sem família, sem nenhuma orientação", mas que mesmo assim conseguiu vencer. Essa era sua glória pessoal. Quanto aos palavrões, ainda que fossem outra de suas marcas, para ela palavrão era a miséria, a falta de respeito, a sacanagem que atingia o povo.

Em 1991, aos 83 anos, foi homenageada pela escola de samba Unidos do Viradouro, e causou impacto ao desfilar com os seios de fora.

23 de fevereiro

Fundação do Instituto Butantan
1901

A história do Instituto Butantan é um tributo ao médico sanitarista Vital Brazil, mineiro da cidade de Campana, que no começo da carreira integrou as brigadas de combate a doenças comuns na época, como febre amarela, peste bubônica, varíola e tifo, em cidades do interior paulista, onde também presenciou a morte de várias pessoas picadas por cobras venenosas.

Tudo começou em 1897, no Instituto Bacteriológico do Estado de São Paulo, que mais tarde herdou o nome de Adolfo Lutz, o diretor que o levou para trabalhar ao lado dos pesquisadores Oswaldo Cruz e Emílio Ribas nos estudos e na produção de vacinas. Dois anos depois, para enfrentar o surto que se alastrava a partir da região portuária de Santos, foi criado o primeiro laboratório de produção de soro antipestoso, vinculado ao Instituto Bacteriológico e instalado na Fazenda Butantan, às margens do rio Pinheiros, reconhecido oficialmente como instituição autônoma em 23 de fevereiro de 1901 com o nome de Instituto Serumtherápico.

Ali Vital Brazil, designado primeiro diretor, desenvolveu também vasto material informativo voltado sobretudo à população rural, com orientações de como se proteger de serpentes e outros animais peçonhentos. E criou uma armadilha, uma simples caixa de madeira, barata e segura, para a captura dos animais, que, conforme convênio firmado com a companhia administradora da estrada de ferro, eram transportados vivos, de trem, para as primeiras pesquisas que levaram à extração de veneno para a descoberta e fabricação do soro antiofídico, a partir de 1903.

Picadas de aranhas venenosas, escorpião e lacraias serviram para dar origem a outros tipos de soros. Também começaram a ser produzidas ali vacinas contra tifo, varíola, tétano, psitacose, disenteria bacilar e a BCG (contra a tuberculose), sulfuras e penicilinas.

A produção se tornou semiautomatizada, com capacidade atual de até 1 milhão de ampolas de soro por ano. O processo começa com a imunização

23 de fevereiro

de cavalos com antígenos específicos preparados com venenos de serpentes, aranhas, escorpiões e lagartas para produção dos soros hiperimunes, toxinas e anatoxinas bacterianas dos soros antitóxicos, ou ainda, de vírus inativado da raiva para a produção do soro antiviral específico. Para isso, o instituto mantém plantel de cerca de oitocentos equinos, na fazenda São Joaquim, onde passam por rigoroso acompanhamento veterinário.

O Butantan é o principal laboratório imunobiológico do Brasil, responsável por 80% da produção nacional de soros hiperimunes (treze tipos) e de antígenos vacinais utilizados no Programa Nacional de Imunizações, do Ministério da Saúde, trabalho que lhe proporciona reconhecimento internacional. Trata-se, também, de moderno centro de pesquisa biomédica, que agrega estudos tecnológicos, na busca permanente de atualização, integração de recursos e inovação.

Aberto ao público, é também um dos pontos turísticos da capital paulista. Lá, podem ser visitados serpentários com mais de sessenta espécies brasileiras, aranhas e escorpiões, parque arborizado e quatro interessantes acervos: museus do Instituto Butantan, Histórico, Biológico, de Microbiologia e de Saúde Pública Emílio Ribas.

Você sabia?

O Hospital Vital Brazil, anexo ao Instituto Butantan, garante tratamento gratuito a pessoas picadas por animais peçonhentos.

A produção dos soros de cavalo é o primeiro no mundo validado experimentalmente no fracionamento do plasma livre de vírus.

24 de fevereiro

Voto feminino no Brasil
1932

As brasileiras chegaram à Presidência da República, governam estados e cidades, dão-se vez e voz no Parlamento e alcançaram o poder máximo também no Judiciário. São mães, profissionais, cuidam da casa, de negócios e carreiras, conquistaram igualdade de direitos e liberdade sexual. Mas nem sempre foi assim e ainda hoje precisam se manter vigilantes contra vícios da sociedade patriarcal e machista.

Na política, o direito a votar e a disputar cargos eletivos é conquista de uma luta antiga, árdua e marcada pela persistência. No papel, foi reconhecido somente em 1932, no governo provisório do então presidente Getúlio Vagas. No dia 14 de janeiro daquele ano, foi publicado no Diário Oficial o Decreto nº 21.076, o Código Eleitoral, prevendo pela primeira vez o voto feminino na política nacional.

O artigo 2º dizia: "É eleitor o cidadão maior de 21 anos, sem distinção de sexo, alistado na forma deste Código". Porém, os direitos políticos conferidos às mulheres somente foram confirmados dois anos depois, em 1934, quando entrou em vigor a segunda Constituição da República, ainda assim, com uma ressalva – a votação ficou restrita a mulheres que exerciam função pública remunerada.

Entre as pioneiras da carreira política estava a médica, escritora e pedagoga Carlota Pereira de Queirós, primeira mulher eleita deputada federal, que participou dos trabalhos da Assembleia Nacional Constituinte entre 1934 e 1935. Formada pela Faculdade de Medicina da Universidade de São Paulo, em 1926, a médica Carlota organizou um grupo de setecentas mulheres que, em parceria com a Cruz Vermelha, deram atendimento aos feridos da Segunda Guerra Mundial.

Em Santa Catarina, a professora e jornalista Antonieta de Barros é outro exemplo importante de pioneirismo e luta política pela participação da mulher na vida pública e contra a discriminação e o preconceito. Negra,

24 de fevereiro

de família pobre e órfã de pai ainda menina, em Florianópolis, coube a ela, professora de português e literatura, a honra de ser a primeira mulher eleita deputada, pelo Partido Liberal Catarinense, em 1934, e relatar os capítulos relativos a educação, cultura e funcionalismo na Constituição estadual. Constituinte de 1935, ela permaneceu na Assembleia Legislativa até 1937, quando teve início a ditadura do Estado Novo, de Getúlio Vargas.

Antes delas, a aprovação de uma legislação específica abriu caminho para que participassem do processo, mas só no Rio Grande do Norte, o primeiro estado brasileiro a regulamentar o sistema eleitoral. Em 1928, houve inscrição de eleitoras nas cidades de Natal, Mossoró, Acari e Apodi, e, aos 29 anos, a professora Celina Guimarães Viana foi a primeira mulher a ter o direito a voto no Brasil.

A participação feminina naquela eleição repercutiu nacionalmente, em especial quando a comissão de poderes do Senado recusou o voto da professora. A mesma comissão do Senado anulou os votos das mulheres e impediu a posse da fazendeira Alzira Soriano, em 1929, eleita a primeira prefeita de Lajes, no sertão potiguar.

De lá para cá, mudou a legislação eleitoral brasileira. A Lei nº 9.100/1995 determinou que, a partir das eleições de 2006, pelo menos 20% das vagas de cada partido ou coligação fossem preenchidas por mulheres. Esse índice subiu para 25% em 1997, e em 30% no pleito seguinte. Hoje o eleitorado feminino já é maior que o masculino.

Você sabia?

A reforma eleitoral de 2009, Lei nº 12.034, definiu a aplicação de pelo menos 5% do Fundo Partidário em programas que estimulassem a presença da mulher na política.

Em maio de 1933, na eleição para a Assembleia Nacional Constituinte, a mulher brasileira pela primeira vez votou e foi votada em âmbito nacional.

25 de fevereiro

Milton Nascimento recebe o prêmio Grammy pela primeira vez
1998

O carioca mais mineiro do Brasil, Milton Nascimento, nasceu na favela da Tijuca, em 1942. Sua mãe, a empregada doméstica Maria do Carmo do Nascimento, foi abandonada ainda grávida pelo primeiro namorado e sumariamente demitida quando os patrões descobriram a gestação. Ela tentou criá-lo com a ajuda da mãe, viúva, também empregada doméstica, mas entrou em depressão, contraiu tuberculose e morreu antes de o menino completar dois anos.

Milton foi morar com a avó materna em Juiz de Fora (MG), mas teve dificuldade para se adaptar. Casada havia pouco tempo, a professora de música Lília Silva Campos, uma das duas filhas dos patrões da avó de Milton, percebeu que ele não estava bem, apegou-se ao menino e convenceu o marido Josino a adotarem-no.

A avó concordou, desde que o levassem para visitá-la regularmente e não tirassem o nome de Maria do Carmo da certidão de nascimento, e assim foi feito. A família mudou-se para Três Pontas, também em Minas Gerais, mas, como continuava sem engravidar, o casal adotou mais um menino e, depois, uma menina. A filha biológica de Lília veio depois de alguns anos de tratamento, mas Milton e os dois primeiros irmãos sempre souberam que eram adotados.

A música entrou cedo na vida dele. Aos dois anos, já dava soquinhos em um piano, antes de ganhar uma pequena sanfona de dois baixos, seu primeiro instrumento. Em 1950, ganhou uma gaita e uma sanfona de quatro baixos, e passava horas seguidas na varanda da casa, tocando os dois instrumentos simultaneamente, segurando a gaita com os joelhos. Completava as notas que faltavam com a própria voz.

Cinco anos depois, aos treze, abraçou o primeiro violão e não largou mais. Na verdade, era presente endereçado à mãe Lília, que ele recebeu em casa na ausência dela e levou direto para praticar no quarto. Na época, co-

25 de fevereiro

nheceu e fez amizade com Wagner Tiso, com quem formou Luar de Prata, o primeiro conjunto musical. Gravou "Barulho de trem", a primeira canção, em 1962.

Foi cursar economia em Belo Horizonte, onde tocou em bares e casas noturnas, e começou a compor com mais frequência. Em 1964, escreveu "Novena" e "Gira girou", ambas em parceria com Márcio Borges, irmão dos também músicos Marilton e Lô, que conheceu na pensão onde foi morar, no edifício Levy. A partir daí, a carreira de Milton deslanchou, e em 1967 saiu o primeiro disco, *Travessia*.

Dos encontros na esquina das ruas Divinópolis e Paraisópolis, no tradicional bairro de Santa Tereza, nasceram acordes e letras de canções como "Cravo e canela", "Alunar" e "Para Lennon e McCartney". Ao grupo de músicos juntaram-se Tavinho Moura, Flavio Venturini, Beto Guedes, Fernando Brant e Toninho Horta. Em 1972 foi lançado o LP duplo *Clube da Esquina*, abrindo caminho para o reconhecimento definitivo.

Em 1988, em 23 de fevereiro, Milton recebeu o Grammy na categoria World Music, no 40th Annual Grammy Awards, com o disco *Nascimento*. Internado com diabetes, o cantor comoveu o país, e a estatueta foi entregue durante a gravação do DVD *Tambores de Minas*, no Teatro João Caetano. Em 2004, "Tristesse", do disco *Pietá*, em parceria com Telo Borges, venceu o Grammy Latino, na categoria de canção brasileira. No ano seguinte, "A festa", interpretada por Maria Rita, repetiu a dose.

Você sabia?

Na década de 1970, Milton manteve longo romance com uma *socialite* paulistana rica, mãe de seu filho Pablo.

Milton é Cavalheiro das Artes e das Letras da República Francesa, participa da Aliança dos Povos da Floresta, da Anistia Internacional e do Greenpeace.

26 de fevereiro

Convênio de Taubaté regula mercado cafeeiro
1906

Originário da Etiópia, na África Oriental, e trazido em 1727 da Guiana Francesa, o café teve sua primeira plantação em solo brasileiro no Acre a pretexto de mediar disputa fronteiriça, e não demorou muito tempo para que suas sementes e mudas fossem espalhadas pelas terras férteis Brasil adentro.

Durante a Primeira República, o café liderou as exportações nacionais, as áreas cultivadas foram ampliadas pelos fazendeiros até que o excesso de produção se transformou no principal vilão da crise econômica do início do século XX.

Os estoques atingiram quantidades absurdas, totalizando em 1905 o armazenamento de 11 milhões de sacas (de sessenta quilos, conforme a medida usada na época no comércio atacadista), enquanto os preços simplesmente despencaram e as vendas estagnaram.

Na tentativa de enfrentar o prejuízo, os governadores Jorge Tibiriçá, de São Paulo, Francisco Sales, de Minas Gerais, e Nilo Peçanha, do Rio de Janeiro, partiram para uma ação conjunta. Surgiu, então, a proposta de o governo comprar o excedente da produção para manter em estoque e revender quando a situação voltasse ao normal, pois acreditavam que a regulação manteria a valorização dos preços no mercado externo.

Defensor das oligarquias, o então presidente Rodrigues Alves inicialmente discordou da medida, argumentando que seria prejudicial à economia brasileira, mas no último ano de governo a colocou em prática. As mesmas ações foram mantidas pelo sucessor Afonso Pena. Assim, o Acordo de Taubaté, como ficou conhecido o documento assinado formalmente em 26 de fevereiro de 1906, definiu os termos da nova política de valorização do café, fundamentada na contratação de empréstimos para aquisição dos estoques armazenados e na criação de imposto a ser pago em ouro sobre cada saca

26 de fevereiro

de café comercializada no exterior. A nova carga tributária destinava-se ao pagamento dos juros cobrados pelos bancos financiadores.

Com a intervenção na compra do café, os preços mantidos altos artificialmente garantiram os lucros dos cafeicultores. Os produtores, no entanto, ao invés de diminuírem o ritmo, continuaram ampliando as áreas de plantio e produção, obrigando o governo a contrair mais empréstimos para manter a política de aquisição dos estoques. O estado continuou comprando para revenda em momentos mais favoráveis até 1924, quando foi criado o Instituto do Café de São Paulo. A partir daí, a intervenção passou a ser indireta.

Tudo parecia bem, até que em 1929, com o mercado nacional de café dando sinais de recuperação, a quebra da Bolsa de Nova York abriu a porta para a "grande depressão". A crise exigiu mais dinheiro para manutenção da produção, e, na falta de capital, começam a aparecer os primeiros casos de falência. Muitos cafeicultores, desesperados, chegam à atitude extrema do suicídio.

No ano seguinte, quando o golpe de Getúlio Vargas abriu caminho para sete anos depois ser implantada a ditadura do Estado Novo, a supremacia dos cafeicultores despencou. Os empréstimos feitos pelo governo no exterior trouxeram consequências drásticas ao país, como dívida externa e inflação.

Você sabia?

Em alguns casos, o governo comprava café dos produtores a preços mais altos do que revendiam. E quando a procura no mercado internacional era inferior à oferta, eram comuns as queimas de estoque, gerando mais prejuízo aos cofres públicos.

A intervenção brasileira na regulação internacional de preços do café foi possível graças ao domínio nacional da produção, uma vez que, sozinho, o país controlava 75% da oferta mundial.

27 de fevereiro

Nasce Lucio Costa, pioneiro da arquitetura modernista
1902

Era francês o urbanista que implantou no Brasil o conceito de arquitetura modernista e que, em 1957, ganhou o concurso para o projeto do plano piloto de Brasília, a capital federal.

Filho do almirante Joaquim Ribeiro da Costa, Lucio Costa nasceu na cidade francesa de Toulon. Por causa da profissão do pai, ele passou grande parte da infância viajando, o que fez com que estudasse em conceituados colégios da Europa, como a Royal Grammar School, em Newcastle, na Inglaterra, e o Collège National, em Montreux, na Suíça.

Em 1917, já no Brasil, entrou para a Escola Nacional de Belas-Artes e, em 1924, terminou o curso de arquitetura e pintura. Tornou-se sócio de Fernando Valentim, com quem manteve escritório até 1929, realizando projetos arquitetônicos neoclássicos. Foi quando conheceu a Casa Modernista de São Paulo, do arquiteto russo-brasileiro Gregori Warchavchik, com quem teria no futuro sociedade em uma pequena construtora. Passada a Revolução de 1930, Costa aceitou convite de Rodrigo Melo Franco e acabou nomeado diretor da Escola Nacional de Belas Artes, com o desafio de enfrentar o corpo docente da época e implantar ali um curso de arquitetura moderna.

No ano seguinte, ele foi o responsável por organizar o Salão Revolucionário, no Rio de Janeiro, e, em 1935, foi convidado pelo ministro Gustavo Capanema a elaborar o projeto da sede do Ministério da Educação e Saúde Pública, também no Rio de Janeiro. Entre seus parceiros da época estavam Affonso Eduardo Reidy, Carlos Leão e Oscar Niemeyer. O coordenador foi Le Corbusier.

Foi o próprio Lucio Costa quem convenceu Le Corbusier a vir ao Brasil para uma série de conferências, em 1936. Na ocasião, ele ainda colaborava no projeto da sede do Ministério da Educação e Saúde Pública, e, engajado politicamente, sabia que a arquitetura moderna coincidia com os objetivos

27 de fevereiro

da ditadura implantada por Getúlio Vargas. A intenção na época era priorizar projetos que passassem a imagem de modernidade e progresso do país.

Trabalho, portanto, não faltava ao jovem e talentoso Lucio Costa. Já em 1937 foi nomeado para o cargo de diretor da divisão de estudos e tombamentos do Serviço de Patrimônio Histórico e Artístico Nacional (SPHAN), mesmo ano da realização do projeto do Museu das Missões, em São Miguelinho (RS). Em 1939, agora em parceria com o então aluno Oscar Niemeyer, projetou o Pavilhão do Brasil na Feira Mundial de Nova York.

Da parceria de Lucio Costa com Warchavchik adviriam diversos projetos, entre eles a Casa Schwartz e uma vila operária no bairro portuário da Gamboa. Participaram também de projetos de algumas construções neocoloniais, algumas delas, durante muito tempo, consideradas marcos da urbanização do largo do Boticário, no Rio de Janeiro.

Mas Lucio Costa ficou conhecido mesmo por sua participação no projeto de Brasília, em 1957. Vencedor do concurso, foi responsável pela urbanização do plano piloto, trabalhando com Joaquim Cardozo e Oscar Niemeyer até a inauguração da nova capital federal, em 21 de abril de 1960. Naquele ano, ele recebeu o título de professor *honoris causa* da Universidade de Harvard, e quatro anos mais tarde foi chamado para chefiar a equipe que projetou a reconstrução de Florença, a cidade italiana destruída por uma grande enchente.

Em 1995, Lucio Marçal Ferreira Ribeiro Lima e Costa lançou o livro autobiográfico *Registro de uma vivência*, contendo projetos, ensaios críticos e cartas pessoais. Ele morreu em 13 de junho de 1998.

Você sabia?

Lucio Costa costumava dizer que praticava arquitetura desconectada das novidades mundiais, mas isso só até ser influenciado por Le Corbusier.

28 de fevereiro

Lançado o Plano Cruzado de José Sarney
1986

Donas de casa viraram "fiscais do Sarney". A missão delas era se certificar de que a ordem de manter congeladas as tabelas de gêneros de primeira necessidade, de combustíveis e dos preços em geral estava sendo cumprida. Nesse empenho, os órgãos do governo que passaram a ter maior credibilidade eram justamente aqueles mesmos que até então eram desmoralizados: o Programa de Defesa do Consumidor (PROCON) e a Superintendência Nacional de Abastecimento (SUNAB). Toda essa movimentação fez parte do Plano Cruzado, o primeiro plano econômico de um governo civil brasileiro, lançado no fim de fevereiro de 1986 pelo presidente José Sarney (PMDB), depois de 21 anos de ditadura militar, visando reorganizar as finanças do país e conter a hiperinflação.

As principais medidas do plano determinaram mudanças de comportamento pessoal e das relações entre patrões e empregados. Houve, por exemplo, o tabelamento de preços de bens e serviços; o congelamento da taxa de câmbio por um ano; a reforma monetária, com alteração da unidade do sistema monetário, que passou a denominar-se cruzado; congelamento de salários; criação de seguro-desemprego para trabalhadores dispensados sem justa causa ou em virtude do fechamento de empresas; reajustes salariais por um dispositivo chamado gatilho salarial ou seguro-inflação, que estabelecia o reajuste automático dos salários sempre que a inflação alcançasse 20%.

Além de medidas econômicas, o Plano Cruzado foi marcado por ações simbólicas, que politicamente representavam ruptura com o regime militar e o início de novo ciclo democrático republicano. A reforma monetária, por exemplo, resultou na substituição do velho cruzeiro por uma nova moeda nacional, o cruzado. O pacote de Sarney foi aprovado em 16 de abril pelo Congresso Nacional, sem dificuldades de votos: foram 344 a favor e treze

28 de fevereiro

contra, na Câmara dos Deputados, enquanto no Senado a aprovação foi esmagadora – 49 votos a favor e apenas um contrário.

O maior dilema era a inflação galopante. Das medidas de controle dos preços anunciadas por Sarney e respaldadas pelo Congresso Nacional, as mais polêmicas foram o congelamento de preços de bens e serviços e da taxa de câmbio por um ano, o dólar valia na época 13,84 cruzados. O pacote previa redução da demanda, um dos fatores que alimentava a inflação, por meio do congelamento dos salários pela média dos últimos seis meses e o estabelecimento do salário mínimo em 804 cruzados, o equivalente a 67 dólares.

O Plano Cruzado criou também a desindexação da economia. A correção de dívidas anteriores ao anúncio do pacote passou a ser realizada mediante a tabela de conversão do governo.

Espinha dorsal do plano, o congelamento também pode ser considerado seu ponto fraco. Preços corrigidos sazonalmente e em prazos amplos de trinta, sessenta e noventa dias, por exemplo, não foram ajustados monetariamente segundo os novos valores referência, e tiveram reajustes incompatíveis com a nova realidade inflacionária – mais de 17%. Houve desequilíbrio da economia e desabastecimento.

Medidas populistas, como o adiamento de medidas de correção e a concessão de abono de 16% ao salário mínimo e de 8% ao funcionalismo público, desestabilizaram ainda mais a economia. O descontrole de gastos do governo também contribuiu para o fracasso do plano.

Você sabia?

A popularidade do governo Sarney só se manteve enquanto o plano deu certo. Em 21 de novembro de 1986 foram anunciadas medidas de correção, o Plano Cruzado II.

Sem condições para honrar os compromissos externos, o Brasil teve que decretar a moratória da dívida externa em 1987.

MARÇO

1º de março

Estácio de Sá funda a cidade de São Sebastião do Rio de Janeiro
1565

O Rio de Janeiro tem o primeiro mês do ano no seu nome porque, ao entrar na Baía de Guanabara, no primeiro dia do ano de 1502, o navegador português Gaspar de Lemos confundiu aquele pedaço de mar com a foz de um grande curso de água doce. Só 63 anos depois, no dia 1º de março de 1565, o também lusitano Estácio de Sá acrescentou o São Sebastião ao nome original, em homenagem ao rei de Portugal, escolhendo o santo homônimo como padroeiro da cidade.

E foi por causa disso que a cidade, além de festejar seu aniversário na data de fundação oficial, também comemora o 20 de janeiro, dia de São Sebastião, de acordo com o calendário das celebrações católicas, data que acabou sendo oficializada como feriado municipal.

A colonização fluminense tem parte de sua história escrita a sangue. Depois de dizimados e escravizados os índios que habitavam aquele trecho da Mata Atlântica brasileira, franceses e portugueses disputaram durante anos o domínio do território, rico sobretudo em madeiras de lei. Foram os franceses os primeiros a explorar madeira na região.

Em 1555, novos colonos chegaram da França para habitar e explorar aquelas matas fechadas, mas logo os portugueses também montaram as próprias serrarias e, depois de dez anos de luta, abriram caminho para Estácio de Sá fundar a cidade de São Sebastião do Rio de Janeiro, em 1565, com ruas irregulares e estilo português medieval.

A expulsão definitiva dos franceses ocorreu em 1567. A posição estratégica da cidade na Baía de Guanabara facilitou a formação de uma zona portuária e comercial a partir dos séculos XVI e XVII, com a economia em torno da exploração de madeira, da pesca e do comércio da cana-de-açúcar. A população cresceu e, em 1660, chegou a 6 mil índios, 750 portugueses e uma centena de escravos.

1º de março

A descoberta de ouro e pedras preciosas nas montanhas de Minas Gerais refletiu diretamente no desenvolvimento do Rio de Janeiro, entre os séculos XVII e XVIII. A cidade portuária virou uma espécie de ponte entre a região mineradora e a Europa.

Com a chegada da família real, em 1808, o Rio de Janeiro virou sede do reino português. Logo o plantio de café, juntamente com a transferência da corte, movimentou a economia local e ajudou a enfrentar a crise econômica do fim do século XVIII. A mineração entrava em decadência e o mercado de cana-de-açúcar tinha concorrência de outros países da América do Sul.

No século XIX, as estradas de ferro deram novo impulso à produção agrícola e de café, surgiram as primeiras indústrias no centro, a iluminação a gás e circulavam transportes com tração animal. A cidade já contava com 800 mil habitantes, tinha muitos problemas sanitários, desemprego, falta de habitação e constantes epidemias de varíola, tuberculose e febre amarela.

O Rio de Janeiro conheceu o esplendor entre 1920 e 1950, quando turistas do mundo inteiro começaram a chegar, atraídos pela imagem romântica, pelos cassinos e pelas belezas naturais. Em 1960, a cidade deixou de ser capital do país.

Você sabia?

O Rio é o principal destino turístico internacional do Brasil e da América Latina. É a cidade brasileira mais conhecida no exterior, por seus aspectos positivos, como o Carnaval, e negativos, como a falta de saneamento e a violência urbana, além de suas belezas naturais.

Segunda maior metrópole brasileira, só atrás de São Paulo, e sexta da América Latina, a Cidade Maravilhosa teve parte dela designada, em 1º de julho de 2012, como Patrimônio Cultural da Humanidade pela Organização das Nações Unidas para a Educação, a Ciência e a Cultura (UNESCO).

2 de março

Inauguração do Sambódromo do Rio de Janeiro
1984

O Sambódromo está para o Carnaval assim como o estádio do Maracanã está para o futebol. Palco da fantasia e do espetáculo das escolas de samba do Rio de Janeiro, a passarela projetada por Oscar Niemeyer, mestre da arquitetura internacional, e batizada em homenagem ao antropólogo e educador Darcy Ribeiro, foi inaugurada no Carnaval de 1984. Naquele ano, o desfile foi dividido em duas noites, e a Mangueira se consagrou supercampeã em disputa histórica com a Portela.

Com a utilização de técnicas de construção pré-moldada em concreto armado, o Sambódromo foi construído em tempo recorde: em apenas quatro meses. A pista tem setecentos metros de comprimento e treze de largura. Depois de remodelada, a estrutura da Marquês de Sapucaí passou a abrigar confortavelmente até 72 mil pessoas a cada noite de Carnaval, quando iluminação, decoração e *glamour* a transformam no imponente palco do show mais popular do Brasil. O espaço, no entanto, é mal aproveitado durante o resto do ano, com algumas poucas atividades culturais.

Para os turistas que visitam o Rio o ano inteiro, fora do período de Carnaval, o Sambódromo e o Museu do Samba permanecem abertos a visitas gratuitas. A partir de dezembro, é aberta a temporada oficial de ensaios técnicos nos finais de semana, à noite, de acordo com escala definida pela Liga das Escolas de Samba do Rio de Janeiro.

A região conhecida como berço do samba começa na avenida Presidente Vargas, nas proximidades da praça XV de Novembro, e termina na rua Frei Caneca, onde um imenso arco de concreto sinaliza o limite da praça da Apoteose. A passarela foi batizada com o nome de Darcy Ribeiro por ter sido ele o idealizador dos desfiles em estrutura fixa. Antes, arquibancadas, praças de alimentação, camarotes e toda a estrutura de apoio eram montados e desmontados a cada ano. Foi o próprio Darcy quem criou o termo que

2 de março

mistura a essência do Carnaval carioca, o samba, com o sufixo grego *dromo*, que significa corrida ou lugar para correr.

Ao fim da Primeira Guerra Mundial, o samba e a negritude formaram a base para criação da brasilidade como uma nova identidade. Surgiram, assim, as escolas de samba. Durante décadas, elas foram mantidas em posição secundária na folia carioca, até que, em 1950, com a participação da classe média e de artistas e intelectuais de esquerda, começaram a conquistar espaço. A primeira escola de samba carioca, a Deixa Falar, foi criada pelo sambista Ismael Silva. Alguns anos mais tarde, a pioneira se transformou na escola de samba Estácio de Sá.

A partir daí o Carnaval de rua do Rio de Janeiro começou a ganhar novo formato, com surgimento de novas agremiações organizadas por liga especializada. Surgem também os primeiros campeonatos. Começa, assim, a era Joãozinho Trinta.

Um dos mais emblemáticos e polêmicos carnavalescos brasileiros, Joãozinho Trinta estreou na década de 1960, no Salgueiro, onde conquistou dois títulos. Na Beija-Flor, ele entrou para a história dos desfiles com a introdução de elementos inéditos em carros alegóricos e nas fantasias, ganhando o tricampeonato de 1976 a 1978 pela escola de Nilópolis, quebrando a hegemonia das quatro maiores da época: Portela, Império, Salgueiro e Mangueira.

Você sabia?

Em 2004, o carnaval do Rio de Janeiro foi homologado pelo *Guiness Book,* o livro dos recordes, como o maior do mundo, com 2 milhões de pessoas por dia, entre elas 400 mil estrangeiros.

De acordo com a Riotur (Empresa de Turismo do Município do Rio de Janeiro), em 2014 registrou-se mais de 5 milhões de foliões, dos quais 918 mil eram turistas. O evento movimentou cerca de 2 bilhões de reais.

3 de março

Primeira gravação de "Asa branca", o hino sertanejo
1947

A história da música brasileira é repleta de sucessos improváveis. "Asa branca" certamente é um deles. Considerada o hino popular nordestino, a toada é a mesma de "Catingueira do sertão", que Luiz Gonzaga ouvia quando menino, em Exu (PE), e foi surrupiada do próprio pai, Januário. Mais tarde, já no Rio de Janeiro, então capital federal, ela seria readaptada à versão atual na parceria com Humberto Teixeira.

O tema é o flagelo da seca, tão intensa que faz migrar a ave *Patagioenas picazuro*, também conhecida como pomba pedrês, trocal ou divina, e causa a separação de um grande amor: esse é o dilema cantado do sertanejo que parte e promete um dia voltar aos braços da amada.

O próprio Luiz Gonzaga, ao cantarolar pela primeira vez ao parceiro, concordou que era uma música muito lenta e também desconfiou do futuro da canção. O violonista Canhoto, que o acompanhava nos bailes de forró, chegou a dizer que era "música para cego pedir esmolas", mas Humberto Teixeira fez os retoques necessários e profetizou que "Asa branca" se tornaria um clássico. Pronta, no dia 3 de março de 1947 entraram no estúdio da RCA para a primeira gravação.

Curiosamente, a produção da gravadora também não acreditou no sucesso da música, que ficou no lado B, coadjuvante da esquecida "Vou pra roça", a faixa principal do compacto simples lançado em maio daquele ano. Para a surpresa geral, a toada foi sucesso imediato, e levou Gonzagão à telona do cinema, no filme *Este mundo é um pandeiro*, também em 1947, quando apareceu com a inseparável sanfona e cantou: "Quando olhei a terra ardendo, qual fogueira de São João...".

Ao longo da carreira, Luiz Gonzaga regravou diversas versões de "Asa branca", e teria vendido mais de 2 milhões de cópias. A música foi eternizada também por pelo menos outras quinhentas vozes nacionais, artistas como

3 de março

Fagner, Caetano Veloso, Elis Regina, Tom Zé, Chitãozinho e Xororó, Ney Matogrosso, Maria Bethânia e, mais recentemente, pelo funkeiro MC Yuri. Há algumas interpretações internacionais, e, em 1968, chegou a se espalhar a hipótese de que seria gravada pelos Beatles, o que não passou de boato.

Na galeria dos mais importantes compositores e cantores populares do Brasil, o pai de Gonzaguinha e Rei do Baião foi admirado publicamente por outros grandes músicos nacionais, como Dorival Caymmi, Gilberto Gil, Raul Seixas e Caetano Veloso. Entre 1946 e 1955, foi o artista com mais discos vendidos no país, cerca de duzentos gravados, e mais de 80 milhões de cópias vendidas. Foi um dos primeiros a fazer turnês pelo Brasil, passando por capitais e cidades do interior.

O reconhecimento literário coroou o cinquentenário de "Asa branca", em 1997, quando foi eleita pela Academia Brasileira de Letras a segunda canção nacional mais marcante do século XX, ao lado de "Carinhoso", choro composto por Pixinguinha em 1917. Em primeiro lugar ficou "Aquarela do Brasil", obra de Ary Barroso, de 1939.

Você sabia?

A parceria de Luiz Gonzaga com o cearense Humberto Teixeira rendeu inúmeros sucessos. Nenhum deles, porém, superou "Aza branca", na época com "z" mesmo.

Luiz Gonzaga morreu aos 77 anos, em Recife, em 12 de agosto de 1989. "Asa branca" fez parte da trilha sonora do filme *Eu tu eles*, em 2000, interpretada por Gilberto Gil.

4 de março

Enterro do grupo Mamonas Assassinas para o país
1996

Nem parecia segunda-feira, a sensação de fim de semana prolongado e feriadão se estendeu Brasil afora. O enterro coletivo dos cinco integrantes do grupo Mamonas Assassinas, no cemitério Parque das Primaveras, em Guarulhos (SP), foi acompanhado por multidão calculada em 65 mil fãs, a maioria jovens e adolescentes.

Em algumas escolas da cidade, as aulas foram suspensas em sinal de luto. Quem não pôde ir à cerimônia fúnebre, assistiu ao vivo pela televisão, com interrupção na programação regular das principais emissoras do país – Globo, Band e Record. Morreram o vocalista e violonista Alecsander Alves da Silva Leite, o Dinho, na época com 24 anos; o guitarrista Alberto Hinoto Bento, 26; o baixista Samuel Reoli, 22; seu irmão baterista Sergio Reoli, 26; e o tecladista e *backing vocal* Júlio Rasec, 28.

A tragédia ocorreu na noite de sábado, dia 2 de março de 1996, com tempo fechado e espessa neblina a cobrir parte da Serra da Cantareira. Eles voltavam de um show em Brasília, o derradeiro de um cansativo roteiro nacional, no jatinho Learjet, modelo 25D e prefixo PT-LSD, que, por volta das onze da noite, em suposta tentativa de arremetida, bateu contra a encosta e deixou uma imensa clareira na Mata Atlântica. Morreram também os dois tripulantes, o piloto Jorge Luiz Martins, 30, e o copiloto, Alberto Takeda, 22; o segurança Sérgio Saturnino Porto e o assistente de palco Isaac Souto, primo de Dinho.

De acordo com o Centro de Investigação e Prevenção de Acidentes Aeronáuticos (CENIPA), da Força Aérea Brasileira, contribuíram para o acidente o cansaço da tripulação, já que piloto e copiloto estavam havia mais de dezesseis horas em escala de trabalho, e as condições meteorológicas, entre outros fatores. O relatório apontou que a região sobrevoada apresentava condições que limitavam a visibilidade, era de baixa densidade demográfica e estava

4 de março

quase sem iluminação em uma noite escura e com céu encoberto. Uma operação equivocada do piloto, uma guinada para a esquerda e não para a direita, teria causado o choque do avião contra a encosta da Serra da Cantareira.

No domingo, a banda embarcaria para Portugal, onde também desfrutava de grande popularidade, e iniciaria turnê internacional. São muitas as homenagens póstumas, com visitas regulares aos túmulos, especialmente entre 2 e 4 de março e em 2 de novembro, Dia de Finados. Os integrantes do Mamonas Assassinas ainda são sempre lembrados também por quem frequenta ou circula por determinadas áreas públicas de Guarulhos, como a praça com o nome da banda no parque Cecap, ou a rua Alecsander Alves, no bairro Villa Barros, onde a família do cantor Dinho morou durante muitos anos.

Com uma mistura de punk, forró, sertanejo, pagode, rock progressivo, heavy metal e até com o vira-vira português, os garotos do Mamonas Assassinas atingiram repercussão espetacular de público já no primeiro álbum de estúdio, lançado em julho de 1995, homônimo do grupo. Com mais de 3 milhões de cópias vendidas no Brasil, garantiram o Disco de Diamante comprovado pela Associação Brasileira de Produtores de Discos (ABPD), transformando em sucesso músicas como "Robocop gay", "Vira-vira", "Pelados em Santos", "Mundo animal" e "1406".

Você sabia?

Mamonas Assassinas surgiu de outro grupo de rock pop, o Utopia, que na primeira formação contava apenas com Bento Hinoto e os irmãos Sérgio e Samuel Reoli, e se inspirava na Legião Urbana e em Cazuza.

Cantada de norte a sul, a Brasília amarela, que fazia parte do refrão de "Pelados em Santos", é outra marca da popularidade do grupo.

5 de março

Olga Benário e Luís Carlos Prestes são presos
1936

Falar em Luís Carlos Prestes faz pensar imediatamente em Olga Benário, sua mulher, mãe de sua filha e, como ele, uma combatente revolucionária. Ambos eram idealistas de esquerda e, apesar de diferentes nacionalidades, lutaram do mesmo lado. Prestes era capitão do Exército, nascido em Porto Alegre, em 3 de janeiro de 1898. Ela, a filha de uma família judia, nascida em Munique, capital da Alemanha nazista, em 12 de fevereiro de 1908. O encontro dos dois se deu em 1934.

Primeiro aconteceu o casamento dos ideais revolucionários, em seguida, a afinidade ideológica tornou-os marido e mulher. Em 1934, Olga, que deixara a Alemanha nazista e se refugiara na antiga União Soviética, onde recebeu treinamento político-militar, havia sido designada pela Internacional Comunista para acompanhar Prestes ao Brasil, onde ele deveria liderar uma revolução.

Prestes já era então conhecido pela chamada Coluna Prestes que liderou, quando percorreu 25 mil quilômetros pelo interior do Brasil, entre 1925 e 1927, para denunciar a pobreza e protestar contra abusos do poder oligárquico da chamada Primeira República.

A missão de Olga, ao lado de Prestes, em 1934, era garantir a segurança dele e, para isso, precisou se passar por sua mulher. Só que o disfarce tomou outro rumo, já que os dois se apaixonaram e concretizaram o que seria apenas um álibi para burlar a repressão do governo Vargas. Na ocasião, eles usavam passaportes falsos em nome do casal português Maria Bergner Vilar e Antonio Vilar.

No Brasil, o casal de revolucionários se instalou no Rio de Janeiro e iniciou os preparativos para a revolução. O fracasso da Intentona Comunista de 1935, nas cidades de Natal, Recife e Rio de Janeiro, resultou na prisão deles, em 5 de março de 1936. A partir daí, eles foram separados.

A prisão de Prestes e Olga em uma casa do subúrbio carioca do Méier teve ampla cobertura dos jornais. E deu notoriedade aos agentes da segu-

5 de março

rança. No local a polícia encontrou propaganda comunista, livros sobre a situação financeira do Brasil e a dívida externa e uma batina de padre que Prestes usava como disfarce. Não foram encontradas armas.

Grávida de sete meses, Olga acusou o governo brasileiro de estar cometendo uma injustiça. Getúlio Vargas, como vingança pessoal contra Prestes e na tentativa de se aproximar do regime nazista de Adolf Hitler, a quem admirava, deportou-a para Hamburgo.

Na prisão feminina de Barnimstrasse, Olga ficou incomunicável. No dia 27 de novembro de 1936, um ano depois do fracasso da revolução, nasceu Anita Leocádia, a filha do casal revolucionário.

Na Europa, dona Leocádia, mãe de Prestes, liderou uma forte campanha pela libertação dele, da nora e da neta. A pequena Anita permaneceu ao lado da mãe por catorze meses, durante a amamentação, e em seguida foi entregue aos cuidados dos avós sem o conhecimento de Olga. Dois anos depois, em 1938, Olga foi levada para o campo de concentração de Lichtenburg, e, no ano seguinte, transferida para Ravensbrück, o primeiro campo de concentração nazista exclusivo para mulheres.

Lá, ela deu aulas às companheiras de prisão, até que, em fevereiro de 1942, foi executada ao lado de outras duzentas prisioneiras na câmara de gás de Bernburg. A notícia de sua morte tornou-se pública graças a um bilhete escondido na barra da saia de uma das presas.

Você sabia?

A prisão de Prestes representou o fim do comitê comunista na América do Sul. Interrogado durante treze horas, o líder revolucionário manteve-se em silêncio.

Apesar de sua prisão e da deportação de Olga, em 1945, Prestes subiria ao palanque com Vargas, para apoiar sua candidatura à presidência. Motivo: o PCB havia sido colocado na legalidade pela Constituição de 1946 e, para Prestes, essa era uma maneira de manter a situação.

Aos quinze anos, Olga havia lido os grandes pensadores alemães e se aproximou da juventude comunista em busca dos ideais de liberdade e justiça social.

6 de março

Começa a Revolução Pernambucana
1817

Levantes sociais pela libertação do Brasil em relação ao domínio português, no século XIX, começaram bem antes do grito "Independência ou morte!", atribuído ao imperador dom Pedro I, às margens do rio Ipiranga, em 1822. Um deles foi a Revolução Pernambucana, ou Revolução dos Padres, deflagrada entre 6 e 7 de março de 1817, único movimento separatista do período colonial que ultrapassou a fase conspiratória para chegar à tomada do poder e à elaboração de uma constituição republicana, nesse caso com apoio dos governos dos Estados Unidos e da Inglaterra.

Foram muitas as causas dessa revolta popular. Entre elas a vinda da família real fugindo da invasão de Portugal pela França, e o consequente descontentamento de funcionários públicos e militares com a perda de seus cargos de comando e chefia para os nobres recém-chegados da Europa. Também contribuíram a péssima situação econômica de Pernambuco, agravada pela cobrança de impostos que beneficiavam apenas a região central do Brasil, inclusive para bancar festas e alimentação da família real e cobrir as despesas com a iluminação pública do Rio de Janeiro.

A seca de 1816, que agravou ainda mais a situação da produção pernambucana, principalmente o açúcar e o algodão, aliada às pressões inglesas para o fim do tráfico de escravos, que ia progressivamente encarecendo a mão de obra dos latifúndios, completam o quadro pré-revolucionário. Porém, ainda mais revoltante era saber que o dinheiro dos impostos continuava a manter o luxo da corte portuguesa instalada no Brasil.

Nessa conjuntura, em 1807, um grupo de rebelados, comandados pelo capitão de artilharia José de Barros Lima, o Leão Coroado, ocupou Recife e prendeu os principais representantes do governo. Entre eles estava o governador da província, Caetano Pinto de Miranda Montenegro.

Com apoio de lideranças civis, como Domingos José Martins e Antônio Carlos de Andrada e Silva, e de Frei Caneca e segmentos da Igreja Ca-

6 de março

tólica, os rebelados se apossaram do tesouro da província e proclamaram a República Pernambucana. A Assembleia Constituinte, promulgada no dia 29 de março, estabeleceu a separação dos três poderes, a criação do conselho de representantes eleitos de todas as comarcas, a liberdade de culto e de imprensa e o fim dos impostos nacionais.

Com a conquista do Recife, para obter apoio popular, o governo provisório dos revolucionários reduziu os impostos, libertou presos políticos e aumentou o salário de militares. Foram enviados emissários a outras províncias do Norte e Nordeste do Brasil, mas sem apoio popular local o movimento pela independência não avançou.

Para evitar que os rebelados de Pernambuco chegassem às províncias vizinhas, dom João VI determinou forte repressão militar. As tropas oficiais, com reforço de esquadra naval, cercaram o Recife, e, depois de 75 dias de batalhas e de muitas baixas, os líderes revolucionários foram presos e condenados à morte.

Entre eles estava Bárbara Pereira de Alencar, a primeira presa política do Brasil. Acorrentados, ela e outros detidos foram obrigados a caminhar seiscentos quilômetros sob sol escaldante durante um mês. Libertada depois de três anos, ela liderou a Confederação do Equador, em 1824, contra a monarquia. Bárbara morreu em 1832, aos 72 anos.

Você sabia?

Em 13 de janeiro de 1825, no Recife, Frei Caneca foi executado por ser um dos líderes da Revolução Pernambucana, em 1817, e do Equador, em 1824. Foi fuzilado, porque nenhum carrasco quis enforcá-lo, por ser ele um representante da Igreja.

Depois da revolução, Pernambuco foi dividido e foram criadas as províncias da Paraíba, do Ceará e de Alagoas.

7 de março

Depois da guerra, japoneses são mortos por compatriotas fanáticos
1946

Durante a ditadura do Estado Novo, foi forte a repressão para sufocar a cultura de outros países e bloquear a troca de informações entre imigrantes, principalmente aqueles que formavam comunidades fechadas. Entre eles os japoneses, aliados dos alemães e, portanto, inimigos do Brasil na Segunda Guerra Mundial.

Assinado em 18 de abril de 1938 pelo então presidente Getúlio Vargas, o Decreto nº 383 impediu a participação de estrangeiros em atividades políticas, assim como na fundação de qualquer tipo de associação, além de proibi-los de falar em público o idioma de origem ou usá-lo para alfabetização de crianças. Também foram proibidas as transmissões de rádio e as edições impressas de jornais, revistas e qualquer outra publicação não traduzidas para o português.

O isolamento, contudo, foi desafiado por um homem, Ikuta Mizobe, presidente da Cooperativa Agrícola de Bastos, cidade a 460 quilômetros de São Paulo. Entre seus pertences ele escondia um aparelho de ondas curtas e, na calada da madrugada, sintonizava secretamente a emissora que o mantinha informado com as notícias do *front*. Assim, em 15 de agosto de 1945, pôde ouvir o pronunciamento do imperador Hirohito comunicando a rendição do Japão.

Naquele mesmo dia, Mizobe informou a funcionários e conterrâneos que o Japão tinha perdido a guerra, ao mesmo tempo que assinou a própria sentença de morte. Ele foi o primeiro alvo da Shindo Renmei, associação nacionalista e terrorista japonesa formada por fanáticos para cometer atentados contra isseis e nipo-brasileiros que reconheciam a derrota.

De 7 de março de 1946, quando Mizobe foi morto com um tiro no peito disparado por Satoru Yamamoto, até o início de 1947, foram assassinadas 23 pessoas e outras 147 ficaram feridas.

7 de março

Ao amanhecer de 1º de abril daquele ano, foi a vez de o industrial Chuzaburo Nomura ser morto na porta de casa, no Jabaquara, por quatro conterrâneos aos gritos de "traidor". Praticamente no mesmo momento, no bairro da Aclimação, o diplomata Shiguetsuna Furuya conseguia escapar de dezessete tiros disparados por outros cinco conterrâneos; três deles fugiram e os outros dois se entregaram à polícia. Em um ano de ataques em São Paulo, foram mais de 30 mil terroristas presos.

Os primeiros japoneses chegaram ao Brasil em 1908. Antes da Segunda Guerra, já eram mais de 200 mil imigrantes, a maioria submetida a trabalho análogo à escravidão, segundo critérios da atual legislação trabalhista, e também a dificuldades naturais de adaptação ao clima e aos costumes da terra desconhecida. A situação piorou a partir de 1939, com o início dos combates. A Shindo Renmei, ou Liga do Caminho dos Súditos, foi criada em agosto de 1942 por Junji Kikawa, ex-coronel do Exército Imperial, na época com 67 anos, que se recusava a aceitar a derrota do Japão na guerra.

Ele pretendia unificar a colônia em torno do *yamatodashi*, o espírito japonês, e disseminar informações mentirosas, inclusive com falsificação de manifestos imperiais sobre suposta vitória. Depois da rendição, em 15 de agosto de 1945, a associação revelou sua face assassina. Com cerca de 100 mil sócios em 64 municípios paulistas, para seus integrantes, os *kachigumi*, ou triunfalistas patriotas, os conterrâneos que reconheceram a vitória aliada passaram a ser vistos como *makegumi*, ou derrotistas traidores.

Você sabia?

A violência dos "triunfalistas patriotas" contra os "derrotistas traidores" virou tema do livro *Corações sujos*, de Fernando Morais. A obra é questionada por Aiko Higuchi, filha de Ikuta Mizobe, por não trazer a versão da sua família.

A ação da Shindo Renmei foi fundamentada no mito da invencibilidade milenar do Exército Imperial japonês.

8 de março

Família real chega ao Rio de Janeiro
1808

A vinda da família real não foi uma viagem desejada, nem planejada, e sim, uma fuga, uma verdadeira retirada estratégica. Portugal estava sendo ameaçado de invasão pelo imperador francês Napoleão Bonaparte, porque descumpriu o Bloqueio Continental decretado por ele, em 1806, contra a Inglaterra. Isolados e em difícil situação política, econômica e militar na Europa dividida pela guerra no início do século XIX, não cabia outra alternativa aos monarcas portugueses.

Com dona Maria I acometida de doença mental, coube ao filho dela, o príncipe regente dom João VI, comandar às pressas a debandada da corte, em 29 de novembro de 1807. Sob apupos da população de Lisboa, rumaram mar adentro para a travessia do Oceano Atlântico. A frota de catorze navios seguiu escoltada por esquadra da Marinha inglesa em troca da abertura dos portos brasileiros ao livre-comércio britânico.

Vieram, além de dom João VI e da rainha demente, a princesa Carlota Joaquina e as crianças Miguel, Maria Teresa, Maria Isabel, Maria da Assunção, Ana de Jesus Maria e Pedro, o futuro imperador do Brasil, além de 15 mil subalternos, entre nobres, militares, religiosos e funcionários da Coroa. Os porões das naus vieram abarrotados, com móveis, obras e objetos de arte, joias, louças de porcelana e pratarias, livros, arquivos e todo o tesouro real.

A ideia era transformar o Rio de Janeiro em uma espécie de filial do Império português, e assim foi feito.

Foram 54 dias no mar, até a esquadra real portuguesa aportar em Salvador, em 22 de fevereiro de 1808. Ao contrário das vaias ouvidas na saída de Lisboa, no Brasil foram recebidos com festa, e, em seis dias, dom João VI cumpriu sua parte no acordo: abriu os portos às nações aliadas, entre elas a Inglaterra, e suspendeu parcialmente o monopólio comercial português no Brasil. A estadia na Bahia se estendeu, mas o destino da corte era o Rio de

8 de março

Janeiro, a capital da colônia, onde atracaram em 8 de março de 1808, para imediata instalação da sede do governo.

A família real foi recebida com entusiasmo. O povo se amontoou no cais, nos acessos ao porto e nas principais ruas do Rio de Janeiro para acompanhar a comitiva em procissão até a catedral e rezar a missa em ação de graças. No final, houve o primeiro beija-mão do rei dom João VI na nova sede do Império luso-brasileiro. A cidade, no entanto, não estava preparada para atender à demanda da nova estrutura administrativa e várias medidas emergenciais foram adotadas, como a nomeação de ministros de Estado, funcionamento de secretarias públicas, instalação do Judiciário e criação do Banco do Brasil.

Para acomodar a corte, o vice-rei brasileiro, dom Marcos de Noronha e Brito, ofereceu à família real a própria casa, o Palácio dos Governadores, e determinou que os proprietários das melhores casas fizessem o mesmo. Cerca de 2 mil imóveis foram confiscados, além de terem sido ocupados prédios públicos, quartéis e conventos.

O Rio de Janeiro passou, na sequência, por uma grande faxina, com limpeza das ruas, pintura de fachadas e apreensão de animais soltos. Em 1820, a cidade já estava com mais de 100 mil moradores, entre estrangeiros – portugueses e ingleses, principalmente – e migrantes de outras regiões do Brasil em busca de oportunidades.

Você sabia?

O Tratado de Comércio e Navegação e de Aliança e Amizade, de 1810, estabeleceu tarifas preferenciais a produtos ingleses. O porto do Rio de Janeiro, que operava com quinhentas embarcações anuais, passou a receber 1.200.

A primeira prensa do Brasil veio com a família real. Prelo e tipos gráficos foram embarcados às pressas, e, assim que soube, dom João VI mandou instalar a Imprensa Régia.

9 de março

No ar, o primeiro rádio
1901

Em tempos de internet interplanetária e comunicação garantida para viagens cada vez mais longínquas, um dos trunfos tecnológicos da NASA, a agência espacial norte-americana, é a Rede de Espaço Profundo, ou *Deep Space Network*. Trata-se de um conjunto de antenas internacionais que forma o mais sensível centro de telecomunicações do mundo para monitoramento constante de naves espaciais, a partir de bases terrestres instaladas na Califórnia, em Madrid e em Camberra, na Austrália, interligadas a sondas espalhadas pelo sistema solar.

Se tudo isso é possível de ser buscado hoje, é porque existiram lá atrás homens que acreditaram no desenvolvimento dessas potencialidades. E um deles foi o Padre Roberto Landell de Moura, nascido em 21 de janeiro de 1861, na região do atual bairro Azenha, em Porto Alegre, no final do século XIX. Homem de grande fé católica, mas também devoto da ciência, já sabia que toda essa revolução tecnológica aconteceria mais cedo ou mais tarde.

Um dos catorze filhos do oficial do Exército e comerciante de carvão Inácio José Ferreira de Moura e de Sara Mariana Landell de Moura, de tradicional família gaúcha, Roberto Landell foi alfabetizado pelo pai e estudou no colégio jesuíta de São Leopoldo, antes de ingressar na Escola Politécnica do Rio de Janeiro, aos dezoito anos, primeira escala da viagem a Roma, na Itália, onde se formou em física e química. Junto aos estudos científicos e aos primeiros inventos, dedicou-se à teologia e foi ordenado em 1886.

Na volta ao Brasil, Padre Landell de Moura deu sequência à carreira iniciada na Europa e fez demonstrações notáveis. A invenção do rádio, por exemplo, que é atribuída ao italiano Guglielmo Marconi, Prêmio Nobel de Física de 1909, mas é reivindicada também pelo norte-americano de origem croata Nicola Tesla, na verdade tem o Padre Landell em posição de destaque nessa disputa, já que ele é o inventor que viabilizou a primeira transmissão radiofônica por meio das ondas eletromagnéticas.

9 de março

Há registros de testes feitos pelo brasileiro entre os anos de 1893 e 1894, a partir do antigo colégio das Irmãs de São José, na parte alta do atual bairro de Santana, até um ponto localizado a oito quilômetros de distância, na avenida Paulista, no centro de São Paulo. Outra demonstração pública da invenção de Landell ocorreu em 3 de junho de 1900, devidamente comprovada pelo *Jornal do Commércio*. Mesmo sem apoio financeiro para desenvolver suas ideias, finalmente, em 9 de março de 1901, Landell de Moura conseguiu a patente brasileira, de número 3.279, para o rádio, aparelho que ele mesmo chamou de Gouradphone.

Em outubro daquele ano, nos Estados Unidos, Landell de Moura deu entrada com os requerimentos no The Patent Office, em Washington, para pedir privilégio de registro do transmissor de voz, do telefone e do telégrafo sem fio. Foi ele também quem desenvolveu as tecnologias que mais tarde deram origem à televisão, ao teletipo e à fibra ótica, conhecimentos desprezados pelo governo e ignorados pela população brasileira.

Mais do que isso, padre Landell de Moura foi perseguido. Chegou a ser apontado como herege e louco e teve laboratórios depredados por fanáticos religiosos que confundiram sabedoria com bruxaria; tudo porque, em 1905, em Campinas, interior de São Paulo, ele, cheio de entusiasmo, escreveu ao comando militar e ao então presidente da República, Rodrigues Alves, um pedido inusitado. Queria emprestados dois navios da Marinha de Guerra, que deveriam ser colocados a maior distância possível um do outro, em alto-mar, para demonstrar a capacidade do invento revolucionário. Na ocasião, afirmou a assessores do governo que no futuro as telecomunicações teriam dimensões interplanetárias. Ele estava certo.

Você sabia?

Guglielmo Marconi, a quem é atribuída a invenção do rádio, em 1894 criou tecnologia para transmissão apenas de sinais telegráficos, sem introdução da voz.

Em Porto Alegre, o Museu Histórico e Geográfico do Rio Grande do Sul preserva o acervo do padre Landell de Moura.

10 de março

Telefone fala pela primeira vez. E dom Pedro II estava lá
1876

Dom Pedro II sempre foi um entusiasta das tecnologias e dos avanços científicos. Em 10 de março de 1876, durante exposição em homenagem ao centenário de independência dos Estados Unidos, na Filadélfia, lá estava ele em meio a uma experiência inovadora que mudaria o mundo: a primeira transmissão elétrica de voz. O diálogo foi mantido a uma distância de 150 metros; do outro lado da linha, estava ninguém menos que Alexander Graham Bell, imigrante escocês e professor de surdos-mudos, o inventor daquele aparelho que seria chamado de telefone.

Na ocasião, Bell teria dito a célebre frase de Hamlet, personagem de Shakespeare: "Ser ou não ser", ao que o nobre português responderia, perplexo: "Meu Deus, isto fala!".

No Brasil, os primeiros telefones foram instalados em 1877, no Rio de Janeiro, a capital do Império. O primeiro aparelho, fabricado especialmente para dom Pedro II na oficina da Western and Brazilian Telegraph Company, foi instalado no Palácio Imperial de São Cristóvão, na Quinta da Boa Vista, mais tarde Museu Nacional. Ainda naquele ano entrou em operação a linha instalada entre a loja maçônica O Grande Mágico e o quartel do corpo de bombeiros, na rua do Ouvidor.

Em 15 de novembro de 1879, foi feita a primeira concessão de rede telefônica no Brasil, vencida por Charles Paul Mackie. No mesmo ano, criou-se no Rio de Janeiro um sistema de linhas telefônicas ligadas à estação central de bombeiros, para aviso de incêndios. Em 1883, a cidade já contava com cinco centrais, cada uma com capacidade para mil linhas, além de entrar em funcionamento a primeira rede interurbana do país, até Petrópolis, na serra fluminense. Em 13 de outubro de 1880, foi inaugurada a primeira telefônica nacional, a Brazilian Telephone Company, com capital de 300 mil dólares.

10 de março

Como toda novidade, a telefonia se espalhou rapidamente pelo resto do país. Em 18 de março de 1882, ocorreu a primeira concessão para outros estados, sendo atendidas as cidades paulistas de São Paulo e Campinas, além de Florianópolis, Ouro Preto, Curitiba e Fortaleza. Em 1884, São Paulo e Campinas ganharam novas concessões. Em 1885, A União Telefônica, instalada em Pelotas, levou o serviço até o Rio Grande do Sul.

Em junho de 1889, a Brazilian Telephone, primeira companhia nacional, foi incorporada à multinacional Brasilianische Elektrizitäts Gesellschaft, sediada em Berlim, a qual teve concessão de trinta anos para exploração dos serviços. A permissão para a construção de linha entre São Paulo e Rio de Janeiro ocorreu em 1890, para J. O. Simondsen.

A intenção era seguir pelo litoral, mas Simondsen desistiu do projeto depois de construir sessenta quilômetros de rede. Supostamente por superstição, a população humilde dos lugarejos por onde passava a linha derrubava à noite os postes de madeira que haviam sido levantados de dia.

Em agosto de 1962, entrou em vigor o Código de Telecomunicações do Brasil, pela Lei nº 4.117, e foi criada a Empresa Brasileira de Telecomunicações (Embratel). Cinco anos depois, em 28 de fevereiro de 1967, durante o governo da Junta Militar de 1964, institui-se o Ministério das Comunicações.

Você sabia?

Em 1997, foi sancionada a Lei Geral das Telecomunicações, que regulamenta a quebra do monopólio estatal e autoriza a privatização do sistema Telebras, avaliado em 13,47 bilhões de reais e vendido por 22 bilhões de reais.

11 de março

Burle Marx doa seu sítio Santo Antônio da Bica
1985

Uma das mais importantes coleções de plantas vivas reunidas em um sítio, localizado na Serra do Mar, no estado do Rio de Janeiro, foi outro dos legados que o paisagista Roberto Burle Marx deixou para os admiradores do verde. Como se não bastassem seus jardins e parques públicos e privados distribuídos pelo país, o sítio Santo Antônio da Bica, em Barra de Guaratiba, um verdadeiro paraíso entre a montanha e o mar, desde 11 de março de 1985 é patrimônio dos brasileiros.

A doação de Burle Marx transformou o recanto onde ele morou de 1973 a 1994 em área de visitação pública, administrada pelo Instituto do Patrimônio Histórico e Artístico Nacional (IPHAN), onde os visitantes podem admirar mais de 3.500 plantas tropicais autóctones do Brasil. Lagos, morros, nascentes, encostas, brejos, pedreiras e algumas áreas relativamente áridas mantêm viva essa coleção.

Localizado na Zona Oeste do Rio de Janeiro, pertencente ao maciço da Pedra Branca, o sítio se encontra a uma altitude de quatrocentos metros, em localidade onde predomina a vegetação nativa com espécies típicas da mata atlântica em três biomas específicos: restinga, manguezal e encosta.

Com a visitação monitorada por guias, o sítio é visitado por turistas nacionais e estrangeiros e estudantes das redes públicas e privadas do Rio de Janeiro. Complementa o legado de Burle Marx importante acervo museológico e bibliográfico, dividido em três conjuntos de imóveis, entre os quais a casa onde ele morava.

Aberta ao público em agosto de 1999, a casa principal foi preservada exatamente como estava por ocasião da morte do doador, transformando-se em importante documento histórico sobre vida e obra do paisagista. Abriga acervo com 3.125 peças, incluindo obras do próprio Burle Marx, como pinturas, desenhos, tapeçarias, vidros decorativos, murais em azulejos e tecidos,

11 de março

ou coleções de vidros decorativos, imagens barrocas em madeira, cerâmica pré-colombiana e uma excepcional coleção de cerâmica primitiva do Vale do Jequitinhonha, em Minas Gerais.

Ao lado está a igrejinha de Santo Antônio da Bica, erguida com mão de obra escrava no século XVII e restaurada enquanto o paisagista lá morou. Tombada pelo patrimônio histórico estadual, a capela sempre foi utilizada pelos moradores da região para cerimônias católicas realizadas pela paróquia de Guaratiba.

Amplo ateliê preserva obras expostas, junto ao prédio administrativo, ao salão de festas e à casa de hóspedes. O visitante também encontrará biblioteca especializada com cerca de 2.600 títulos em botânica, arquitetura e paisagismo, duas salas de aula, auditório, herbário e laboratório para pesquisas. Há estrutura para o funcionamento regular de cursos de jardinagem, paisagismo e botânica, inclusive para níveis superiores de graduação.

O tombamento do sítio Santo Antônio da Bica foi decidido pelo conselho do IPHAN em 10 de agosto de 2010, durante sessão solene em comemoração ao nascimento de Gustavo Capanema. O tombamento de fato, contudo, ocorreu somente dois anos depois, em 14 de junho de 2002.

Você sabia?

No dia de santo Antônio, 13 de junho, a comunidade de Guaratiba faz procissão religiosa entre o portão da entrada do sítio, a estrada principal e a capela do século XVII.

Burle Marx ficou conhecido por dar às criações uma orientação ecológica. Estudou na Escola Nacional de Belas Artes e iniciou a carreira em 1933, com Lucio Costa. No Recife, aproveitou espécies tropicais, e a flora típica da caatinga em seus projetos para parques e jardins.

12 de março

Conclave para sucessão de Bento XVI
2013

O Brasil esteve bem perto de eleger o sucessor de Joseph Ratzinger, o papa Bento XVI, cuja abdicação foi anunciada em 11 de fevereiro de 2013 e concretizada dezessete dias depois, em meio a uma das maiores crises da Igreja Católica. País com maior número de fiéis no mundo, 123,3 milhões, ou 64,6% da população, segundo o censo de 2010 do IBGE, chegou ao conclave de 12 de março com pelo menos cinco candidatos em potencial, mas acabou festejando a escolha de um argentino: Jorge Mario Bergoglio, o simpático, carismático e humilde papa Francisco.

Foi uma eleição histórica. Quando a fumaça branca subiu na chaminé da Capela Sistina, e o mais velho dos cardeais, o francês Jean-Louis Tauran, anunciou em latim *"Habemus papam"* ("Temos um papa"), Francisco se tornou o 266º na sucessão de Pedro no comando da Igreja Católica – o primeiro jesuíta e, igualmente, o primeiro da América Latina.

A escolha dos 115 cardeais com direito a voto causou surpresa entre os católicos do mundo todo. Apesar de citado inicialmente, Jorge Mario Bergoglio não aparecia nas últimas listagens de favoritos, que incluíam o brasileiro dom Odilo Scherer, arcebispo de São Paulo, e o italiano Angelo Scola. O Papa Francisco assumiu com a missão de manter unida a Igreja, que, nas palavras do próprio Bento XVI, estava dividida e imersa em crises, com suspeitas de escândalos financeiros e de acobertamento de denúncias de pedofilia.

Nascido em Buenos Aires, em 17 de dezembro de 1936, Jorge Mario Bergoglio, o papa Francisco, é tímido, de poucas palavras e mantém estilo de vida sem ostentação. Futebolista, é torcedor do San Lorenzo, time de seu país.

Dos brasileiros que estavam cotados até a escolha de Bergoglio, apareciam o então presidente da Conferência Nacional dos Bispos do Brasil (CNBB), Raymundo Damasceno, na época com 75 anos; o arcebispo emérito de São Paulo, Cláudio Hummes, 78; e o arcebispo de São Paulo à época, Odilo Scherer, 63. Entre os menos cotados estavam o prefeito da Congregação para

12 de março

os Institutos de Vida Consagrada e as Sociedades de Vida Apostólica no Vaticano e arcebispo emérito de Brasília, João Braz de Aviz, com 65 anos em 2013; e o arcebispo de Salvador, Geraldo Majella Agnelo, 66.

Há divergências sobre o número de papas que renunciaram, mas há unanimidade em três casos antes de Bento XVI: Ponciano, Celestino V e Gregório XII. Segundo o historiador e medievalista Donald Prudlo, por ser situação rara, varia muito o destino de quem abdica do cargo.

Celestino V, por exemplo, foi enclausurado em uma cela e levou vida reclusa sob supervisão do sucessor, Bonifácio VIII. Situação oposta foi vivida pelo último a abandonar o cargo antes de Bento XVI, o Papa Gregório XII, muito respeitado mesmo depois da renúncia.

A primeira renúncia remonta ao ano de 235 d.C. São Ponciano, italiano nascido em 175, assumiu depois do conclave de 230, época marcada por divisões no catolicismo, e assim foi exilado pelo imperador romano Maximino na ilha da Sardenha, no mar Mediterrâneo, de onde renunciou.

Bento XVI inicialmente foi para Castel Gandolfo, a residência de verão dos papas, a cerca de 25 quilômetros do Vaticano, antes de ficar recluso em um antigo convento sobre as colinas, com vista para a cúpula da basílica de São Pedro. As aparições dos dois papas juntos, quando ocorreram em público, foram eventos que acabaram ganhando grande repercussão pelo ineditismo da cena.

Você sabia?

A possibilidade de renúncia do papa está prevista no Código de Direito Canônico.

Bento XVI, o último a renunciar, deixou a Igreja em meio a escândalos pelo acobertamento da pedofilia e vazamento de documentos secretos na investigação de irregularidades na Cúria Romana.

13 de março

Comício das Reformas na Central do Brasil
1964

Aos poucos foram chegando os primeiros trabalhadores, lado a lado com estudantes, servidores públicos civis e militares, donas de casa, jovens, velhos, desempregados. Logo, o povo misturado ocupou cada cantinho da praça da Central do Brasil, a emblemática estação ferroviária do Rio de Janeiro, formando uma multidão estimada entre 150 mil e 200 mil pessoas ávidas para ouvir que o país, enfim, seria governado com justiça social.

Lá estavam o presidente eleito João Goulart, Leonel Brizola, Miguel Arraes e Luís Carlos Prestes, entre outras lideranças políticas e sindicais dignas de ocupar o palanque do histórico Comício das Reformas, protegidas por soldados do Exército e da Marinha.

Na tarde daquela sexta-feira, 13, parecia estar nascendo um país diferente. O Brasil da reforma agrária, da moradia digna na cidade, dos direitos trabalhistas respeitados, da soberania sobre o petróleo e sobre todas as outras riquezas nacionais, da saúde digna oferecida pela rede pública e da educação comprometida com a cidadania – da base ao ensino superior. Nada além do que ainda espera hoje a maioria absoluta da população brasileira.

Só parecia. Considerado "provocativo" pela cúpula das Forças Armadas e por políticos da direita que a apoiavam contra a "ameaça comunista", o comício da Central do Brasil, cuja finalidade era demonstrar o propósito do governo federal de implementar as reformas de base e defender as liberdades democráticas e sindicais, funcionou como o estopim para o golpe de Estado consolidado na madrugada de 31 de março de 1964.

João Goulart foi deposto, porque seu governo de nítida orientação nacionalista e reformista era contrário aos interesses dos setores dominantes e segmentos da classe média e oficiais superiores das Forças Armadas. A prioridade era implementar as reformas agrária, administrativa, bancária, universitária e eleitoral, todas paralisadas no Congresso, estender o direito de voto

13 de março

a analfabetos e praças (soldados, marinheiros, cabos e sargentos) das Forças Armadas e garantir a elegibilidade a todos os eleitores cadastrados.

Dos quinze oradores inscritos para falar antes do presidente João Goulart, o mais aplaudido, Leonel Brizola, ex-governador do Rio Grande do Sul e na época deputado federal pelo PTB do Rio de Janeiro, defendeu o fim da política de conciliação e instalação de Assembleia Nacional Constituinte, "para criação de um Congresso popular composto de camponeses, operários, sargentos, oficiais nacionalistas e homens autenticamente populares".

Quando João Goulart subiu ao palanque já passava das oito da noite. Durante uma hora, Jango atacou os democratas e a democracia, que, segundo ele, atuavam contra o povo, contra a reforma e contra os sindicatos de trabalhadores. Chamou-a de "democracia a favor dos monopólios nacionais e internacionais".

Ele falou, também, da necessidade de revisão da Constituição de 1946 e "do fim aos privilégios de uma minoria". Nesse caso, referia-se especificamente ao decreto que havia assinado no Palácio das Laranjeiras para a criação da Superintendência da Reforma Agrária (SUPRA). Aplaudido pelo povo na praça, disse que "a reforma agrária feita com pagamento prévio do latifúndio improdutivo, à vista e em dinheiro, não é reforma agrária", e sim, "negócio agrário, que interessa apenas ao latifundiário".

Você sabia?

Em resposta ao Comício das Reformas, entidades financiadas pelo empresariado articularam a Marcha da Família, com Deus, pela Liberdade, para mobilizar a classe média contra o comunismo.

A Operação Brother Sam, deflagrada em março de 1964, foi a principal colaboração material dos Estados Unidos ao golpe militar no Brasil e à deposição do então presidente da República João Goulart, com envio de cem toneladas de munições, navios petroleiros e do transporte de helicópteros, aviões de caça, encouraçados, *destroyers* e aviões de combate com armamentos pesados.

14 de março

Padre paraibano inventa máquina de escrever e é copiado
1862

Antes da popularização do computador, ela estava em todos os escritórios, no serviço público e na iniciativa privada. Ter uma em casa, então, era um verdadeiro luxo, privilégio de intelectuais, escritores, jornalistas, advogados e tabeliões, embora nem todos aprendessem as técnicas adequadas para usar os dez dedos com agilidade e precisão recomendadas pelos manuais das escolas de datilografia. Nesses casos, aos autodidatas sobrava a pressão nas letras com indicadores e polegares, a chamada "catação de milho".

A invenção da máquina de escrever foi patenteada por Christopher Latham Sholes e foi fabricada pela primeira vez em escala industrial pela Remington, a partir de 1868, nos Estados Unidos, embora seja considerada uma das invenções do simplório padre paraibano Francisco João de Azevedo, que nasceu em 4 de março de 1814 e morreu em 26 de junho de 1880, pobre e frustrado por jamais ver o reconhecimento por sua criação.

A matriz montada pelo padre João de Azevedo em 1861, anos mais tarde fundida em aço pelo fabricante estadunidense, era, na verdade, uma peça de artesanato de madeira exclusiva, entalhada à mão com canivete e lixa. A máquina era um móvel de jacarandá, uma espécie de armarinho equipado com dezesseis pedais, semelhante ao sistema de funcionamento de um piano. Ao ser apertada, cada uma das teclas acionava uma haste comprida com a respectiva letra na extremidade, permitindo datilografar todo o alfabeto e os sinais ortográficos da época. O pedal servia para a troca de linhas na tira de papel introduzida no mecanismo de impressão.

De acordo com o biógrafo Ataliba Nogueira, autor do livro *Um inventor brasileiro*, edição de 1934, o protótipo foi desenvolvido no Arsenal de Guerra do Recife, onde o religioso deu aulas em cursos técnicos de geometria, mecânica e desenho. Em 1861, a peça foi exibida na Exposição de Produtos Agrícolas e Industriais de Pernambuco, com destaque entre mais de mil

14 de março

objetos de aproximadamente duzentos expositores de todo o Nordeste. No fim daquele ano, Azevedo embarcou com a engenhoca na corveta a vapor *Paraense*, para participar de exposição nacional na Escola Central, no bairro da Glória, no Rio de Janeiro, recebendo elogios da imprensa, com citação na edição de 16 de fevereiro de 1862 do *Jornal do Commercio*.

Em 14 de março, dos nove premiados agraciados pelas mãos do imperador dom Pedro II, Azevedo ficou com a medalha de ouro; a seleção fora realizada mediante a avaliação de 9.962 objetos levados por nada menos do que 1.136 inscritos. Honraria que, contudo, não foi suficiente para lhe garantir a presença em importante mostra internacional, realizada em Londres naquele mesmo ano. A máquina chegou a ser despachada para a Inglaterra, mas, como ninguém sabia fazê-la funcionar, permaneceu obsoleta em um canto da sala.

Sem dinheiro ou ajuda, foi impossível levar adiante o projeto, que somente não sucumbiu por falta de financiamentos públicos e privados porque foi copiado. Christopher Latham Sholes, a quem é atribuída a invenção do layout do teclado QWERTY, teria se aproveitado da ingenuidade e boa-fé do sertanejo e encaminhado o projeto, exatamente igual ao do padre, para ser aprimorado na oficina da Remington, fabricante de armas e máquinas de costura em Ilion, Nova York.

Você sabia?

A máquina de escrever do padre Azevedo foi um aprimoramento da taquigrafia, também inventada por ele.

O paraibano também desenvolveu dois veículos sem motorização e não poluentes, no século XIX. Um deles marítimo, movido pela força motriz das ondas; outro terrestre, acionado pelo vento.

15 de março

Morre Tim Maia
1998

Uma semana após subir ao palco pela última vez, para gravação de um especial para TV, no Teatro Municipal de Niterói (RJ), de onde saiu direto para o hospital, Tim Maia, "o pai da *soul music* brasileira", morreu em 15 de março de 1998, um domingo. Vítima de falência múltipla dos órgãos, ele tinha 55 anos.

Conhecido por seu espírito indomável e grande talento, Tim foi chamado pela revista *Rolling Stone Brasil*, em 2012, após pesquisa com jornalistas de todo o país, de "o maior cantor brasileiro de todos os tempos".

Nascido em 1942, no bairro carioca da Tijuca, o jovem Tião, como era então conhecido, iniciou sua carreira artística ainda na adolescência. Em 1957, aos quinze anos, fundou o grupo de rock Os Sputniks, que contou, em sua breve formação, com o adolescente Roberto Carlos. Foi nesse período que Roberto conheceu e começou a tocar com Erasmo Carlos.

Dois anos depois, Tim mudou-se para os Estados Unidos, onde chegou a participar da banda The Ideals, familiarizando-se com a *soul music*, a moderna música negra norte-americana. De lá acabou deportado em 1964, preso por roubo e posse de drogas.

De volta ao Brasil, até estourar nas paradas, em 1970, Tim participou de programas de TV, foi gravado por Roberto ("Não vou ficar", no LP Roberto Carlos, de 1969) e lançou compactos, um deles, em dueto com a cantora Elis Regina. Perseguia o sucesso já então alcançado por Roberto e Erasmo.

Com uma lenta mas crescente projeção, o convite para gravar veio afinal da Polydor. Foi a chance de Tim Maia não apenas introduzir, mas também abrasileirar a *soul music*, com influência de ritmos como xaxado, samba e bossa nova – tudo embalado pelo vozeirão rouco que logo ganharia o país.

Com os clássicos "Primavera", de Cassiano e Silvio Rochael, e "Azul da cor do mar", de sua autoria, o LP homônimo transformou-o na estrela maior da primeira geração de *soul men* do Brasil, juntamente com Cassiano, Hyldon

15 de março

e outros. Depois da estreia, Tim produziu sucessos inesquecíveis, entre os quais "Não quero dinheiro (Só quero amar)", "Você", "Gostava tanto de você" e "Réu confesso".

A fase promissora só seria interrompida pela conversão do cantor à seita Cultura Racional, e seu *Universo em desencanto*, em 1975. De barba feita, roupas brancas, sem álcool nem drogas, lançou dois discos pregando a chamada Cultura Racional. Fracassos comerciais à época, muitos fãs e críticos hoje colocam esses LPs – *Racional Vol. 1* e *Vol. 2* – entre os melhores, em termos de voz e musicalidade, da sua carreira.

Desiludido com a seita, abandonou-a em 1976 e retornou ao repertório habitual e aos grandes sucessos. "Sossego", "Descobridor dos sete mares", "Me dê motivo" e "Do Leme ao Pontal" são dos anos seguintes.

Ativo ao longo dos anos 1980 e 1990, Tim levou a carreira em meio a um estilo de vida regado a álcool e drogas. Diabético, não se poupava dos doces. De temperamento forte e irreverente, comprou brigas, respondeu processos, acumulou internações hospitalares – e deixou um repertório que continua a embalar gerações.

Você sabia?

Tim teve um gavião chamado Empresário. Era uma homenagem irônica àqueles que ele comparava a aves de rapina.

Após abandonar a Universo em Desencanto, Tim Maia mandou recolher e destruir as cópias restantes de *Racional Vol. 1* e *Vol. 2*. Resultado: os LPs originais hoje são raríssimos.

Além de grande cantor e compositor, Tim era exímio frasista. Entre as mais lembradas estão: "Fiz uma dieta rigorosa. Cortei álcool, gorduras e açúcar. Em duas semanas, perdi catorze dias"; "Dos artistas do Rio, metade é preto que acha que é intelectual e metade é intelectual que acha que é preto"; e "Este país não pode dar certo. Aqui prostituta se apaixona, cafetão tem ciúme, traficante se vicia e pobre é de direita".

16 de março

Governo Collor confisca cadernetas de poupança
1990

Primeiro presidente da República eleito por eleições diretas depois de duas décadas de regime militar, o alagoano Fernando Collor de Mello foi empossado em 15 de março de 1990. Bastou um dia de governo para que ele anunciasse em rede nacional de televisão a medida que mudaria a vida de milhões de brasileiros e causaria muita revolta.

A pretexto de controlar a inflação, que chegara ao ano 2000 em 2.000% ao mês, Collor anunciou o que ele próprio chamou de "bala de prata" para salvar a economia do país. Com uma medida provisória assinada em conjunto com a ministra da Fazenda, Zélia Cardoso de Mello, determinou-se o bloqueio de cadernetas de poupança e aplicações com valores acima de 50 mil cruzeiros, em toda a rede bancária nacional. O governo cortou três zeros da moeda e o cruzado virou cruzeiro.

A promessa do governo era devolver os valores após dezoito meses de confisco, com juros de 6% ao ano, mas muitos aplicadores morreram antes disso, enquanto outros esperaram anos pela resposta da Justiça. A medida, segundo os economistas do governo e o próprio Fernando Collor, reduziria o volume de dinheiro em circulação, frearia o consumo e, consequentemente, obrigaria a redução dos preços e o controle da inflação. Calcula-se que tenham sido congelados 30% do Produto Interno Bruto (PIB), algo em torno de 100 milhões de dólares.

Em 1991, o governo lançou a segunda versão do Plano Collor. Dessa vez, além do bloqueio das contas das cadernetas de poupança, estava previsto o controle de preços das mercadorias e dos salários, com reajuste de impostos e das tarifas de energia elétrica, telefonia e transporte público. Também foram cortados incentivos e subsídios e os cargos de cerca de 100 mil servidores públicos.

Foi uma experiência traumática. Na época, a caderneta de poupança

16 de março

era o principal investimento da população de classe média e média baixa. Os Planos Collor 1 e 2, portanto, ao invés de reorganizarem a economia nacional, criaram recessão sem precedentes no país. A inflação oscilou entre 1.000% e 1.650%.

Foi então que milhões de brasileiros, estimulados pelos jovens "caras pintadas", foram às ruas para pedir o impeachment do presidente da República, levados também por uma série de denúncias de corrupção, que começou com acusações do irmão Pedro Collor de Mello e envolveu também o empresário Paulo César Farias, o PC Farias.

Eleito menos de três anos antes como "o caçador de marajás" e "o salvador da pátria" de um país sem rumo e acuado pela inflação galopante, Fernando Collor de Mello renunciou em 29 de dezembro de 1992, horas antes de ser condenado pelo Senado Federal por crime de responsabilidade. Perdeu, na ocasião, os direitos políticos por oito anos, mas em 2007 voltou à política e se elegeu senador do estado de Alagoas pelo PTC.

Você sabia?

Populista e marqueteiro, na campanha eleitoral de 1989, aos 39 anos, Collor se apegou à suposta caçada aos marajás, além de praticar *cooper* e pilotar *jet ski*.

Foram muitos os escândalos que se tornaram públicos durante a gestão do ex-presidente Collor, por exemplo, as compras superfaturadas na extinta Legião Brasileira de Assistência (LBA), entidade na época comandada pela ex-primeira-dama, Rosane Collor.

17 de março

Deflagrada a Operação Lava Jato
2014

Pauta obrigatória da imprensa nacional desde 2014, embora críticas apontem que nem sempre tenha sido averiguada com a devida isenção jornalística, a Operação Lava Jato foi deflagrada em 17 de março daquele ano pela Polícia Federal. No decorrer de diversas fases de apuração, com prisões e conduções coercitivas também questionadas por não cumprirem etapas anteriores de intimação, foi revelado esquema milionário de corrupção e desvio de dinheiro público, multipartidário, envolvendo as maiores empreiteiras e outros importantes grupos empresariais do país, além de doleiros, tesoureiros de campanhas eleitorais, governadores, parlamentares, ministros e até presidentes da República.

Tudo começou com a investigação de lavagem de 1,4 milhão de reais por familiares do ex-deputado federal José Jatene (PP-PR), morto em 2010, e chegou ao golpe bilionário de um cartel de propinas que resultou no sucateamento e na quase falência da Petrobras, a maior estatal brasileira, principal fonte de investimentos do governo. No balanço divulgado em abril de 2015, a empresa confirmou perdas de 6,2 bilhões de reais com propinas do ano anterior, embora a estimativa dos investigadores seja de pelo menos 42 bilhões de reais em prejuízos.

As investigações começaram em um posto de combustíveis com um suposto lava jato, de onde veio a inspiração para o nome da operação da Polícia Federal. Na loja de conveniências funcionavam uma lavanderia e uma casa de câmbio clandestina, sem registro no Banco Central do Brasil, onde os envolvidos no esquema movimentavam o dinheiro ilegal proveniente de propinas. De acordo com as apurações, a Petrobras contratava, por meio de licitações fraudulentas, empreiteiras que combinavam qual delas venceria a falsa concorrência. Os valores remanescentes eram desviados como propinas pagas aos diretores da estatal que, para manter o milionário ciclo vicioso, aprovavam os respectivos contratos superfaturados.

17 de março

Em novembro de 2014, já estavam presos dois altos executivos da empresa, Paulo Roberto Costa e Renato Duque, e os doleiros Alberto Youssef e João Procópio Junqueira Pacheco de Almeida Prado. Na sequência, a Justiça Federal determinou a prisão de presidentes e diretores das maiores empreiteiras do país, como Camargo Corrêa, OAS, Odebrecht, Mendes Júnior, Engevix, Engesa, UTC, Queiroz Galvão e Iesa. Os envolvidos foram indiciados em inquéritos presididos pelo juiz Sergio Moro, da Justiça Federal em Curitiba, uma figura polêmica diversas vezes acusada de imparcialidade, que os condenou por crimes de sonegação fiscal, evasão de divisas, desvio de recursos públicos e corrupção ativa e passiva de agentes públicos.

Conforme depoimentos de suspeitos presos e beneficiados em acordos de delação premiada com o Ministério Público Federal, a corrupção atingia pelo menos 3% dos contratos da Petrobras. Além da estatal do petróleo – cujas investigações provocaram desmonte de estaleiros, desemprego e suspensão de contratos bilionários, com consequências sobre a autossuficiência tecnológica do Brasil em setores estratégicos –, o rombo se estendeu à Eletronuclear, especificamente em contratos para continuidade das obras da usina de Angra 3, em Angra dos Reis (RJ), no Ministério da Saúde e na Caixa Econômica Federal.

Você sabia?

Complemento da Operação Miqueias, que, em julho de 2013, começou a monitorar as conversas entre os doleiros Carlos Habib Chater, Nelma Kodama, Alberto Youssef e Raul Srour, responsáveis cada um por uma organização criminosa, a Lava Jato inspirou a série *O mecanismo*, da Netflix. Criada por José Padilha e Elena Soarez, com Selton Mello no papel principal, estreou em 23 de março de 2018.

18 de março

Povo nas ruas contra impeachment de Dilma Rousseff
2016

Quem foi às ruas em 18 de março de 2016 para protestar contra o impeachment da presidente Dilma Roussef, eleita em 31 de outubro de 2010 e reeleita em 26 de outubro de 2014, tinha na ponta da língua uma palavra para nomear o processo deliberado para afastamento da primeira mulher a dirigir o país: golpe.

Foram muitas as manifestações a tomar o país naquela sexta-feira, as maiores delas em atos que reuniram entre 275 mil, segundo a Polícia Militar, e 1,3 milhão de brasileiros, nas contas dos organizadores, por 55 cidades de todos os estados e no Distrito Federal. Em São Paulo, nesse dia, pela primeira vez desde o início das mobilizações, o ex-presidente Luiz Inácio Lula da Silva subiu ao palanque e foi ovacionado ao defender a companheira de partido.

Os atos em favor de Dilma Rousseff foram organizados pela Frente Brasil Popular, composta por sessenta entidades – entre elas o Partido dos Trabalhadores, a Central Única dos Trabalhadores (CUT) e o Movimento dos Trabalhadores Rurais Sem Terra (MST). Em algumas capitais, manifestantes levaram cartazes contra as maiores redes nacionais de televisão, acusadas de serem coniventes com o processo de afastamento da presidente, em particular a Rede Globo.

Ao som de "Lula-lá", o *jingle* eternizado desde as primeiras campanhas de Lula à Presidência da República, os manifestantes ainda entoaram em um só grito a expressão que também virou lema de protesto desse momento histórico: "Não vai ter golpe".

De todas as manifestações em favor de Dilma registradas, a maior delas foi a da avenida Paulista, em São Paulo, onde, segundo os líderes da organização, 380 mil pessoas deram apoio à presidente que seria afastada – embora nos cálculos da Polícia Militar tenham sido 80 mil e nas contas do Instituto Datafolha, 95 mil. Recife, Salvador, Rio de Janeiro, Porto Alegre,

18 de março

Belo Horizonte e Florianópolis foram outras capitais com grande concentração popular.

No Rio de Janeiro, o ato convocado em defesa de Dilma e de Lula lotou desde cedo a praça XV, na área central da cidade. No palco principal, vários artistas se pronunciaram em favor do governo petista, à frente de uma grande bandeira do Brasil. Segundo os organizadores, pelo menos 70 mil pessoas participaram do ato.

Apesar do apoio nas ruas, no dia 12 de maio de 2016, depois de uma sessão histórica, o Senado aprovaria, por 55 votos a favor e 22 contra, a admissibilidade da denúncia contra Dilma Rousseff, por crime de responsabilidade. A partir daí, a primeira mulher eleita presidente do Brasil foi afastada da função por até 180 dias, com o vice-presidente Michel Temer assumindo seu lugar.

Muito aplaudida durante o discurso que fez em sua saída do Palácio do Planalto, a presidente afastada reafirmou não ter cometido crime de responsabilidade e se disse vítima de injustiças. Insistiu em afirmar que o impeachment foi montado com base em um processo frágil e juridicamente incompetente. "Trata-se da maior brutalidade que pode ser cometida contra o ser humano, puni-lo por crime não praticado. Não existe injustiça mais devastadora do que condenar um inocente", enfatizou Dilma, sob forte aplauso da plateia.

Você sabia?

No exterior, a crise política do Brasil e a recessão econômica ofuscaram a imagem do país emergente e pujante exatamente no período de preparação para os Jogos Olímpicos do Rio de Janeiro, em 2016.

A polarização tomou conta das manifestações pelo Brasil, opondo pessoas a favor e contra o impeachment, às vezes radicalmente, o que chegou a criar situações de risco para quem ousou demonstrar sua preferência diante dos opositores.

19 de março

Morre o poeta negro Cruz e Sousa
1898

Os restos mortais do grande poeta simbolista Cruz e Sousa estão praticamente esquecidos no que deveria ser o memorial do centro cultural inaugurado em 2010, nos jardins do palácio que leva o seu nome, junto ao Museu Histórico de Santa Catarina, no centro de Florianópolis. Mas esse espaço criado para leitura e lançamento de livros, com cafeteria incluída, não teve ainda o destino que se imaginou para ele, a exemplo da melancólica trajetória de vida do poeta negro.

Cruz e Sousa foi um dos expoentes do simbolismo no Brasil e um dos patronos da Academia Brasileira de Letras, dono da cadeira quinze entre os imortais. A vida toda, porém, teve de lutar contra o preconceito.

Vítima da tuberculose, Cruz e Sousa morreu em 19 de março de 1898, em Curral Novo, localidade na época pertencente a Barbacena (atual Antônio Carlos), na Serra da Mantiqueira, em Minas Gerais, para onde tinha sido levado às pressas, em estado terminal. O corpo do grande poeta catarinense acabou transportado em vagão destinado a cavalos até o Rio de Janeiro, e lá foi sepultado diante de poucos amigos, entre eles José do Patrocínio. Só em 2007 a urna com os restos mortais foi transferida para Florianópolis.

Filho dos escravos Guilherme e Carolina Eva da Conceição, alforriados pelo marechal Guilherme Xavier de Sousa, João da Cruz e Sousa nasceu em 24 de novembro de 1861 na antiga Nossa Senhora do Desterro, a ilha de Santa Catarina, hoje Florianópolis. Acolhido como o filho que não tiveram pelo marechal e a esposa, Clarinda Xavier Fagundes Sousa, o menino negro foi educado na melhor escola secundária da época, o Colégio Ateneu Provincial Catarinense. Aprendeu francês, latim e grego, e foi pupilo do alemão Fritz Müller, com quem aprendeu matemática e ciências naturais.

Depois da morte do casal, ele largou os estudos para trabalhar. Ainda na antiga Desterro, ocupou o cargo de diretor do jornal abolicionista *Tribuna Popular*, em 1881. Dois anos mais tarde, recebeu nomeação para promotor

19 de março

público de Laguna, no litoral sul de Santa Catarina, mas o preconceito falou mais alto e Cruz e Sousa foi rejeitado simplesmente por ser negro.

Seu primeiro livro, *Tropos e fantasias*, em parceria com Virgílio Várzea, foi lançado em 1885, período em que começou a ser chamado de Cisne Negro ou Dante Negro. Cinco anos depois, o poeta mudou-se para o Rio de Janeiro, e lá trabalhou como arquivista da estrada de ferro da Central do Brasil, na época um emprego subalterno e miserável. Paralelamente, ele continuou escrevendo para jornais.

Em fevereiro de 1893, publicou *Missal*, ao estilo da prosa poética baudelairiana, e, em agosto do mesmo ano, *Broquéis*, livro de poesia que marca o início do simbolismo no Brasil, movimento que se estendeu até 1922, com a Semana de Arte Moderna. Para o crítico Antonio Candido, Cruz e Sousa era o "único escritor eminente de pura raça negra na literatura brasileira, onde são numerosos os mestiços".

Ainda em 1893, Cruz e Sousa se casou com a também negra Gavita Gonçalves. Os quatro filhos do casal morreram prematuramente, todos vitimados pela tuberculose. Sua mulher enlouqueceu. Internada por diversos períodos em hospícios cariocas, ela acabou sendo levada para casa e cuidada até a morte pelo próprio Cruz e Sousa.

Você sabia?

Representante no Brasil do movimento literário que teve origem na França, em 1870, Cruz e Sousa foi considerado pela crítica daquele país um dos mais importantes simbolistas da poesia ocidental.

Amante das letras, aos sete anos Cruz e Sousa fez seus primeiros versos, e aos oito declamava em salões e teatros. Em 1877, já dava aulas particulares e publicou as primeiras poesias. Em 1881, com Virgílio Várzea e Santos Lostada, fundou o jornal literário *Colombo*.

20 de março

Monteiro Lobato é preso por criticar a tortura do Estado Novo
1941

Monteiro Lobato não precisou da Academia Brasileira de Letras (ABL) para se tornar imortal. Eternizada em histórias e personagens que encantam o imaginário popular, como os lendários moradores do *Sítio do Pica-pau Amarelo*, sua obra é parte do legado do cidadão engajado politicamente, preocupado com questões essenciais para a soberania nacional. Advogado, promotor público, produtor rural e empreendedor na época em que a indústria internacional do petróleo dava os primeiros passos, foram muitas as atividades paralelas do livreiro e escritor nascido em 18 de abril de 1882, em Taubaté (SP), e que se tornou referência da literatura infantil.

A relação entre Monteiro Lobato e a Academia nunca foi das melhores. Em 1921, ele chegou a ser cogitado para a vaga de Pedro Lessa, mas abriu mão simplesmente porque não quis fazer as visitas de praxe para pedir votos. Foi derrotado na disputa à cadeira até então ocupada por João Luís Alves, em 1926, coincidindo com o lançamento de *O presidente negro* e *How Henry Ford is regarded in Brazil*. Passada a eleição, escreveu ao presidente da República, Washington Luís, em defesa dos interesses da indústria editorial brasileira, sendo nomeado no ano seguinte para o cargo de adido comercial do Brasil nos Estados Unidos.

Na volta, fundou a Companhia Petróleos do Brasil e a Companhia Mato-grossense de Petróleo, em 1938, para exploração na fronteira com a Bolívia. O empreendedorismo nacionalista de Lobato mexeu com gente importante da política brasileira, personalidades do governo que defendiam os grandes grupos estrangeiros interessados na exploração das reservas nacionais de minério. Enquanto teve forças, Lobato os enfrentou por meio de cartas, livros, artigos em jornais e entrevistas, na defesa das pesquisas e da extração das jazidas petrolíferas, e no investimento dos lucros em qualidade de vida

20 de março

para o povo brasileiro. Paralelamente, publicou histórias infantis e traduziu livros estrangeiros para sobreviver com a família.

Aceitou o convite da Academia Paulista de Letras e, em 1936, publicou o dossiê *O escândalo do petróleo*, com críticas ao governo "por não perfurar e não deixar que se perfure". Irritado, Getúlio Vargas proibiu as vendas e determinou a apreensão de todas as edições. Três anos se passaram até a criação da União Jornalística Brasileira, agência para distribuição de notícias a jornais, e a morte de seu terceiro filho, Guilherme. Na mesma época, enviou carta ao Ministério da Agricultura, precipitando abertura de inquérito sobre o petróleo. E recusou convite de Vargas para ser diretor do Ministério da Propaganda.

Em carta ao presidente, criticou a política nacional de mineração. Considerado subversivo, foi enquadrado na Lei de Segurança Nacional, acusado de desmoralizar o Conselho Nacional do Petróleo, e teve a prisão preventiva decretada. Foi recolhido ao presídio Tiradentes, e lá ficou encarcerado de 20 de março a 17 de junho de 1941. Em liberdade, continuou a ser perseguido, mas não deixou de denunciar torturas da polícia do Estado Novo.

Em 1944, recusou a indicação feita por Cassiano Ricardo e Menotti Del Picchia à Academia Brasileira de Letras, para não conviver com Getúlio Vargas, escolhido em agosto de 1941. Monteiro Lobato morreu dormindo, em Tremembé (SP), em 4 de julho de 1848, aos 66 anos.

Você sabia?

A Editora Globo tem os direitos sobre a obra de Monteiro Lobato até 2018, quando completa setenta anos e entra em domínio público.

Em 1945, as empresas de Lobato foram liquidadas e, diante da censura do Estado Novo, ele se aliou ao Partido Comunista Brasileiro.

21 de março

Criação da Carteira de Trabalho
1932

Muito criticada pelo empresariado, especialmente na segunda década do século XXI, quando esteve ameaçada por reformas conduzidas sem ampla discussão nacional, a Carteira de Trabalho é a maior garantia de direitos para o trabalhador brasileiro empregado.

Criada legalmente em março de 1932, no governo de Getúlio Vargas, o documento que mais tarde teria o nome oficial de Carteira de Trabalho e Previdência Social é o registro profissional que, quando assinado pelo empregador, garante ao empregado o recebimento salarial em folha mensal, repouso remunerado, 13º salário, férias, aposentadoria, Fundo de Garantia por Tempo de Serviço (FGTS) e seguro-desemprego. Hoje informatizada, ainda é exigida para contratação de trabalhadores a partir de catorze anos, na cidade ou na área rural.

Mas sua história é bem mais antiga e remonta aos primeiros anos da República. O documento, ainda embrionário, teve origem em 1891, quando o então presidente marechal Deodoro da Fonseca e o ministro Cesário Alvim assinaram decreto para exigir que as empresas registrassem em livro as matrículas de empregados menores de dezoito anos. Decretos assinados entre 1904 e 1906 criaram a carteira do trabalhador rural, situação que perdurou até o início da era Vargas.

A carteira profissional de Getúlio Vargas foi instituída pelo Decreto nº 21.175, de 21 de março de 1932, e, em 29 de outubro do mesmo ano, regulamentada pelo Decreto nº 22.035. Em 1934, o governo fez da carteira a base para a implementação da Consolidação das Leis do Trabalho (CLT), que, segundo analistas e críticos de Getúlio Vargas, foi inspirada na Carta del Lavoro do governo fascista de Benito Mussolini, na Itália. Em novembro de 2017, a CLT foi alterada pela reforma trabalhista de Michel Temer, sendo adicionados itens como trabalho intermitente, prevalência do acordado sobre o legislado e ampliação da terceirização.

21 de março

Desde 2011, a carteira é impressa em papel-moeda, com inscrições timbradas na capa e informações digitalizadas em código de barras. Inovações tecnológicas buscaram torná-la mais segura contra fraudes. O documento ganhou capa azul em material sintético mais resistente que o modelo anterior e traz plástico autoadesivo inviolável para proteger as informações relacionadas à identificação profissional e à qualificação civil do trabalhador. Quase sempre são esses dados os mais falsificados. O documento passou, assim, a se assemelhar ao passaporte. Para estrangeiros, a Carteira de Trabalho no Brasil passou a ser verde, para diferenciar da azul dos brasileiros.

Em todos os estados e no Distrito Federal, a emissão de carteiras de trabalho é feita pelas delegacias, ou superintendências, regionais do Ministério do Trabalho e Emprego, gerências, subdelegacias ou pontos de atendimento ao trabalhador em prefeituras de pequenas cidades do interior.

Você sabia?

A legislação trabalhista impede a retenção da carteira na empresa. São 48 horas para devolução após a entrega do documento nos departamentos de Recursos Humanos do empregador, para anotações gerais. Não são permitidas anotações que denigram a conduta pessoal e profissional do empregado.

A Carteira de Trabalho e Previdência Social (CTPS) reproduz a vida funcional do seu portador, permitindo que ele tenha acesso a tempo de serviço e demais benefícios legais, e serve ainda para integrar todos os seus dados em base nacional, por meio Programa de Integração Social (PIS).

22 de março

Morre Hélio Oiticica
1980

Hélio Oiticica viveu apenas 43 anos, mas protagonizou uma trajetória de intensa atividade artística, deixando uma obra que se mantém atual e inovadora ao propor a rediscussão dos conceitos de arte, de artista e de público. No foco do artista estavam questionamentos sobre os condicionamentos culturais, éticos e estéticos que justamente definem esses papéis.

Experimental e performático, Oiticica desenvolveu instalações que chamavam o observador a participar e a interagir diretamente com elas, provocando, com isso, experiências táctil-sensoriais e novas vivências, as quais tinham por base uma preocupação com a coletividade, a integração, a mudança e o descondicionamento.

Adepto da desobediência criativa, Oiticica tem entre suas obras mais lembradas a bandeira serigrafada onde se lê "Seja marginal, seja herói", da fase em que ele percorria os morros do Rio de Janeiro, assim como seu Parangolé, o suporte que se revela com o movimento de quem o veste, além das estruturas penetráveis e labirínticas, em que ele tanto discutia a cor quanto propunha o dilatamento sensorial do público.

Anarquista como o pai, tornou-se um dos maiores pintores e escultores do Brasil na busca constante pela inovação e pelo engajamento da arte, legado eternizado pelos irmãos César e Cláudio, com a criação do Projeto Hélio Oiticica, em 1981, depois da morte prematura do artista, em 22 de março de 1980, por acidente vascular cerebral. Dirigido por Lygia Pape, Luciano Figueiredo e Waly Salomão, para preservar, analisar e divulgar a sua obra, o Projeto Hélio Oiticica contou no início com a contribuição de amigos. Formados o conselho e a coordenação, com o dinheiro proveniente da venda de obras de outros artistas do acervo da família, foi instalado em apartamento no Flamengo, preservando ali a memória e os arquivos de Hélio Oiticica.

Mesmo sem remuneração, seus integrantes conseguiram publicar o livro de textos *Aspiro ao grande labirinto* e organizar as exposições *Retrospectivas*,

22 de março

em Roterdã, Paris, Barcelona, Lisboa e Minneapolis, com edição dos respectivos catálogos. Também houve a participação em dezesseis exposições no Brasil e doze no exterior.

Em 1996, a Secretaria Municipal de Cultura do Rio de Janeiro deu início ao processo de fundação do Centro de Artes Hélio Oiticica, em prédio do século XIX, na rua Luís de Camões, na área central, para manter o acervo aberto à visitação pública.

Em 2007, as exposições *Body of Color*, no Museum of Fine Arts de Houston, nos Estados Unidos, e *Oiticica in London*, com curadoria de Guy Brett, na Tate Modern, em Londres, abriram caminho para a obtenção de sala dedicada à obra de Hélio na coleção da instituição inglesa.

Hélio e o irmão César Oiticica começaram a estudar pintura e desenho na adolescência, aos dezessete anos, com Ivan Serpa, no Museu de Arte Moderna do Rio de Janeiro. Em 1954, ele também escreveu o primeiro texto sobre artes plásticas, e o registro escrito de reflexões sobre a própria produção virou hábito. Em 1959, integrou o Grupo Neoconcreto, período em que abandonou os trabalhos bidimensionais e passou a criar relevos espaciais, bólides, capas, estandartes, tendas e penetráveis.

Em 1964, ano do golpe militar, Oiticica protestou na abertura da mostra *Opinião 65*, quando viu seus amigos negros, integrantes da escola de samba Mangueira, com quem desenvolvera importantes trabalhos, serem barrados no Museu de Arte Moderna do Rio de Janeiro. Foi expulso do recinto.

Você sabia?

Nos anos de 1960, Hélio Oiticica concretizou a transição da arte pura para a arte engajada.

Em 2009, um incêndio na casa do irmão César destruiu parte das obras de Hélio Oiticica e da família.

23 de março

Morre o psicanalista Hélio Pellegrino
1988

Se já não bastasse a ditadura que se instalara no país, também em 1964 o coração de Hélio Pellegrino deu-lhe um primeiro susto. Aos quarenta anos, o psicanalista, escritor e poeta mineiro, nascido em Belo Horizonte em 5 de janeiro de 1924, sofreu uma isquemia coronariana, mas, como tinha muito a fazer, logo voltou ao trabalho.

Permaneceu na redação do *Correio da Manhã* de 1966 até o fim de 1968, período em que também concluiu e apresentou, em Santiago do Chile, a tese "O pacto edípico e o pacto social", de grande repercussão no meio psicanalítico. Com o endurecimento da repressão militar, ele teve participação ativa na resistência política e se tornou figura respeitada entre os movimentos estudantis, sindicalistas e intelectuais, sendo um dos oradores da histórica Passeata dos 100 mil.

Em 1969, quando morreu seu pai, Pellegrino foi preso pelo Destacamento de Operações e Informações – Centro de Operações de Defesa Interna (DOI-CODI) e mantido encarcerado por dois meses para interrogatórios no regimento Caetano Farias, da Polícia Militar, e no 1º Batalhão de Guerra do Exército, no Rio de Janeiro, lugares marcados pela prática da tortura. Um ano depois, quando o regime militar fazia uso da conquista do tricampeonato da Copa do Mundo de Futebol, no México, como propaganda, ele teve o segundo susto cardíaco. O enfarte do miocárdio, contudo, não o impediu de mais uma vez voltar ao trabalho e, após conversas com Catarina Kemper, coordenar os "encontros psicodinâmicos" na Faculdade Cândido Mendes.

Em 1973, Pellegrino criou com um grupo de colegas a Clínica Social de Psicanálise, primeira instituição de atendimento gratuito do Brasil, onde desenvolveu a integração entre a clínica e a comunidade da favela do Morro dos Cabritos, em 1978. Separado de Maria Urbana Pentagna Guimarães, com quem viveu décadas e teve sete filhos, casou-se com a física Sarah de Castro Barbosa em 1974, e juntos ficaram por sete anos. Até morrer sem

23 de março

mais sobressaltos, na madrugada de 23 de março de 1988, vítima do coração já debilitado, Hélio Pellegrino muito fez pela política e literatura nacionais. Ainda naquele ano, publicou o ensaio "A dialética da tortura: direito versus direita", e estreou como colaborador de *O Pasquim*.

Em 1979, escreveu durante cinco meses para o Jornal da República. Em 1980, Hélio Pellegrino se juntou a Mário Pedrosa, Lula, Plínio de Arruda Sampaio, Antonio Candido, Apolônio de Carvalho e Sérgio Buarque de Holanda, entre outros intelectuais, no manifesto de fundação do Partido dos Trabalhadores (PT).

Paralelamente, foi expulso, com Eduardo Mascarenhas, da Sociedade Psicanalítica do Rio de Janeiro, após contestarem a presença ali do médico torturador Amílcar Lobo. Ambos só foram reintegrados por decreto judicial.

Na época, ele lançou o disco recital Os quatro mineiros, em parceria com Otto Lara Resende, Paulo Mendes Campos e Fernando Sabino. Em 1983, integrou a Comissão Teotônio Vilela Para as Prisões, do grupo Tortura Nunca Mais. Um ano depois, passou a escrever quinzenalmente no Jornal do Brasil e, ao lado de Frei Betto e Fábio Lacombe, criou o Mística e Revolução (Mire), grupo de estudos e orações. Nessa época, finalmente conheceu a escritora Lya Luft, com quem viveu até a morte.

Você sabia?

Amigo de Fernando Sabino desde que frequentavam o mesmo jardim de infância, na juventude fez amizade também com Paulo Mendes Campos e Otto Lara Resende, formando o grupo "Os quatro mineiros ". Em São Paulo, conheceu Mário de Andrade e, no Rio de Janeiro, Nelson Rodrigues.

Em 1942, ingressou na Faculdade de Medicina de Belo Horizonte e, no ano seguinte, optou pela psiquiatria.

Escritora, roteirista e feminista engajada, Antonia Pellegrino organizou o volume *Lucidez embriagada*, com textos do avô Hélio Pellegrino.

24 de março

Nascimento de Padre Cícero
1844

A data de nascimento de Cícero Romão Batista, o Padre Cícero, ou Padim Ciço, como ficou popularmente conhecido, é certa: 24 de março de 1844. O local exato de nascimento, porém, tem sido motivo de controvérsias entre historiadores do Crato, no sertão do Cariri (CE).

Há quem diga, como Irineu Pinheiro, que tenha sido na casa demolida na rua Miguel Limaverde, antiga rua Grande, pertencente ao coronel Pedro Pinheiro Bezerra de Menezes, tese baseada em depoimento da velha escrava conhecida como Teresa do Padre, no fim do século XIX. Mas, para o também Padre Antônio Gomes de Araújo, o herói dos sertanejos nasceu em outro ponto do centro histórico da cidade, em uma casinha simples, entre fruteiras, na rua Dom Quintino, antiga rua das Flores, onde mais tarde seria construído o Palácio Episcopal.

Rejeitado pela Igreja Católica e santificado pelo povo humilde do Nordeste, ele foi também um importante líder político do sertão. Carismático, exerceu forte influência sobre a realidade social da região. A carreira eclesiástica ele iniciou em 1865, no Seminário da Prainha, na capital Fortaleza.

Foi ordenado padre em 1870, e, dois anos depois, já era nomeado vigário de Juazeiro do Norte, na época apenas um povoado na região do semiárido cearense. Juntou com os fiéis o dinheiro necessário para a construção de uma capela e passou a desenvolver intenso trabalho pastoral.

A vida religiosa do padre deu uma guinada em 1889, quando a hóstia consagrada por ele durante a comunhão sangrou na boca da beata Maria de Araújo. O povo considerou um milagre de Padim Ciço, as toalhas utilizadas para limpar o rosto ensanguentado da mulher tornaram-se objetos de adoração e a notícia se espalhou pelo sertão. Juazeiro passou a ser destino de milhares de peregrinos em busca dos milagres e dos poderes do padre.

No Vaticano, Padre Cícero foi acusado de mistificação e de heresia, por desrespeito às normas canônicas. Em 1894, o santo dos sertanejos foi

24 de março

punido com a suspensão da ordem católica, e assim proibido de continuar celebrando missas.

Até a morte, Padre Cícero tentou, em vão, revogar a pena que lhe foi imposta pela cúpula da Igreja Católica. Em 1898 foi a Roma, em encontro com o papa Leão XIII, que lhe concedeu indulto parcial, mas manteve a proibição de celebração de missas. Mesmo assim, ele jamais deixou de celebrar missas em sua igreja em Juazeiro do Norte, sempre lotada de fiéis. Continuou com enorme prestígio popular, e ingressou na carreira política em 1911, com a emancipação de Juazeiro.

Foi eleito o primeiro prefeito da cidade, cargo que ocupou por quinze anos, e chegou a convencer o povo sertanejo a pegar em armas para enfrentar tropas federais e resistir à intervenção contra sua forma de governar e de enfrentar as oligarquias cearenses. Mais uma vez surpreendeu, ao ser nomeado vice-governador e eleito deputado federal, não exercendo nenhum dos dois cargos simplesmente porque nunca quis sair de Juazeiro.

Depois de sua morte, em 20 de julho de 1934, a fama e os feitos religiosos de Padre Cícero, o "santo dos sertanejos", foram ainda mais divulgados entre as camadas populares do Nordeste. No final do século XX, o Papa Bento XVI, ainda como cardeal e prefeito da Congregação para a Doutrina da Fé, em Roma, propôs estudo sobre o religioso brasileiro, para reabilitá-lo perante a Igreja e beatificá-lo, o que de fato ocorreu somente em dezembro de 2015.

Você sabia?

Em 2015, o papa Francisco, emitiu documento com pedido de perdão ao Padre Cícero pelas punições impostas entre 1892 e 1926.

O túmulo de Padre Cícero, em Juazeiro do Norte, é ponto de peregrinações. Ele é considerado santo, título não reconhecido pela Igreja Católica.

25 de março

Família Trapo estreia e faz escola na televisão brasileira
1967

Havia poucos motivos para se fazer rir no Brasil da ditadura militar, da Lei de Segurança Nacional e da censura. Mas a *Família Trapo*, produção pioneira na programação humorística da televisão brasileira, conseguiu. Por quatro anos, tempo em que permaneceu no ar, o programa arrancou boas gargalhadas com as palhaçadas, às vezes carregadas de uma boa dose de ingenuidade, dos personagens Carlos Bronco Dinossauro (Ronald Golias), que convivia com o cunhado Peppino Trapo (Otello Zeloni), a irmã Helena Trapo (Renata Fronzi), os sobrinhos Sócrates (Ricardo Corte Real) e Verinha (Cidinha Campos), e o mordomo Gordon (Jô Soares), além da participação especial de Sonia Ribeiro no papel da arrumadeira da casa.

O nome foi inspirado na família *Von Trapp*, do musical *The Sound of Music* e do clássico do cinema *A noviça rebelde*. Na ficha técnica, os créditos da criação são de Nilton Travesso, Antônio Augusto Amaral de Carvalho, Raul Duarte e Manoel Carlos; com roteiros de Carlos Alberto da Nóbrega e Jô Soares; e direção de Nilton Travesso, Manoel Carlos e Tuta de Carvalho.

Os episódios do dia a dia confuso giravam em torno da irreverência do cunhado que incomodava a todos na casa, em especial o patriarca Peppino de Trapo. Era comum receberem convidados; entre os que por lá passaram, estavam Hebe Camargo, Sonia Ribeiro, Roberto Carlos, Elis Regina, Jair Rodrigues, Agnaldo Rayol, Agostinho dos Santos, Ronnie Von, Nara Leão, Rivelino e, é claro, Pelé, que, humildemente, desceu do trono de rei sem se importar por não ter sido reconhecido e ouviu de Bronco algumas dicas de como jogar futebol.

A clássica participação de Pelé no programa humorístico é um dos quatro videotapes não danificados pelo uso excessivo em outros programas da Record, ou destruídos pelos incêndios que atingiram as instalações da emis-

25 de março

sora. O demais são "Show do dia sete", em 7 de julho de 1967, quando receberam o elenco de estrelas da empresa para comemoração do aniversário de Bronco, "Morte do Bronco" e "Um jantar com sotaque", vinhetas de abertura e comerciais do programa.

Gravadas na íntegra em videotape, com muitos improvisos, as apresentações animadas contavam com numerosa plateia, que não só lotava as dependências do Teatro Record, como congestionava o trânsito lá fora, na rua da Consolação. Depois do incêndio, em julho de 1967, as gravações passaram para os estúdios da avenida Miruna e, mais tarde, para o antigo Teatro Paramount, atual Abril. Exibido inicialmente aos sábados, às oito da noite, o programa foi líder de audiência durante três anos consecutivos, sendo transferido por algum tempo para as noites de domingo.

Criado para o rádio, em 1955, na televisão o personagem de Ronald Golias apareceu também em *Super Bronco*, em 1979, na TV Globo, e nas séries *Bronco*, em 1987, na Bandeirantes, e *Meu cunhado*, em 2004, no SBT. O formato humorístico da *Família Trapo*, com plateia e o apartamento de família atrapalhada como cenário, foi base também para programas de sucesso na Rede Globo, como *A grande família* (1972-1975 e 2001-2004), *Sai de baixo* (1996--2002) e *Toma lá dá cá* (2007-2009).

Você sabia?

No ar até 1971, a *Família Trapo* foi premiada com o Troféu Imprensa de melhor programa de televisão de 1967, e manteve-se líder de audiência nos três primeiros anos de exibição.

Em 2013, no Rio de Janeiro, foi gravado *A nova família Trapo*, um especial de fim de ano para comemorar seis décadas de fundação da Rede Record de Televisão e 47 anos da exibição original do programa.

26 de março

Criação do Mercosul
1991

Do lado de cá da fronteira, fala-se o português; do lado de lá, o espanhol da América do Sul, que apresenta variações nacionais. Mas a língua é o que menos importa diante do potencial desse mercado visando à livre circulação de bens, serviços e fatores de produção entre os signatários.

Assinado em 1991, o Tratado de Assunção, entre países como Brasil, Argentina, Uruguai e Paraguai, mais tarde Bolívia, Chile, Peru, Colômbia (a Venezuela foi incluída, mas suspensa em 2016), acabou abrindo caminho para a criação do promissor mercado comum entre eles.

O Mercado Comum do Sul (Mercosul) nasceria justamente para dar competitividade aos países da região diante das potências mundiais, principalmente União Europeia e Nafta (América do Norte). Constituiu-se, assim, como uma organização intergovernamental, criada em 26 de março de 1991, para estabelecer política de integração, inicialmente, econômica e configurada na união aduaneira.

Mas as tratativas começaram pelo menos cinco anos antes. O esboço para a parceria internacional, que exclui da tarifação especial apenas produtos considerados estratégicos, foi assinado ainda em 1980, quando Brasil e Argentina firmaram os primeiros acordos comerciais de olho na integração. Na prática, só em 1995 é que foi instalada a zona de livre-comércio.

A partir daquele ano, 90% das mercadorias produzidas nos países membros começaram a ser comercializadas sem tarifas. Em julho de 1999, foi estabelecido plano de uniformização de taxas de juros, índice de déficit e inflação entre os países participantes do Mercosul. Planos de adoção de moeda única, a exemplo do que fez o Mercado Comum Europeu, com a criação do euro, também entraram no conjunto de medidas. Juntos, os países do Mercosul concentram população estimada em 295 milhões de habitantes e um Produto Interno Bruto (PIB) de aproximadamente 5,2 trilhões de dólares, conforme projeções divulgadas em 2016.

26 de março

Mas nem tudo foi cordialidade desde a sua criação. Brasil e Argentina, as duas maiores economias do Mercosul, chegaram a enfrentar turbulências nas relações comerciais, com barreiras impostas pelo lado de lá, no setor automobilístico e na linha branca (geladeiras, micro-ondas e fogões). Na área agrícola, a Argentina também reclamou dos subsídios aos produtores de açúcar no Brasil, o que criaria "concorrência desleal" com os produtores de lá. Em 1999, o Brasil recorreu à Organização Mundial do Comércio (OMC), contra barreiras estabelecidas pela Argentina aos tecidos de algodão e lã do Brasil. No mesmo ano, a Argentina começou a exigir selo de qualidade nos calçados brasileiros.

Conforme relatório de 2016, o comércio no Mercosul multiplicou-se por mais de doze vezes em duas décadas. Saltou de 4,5 bilhões de dólares, em 1991, para 59,4 bilhões de dólares, em 2013. Dados do governo brasileiro apontam que 87% das exportações para o bloco foram de produtos industrializados.

Na agropecuária, o bloco é uma potência agrícola. Tem participação importante na produção das cinco principais culturas alimentares globais (trigo, milho, soja, açúcar e arroz), é o maior exportador líquido mundial de açúcar, o maior produtor e exportador mundial de soja, primeiro produtor e segundo maior exportador mundial de carne bovina, o quarto produtor mundial de vinho, o nono produtor mundial de arroz. Também produz e importa trigo e milho.

Você sabia?

O Mercosul detém 19,6% das reservas de petróleo do mundo, 3,1% das reservas de gás natural e 16% das reservas de gás recuperáveis de xisto.

A área total do Mercosul é de 14.869.775 quilômetros quadrados, com PIB de 5,2 trilhões de dólares (dados de 2015).

27 de março

Incêndio da boate Kiss
2013

Santa Maria nunca mais foi a mesma depois daquela madrugada. Polo universitário localizado na região central do Rio Grande do Sul, a quinta cidade mais populosa do estado, com 277.300 moradores em 2016, conforme estimativa do Instituto Brasileiro de Geografia e Estatística (IBGE), ela ficou conhecida internacionalmente por causa da tragédia da boate Kiss, principal ponto de encontro da juventude local. Um incêndio matou 242 pessoas e deixou outras 680 feridas, algumas com sequelas irreversíveis, físicas e psicológicas.

Localizada na rua dos Andradas, centro da cidade, a Kiss estava abarrotada para a festa de alunos dos cursos de Agronomia, Medicina Veterinária, Pedagogia, Zootecnia, Tecnologia em Alimentos e Agronegócios da Universidade Federal de Santa Maria (UFSM). O fogo se espalhou depois de show pirotécnico do grupo Gurizada Fandangueira, quando um sinalizador teria sido disparado do palco por um dos músicos, com faíscas atingindo o teto revestido por material de isolamento acústico altamente inflamável.

A maioria das vítimas, de acordo com laudos do Instituto Médico Legal, morreu por asfixia ou foi pisoteada na tentativa de fuga pela única saída de emergência da casa. Alguns seguranças, segundo depoimentos prestados por sobreviventes à Polícia Civil, impediram a saída de pessoas que supostamente não tinham pagado as despesas registradas nas comandas.

A tragédia transformou a vida de centenas de famílias, como a do professor de Educação Física Ezequiel Corte Real, que conseguiu sair da boate, mas voltou para ajudar no resgate das pessoas, depois encaminhadas ao Centro Integrado de Atendimento às Vítimas de Acidentes do hospital da Universidade Federal de Santa Maria. O que sobrou do prédio da Kiss continua fechado, depois de passar por descontaminação, mas mantém as marcas do incêndio. Foi liberado pela Justiça e declarado de utilidade pública pela prefeitura de Santa Maria, processo que antecedeu a desapropriação do imóvel.

27 de março

As homenagens e protestos se repetem a cada ano, com vigílias e cerimônias religiosas para marcar a data da tragédia. Familiares e sobreviventes integram associações que mantêm a luta por justiça e tentam transformar a dor coletiva em solidariedade, com ações simbólicas como a grafitagem do viaduto Evandro Behr, na área central da cidade, e a pintura da fachada da antiga boate. O sentimento generalizado é de impunidade.

Para manter a mobilização, a Associação dos Familiares de Vítimas e Sobreviventes da Tragédia de Santa Maria realiza reuniões quinzenais. Formado em março de 2013, o grupo chegou em 2017 com mais de oitocentos integrantes.

Também teve atuação destacada em Santa Maria o grupo Luto à Luta, pela responsabilização criminal dos responsáveis. A tragédia da boate Kiss, com a morte dos 242 jovens, ultrapassou os limites da cidade universitária, já que muitas vítimas eram de outros lugares, como Ijuí, no noroeste gaúcho, onde foi criado o Núcleo Missões, de familiares das vítimas.

Para tentar enfrentar a morosidade da Justiça brasileira, familiares das vítimas apresentaram petição internacional à Organização dos Estados Americanos (OEA), assinada pela advogada Tâmara Biolo Soares, para responsabilização do Brasil pela omissão do poder público diante das condições da boate, as quais facilitaram a propagação do incêndio.

Você sabia?

Em 2013, a Polícia Civil indiciou por homicídio os donos da boate Kiss, Mauro Hoffmann e Elissandro Spohr, e os músicos Marcelo dos Santos e Luciano Leão.

Até 2017, a Justiça gaúcha recebeu 370 ações de indenização a familiares de vítimas, e só vinte haviam sido julgadas.

28 de março

Estudante é morto pela ditadura
1968

São muitos os mártires da recente democracia brasileira, ilustres e anônimos, especialmente os que foram às ruas durante os anos de chumbo da ditadura militar instalada em 31 de março de 1964. Um deles é o estudante secundarista Edson Luís de Lima Souto, morto em invasão da Polícia Militar ao restaurante estudantil Calabouço, no centro do Rio de Janeiro.

O rapaz tinha apenas dezoito anos quando foi baleado em 28 de março de 1968. E era um dos trezentos estudantes que jantavam no Calabouço, quando foi atingido mortalmente. Benedito Frazão Dutra, como ele, também foi baleado e levado ao hospital Souza Aguiar, onde morreu horas depois.

Para evitar que os policiais sumissem com o corpo de Edson Luís, os estudantes não permitiram sua remoção para o Instituto Médico Legal (IML) e a necropsia foi feita ali mesmo, com o local cercado pela Polícia Militar e por agentes do Departamento de Ordem Política e Social (DOPS). Na sequência, os estudantes carregaram o corpo do colega em passeata até as escadarias da Assembleia Legislativa, na Cinelândia, onde foi velado. Uma multidão acompanhou o enterro. A morte dele recebeu o registro 16.982 e teve como declarante Mário Peixoto de Souza.

O assassinato de Edson Luís e de Benedito Frazão foi o estopim de um ano turbulento e de intensas mobilizações contra o regime militar, que endureceu ainda mais com o chamado AI-5 – o Ato Institucional nº 5 –, que acirrou a repressão àqueles que se opunham ao governo e à censura aos meios de comunicação não controlados por verbas de publicidade oficial do governo.

Em 2 de abril, foram realizados protestos em todo o país. Em São Paulo, 4 mil protestaram na Faculdade de Medicina da Universidade de São Paulo (USP), também houve manifestações no centro acadêmico XI de Agosto da Faculdade de Direito do Largo de São Francisco, na Escola Politécnica, ambos da USP, e na Pontifícia Universidade Católica (PUC) de São Paulo.

28 de março

A cidade do Rio de Janeiro parou no dia do enterro. Salas de cinema da Cinelândia amanheceram anunciando três filmes: *A noite dos generais*, *À queima-roupa* e *Coração de luto*. Edson Luís foi enterrado ao som do Hino Nacional, cantado *a capella* pela multidão.

De família pobre, Edson Luís iniciou os estudos na escola estadual Augusto Meira, em Belém, e se mudou para fazer o segundo grau no Instituto Cooperativo de Ensino, no Rio de Janeiro. No dia de sua morte, os estudantes haviam organizado uma passeata para protestar contra o aumento do preço da comida servida no restaurante Calabouço, que funcionava junto ao colégio. No fim da tarde, a PM chegou dispersando os estudantes que estavam na frente do complexo, enquanto outros se abrigaram no salão, respondendo com paus e pedras ao ataque policial.

Os soldados recuaram para em seguida revidar disparando do prédio da extinta Legião Brasileira de Assistência (LBA). Na fuga para o interior do restaurante, os estudantes foram perseguidos e acuados. Edson Luís foi atingido no peito, com tiro dado à queima-roupa pelo aspirante a oficial Aloísio Raposo.

Você sabia?

A missa de sétimo dia de Edson Luís foi celebrada na manhã de 4 de abril, na igreja da Candelária. Ao término da cerimônia, as pessoas que deixavam a igreja – familiares, amigos, estudantes e trabalhadores – foram cercadas e atacadas, a golpes de sabre, pela cavalaria da Polícia Militar do Rio de Janeiro.

Além de Edson Luís e Benedito Frazão Dutra (que morreu depois, no hospital), foram atingidos também Matos Henriques, Antônio Inácio de Paulo, Walmir Gilberto Bittencourt, Olavo de Souza Nascimento e Francisco Dias Pinto.

29 de março

Fundação de Salvador
1549

Primeira capital da República, entre 1549 e 1763, e ainda a principal capital representante da negritude brasileira, a cidade foi fundada como São Salvador da Bahia de Todos os Santos, no dia da chegada da expedição comandada por Tomé de Sousa, para dar início à construção de fortaleza no entorno do perímetro urbano. A data foi oficializada pela Portaria nº 299, de 11 de março de 1952, assinada pelo então prefeito Osvaldo Veloso Gordilho. O nome da cidade, obviamente, é uma homenagem a Jesus Cristo, o "salvador", e foi feita pelos colonizadores católicos do antigo Império português.

No comando de seis embarcações de médio porte com mais de mil portugueses a bordo, Tomé de Sousa atracou para desembarque em 29 de março de 1549, daí a data oficial de fundação, no local onde mais tarde entrou em operação o Porto da Barra, na Baía de Todos os Santos. Nomeado primeiro governador-geral do Brasil, pelo rei dom João III, a sua missão era construir Salvador, a cidade-fortaleza. A razão de sua vinda foram as sucessivas revoltas organizadas pelos indígenas, onde a presença dos portugueses ainda não era efetiva.

Situada na Zona da Mata do Nordeste brasileiro, Salvador hoje é notável em todo o país por sua gastronomia típica, música e arquitetura, também reconhecidas internacionalmente. A influência africana em muitos aspectos culturais, notadamente no Carnaval, faz dela o centro da cultura afro-brasileira. Importante na história nacional por ter sido a primeira sede da administração colonial portuguesa do Brasil, é uma das mais antigas cidades da América do Sul e uma das primeiras planejadas, ainda no período do Renascimento.

O marco de fundação é o Forte de Santo Amaro. Segundo historiadores, a centralização como capital durante a colonização escravocrata foi fator importante na formação do perfil da cidade, assim como suas características geográficas. Salvador foi construída de acordo com a geografia acidentada,

29 de março

inicialmente com a formação de dois níveis, a Cidade Alta e a Cidade Baixa, sobre uma escarpa acentuada e, mais tarde, com a abertura de avenidas.

No centro histórico, o Pelourinho é um dos símbolos da arquitetura colonial portuguesa com monumentos erguidos entre os séculos XVII e XX. Declarado patrimônio mundial pela Organização das Nações Unidas para a Educação, a Ciência e a Cultura (UNESCO), em 1985, ali tem sido palco de um dos mais animados carnavais do mundo. Em dezembro de 2015, houve o anúncio da integração de Salvador à Rede de Cidades Criativas, da UNESCO, sendo reconhecida de forma inédita no Brasil como "Cidade da Música", consolidando a fama da terra natal de artistas como o escritor Jorge Amado, os músicos Dorival Caymmi, Caetano Veloso, Gilberto Gil e o pintor Carybé, entre outros.

Com mais de 2,9 milhões de habitantes, em 2017 era a cidade mais populosa do Nordeste, a terceira maior do Brasil. É o núcleo da Grande Salvador, que em 2016 estava com estimativa de 3.984.583 moradores, de acordo com projeção do Instituto Brasileiro de Geografia e Estatística (IBGE), ou seja, é a segunda área metropolitana mais populosa da região e a sétima do Brasil – em termos globais, é a 120ª. Segundo dados de 2014, cerca de 82% da população de Salvador se declarou negra.

Maior centro econômico da Bahia, a capital Salvador é também porto de exportação, além de centro administrativo e importante polo turístico. Em 2014, era o segundo maior Produto Interno Bruto (PIB) de toda a região nordestina.

Você sabia?

Antigamente, Salvador era chamada de "Bahia" ou "cidade da Bahia", "Roma Negra" ou "Meca da Negritude", por causa da maioria absoluta da população afrodescendente.

Em 1940, em depoimento à antropóloga Ruth Landes, Mãe Aninha teria dito que, assim como Roma é o centro do catolicismo, Salvador seria o centro do culto aos orixás.

30 de março

Fusão entre Brahma e Antarctica cria cervejaria global
2000

Não foi o caso, mas seria até divertido imaginar que teria faltado cerveja gelada para brindar o fim da longa reunião do Conselho Administrativo de Defesa Econômica (CADE), que aprovou a fusão das centenárias cervejarias Brahma e Antarctica, duas marcas cuja disputa pela preferência do consumidor marcou o imaginário brasileiro.

Naquele 30 de março de 2000 nascia, assim, a Ambev (Americas' Beverage Company), a Companhia de Bebidas das Américas, empresa nacional de capital aberto que, em 2004, já como quinta cervejaria do mundo, foi comprada pela belga Interbrew, na época a terceira maior, para dar origem à AB InBev.

Gigante, a multinacional belga-brasileira sediada em Leuven, na Bélgica, controla 30% e lidera o mercado mundial de cervejas, com domínio absoluto na Europa Central e no Brasil. É proprietária também da SABMiller, dos Estados Unidos, e chegou em 2017 com mais de duzentas marcas, entre elas Budweiser, Quilmes, Corona, Stella Artois, Beck's, Leffe, Hoegaarden, na Europa. No Brasil, estão Skol, Brahma, Antarctica e Bohemia, as mais consumidas. Emprega mais de 154 mil pessoas, em 140 países da América, Europa e Ásia, e produz refrigerantes e bebidas não carbonatadas (sucos), além de ser uma das maiores engarrafadoras da PepsiCo nos Estados Unidos.

De acordo com as receitas líquidas das empresas brasileiras um ano antes da aprovação da fusão, a Ambev surgiu como a quarta maior empresa privada do país com capital aberto, ou seja, com ações negociadas na Bolsa de Valores. Levantamento do BBA Icatu Consultoria apontou que a Ambev, com vendas de 4,6 bilhões de reais em 1999, ficou atrás da Telemar, ou Tele Norte Leste Participações (6,2 bilhões de reais), Petróleo Ipiranga (5,6 bilhões de reais) e Pão de Açúcar (5,5 bilhões de reais). Em faturamento, a empresa passou à frente até da Companhia Siderúrgica Nacional (CSN),

30 de março

a maior siderúrgica do Brasil, que teve receita de 4,3 bilhões de reais no mesmo período.

Logo depois da aprovação da fusão, as ações preferenciais da Ambev foram valorizadas em 14,28%. No dia 30, 27 negócios envolvendo as ações da nova empresa movimentaram R$ 773,615 mil. Questionada judicialmente pela Kaiser, a fusão aprovada por quatro dos cinco votos recebeu algumas restrições. Hebe Romano, a relatora do processo, e os conselheiros Mércio Felsky, Marcelo Calliari e Gesner de Oliveira impuseram condições específicas para justificar a aprovação, enquanto Ruy Santa Cruz foi o único contrário à fusão.

O Cade impôs a negociação das marcas Bavária e Polar a empresas com menos de 5% do mercado, o que excluiu a Kaiser. Também impôs a venda de cinco fábricas da Ambev e obrigou o compartilhamento da rede de distribuição com a concorrente durante quatro anos, sem cobrança de comissão. Outra exigência foi a manutenção do nível de emprego nos quatro anos seguintes à fusão.

Segundo Gesner de Oliveira, o presidente do Cade na época, a criação da Ambev como havia sido proposta pelas cervejarias Brahma e Antarctica, sem restrições, seria "subordinação do interesse público ao privado". Na avaliação dele, foi permitida a distribuição dos ganhos da fusão para os consumidores de cerveja no Brasil.

Você sabia?

Das marcas mais conhecidas no Brasil, Schin, Kaiser e Itaipava mantêm cervejarias próprias e não integram a Ambev.

Em 1999, teve início a criação da Ambev, mas a história começou em 1880, quando foram fundadas a Companhia Antarctica Paulista e a Manufactura de Cerveja Brahma & Villiger & Companhia.

31 de março

Golpe militar no Brasil
1964

Quando João Goulart, o vice-presidente democraticamente eleito, o cunhado Leonel Brizola e o governador pernambucano Miguel Arraes, entre outras lideranças de esquerda, subiram ao palanque para o Comício das Reformas, no dia 13 de março de 1964, na praça da Central do Brasil, no Rio de Janeiro, a junta militar formada pela cúpula das Forças Armadas com apoio de políticos da extrema direita, entre eles o governador Carlos Lacerda, já tinha tudo planejado.

Uma semana depois, no dia 19, eles ajudaram a organizar a Marcha da Família com Deus pela Liberdade, a Passeata dos 500 mil, que abriu caminho para o golpe de Estado consumado entre 31 de março e 1º de abril contra mudanças estruturais na administração pública e, principalmente, para combater o que chamavam de "perigo comunista".

Desde a destituição de Jango até a reabertura democrática, em 1985, seriam 21 anos de autoritarismo. Nesse período, o Brasil foi governado pelos generais Castelo Branco, Costa e Silva, Emílio Garrastazu Médici, Ernesto Geisel e João Baptista de Figueiredo. Entre os militares defensores do regime de exceção instaurado em 1964, o golpe era chamado de "revolução" ou "contrarrevolução", movimento respaldado pela força dos quartéis, com apoio de segmentos da sociedade civil.

Eram aliados dos militares os grandes proprietários rurais, a burguesia industrial paulista, grande parte das classes médias urbanas, que na época girava em torno de 35% da população do país, além de setores conservadores e anticomunistas da Igreja Católica. João Goulart havia sido eleito vice, pelo Partido Trabalhista Brasileiro (PTB), na chapa que elegeu Jânio Quadros para a Presidência da República, pelo Partido Trabalhista Nacional (PTN), com apoio da União Democrática Nacional (UDN). O golpe estabeleceu um regime autoritário, nacionalista e alinhado politicamente com os Estados Unidos e o anticomunismo. Houve profundas modificações políticas e socioeconômicas no país.

31 de março

O regime de 1964 estabeleceu uma ditadura que, ao longo dos anos, endureceu, culminando com perseguições políticas, prisões, tortura e censura. Militares e agentes do Departamento de Ordem Política e Social (DOPS) passaram a combater qualquer manifestação contrária ao governo.

O golpe foi planejado, na prática, no dia 28 de março daquele ano, em Juiz de Fora, em reunião entre os generais Olímpio Mourão Filho e Odílio Denys e o governador de Minas Gerais, Magalhães Pinto. Lá, foi estabelecida a data para início da mobilização militar e tomada do poder, que, em princípio, seria em 4 de abril. Mourão Filho, no entanto, não quis esperar, e no dia 31 de março tomou uma atitude impulsiva ao partir, durante a madrugada, com as tropas de Juiz de Fora para o Rio de Janeiro.

Ao se deparar com as tropas, Goulart abandonou a Presidência, refugiando-se no Uruguai. O Congresso providenciou medidas para legalizar o golpe, o cargo de presidente da República foi declarado vago, eleições foram prometidas para 1965, mas não realizadas. Só em 1985, Tancredo Neves e José Sarney, eleitos pelo Colégio Eleitoral, de forma indireta, quebraram o ciclo de autoritarismo.

Você sabia?

A data oficial do golpe, 31 de março, é contestada por historiadores, que apontam para o dia 1º de abril, o Dia da Mentira, por isso refutada pelos militares. Argumentam os historiadores que até o primeiro dia de abril Goulart ocupava a Presidência.

As principais cidades do país foram tomadas por soldados armados, tanques e jipes. No dia 1º de abril, a sede da União Nacional dos Estudantes (UNE), no Rio de Janeiro, foi incendiada.

O golpe de 1964 foi apoiado por jornais como *O Globo*, *Jornal do Brasil* e *Diário de Notícias*.

ABRIL

1º de abril

Greve histórica dos metalúrgicos do ABC paulista
1980

O ensaio aconteceu dois anos antes, em maio de 1978, em pleno regime militar. Histórica, a greve de então reuniu 3 mil operários na fábrica de caminhões da Scania, em São Bernardo do Campo (SP), uma década depois do AI-5, o Ato Institucional que decretou o fim da liberdade de expressão e da representação política. Foi o começo do novo sindicalismo no país.

O movimento contra o arrocho salarial logo chegou aos pátios de outras gigantes da indústria automotiva, como Volkswagen, Mercedes-Benz e Ford, e, no ano seguinte, se estendeu a Osasco e Guarulhos, também em São Paulo, reforçado por outras categorias, como a de professores, bancários, funcionários públicos, operários da construção civil, entre outras.

Em 1º de abril de 1980, depois de assembleia com mais de 60 mil metalúrgicos no estádio da Vila Euclides, em São Bernardo do Campo, começa a primeira greve geral dos metalúrgicos do ABC – região paulista que engloba também os municípios de Santo André e São Caetano do Sul. Dessa vez, cerca de 300 mil trabalhadores cruzaram os braços, apesar da forte repressão do Estado.

Dom Cláudio Hummes, na época bispo da diocese de Santo André, divulgou nota oficial em apoio à greve e pediu a colaboração de todas as paróquias na arrecadação de mantimentos para manutenção dos trabalhadores em greve e seus familiares. A população colaborou, e o movimento resistiu durante 43 dias a todos os tipos de pressão.

Além da intervenção nos sindicatos e da cassação de seus líderes pelo governo do general João Baptista de Figueiredo, o Tribunal Regional do Trabalho de São Paulo (TRT/SP) decidiu pela ilegalidade da greve. A Federação das Indústrias do Estado de São Paulo (FIESP) anunciou o desconto dos dias parados e suspendeu as negociações.

1º de abril

Em 19 de abril, o então sindicalista Luiz Inácio Lula da Silva e mais catorze líderes dos metalúrgicos de Santo André e São Bernardo foram presos e encaminhados ao Departamento de Ordem Polícia e Social (DOPS). Lá, foram enquadrados na Lei de Segurança Nacional. Três dias depois, em assembleia na igreja matriz de São Bernardo, os trabalhadores decidiram continuar a greve, e os sindicalistas Rubens Teodoro Arruda e Nelson Campanholo também foram presos. O movimento se manteve, decidido em outra assembleia, no dia 24, com mais de 40 mil metalúrgicos.

Quando chegou o 1º de maio, o Dia do Trabalhador acabou sendo comemorado por mais de 150 mil pessoas, apesar da proibição do governo. Com apoio da Igreja Católica, houve celebração de missa na matriz de São Bernardo, e, aos poucos, os trabalhadores se juntaram em um dos mais simbólicos e emocionantes atos públicos do período de redemocratização nacional, no lendário estádio da Vila Euclides, palco de pouco futebol, mas berço da luta contra o autoritarismo e o arrocho salarial.

No dia seguinte, o TRT/SP negou *habeas corpus* aos sindicalistas presos, entre eles Lula. Quatro dias depois, foi a vez de as mulheres ocuparem as ruas de São Bernardo para exigir a reabertura das negociações e a libertação dos sindicalistas. No dia 7 de maio, os presos iniciaram uma greve de fome.

Em 11 de maio, domingo, em assembleia na igreja matriz de São Bernardo do Campo, os trabalhadores decidiram voltar ao trabalho no dia seguinte. No mesmo dia, o sindicalista Osmar Mendonça, Osmarzinho, um dos líderes do comando da greve, foi preso e solto mais tarde.

Você sabia?

O sindicalismo aflorado entre 1978 e 1980 criou a Central Única dos Trabalhadores (CUT), em 1983, e a Confederação Geral dos Trabalhadores (CGT), em 1986, e foi base para a formação do Partido dos Trabalhadores.

2 de abril

Nasce Chico Xavier
1910

Se dependesse da infância miserável e sofrida que passou em Pedro Leopoldo, região metropolitana de Belo Horizonte, Francisco de Paula Cândido, ou Francisco Cândido Xavier, poderia ter se transformado em um homem violento, amargurado e vingativo. Prevaleceram, porém, a paciência, a resignação, a bondade e a fé cristã recomendadas pelo espírito da própria mãe, Maria João de Deus, que morreu quando o filho tinha cinco anos e com quem ele se comunicava desde então, atributos que contribuíram para a marca de 3,8 milhões de espíritas no país, de acordo com os dados do Censo de 2010 do Instituto Brasileiro de Geografia e Estatística (IBGE).

Criado com oito irmãos sustentados pela modesta renda do vendedor de bilhetes de loteria João Cândido, Chico Xavier nasceu em 2 de abril de 1910 e morreu pobre em 2002, aos 92 anos, em Uberaba (MG). Adulto, trabalhou como vendedor, tecelão e datilógrafo, e, como o maior líder espiritual do Brasil, foi indicado duas vezes ao Prêmio Nobel da Paz, em 1981 e 1982, com mais de 2 milhões de assinaturas endossando o pedido de candidatura.

Escritor brasileiro de maior sucesso comercial da história, psicografou mais de 450 livros e vendeu mais de 50 milhões de exemplares, sempre repassando em cartório todos os valores referentes aos direitos autorais para instituições de caridade e para a própria Federação Espírita Brasileira (FEB). Também nunca cobrou pelas cerca de 10 mil cartas psicografadas. A mediunidade teria se manifestado desde os quatro anos, mas, até atingir a plenitude, Chico Xavier passou por diversas provações.

A mãe morreu quando ele tinha completado apenas cinco anos e o pai decidiu distribuir os nove filhos para serem criados por parentes. Chico foi morar com a madrinha, Rita de Cássia, que, no entanto, mostrou-se uma pessoa cruel. Vestia o menino com roupas femininas e diariamente batia nele, sob alegação de que Chico "tinha o diabo no corpo". Além das surras com vara de marmelo, ela o torturava com garfos de cozinha cravados no ventre

2 de abril

e o obrigava a lamber, em jejum, uma ferida na perna de Moacir, seu outro filho adotivo, alegando ser uma simpatia receitada por uma benzedeira. Revoltado, Chico recorreu ao espírito da mãe, e ela teria dito para "lamber com paciência", porque os espíritos se encarregariam de curar a ferida de Moacir e, assim, aplacar a crueldade de Rita de Cássia, o que se confirmou.

Dois anos depois, João Cândido casou-se com Cidália Batista, a nova madrasta, que exigiu a volta dos nove filhos à casa do pai, e assim Chico foi matriculado na escola pública. No mesmo período, ele passou a vender legumes da horta para ajudar com as despesas da casa.

O menino cresceu e seus dons paranormais continuaram lhe causando problemas, como o ceticismo dos colegas de escola, dos professores e parentes, além de acusações de plágio. Assustado com a mediunidade, o pai cogitou interná-lo em hospital psiquiátrico, mas foi aconselhado pelo padre Sebastião Scarzelli a colocá-lo para trabalhar e assim afastar as "fantasias de menino".

Em 1927, aos dezessete anos, Chico iniciou-se nos estudos do espiritismo. Em maio daquele ano, uma mensagem da mãe lhe recomendou as obras de Allan Kardec, e no mês seguinte ajudou a fundar o centro espírita Luiz Gonzaga. Em 1931, quando começaram a se manifestar poetas mortos, ele psicografou a obra *Parnaso de além-túmulo*, atingindo a maioridade como médium ao encontrar Emmanuel, seu mentor espiritual.

Você sabia?

De acordo com o censo 2010 do IBGE, o país tinha 14 mil centro espíritas cadastrados na Federação Espírita Brasileira.

Em 1943, foi lançado *Nosso lar*, o romance mais vendido e divulgado da extensa obra de Chico Xavier.

3 de abril

Sebastião Salgado é nomeado representante especial da UNICEF
2001

São vários os personagens do grande drama humano clicados pelas lentes do fotógrafo Sebastião Salgado. São mineradores de Serra Pelada, trabalhadores sem terra, vítimas das secas no Sahel, refugiados no Iraque, camponeses da América do Sul, crianças vítimas da poliomielite. A maioria ficou eternizada em imagens em preto e branco que fazem do brasileiro um dos mais renomados fotógrafos da atualidade.

Em quarenta anos de carreira, Salgado obteve reconhecimento internacional que transcende a qualidade de sua fotografia. Depois de contribuir com as principais agências de ajuda humanitária do mundo – Organização Mundial da Saúde (OMS), Anistia Internacional, Médicos Sem Fronteiras, Alto Comissariado das Nações Unidas para os Refugiados (ACNUR) –, foi nomeado, em 3 de abril de 2001, representante especial do Fundo das Nações Unidas para a Infância (UNICEF).

Natural de Aimorés, pequeno município do leste mineiro, no vale do rio do Doce, Sebastião Ribeiro Salgado Júnior formou-se em economia pela Universidade Federal do Espírito Santo (UFES), com pós-graduação na Universidade de São Paulo (USP) e doutorado na Universidade de Paris. Acompanhado da esposa, Lélia Deluiz Wanick – arquiteta, urbanista e curadora de suas exposições –, mudou-se para a França, onde mora até hoje, por causa de perseguições políticas da ditadura militar brasileira.

Antes de se dedicar exclusivamente à fotografia, ofício em que é autodidata, Salgado trabalhou durante dois anos para a Organização Internacional do Café. Foi em uma viagem a Angola como economista, em 1973, que decidiu trocar em definitivo de profissão. Tinha 29 anos; a partir daí, sua ascensão foi rápida.

Nos anos seguintes, passou pelas agências Sygma e Gamma, até se estabelecer, a partir de 1979, na Magnum, onde ficou até 1994, quando fundou com Lélia a Amazonas Images. Como fotojornalista, cobriu muitos aconte-

3 de abril

cimentos que o revoltaram, incluindo diversos conflitos armados e eventos políticos – como a tentativa de assassinato do presidente norte-americano Ronald Reagan, em março de 1981. Suas fotografias foram publicadas nos principais jornais e revistas do mundo.

Em 1977, começou seu primeiro grande projeto: a documentação da vida de camponeses pobres e índios sul-americanos, que resultou no livro *Outras Américas* (1985). Em seguida acompanhou os Médicos Sem Fronteiras no Sahel africano, por quinze meses, para cobrir a seca que assolava a região. O título de cada projeto de Sebastião Salgado – *Trabalhadores, Terra, Êxodos, Retratos de crianças do êxodo, África, Gênesis* – já dava a dimensão de seu escopo e ambição. Apenas *Gênesis* (2013) consumiu dois anos de preparação, oito de fotografia e dois de pós-produção.

O trabalho como fotógrafo levou Sebastião Salgado a mais de cem países – o que não o fez esquecer a mineira Aimorés, sua cidade natal. Com o Instituto Terra, organização civil sem fins lucrativos, o casal Sebastião e Lélia dedica-se, desde 1998, a projetos de reflorestamento e recuperação ambiental da Mata Atlântica local, com grandes resultados.

Você sabia?

O fotógrafo já foi tema de dois documentários: *Revelando Sebastião Salgado* (2013), de Betse de Paula, e *O sal da terra* (2014), de Wim Wenders e Juliano Ribeiro Salgado, um dos dois filhos de Sebastião. *O sal da terra* venceu um prêmio no Festival de Cannes e foi indicado ao Oscar em sua categoria.

O filho mais novo de Lélia e Sebastião, Rodrigo Salgado, é portador de síndrome de Down, músico e artista plástico.

4 de abril

Nasce Cazuza
1958

Cazuza teve uma vida tão curta quanto intensa, embalada nos últimos anos pela tríade drogas, sexo e muito rock, um estilo que marcou as décadas de 1970 e 1980. Batizado Agenor de Miranda Araújo Neto, nasceu em 4 de abril de 1958, no Rio de Janeiro, cidade onde morreu em 7 de julho de 1990, aos 32 anos, debilitado pela Aids.

Como vocalista da banda de rock Barão Vermelho, despontou para o cenário nacional nos anos 1980, tornando-se, em menos de uma década, um ícone da luta contra a Aids e pela celebração da vida, missão que seus pais João e Maria Lúcia Araújo, a Lucinha, junto a amigos trataram de dar continuidade com a Sociedade Viva Cazuza.

Com músicas imortalizadas na própria voz e na de artistas como Gal Costa, Ney Matogrosso e Caetano Veloso, Cazuza deixou como marca de seu talento interpretações que reuniam rebeldia e poeticidade. Sua sepultura está hoje próxima à de outros ídolos da música brasileira, entre eles Carmen Miranda, Ary Barroso, Francisco Alves e Clara Nunes, no cemitério São João Batista, no Rio de Janeiro, local visitado regularmente por fãs de todas as idades.

A Sociedade Viva Cazuza surgiu com a missão de dar assistência a pacientes soropositivos, principalmente crianças e adolescentes carentes e abandonados pelas famílias depois de contaminados pelo vírus HIV. O trabalho foi realizado até 1992 em parceria com o Hospital Universitário Gaffrée e Guinle, da Universidade Federal do Estado do Rio de Janeiro, na Barra da Tijuca, Zona Norte. Lá, conseguiu aumentar o número de leitos destinados aos portadores da doença, garantiu a reforma de enfermarias e berçário e o fornecimento de remédios, exames e cestas básicas.

Em 1992, houve o desligamento do hospital e foi iniciado trabalho independente de assistência a portadores do HIV carentes financeiramente. Dois anos mais tarde, Lucinha Araújo mais uma vez juntou a saudade do filho com

4 de abril

a indignação pelo abandono de crianças soropositivas, e com ajuda da prefeitura, que cedeu o imóvel, inaugurou a primeira Casa de Apoio Pediátrico do Rio de Janeiro.

Como agente exclusivo de licenciamento dos direitos referentes a tudo do artista – marca, nome, imagem e dados biográficos –, a Sociedade Viva Cazuza atende ainda pacientes adultos, na maioria analfabetos, que recebem cesta básica e apoio no tratamento.

O Programa de Adesão e Tratamento acompanha, em média, 140 pessoas com dificuldades para ler e compreender a prescrição médica, com a utilização de cartão colorido para identificar os remédios e os respectivos horários que devem ser tomados, já que a disciplina é fundamental no controle da doença. Reconhecido internacionalmente, o trabalho em 2001 recebeu o Prêmio Filantropia 400 - Kanitz e a XI Jornada Científica de Fisioterapia Ocupacional; em 2002, o Certificado da Organização Pan-América de Saúde; em 2004, o Prêmio UNESCO, e, em 2011, o Diploma de Responsabilidade Social, da Associação Brasileira de Imprensa.

Paralelamente, o Projeto Cazuza mantém viva a imagem do artista, preservando objetos, fotos, prêmios e tudo que resgate sua memória. Mesmo sem uma fonte específica de renda, a Viva Cazuza digitaliza o acervo do Cazuza para disponibilizá-lo em seu site oficial.

Você sabia?

Em 1988, ao ganhar o Prêmio Sharp de Música de melhor cantor, Cazuza cuspiu na bandeira nacional atirada por uma fã no palco do Canecão, no Rio de Janeiro.

Cazuza e a sociedade brasileira foram vítimas do mau jornalismo, quando, em 26 de abril de 1989, depois de o artista dar entrevista à revista *Veja*, viram publicada manchete sensacionalista de capa, que dizia: "Cazuza, vítima da Aids, agoniza em praça pública". Protestos foram imediatos.

5 de abril

Revista *Realidade*, marco do jornalismo, chega às bancas
1966

Ao ver a imprensa cada vez mais longe dos princípios do bom jornalismo, apresentando textos condensados, oficiais e superficiais que privilegiam a manutenção de quem está no poder, em vez de ouvir todos os lados dos fatos, contextualizar os acontecimentos e defender o cidadão, é quando fazem falta publicações como a revista *Realidade*.

Publicada na metade da década de 1960, com circulação mensal, a revista da editora Abril teve sua primeira edição lançada em 5 de abril de 1966, circulando até janeiro de 1977 – e inovando. Trouxe grandes reportagens; matérias polêmicas escritas em primeira pessoa; abertura de fotos em ângulos, cortes e tamanhos incomuns; liberdade de criação para diagramadores – os atuais designers gráficos –, e diversificado banco de pautas. Influenciada pelo impressionismo do *new journalism*, o movimento jornalístico que usou recursos da escrita literária, criado pelos escritores norte-americanos Tom Wolfe, Truman Capote, Gay Talese e Norman Mailer, a publicação primou pela estética e misturou informação bem apurada com ficção e criatividade.

A primeira fase foi a mais notável. Foram dois anos de liberdade editorial, com reportagens polêmicas, descrições detalhadas de lugares e paisagens, relatando a realidade com farta dose de emoção. Em janeiro de 1967, *Realidade* trouxe como pauta principal a situação da mulher brasileira à época, com a foto de um parto na capa. A edição foi apreendida pela Justiça, sob alegação de atentado ao pudor, pois trazia entrevista com uma jovem de vinte anos orgulhosa de ser mãe solteira, o que era considerado absurdo. Na época, mulheres nessa situação eram consideradas prostitutas.

A ousadia editorial da primeira fase durou até dezembro de 1968, quando o então presidente da República, general Costa e Silva, assinou o

5 de abril

decreto do quinto Ato Institucional, o AI-5, recrudescendo a censura aos meios de comunicação.

Por *Realidade* passaram profissionais do gabarito de José Hamilton Ribeiro, Paulo Patarra, Nelson di Rago, Paulo Henrique Amorim, Claudia Andujar, David Drew Zingg, Geraldo Mori, este assassinado em circunstâncias nunca esclarecidas, em 1968, durante o período dos crimes cometidos por agentes do Estado a serviço da ditadura.

Uma das mais importantes colaboradoras da redação, a jornalista italiana Oriana Fallaci, era a encarregada do tratamento final às matérias internacionais, e escapou da morte ao ser baleada nas costas, junto à coluna cervical, durante a cobertura de uma passeata na Cidade do México, ainda em 1968. Depois, ficou alguns dias na prisão.

A partir de 1969, *Realidade* entrou na segunda fase, período que durou até o primeiro semestre de 1973. As mudanças, principalmente a censura, determinadas pelo AI-5 causaram dissidências na redação, os textos deixaram o tom de denúncia, ainda que a reportagem não tenha sido completamente abolida, com manutenção do estilo literário, da apuração esmiuçada e da importância gráfica da imagem.

Com o passar do tempo, *Realidade* assumiu o modelo das revistas comuns de informação focada na mera descrição factual. Em outubro de 1973, a mudança editorial passou a ser notória já a partir da edição das capas. A revista abandonou, definitivamente, a pauta investigativa que, lá na primeira fase, entre 1966 e 1968, chegou a justificar tiragens de 1 milhão de exemplares. Até a paginação passou a ser semelhante à adotada pela diagramação da revista *Veja*, a atual publicação semanal da editora Abril.

Você sabia?

Sem dinheiro e propaganda do governo, *Realidade* atingiu altos índices de credibilidade.

Repórteres escreviam as matérias em casa, sem interferência de editores e chefes.

6 de abril

Povo nas ruas pelas Diretas Já
1984

O mês de abril de 1984 se tornou simbólico para a mobilização popular pelas Diretas Já, com manifestações pelas ruas de todo o país. Uma das maiores, no dia 6, reuniu 1,3 milhão de pessoas no centro de São Paulo, para exigir a eleição legítima do presidente da República e do vice, após o período de duas décadas de ditadura militar.

Em Natal, 50 mil brasileiros repetiram o gesto, na abertura do calendário de atividades políticas que se sucederam por todo o país, nas capitais e no interior, cada vez mais intensas e volumosas.

Até voltar às urnas, o povo gritou palavras de ordem e bateu muita perna pelas ruas. Em 7 de abril de 1984, foi a vez de os pernambucanos de Petrolina, cerca de 30 mil pessoas, gritarem "Diretas Já", manifestação pequena diante do que ocorreria três dias depois na Candelária, no Rio de Janeiro, onde mais de 1 milhão de pessoas participou da maior concentração até então já realizada no Brasil.

Na sequência das mobilizações, foram 300 mil na Praça Cívica de Goiânia no dia 12, antecedendo as mais de 200 mil nas ruas de Porto Alegre. Mas a maior de todas as manifestações estava reservada para 16 de abril, em São Paulo, dez dias depois da primeira passeata que parou a maior cidade do país.

Naquela altura, era evidente a perda de prestígio do regime militar diante da população. O descontentamento salarial e a inflação alta chegaram aos quartéis, onde militares de baixo escalão, em particular praças (soldados, cabos, sargentos e marinheiros), pressionavam seus comandantes.

O último comício antes da votação da emenda constitucional das Diretas Já, no dia 16, foi grande demais para ficar só na praça da Sé. O povo foi chegando e a multidão caminhou até o largo do Anhangabaú, onde uma multidão estimada em 1,5 milhão de pessoas realizou a maior manifestação de rua jamais vista até então no Brasil.

6 de abril

Com registros de muita repressão, abril foi também o marco histórico da redemocratização. Para tentar parar as manifestações populares, o então presidente da República, general João Baptista Figueiredo, aumentou a censura aos órgãos de imprensa não manipulados, determinou prisões e legitimou a violência policial contra a população.

No dia 25 de abril, a emenda Dante de Oliveira foi votada, mas terminou rejeitada, apesar dos 298 votos a favor, 65 contrários e três abstenções. Manobra de políticos que eram contra a redemocratização esvaziou a Câmara, com ausência de 112 deputados, ou seja, sem o número mínimo de votos para a aprovação – eram necessários dois terços das 478 cadeiras em plenário.

No fim daquela tarde, houve apagão em partes das regiões Sul e Sudeste, causado por problemas técnicos na rede de transmissão, segundo a Eletrobras, aumentando a apreensão da população. Em Brasília, tropas do Exército ocuparam pontos estratégicos na Esplanada dos Ministérios e diante do Congresso Nacional. Mas tudo isso não impediu o andamento do processo político para a volta do poder civil em 1985, a aprovação de uma nova Constituição Federal em 1988 e eleições diretas para a Presidência da República no ano seguinte.

Como o poder mudaria de lado, inevitavelmente, logo teve início o período de troca de partidos entre os políticos. Muitos dos que a apoiavam repentinamente aderiram à campanha contra a ditadura e, com a redemocratização, voltaram ao governo.

Você sabia?

Uma das primeiras manifestações populares por eleição direta para Presidência da República reuniu 15 mil pessoas em novembro de 1983, na praça Charles Miller, em São Paulo.

O Anhangabaú ainda é palco da história nacional e da cidade de São Paulo. Lá, ocorrem atos de protestos, shows e eventos populares.

7 de abril

Imperador abdica e filho menor assume trono do Brasil
1831

Nove anos depois do Dia do Fico e de bradar de sabre em punho a independência do Brasil, em 7 de setembro de 1822, dom Pedro I é destronado e obrigado a abdicar em favor do filho, o príncipe regente dom Pedro II, de apenas cinco anos de idade.

Popularidade e prestígio político foi o que mais faltou ao primeiro imperador, que assumiu o primeiro reinado com um governo centralizador, mantendo os mesmos privilégios das elites e o regime escravocrata.

Os motivos para o descontentamento contra o primeiro reinado eram muitos. Convocada a Assembleia Constituinte, dom Pedro preferiu dissolvê-la, e, assim, a primeira Constituição brasileira seria outorgada somente dois anos depois, em 1824. Somados a isso, ficaram os traumas da derrota na Guerra da Cisplatina e a perda do território do atual Uruguai, além de sérias dificuldades econômicas.

A pressão contra dom Pedro I aumentou ainda mais depois do assassinato do jornalista de oposição Libero Badaró, a mando de agentes ligados ao governo. Paralelamente, ocorreram incidentes em diversas províncias, a exemplo da "Noite das garrafadas", em 12 de março de 1831, quando brasileiros oposicionistas e portugueses apoiadores do imperador se engalfinharam em luta nas ruas do Rio de Janeiro.

Isolado, dom Pedro I foi, então, aconselhado pelo oficialato do Exército brasileiro a abrir mão do trono, em 7 de abril de 1831. Ele escreveu assim a própria abdicação e entregou o papel oficial da renúncia ao major Miguel de Frias e Vasconcelos, comandante da fortaleza de São José da Ilha das Cobras, o mesmo que lhe comunicou o estado de ânimo das tropas e do povo, e o descontentamento geral da nação.

Com olhos marejados e lágrimas escorrendo pelo rosto, o ex-imperador teria dito: "Aqui está a minha abdicação; desejo que sejam felizes! Retiro-me para a Europa e deixo um país que amei e que ainda amo". Despediu-se ain-

7 de abril

da mais emocionado do filho Pedro II, que dormia tranquilamente em seu berço, e, naquela mesma manhã, embarcou com a imperatriz dona Amélia, grávida de três meses, e a filha Maria para a Europa. No Brasil, além do pequeno sucessor, ficaram as filhas de seu primeiro casamento, com Maria Leopoldina da Áustria, as meninas Januária, de nove anos; Paula, de oito; e Francisca, de sete.

Aos cinco anos, dom Pedro II foi deixado sob a tutela de José Bonifácio de Andrada e Silva, o Patriarca da Independência, e depois com Manuel Inácio de Andrade Souto Maior Pinto Coelho. Por causa da menoridade do príncipe, o país foi administrado por regência tríplice provisória. Em 1940, iniciou-se o processo que alguns historiadores chamam de "golpe da maioridade" ou "segunda independência do Brasil". Aos quinze anos, com apoio do Partido Liberal, o adolescente dom Pedro II é coroado em 18 de julho de 1841.

Inexperiente, o novo imperador assumiu o poder com a missão de acabar com as disputas políticas que eclodiram no país. Entre elas a Guerra dos Farrapos e as revoltas populares conhecidas como Sabinada, Cabanagem, dos Malês e Balaiada. Para isso, foi fundamental a atuação do Ministério da Maioridade, também chamado "ministério dos manos", de sustentação liberal e formado, entre outros, pelos irmãos Antônio Carlos e Martim Francisco de Andrada, e pelos também irmãos Cavalcanti, mais tarde viscondes de Albuquerque e de Suassuna.

Você sabia?

Ao voltar à Europa, Pedro I luta contra um dos irmãos, Miguel, para garantir à filha Maria a sucessão do trono português.

Nascido no Rio de Janeiro, Pedro II foi imperador do Brasil durante 58 anos, de 1831 até sua deposição, em 1889.

8 de abril

Primeiro astronauta brasileiro volta à Terra
2006

O Programa Espacial Brasileiro nunca mais será o mesmo depois de 29 de março de 2006. Nem a rotina de Marcos Cesar Pontes, que, naquela noite, aos 43 anos, tornou-se o primeiro astronauta do Brasil e do Hemisfério Sul a ir ao espaço.

Por volta de onze e meia da noite, ele decolou como visitante a bordo do foguete Soyuz, para uma missão de oito dias ao lado do americano Jeffrey Williams e do russo Pavel Vinogradov, tripulantes do laboratório da Estação Espacial Internacional durante os seis meses seguintes. O lançamento histórico ocorreu da base da NASA, no Cazaquistão, a mesma plataforma de onde o então cosmonauta soviético Yuri Gagarin partiu 45 anos antes, em 12 de abril de 1961, para ser o primeiro homem a tentar desvendar os mistérios do espaço. Estava, assim, realizado o sonho do menino nascido em Bauru, no interior de São Paulo.

Oito dias depois, em 8 de abril, o astronauta brasileiro voltou à Terra, solitário, na cápsula de reentrada da Soyuz TMA-7, momento considerado um dos mais críticos da viagem sideral. Ao desembarcar, sorrindo e empunhando com orgulho a bandeira do Brasil, foi acomodado em uma cadeira especial e agasalhado com pesadíssimo traje confeccionado com peles de animais, além de chá quente, para suportar o frio de -11°C na base do Cazaquistão. Levado para a Cidade das Estrelas, base principal de treinamento do Programa Espacial da Rússia, Pontes foi submetido a um processo de recuperação de duas semanas, tempo necessário para se readaptar à gravidade terrestre e recuperar o equilíbrio sobre o peso do próprio corpo.

Na função de "mecânico de espaçonave", como ele mesmo costumava simplificar, Pontes embarcou com a missão de realizar oito experimentos, dos quais quatro tecnológicos com fins comerciais e outros quatro científicos, todos devidamente analisados e autorizados pelo Programa Espacial da Rús-

8 de abril

sia. Um deles, elaborado pelo Centro de Pesquisa Renato Archer, de Campinas (SP), consistia em testes para verificação dos efeitos da microgravidade na cinética, ou mistura das enzimas em ambientes de microgravidade, e foi elogiado por Sergey Frolov, o cientista russo encarregado do monitoramento das experiências brasileiras, que incluíram, ainda, estudos sobre danos e reparos do DNA na microgravidade, evaporadores capilares, minitubos de calor e nuvens de interação proteica.

O astronauta brasileiro também levou ao espaço dois experimentos educacionais desenvolvidos por alunos do ensino fundamental de escola pública de São José dos Campos (SP). Os estudos envolveram germinação de sementes de feijão e medição da graduação da clorofila.

O engenheiro Marcos Pontes se preparou desde cedo para as missões extraterrestres. Sua carreira começou em 1981, quando ingressou na Academia da Força Aérea, em Pirassununga, interior de São Paulo. Ele estudou, também, no Grupo de Instrução Tática e Especializada, no Centro de Investigação e Prevenção de Acidentes, no Instituto Tecnológico de Aeronáutica e na Universidade da Força Aérea. No exterior, cursou o Johnson Space Center, da agência espacial norte-americana, e passou pela Naval Postgraduate School, na Califórnia. Chegou a tenente-coronel e abriu mão de ser promovido a brigadeiro, o posto máximo da Força Aérea Brasileira, pelo sonho de ir ao espaço.

Você sabia?

A viagem espacial de Pontes, a "Missão Centenário", é referência aos cem anos do voo de Santos Dumont no avião 14-Bis, em 1906.

Educação pública de qualidade é uma das bandeiras políticas do astronauta Marcos Cesar Pontes.

9 de abril

Nasce Mazzaropi, ícone do cinema nacional
1912

Filho do imigrante italiano Bernardo Mazzaropi, de quem herdou o sobrenome, e de Clara Ferreira, o menino Amâcio nasceu na capital paulista, mas cresceu em Taubaté, e ainda costumava passar temporadas no município vizinho, Tremembé, na casa do avô materno, o português João José Ferreira.

Exímio tocador de viola e dançarino de cana-verde, moda típica lusitana inserida e enraizada no interior de São Paulo entre os séculos XIX e XX, o velho animador de festas costumava levar os netos aos salões onde se apresentava.

Foi desse primeiro contato com a cultura caipira ainda na infância que brotou a inspiração do ator e comediante, que criaria personagens a serem eternizados no imaginário popular e, nos anos 1950, garantiria espaço para eles no cinema nacional.

Mazzaropi faz questão de enfatizar em sua autobiografia, hoje no site oficial, que nunca dependeu do Instituto Brasileiro do Cinema para produzir.

Tampouco escondeu sua irritação com a "crítica intelectual", que, segundo ele, aplaudia filmes cheios de símbolos, complicados e pretensiosos, mas sem público, em detrimento da "história de um cara que pensa apenas em divertir o público, por acreditar que cinema é diversão".

A carreira dele começou por volta dos quinze anos. Era fã de Genésio e Sebastião de Arruda, dois comediantes da época, com preferência para o primeiro, menos caricato. Começou a trabalhar no teatro por acaso e, ainda assim, não como ator, mas como pintor de cenários, até que um dia "perdeu" o pincel e subiu ao palco. Naquele momento, era Sebastião e sua naturalidade quem procurou imitar. Mais tarde, foi para o interior e criou o próprio personagem, um caipira espontâneo, comum na maneira de se vestir, de andar e de falar, e, assim, surgiu Mazzaropi, "um simples caboclo entre os milhões que vivem no interior brasileiro".

9 de abril

Fez turnês em circos, teatros, recitou monólogos dramáticos, fez a plateia rir e chorar. Seus primeiros cachês foram de 25 mil réis por apresentação, e logo montou a primeira companhia. Contrariando a previsão pessimista dos pais, não morreu de fome. Pelo contrário, sempre ganhou dinheiro. Em 1946, assinou o primeiro contrato com a rádio Tupi, de São Paulo, e lá fez sucesso durante oito anos.

Em 1950, no Rio de Janeiro, estreou no extinto Canal 6, permanecendo na televisão até ser descoberto, por acaso, por Abílio Pereira de Almeida para o filme *Sai da frente*. O primeiro salário mensal de Mazzaropi no cinema foi de quinze contos de réis, logo dobrando para trinta, até chegar a trezentos. Na Cinedistri, o sucesso de *Chico Fumaça*, de 1956, despertou-o para o fato de que poderia faturar mais investindo nele mesmo.

Em 1958, produziu o primeiro filme, Chofer de praça, dando origem à Pam Filmes – Produções Amâcio Mazzaropi. No início, para as gravações internas, alugou os estúdios da Companhia Vera Cruz, estúdios de cinema fundados em São Bernardo do Campo (SP), em 1949, por Franco Zampari e Francisco Matarazzo Sobrinho. Para as externas, rodou em São Paulo com os equipamentos alugados. Mais tarde, em 1961, comprou uma fazenda, onde instalaria seu próprio estúdio cinematográfico.

Depois da morte do artista, em 13 de junho de 1981, câmeras, equipamentos, figurinos, cenários, fotos e carros foram leiloados, vendidos ou extraviados. Em 1985, os novos proprietários investiram na transformação do imóvel em hotel, iniciaram o projeto de resgate da história da produtora e criaram o Museu Mazzaropi, em Taubaté. Lá, está exposto o acervo recuperado por meio de aquisições e doações.

Você sabia?

Ações educativas e culturais estão incluídas na proposta do Instituto e Museu Mazzaropi.

Em 1951, Mazzaropi passou pela TV Excelsior e fez parte do programa *Brasil 63*, apresentado por Bibi Ferreira.

10 de abril

Dom Hélder Câmara se aposenta
1985

A simplicidade e a humildade dos pobres, dentro e fora da igreja, nortearam a vida desse cearense nascido em Fortaleza, em 7 de fevereiro de 1909, e que morreria noventa anos depois, em 27 de agosto de 1999, na vizinha Recife.

Nomeado arcebispo poucos dias antes do golpe de 31 de março de 1964, dom Hélder Pessoa Câmara resistiu na capital pernambucana a um dos mais longos e obscuros períodos da política nacional. Lá, apoiou a Ação Católica Operária e se tornou importante liderança contra o autoritarismo e os abusos aos direitos humanos praticados corriqueiramente pelo governo militar. Foi um dos fundadores da Conferência Nacional dos Bispos do Brasil (CNBB), em 1952.

Defensor da justiça e da cidadania, e doutor *honoris causa* em inúmeras universidades pelo mundo afora, dom Hélder Câmara foi quatro vezes indicado ao Prêmio Nobel da Paz, a última delas em 1972. Recebeu importantes prêmios internacionais, como o Martin Luther King, nos Estados Unidos, em 1970, e o Prêmio Popular da Paz, na Noruega, em 1974. Escreveu 22 livros, a maioria ensaios e reflexões sobre a política e a miséria no Terceiro Mundo e sobre a Igreja Católica.

A repressão foi dolorosa também para dom Hélder. Durante os anos da ditadura, um dos assessores diretos dele, o padre Antônio Henrique, foi preso, torturado e assassinado, e outros vinte colaboradores da Arquidiocese de Olinda e Recife, presos e torturados. Em 1970, denunciou em Paris a prática rotineira de tortura a presos políticos no Brasil, e, dois anos depois, foi indicado ao Prêmio Nobel da Paz. Em resposta, o governo militar divulgou dossiê desqualificando sua atuação e seu prestígio junto ao povo, chamando-o de comunista.

Com a lenta e gradual abertura política, a partir de 1978, dom Hélder passou a se dedicar mais a desenvolver projetos inspirados na Teologia

10 de abril

da Libertação. Teve participação atuante na campanha pelas Diretas Já e também realizou debates e palestras de conscientização para a cidadania em todo o país.

A aposentadoria formal de dom Hélder ocorreu em 1985, aos 75 anos de idade. No dia 10 de abril daquele ano, o religioso pediu e o Vaticano aquiesceu em seu afastamento oficial da diocese, na condição de arcebispo de Olinda e Recife. Foi substituído pelo franciscano José Cardoso Sobrinho, de perfil conservador, o oposto de dom Hélder, que sempre defendeu a Igreja mais democrática, orientada para os pobres e ligada aos movimentos sociais.

Aposentado, o bispo dos pobres deixou legado de mais de quinhentas comunidades eclesiais de base organizadas, com operários, trabalhadores rurais, movimentos estudantis, conselhos comunitários e retirantes da seca, todos em busca de melhores condições de vida. O trabalho dele prosseguiu depois de aposentado, na condição de bispo emérito de Olinda e Recife, mas de forma mais discreta.

Sua carreira religiosa começou aos catorze anos, quando entrou no Seminário da Prainha, em Fortaleza, para cursar filosofia e teologia. Aos 22 anos, foi ordenado sacerdote, passando a exercer o cargo de diretor do Departamento de Educação do estado do Ceará. Realizou a função por cinco anos, até ser transferido para o Rio de Janeiro.

Lá, fundou a Cruzada São Sebastião, destinada a atender favelados, e também o Banco da Providência, que ajudava famílias pobres. Exerceu funções na Secretaria de Educação do Rio de Janeiro e no Conselho Nacional de Educação.

Você sabia?

Dom Hélder manteve hábitos simples durante toda a sua existência, tendo vivido em uma casa humilde na periferia do Recife.

Nos anos 1930, chegou a simpatizar com o integralismo, mas afastou-se ao perceber as implicações ideológicas do movimento.

11 de abril

O nióbio é nosso
2012

Não é ouro, mas é como se fosse. Estratégico como o petróleo e indispensável na produção do aço inoxidável utilizado nas indústrias nuclear, bélica, automotiva, aeronáutica, aeroespacial, de alta tecnologia eletrônica e na construção de edifícios, pontes e viadutos, o nióbio é matéria-prima imprescindível para o futuro da economia mundial.

Metal branco e brilhante, altamente resistente à corrosão e a altas temperaturas, trata-se de uma riqueza natural praticamente desconhecida no Brasil, onde estão 98% das reservas do planeta. O país é responsável por pelo menos 90% das vendas internacionais, seguido de longe pelos outros dois produtores, Canadá e Austrália.

Extraído principalmente da columbita, o nióbio é encontrado também nos minerais de tântalo, pirocloro, loparita, euxenita, manganotantalita e samarskita. É usado, por exemplo, na fabricação de componentes automotivos, turbinas de avião, gasodutos, tomógrafos de ressonância magnética, lentes óticas, eletrônicos e lâmpadas.

Sua importância econômica, assim como o monopólio sobre a sua exploração, tornaram-se mais conhecidos no Brasil a partir de 11 de abril de 2012. Nessa data, o Conselho Administrativo de Defesa Econômica (CADE) aprovou a negociação de 15% das ações da Companhia Brasileira de Metalurgia e Mineração (CBMM) para consórcio formado pelas gigantes asiáticas CITIC Group, Anshan Iron & Steel, Baosteel, Shougang e Tisco, venda fechada em 1,95 bilhão de dólares em setembro do ano anterior.

Pertencente ao Grupo Moreira Salles, da mesma família do Unibanco [conglomerado financeiro que em 2008 foi adquirido pela Itaú Holding Financeira], a CBMM é a maior produtora mundial de nióbio. Em solo nacional, as maiores reservas do mineral chegam a 842,46 milhões de toneladas, mais presentes em Minas Gerais (75%), Amazonas (21%), Goiás (3%) e outras menores na região de fronteira e áreas indígenas de Roraima. Os dados são do

11 de abril

Ministério do Desenvolvimento, Indústria e Comércio Exterior. De acordo com recentes levantamentos, o volume de liga ferro-nióbio exportado cresceu 110% em uma década: de 33.688 toneladas em 2003 para 70.948 toneladas em 2012. A demanda mundial cresce, em média, a uma taxa de 10% ao ano, sobretudo em função das compras chinesas.

O Brasil produz a liga ferro-nióbio e produtos feitos com o metal, participando de todos os segmentos do mercado mundial. Em 2006, as vendas de ferro-nióbio, sozinhas, garantiram 300 milhões de dólares de divisas ao país, e, ainda conforme os dados do governo brasileiro, as exportações da liga, ao atingirem cerca de 71 mil toneladas em 2012, subiram para 1,8 bilhão de dólares.

Apesar da importância econômica e estratégica, o novo marco regulatório da mineração, encaminhado em 2013 pelo governo brasileiro ao Congresso Nacional, por meio de projeto de lei, não faz definição específica sobre o nióbio. No Ministério de Minas e Energia, não há política de estatização de jazidas, nem para outros minerais. Longe do domínio público e operadas majoritariamente por duas companhias privadas, a extração e a comercialização do nióbio, segundo críticos, geram evasão de divisas produzidas por riquezas naturais brasileiras.

Você sabia?

O site WikiLeaks revelou, em dezembro de 2010, que o governo dos Estados Unidos considera o nióbio brasileiro estratégico e imprescindível para seus interesses, assim como cabos de comunicação submarinos com conexões em Fortaleza e no Rio de Janeiro e jazidas de minério de ferro e manganês em Mato Grosso do Sul, Minas Gerais e em Goiás.

Para o deputado Enéas Carneiro, que faleceu em 2007, única voz a criticar publicamente a exploração do nióbio no Brasil, só a riqueza das jazidas enterradas em solo brasileiro seria maior do que o PIB então em vigência.

12 de abril

Começa a Guerrilha do Araguaia
1972

Naqueles anos, o governo do general Emílio Garrastazu Médici tinha a palavra final sobre o que seria ou não noticiado na imprensa. Por isso, enquanto jornais impressos e emissoras de rádio e de televisão controlados se mostravam deslumbrados com o "milagre econômico" ou especulavam se Pelé teria ou não fôlego e motivação para vestir a camisa "canarinho" da Seleção Brasileira na Copa do Mundo de 1974, os veículos de oposição eram simplesmente sufocados pela censura do AI-5, o Ato Institucional nº 5 que, em 1968, acirrou a repressão contra opositores da ditadura.

Isso explica por que praticamente ninguém soube na época o que estava acontecendo às margens do rio Araguaia, no interior do Pará e atual divisa com os estados de Tocantins e do Maranhão, na remota região amazônica.

Em 1972, a partir de 12 de abril, estouraram ali os confrontos de opositores revolucionários contra tropas das Forças Armadas. Era a Guerrilha do Araguaia, derradeira tentativa revolucionária para derrubada do governo ditatorial e consequente implantação no Brasil do regime socialista. A inspiração vinha do maoismo chinês e do castrismo cubano.

Foram pelo menos três grandes ofensivas militares contra os revoltosos: Operações Papagaio, Sucuri e Marajoara, campanhas que, de acordo com estimativas oficiais, mobilizaram cerca de 5 mil soldados da Marinha, da Aeronáutica e, principalmente, do Exército. Mais numerosas, melhor preparadas e com maior poderio bélico – fuzis automáticos leves (FAL), outras armas de longo alcance e até apoio aéreo de helicópteros contra velhas espingardas, revólveres e pouca munição –, as tropas oficiais reprimiram o movimento revolucionário com certa facilidade, em 1975.

O saldo foi de 59 guerrilheiros mortos entre os militantes comunistas, além de dezenove agricultores que haviam aderido à luta armada contra a ditadura, muitos fuzilados depois de capturados. Do lado dos militares, a esti-

12 de abril

mativa é de vinte mortos. O Exército violou os direitos humanos, com torturas, detenções ilegais e execuções.

Entre os idealizadores da Guerrilha do Araguaia estavam militantes do Partido Comunista do Brasil (PCdoB), a maioria na faixa dos trinta anos, além de estudantes universitários, operários e camponeses, que acabaram perseguidos, torturados e dizimados. A maioria jamais teve o corpo entregue a seus familiares para ser sepultado com dignidade.

O governo brasileiro manteve em segredo arquivos sobre a guerrilha, e nunca houve investigação dos abusos praticados, até que, em 1982, um grupo de 22 famílias entrou com ação ordinária na Justiça Federal para cobrar a localização dos restos mortais e informações oficiais sobre as circunstâncias dos desaparecimentos.

Cinco anos depois, o Brasil foi denunciado à Comissão Interamericana de Direitos Humanos (CIDH) da Organização dos Estados Americanos (OEA). Mas só em 2010 o país foi condenado.

No contexto da guerrilha, tem fundamental importância a participação do bispo catalão dom Pedro Casaldáliga, poeta e adepto da Teologia da Libertação, fundador do Conselho Indigenista Missionário e autor de várias obras sobre antropologia, sociologia e ecologia. Defensor da evangelização sem colonialismos, vinculada aos direitos humanos e à opção pelos mais pobres, ele criou comunidades eclesiais de base, e, em 2005, teve aceito pelo papa João Paulo II o pedido de renúncia ao governo pastoral da prelazia de São Félix do Araguaia, cargo para o qual fora nomeado em 1971.

Você sabia?

Em 1968, dom Pedro Casaldáliga chegou ao Brasil para fundar uma missão contra o analfabetismo, a marginalização social e a concentração fundiária.

13 de abril

Pereira Passos lança reforma "O Rio civiliza-se"
1903

Durante a gestão de Francisco Pereira Passos (1836-1913) na prefeitura do Rio de Janeiro, na virada para o século XX, tomou conta da cidade uma espécie de slogan: "O Rio civiliza-se", o que, na prática, era um verdadeiro "bota-abaixo" das antigas feições coloniais da cidade. Ao som das chamadas "picaretas regeneradoras", a região central foi a mais atingida, com a derrubada dos antigos cortiços e casarões populares, tudo para dar lugar a largas avenidas, bulevares, praças, túneis e grandes edifícios visando modernizar a então capital federal. O modelo eram as mudanças empreendidas em Paris pelo prefeito Georges-Eugène Haussmann (1853--1870) quatro décadas antes.

No dia 13 de abril de 1903, a Comissão da Carta Cadastral, chefiada pelo engenheiro Américo Rangel, apresentou um plano intitulado "Embelezamento e saneamento da cidade", conforme determinação do prefeito. Foi o início de grandes e intensas transformações urbanas e sociais no coração do Rio de Janeiro.

Francisco Pereira Passos assumiu a prefeitura em 1902, por decreto do presidente Rodrigues Alves, com um objetivo claro: "consertar os defeitos da capital que afetam e perturbam todo o desenvolvimento nacional". Engenheiro de formação, Passos estava em Paris durante a reurbanização de Haussmann. De volta ao Brasil, ele participou da construção de importantes ferrovias do país, experiência que fez com que fosse considerado a pessoa ideal para dirigir o ambicioso projeto urbanístico.

A partir de vultoso empréstimo da Inglaterra, a prefeitura transformou a cidade em um grande canteiro de obras: abriu as avenidas Central – atual Rio Branco – e Beira-Mar, além de alargar um sem-número de outras vias, modernizar a zona portuária e começar a construção do Theatro Municipal. Com a derrubada de habitações populares e a valorização da região

13 de abril

central, a população de baixa renda foi forçada a se retirar e acabou se estabelecendo na periferia e em morros, como o da Providência. Surgiram assim as primeiras favelas, perpetuando os problemas sociais e urbanos que se tentava erradicar.

Aliadas às intervenções arquitetônicas e estruturais, medidas de saneamento e higienização contra "o porto sujo" e "a cidade da morte" — assim batizados por causa das epidemias de febre amarela, varíola, sarampo e peste bubônica que assolaram a cidade por anos — foram desenvolvidas pela prefeitura. O escolhido para essa tarefa foi o jovem sanitarista Oswaldo Cruz, que a assumiu com atitudes enérgicas. Para combater a peste, estimulou o povo a caçar ratos, pagando por animal abatido. O resultado não foi dos melhores: instituiu-se informalmente um verdadeiro comércio de ratos mortos.

Outra política empreendida por Cruz levaria ao episódio conhecido como Revolta da Vacina, contra a lei que, aprovada pelo Congresso em outubro de 1904, tornava a vacina contra a varíola obrigatória. A população forçada a se vacinar se rebelou e o levante serviu de pretexto para que militares tentassem um golpe, logo abafado, contra o presidente Rodrigues Alves.

Apesar de polêmicas, as medidas e campanhas de Oswaldo Cruz surtiram efeito: de aproximadamente 5 mil mortes registradas por febre amarela no Rio em 1894, caíram para apenas quatro casos em 1908.

Você sabia?

Fez parte do "Rio civiliza-se" a proibição a ambulantes, à ordenha de vacas nas ruas, à venda de bilhetes lotéricos e ao ato de cuspir no chão dos bondes.

A alma encantadora das ruas (1908), de João do Rio, e *Recordações do escrivão Isaías Caminha* (1909), de Lima Barreto, são obras da literatura que falam desse período.

14 de abril

Criado o Parque Indígena do Xingu
1961

Falar sobre o Xingu implica conhecer parte da trajetória dos irmãos Villas Bôas. Orlando, Cláudio e Leonardo, filhos de um rico advogado da pequena cidade de Santa Cruz do Rio Pardo, no interior de São Paulo, em sua juventude, no início dos anos 1940, trocaram a possibilidade de carreiras promissoras na capital pela aventura de desbravar as florestas do Brasil central.

Com apoio do marechal Cândido Rondon, do médico Noel Nutels e de políticos como Café Filho, foram eles os idealizadores do projeto que criaria o Parque Indígena do Xingu, redigido pelo antropólogo Darcy Ribeiro, à época funcionário do Serviço Nacional de Proteção ao Índio, um ideal que se tornou um dos mais importantes capítulos da antropologia e da história indigenista nacional.

A intenção, no início, era proteger os povos do Xingu, mantendo-os isolados no ambiente selvagem em que foram criados e sem interferência da cultura externa. Criado oficialmente em 1961, pelo então presidente Jânio Quadros, o Parque Indígena do Xingu teve como primeiro administrador o mais velho dos irmãos sertanistas. Orlando Villas Bôas priorizou ações para melhorar a assistência aos índios e, paralelamente, garantir a preservação da fauna e da flora da floresta e dos rios da região.

Orlando ainda viabilizou a realização de estudos de etnologia, etnografia e linguística a pesquisadores nacionais e estrangeiros. Foi ele, também, quem autorizou a produção de documentário sobre os modos de vida dos índios, resultando em valioso acervo audiovisual. Épica, a empreitada dos irmãos Villas Bôas permitiu que a opinião pública nacional e internacional entendesse uma realidade antes desconhecida até mesmo dos 40 milhões de brasileiros, então concentrados na faixa litorânea do país.

A criação do parque foi resultado da Expedição Roncador-Xingu e da Marcha para o Oeste, estratégias planejadas e executadas no governo de

14 de abril

Getúlio Vargas, a partir de 1943, para desbravar a região central do Brasil. A expedição permitiu o primeiro contato com diversas etnias indígenas ainda desconhecidas, entre o norte do Mato Grosso e o sul da Amazônia. Com cerca de 30 mil quilômetros quadrados, o território demarcado do Xingu abriga mais de uma dezena de etnias. Entre elas estão lá os povos Waurá, Kayabi, Ikpeng, Yudjá, Trumai, Suiá, Matipu, Nahukwá, Camaiurá, Iawalapiti, Mehinako, Kalapalo, Aweti e Cuicuro.

A concepção do Parque do Xingu e a homologação do primeiro território indígena reconhecido pelo governo federal, bem como os custos para sua implementação, no entanto, não impedem que ainda hoje sejam constantes os ataques de madeireiros, pecuaristas e latifundiários. A exploração clandestina de madeira, pesca ilegal e a pressão para expansão da monocultura são reflexos da falta de políticas indigenistas do Estado brasileiro.

Muita coisa mudou no Xingu desde a chegada dos irmãos Villas Bôas. Inicialmente, a filosofia aplicada priorizava proteger as populações indígenas do contato com a cultura dos centros urbanos. Era proibido, por exemplo, o uso de chinelos e bicicletas. A partir dos anos 1970, tiveram início as invasões predatórias regulares, ou seja, incentivadas pelo próprio governo.

Conforme levantamento do Instituto Socioambiental, no final dos anos 1990, queimadas e o avanço da pecuária, na direção nordeste, ameaçavam atingir a área do parque. Madeireiras instaladas a oeste chegam cada vez mais perto dos limites demarcados, agravando, também, a poluição e o aterro das nascentes dos rios.

Você sabia?

Entre as ameaças à sobrevivência dos povos do Xingu estão grandes projetos de infraestrutura, entre eles a Usina de Belo Monte.

A demarcação oficial do atual território do Xingu ocorreu apenas em 1978.

15 de abril

Sepultamento de Zuzu Angel
1976

A pergunta que virou refrão de "Angélica", "Quem é essa mulher?" composição de Chico Buarque em parceria com Miltinho, do grupo MPB4 o, tem sua resposta na biografia da mineira Zuleika de Souza Neto, mais tarde Zuleika Angel Jones, ou simplesmente Zuzu Angel. Uma das mais importantes estilistas da alta-costura, ela era mãe do estudante de engenharia Stuart Angel Jones, identificado como Paulo entre os militantes do Movimento Revolucionário 8 de Outubro (MR-8), assassinado após ser preso e torturado por agentes do extinto Departamento de Ordem Política e Social (DOPS) e da Polícia do Exército, em 1971.

Apesar do talento reconhecido no mundo da moda, Zuzu ganhou notoriedade internacional ao travar uma das mais longas e dramáticas batalhas contra a ditadura militar, até morrer, na madrugada de 14 de abril de 1976, em atentado que durante décadas foi tratado pelo governo brasileiro como mero acidente.

Zuzu foi sepultada no dia seguinte, 15 de abril, sob grande comoção, mas sem realizar seu maior desejo: localizar e sepultar os restos mortais de seu filho. A estilista dirigia o próprio carro, um Karmann Ghia ano 1972, no túnel Dois Irmãos, mais tarde rebatizado com o nome dela, na estrada entre a Barra e a Gávea, no bairro carioca de São Conrado, quando perdeu o controle da direção, bateu na mureta lateral e capotou várias vezes. A versão de que teria dormido ao volante, sustentada pelos militares e pelas forças de segurança da época, foi derrubada anos depois por testemunhas oculares que teriam visto o carro dela ser fechado propositadamente por outros dois veículos.

Diante das sucessivas ameaças que vinha recebendo por telefone, uma semana antes do atentado Zuzu Angel havia deixado documento sigiloso na casa do compositor e amigo Chico Buarque. "Se eu aparecer morta, por acidente ou outro meio, terá sido obra dos assassinos do meu amado filho",

15 de abril

escreveu. Em 1998, a Comissão Especial sobre Mortos e Desaparecidos Políticos finalmente julgou o caso e responsabilizou o regime militar pela morte da estilista, cujo carro foi jogado para fora da estrada por veículo ocupado por agentes a serviço da repressão.

Em julho de 2014 surgiram novas revelações no caso. Em depoimento à Comissão Nacional da Verdade, em Brasília, o ex-delegado Cláudio Guerra, que atuou na repressão, reconheceu o coronel do Exército Freddie Perdigão em foto do local do crime, publicada no jornal *O Globo*. Na época major, Perdigão aparece na foto de Otávio Magalhães de camisa branca e a mão direita no queixo, encostado em um poste de iluminação pública a poucos metros do carro destruído de Zuzu.

"Paulo" Stuart Angel foi preso em 1971, aos 26 anos. O processo que deveria apurar as causas de sua morte foi arquivado em 12 de abril de 1972, e só em 2014 o crânio dele foi identificado e sepultado pelas irmãs, Maria Carolina e Hildegard Angel. O jovem militante revolucionário havia sido enterrado em uma das cabeceiras da pista de pouso e decolagem da base aérea de Santa Cruz, no Rio de Janeiro, e sua ossada só foi encontrada, por acaso, durante obras de reforma naquela unidade da Aeronáutica.

Você sabia?

Em 1971, Zuzu Angel realizou protesto em forma de desfile de moda, no consulado brasileiro em Nova York. Suas peças mostravam estampas que representavam tanques de guerra, canhões, pássaros em gaiolas e meninos presos. Cinco anos depois no Brasil, ela entregou ao secretário de Estado dos Estados Unidos, Henry Kissinger, dossiê sobre a morte de Stuart, filho de cidadão norte-americano.

Para a colunista Hildegard Angel, filha de Zuzu, não há novidade no memorando revelado em 2018 pela CIA sobre a participação do general Ernesto Geisel no assassinato de presos políticos na década de 1970. "Minha mãe morreu em uma emboscada encomendada pelo gabinete do então presidente e executada pelo coronel Perdigão", diz.

16 de abril

Prorrogada vigência da Zona Franca de Manaus
1986

A Zona Franca de Manaus foi criada graças à articulação do deputado federal Francisco Pereira da Silva, autor da Lei nº 3.173, aprovada no Congresso Nacional em 6 de junho de 1957. Mas a lei que a impulsionaria na prática só surgiu dois anos depois de sua criação, quando o Decreto-Lei nº 288/1967 estabeleceu incentivos fiscais para criação dos setores industrial, comercial e agropecuário, numa área de 10 mil quilômetros quadrados, ainda na capital amazônica.

Manaus passou, assim, a ter caráter de porto franco, uma zona livre para armazenar ou depositar qualquer produto amazônico, estimulando a instalação de portos na cidade. Empresas multinacionais logo se instalaram ali para o início da industrialização de base. Inicialmente, a Zona Franca se restringia a Manaus, até que o Decreto-Lei nº 358, de 1968, estendeu os mesmos benefícios fiscais para todo o estado da Amazônia ocidental e para os vizinhos Acre, Rondônia e Roraima.

Inicialmente projetada para operar até 1997, a primeira prorrogação do prazo de vigência, para 2007, foi determinada pelo Decreto nº 92.560, de 16 de abril de 1986, praticamente três décadas depois de sua criação, e teve validade até 1998. Naquele ano, o Artigo 40 das Disposições Transitórias da Constituição Federal ainda estenderia esse prazo para 2013, data depois alterada para 2023, pela Emenda Constitucional 42, de 2003.

Considerada o principal modelo de desenvolvimento econômico do Norte do Brasil, o impacto da Zona Franca na balança comercial brasileira se tornou bastante positivo, fazendo com que se tornasse o principal atrativo de migrantes para a região.

Abrangendo os polos comercial, industrial e agropecuário, a sua base de sustentação, porém, ainda hoje é o setor industrial, com mais de seiscentas empresas de alta tecnologia responsáveis por fabricar modernos aparelhos

16 de abril

de telefonia celular, equipamentos de áudio e vídeo, televisores, geladeiras, bicicletas e motocicletas, entre outros.

Até o modelo atual, foram quatro etapas de desenvolvimento. A primeira, entre os anos 1967 e 1975, estimulou importações de bens e formação de mercado interno na região, concentrando-se apenas no comércio. Foi quando se iniciou a atividade industrial de base.

Entre 1975 e 1990, foram adotadas medidas de promoção à indústria nacional com limite anual de importação, medida protecionista que supostamente incentivaria a compra de insumos dentro do país. No fim de 1990, o polo industrial de Manaus registrou 80 mil empregos e faturamento em torno de 8,4 bilhões de dólares, segundo a Superintendência da Zona Franca de Manaus (SUFRAMA).

Na terceira fase, de 1991 a 1996, ocorreu a abertura da economia brasileira e a eliminação do limite anual de produtos importados. O governo estimulou a melhoria da qualidade e produtividade dos produtos para concorrer com os importados.

Entre 1996 a 2002, a quarta fase foi marcada pela política nacional de adaptação ao mercado globalizado, com estímulo à exportação. Em 1996, as vendas do mercado externo da região chegaram a 140 milhões de dólares, e, em 2005, atingiram 2 bilhões de dólares. Foi construído então o polo de bioindústrias.

A Zona Franca de Manaus mantém a política de estímulo à exportação e de pesquisa para melhorar eficiência produtiva e capacidade tecnológica. Seu polo industrial hoje concentra ações no setor de informática.

Você sabia?

A Zona Franca foi criada para estimular a integração produtiva e social e atrair contingente populacional à região da Amazônia.

Ela abrange os estados de Amazonas, Acre, Rondônia e Roraima, e as cidade de Macapá e Santana, no Amapá.

17 de abril

Massacre de Eldorado de Carajás
1996

Surdo, Amâncio dos Santos Silva obviamente era um dos mais desnorteados entre os quase 1.500 trabalhadores rurais cercados às margens da rodovia PA-150 naquele fim de tarde de 17 de abril de 1996. Sem nada ouvir, ele demorou a compreender a correria dos companheiros e foi o primeiro a ser alvejado, no pé direito, quando ainda estava postado ao lado de um caminhão boiadeiro.

Segundo relato de Francisco Clemente de Oliveira, um dos sobreviventes, o colega foi executado em seguida com um tiro na cabeça, disparado a menos de dois metros de distância por um dos policiais militares comandados pelo coronel Mário Colares Pantoja.

Amâncio é um dos heróis do Abril Vermelho, mobilização repetida anualmente pelo Movimento dos Trabalhadores Rurais Sem Terra (MST) para homenagear os dezenove mortos do Massacre de Eldorado de Carajás, o mais sangrento episódio da luta agrária do século XX no Brasil. Os nomes estão destacados no memorial erguido no local, onde outros dezenove lavradores ficaram gravemente feridos e dezenas deles foram atingidos com menor gravidade.

Eram 150 homens de três pelotões da Polícia Militar do estado do Pará, que não hesitaram em acatar as ordens de atacar com bombas de gás lacrimogênio e tiros de fuzis, metralhadoras, revólveres e pistolas, além de golpes de facões e baionetas.

Dos policiais que participaram do massacre ordenado pelo governador Almir Gabriel, eleito na época pelo PSDB, foram condenados somente os dois comandantes, coronel Mário Pantoja e major José Maria de Oliveira. As penas superaram os 150 anos de prisão, mas os dois oficiais da PM paraense respondem em liberdade, beneficiados por *habeas corpus*, concedido em 2005 pelo Supremo Tribunal Federal.

A ação violenta da Polícia Militar foi a resposta do governo do Pará à mobilização dos agricultores sem terra pela desapropriação da fazenda Ma-

17 de abril

caxeira. Contrariados com parecer negativo depois de vistoria do Instituto Nacional de Colonização e Reforma Agrária (INCRA), em março de 1996 os colonos ocuparam mais uma vez a área de 42.558 hectares situada entre os municípios de Eldorado de Carajás e Curionópolis. Os 1.500 trabalhadores decidiram, também, fazer uma marcha até Belém.

A caminhada foi iniciada em 10 de abril, e seis dias depois já estavam nas proximidades de Eldorado de Carajás, na rodovia PA-150. Exaustos e famintos, mas dispostos a continuar a jornada, os lavradores bloquearam o trânsito como estratégia para abrir negociação com o governo do estado. Em troca da liberação da estrada, reivindicaram alimentos e ônibus para os transportarem até a capital.

Em nome da PM e do governo, o major Oliveira, em negociação, garantiu o atendimento do pleito dos colonos, que saíram da Macaxeira e acamparam ao lado. No dia seguinte, no entanto, o mesmo oficial disse que não haveria mais acordo para entrega de alimentos e transporte. Os trabalhadores ocuparam, então, o leito da rodovia. No palácio do governo, o governador Almir Gabriel; o secretário de segurança pública, Paulo Sette Câmara; o superintendente do Incra, Walter Cardoso; e o presidente do Instituto de Terras do estado do Pará, Ronaldo Barata, decidiram pela desobstrução a qualquer custo.

O massacre durou menos de uma hora.

Você sabia?

Policiais acusados continuaram exercendo policiamento ostensivo nas cidades vizinhas a Eldorado de Carajás. Nenhum deles foi afastado das funções por causa dos dezenove assassinatos.

Mesmo depois da desobstrução da estrada, quando seis colonos já haviam sido mortos, outros treze feridos foram sumariamente assassinados com tiros na cabeça ou nas costas.

18 de abril

Pai e madrasta são indiciados pela morte da menina Isabella Nardoni
2008

Não teve bolo, balões coloridos, nem festa de aniversário. O dia em que Isabella completaria seis anos, 18 de abril de 2008, foi marcado pelo indiciamento de Alexandre Alves Nardoni e Anna Carolina Jatobá, acusados pelo assassinato dela em 29 de março daquele ano, em crime que abalou o Brasil e causou grande repercussão também no exterior.

De acordo com os laudos periciais, a menina foi jogada da janela de um dos quartos do apartamento do casal, no sexto andar do edifício London, localizado na rua Santa Leocádia, 138, no bairro de Vila Guilherme em São Paulo. Em 27 de março de 2010, pai e madrasta foram julgados e condenados por homicídio doloso qualificado. Ele, a 31 anos, um mês e dez dias, com agravantes pelo fato de Isabella ser sua descendente; ela, a 26 anos e oito meses de reclusão, com a caracterização de crime hediondo. A sentença foi proferida pelo juiz Maurício Fossen, no fórum de Santana, na capital paulista.

A menina Isabella de Oliveira Nardoni era filha de Alexandre e Ana Carolina Cunha de Oliveira, que engravidou aos dezesseis anos, contrariando o então namorado, que se preparava para tentar a faculdade de direito. Eles se separaram quando Isabella tinha onze meses e, conforme acordo jurídico assinado na época, ficou acertado o pagamento de pensão alimentícia e duas visitas mensais, a cada quinze dias.

Isabella foi encontrada caída no gramado do jardim do edifício London e já estava morta quando chegaram os primeiros socorristas. Alexandre, inicialmente, afirmou à polícia que teria deixado a menina dormindo num dos quartos e que o prédio fora assaltado e a menina jogada por um dos ladrões, enquanto ele teria descido à garagem para ajudar Anna Carolina a subir com as outras duas crianças do casal, uma de três anos e outra de apenas onze meses.

18 de abril

Na volta ao apartamento, entre cinco e dez minutos depois, teria visto que a tela de proteção da janela do quarto das crianças menores, onde teria deixado Isabella dormindo, havia sido cortada. E viu a menina caída lá fora. Durante a investigação e as perícias técnico-científicas da Polícia Civil de São Paulo foram localizadas marcas de sangue no quarto onde Isabella dormia. O laudo cadavérico apontou, ainda, marcas no pescoço provenientes de asfixia mecânica e fratura em um dos punhos da menina, ferimentos causados ainda em vida. Os investigadores constataram, também, a tentativa de adulteração da cena do crime, inclusive com resquícios de limpeza de alguns pontos do apartamento.

O delegado Calil Filho, titular do inquérito policial que apurou a morte de Isabella, levantou outros pontos nebulosos nos depoimentos de Alexandre Nardoni e de Anna Carolina Jatobá. Não havia, por exemplo, qualquer sinal de arrombamento de portas, tampouco algo foi roubado, assim como não foi encontrado qualquer indício de que alguém estranho tenha entrado no edifício London momentos antes da queda da menina. O policial chegou a admitir a hipótese de Anna Carolina Jatobá estar no apartamento e não ter esperado no carro com as duas crianças menores, ao contrário do que foi dito nos depoimentos oficiais.

Você sabia?

De acordo com a denúncia do promotor Francisco Cembranelli, a perícia constatou que Isabella foi lançada pelos pulsos e que as marcas de suas mãos e de seus joelhos ficaram logo abaixo da janela.

Em maio de 2008, pedido de *habeas corpus* protocolado pelos advogados do casal no fórum João Mendes foi negado pelo desembargador Caio Eduardo Canguçu de Almeida, da 4ª Câmara Criminal do Tribunal de Justiça de São Paulo.

19 de abril

Nasce Roberto Carlos
1941

O caçula do relojoeiro Robertino Braga e da costureira Laura Moreira teve uma infância dramática e, ao mesmo tempo, lúdica, ao lado dos irmãos Lauro Roberto, Carlos Alberto e Norma, a Norminha, em Cachoeiro do Itapemirim, sul do Espírito Santo. No dia 29 de junho de 1947, porém, aos seis anos, o menino foi atropelado por uma locomotiva a vapor da estrada de ferro Leopoldina Railway, conduzida pelo maquinista Walter Sabino, acidente que levou à amputação da sua perna direita abaixo do joelho.

Apesar do trauma, o menino aprendeu a tocar violão e guitarra no conservatório musical, e, aos nove anos, Zunga, como foi apelidado em casa e na vizinhança, começou a cantar na rádio da cidade. Imitava Ted Nelson, o *cowboy* que fez sucesso na época, e ganhava como cachê punhados de balas. Na adolescência, aos quinze, trocou a muleta pela prótese e o episódio do acidente ficou, aparentemente, esquecido.

A mudança da família Braga para Niterói (RJ), em 1957, mudou também a vida do rapaz, que começou a frequentar reuniões musicais na rua do Matoso, no bairro da Tijuca. Lá, Roberto Carlos encontrou Tim Maia, Erasmo Carlos e Jorge Ben, entre outros, ensaiou os primeiros rocks, como "Hound Dog", de Elvis Presley, versão adaptada pelo futuro parceiro Erasmo Carlos, inicialmente na banda Snakes. Também tocou com The Sputniks, mas começou a despontar mesmo na boate do Hotel Plaza Copacabana, cantando sambas-canções.

Em 1959, surpreendeu positivamente como apresentador do *Clube do Rock*, programa da TV Tupi, do Rio. No mesmo ano, foi lançado o primeiro disco, o compacto simples *João e Maria fora do tom*, que abriu caminho para o LP *Louco por você*, em 1961, com músicas de Carlos Imperial. No ano seguinte, fez parceria com Erasmo Carlos, o "Tremendão". Roberto e Erasmo começaram a dupla com o sucesso de "Splish, Splash" e "Parei na contramão", vindo a seguir o LP *É proibido fumar*, com destaque para a faixa "O calhambeque". Era

19 de abril

o marco inicial da Jovem Guarda, movimento de rock similar ao que ocorria naquela mesma época no exterior.

O auge foi o programa *Jovem Guarda*, em 1965, na TV Record, em São Paulo, com ele, Erasmo e a cantora Wanderléa, a musa da época. No ano seguinte, o "Rei", como era chamado, apresentou outros programas na TV Record, todos de curta duração, mas, dali em diante, os sucessos musicais se repetiram.

Em seguida, teve início a fase dos longas-metragens que consolidaram a carreira de Roberto. Foi quinto lugar no 1º Festival de Música Popular Brasileira, em 1967, com "Maria, Carnaval e cinzas", de Luiz Carlos Paraná.

A transição das décadas de 1960 e 1970 marcou, também, as influências da *black music*, de Tim Maia, e o amadurecimento do lado mais romântico do artista.

Roberto Carlos a 300 km por hora, de 1971, foi o último filme, antes do disco de final de ano com sucessos como "Debaixo dos caracóis dos seus cabelos", faixa em homenagem a Caetano Veloso, que visitou no exílio, em Londres, durante o regime militar do golpe de 1964. A partir de 1974, Roberto assinou contrato como artista exclusivo da TV Globo e, desde então, os finais de ano na emissora têm sido embalados pelo programa especial de Natal. No ano 2000, o Rei foi homenageado com versões acústicas de alguns de seus sucessos, no disco lançado pela MTV que teve participação de Samuel Rosa, Tony Bellotto, Jota Quest e Milton Guedes.

Você sabia?

Roberto Carlos impediu judicialmente reportagens do extinto jornal *Notícias Populares* com detalhes do acidente que o mutilou na infância.

Em 2007 conseguiu na Justiça retirar das livrarias a biografia não autorizada escrita pelo jornalista Paulo César de Araújo.

20 de abril

Nasce o barão do Rio Branco, o patrono da diplomacia
1845

Os atuais contornos do mapa brasileiro foram riscados graças ao talento do carioca José Maria da Silva Paranhos Júnior, que ganhou notoriedade internacional como barão do Rio Branco. Longe de ser um bom desenhista, o patrono da diplomacia se tornou uma das mais importantes figuras da história do Brasil, contribuindo decisivamente para a consolidação das fronteiras do país, por meio de processos de arbitramento ou de negociações bilaterais.

Entre as questões emblemáticas por ele resolvidas está a definição territorial dos estados do Amapá e do Acre e da cidade de Palmas, a capital do Tocantins.

Filho de um dos maiores estadistas brasileiros, o barão do Rio Branco nasceu em 20 de abril de 1845, no Rio de Janeiro, cidade onde morreu em 10 de fevereiro de 1912. Segundo ocupante da Academia Brasileira de Letras, eleito em 1898, deixou vasta obra literária e atuou também como professor, advogado, historiador, biógrafo e político. Mas é como diplomata que demonstrou toda a sua capacidade de argumentar e defender os interesses nacionais.

O primeiro teste foi em 1893, quando substituiu o falecido barão Aguiar de Andrade. A missão era defender direitos brasileiros sobre o território das Missões, reivindicado pela Argentina, questão submetida ao arbitramento do presidente dos Estados Unidos, Grover Cleveland. Rio Branco forneceu documentos fundamentais para o laudo arbitral apresentado em fevereiro de 1895 ser totalmente favorável ao Brasil.

Em 1898, o barão do Rio Branco recebeu a incumbência de resolver, com o governo da França, a fronteira do território do Amapá com a Guiana Francesa, arbitrado pelo presidente do Conselho Federal da Suíça, Walter Hauser. A sentença de 1º de dezembro de 1900, favorável ao Brasil, deu-lhe popularidade e respeito na diplomacia internacional. A partir de 1900, su-

20 de abril

cederam-se diversos acordos que delinearam as fronteiras entre Brasil e seus vizinhos da América do Sul. Em 1902, aceitou o convite do então presidente Rodrigues Alves e assumiu o Ministério das Relações Exteriores. Imediatamente, precisou enfrentar o desafio de resolver o conflito com a Bolívia, pela ocupação do Acre.

Em seguida assinou tratados importantes, como o de 1904, com o Equador; em 1907, com a Colômbia; em 1904 e 1907, com o Peru; em 1909, na questão que resultou no condomínio da lagoa Mirim com o Uruguai, e, em 1910, com a Argentina. Definiu, assim, os contornos do mapa nacional.

Nesse contexto, uma das primeiras e mais complicadas missões do Barão como ministro foi a questão da fronteira do Acre com a Bolívia, em 1903, em conflito desde a batalha de Puerto Alonso, da revolução acreana, que precedeu a incorporação do território boliviano pelo Brasil.

Com mais uma demonstração de habilidade diplomática e política do barão do Rio Branco, os governos brasileiro e boliviano assinaram, em 21 de março de 1903, um acordo preliminar, ratificado pelo Tratado de Petrópolis, em 17 de novembro de 1903. A Bolívia abriu mão de todo o Acre, em troca de territórios brasileiros no Mato Grosso, mais a importância de 2 milhões de libras esterlinas e a construção da ferrovia entre os rios Madeira e Mamoré.

A estrada de ferro entre Porto Velho e Guajará-Mirim, na fronteira, e o afluente do rio Amazonas, que corta a cidade de Porto Velho, em Rondônia, seria a solução para o escoamento da produção regional. O tratado entre Brasil e Bolívia, de 15 de maio de 1882, abriu caminho para a obra.

Você sabia?

O barão do Rio Branco resolveu também um conflito territorial entre os estados de Santa Catarina e Paraná, no Sul do Brasil, com a Argentina.

Ele trabalhou ao lado de Graça Aranha, Euclides da Cunha, Domício da Gama, Clóvis Beviláqua, Gastão da Cunha e Heráclito Graça.

21 de abril

Tiradentes é enforcado
1792

Proclamada em novembro de 1889, a Independência do Brasil começou a ser esboçada com pelo menos um século de antecedência. O primeiro movimento pela libertação em relação à corte de Portugal, a Inconfidência Mineira, foi sufocado após um caso típico de "delação premiada", em 1789. Seus principais líderes foram julgados e punidos pelas tropas oficiais fiéis ao Império três anos depois.

Alguns dos inconfidentes, filhos de famílias representantes da aristocracia mineira da época, foram açoitados em praça pública ou degredados, cabendo a Joaquim José da Silva Xavier, o Tiradentes, a pena mais dura.

Joaquim José da Silva Xavier nasceu na vila de São José del Rei, atual cidade de Tiradentes (MG), em 1746, e foi criado em Vila Rica, atual Ouro Preto, de onde desapareceu. Durante sua juventude viveu em um Brasil sem constituição própria, onde não havia sequer o direito de o país desenvolver seu próprio setor industrial, enquanto o povo pagava altos impostos cobrados pelo então governador, o visconde de Barbacena. Entre os tributos reclamados pela população, os mais onerosos eram o "quinto", taxa sobre o ouro produzido, e a "derrama", sobre os salários.

Tiradentes trabalhou como minerador, tropeiro e, obviamente, dentista, ofício que deu origem ao apelido com que ficou conhecido. No regimento militar Dragões de Minas Gerais, chegou ao posto de alferes, o que corresponde a tenente, e ao lado de integrantes da aristocracia mineira, entre eles poetas e advogados, fez parte do movimento pela Independência do Brasil. Bom orador, também logo revelou liderança para organizar a tomada do poder.

Até que, em 1789, foi denunciado por Joaquim Silvério dos Reis, um dos inconfidentes, que, em troca da delação, reivindicou o perdão das próprias dívidas tributárias com a Coroa de Portugal. De poucas posses e sem influências políticas, Tiradentes foi condenado à morte, na forca, e foi execu-

21 de abril

tado em praça pública, em 21 de abril de 1792, no Rio de Janeiro. Degolado e esquartejado, teve partes do corpo penduradas em postes às margens da antiga estrada entre o Rio de Janeiro e Minas Gerais, e a cabeça exposta em Ouro Preto. A casa dele foi queimada e seus bens, confiscados. Durante muitos anos, não passou de um rebelde morto.

Somente depois da Independência do Brasil, em 7 de setembro de 1822, e da posterior Proclamação da República, em 15 de novembro de 1889, foi resgatado o caráter heroico de Tiradentes. Surgiu, então, o mártir da Inconfidência.

A imagem republicana do herói nacional que morreu pelos ideais de liberdade permanece no imaginário popular. Patrono da nação brasileira, conforme a Lei nº 4.897, sancionada em 9 de dezembro de 1965 pelo então presidente Castelo Branco, Tiradentes é reverenciado com feriado nacional no dia de sua morte, 21 de abril, além das homenagens de praxe de policiais militares e civis – de quem também é patrono.

Você sabia?

O historiador carioca Marcos Antônio Correa defende que Tiradentes não morreu naquele 21 de abril de 1792. Segundo estudos pouco divulgados, um ladrão condenado foi enforcado no lugar dele, em troca de ajuda financeira à família oferecida pela maçonaria. Correa começou a suspeitar disso ao ver na lista de presença da Assembleia Nacional francesa, de 1793, a assinatura que exames grafotécnicos comprovaram ser de Joaquim José da Silva Xavier.

Tiradentes teria sido salvo pelo poeta Cruz e Silva, maçom e amigo dos inconfidentes, e embarcado incógnito para Lisboa. Martim Francisco, irmão de José Bonifácio de Andrada e Silva, já havia dito que, após o esquartejamento, desapareceram com a cabeça, para que não fosse identificado o verdadeiro morto.

22 de abril

Descobrimento do Brasil
1500

O que teriam pensado os índios ao verem de perto, pela primeira vez, aqueles homens barbudos, gordos e malcheirosos que desembarcaram na praia? É difícil imaginar, mas a verdade é que pelo menos 5 milhões deles, de diferentes etnias, já estavam aqui naquele 22 de abril de 1500, quando aportaram nas águas do litoral sul da Bahia as treze caravelas da esquadra comandada pelo fidalgo Pedro Álvares Cabral.

Eram cerca de 1.400 pessoas, entre marinheiros, técnicos em navegação, ajudantes, pessoal de cozinha, padres e um escrivão, Pero Vaz de Caminha, encarregado de reportar ao rei, dom Manuel I, a visão portuguesa da chegada em terra firme, depois de 44 dias de navegação em mar aberto.

Cansados e mareados, Cabral e o restante da expedição lusitana não se deram conta das dimensões do que, no primeiro momento, imaginaram não passar de uma montanha e, exatamente em alusão à Páscoa daquele ano, batizaram-na de Monte Pascoal. O primeiro contato com os nativos ocorreu dois dias depois do desembarque, e a primeira missa foi celebrada logo em seguida, em 26 de abril, pelo frei Henrique de Coimbra, antes da retomada da viagem a caminho das Índias.

A segunda impressão também enganou Cabral, que, ao imaginar que o monte escondia uma faixa de terra, denominou o lugar de Ilha de Vera Cruz. Outras expedições portuguesas à região finalmente descobriram que se tratava de imensa área de terras, de proporções continentais, e o que era ilha virou Terra de Santa Cruz, até que, em 1511, foi descoberta a primeira grande floresta de pau-brasil. Logo, a árvore avermelhada, até então abundante, que começou a ser derrubada e transportada em larga escala para a Europa, deu nome definitivo ao país.

Cabral atracou no Brasil no período das grandes explorações, quando as maiores potências mundiais, Espanha e Portugal, exploravam os mares em busca de terras e riquezas. Antes disso, em 1492, Cristóvão Colombo, italia-

22 de abril

no que navegou com bandeira espanhola, já tinha chegado à América e, para evitar conflitos, os dois países assinaram, em 1494, o Tratado de Tordesilhas. Assim, os portugueses ficaram com territórios a leste da linha imaginária, a partir de 370 léguas das ilhas de Cabo Verde, cabendo aos espanhóis as glebas localizadas a oeste.

Portugal continuou priorizando o lucrativo comércio com as Índias, de onde trazia especiarias e outros produtos para revender no resto da Europa – cravo, pimenta, canela, noz-moscada, gengibre, porcelanas orientais e seda, principalmente. Enquanto isso, no Brasil, explorava o extrativismo do pau-brasil, retirando da virgem Mata Atlântica grandes quantidades da madeira com mão de obra dos próprios índios. Em troca do trabalho pesado, os nativos receberam bijuterias e bugigangas sem valor, como espelhos, pentes, apitos e chocalhos.

O Brasil começou a ser visto com outros olhos pela Coroa portuguesa somente a partir de 1530, depois da expedição comandada por Martim Afonso de Sousa. Teve início, na época, a ocupação para proteger o território de conquistadores ingleses, franceses e holandeses, que estavam fora do Tratado de Tordesilhas. O plantio da cana-de-açúcar, já planejando o comércio promissor da mercadoria na Europa, foi outra estratégia de Portugal para a colonização.

Você sabia?

A referência histórica da chegada portuguesa é a carta redigida pelo escrivão Pero Vaz de Caminha, relatando à corte as belezas da nova terra e o estranhamento comum no primeiro contato com os nativos.

Cabral recebeu alguns índios na caravela, ofereceu-lhes água que trazia a bordo. Eles beberam e cuspiram, já que estavam acostumados a matar a sede diretamente em fontes frescas e puras.

23 de abril

Identificado o causador do Mal de Chagas
1909

Se vivesse nos dias atuais, o epidemiologista mineiro Carlos Justiniano Ribeiro Chagas certamente teria muito trabalho. O motivo é o Brasil do século XXI ser ainda o Brasil das doenças de caráter epidêmico e transmitidas por insetos e outros agentes, como dengue, zika, chikungunya, malária e febre amarela, comuns tanto em áreas urbanas quanto rurais, em várias regiões do país.

Pesquisador, epidemiologista e bacteriologista de atuação marcante na saúde pública, foi Chagas quem primeiro identificou o protozoário *trypanosoma cruzi*, transmissor da tripanossomíase americana, o chaguismo, ou, como ficou mais conhecida a doença no Brasil, o Mal de Chagas. A doença, que com o tempo afeta sobretudo o coração do paciente, recebeu o nome, logicamente, em alusão ao seu descobridor, indicado quatro vezes ao Prêmio Nobel de Medicina e Fisiologia.

Batizada cientificamente em homenagem ao amigo Oswaldo Cruz, a descoberta de Carlos Chagas é cercada de ineditismo na literatura médica brasileira. Ele não foi só o primeiro e, durante pelo menos um século, o único a descrever por completo uma doença infecciosa – patógeno, vetor, hospedeiros, manifestações clínicas em humanos e epidemiologia –, conforme foi registrado oficialmente em 23 de abril de 1909. E, diferentemente do que ocorria com frequência em suas pesquisas, Chagas começou com a descrição do vetor, do parasita e seu ciclo vital, para depois identificar a quais doenças esses agentes estavam relacionados.

No caso do *trypanosoma cruzi*, depois de algumas tentativas malogradas, o protozoário foi identificado em um gato doméstico e no sangue da menina Berenice, de dois anos. Febril, a garotinha foi a primeira pessoa contaminada pela doença de Chagas com diagnóstico descrito no Brasil, na cidade mineira de Lassance, onde Carlos Chagas desenvolveu as primeiras pesquisas. Os mesmos sintomas acometiam grupo de operários de empresas do interior de Minas Gerais.

A Doença de Chagas é uma inflamação causada por parasita encontrado em fezes de insetos, entre eles o barbeiro. É comum em países da América do Sul e Central, com registros de casos identificados também nos Estados Unidos. No Brasil, conforme dados do Ministério da Saúde, o século XXI começou com pelo menos 3 milhões de infectados em tratamento regular, número correspondente a casos ocorridos no passado – os sintomas só se manifestam depois de vinte anos da contaminação e em sua maioria estão relacionados a insuficiência cardíaca.

No ano de 2006, o país recebeu o certificado internacional de interrupção da transmissão da doença, depois da implementação de ações sistematizadas de controle químico, instituídas a partir de 1975. Naquela época, a área endêmica atingia dezoito estados e mais de 2.200 municípios. A transmissão da doença hoje ocorre, principalmente, por meio da ingestão de alimentos contaminados com fezes do parasita, o inseto vetor, o barbeiro, presentes em caldo de cana e pasta de açaí.

A contaminação pode ocorrer também por transfusão de sangue ou transplantes de órgãos contaminados com a doença, por contato direto com o parasita e com outros animais que estejam infectados. A Doença de Chagas pode ser congênita, no caso de mães infectadas que a transmitem ao feto durante a gestação.

Você sabia?

Existe a suspeita de que Charles Darwin tenha sido infectado depois de ter sido picado por inseto identificado como "grande besouro preto dos Pampas".

A prevenção da Doença de Chagas depende, basicamente, da eliminação do inseto barbeiro. Outros esforços de saúde pública incluem a triagem na coleta de sangue usado em transfusões. Infecções precoces são tratáveis.

24 de abril

Morre Sérgio Buarque de Holanda
1982

Mais conhecido por pensar a realidade brasileira ao lado de outros dois importantes pensadores contemporâneos seus, Gilberto Freyre e Caio Prado Júnior, Sérgio Buarque de Holanda com eles frequentou o movimento de intelectuais que, de 1930 em diante, mergulharam nas origens e na trajetória do país para tentar explicá-lo política, econômica e socialmente com uma nova abordagem historiográfica, rompendo com os parâmetros cientificistas da virada do século.

Todos os três foram autores de vasta obra. A mais discutida de Sérgio Buarque foi sem dúvida *Raízes do Brasil*, que inaugurou a coleção "Documentos Brasileiros", com direção de Gilberto Freyre, na qual ele destacou pontos negativos da colonização ibérica, como o legado das características culturais que moldaram o que chamou de "homem cordial". Essa cordialidade típica do brasileiro, segundo ele, se utilizaria, em muitos casos, de subterfúgios para estabelecer o domínio privado sobre o público.

Mas ainda que a obra intelectual de Sérgio Buarque de Holanda tenha obtido maior repercussão, sua militância política também mereceu destaque e gerou inspiração. Durante o golpe militar de 1964, ele participou do foco de oposição Centro Brasil Democrático, e no dia seguinte ao AI-5, o ato institucional que, entre outras medidas, aposentou discricionariamente professores da Universidade de São Paulo (USP), ele pediu demissão de suas funções acadêmicas. Sua ficha de filiação número quatro, que assinou na sequência de Apolônio de Carvalho, Mário Pedrosa e Antonio Candido, tornou-se uma das referências ideológicas do Partido dos Trabalhadores (PT), fundado em 1980.

A militância de Sérgio pela democracia e causas sociais remonta, porém, aos anos 1940, quando ele ingressou na política partidária e fundou a Esquerda Democrática, movimento que deu origem ao autêntico Partido Socialista Brasileiro (PSB). Na mesma época, ainda participou ativamente da

24 de abril

criação da Associação Brasileira de Escritores, em 1942, tendo se manifestado três anos depois em favor das liberdades democráticas no 1º Congresso Brasileiro de Escritores.

Filho de Cristóvão e Heloísa, Sérgio nasceu em 11 de julho de 1902, em São Paulo, onde morreu, em 24 de abril de 1982, antes de completar oitenta anos, em consequência de uma infecção pulmonar. Casado com Maria Amélia de Carvalho Cesário Alvim, com ela teve sete filhos: Sérgio, Álvaro, Maria do Carmo e os músicos Ana de Hollanda, Cristina Buarque, Heloísa Maria, a Miúcha, e Chico Buarque, o mais famoso.

Formou-se na Faculdade de Direito da UFRJ e, ainda na capital federal, atuou no movimento modernista como correspondente da revista *Klaxon*. Entre 1929 e 1930, foi correspondente dos *Diários Associados* em Berlim, onde estudou história e ciências sociais e assistiu ao surgimento do nazismo de Adolf Hitler.

Em 1940, substituiu Mário de Andrade na crítica literária do jornal *Diário de Notícias*, do Rio, e colaborou com vários suplementos literários. Na Itália, nos anos 1950, lecionou história brasileira na Universidade de Roma; em 1962, foi eleito primeiro diretor do Instituto de Estudos Brasileiros da USP, e de 1963 a 1967, foi professor convidado de universidades no Chile e nos Estados Unidos.

Você sabia?

Em 1980, recebeu os prêmios Juca Pato, da União Brasileira de Escritores, e Jabuti, da Câmara Brasileira do Livro.

Para conseguir mesa nos restaurantes do Rio de Janeiro, Sérgio se identificava como pai de Chico Buarque: era infalível.

25 de abril

Rejeitada a emenda Dante de Oliveira
1984

Se o sentimento geral era de frustração, pela derrota da Seleção Brasileira de Futebol dois anos antes, na Copa do Mundo da Espanha, decepção maior ainda estava por vir. A data de 25 de abril de 1984 ficou para sempre registrada nos anais da história contemporânea da política nacional pelo aspecto negativo, com a imagem de tanques de guerra e militares armados com metralhadoras e fuzis nas ruas, para sinalizar que o povo brasileiro teria que esperar um pouco mais para novamente experimentar o gostinho da democracia.

Naquele dia tenso, enquanto o Exército manteve o Congresso cercado para impedir que a população em vigília soubesse o que estava acontecendo, lá dentro votava-se a emenda Dante de Oliveira, que propunha a reforma constitucional que viabilizaria as eleições diretas para a Presidência da República ainda naquele ano. Seria a volta da população às urnas vinte anos depois do golpe militar de 31 de março de 1964.

Para que fosse aprovada em plenário, a emenda Dante de Oliveira precisaria do voto de pelo menos dois terços dos parlamentares, ou seja, 320 votos. Porém, apesar da grande expectativa no plenário e nas ruas, foram apenas 298 votos favoráveis, 65 contrários, três abstenções e nada menos do que 112 faltas. Emenda rejeitada.

Sem o quórum qualificado exigido regimentalmente, foi adiado o sonho da eleição direta, restando como compensação a indicação de dois civis, Paulo Maluf (PDS) e Tancredo Neves (PMDB), para a disputa em colégio eleitoral da sucessão do último presidente da República indicado pelo regime militar, o general João Baptista Figueiredo.

A rejeição frustrou, mas não desmobilizou o movimento pela redemocratização nacional, que vinha amadurecendo em todo o país. A primeira emenda constitucional para restabelecer as eleições diretas para a Presidên-

25 de abril

cia da República começou a ser elaborada em 1983, pelo deputado federal Dante de Oliveira, do PMDB do Mato Grosso, que a apresentou oficialmente no ano seguinte. Foi o primeiro passo para o fim do regime autoritário e redemocratização do país.

A primeira manifestação de grande repercussão em apoio à proposta de emenda constitucional de Dante de Oliveira foi o debate político sobre eleições diretas, no auditório da Universidade de Goiânia. Lá estavam os principais líderes petistas da época e o lendário deputado Ulysses Guimarães, uma das lideranças do PMDB. Não demorou para que as duas bandeiras se juntassem nas manifestações de rua.

Além de PT e PMDB, os outros dois principais partidos de oposição na época, PTB e PDT, também aderiram à campanha das diretas, apesar das dificuldades de apoio no Congresso Nacional, onde a base governista tinha ampla maioria.

Ficou decidido, então, que as eleições presidenciais ocorreriam sem a presença popular, dando prosseguimento ao governo ditatorial instituído em 1964. Na ocasião, no entanto, a ditadura já estava amplamente desgastada diante da pressão popular, até que Tancredo Neves e José Sarney foram eleitos pelo colégio eleitoral, em 15 de janeiro de 1985. Tancredo morreu e Sarney, antigo aliado do governo militar, assumiu a Presidência três meses depois.

Você sabia?

Em 1982, o general João Figueiredo reintroduziu as eleições diretas para governadores de estado. Já o primeiro presidente da República eleito depois da ditadura de 1964 seria Fernando Collor de Mello, só em 1989.

Segundo pesquisas realizadas na época pelo IBOPE, pelo menos 80% do povo brasileiro era a favor da eleição direta para presidente da República em 1994.

26 de abril

Primeira missa celebrada no Brasil
1500

Não é à toa que o Brasil ainda é o maior país católico do mundo. A primeira celebração religiosa realizada aqui foi a missa de 26 de abril de 1500, quatro dias depois da chegada da esquadra com treze caravelas e cerca de 1.400 homens, comandada pelo fidalgo português Pedro Álvares Cabral. Segundo pesquisa realizada em 2014, 81% da população brasileira foi criada dentro do catolicismo, embora somente 61% das pessoas permaneciam fiéis naquele ano, com perda importante para igrejas protestantes e evangélicas e, até mesmo, para religião alguma.

O altar para a primeira missa foi montado sobre um banco de areia fofa da praia de Coroa Vermelha, em Porto Seguro, litoral sul da Bahia, sob o olhar curioso e intrigado dos índios. Foi a celebração do primeiro domingo de Páscoa dos portugueses na nova terra, até então chamada de Monte Pascoal. Dois carpinteiros da tripulação de Cabral foram encarregados de entalhar e erguer a cruz de madeira, feita com as primeiras árvores derrubadas ali mesmo, da vasta mata virgem ao redor. Curiosos, cerca de oitenta nativos acompanharam a lida dos novos e inesperados vizinhos, enquanto a algazarra da bicharada anunciava mudanças na rotina da floresta.

Na hora da missa, o Frei Henrique de Coimbra, um dos pioneiros da esquadra de Cabral, surgiu devidamente paramentado diante do altar para o ritual litúrgico. O restante da tripulação espalhava-se na praia, no entorno da primeira santa cruz fincada na nova terra, já misturado a alguns índios baianos.

Assim, Portugal confirmou a posse da então Ilha de Vera Cruz, em nome do rei de Portugal, dom Manuel I, e oficializou a instituição da fé católica em meio à população nativa. Dóceis, os primeiros índios contatados se comportaram como se fossem velhos praticantes do catolicismo. "Um par de padres, dos bons, basta", teria escrito Coimbra ao rei de Portugal, referindo-se ao trabalho de catequização que começaria nos anos seguintes.

26 de abril

A Coroa portuguesa demorou praticamente meio século para enviar o primeiro, e pequeno, destacamento de jesuítas ao Brasil, para início de ações mais efetivas para a evangelização dos índios. Não bastavam o arrendamento territorial para formação de famílias de novos cristãos em Fernando de Noronha, tampouco a doação de capitanias hereditárias, para conter o acirramento do embate teológico com os protestantes, nem as visitas cada vez mais frequentes de naus inglesas e espanholas em busca de madeira, em especial do pau-tinta, o pau-brasil. Só então o rei de Portugal percebeu que precisava olhar com mais atenção para a nova terra, e que era urgente ocupar pontos estratégicos da costa.

Assim, chegaram ao Brasil também os reflexos da guerra econômica e religiosa da Europa. Nos barcos comandados pelo Padre Tomé de Sousa, o fundador de Salvador, em março de 1549, vieram os "soldados de Cristo", homens de preto da recém-fundada ordem jesuíta de santo Inácio de Loyola. Eram apenas quatro. Além de Tomé de Sousa, desembarcaram os padres José de Anchieta, Manoel da Nóbrega e João Aspicuelta Navarro. A eles se juntaram mais dois catequizadores, Antônio Rodrigues, um ex-soldado mestre nos idiomas nativos, e Pêro Correia, milionário que optou pela batina.

Você sabia?

Durante a celebração de Frei Henrique de Coimbra, os índios presentes imitavam os gestos dos portugueses no ritual litúrgico, conforme escreveu ao rei o escrivão da esquadra de Cabral, Pero Vaz de Caminha.

Foi imenso e intenso o trabalho de evangelizar a massa de gentios com diferentes idiomas. Vieram para essa missão também franciscanos, carmelitas, beneditinos, oratorianos, mercedários, capuchinhos.

27 de abril

Criação do GAPA contra preconceito da Aids
1985

No Brasil, fazia pouco mais de cinco anos das notificações dos primeiros casos da estranha doença que, em princípio, pensava-se contaminar apenas homossexuais, quando foi criado o Grupo de Apoio e Prevenção à Aids (GAPA). Na época, a Síndrome da Imunodeficiência Adquirida, que chegou a ser chamada de "câncer gay", estava envolta por tabus, mas logo se tornou um dos grandes desafios da medicina contemporânea.

Era preciso discutir, conhecer causas e efeitos, buscar formas de prevenção e, acima de tudo, lutar pela adoção imediata de políticas públicas de saúde que combatessem o preconceito e a discriminação que se enraizavam na sociedade. O GAPA, oficialmente fundado em 27 de abril de 1985, em São Paulo, logo se estendeu às demais capitais brasileiras, e ainda é referência nacional para fazer frente à precariedade das ações públicas na proteção das camadas mais pobres da população.

GAPA surgiu para exigir o estabelecimento de uma política efetiva de saúde pública voltada à prevenção e ao tratamento da Aids. E ele tem sido fundamental para informar e lutar contra a discriminação, pela melhoria do atendimento médico, hospitalar e psicológico aos portadores, além de ser responsável pela formação da rede de apoio humano para prestar informação e esclarecer a população.

Uma das voluntárias pioneiras e fundadoras do GAPA foi a advogada Aurea Abbade. A ideia era mesmo focar na prevenção e informação, para fazer frente ao avanço progressivo da doença. Na época, existia em São Paulo apenas uma sala médica vinculada à Secretaria de Saúde para atender todas as pessoas contaminadas. O precário local de atendimento era chamado de "sala da morte". Como um dos primeiros sintomas era o surgimento de feridas na pele, pelo sarcoma de Kaposi, a Aids estava equivocadamente ligada ao setor dermatológico da rede pública de saúde.

27 de abril

Foram muitos os momentos memoráveis no início da jornada contra a Aids no Brasil. Em 1988, por exemplo, os voluntários do GAPA de São Paulo conseguiram apoio para aprovação de projeto de lei que garantia a liberação do Fundo de Garantia por Tempo de Serviço (FGTS) e do Programa de Integração Social/Programa de Formação do Patrimônio do Servidor Público (PIS/PASEP) aos portadores. Outra importante ação daquele ano foi a reintegração de trabalhador que havia sido despedido por estar infectado com o vírus HIV, enquanto em 1996 foi obtida judicialmente a liberação gratuita do coquetel antirretroviral Saquinavir a um doente.

O tempo passou, mas a Aids continua crescendo em todo o Brasil, espalhando-se entre jovens, idosos, heterossexuais e, principalmente, mulheres infectadas pelos próprios maridos. Ela já não ameaça apenas grupos de risco específicos, embora o sangue dos homossexuais ainda seja recusado em bancos de doações para a rede hospitalar. O uso de preservativo, a camisinha, ainda é a única forma de prevenção da transmissão via relação sexual.

Desde o primeiro caso notificado, em 1982, muita gente foi contaminada no Brasil, chegando a 656.701 casos registrados em junho de 2012. Muitos morreram, entre anônimos e famosos. Entre as vítimas ilustres, causou comoção o caso dos irmãos Herbert José de Sousa, Francisco Mário e Henfil, hemofílicos, contaminados durante as transfusões de sangue que eram obrigados a fazer frequentemente. Betinho descobriu que estava infectado em 1986, dois anos antes da morte dos irmãos. Ele morreu em 1997.

Você sabia

Historicamente, os jovens são os que mais usam preservativos do SUS, diz a Pesquisa de Conhecimentos, Atitudes e Práticas Relacionadas às DSTs e Aids na População Brasileira de 15 a 64 anos.

No Brasil, vem diminuindo significativamente a transmissão vertical, de mãe para filho.

28 de abril

Fundação da escola de samba E. P. Mangueira
1928

Nos anos 1920, durante o Carnaval carioca, diversos blocos desfilavam pelas ruas do Morro da Mangueira. Um deles se chamava Bloco dos Arengueiros. Arenga significa briga, confusão – e era esse mesmo o objetivo dos que dele participavam todos os anos. Mas, além de aprontar, os rapazes também sabiam fazer samba.

Em 1927, perto dali, na Estácio, Ismael Silva, Alcebíades Barcelos, Brancura e outros bambas resolveram agrupar os diferentes blocos carnavalescos da região em uma sociedade permanente. Batizaram a associação de "Deixa Falar" e apresentavam-na, de forma pioneira, como uma escola de samba.

Era um sinal para os arengueiros. Com o objetivo de também unificar os blocos do Morro da Mangueira em uma só "escola de samba", sete deles – Cartola, Saturnino Gonçalves, Marcelino Claudino, Zé Espinguela e outros – reuniram-se em 28 de abril de 1928. Nascia, nesse dia, o Grêmio Recreativo Escola de Samba Estação Primeira de Mangueira.

Quem escolheu as cores e o nome da escola foi Cartola. O verde e rosa era inspiração do Rancho dos Arrepiados, que o sambista acompanhava nos seus dias de meninice nas Laranjeiras. O nome Estação Primeira deu-se porque ficava na Mangueira a primeira estação de trem, a partir da Central do Brasil, em que havia samba.

Em 20 de janeiro de 1929, José Gomes da Costa, o Zé Espinguela, organizou, no quintal da própria casa, o primeiro concurso entre as nascentes escolas de sambas. Dele participaram Mangueira, Conjunto Oswaldo Cruz – a futura Portela – e Deixa Falar. O jornalista e pai de santo Espinguela era o único membro do júri e, mesmo sendo um dos fundadores do Bloco dos Arengueiros e da Estação Primeira, premiou a Portela por "Não adianta chorar", de Heitor dos Prazeres.

28 de abril

Já no primeiro desfile oficial, em 1932, a Mangueira saiu vencedora com o samba "Na floresta", dos parceiros Cartola e Carlos Cachaça – feito celebrado por Cartola na canção "Sala de recepção", lançada em 1976.

A Mangueira introduziu diversas novidades no Carnaval carioca – ala de compositores, as figuras de mestre-sala e porta-bandeira, uso de carros alegóricos. Foi também a escola de diversos personagens célebres do samba e da música brasileira: Cartola, Nelson Cavaquinho, Carlos Cachaça, Xangô da Mangueira, Clementina de Jesus, Nelson Sargento, Alcione, Dona Zica, Dona Neuma, Delegado, Leci Brandão, Jamelão – este, por 57 anos, entre 1949 e 2006, intérprete dos sambas-enredo da Verde e Rosa.

Na inauguração do sambódromo da Marquês de Sapucaí, em 1984, a Mangueira se sagrou vencedora com "Yes, nós temos Braguinha", de Jurandir, Hélio Turco, Comprido, Arroz e Jajá.

Campeã em 2002, a escola amargou um jejum de catorze anos até vencer de novo o Carnaval carioca, em 2016, com o enredo "Maria Bethânia – A menina dos olhos de Oyá", de Leandro Vieira.

Você sabia?

Inspiração de inúmeros sambas, a Mangueira foi homenageada inclusive por compositores de outras escolas – como em "Sei lá, Mangueira", parceria do portelense Paulinho da Viola com Hermínio Bello de Carvalho. Depois dela, para retribuir a escola do coração, Paulinho escreveu "Foi um rio que passou em minha vida", um de seus maiores clássicos.

Grandes compositores da Mangueira, como Cartola, Nelson Cavaquinho, Carlos Cachaça e Nelson Sargento, gravaram seus primeiros discos solo apenas na década de 1970. Os quatro, não por acaso, tiveram LPs produzidos pelo mesmo homem: o paulista João Carlos Botezelli, o Pelão.

29 de abril

SPFW N41 encerra desfiles sem se atrelar a estações do ano
2016

Depois de três décadas de criação e pelo menos quinze anos com o nome de São Paulo Fashion Week (SPFW), o evento de moda mais famoso do Brasil encerrou sua 41ª edição, no dia 29 de abril de 2016, com novidades: a criação dos estilistas deixou de se atrelar às estações do ano, o calendário da moda se aproximou do calendário do varejo, o evento mudou seu nome para SPFW N41 e novas marcas entraram no circuito, como A. Brand, À La Garçonne, Amir Slama, Vix, Murilo Lomas e Cotton Project. Foram 37 desfiles, sob o tema principal "Mãos que valem ouro", propositadamente celebrando a capacidade humana de se repensar, se reinventar e recomeçar.

O negócio da moda começou a despontar no Brasil a partir de 1995, apesar de estilistas que se destacaram isoladamente bem antes disso, como Dener Pamplona de Abreu e Clodovil Hernandes, mas dessa vez nos moldes dos grandiosos eventos que desde então vêm movimentando milhões de dólares.

Tudo começou com a parceria entre o produtor de eventos Paulo Borges e a empresária Cristiana Arcangeli, do setor de cosméticos, para realização da primeira edição do Phytoervas Fashion, em galpão do bairro da Vila Olímpia, em São Paulo. Foram três dias de desfiles de roupas produzidas por nomes que mais tarde se tornaram referências na indústria fashion, como Walter Rodrigues, Sonia Maalouli e Alexandre Herchcovitch, e a estreia de Glória Coelho e Ronaldo Fraga. A intenção era criar o conceito de moda essencialmente brasileira, inspirada na cultura do país.

Estilistas, produtores, modelos, patrocinadores, tecelagens, jornalistas, agências, indústrias e técnicos se profissionalizaram para garantir espaço no mercado. Também em função da semana de moda que se consolidava em São Paulo, surgiram as supermodelos brasileiras: Shirley Mallmann, Gisele Bündchen, Isabeli Fontana, Adriana Lima, Alessandra Ambrósio, entre ou-

29 de abril

tras. Paralelamente, ganharam fama internacional marcas brasileiras como Zapping, Maria Bonita, Fórum, Triton, Reinaldo Lourenço, Alexandre Herchcovitch, Glória Coelho, Ellus, Zoomp, Amir Slama, Jum Nakao, Walter Rodrigues e Iódice.

Em 1996, Paulo Borges saiu da Phytoervas e fechou parceria com o Shopping Morumbi. Surgiu, assim, o Morumbi Fashion Week, que na primeira edição, em 18 de julho de 1996, teve sete desfiles diários, com 31 marcas, consolidando o calendário da moda nacional. A evolução dos estilistas e a profissionalização logo atraíram público e investimentos, chamando atenção também da imprensa mundial.

Marcas internacionais chegaram ao Brasil, entre 1998 e 2000, exigindo inovações da indústria têxtil. Impactos da abertura da economia obrigaram os empresários do setor a investirem em tecnologia de ponta e mão de obra especializada. Foi preciso renovar e qualificar o mercado. Em 2001, o evento foi renomeado

Em 2013, os desfiles passaram a ocorrer seis meses antes de as peças chegarem às lojas, possibilitando melhores produção, logística e distribuição das marcas. Em maio de 2016, Paulo Borges anunciou a adoção do movimento *See now, buy now* [Veja agora, compre agora], para aproveitar a velocidade das redes sociais e se aproximar das gerações Y e Z, saciando desejo de consumo imediato, com peças produzidas e distribuídas ao mercado imediatamente após o desfile na passarela.

Você sabia?

A 43ª SPFW, de 2017, foi realizada em parques públicos e se tornou o primeiro evento de moda a reduzir a emissão de carbono.

30 de abril

Atentado do Riocentro
1981

O atentado do Riocentro talvez tenha sido a mais vergonhosa farsa do final dos anos de chumbo da política brasileira. Patrocinado por agentes do Departamento de Operações de Informação – Centro de Operações de Defesa Interna (DOI-CODI), órgãos das Forças Armadas, o episódio procurava conter o que dali a cinco anos seria uma realidade: a reabertura democrática e o fim do regime militar iniciado em 1964.

Era véspera do feriado de 1º de maio de 1981, Dia do Trabalhador, e o Riocentro, o centro de convenções localizado na Zona Oeste do Rio de Janeiro, estava lotado. Cerca de 20 mil pessoas estavam reunidas para um grande show de música popular brasileira promovido pelo Centro Brasil Democrático (CEBRADE). Enquanto isso, lá fora, pouca gente percebeu a movimentação estranha de homens armados entre os carros no estacionamento.

Por volta das nove da noite, uma bomba explodiu no interior do Puma marrom metálico, de placa OT-0297, exatamente no colo do sargento Guilherme Pereira do Rosário, de 35 anos, que estava sentado no banco do passageiro. O militar morreu na hora. Gravemente ferido, o motorista e dono do carro, o capitão paraquedista Wilson Luiz Chaves Machado, de 33 anos, foi socorrido 25 minutos depois e levado para a emergência do Hospital Miguel Couto. Praça e oficial serviam no DOI-CODI do Exército brasileiro, principal força de repressão do regime militar.

Meia hora depois, a segunda bomba foi acionada na casa de força do Riocentro, mas não feriu ninguém, nem causou blecaute. Testemunhas e seguranças do Riocentro dizem ter visto um Opala branco sair em alta velocidade da área reservada do estacionamento, logo em seguida. A existência do terceiro artefato, dentro do Puma semidestruído, chegou a ser comentada durante as primeiras investigações, ainda na noite seguinte, mas foi desmentida.

No dia seguinte à explosão, o sargento Rosário foi sepultado como herói de guerra, com honras militares. Segundo a versão do Exército, ele e o

30 de abril

capitão Wilson Machado foram vítimas de atentado da Vanguarda Popular Revolucionária (VPR), a organização de esquerda extinta desde 1973, cujas iniciais, naquela manhã de 30 de abril de 1981, apareceram oportuna e estrategicamente pichadas no caminho do Riocentro.

As investigações nunca foram concluídas com seriedade, mas todos os indícios levaram ao óbvio. A explosão acidental frustrou a ação terrorista planejada e executada por oficiais das Forças Armadas, cuja intenção era dificultar ainda mais o processo de abertura política depois de duas décadas de regime militar.

O inquérito conduzido inicialmente pelo coronel Luís Antônio Prado Ribeiro apurou indícios que incriminavam o sargento Rosário e o capitão Machado. O chefe do DOI-CODI, tenente-coronel Júlio Miguel Molina, disse, por exemplo, que o capitão Machado estava no Riocentro para supervisionar uma equipe, quando ocorreu "o acidente". Doze dias depois, o oficial Ribeiro pediu afastamento do cargo, alegando motivo de doença.

Você sabia?

O general Otávio Medeiros chegou a ser apontado, dentro do próprio Exército, como um dos mentores do atentado do Riocentro. O objetivo era desestabilizar o governo do general João Figueiredo e deter o processo de redemocratização nacional que ele vinha conduzindo.

O almirante de esquadra da reserva Júlio de Sá Bierrenbach, que votou contra o arquivamento do inquérito no Supremo Tribunal Militar, confirmou, quinze anos depois, que o atentado foi planejado e executado por setores das Forças Armadas.

MAIO

1º de maio

Ayrton Senna da Silva, e do Brasil, morre na pista de Ímola
1994

A Fórmula 1 nunca mais foi a mesma depois do GP de San Marino de 1994, na pista de Ímola. Tampouco as manhãs de domingo nos lares do Brasil. Perdeu a graça ficar sentado durante duas horas, extasiado diante da televisão para assistir à expectativa da largada, o desafio das ultrapassagens e a emoção da chegada em alta velocidade, sem a coragem, a frieza e a perícia de Ayrton Senna. Muita coisa mudou, até o ronco dos motores, e não ficou só o legado do desportista exemplar, competitivo e vencedor, mas também a memória do brasileiro carismático e um dos poucos motivos de orgulho nacional na década de 1980, período de instabilidade econômica e aumento do percentual de famílias abaixo da linha da pobreza.

Na pista, mais do que as inovações tecnológicas e a busca contínua de potência e estabilidade dos carros, a segurança dos pilotos passou a ser ainda mais preservada. Fora dela, ficou a imagem do herói, tão difundida quanto explorada pela Globo, a maior rede de televisão do país. O piloto morreu no auge da vida e da carreira, aos 34 anos, com 41 vitórias e 65 *pole positions* em 116 corridas. Com seis vitórias no circuito de rua do Principado, foi considerado o "rei de Mônaco".

Tricampeão pela McLaren em 1988, 1990 e 1991, Senna ficou até 1993 na equipe, viu a ascensão do arquirrival, o francês Alain Prost, e, no ano seguinte, se transferiu para a Williams, onde, teoricamente, teria mais chances de ser tetra. A estreia foi com a *pole* no GP do Brasil, em Interlagos, mas bateu e abandonou quando ainda estava na liderança, para frustração da torcida que lotou o autódromo inaugurado em 12 de maio de 1940. Coincidentemente, também não terminou a segunda prova daquela temporada, no circuito de Aida, no Japão, onde mais uma vez largou na frente, mas se envolveu em acidente, prenúncio do que estava por vir.

A batida violenta no muro de proteção da curva Tamburello, a trezen-

1º de maio

tos quilômetros por hora, naquele 1º de maio enlutado de 1994 para os brasileiros, encerrou de forma trágica a vida do piloto, mas imortalizou o ídolo. Solta, uma das rodas atingiu a cabeça de Ayrton Senna e, apesar da proteção do capacete, causou-lhe afundamento craniano.

O velório, um dos mais marcantes da história do Brasil, durou cerca de 22 horas e foi acompanhado por aproximadamente 240 mil pessoas. Seu túmulo no Cemitério do Morumbi é frequentemente visitado por fãs brasileiros e de outros países. Itamar Franco, presidente da República na época, decretou luto oficial de três dias. O acidente foi um dos episódios mais tristes da história do esporte, o último, até 2017, com morte de piloto em disputa, apesar de vários outros terem ocorrido depois, em circunstâncias ainda mais violentas e, às vezes, espetaculares.

Ayrton Senna da Silva nasceu em São Paulo, em 21 de março de 1960. Aos quatro anos, ganhou o primeiro kart, e aos sete, já treinava em Interlagos. Conquistou diversos títulos nas categorias de base até chegar à Fórmula 1 em 1984, para estrear na nanica Toleman. Depois, foi para a Lotus e tornou-se tricampeão na McLaren.

Fora das pistas, o Instituto Ayrton Senna atende anualmente 2 milhões de crianças. Criado pela família em 1994, cria oportunidades de desenvolvimento por meio da educação e ajuda o Brasil a diminuir a desigualdade social. A organização capacita 60 mil educadores, e seus programas chegam a mais de 1.300 municípios do país.

Você sabia?

Campeão da categoria LPM2, no FIA World Endurance Championship, de 2017, pela equipe Rebellion Racing, ao lado dos franceses Julien Canal e Nicolas Prost, Bruno Senna, sobrinho de Ayrton, trabalhou no desenvolvimento do McLaren Senna, supercarro da McLaren Automotive lançado em 2018, em homenagem aos trinta anos da morte do tricampeão mundial de Fórmula 1 (1988, 1990 e 1991).

No lazer, Senna gostava de pescaria, aeromodelismo, andar de bicicleta e pilotar *jet ski*.

2 de maio

Transferência da capital federal para Brasília
1960

Naquele dia, quando o então presidente da Câmara Federal, deputado Ranieri Mazzilli (PSD-SP), ocupou a cadeira central da mesa diretora da casa, na nova sede, e abriu os trabalhos legislativos, estava sendo concluído ali o processo de transferência da capital federal do Brasil para Brasília, no Distrito Federal, região central do país.

O ato simbolizou, também, a ousadia de Juscelino Kubitschek, o JK, o presidente da República encarregado de consolidar a mudança, o que se somou à determinação do Congresso Nacional de interiorizar o povoamento do país, até então restrito à faixa litorânea.

Considerada como uma das decisões políticas de maior impacto na história do Congresso Nacional, a mudança da capital para Brasília começou a ser escrita ainda na província do Rio de Janeiro. O processo começou em 17 de abril de 1823, na abertura da primeira sessão preparatória da Assembleia Geral Constituinte e Legislativa do Império. Naquela época, foi retomada a proposta elaborada por José Bonifácio de Andrada e Silva, o "Patriarca da Independência", como era chamado o tutor de dom Pedro I, autor do documento apresentado aos deputados paulistas que participaram das Cortes de Lisboa, em 1821.

José Bonifácio havia sugerido dois lugares para sediar a nova capital – Petrópolis, na serra fluminense; ou alguma localidade no Planalto Central. O principal argumento dele era que a cidade do Rio de Janeiro corria o constante risco de sofrer invasões, saques e pilhagens de corsários franceses que navegavam por águas brasileiras. Porém, a primeira Assembleia Constituinte foi dissolvida, e a Constituição de 1824, outorgada pelo imperador Pedro I, não chegou a incorporar a tese da interiorização da capital.

A transferência da capital federal do Rio de Janeiro para o interior do país ganhou adesão constitucional a partir da implantação da República. A primeira sinalização nesse sentido foi dada por meio da Carta Magna de

2 de maio

1891, referendada pelos textos que se sucederam, em 1934 e 1946. Nesse ano, a Constituição definiu-se pela mudança, contrariando o que desejavam parlamentares de oposição sistemática ao governo do presidente JK e parte da imprensa nacional.

Antes da sessão histórica de 2 de maio de 1960 na Câmara dos Deputados, foram muitas as idas e vindas políticas em torno da nova capital. Três anos antes, em fevereiro de 1956, por exemplo, Juscelino reuniu toda a assessoria da Presidência da República, secretariado e ministérios, criando comissões para cada uma de suas metas de governo, entre elas a "meta síntese", ou seja, a construção da nova capital do Brasil. Em 18 de abril daquele ano, o presidente enviou ao Congresso Nacional a mensagem acompanhada do projeto de lei para mudança: era a "mensagem de Anápolis", assim chamada porque foi no aeroporto daquela cidade goiana que JK assinou o ato administrativo.

Você sabia?

Para a transferência simbólica da capital do Rio para Brasília, Juscelino fechou solenemente os portões do Palácio do Catete, transformado em Museu da República em abril de 1960.

Brasília foi inaugurada no mesmo dia e mês em que ocorreu a execução de Joaquim José da Silva Xavier, o Tiradentes, líder da Inconfidência Mineira.

3 de maio

Colonos alemães recebem terras inférteis e protestam
1824

Foi uma viagem longa e arriscada. A bordo do navio *Argus*, os primeiros imigrantes alemães que partiram para o Brasil saíram do porto de Den Helder, na Holanda, em 24 de junho de 1823. Tempestades, mar agitado, morte e até uma inesperada abordagem pirata foram alguns dos percalços enfrentados pelos pioneiros na travessia do Atlântico, antes do desembarque no Rio de Janeiro, em 7 de janeiro de 1824, praticamente sete meses depois.

Outra leva de alemães também oriundos da aldeia de Ober-Hörgern, em Hessen, na região central da Alemanha, embarcados no *Caroline*, fez o mesmo trajeto e aportou uma semana depois, totalizando 342 colonos, sendo 195 homens e 147 mulheres – 64 casais e 214 solteiros. Eram agricultores, alfaiates, moleiros, vidraceiros, cordoeiros, sapateiros, relojoeiros, carpinteiros, telheiros, ourives, pastores luteranos e atiradores mercenários trazidos para serem incorporados como soldados ao Exército Imperial.

Como as colônias Frankenthal e Leopoldina, no sul da Bahia, não estavam ainda preparadas, por ordem do imperador dom Pedro I foram todos acomodados na Armação da Praia Grande, em Niterói. Lá ficaram durante três meses, até serem transferidos, sob protestos de alguns, para Nova Friburgo, onde chegaram em 3 de maio. Receberam, inicialmente, glebas inférteis, as mesmas que anos antes já haviam sido ocupadas e abandonadas por famílias suíças. Mas nem todos aceitaram passivamente o assentamento nas terras áridas da serra fluminense.

Sob o argumento de que haviam pagado as próprias passagens e que o contrato com a companhia de imigração lhes garantia terras produtivas, houve insubordinação. O imperador, no entanto, ameaçou cortar-lhes a alimentação e determinou a expulsão do líder dos rebeldes, o ourives Jacob Heringer. Áreas devolutas ao sul de Nova Friburgo e no sertão de Macaé também foram divididas entre eles.

3 de maio

Entre os pioneiros, destacou-se Frederico Sauerbronn, primeiro pastor da Igreja Luterana no Brasil, país até então majoritariamente católico. As dificuldades vivenciadas por ele e os demais foram além das diferenças de idioma, costumes, hábitos e até de rituais matrimoniais ou fúnebres. E foi preciso superar a experiência dos sete meses de travessia, especialmente o líder religioso, que viu a esposa Carlota morrer a bordo do *Argus*, depois de dar à luz o filho do casal, na passagem por Tenerife. O bebê morreria mais tarde, sendo enterrado na chegada a Nova Friburgo.

Em carta enviada aos parentes na Alemanha, Sauerbronn relata o sofrimento da travessia e também um incidente curioso, quando foram abordados por um navio pirata africano, com tripulação toda negra: ao invés de saqueá-los, os piratas presentearam-nos com frutas, vinho e aguardente.

Até 1829, outros 27 navios seguiram o trajeto do *Argus* e do *Caroline* trazendo soldados e colonos alemães. Na agricultura ou no comércio, as primeiras famílias progrediram e novas colônias surgiram no norte do Rio de Janeiro (São José do Ribeirão, Duas Barras, Cantagalo), em Minas Gerais e no Espírito Santo. Ainda em 1824, foi criada a colônia de São Leopoldo, no Rio Grande do Sul, e, dois anos depois, outra no litoral norte daquele estado. Em 1829 foram fundadas São Pedro de Alcântara, em Santa Catarina, Rio Negro, no Paraná, e Santo Amaro, em São Paulo; em 1845, os alemães se fixaram em Petrópolis. A catarinense Blumenau é de 1850, início do segundo período de imigração germânica ao sul do Brasil.

Você sabia?

Em 1851, a população de Nova Friburgo era de 1.496 habitantes livres, sendo 857 católicos da colônia suíça e 639 alemães protestantes.

No *Argus* vieram 134 colonos e 150 soldados, enquanto no *Caroline* embarcaram 180 colonos e 51 soldados.

4 de maio

Messianismo, de Jacobina a João Maria do Contestado
1874

Conflito armado registrado durante quatro anos ininterruptos no Sul do Brasil, entre outubro de 1912 e agosto de 1916, a Guerra do Contestado mobilizou um exército formado por cerca de 20 mil camponeses para enfrentar forças oficiais federal e estaduais em área de disputa territorial, entre o Paraná e Santa Catarina. Um dos motivos da revolta popular foi a estrada de ferro que ligaria São Paulo ao Rio Grande do Sul, construída na época por uma empresa dos Estados Unidos com apoio do governo de "coronéis" da região, como eram chamados os fazendeiros proprietários de grandes áreas rurais e detentores de influência política.

Milhares de camponeses perderam terras e foram desalojados de suas casas para a construção da ferrovia, que ainda gerou desemprego em meio à população da região por contratar trabalhadores de outras localidades. Outro motivo do descontentamento popular foi a compra de extensa faixa de terras na região por um grupo de pessoas ligadas à empreiteira contratada para construção da estrada de ferro. A propriedade seria a futura sede de empresa multinacional de exploração madeireira, causando a expulsão de muitas outras famílias de trabalhadores rurais.

O clima ficou ainda mais tenso quando a ferrovia ficou pronta. Muitos trabalhadores contratados para a obra, trazidos de outras regiões do Brasil, ficaram desempregados, mas permaneceram nas proximidades, sem qualquer apoio por parte da empresa estrangeira para a qual haviam trabalhado e tampouco do governo.

Naquela época, o aparecimento de lideranças messiânicas era comum em regiões pobres e sem atenção do poder público. Isso ocorreu, também, na região do Contestado, onde a insatisfação popular e a opressão dos "coronéis", somada à omissão governamental, favoreceram o surgimento da liderança do beato chamado monge João Maria, que pregava um mundo novo

4 de maio

regido por leis divinas.

Com a promessa de que todos viveriam em paz, com prosperidade, justiça e terras para trabalhar, João Maria juntou milhares de seguidores, dos quais a maioria era de camponeses sem terra. Preocupados com a liderança do beato e sua capacidade de mobilizar os camponeses, governantes e fazendeiros passaram a acusar João Maria de ser inimigo da República, com objetivo de desestruturar o governo e a ordem da região. Estava decretada a caçada ao monge e seus seguidores.

Perseguidos por policiais estaduais e soldados do Exército equipados com armamentos de longo alcance, os camponeses resistiram o quanto puderam com suas espingardas de caça, foices, facões e enxadas. Durante os conflitos armados, morreram de 5 mil a 8 mil rebeldes, contra baixas bem menores nas tropas oficiais. A Guerra do Contestado terminou em 1916, com a prisão dos últimos seguidores de João Maria.

O monge foi um dos seguidores dos ideais da lavradora gaúcha Jacobina Mentz Maurer, líder dos Muckers, que em 4 de maio de 1874 liderou um encontro com a presença estimada de cem a quinhentas pessoas, para anunciar o fim do mundo e ordenar o extermínio de dezesseis famílias inimigas. João Maria fez parte antes do movimento dos Monges do Pinheirinho, na cidade gaúcha de Encantado, e, 35 anos depois, participou da luta dos Monges Barbudos, em Soledade, também no Rio Grande do Sul. No Contestado, ele ficou conhecido na época como São João Maria, o monge dos excluídos.

Você sabia?

Os Muckers foram um grupo de imigrantes alemães envolvidos em um movimento messiânico liderado pelo casal Jacobina Mentz e João Maurer. O termo "*mucker*", em alemão, significa falso santo.

A Revolta dos Muckers teve lugar no final do século XIX, em São Leopoldo, atual Sapiranga, no Rio Grande do Sul.

5 de maio

STF reconhece união estável entre pessoas do mesmo sexo
2011

O voto do ministro e relator Ayres Britto foi claro: "Pelo que dou ao art. 1.723 do Código Civil interpretação conforme à Constituição para dele excluir qualquer significado que impeça o reconhecimento da união contínua, pública e duradoura entre pessoas do mesmo sexo como 'entidade familiar', entendida esta como sinônimo perfeito de 'família'. Reconhecimento que é de ser feito segundo as mesmas regras e com as mesmas consequências da união estável heteroafetiva."

Após a exposição, Ayres Britto foi acompanhado no voto declarado acima pelos demais ministros do Supremo Tribunal Federal (STF), Luiz Fux, Cármen Lúcia e Joaquim Barbosa, com exceção de Ricardo Lewandowski, que foi o único a reconhecer o direito à união estável entre pessoas homoafetivas com ressalvas, ao deixar excluídas o que definiu como "questões que exijam diversidade de sexo para o seu exercício", sem, no entanto, especificar quais seriam esses casos.

"Tal ressalva não significa que a união homoafetiva não possa ser identificada como entidade familiar apta a receber proteção estatal", escreveu Lewandowski em sua argumentação de voto. Dos outros seis integrantes do plenário do STF, apenas o ministro José Toffoli também não acompanhou o relator Ayres Britto nas ações de equiparação das uniões homoafetivas a casamentos heterossexuais, declarando-se impedido de votar na sessão histórica do Supremo, em maio de 2011, por ter dado parecer no caso na condição de advogado da Advocacia Geral da União (AGU).

Ao julgar duas ações sobre o caso, uma da Procuradoria-Geral da República (ADI 4277) e outra do governo do Rio de Janeiro (ADPF 132), o STF assegurou aos casais homossexuais os mesmos direitos garantidos aos heterossexuais. Assim, pensão alimentícia, benefícios previdenciários e partilha de bens no caso de morte do companheiro, por exemplo, passam a ser conquistas reconhecidas legalmente no Brasil.

Antes da sessão do julgamento de 2011, o então procurador-geral da República, Roberto Gurgel, ressaltou que a Constituição Federal reconhece implicitamente a união entre pessoas do mesmo sexo como entidade familiar. Gurgel foi enfático ao pedir que os ministros do STF aplicassem essa mesma interpretação ao artigo 1723 do Código Civil brasileiro, que trata do regime jurídico das uniões estáveis.

Para o advogado Luís Roberto Barroso, autor da sustentação oral em defesa da união homoafetiva, a intenção do legislador constituinte de 1988, ao regulamentar a união estável, foi a de acabar com a discriminação às mulheres que habitavam na mesma casa do parceiro, mas sem possuir os mesmos direitos patrimoniais inerentes ao casamento. O objetivo, portanto, não teria sido o de excluir os homossexuais e sim, incluir as mulheres.

Um dos primeiros processos para reconhecimento legal da união estável homoafetiva é referente a duas cidadãs do Rio Grande do Sul dispostas a oficializar o que na prática já acontecia, pois viviam juntas havia mais de cinco anos. Elas recorreram ao Superior Tribunal de Justiça (STJ) após terem negado em primeira e segunda instâncias o pedido de habilitação para casamento civil.

Você sabia?

O primeiro casamento entre dois homens no Brasil foi realizado em Jacareí (SP), em 28 de junho de 2011. No mesmo dia, a juíza Junia de Souza Antunes, da 4ª Vara da Família de Brasília, converteu em casamento a união estável de duas mulheres.

A adoção de crianças por casais homossexuais ganhou impulso com a decisão da 4ª Turma do STJ, que, por unanimidade, negou recurso do Ministério Público do Rio Grande do Sul contra decisão que permitiu a adoção de duas crianças por casal de mulheres.

6 de maio

Privatização da Companhia Vale do Rio Doce
1997

A Companhia Vale do Rio Doce, responsável pelo desastre ambiental de 5 de novembro de 2015, após o rompimento de duas barragens de rejeitos da mineradora Samarco, em Mariana (MG), é a mesma do governo Getúlio Vargas, criada em 1942, depois da rescisão do contrato de arrendamento assinado em 1911 com o empresário Percival Farquhar, dos Estados Unidos. Naquela ocasião, a Vale tornou-se estatal e passou a gerar muitos recursos para o país, a ponto de, em 1969, tornar-se a maior empresa de minério de ferro do mundo com jazidas suficientes para a exploração durante pelo menos quatrocentos anos. A diferença hoje é que a Vale de agora é privatizada, não pertence mais ao patrimônio público nacional.

Em meio a protestos populares que não chegaram a sensibilizar o governo de Fernando Henrique Cardoso (PSDB), a Vale do Rio Doce passou para o controle da Companhia Siderúrgica Nacional (CSN), mediante a aquisição de 41,73% das ações com direito a voto. O valor pago em 1997 foi de 3,33 bilhões de dólares, em leilão realizado na Bolsa de Valores do Rio de Janeiro. A privatização da Vale naquele dia 6 de maio foi uma das ações mais polêmicas do governo FHC, enfrentando dezenas de ações judiciais movidas por diferentes entidades da sociedade civil. Nenhuma delas, no entanto, reverteu o que já estava feito.

Nas ruas, houve confronto entre tropa de seiscentos policiais militares e cerca de 5 mil manifestantes. A área central do Rio de Janeiro, nas proximidades da praça 15 de Novembro e da sede da Bolsa de Valores, ficou parecendo um campo de guerra. De acordo com os números oficiais, 33 manifestantes ficaram feridos.

Uma das maiores multinacionais brasileiras, como estatal a Vale chegou a ser também uma das maiores operadoras de logística do país e a maior produtora de minério de ferro, de pelotas e de níquel. A empresa produz

6 de maio

manganês, ferroliga, cobre, bauxita, potássio, caulim, alumina e alumínio. No setor de energia elétrica, participou de consórcios e operou até nove usinas hidrelétricas, no Brasil, no Canadá e na Indonésia. Tornou-se a terceira maior mineradora do mundo, a principal em extração de ouro na América Latina, com nove portos, duas ferrovias e a maior frota de navios especializados em transporte de mercadorias a granel. Também possuía empresas de cobre, alumínio, papel e celulose.

A partir de 1991, o então presidente da República, Fernando Collor, iniciou programa de privatização das estatais. O governo vendeu algumas das mais importantes empresas nacionais, como a Usiminas e a CNA. Privatizar fazia então parte da política neoliberal e do livre mercado, com privatizações conduzidas de forma obscura.

Foi assim também com a Vale do Rio Doce, em 1997, período em que a corrupção nas estatais começou a ser exposta na mídia. A corrupção, aliás, foi o principal argumento de quem era favorável à venda da Vale do Rio Doce, mesmo que um patrimônio estimado em pelo menos 92 bilhões de reais estivesse sendo negociado por 3,3 bilhões de reais. A nomenclatura da empresa mudou para Vale S.A., apesar dos protestos nas ruas, no Congresso Nacional e das diversas ações judiciais. No dia da privatização, a Vale tinha em caixa 700 milhões de reais e 13 bilhões de toneladas em reservas de minério de ferro. No entanto, foi divulgado que tinha apenas 3 bilhões de toneladas em estoque.

Você sabia?

A Vale do Rio Doce investiu, nos dezesseis anos que antecederam a sua privatização, 16 milhões de dólares em infraestrutura, creches, escolas, hospitais, rodovias, distritos industriais e recuperação do patrimônio histórico.

Antes do leilão das ações de propriedade da União, o ato foi contestado por várias ações populares impetradas na Justiça.

7 de maio

Morre duque de Caxias, o Patrono do Exército
1880

O termo "caxias", com o tempo, caiu no vocabulário popular brasileiro e ganhou um significado para além da pessoa que o inspirou, Luís Alves de Lima e Silva, o militar que recebeu o título de duque de Caxias.

Hoje, ser um "caxias" não significa, obrigatoriamente, ser um soldado e amar a pátria acima de tudo, ou cumprir todas as ordens superiores. Basta ser dedicado ao extremo, seguir as regras sem reclamar, dar grande importância aos estudos ou ao trabalho e até ser confundido com um bajulador e interesseiro carreirista.

A razão para duque de Caxias ter dado origem ao termo que acabou ganhando novos significados estava em seu caráter, bravura e extrema lealdade à monarquia. Nascido em de Porto de Estrela, atual Duque de Caxias, na Baixada Fluminense, em 25 de agosto de 1803, cinco anos antes da chegada da família real portuguesa ao Rio de janeiro, ainda na infância, aos cinco anos, foi admitido como praça no Regimento de Infantaria de Linha. Mas só aos catorze anos entrou para o serviço efetivo.

Militar de berço, passou por todas as patentes do Exército até chegar ao mais alto posto, o de marechal. Foi conde, barão, e morreu como duque de Caxias, aos 77 anos, em 7 de maio de 1880, na fazenda Santa Mônica, na localidade de Desengano, atual Juparanã, no Rio de Janeiro. Seu corpo foi enterrado no jazigo da esposa, Ana Luísa Loreto Carneiro Viana, no cemitério do Catumbi, e lá ficou até 1949, quando seus restos mortais foram exumados e trasladados ao panteão que honra seu nome.

Em agosto de 1949, no Rio de Janeiro, então Distrito Federal, o presidente da República, general Eurico Gaspar Dutra, deu grande importância ao cortejo que conduzia as urnas funerárias do homenageado e da duquesa para o seu destino final – o panteão erguido defronte ao Ministério da Guerra. O segundo sepultamento do duque de Caxias contrariou a vontade do homem,

7 de maio

mas ergueu a do herói sem sombras, o soldado que se distinguiu pelo mérito, surgindo, assim, o duque-monumento, que só em 1923, 43 anos depois de morrer, passou a ser cultuado oficialmente.

Nesse intervalo, Caxias ficou praticamente esquecido pelo Exército, lembrado apenas de maneira episódica, como no centenário do seu nascimento. Em 1923, o Ministério da Guerra introduziu oficialmente o "culto a Caxias" e, em 1925, o Exército oficializou a data de seu nascimento, 25 de agosto, como "Dia do Soldado". Para culto de sua memória, o governo brasileiro o proclamou Patrono do Exército, em 1962. Seu nome está inscrito no Livro dos Heróis da Pátria, e ainda hoje é saudado pelos cadetes da Academia Militar das Agulhas Negras que, ao prestarem juramento na cerimônia de graduação, repetem a frase: "Recebo o sabre de Caxias como o próprio símbolo da honra militar".

O culto militar a Caxias fez parte do processo que definiria a opção pelo tipo ideal de soldado brasileiro. Assim, a sua imagem serviu como antídoto à indisciplina e à politização nos quartéis, particularmente nos anos 1920, quando o Exército vivia ameaças por revoltas internas e divergências ideológicas. Ligado a valores como legalidade e disciplina, Caxias foi considerado um símbolo mais conservador do que o liberal general Osório, que viveu entre 1808 e 1879.

Você sabia?

Caxias lutou em 1823 pela Independência do Brasil e passou três anos na Cisplatina, atual Uruguai. Permaneceu leal ao imperador Pedro I nos protestos de 1831, apesar de os familiares terem abandonado o monarca.

Sob seu comando, o Exército do Brasil derrotou a Confederação Argentina em 1851, na Guerra do Prata. Uma década depois, já marechal, liderou tropas brasileiras para a vitória na Guerra do Paraguai.

8 de maio

Leonardo Boff é condenado ao silêncio pelo Vaticano
1985

Ordenado sacerdote em 1964, cinco anos depois de ingressar na Ordem dos Frades Menores, capuchinhos da família dos franciscanos, quando o Brasil parecia ainda aturdido pelo golpe militar que se sucederia nas décadas seguintes, o jovem Genézio Darci Boff não imaginava que acabaria punido sob acusação de desafiar os dogmas da Igreja Católica.

Nascido em 14 de dezembro de 1938, em Concórdia, cidade do oeste de Santa Catarina com um dos melhores Índices de Desenvolvimento Humano (IDHs) do Brasil, para o mundo ele é Leonardo Boff, o teólogo, filósofo, ecologista, escritor e professor universitário que jamais abriu mão de seus ideais de liberdade e da defesa dos direitos dos pobres e excluídos. Em 1970, enquanto o país comemorava o tricampeonato da Seleção Brasileira de Futebol, no México, ele concluiu o doutorado em filosofia e teologia, na Universidade de Munique, na Alemanha.

No retorno ao Brasil, dedicou-se à consolidação da Teologia da Libertação. Passou, então, a lecionar teologia sistemática e ecumênica no Instituto Teológico Franciscano, em Petrópolis (RJ), onde permaneceu durante 22 anos. Foi editor de publicações como a *Concilium*, entre 1970 e 1995, a *Revista Internacional de Teologia* e a *Revista de Cultura Vozes*, ambas de 1984 a 1992, e da *Revista Eclesiástica Brasileira*, entre os anos de 1970 e 1984.

Os conceitos teológicos de Leonardo Boff a respeito da doutrina católica e a hierarquia da Igreja, no livro *Igreja: carisma e poder*, resultaram em 1984 no processo da Congregação para a Doutrina da Fé, no Vaticano, na época dirigida por seu amigo cardeal Joseph Ratzinger, mais tarde o papa Bento XVI. O documento final da ação, assinado pelo próprio Ratzinger, concluiu que "as opções analisadas de Frei Leonardo Boff são de tal natureza que põem em perigo a sã doutrina da fé, que esta mesma congregação tem o dever de promover e tutelar".

8 de maio

Em 1985, no dia 8 de maio, veio o golpe mais duro contra Leonardo Boff. O frei brasileiro foi condenado pelo Vaticano a um ano de "silêncio obsequioso", perdeu a cátedra e suas funções editoriais na Igreja Católica. No ano seguinte, ele recuperou algumas funções, mas sempre sob observação de seus superiores; em 1992, diante de nova ameaça de punição, decidiu pedir dispensa do sacerdócio.

Como a dispensa das funções sacerdotais não lhe foi concedida, Boff assumiu publicamente a relação amorosa mantida em segredo desde 1981 com a educadora popular e militante dos direitos humanos Márcia da Silva Miranda, divorciada e mãe de seis filhos. Boff afirma que nunca deixou a Igreja, embora tenha deixado de exercer a função de padre.

A reflexão teológica dele abrange ética, ecologia, espiritualidade e ecumenismo. Também atuou como assessor das comunidades eclesiais de base e de movimentos sociais, como o Movimento dos Trabalhadores Rurais Sem Terra (MST). Emprega o "método da dupla mediação", ao recorrer às ciências humanas e sociais para melhor compreensão da realidade e dos mecanismos de opressão que ameaçam os pobres. Utiliza a hermenêutica para interpretação dos textos fundadores do cristianismo, e analisa o conteúdo para descobrir seus significados original e atual.

Você sabia?

Em meados de 2017, o Papa Francisco anunciou a convocação de Leonardo Boff ao Vaticano, para uma "reparação" à perseguição sofrida.

Boff entende que o grito do pobre e o grito da Terra não são independentes, mas um mesmo clamor.

Para Boff, Bento XVI foi um nostálgico da síntese medieval, reintroduziu o latim na missa, escolheu vestimentas renascentistas e manteve hábitos palacianos.

9 de maio

Folha da Noite publica trechos do diário de Carolina de Jesus
1958

Com uma pontinha de sorte, muito talento e um grande faro jornalístico, Audálio Dantas foi quem localizou por acaso os trechos do diário que revelariam ao Brasil a primeira escritora negra e favelada, Carolina de Jesus.

O encontro entre Audálio e Carolina aconteceu em 1958, quando o jornalista trabalhava em uma reportagem sobre a inauguração de um parque infantil na favela Canindé, na Zona Norte de São Paulo, onde Carolina morava, trabalhando como catadora. Naqueles cadernos que recolhia no lixo Carolina registrava seu cotidiano: "Eu denomino que a favela é o quarto de despejo de uma cidade. Nós, os pobres, somos os trastes velhos".

Os primeiros trechos a virem a público, por iniciativa de Dantas, foram estampados na edição de 9 de maio de 1958, no jornal *Folha da Noite*. Os textos repercutiram em vários jornais e revistas do país, até que, dois anos depois, a editora Francisco Alves publicou a primeira edição de *Quarto de despejo*, com 30 mil exemplares de tiragem. A obra foi reimpressa sete vezes em 1960, e, no total, vendeu 80 mil exemplares, sendo traduzida para catorze idiomas em vinte países.

Nascida em 14 de março de 1914, na cidade mineira de Sacramento, Carolina Maria de Jesus morreu em 13 de fevereiro de 1977, em São Paulo. Catadora de lixo e mãe de três filhos, foi a primeira escritora brasileira a vincular ao texto literário a perspectiva interna dos marginalizados. Além de diários, também escreveu romance e poemas. Carolina de Jesus foi obrigada a trabalhar já na infância, tendo frequentado a escola por apenas dois anos, no colégio Allan Kardec, provavelmente entre 1923 e 1924, quando sua família se mudou para Lageado (MG) para trabalhar com a lavra.

Em 1927, Carolina retornou a Sacramento e, três anos depois, migrou para Franca, no interior de São Paulo. Passou o primeiro ano na fazenda Santa Cruz e, depois, na cidade, onde trabalhou como ajudante na Santa

9 de maio

Casa, auxiliar de cozinha e doméstica. Depois da morte da mãe, em 1937, ela foi em busca de trabalho na capital.

Entre os anos de 1948 e 1961, viveu em condições de extrema pobreza na favela Canindé, e sobreviveu como catadora, recolhendo papel e ferro-velho. Ao conhecer Carolina e seu trabalho, Dantas demonstrou especial interesse pelos 35 cadernos de anotações, onde estavam pensamentos sobre o cenário de desigualdades em que ela vivia, com descrições de suas tarefas diárias, a preocupação com o que comer e as pequenas coisas que fazem a condição humana.

Depois de *Quarto de despejo*, a autora lançou *Diário de uma favelada*, em 1960. Mais tarde, ao se mudar para o bairro de Santana, lá manteve registros que foram posteriormente reunidos e editados, em 1961, sob o título *Casa de alvenaria: diário de uma ex-favelada*. Dois anos mais tarde, Carolina publicou *Pedaços da fome*, seu único romance, de pouca repercussão.

Desentendimentos com editores e dificuldades para adaptar-se à vida no bairro de classe média levaram-na a um sítio no bairro de Parelheiros, em São Paulo, em 1969. Após sua morte, foram editadas obras escritas entre 1963 e 1977, entre as quais *Diário de Bitita*, com memórias da infância e juventude, inicialmente lançado na França.

Você sabia?

Quarto de despejo foi eleito a narrativa orgânica das favelas. Ao chegar às livrarias, nos três primeiros dias foram vendidos 10 mil exemplares.

Segundo Audálio Dantas, Carolina de Jesus costumava ameaçar os vizinhos com a promessa de registrar as brigas em um livro. "Qualquer coisa ela dizia: 'Estou escrevendo um livro e vou colocar vocês lá'. Isso lhe dava autoridade", relatou o jornalista.

10 de maio

Massacre do Caldeirão leva Exército a matar setecentos camponeses
1937

Quem é do Cariri, no Ceará, com certeza sabe quem foi José Lourenço Gomes da Silva, o paraibano que saiu cedo de casa, em Pilões de Dentro, para lidar com gado nas fazendas da região, e que, em 1890, ao reencontrar a família em Juazeiro do Norte, no sertão cearense, conquistou a amizade e a liderança de padre Cícero Romão Batista, o Padim Ciço.

Depois de integrar seitas que rezavam em cemitérios pelas almas do Purgatório e que praticavam autoflagelação para se purificar dos pecados, Lourenço arrendou o sítio Baixa Dantas, no Crato, e formou uma comunidade autossustentável e ecológica. Lá, entre 1894 e 1926, foi desenvolvida a primeira experiência de trabalho coletivo igualitário do Brasil.

Mas foi lá que ocorreu, também, um dos episódios mais sangrentos da luta pela posse da terra. Crime que, apesar do pouco conhecimento da sociedade, é considerado por ativistas dos direitos humanos comparável à Guerrilha do Araguaia. Trata-se do Massacre do Caldeirão, praticado por tropas do Exército e da Polícia Militar do Ceará, em 10 de maio de 1937.

Naquele dia, foi dizimada a comunidade de camponeses católicos do Sítio da Santa Cruz do Deserto ou Sítio Caldeirão, que era liderada pelo beato José Lourenço. Acostumados a sobreviver com o que produziam dividido de forma igualitária, frequentando escola e igreja da comunidade, os humildes e destemidos trabalhadores rurais foram encarados como "socialistas periculosos" e, como tal, assassinados de forma covarde.

O ataque criminoso à comunidade começou com um bombardeio aéreo, seguido de assalto das tropas de infantaria, no solo. Os militares com armas potentes, como metralhadoras, fuzis, revólveres e pistolas, além de foices, facas e facões, não deram a mínima chance de reação, sequer de fuga, a homens, mulheres, adolescentes, velhos e crianças, inclusive doentes. O assassinato coletivo de cerca de setecentos camponeses ocorreu na locali-

10 de maio

dade de Mata Cavalos, na Serra do Cruzeiro, ou Chapada do Araripe. Em nome de fazendeiros e coronéis do sertão, as forças federais e do estado do Ceará agiram, covardemente, como juízes e algozes. Alguns meses depois, José Geraldo da Cruz, o ex-prefeito de Juazeiro do Norte, localizou dezesseis crânios de crianças.

Praticado por forças do Estado, trata-se de "crime de lesa-humanidade", um genocídio, portanto, imprescritível, segundo a legislação brasileira e acordos e convenções internacionais. A organização não governamental SOS – Direitos Humanos, com sede em Fortaleza, ajuizou em 2008 ação civil pública na Justiça Federal contra a União e o estado do Ceará, para requerer o mínimo de justiça.

A ação solicitou informações sobre a localização da cova rasa coletiva onde foram sepultados os camponeses assassinados, a exumação dos restos mortais e identificação através de dna, para sepultamento digno. Foi requerido também que documentos do massacre fossem liberados ao público e o crime incluído nos livros de história do Brasil. Aos descendentes das vítimas e sobreviventes, foi estabelecida indenização no valor de 500 mil reais. O processo foi distribuído para o juiz substituto da 1ª Vara Federal em Fortaleza, e depois, redistribuído à 16ª Vara Federal, em Juazeiro do Norte, onde acabou extinto sem julgamento do mérito, em 2009.

Você sabia?

Para fugir da exploração dos fazendeiros, até 3 mil camponeses passaram pela comunidade igualitária do Caldeirão.

O beato José Lourenço morreu de peste bubônica, aos 74 anos, em Pernambuco, e teve o corpo levado para sepultamento em Juazeiro do Norte.

11 de maio

Canonização de Frei Galvão, o 1º santo brasileiro
2007

São Antônio de Sant'Anna Galvão, o Frei Galvão, foi o primeiro santo genuinamente brasileiro a ser assim reconhecido pelo Vaticano, em 1998. Passada quase uma década de sua beatificação, no dia 11 de maio de 2007 foi a vez de o padroeiro de engenheiros, arquitetos e demais trabalhadores da construção ser canonizado.

O processo exigiu, conforme requisitos seculares da Igreja Católica, que pelo menos dois milagres fossem confirmados, todos caracterizados como fatos inexplicáveis perante a ciência. E assim aconteceu, com as histórias de Sandra Grossi de Almeida e Daniella Cristina da Silva.

Sandra Grossi, segundo laudos e atestados médicos, tinha uma má-formação uterina, anomalia que a impossibilitava de manter um feto em desenvolvimento por mais de quatro meses. Em 1999, depois de tomar as famosas "pílulas de Frei Galvão" e rezar pela intervenção do santo, ela deu à luz um menino batizado de Enzo.

No caso de Daniella Cristina da Silva, aos quatro anos de idade a menina foi diagnosticada com um tipo incurável de hepatite. Também ingeriu as "pílulas" e, após rezar fervorosamente com a família, ficou curada inexplicavelmente.

As chamadas "pílulas" surgiram para atender homens que pediam ajuda a Frei Galvão para um amigo que sofria de dores, por causa de pedras nos rins, e que estava prestes a morrer em uma fazenda distante. Na impossibilidade de ir até lá, Frei Galvão escreveu em um minúsculo pedaço de papel a seguinte frase dedicada à Nossa Senhora: "Depois do parto, ó Virgem, permaneceste intacta: Mãe de Deus, intercedei por nós". Em seguida, dobrou-a em formato de comprimido e mandou que levassem para o homem doente tomar, em clima de oração.

A fama de cura e do poder das chamadas "pílulas" com o tempo se espalhou, ganhando produção em larga escala pelas mãos das irmãs

11 de maio

da congregação de Frei Galvão, com inúmeros relatos de curas e graças alcançadas.

Frei Galvão foi o quarto entre os dez filhos de um casal de posses, que viveu no Vale do Rio Paraíba, em São Paulo. O futuro religioso nasceu em Guaratinguetá, provavelmente em 10 de maio de 1739, inexatidão explicada por não haver registros oficiais de nascimentos e batismos daquela época na cidade. Depois de se tornar religioso, vários fenômenos místicos de sua vida foram presenciados por testemunhas. Era comum, por exemplo, o frei ajudar endividadas a se livrar de agiotas, usando para isso o que recebia de doação das famílias ricas, agindo de forma discreta e silenciosa.

Ao morrer, aos 83 anos, em 23 de dezembro de 1822, no mosteiro da Luz, na capital paulista, ele reunia considerável fama de santidade. Frei Galvão foi o responsável pelo projeto e construção do mosteiro, onde está seu túmulo ainda hoje, local declarado Patrimônio Cultural da Humanidade pela Organização das Nações Unidas para a Educação, a Ciência e a Cultura (UNESCO). O mosteiro continua sendo destino de peregrinação.

No mesmo local do mosteiro, está localizado o Museu de Arte Sacra de São Paulo, importante acervo sacro nacional, originalmente reunido pelo primeiro arcebispo de São Paulo, dom Duarte Leopoldo e Silva.

Você sabia?

São 36 os santos brasileiros, nascidos aqui ou em outros países mas que morreram em território nacional ou a caminho do país. São eles: são Roque, santo Afonso Rodrigues, são José de Castilho, Frei Galvão, santa Paulina (nascida na Itália), José de Anchieta (nascido na Espanha) e os santos André de Soreval, Ambrósio Francisco Ferro com 28 companheiros mártires de Cunhaú e Uruaçu.

A construção do mosteiro da Luz deu origem ao bairro da Luz, na capital paulista.

12 de maio

Sai a patente para fabricação do orelhão
1972

No cotidiano cada vez mais digitalizado, o celular deixou de ser um simples telefone. Pessoas de todas as idades, cada vez mais conectadas, carregam o mundo na palma das mãos e com um simples deslizar de dedos têm acesso à internet, a aplicativos diversos para troca de mensagens e às redes sociais. Com tantas funções, o aparelhinho serve também para algo que parece cada vez mais raro, ou seja, conversar ao pé do ouvido. Porém, nem sempre foi assim.

A telefonia pública no Brasil é um serviço antigo. Desde a década de 1920, a população já tinha conhecimento e dispunha de aparelhos instalados em hotéis, bares e restaurantes, de onde era possível completar ligações com o auxílio da telefonista da central. Mas a história da telefonia começou a se desenvolver mesmo em meados de 1934, quando a extinta Companhia Telephonica Brasileira (CTB) instalou os primeiros telefones públicos na cidade de Santos, litoral de São Paulo. Ficaram em locais estratégicos de estabelecimentos devidamente credenciados e, para utilizá-los, era preciso fazer o pagamento antecipado por meio de moedas depositadas em caixa coletora. As ligações continuavam dependendo da telefonista da central.

A partir de 1971, os telefones públicos começaram a disputar espaço com postes e placas de sinalização de trânsito nas calçadas das cidades brasileiras. Mas ainda não eram no formato característico de uma "grande orelha" em fibra de vidro. Primeiramente, foram instaladas treze cabines telefônicas circulares, de vidro e acrílico, semelhantes às existentes nas cidades da Inglaterra, abandonadas depois por causa dos altos custos de fabricação e manutenção.

Foi quando surgiu o modelo idealizado pela arquiteta e chefe do setor de engenharia da CTB, Chu Ming Silveira, chinesa nascida em Shangai, em 1941, e naturalizada brasileira. Foi ela quem criou uma espécie de cápsula

12 de maio

oval que, fixada em postes de ferro, facilitaria a instalação de diversos aparelhos telefônicos em um mesmo local.

O formato de cápsula, segundo a própria inventora, foi inspirada em um ovo e, como era menor do que as antigas cabines, protegia o aparelho e dava privacidade ao usuário, além de ocupar menor espaço nos ambientes urbanos onde era instalado. O projeto foi imediatamente aprovado pela CTB e pela população brasileira, que apontou conforto e economia como suas principais vantagens.

Em 1972, os orelhões foram implantados definitivamente nas ruas brasileiras. Começou pelo Rio de Janeiro, no dia 20 de janeiro, e cinco dias depois em São Paulo, em comemoração ao aniversário de fundação das duas cidades, chamados inicialmente de CHU-2, tulipa, capacete de astronauta e orelhão. Chu Ming criou outros modelos, entre eles as conchas instaladas em postos de gasolina da época.

Em 1972, eram 4.200 orelhões espalhados pelo país. Até que, no dia 12 de maio daquele ano, a CTB entrou com os pedidos de patentes no Instituto Nacional de Propriedade Industrial (INPI), sob os números 2966/72 e 2967/72, para protetores externos e internos, indicando como inventora licenciada a engenheira Chu Ming Silveira. As patentes, obviamente, perderam o valor e o invento passou a integrar o domínio público. Em tempos de comunicação digital, o mais difícil é encontrar algum deles ainda em funcionamento.

Você sabia?

Em 1982, foi inaugurado o primeiro orelhão comunitário, na favela da Vila Prudente, em São Paulo, para recebimento de chamadas.

Em 2003, a arquiteta Chu Ming foi premiada postumamente pela Universidade Mackenzie, onde estudou, pelo projeto do orelhão.

13 de maio

Lei Áurea marca fim da escravidão
1888

Foram necessários quatro séculos e o sacrifício de muitas vidas até que o Brasil, finalmente, ficasse livre da escravidão institucionalizada. Inicialmente rejeitada por proprietários rurais, em particular pelos fazendeiros de café, a Lei Áurea, nº 3.353, sancionada no Paço Imperial pela princesa Isabel, na ausência do pai, dom Pedro II, foi precedida de outras quatro, representando a lenta evolução da legislação brasileira. Em 1850, 38 anos antes, já havia sido promulgada a Lei Eusébio de Queirós, a primeira ação de impacto, que proibia o tráfico negreiro em águas nacionais do Oceano Atlântico, e, em 1872, a Lei do Ventre Livre libertou os afrodescendentes.

Na década seguinte, em 25 de março de 1884, a província do Ceará extinguiu o sistema escravista em seu território, fato reverenciado pelo abolicionista José do Patrocínio com o título de "Terra da Luz", e no ano seguinte, a Lei dos Sexagenários libertou negros cativos com mais de sessenta anos. No Ceará, a liberdade chegou alguns anos antes. Os marcos históricos são as cidades de Acarape, atual Redenção, onde a escravidão terminou em 1º de janeiro de 1883, quatro meses antes de Fortaleza, em 24 de maio do mesmo ano.

O pioneirismo que estimulou o movimento abolicionista nacional é explicado pela não absorção da mão de obra negra na estrutura produtiva baseada na pecuária e pelos longos períodos de seca, que fazia deles um fardo para os proprietários rurais.

Na época, politicamente, a situação do Império começava a dar fortes sinais de instabilidade. Dom Pedro II vivia relações obscuras com a Igreja, com os militares e com os grandes proprietários de terras. Depois de tanta espera, a tensão acelerou a tramitação do projeto de lei apresentado no dia 8 de maio de 1888 pelo ministro da Agricultura, Rodrigo Augusto da Silva. Em votação das mais rápidas da história, enquanto o imperador viajara à Europa, deputados federais e senadores aprovaram a abolição e derrubaram uma

13 de maio

das bases de sustentação da monarquia. A Lei Áurea foi, então, assinada por volta das três da tarde de 13 de maio de 1888, e o Brasil tornou-se o último país da América a libertar os escravos.

Caracterizada por um texto curto, simples e direto, a Lei nº 3.353 beneficiou cerca de 700 mil escravos negros, em um país que na época tinha 15 milhões de habitantes. O número parece inexpressivo diante do grande contingente de libertos já existentes naquela data, que, embora tenha sido apresentada como presente do estado monárquico, foi resultado de revoltas e fugas, vitória conquistada às custas de muito sangue derramado na luta contra senhores de engenho e seus feitores.

Considerado o ato mais popular do Império, a abolição desagradou aos proprietários rurais, importante grupo no cenário político da época. Agraciados com o baronato, mas descontentes com a falta de pagamento de indenização, os fazendeiros que concentravam suas fortunas na posse de escravos romperam com o Estado. No ano seguinte, foi proclamada a República.

Durante o demorado processo de abolição, os cafeicultores resistiram e continuaram utilizando mão de obra negra. Além disso, a partir de 1850, um novo tipo de trabalhador barato começou a ser explorado como alternativa à possível escassez de escravos negros: os imigrantes desqualificados, submetidos a baixos salários e trabalho análogo à escravidão, servidão forçada e mantida às custas de dívidas contraídas nos armazéns das próprias fazendas.

Você sabia?

Em 25 de março de 1807, cerca de oito décadas antes que o Brasil, no Reino Unido foi aprovado ato contra o comércio de escravos e o fim do tráfico negreiro no Império Britânico.

No Brasil, entre as consequências da escravidão estão a discriminação racial e os altos índices de violência contra os negros.

Entre 1791 e 1804, quase um século antes que o Brasil, a Revolução Haitiana, ou Revolta de São Domingos, resultou no fim da escravidão e na independência daquele país, a primeira República governada por pessoas de ascendência africana.

14 de maio

Nasce Arthur Bispo do Rosário, artista e paciente psiquiátrico
1911

Arthur Bispo do Rosário praticamente nasceu duas vezes. A primeira, em 14 de maio de 1911, na pequena cidade de Japaratuba, entre o Vale do Continguiba e o litoral sergipano, a 55 quilômetros de Aracaju.

A outra, em 22 de dezembro de 1938, quando, já adulto, marginalizado e excluído, teve um surto psicótico que o levou ao hospício, onde, diagnosticado como esquizofrênico-paranoico, despertou para a produção artística, talento que o consagraria como referência da arte visual contemporânea do Brasil.

Ainda garoto, aos catorze anos, ele chegou ao Rio de Janeiro em 1925, trabalhando até 1933 como sinaleiro na Marinha do Brasil. Durante o segundo emprego, como borracheiro da Viação Excelsior, subsidiária da Ligth, a companhia de eletricidade do estado, conheceu o advogado trabalhista Humberto Leoni, em 1937, que o defenderia em ação judicial e o empregou para serviços domésticos na própria casa.

Começou, assim, a segunda etapa da saga de Arthur Bispo do Rosário, por manicômios fluminenses. Às vésperas do Natal de 1938, ele foi internado no Hospital Nacional dos Alienados, na praia Vermelha, no Rio, após delírio místico, recebendo o diagnóstico de esquizofrênico-paranoico. No ano seguinte, foi transferido para a Colônia Juliano Moreira, em Jacarepaguá, onde, entre entradas e saídas, viveu mais de quarenta anos e produziu a maior parte da obra que o tornou conhecido pelo mundo afora.

Lá, chamou a atenção do psicanalista e fotógrafo Hugo Denizart, autor do documentário *Prisioneiro da passagem*, em 1982, mesmo ano em que teve parte das obras incluídas pelo crítico de arte Frederico Morais na coletiva "A margem da vida", no Museu de Arte Moderna do Rio de Janeiro.

Entre 1940 e 1960, alternou momentos de internação e períodos em que exerceu alguns ofícios em residências cariocas, até trabalhar em uma clínica pediátrica, onde morou em um quartinho no sótão. Naquele pequeno espaço, ele iniciou seus trabalhos artísticos, produzindo com materiais rudimentares miniaturas de navios de guerra e automóveis, e vários bordados. Em 1964, regressou à Colônia Juliano Moreira, onde permaneceu até a morte. Criou mais de mil peças com objetos do cotidiano, como roupas, utensílios e lençóis bordados.

Se fosse vivo, talvez tivesse dado pouca importância à primeira mostra individual organizada pelo próprio Frederico Morais, "Registros de minha passagem pela Terra", que levou 8 mil pessoas à Escola de Artes Visuais do Parque Lage, em 1989. A partir dessa exposição, as obras de Bispo do Rosário passaram a ser expostas em vários estados brasileiros e em outros países, como Suécia, França e Estados Unidos. Em 1995, representou o país na prestigiosa Bienal de Veneza, na Itália.

Vida e obra do artista têm sido temas de filmes e de livros, como *Arthur Bispo do Rosário: o senhor do labirinto*, de Luciana Hidalgo; além de ser abordada também no teatro. Em 1989, foi fundada a Associação dos Artistas da Colônia Juliano Moreira, para preservação de sua obra, tombada em 1992 pelo Instituto Estadual do Patrimônio Artístico e Cultural. A produção está reunida no Museu Bispo do Rosário, denominado anteriormente Museu Nise da Silveira, na antiga Colônia Juliano Moreira.

Vítima de enfarte, Bispo morreu em 5 de julho de 1989, na solidão de um quarto da Colônia Juliano Moreira, no Rio de Janeiro, sem compreender a importância e abrangência internacional da sua própria obra.

Você sabia?

Na década de 1980, os trabalhos de Bispo começaram a ser valorizados e integrados ao circuito de arte.

Na Marinha, Bispo dedicou-se de corpo e alma ao boxe, e era considerado bom pugilista.

15 de maio

Morre Cauby Peixoto
2016

Ele não esperou a segunda-feira chegar. Na noite daquele domingo, 15 de maio, antes mesmo dos primeiros sons da madrugada seguinte, morreu Cauby Peixoto Barros, considerado pela crítica especializada um dos mais importantes intérpretes da música brasileira.

Aos 85 anos, o cantor estava internado com pneumonia havia seis dias, no hospital Sancta Maggiore, no Itaim Bibi, Zona Sul da capital paulista. Doente desde abril daquele ano, Cauby subiu ao palco pela última vez doze dias antes de morrer, na noite de 3 de maio, quando se apresentou no Theatro Municipal do Rio de Janeiro ao lado da cantora Ângela Maria, com quem estava em turnê de comemoração dos sessenta anos de carreira de cada um deles. No repertório, estavam sucessos como "Vida de bailarina", "Cinderela", "Gente humilde", "Bastidores", "Babalu" e o clássico "Conceição".

Pouco mais de um mês depois da morte, em 22 de junho, Cauby recebeu significativa homenagem póstuma, por ocasiao da entrega do Prêmio da Música Brasileira pelo último disco, *Cauby sings Nat King Cole*, de 2015. Quem conheceu apenas o estilo vaidoso e extravagante, de penteados excêntricos e vozeirão de timbre grave e aveludado, não imaginava o garoto comportado que estudou no colégio dos padres salesianos, em Niterói, no Rio de Janeiro.

Na infância e adolescência, Cauby chegou a cantar nos coros da escola e da igreja, tendo trabalhado como comerciário até ter coragem de participar de programas de calouros em emissoras de rádio cariocas, no fim da década de 1940. Foi lá que ele começou a mostrar seu talento, proveniente da sua família de músicos.

Caçula de seis irmãos, Cauby cresceu ouvindo o pai Eliziário, conhecido pelo apelido de Cadete, tocar violão, enquanto a mãe, Alice, acompanhava-o ao bandolim. Os irmãos Moacyr e Araken eram instrumentistas, e as irmãs, Aracy, Andyara e Iracema, boas cantoras. Cauby era sobrinho do

15 de maio

pianista Nonô, que popularizou o samba naquele instrumento, e ainda primo do cantor Ciro Monteiro.

Nascido em fevereiro de 1931, Cauby começou a carreira artística no início da década de 1950, em programas de calouros como a *Hora dos comerciários*, na antiga rádio Tupi. Gravou o primeiro disco pelo selo Carnaval em 1951, com o samba "Saia branca", de Geraldo Medeiros, e a marcha "Ai, que carestia!", de Victor Simon e Liz Monteiro. Dois anos depois, foi para São Paulo, e lá cantou nas boates Oásis e Arpége, além de se apresentar na rádio Excelsior. A capacidade de Cauby de cantar em inglês impressionou o futuro empresário Di Veras, que apostou em um marketing que destacou sua extravagância no trajar, no repertório e nas atitudes em palco.

Em 1953, Cauby gravou dois discos pelo selo Todamérica. No mesmo ano, assinou contrato com a gravadora Columbia, estreando no ano seguinte com o samba "Palácio de pobre", de Alfredo Borba e José Saccomani, e a marcha "Criado mudo", de Alfredo Borba. Também fez sucesso com o *slow-fox* "Blue gardênia", de B. Russel e L. Lee, com versão de Antônio Carlos, tema do filme de Hollywood, que lhe abriu as portas para o estrelato internacional.

Rapidamente Cauby se transformou em ídolo do rádio, no elenco da rádio Nacional, até substituir o fenômeno Orlando Silva. Passou a ser perseguido e muitas vezes teve as roupas rasgadas pelas fãs.

Seu corpo foi velado com honrarias no salão da Assembleia Legislativa de São Paulo, e o túmulo, no cemitério de Congonhas, é visitado regularmente até hoje.

Você sabia?

Bom vendedor, na juventude Cauby Peixoto trabalhou como comerciário em sapataria e loja de perfumes.

Em 2016, o jornalista, crítico e produtor musical Nelson Motta classificou Cauby Peixoto como o único cantor tecnicamente perfeito do Brasil.

16 de maio

Nasce Maria Lacerda de Moura, anarquista e feminista brasileira
1887

O nascimento de Maria Lacerda de Moura, mineira de Manhuaçu, no século XIX, representa o surgimento da primeira anarquista e feminista brasileira, militante e jornalista que se notabilizou pelos escritos revolucionários, textos que permanecem atuais dois séculos depois. São textos como este: "Sou 'indesejável', estou com os individualistas livres, os que sonham mais alto, uma sociedade onde haja pão para todas as bocas, onde se aproveitem todas as energias humanas, onde se possa cantar um hino à alegria de viver na expansão de todas as forças interiores, num sentido mais alto – para uma limitação cada vez mais ampla da sociedade sobre o indivíduo".

Intelectual e combativa, criticou o feminismo por não acolher mulheres negras e pobres, o comunismo por pregar excessiva hierarquia governamental, e o radicalismo do anarquismo por não aproveitar estratégias positivas defendidas por outros sistemas políticos.

Formada na escola normal de Barbacena, também em Minas Gerais, Maria Lacerda, como educadora, adotou os métodos pedagógicos de Francisco Ferrer, lecionando em escolas modernas da época. Em 1920, já no Rio de Janeiro, foi uma das fundadoras da Liga para a Emancipação Intelectual da Mulher, que combateria a favor do voto feminino. Em 1921, ao se mudar para São Paulo, passou a colaborar com a imprensa operária, publicando textos opinativos em jornais como *A plebe* e *O combate*.

Dois anos depois, acabou desagradando os camaradas anarquistas, ao defender as reformas educacionais que estavam sendo promovidas pelos bolcheviques na União das Repúblicas Socialistas Soviéticas (URSS). Também surpreendeu até os inimigos políticos, ao recusar convites para ingressar no recém-formado Partido Comunista do Brasil (PCdoB). Entre 1928 e 1937, fez parte de projeto agrícola autossustentável e igualitário, em Guararema, for-

16 de maio

mado principalmente por anarquistas e desertores espanhóis, franceses e italianos da Primeira Guerra Mundial.

"Livre de escolas, livre de igrejas, livre de dogmas, livre de academias, livre de muletas, livre de prejuízos governamentais, religiosos e sociais", escreveu. Durante o governo de Getúlio Vargas, a repressão política resultou no fim da comunidade, e Maria Lacerda fugiu para o Rio de Janeiro, onde trabalhou na rádio Mayrink Veiga, lendo horóscopo, função que em nada lembrava sua trajetória de militância política.

Também fez parte da maçonaria e da Rosacruz, da qual se distanciou ao saber que a sede, em Berlim, havia sido cedida aos nazistas, reaproximando-se mais tarde. Outra atitude polêmica, esta de caráter pessoal, foi dirigida ao filho adotivo, para que não a reconhecesse como mãe após ele ter declarado seu apoio aos integralistas.

No livro *Religião do amor e da beleza*, Maria Lacerda defendeu o amor livre. Segundo a pioneira do feminismo nacional, o amor só seria realmente livre quando as mulheres deixassem de ser compelidas aos braços dos homens por estarem submetidas a constrangimentos financeiros. Ela também condenou preconceitos religiosos de qualquer natureza.

Você sabia?

Os artigos de Maria Lacerda foram publicados na imprensa brasileira, uruguaia, argentina e espanhola. A autora fundou a revista *Renascença*, com foco na formação intelectual e moral das mulheres.

Ela se casou aos dezessete anos, e aos 27 começou a recusar a identidade doméstica, até se ver na posição de feminista radical.

17 de maio

Surge a primeira vila operária do Brasil
1917

Bairro simetricamente planejado, com ruas e praças arborizadas, coreto, clube de baile e infraestrutura adequada para abrigar 2.100 pessoas em moradias familiares ou para solteiros. Escolas, capela, sapataria, armazém, açougue e restaurante, tudo perto da linha do trem e do local de trabalho, com vagas garantidas para homens e mulheres. A cada três horas, as mães trabalhadoras cumpriam intervalos regulares, atravessavam a via principal e amamentavam seus filhos na creche comunitária. O que parece sonho de futuro em uma época de ocupações urbanas desordenadas e injustas e de direitos trabalhistas e sociais vilipendiados é coisa do passado.

As ruínas ainda estão lá, no centro antigo da capital paulista, tombadas em 1992 pelo Serviço Estadual do Patrimônio Histórico de São Paulo, mas nunca conservadas pelo proprietário atual, o governo federal, por meio do Instituto Nacional da Seguridade Social (INSS).

Trata-se da Vila Maria Zélia, obra inovadora na área do urbanismo e da construção civil, considerado um avanço para a política industrial da época, entre a primeira e a segunda década do século XX. Criada em 17 de maio de 1917, no bairro do Belenzinho, primeiro empreendimento residencial destinado à classe trabalhadora no Brasil foi o endereço digno dos empregados da Companhia Nacional de Tecidos da Juta, na maioria imigrantes italianos, poloneses, espanhóis e portugueses.

Iniciativa do industrial Jorge Street, que também era médico, a vila é uma homenagem à filha adolescente dele, que morreu aos dezesseis anos, em 1915, com tuberculose, e que herdou o nome da própria mãe. Simétricas, as construções seguiram a tendência projetada pelo arquiteto francês Paul Pedraurrieux, preservando as linhas encontradas nas grandes cidades da Europa no início do século XX. Foram utilizadas para inúmeras gravações externas de filmes e novelas de época, ali rodados, entre os quais: *O corintiano*,

17 de maio

de Mazzaropi; *Ravina*, de Rubem Biáfora; e *O país dos tenentes*, dirigido por João Batista de Andrade.

As escolas, chamadas de "gêmeas" por terem sido erguidas uma diante da outra e com os mesmos elementos, estão em ruínas. Das 220 casas, com destaque para a ocupada pelo administrador, restaram 127 e parte dos módulos destinados aos solteiros, tudo em ruínas. Na época da construção, São Paulo tinha apenas 200 mil habitantes, dos quais 3 mil eram empregados da Companhia Juta e 2.100 ocuparam a Vila Maria Zélia. Apesar dos tombamentos em níveis municipal e estadual, a legislação ainda não tem sido suficiente para inibir as transformações, e, como consequência, a maioria das edificações sofreu intervenções drásticas.

As vilas comunitárias e operárias começaram a ser construídas em São Paulo no início do século XX, até a década de 1950, principalmente nos bairros que se transformaram em redutos industriais, como Brás, Mooca, Belenzinho, Barra Funda, Lapa e Pari. Tornaram-se núcleos habitacionais pitorescos e lúdicos da cidade antiga, com locais arborizados para convivência pública e, no piso das calçadas, o desenho do jogo de amarelinha, motivo para a interação das crianças da vizinhança.

Você sabia?

Em 2015, o Instituto Memórias do Brasil organizou visita à Vila Maria Zélia, como parte da agenda da Primeira Jornada do Patrimônio de São Paulo.

18 de maio

STF concede *habeas corpus* a José Rainha, líder do MST
2002

É difícil saber se José Rainha passou mais tempo na cadeia ou em ocupações e acampamentos no Pontal do Paranapanema, em São Paulo, ou pelo Brasil afora. O antigo líder do Movimento dos Trabalhadores Rurais Sem Terra (MST) foi preso diversas vezes, a primeira delas em 25 de abril de 2002, em barreira policial em Euclides da Cunha, a 750 quilômetros da capital paulista, logo transferido para Presidente Venceslau sob forte aparato de segurança, movimentação que alterou por completo a rotina da pequena e pacata cidade do interior.

No carro que a polícia parou naquela noite viajavam Rainha e mais três pessoas. A polícia encontrou uma escopeta calibre 12 com cano cerrado, mas apenas Rainha foi preso e indiciado em inquérito. O líder sem terra alegou que era vítima de armação, e que estava de carona, sem saber da existência da arma. O delegado encarregado do caso, Edmar Nagai, disse na ocasião que o depoimento do preso era contraditório, já que teria admitido anteriormente a posse da espingarda para se defender de supostas ameaças de morte que vinha enfrentando na região do Pontal do Paranapanema.

Impetrado logo no dia seguinte à prisão, o *habeas corpus* para José Rainha só foi concedido pelo Superior Tribunal de Justiça (STJ) 23 dias depois, em 18 de maio, com liberdade provisória para o então líder do principal movimento de resistência política e social do Brasil no período posterior ao regime militar, de 1964 a 1985.

Naquele mesmo ano de 2002, o MST coordenou a ocupação de uma das fazendas pertencentes ao então presidente da República, Fernando Henrique Cardoso (PSDB), em Minas Gerais, ofensiva que chegou a ser condenada publicamente pelo também ex-presidente Luiz Inácio Lula da Silva, na época opositor ao governo, que criticou a destruição de um trator colheitadeira e de parte do imobiliário da propriedade, além do desaparecimento do esto-

18 de maio

que da adega. Naquela ação, dezesseis líderes do movimento foram presos e julgados por violação de domicílio, furto e cárcere privado de funcionários.

A relação entre as principais lideranças do MST, entre eles José Rainha, e o PT ficaram ainda mais abaladas a partir de 2003, depois que Lula voltou a questionar os "métodos equivocados para objetivos justos". A resposta veio dois anos depois, em junho de 2005, quando a "radicalização desnecessária" criticada pelo ex-presidente petista desencadeou a Marcha Nacional do MST a Brasília, pela reforma agrária.

Rainha permaneceu à frente do MST só mais dois anos. Em 2007, foi afastado por divergências com o comando nacional do movimento. Segundo ele, as outras lideranças teriam atrelado o movimento ao Estado e inviabilizado o projeto histórico de ocupação de propriedades privadas rurais improdutivas para fins de reforma agrária. Mesmo assim, Rainha continuou por mais algum tempo se declarando filiado, até ser desligado em definitivo no ano seguinte.

Em 2014, Rainha participou da fundação da Frente Nacional de Luta Campo e Cidade (FNL). Em 2015, foi condenado por uma Vara Federal a 31 anos e cinco meses de prisão pelos crimes de estelionato, formação de quadrilha e extorsão. Rainha foi investigado pela Polícia Federal, acusado de usar trabalhadores ligados ao MST para invadir terras, exigir propina de seus proprietários e desviar o dinheiro em benefício próprio.

Você sabia?

De setembro a novembro de 2002, Rainha ficou detido pela acusação de vandalismo e formação de quadrilha. Em 1989, foi acusado de coautoria em dois homicídios.

Capixaba nascido em 4 de julho de 1960, Rainha é o terceiro de uma família de seis filhos e só aprendeu a ler aos dezesseis anos.

19 de maio

O cupuaçu é nosso
2008

Para os japoneses, lucrar com o cupuaçu alheio deixou de ser bom negócio desde 2008, quando, em 19 de maio, foi sancionada pelo então presidente da República, Luiz Inácio Lula da Silva (PT), a Lei nº 11.675, de acordo com projeto apresentado em setembro de 2003 no Congresso Nacional, pelo senador Arthur Virgílio (PSDB). A partir daquela data ficou proibido o registro e o uso por outros países da fruta brasileira pertencente à família do cacau e igualmente nativa da Amazônia.

Em 2000, a empresa japonesa Asahi Foods tentou patentear o cupuaçu e chegou a registrar como sua propriedade a marca "Cupulate", tipo de achocolatado feito com amêndoas da fruta, desenvolvido no Brasil. Na época, Virgílio justificou a medida dizendo que pretendia dar destaque a um componente da biodiversidade nacional ainda desconhecido por grande parte da população brasileira. Do mesmo gênero do cacau, o cupuaçu é um dos alimentos básicos dos povos indígenas da região amazônica. Do fruto se faz sucos, cremes, sorvetes, geleias, doces e chocolate.

O projeto de lei de autoria do parlamentar foi um importante reforço institucional à campanha "O cupuaçu é nosso", lançada em 2003 por organizações não governamentais que atuavam na Amazônia. O fruto do cupuaçuzeiro finalmente foi classificado como produto tipicamente nacional, transformando-se em símbolo da luta contra a biopirataria.

Para reforçar a decisão do Brasil em proibir o registro ou o uso indevido por outros países do nome cupuaçu, técnicos de inovação da Empresa Brasileira de Pesquisa Agropecuária (EMBRAPA) confirmaram que a fruta faz parte da biodiversidade brasileira e seu nome era usado irregularmente.

A EMBRAPA e a Comissão Executiva do Plano da Lavoura Cacaueira (CEPLAC) comemoraram a sanção da lei, com a CEPLAC defendendo a extensão da proteção a outras plantas amazônicas com valor econômico e social, como o cacau e a seringa.

19 de maio

O cupuaçuzeiro (*Theobroma grandiflorum*) é uma planta pertencente ao mesmo gênero do cacau. As duas são muito parecidas, inclusive o formato do seu fruto alongado, grande, pesado e de casca dura, contendo uma polpa branca e carnuda que envolve as sementes. É nativa da região amazônica mas encontrada com frequência no Norte e no Nordeste do Brasil. De porte pequeno a médio, pode atingir vinte metros de altura, é bem adaptada à sombra e pode ser cultivada juntamente com outras plantas de porte maior.

Você sabia?

A pectina do cupuaçu auxilia na redução da glicemia e do mau colesterol, ajuda também no emagrecimento. Com substâncias antioxidantes, o extrato da semente pode inibir ou diminuir a progressão de cáries.

É usado também na fabricação de pomadas, batons, cremes e xampus.

20 de maio

Pílulas de farinha, fraude nacional
1998

As manchetes dos principais noticiários do dia 20 de maio de 1998 assustaram muitas brasileiras que, fazendo uso de pílulas anticoncepcionais, pensavam estar seguras contra uma gravidez indesejada. Mas na verdade não estavam.

A empresa Schering do Brasil, multinacional da indústria farmacêutica, veio a público no dia anterior para informar que, por carta anônima, soube que um lote de seu produto mais vendido, o Microvlar, havia chegado adulterado às prateleiras das farmácias do país. Anexada ao envelope, viera junto uma cartela com os tais comprimidos.

Eram medicamentos sem componentes ativos, os hormônios que impedem a gravidez, usados apenas para, de acordo com a empresa, testar novas embalagens. Mesmo sabendo do problema, a Schering manteve o silêncio, mas alguns dias depois, entre os dias 1º e 3 de junho, três mulheres informaram ao laboratório que estavam grávidas, apesar de estarem usando regularmente as pílulas de Microvlar.

Mais uma vez, a multinacional manteve o silêncio, o que caracterizou infração direta contra as normas da Vigilância Sanitária. A fraude, no entanto, foi divulgada e, seguindo a legislação brasileira, o fabricante responsável foi obrigado a informar imediatamente a ocorrência.

Em 22 de junho, o Ministério da Saúde determinou a retirada do anticoncepcional Microvlar do mercado nacional. Também suspendeu a produção e interditou a fábrica depois da confirmação da chegada das pílulas de farinha às farmácias. Nessa altura, mais casos de gravidez indesejada eram noticiados.

Poucos dias depois, em 30 de junho, o laboratório finalmente admitiu a produção de mais de 600 mil cartelas com o material inócuo, seguindo um procedimento padrão, que era o de usar o placebo para testar nova máquina de embalagem fabricada na Alemanha. Não soube, porém, informar quantas dessas pílulas foram parar nas farmácias, tampouco quantas chegaram a ser utilizadas pelas consumidoras. A empresa foi multada em 2,7 milhões de reais. Falou-se na época em pelo menos duzentas gestações indesejáveis.

A maioria das mulheres havia jogado fora as cartelas das pílulas de Microvlar sem princípio ativo, ficando sem provas e sem direito a exigir qualquer tipo de indenização. Apenas dez entraram com ação coletiva pelo Instituto de Defesa do Consumidor e conseguiram da empresa farmacêutica mísera ajuda de custo para o parto e o pré-natal, com valores que variavam de 6 mil reais a 8 mil reais.

Só depois, no julgamento do recurso, o Superior Tribunal de Justiça (STJ) condenou o laboratório Schering do Brasil a pagar indenização coletiva no valor de 1 milhão de reais por danos morais às vítimas, conforme o Art. 98 do Código de Defesa do Consumidor. A defesa alegou que o laboratório não tornou o produto disponível, e que os responsáveis pelos problemas causados pelo falso Microvlar seriam os farmacêuticos, que venderam o anticoncepcional ao consumidor.

A Schering do Brasil sustentou, ainda, que as gestações resultantes do uso das falsas pílulas constituíram sentimentos positivos, pois geraram "novas vidas". Assim como magistrados e desembargadores, a população brasileira recebeu os argumentos do laboratório farmacêutico como deboche, principalmente as vítimas da fraude.

Você sabia?

O equipamento de embalagem comprado pelo laboratório Schering, da marca alemã Ullmann, custou 3 milhões de dólares. Sua capacidade de produção era de até quatrocentas cartelas por minuto.

A Schering argumentou que as pílulas foram roubadas entre o armazenamento, o transporte e a incineração no laboratório Ciba, mas admitiu erros no processo.

21 de maio

Nasce José Carlos dos Reis Encina, o Escadinha
1956

A resenha sobre o crime organizado e as facções que o dominam dentro e fora dos presídios brasileiros passa, obrigatoriamente, pela trajetória de José Carlos dos Reis Encina, que, antes de ser Escadinha, era o menino José Carlos, filho de Manoel Encina, o Chileno, líder comunitário no Morro do Juramento, localizado entre Vaz Lobo e Vicente de Carvalho, no coração do subúrbio do Rio de Janeiro. É o mesmo que inspirou a música "Sambadrome", da banda inglesa Big Audio Dynamite, e, em 1999, fez parte da coletânea de rap *Brazil 1: Escadinha fazendo justiça com as próprias mãos*.

O apelido que o acompanhou pelo resto da vida e fez sua fama na crônica policial, entre os anos 1970 e 1980, surgiu ainda na adolescência, na cadeira da barbearia da comunidade onde cresceu. Como não parava quieto, o barbeiro errou o corte e deixou vários "degraus" na testa do rapaz, logo rebatizado pelos amigos com a devida dose de irreverência carioca.

Nascido em 21 de maio de 1956, morreu relativamente novo, em 2004, aos 49 anos. O adolescente Escadinha tinha dezesseis anos quando entrou no tráfico de drogas, lá mesmo no Juramento, e dois anos depois, em 1974, foi preso pela primeira vez, por porte ilegal de arma, em uma ruela do Morro da Piedade.

Era o início de longa ficha criminal. Em dezessete anos de atuação, Escadinha foi preso por formação de quadrilha, tráfico de drogas, assaltos a banco, ataques a carros-fortes e homicídios, com ações audaciosas e fugas espetaculares. Foi um dos fundadores da Falange Vermelha, facção criminosa nascida dentro do sistema penal brasileiro, depois transformada em Comando Vermelho, ao lado do irmão Paulo Maluco e de parceiros, como José Carlos Gregório, o Gordo; Rogério Lemgruber, o Bagulhão; William da Silva, o Professor, e Francisco Viriato.

21 de maio

Logo passou a ser apontado por policiais e pela imprensa como o maior traficante do Rio de Janeiro. Escadinha se notabilizou também por proteger e ser protegido pela comunidade, onde não permitia assaltos e abusos contra mulheres, tampouco aceitava arregimentar crianças e adolescentes para o tráfico de drogas em áreas por ele dominadas. Mas foi com as fugas cinematográficas que sua fama cresceu e ultrapassou as fronteiras do Brasil.

Numa delas, em 1983, usou um barco a remo para escapar do antigo presídio Cândido Mendes, na Ilha Grande. Na tentativa de recapturá-lo, todos os acessos ao Morro do Juramento foram fechados, mas a operação foi frustrada, inclusive com a queda de helicóptero da Polícia Civil e a morte dos quatro ocupantes. Preso dois anos depois, na favela do Jacarezinho, foi baleado em tentativa frustrada de fuga antes de ser transferido novamente para a Ilha Grande.

No dia 31 de dezembro de 1985, Escadinha protagonizou a mais espetacular de suas fugas. Foi resgatado da Ilha Grande por helicóptero ocupado pelo piloto, por refém obrigado a fazer o voo e por José Carlos Gregório, o Gordo, seu parceiro na fundação da primeira facção criminosa do Rio de Janeiro. Quatro anos depois, foi preso novamente, no complexo Frei Caneca, onde houve outra tentativa de resgate, até ele ser beneficiado com regime semiaberto. No dia 23 de setembro de 2004, saiu pela manhã do instituto penal Plácido de Sá Carvalho, em Bangu, para ir trabalhar, mas o Vectra que dirigia foi fuzilado. Era o fim do "rei do Juramento".

Você sabia?

Livre e observado de longe pela polícia, Escadinha chegou a vice-presidente de cooperativa de táxis da Zona Norte do Rio de Janeiro.

A polícia acredita que Escadinha foi morto após se recusar a cumprir ordens de antigos parceiros de crime.

22 de maio

Sai a primeira edição da *Tribuna Popular*, do PCB
1945

A história da *Tribuna Popular* se confunde, em parte, com a trajetória do próprio Partido Comunista Brasileiro (PCB). Com tiragem de até 150 mil exemplares em edições históricas, o diário foi fundado por intelectuais e militantes de esquerda, no Rio de Janeiro, seis meses antes do fim do Estado Novo, a ditadura de Getúlio Vargas, e teve circulação regular entre 22 de maio de 1945 e 28 de dezembro de 1947.

Naquele dia, o Partidão foi posto na ilegalidade pelo então presidente da República, general Eurico Gaspar Dutra, e seus dirigentes passaram a atuar na clandestinidade, fora ou dentro do país. Integrou uma rede atuante em diversas capitais estaduais e da qual também fizeram parte os jornais *Hoje*, em São Paulo; *Folha Capixaba*, em Vitória; *Folha do Povo*, no Recife; *Tribuna Gaúcha*, em Porto Alegre; *O Democrata*, em Fortaleza; *Voz do Povo*, em Maceió, e *Jornal do Povo*, em Belo Horizonte.

O primeiro diretor do jornal foi Pedro Motta Lima, substituído por Pedro Pomar. A gerência ficou sob a responsabilidade de Affonso Sergio F. Portes, que cuidava da área administrativa, enquanto Aydano do Couto Ferraz assumiu a chefia da redação. Ao lado de outros dirigentes comunistas, como Ivan Ribeiro e Maurício Grabois, Motta Lima divulgou, em 14 de março daquele mesmo ano, o Manifesto das Esquerdas. Pouco mais de um mês depois, em 18 de abril, Getúlio assinou a Lei da Anistia aos presos políticos, entre eles Luís Carlos Prestes, que deixou a prisão no dia seguinte. Foi a deixa para o lançamento do jornal. Nomes importantes da literatura, da arte e, é claro, do jornalismo atuaram como redatores, articulistas, colunistas ou colaboradores regulares.

Pela redação da *Tribuna Popular* passaram intelectuais como Graciliano Ramos, Jorge Amado, Apparício Torelly, o Barão de Itararé, Sérgio Porto, Cândido Portinari, Carlos Scliar e João Saldanha, que mais tarde, em 1969,

22 de maio

atuou como técnico da Seleção Brasileira nas eliminatórias e só não foi com o time para a Copa do Mundo do México, em 1970, por não aceitar interferência do governo militar – o presidente da República na época, general Emílio Garrastazu Médici, teria "sugerido" a convocação do atacante Dadá Maravilha, do Atlético Mineiro.

Nas páginas da *Tribuna* também foram publicados artigos de Caio Prado Júnior, Álvaro Moreyra, Mário Schenberg, Carlos Drummond de Andrade, Manuel Bandeira, Arthur Ramos, Lúcia Miguel Pereira, Francisco de Assis Barbosa, Álvaro Lins e João Amazonas, este eleito mais tarde secretário-geral do atual PCdoB, dissidência partidária comunista.

Alinhado politicamente com o PCB e, consequentemente, com o Partido Comunista da União Soviética, o jornal *Tribuna Popular* combateu o nazismo e o fascismo e exaltou a vitória Aliada na Segunda Guerra Mundial. Internamente, defendeu a democratização do país e a elaboração de uma Constituição Federal que contemplasse as principais questões sociais e as necessidades dos trabalhadores, com destaque para o apoio permanente aos ideais do líder Luís Carlos Prestes, a grande referência da política nacional na época. A capa da primeira edição, aliás, publicou mensagem do líder comunista aos leitores, na qual garantia: "O povo terá, enfim, o seu jornal [...]".

Você sabia?

O jornal valorizou a cultura popular nas colunas "O samba na cidade" e "O povo se diverte ainda", e manteve noticiário sobre futebol e corridas de cavalos.

Defendeu o Grande Comício da Unidade Nacional, pela democratização, com participação dos dirigentes Roberto Sisson e Carlos Marighella.

23 de maio

Filme *Pagador de promessas* é premiado em Cannes
1962

Michelangelo Antonioni, Luis Buñuel, Satyajit Ray, Robert Bresson e outros famosos diretores do cinema internacional estavam lá, no balneário francês, no ano de 1962, disputando com seus trabalhos a Palma de Ouro do importante Festival de Cannes.

Ao fim da competição, no dia 23 de maio, porém, o anúncio do vencedor surpreendeu a todos: o prêmio ficou com o filme brasileiro *O pagador de promessas*, dirigido pelo também brasileiro Anselmo Duarte.

Baseado em peça homônima de Dias Gomes, que fora encenada pela primeira vez em 1954, o filme conta a história de Zé do Burro (interpretado pelo ator Leonardo Villar), um sertanejo que, após ter seu burrinho atingido por um raio, faz a seguinte promessa a Iansã, em um terreiro de candomblé: se o animal se curasse, ele carregaria nos ombros uma cruz até a igreja de santa Bárbara, em Salvador. Acompanhado pela esposa Rosa (papel da atriz Glória Menezes), ele acaba esbarrando na intransigência do padre católico e de diversos setores da sociedade. Cada um, a sua maneira, vai se aproveitar da inocência de Zé.

Depois do importante prêmio conquistado em Cannes, onde entre os jurados estava o diretor francês François Truffaut, em 1963 o filme de Anselmo Duarte seria indicado ao Oscar de melhor filme estrangeiro, sem, no entanto, ganhar a premiação.

No início da década de 1960, coincidindo com o reconhecimento de *O pagador de promessas*, despontou no Brasil o movimento que ficaria conhecido por Cinema Novo e que, em 1964, levaria mais dois importantes filmes ao Festival de Cannes, demonstrando a força das produções brasileiras do período. *Deus e o diabo na terra do sol*, de Glauber Rocha, e *Vidas secas*, de Nelson Pereira dos Santos, foram exibidos na competição.

Ironicamente, porém, o filme *O pagador de promessas*, que abriu caminho para o cinema brasileiro ser conhecido no mundo, não trazia as inovações

23 de maio

formais a que ambicionavam as demais produções contemporâneas. Alguns críticos e diretores da época diziam ser um filme datado, à moda antiga. Seu diretor não era tido como um renovador do Cinema Novo, mas identificado com o universo das chanchadas. Durante anos, Duarte foi chamado de "a coqueluche das plateias femininas do cinema brasileiro", apelido posteriormente trocado pelo de "galã que se tornou diretor premiado em Cannes", conforme escrevia, em 1969, o satírico jornal *O Pasquim*.

Ainda assim, apesar das críticas, o premiado diretor de *O pagador de promessas* conquistaria, dirigindo e atuando, resultados importantes para sua carreira, com os filmes *Vereda da salvação*, de 1965, que competiu no Festival de Berlim, e *O caso dos irmãos Naves*, de 1967, de Luís Sérgio Person, em que interpretou um tenente torturador.

Você sabia?

Apesar de não repetir a Palma de Ouro, o cinema brasileiro venceu outros prêmios importantes no Festival de Cannes. Glauber Rocha foi o melhor diretor, em 1969, por *O dragão da maldade contra o santo guerreiro*; Fernanda Torres ganhou como melhor atriz em *Eu sei que vou te amar*, de 1986, de Arnaldo Jabor, e Sandra Corveloni, também como melhor atriz em *Linha de passe*, de 2008, de Walter Salles e Daniela Thomas.

Todos os anos, além de Cannes, as cidades de Veneza e de Berlim promovem outros importantes festivais de cinema. Na capital alemã, o Brasil já levou o Urso de Ouro, seu prêmio principal, por duas vezes: com *Central do Brasil* (1998), de Walter Salles, e com *Tropa de elite* (2008), de José Padilha.

24 de maio

Novo laudo desmente suicídio de PC Farias
1999

Quem matou PC Farias? Um dos mais intrigantes crimes da política brasileira, o duplo assassinato de Paulo César Farias, tesoureiro de campanha do ex-presidente da república Fernando Collor de Mello, e da namorada dele, Suzana Marcolino, permanece envolto em mistério. O casal foi encontrado morto, em 23 de junho de 1996, na casa do empresário, em Maceió (AL).

Depois de um extenso debate entre peritos, a tese inicial da polícia e até de familiares de PC Farias, de que Suzana matou o namorado e em seguida se suicidou, se mostrou difícil de acreditar.

Um laudo da Universidade Estadual de Campinas (UNICAMP), assinado pelo perito criminal Ricardo Molina de Figueiredo, feito a pedido de delegado de Alagoas e divulgado em uma série de reportagens em maio de 1999, derrubou a versão anterior da polícia alagoana, reforçada por laudo do perito Badan Palhares. Baseado em detalhe técnico que, para leigos, poderia passar despercebido, o documento de Molina determinou a altura de Suzana em 1,57 metro, dez centímetros a menos do que foi afirmado por Palhares, que afinal admitiu não ter feito as medições de praxe no corpo dela.

Outro perito, Daniel Romero de Munhoz, da Universidade de São Paulo (USP), também refutou a versão de homicídio seguido de suicídio. Dizia-se na época que Suzana teria matado PC Farias por ciúme, porque ele estaria se envolvendo com a socialite Cláudia Dantas, e se matado em seguida. Para Molina de Figueiredo, essa versão não tinha base real. Ele ainda estranhou o fato de a família de PC Farias ter aceitado passivamente a tese, sem exigir investigação mais detalhada e coerente do caso.

No dia do crime, PC Farias comeu e bebeu muito, misturou champanhe, vinho e uísque. Estava acompanhado de Suzana, dos irmãos Augusto e Cláudio Farias, e da namorada e a mulher deles, respectivamente. Ao

24 de maio

amanhecer, o tesoureiro da campanha presidencial de Collor e a namorada estavam mortos, cada um com um tiro.

A cena do crime foi adulterada, colchão e lençóis foram queimados e o piso lavado com detergente, segundo a perícia. Pressionado pela cúpula da segurança pública de Alagoas, o legista Gerson Odilon foi obrigado a assinar laudo oficial, mas antes entregou fotografias dos mortos dentro do quarto a outro perito, George Sanguinetti, coronel da Polícia Militar e então professor de medicina legal da Universidade Federal de Alagoas.

Com base nas fotos, Sanguinetti concluiu que a trajetória do projétil interno que atingiu PC Farias só seria possível se o atirador estivesse flutuando sobre a cama. Tudo indicava que as peças principais foram eliminadas e que os corpos, manipulados.

Outro detalhe é que os exames residuográficos não encontraram vestígios de pólvora nas mãos de Suzana. Outra contradição apontada foi a altura da entrada do projétil na parede, depois de atravessar o corpo de Suzana. Ela teria de estar em movimento, levantando-se, para que a marca na parede fosse compatível, o que, obviamente, é impossível. "Ninguém se mata com um tiro no peito e se levanta ao mesmo tempo", resumiu Molina de Figueiredo na época. Mais estranho ainda foi os seguranças particulares não terem ouvido dois disparos desferidos a poucos metros.

Você sabia?

O sargento da Polícia Militar Rinaldo da Silva Lima, que fazia a segurança da casa onde PC Farias morreu, foi assassinado em abril de 1999.

O perito Badan Palhares foi acusado de receber 4 milhões de reais de Augusto Farias, irmão de PC Farias, para alterar o laudo. Palhares acabou perdendo o processo por calúnia e difamação contra o perito Sanguinetti.

Sem culpados pelo crime, o STF arquivou o inquérito, em 2002.

25 de maio

Zeppelin sobrevoa o Rio de Janeiro
1930

O primeiro brasileiro a voar no Graf Zeppelin foi o engenheiro Vicente Licínio Cardoso. Ele pagou 1.400 *reichmarks*, valor equivalente a 10 mil euros, ou cerca de 32 mil reais em valores atualizados, para fazer a viagem experimental com partida de Friedrichshafen, na Alemanha, com escalas em Sevilha, na Espanha, e no Recife, até o destino final no Rio de Janeiro.

O imenso dirigível prateado, de prefixo D-LZ127, causou grande alvoroço ao parar em área descampada do bairro do Jiquiá, na capital pernambucana, no fim da tarde de 22 de maio de 1930, três dias antes de sobrevoar em marcha lenta a Baía de Guanabara e outras belas paisagens da então capital da República. Lá, a descida do "charuto alemão", como era chamado, para desembarque de passageiros e tripulação diante de autoridades e centenas de curiosos extasiados, ocorreu no Campo dos Afonsos, onde mais tarde funcionou o aeroporto Bartolomeu Gusmão, atual base aérea de Santa Cruz, unidade da Força Aérea Brasileira localizada a caminho de Sepetiba, na zona oeste.

Na primeira viagem ao Brasil, o dirigível foi conduzido pelo comandante Hugo Eckener, também um dos construtores e diretor da Luftschiffbau-Zeppelin, empresa fundada pelo conde Ferdinand von Zeppelin, que havia retomado as atividades na década de 1930, depois de ter sido proibida de construir aparelhos utilizados como bombardeiros durante a Primeira Guerra Mundial. Foi o próprio Eckener quem pilotou a aeronave na maioria das viagens ao Recife e ao Rio de Janeiro, na época principal destino dos dirigíveis na América do Sul. Foram 59 dias a bordo da máquina gigantesca.

O Zeppelin media 236,6 metros de comprimento e 30 metros de altura, muito maior do que qualquer avião da atualidade – praticamente três vezes maior do que o Boeing 747, um dos mais modernos, por exemplo. Comparado a transatlânticos como o *Titanic*, o aeróstato chegou a ser chamado também de "navio voador" e exigia perícia do pessoal de solo para evitar

25 de maio

incidentes com os cabos içados da cabine de comando durante as operações de aterrisagem. Com capacidade para 35 passageiros e 36 tripulantes, flutuava no ar de forma graciosa, impulsionado pela força de cinco motores Maybach de 580 cavalos de potência em marcha lenta, mas podia alcançar a velocidade máxima de 110 quilômetros por hora durante percurso de 12 mil quilômetros. A travessia do Atlântico durava cerca de três dias, com autonomia de voo até então inédita na aviação mundial. Pelo mar, em geral, a viagem se prolongava por mais de uma semana.

Os passageiros voavam acomodados em cabines amplas e luxuosas com beliches duplos e camas de casal. O serviço de bordo incluía salas de estar e de jantar, bebidas finas e pratos preparados em cozinhas elétricas devidamente equipadas para funcionar ininterruptamente, além de área exclusiva para fumantes isolada para evitar riscos de contato com o hidrogênio, o gás que garantia a sustentação da estrutura metálica, altamente inflamável.

No total, entre 1930 e 1936, o Zeppelin veio ao Brasil 177 vezes, incluindo 64 voos transatlânticos, com paradas no Recife e no Rio de Janeiro. Naquela época, Brasil e Alemanha eram os únicos países do mundo com estrutura adequada para operação das grandes aeronaves. A viagem durava em média cinco dias.

Você sabia?

Um dos construtores do Zeppelin, o comandante Hugo Eckener, foi excluído dos últimos voos por discordar do uso da tecnologia como propaganda política nazista, caracterizada por suástica desenhada na popa.

Tombado como patrimônio histórico nacional, o enorme hangar construído pelos alemães na década de 1930, no Rio de Janeiro, ainda é utilizado pela FAB.

26 de maio

É realizado o primeiro transplante de coração do Brasil
1968

O coração de Luís Ferreira de Barros, jovem morto em atropelamento de carro, bateu mais 28 dias no peito do lavrador mato-grossense João Ferreira da Cunha, o Boiadeiro, na época com 23 anos, paciente do primeiro transplante de coração do Brasil, o quinto do mundo.

O responsável pela façanha, Euryclides Zerbini, chefe da equipe do Hospital das Clínicas da Universidade de São Paulo, entrou para a história da medicina internacional e colocou o país entre os principais centros de cirurgias cardíacas do mundo: o transplante ocorreu seis meses depois do primeiro procedimento do gênero no mundo, realizado na África do Sul pelo pioneiro Christian Barnard.

Além do chefe de equipe Euryclides Zerbini, participaram do primeiro transplante cardíaco no Brasil os cirurgiões Delmont Bittencourt, Euclides Marques, Geraldo Verginelli, Miguel Marcial e Sérgio Oliveira, o cardiologista Luiz Décourt e o anestesista Ruy Gomide. Apesar do reconhecimento internacional, no Brasil houve resistência aos transplantes de coração.

Para alguns segmentos da sociedade, era uma cirurgia inovadora demais para o país com tantos problemas básicos de saúde. Entre 1968 e 1969, mais dois homens foram submetidos a transplantes de coração, mas, como já havia acontecido com o pioneiro João Ferreira da Cunha, morreram algum tempo depois. O segundo transplantado viveu por mais de um ano, e morreu devido à rejeição crônica, enquanto o terceiro paciente morreu poucos dias depois, por infecção.

Nos primeiros procedimentos, as taxas de rejeição eram altas e desencorajaram os transplantes cardíacos. Na década de 1970, poucos centros no mundo persistiram nas pesquisas por melhores técnicas, entre eles grupos da Universidade de Stanford e Richmond, nos Estados Unidos, na África do Sul

26 de maio

e em Paris. O método voltou a ganhar força nos anos 1980, quando diminuíram as taxas de rejeição e infecção.

A rejeição acontecia quando o sistema imunológico do paciente atacava o órgão novo. Quando eram administradas drogas para controle, a debilitação abria caminho a infecções, o que ainda ocorre, mas tornou-se mais facilmente tratável desde o surgimento da substância Ciclosporina. Outra novidade foi desenvolvida na técnica de transplantes. Nos primeiros casos, os médicos preservavam grande parte da estrutura dos átrios, as cavidades superiores, do coração do receptor. Com o novo método, chamado de bicaval, é retirado quase todo o coração do receptor, com a vantagem de diminuir as arritmias, além de ter menor insuficiência das válvulas.

Nascido em Guaratinguetá (SP), em 7 de maio de 1912, Euryclides Zerbini se graduou médico em 1935, especializou-se no Hospital das Clínicas da USP, em cirurgia geral, e nos Estados Unidos estudou cirurgia torácica, cardíaca e pulmonar. Começou a se dedicar à cirurgia intracardíaca em 1945. No Brasil, foi professor da USP e criou o Centro de Ensino de Cirurgia Cardíaca, embrião do Incor.

Em 1968, quando o médico Zerbini realizava o primeiro transplante no Brasil, nasceu na zona rural de Minas Gerais a menina Luciana da Fonseca. Três décadas mais tarde, a médica Luciana faria história na cardiologia brasileira como a primeira mulher a repetir o ato do mestre.

Você sabia?

Pelo menos 60 mil pessoas esperam na fila por algum tipo de transplante no Brasil. Uma das causas é o reduzido número de doadores.

Segundo a Sociedade Brasileira de Cirurgia Cardiovascular, em 2017 no Brasil existiam 34 médicas brasileiras com especialização em transplante. Homens somavam 815.

27 de maio

Inaugurado monumento em homenagem a Millôr Fernandes, "O pensador de Ipanema"

2013

Era para ter sido Milton Viola Fernandes, mas a caligrafia engarranchada do tabelião na certidão de nascimento o transformou em Millôr, e Viola nunca lhe fez falta no nome ou na vida. Amante da boa música, sobrou-lhe talento como desenhista, humorista, dramaturgo, escritor, poeta, tradutor e jornalista; e, como carioca que se preza, apesar da infância suburbana no Meyer e na longínqua Pavuna, fez da praia a sua praça, lugar ideal de relaxar durante uma boa caminhada, buscar inspiração e, sobretudo, juntar os amigos numa conversa sem ter hora para acabar diante da cerveja gelada. De preferência, no fim de tarde, sob o pôr do sol avermelhado, ouvindo o vaivém teimoso e sincronizado do mar entre as praias do Diabo e do Arpoador.

Foi exatamente o lugar preferido de Millôr Fernandes o escolhido para a homenagem "O pensador de Ipanema", inaugurada oficialmente em 27 de maio de 2013 e batizada em 6 de julho daquele mesmo ano, na presença de fãs, familiares e amigos, entre eles o cartunista Jaguar e as atrizes Fernanda Montenegro e Rosamaria Murtinho.

Morto em 27 de março de 2012, aos 88 anos, Millôr foi eternizado com um monumento simples, exatamente do jeito que imaginara em vida. Um banco de frente para o mar, com uma das extremidades suspensa e na outra a silhueta dele próprio, desenhada pelo amigo Chico Caruso, conforme projeto arquitetônico assinado por Jaime Lerner e aprovado pela prefeitura do Rio de Janeiro logo depois da sua morte.

Outra homenagem importante ocorreu durante a Festa Literária Internacional de Paraty (FLIP) de 2014, dedicada a ele, o que o fez ser o primeiro autor contemporâneo homenageado ali e o único até então a já ter participado de uma edição do evento, em 2003. Artista de múltiplas funções, Millôr

27 de maio

escreveu para o *Jornal do Brasil* e as revistas *O Cruzeiro* e *O Pasquim*, mantendo durante anos uma coluna semanal na revista *Veja*.

Millôr teve uma infância difícil. Além da confusão na grafia do nome na certidão, nasceu em 16 de agosto de 1923, mas só foi registrado em 27 de maio de 1924. Ficou órfão do pai, Francisco, aos dois anos, e cresceu ao lado da mãe, Maria, e dos três irmãos, até que aos doze, depois da morte dela, foi morar na casa do tio Antônio Viola, o grande incentivador da carreira artística e jornalística.

Aos treze anos, publicou os primeiros desenhos em *O Jornal*, e aos quinze já estava empregado como repaginador e contínuo da revista *O Cruzeiro*. Começou a mostrar talento quando foi chamado a preencher espaço vago de publicidade em quatro páginas da revista *A Cigarra*, outra do grupo Diários Associados, denominando o seu trabalho de "Poste-Escrito".

Na época, Millôr assinava com a alcunha de "Emmanuel Vão Gôgo", apelido levado para o período áureo em *O Cruzeiro*, entre 1945 e início dos anos 1960. A coluna "O Pif-Paf", mais tarde transformada em revista à parte, de curta duração, foi um dos sucessos da principal publicação nacional daquele período, o que o deixou mais confiante. Tão confiante a ponto de assumir o nome equivocado da certidão de nascimento e torná-lo famoso. Na revista *Veja*, atuou em duas fases, a primeira entre 1968 e 1982, e a outra, de 2004 a 2009. Teve importante participação na criação de *O Pasquim*, o tabloide que enfrentou os anos de chumbo e a censura da ditadura militar.

Dramaturgo, Millôr Fernandes atuou também como tradutor de obras de Shakespeare, Molière, Brecht e Tennessee Williams.

Você sabia?

Millôr Fernandes estudou no Liceu de Artes e Ofícios do Rio de Janeiro, entre 1938 e 1943.

De 1964 a 1974, Millôr colaborou semanalmente no *Diário Popular*, de Portugal.

28 de maio

Criação do Parque Nacional do Pantanal Mato-grossense
1971

Pesca predatória e caça ilegal de aves, jacarés e mamíferos não são as únicas ameaças à fauna e à flora desse que é um dos mais produtivos ecossistemas do Brasil, composto por mais de 3.500 espécies de plantas, 264 tipos de peixes, 652 aves, 102 mamíferos, 177 répteis, 40 anfíbios e 1.100 espécies de borboletas devidamente identificados e catalogados cientificamente. O fogo, utilizado para renovação e manutenção de pastagens das grandes fazendas de gado, é outro problema grave do Pantanal do Mato Grosso, que enfrenta também as consequências da construção de barragens na bacia do Alto Rio Paraguai, para geração de energia elétrica e irrigação de projetos da agroindústria. O desequilíbrio causado pela alteração do regime hídrico dos rios interfere no ciclo anual das águas que caracteriza a ecologia da região.

Mas o quadro poderia ser ainda pior. Na década de 1980, a reserva foi base de operações contra os caçadores de jacarés, os chamados coureiros, e, desde 28 de maio de 1971, seus quase 136 mil hectares do típico ecossistema pantaneiro são protegidos pela lei que criou o Parque Nacional do Pantanal Mato-grossense.

Administrada pelo Instituto Chico Mendes de Conservação da Biodiversidade (ICMBio), a área situada a sudoeste de Mato Grosso e próxima da fronteira com a Bolívia é considerada Patrimônio Natural Mundial pela Organização das Nações Unidas para a Educação, a Ciência e a Cultura (Unesco). Também foi declarado Núcleo da Reserva da Biosfera pela Convenção sobre Zonas Úmidas de Importância Internacional de Ramsar, no Irã.

O regime de chuvas comanda essas terras tão especiais, às portas da Amazônia brasileira. Durante parte do ano, as águas cobrem tudo, e depois baixam para que os animais voltem. Jacarés, onças, cervos, jaguatiricas, rios repletos de peixes e aves coloridas e de todos os tamanhos convivem com grandes fazendas de gado bovino. O Pantanal é um dos mais ricos biomas

28 de maio

brasileiros, ecossistema onde se encontra uma das maiores concentrações de fauna selvagem do planeta.

O parque nacional incorporou a antiga Reserva do Caracará, que na década de 1980 foi base das mencionadas operações no combate à ação dos caçadores de jacarés. O território protegido praticamente dobrou de tamanho com a compra de uma antiga fazenda de gado inundada, em consequência das transformações e pelas ações antrópicas diversas.

Originalmente, a região era ocupada por índios guatós e, provavelmente, por espanhóis vindos da Bolívia por volta de 1550. São muitas as lendas populares locais, entre elas a da gigantesca serpente aquática que derruba os barrancos dos rios, das lagoas que se enfurecem com a presença de pessoas gritando e histórias de onças, sucuris e aventuras de caça e pesca.

O Pantanal é definido como uma imensa planície alagável, que passa grande parte do ano debaixo d'água. Está situado a uma altitude de cem metros. A rede hídrica da região é formada por 175 rios repletos de peixes. No período da seca, formam-se diversas lagoas e lagos, repletos de aves em busca de alimentos. A vegetação típica da região é uma transição entre cerrado e Floresta Amazônica tropical. A fauna é diversificada, com clima tropical semiúmido.

Você sabia?

É a maior planície de inundação contínua do planeta, caracterizada pela deposição de sedimentos quaternários.

Capivara, lobo-guará, ariranha, macaco-prego, tamanduá-bandeira, jiboia-constritora, tuiuiú, jabuti, cágado, piranha, pintado e dourado, entre outros, são alguns dos animais que têm o Pantanal como seu *habitat*.

29 de maio

Percy Fawcett envia última carta antes de desaparecer no Xingu
1925

Em 29 de maio de 1925, o coronel britânico Percy Fawcett, em busca de uma lendária cidade perdida no coração do Brasil, enviou sua derradeira mensagem à Royal Geographical Society: informava que ele, o filho Jack e o amigo Raleigh Rimmell, naquele dia e daquele ponto, um misterioso "Campo do Cavalo Morto", dispensavam seus guias indígenas e seguiriam sozinhos na empreitada. Pouco tempo depois, os três sumiram para sempre na floresta.

Era o fim de uma vida – e o início da consolidação de uma lenda. Ao longo de quase um século e diversas expedições infrutíferas à sua procura, a figura de Fawcett e o mistério de seu desaparecimento deram origem a dezenas de livros, reportagens e filmes dedicados a esmiuçar a última expedição desse célebre e controverso explorador inglês. Até os filmes de Indiana Jones, dizem, foram inspirados em sua história.

Nascido em Torquay, Percy Harrison Fawcett (1867-1925) serviu o Exército britânico no Ceilão, atual Sri Lanka, onde encontrou inscrições milenares em uma rocha. Anos mais tarde, viu caracteres semelhantes aos de Ceilão em um documento de 1753, atribuído a bandeirantes, que descreve com riqueza de detalhes uma cidade perdida no interior do Brasil. Localizá-la, então, tornou-se para ele uma obsessão de vida. Tentou pela primeira vez, com autorização do governo brasileiro, em 1920. Cercado por grande cobertura da imprensa mundial, partiu de novo cinco anos depois.

As buscas a Fawcett e seus companheiros então começaram; pistas foram encontradas na região dos rios formadores do Xingu, mas nada que resolvesse de maneira definitiva o mistério. Até que, em 1951, Orlando Villas Bôas ouviu de índios calapalos o relato da morte de três pessoas. Os índios levaram o grande sertanista à beira de uma lagoa no rio Culuene. Apontaram ali uma cova rasa, de onde se desenterrou um conjunto de os-

29 de maio

sos. Enviados ao Rio de Janeiro e a Londres para análise, tudo indicava o fim iminente do mistério.

Mas não eram de Fawcett, nem de seu filho Jack, nem de Rimmell. Na esteira da descoberta dos ossos, em 1952, Assis Chateaubriand patrocinou, por intermédio dos *Diários Associados*, uma expedição ao Xingu. Dela fizeram parte, entre outros, um filho de Fawcett, Brian, e o jornalista Antonio Callado. Foi a partir dessa viagem que Callado, futuro autor de clássicos da literatura brasileira como *Quarup* (1967) e *Reflexos do baile* (1976), escreveu talvez o grande relato sobre o caso: *Esqueleto na lagoa verde - Ensaio sobre a vida e o sumiço do coronel Fawcett* (1953).

Os títulos das duas partes – "O vitoriano e o sonho do novo império" e "O moderno bandeirante e o sonho da nação futura" – dão o tom do livro: Callado vai além do mistério e contrapõe, em um texto elegante e irônico, os interesses e as motivações, no contato com os índios, de um explorador como Fawcett e de um sertanista como Orlando Villas Bôas. Termina defendendo a criação de um parque dos índios, o que se deu em 1961, com o Parque Indígena do Xingu.

Mais recentemente, o jornalista Heitor Leal tratou do caso em *O verdadeiro Indiana Jones* (1996). Na década seguinte, o norte-americano David Grann viajou ao Mato Grosso, pela revista *New Yorker*, a fim de investigar a história. O livro que escreveu, *Z - A cidade perdida* (2009), virou filme em 2016, pelo diretor James Grey.

Você sabia?

Fawcett, no afã de afastar possíveis competidores, informava coordenadas incorretas, como no caso do famigerado "Campo do Cavalo Morto".

Muito do que Callado viu durante a expedição dos *Diários Associados* à região do Xingu serviu de inspiração e material para o romance *Quarup*, tido como sua obra-prima.

30 de maio

Senador baiano ACM renuncia para não ser cassado
2001

Um dos políticos mais poderosos do Brasil, influência conquistada pela simpatia ao regime militar de 1964 e que o manteve no poder no período de redemocratização, o senador baiano Antônio Carlos Magalhães (PFL-
-BA) preferiu não correr o risco de ser cassado em 30 de maio de 2001.

Com discurso de 69 minutos, ACM criticou a política econômica do governo do presidente Fernando Henrique Cardoso ao Conselho de Ética e Decoro Parlamentar do Senado Federal e renunciou aos vinte meses de mandato que lhe restavam. A renúncia esteve relacionada com a suspeita de violação do sigilo do painel eletrônico do Senado Federal.

A crise do painel eletrônico teve início no ano 2000, quando Jader Barbalho (PMDB-PA) entrou na disputa pela presidência do Senado. ACM lançou a candidatura de Arlindo Porto (PTB-MG) para tentar impedir a vitória de Barbalho, em disputa que envolveu uma série de ataques entre candidatos e aliados. As acusações contra Barbalho envolviam fraudes da Superintendência de Desenvolvimento da Amazônia (SUDAM) e a participação dele em um caso de desvio de recursos do Banco do Estado do Pará. Em 2001, ACM levou as acusações ao Ministério Público Federal.

Em fevereiro daquele ano, a imprensa divulgou detalhes da visita de ACM a Luiz Francisco de Souza, o procurador da República no Distrito Federal. O encontro entre os dois foi gravado, e no diálogo o político baiano garantiu que sabia como votaram os senadores quando do pedido de cassação de Luiz Estevão. O senador baiano chegou a dizer que a senadora Heloísa Helena (PT-AL) teria votado a favor do senador cassado, chegando a sugerir a existência de romance entre os dois.

Antônio Carlos Magalhães e José Roberto Arruda, na época líder do governo, foram acusados pelo Conselho de Ética de quebra do decoro parlamentar. Os dois parlamentares negaram envolvimento no caso, mas a então

30 de maio

diretora da empresa de processamento de dados do Senado, Regina Borges, admitiu que entregou a lista dos votos a Arruda a pedido do próprio senador, que em seguida mostrou-a ao colega ACM.

O parecer da Comissão de Ética pedindo a abertura de processo de cassação de José Roberto Arruda e Antônio Carlos Magalhães foi aprovado no dia 23 de maio. Para não perder seus direitos políticos, Arruda renunciou ao mandato no dia seguinte. Uma semana depois, ACM também renunciou ao cargo de senador, mas a cadeira e o gabinete que ocupava foram repassados ao suplente, ninguém menos do que Antônio Carlos Magalhães Junior, seu filho e sucessor. Com a renúncia, o relatório que pedia a cassação do mandato deles foi arquivado pelo então presidente do Senado, Jader Barbalho (PMDB-BA).

Para o deputado federal Waldir Pires (PT-BA), a renúncia dos dois senadores foi uma fraude. Segundo ele, o regimento do Congresso não permite que parlamentar processado renuncie ao mandato. "Uma fuga. Teria que ser recebida pela Mesa do Senado com efeito suspensivo até o final", disse na época. O deputado petista se referia ao Decreto Legislativo nº 16/94, que deixa a renúncia sob suspensão até o final de qualquer processo com base no Artigo 55 da Constituição Federal.

Você sabia?

Em 2007, o senador Renan Calheiros (PMDB-AL) renunciou à presidência do Senado Federal como estratégia para evitar a cassação do mandato no plenário.

Atualmente no Brasil, para um senador perder o mandato são necessários 41 votos favoráveis à cassação.

31 de maio

Exame com foto de raio X vira abreugrafia, em homenagem a médico paulista
1939

Câncer no pulmão foi a causa da morte do médico Manoel Dias de Abreu, em 30 de janeiro de 1962, aos 68 anos, no Rio de Janeiro. Seria apenas mais um caso fatal da doença não fosse ele o criador do exame que fazia uma espécie de "fotografia" de raio X, mais tarde denominada "abreugrafia", em sua homenagem. A técnica permitiu a realização de grande número de diagnósticos precoces de doenças pulmonares em curto espaço de tempo.

A homenagem a Manoel Dias de Abreu foi uma das decisões do 1º Congresso Nacional de Tuberculose, encerrado em 31 de maio de 1939. Anteriormente, o exame era conhecido por "roentgenfotografia", em referência ao físico alemão Wilhelm Conrad Röntgen, descobridor oficial da radiação ionizante. Aos poucos, a nova denominação, abreugrafia, passou a ser usada também em outros países.

Fabricado pela Casa Lohner, o primeiro aparelho para exames em massa da população foi instalado dois anos antes do congresso, em 1937, no Centro de Saúde 3, na rua Rezende, 128, no Rio de Janeiro. Naquele local, passou a funcionar o primeiro serviço de cadastro torácico do Brasil, e, em apenas treze dias, entre 8 e 21 de julho, foram examinadas 759 pessoas, 44 delas com lesões pulmonares detectadas.

O sucesso do diagnóstico tinha a ver com o método de especificidade razoável e baixo custo. Com o passar do tempo, o exame da abreugrafia passou a ser fundamental também para a descoberta de lesões cardíacas e nas grandes artérias e até de tumores nos pulmões, causa da morte do doutor Abreu.

Em 1950, Abreu recebeu a medalha de ouro, condecoração anual, no Colégio Americano de Medicina do Tórax, e também foi indicado ao Prê-

31 de maio

mio Nobel de Medicina. Paulistano nascido em 4 de janeiro de 1894, Abreu concluiu em 1914 a Faculdade de Medicina do Rio de Janeiro disposto a aprofundar-se no estudo da radiologia. Bastaram dois anos de descobertas até ser convidado para dirigir o laboratório central da Santa Casa de Paris, transferindo-se em 1917 para o Hospital Franco Brasileiro.

No retorno ao Brasil, em 1922, reiniciou as experiências na Inspetoria de Profilaxia da Tuberculose, no Rio de Janeiro, cidade que naquela época registrava alto índice da doença. A grande maioria da população não tinha acesso aos exames convencionais, caros demais, até que em 1936 ele descobriu que a radiografia do tórax, pela fotografia da tela radioscópica, era um método eficiente e de baixo custo.

A técnica era o resultado da impressão direta dos feixes de raio X sobre o filme radiológico ao atravessarem o corpo. Na roentgenfotografia, o que se obtinha era uma fotografia da imagem que aparece na radioscopia. O invento foi apresentado por Abreu à Sociedade de Medicina e Cirurgia do Rio de Janeiro.

Em 1939, a União Internacional Contra a Tuberculose também reconheceu o nome abreugrafia para o exame, levando Abreu a se tornar um dos mais importantes mestres da medicina e da radiologia mundial. Ele foi cavaleiro da Legião de Honra na França. No Brasil, a abreugrafia passou a ser pré-requisito para o ingresso em escolas e cadastramento em empregos públicos e privados. Como o grau de radiação usado na abreugrafia era alto demais, ao longo dos anos surgiram outras formas de exame.

Você sabia?

A abreugrafia pode detectar alterações pulmonares como edema, pleurisia, pneumonia, bronquite, asma, cistos e neoplasias. No coração, insuficiência, pericardite, cardiomegalia e anormalidades anatômicas.

JUNHO

1º de junho

Theodoro Augusto Ramos insere país no mundo científico
1934

Franzino, de óculos arredondados para compensar a pouca visão, o paulistano Theodoro Augusto Ramos morreu cedo, em 5 de dezembro de 1935, aos quarenta anos, tendo dedicado a maior parte da vida aos estudos da matemática moderna e deixado importante legado ao mundo acadêmico e científico do Brasil. Considerado o mais brilhante e produtivo da sua geração, foi ele o intelectual designado pelo governador paulista Armando de Salles Oliveira para chefiar a comitiva, na época chamada "missão USP", sigla para Universidade de São Paulo, que foi à Europa com a determinação de contratar pesquisadores para a então novíssima Faculdade de Filosofia, Ciências e Letras (FFCL), da qual foi o primeiro diretor.

Em sua missão, negociou com representantes dos governos e das maiores instituições de ensino da França, da Alemanha e da Itália, e ao retornar, em 1º de junho de 1934, garantiu a vinda de professores que viriam a ter expressão mundial. Foram nomes como Fernand Braudel, Paul Arbousse-Bastide, Claude Lévi-Strauss, Luigi Fantappiè, Gleb Wataghin, Heinrich Rheinboldt, Giuseppe Occhialini, Ernst Bresslau, Émile Coornaert, Étienne Borne, Ettore Onorato e Giacomo Albanese.

Participar da escolha dos primeiros pesquisadores internacionais para composição do quadro de docentes da USP, que dava os primeiros passos como instituição de ensino superior, foi o grande feito do jovem idealista. Até chegar lá, Theodoro estudou na Escola Politécnica do Rio de Janeiro, onde terminou o curso de engenharia civil, em 1916, embora seu interesse maior tenha sido pelas ciências matemáticas, chegando ao doutorado dois anos depois com a tese "Funções de variáveis reais", considerada marco da pesquisa matemática no Brasil.

Voltou a morar em São Paulo em 1919, já com posição acadêmica e vaga garantida no quadro de docentes na Escola Politécnica paulista. Foi um

1º de junho

professor à frente do seu tempo, com grande dedicação às pesquisas, tendo modernizado o ensino de análise da matemática. E ele não ficou só na sala de aula, dedicou-se também a funções administrativas e chegou a atuar na política como prefeito da cidade de São Paulo, assumindo ainda as tarefas de membro do Conselho Nacional de Educação e da Academia Brasileira de Ciências, antes de atuar como secretário de Estado da Educação e da Saúde Pública.

Em 1923, aos 28 anos, Theodoro Augusto Ramos concluiu a primeira pesquisa, intitulada "Relatividade geral e a teoria quântica no Brasil", e foi efetivado como professor catedrático das cadeiras de geometria analítica, geometria projetiva e suas aplicações à nomografia e mecânica racional. Mesmo integralmente envolvido com a rotina acadêmica, teve tempo de participar da comissão nomeada pelo então ministro da Educação e Saúde Pública, Francisco Campos, para encaminhar as propostas da reforma do ensino de engenharia no país, em 1931, sendo indicado a diretor de ensino superior do ministério três anos mais tarde.

Já aparentava alguma debilidade de saúde em 17 de abril de 1935, quando terminou o compromisso com o governo federal e reassumiu as funções acadêmicas, que havia deixado a cargo do professor Lúcio Martins Rodrigues. Contudo, não demorou muito para cair doente e deixar definitivamente o trabalho, até morrer em 5 de dezembro daquele mesmo ano.

Você sabia?

A USP foi criada pelo Decreto nº 5.283, de 25 de janeiro de 1934, dentro das comemorações da fundação da cidade de São Paulo, que aconteceu em 1554.

Também formado em engenharia, Theodoro Augusto Ramos deu aulas de matemática elementar, geometria analítica, cálculo infinitesimal, cálculo diferencial e integral, na Escola Politécnica de São Paulo.

2 de junho

Jornalista Tim Lopes é assassinado por traficantes
2002

Para o amigo Marceu Vieira, a grande homenagem a Tim Lopes é fazer o melhor jornalismo. Para a irmã Tânia Lopes, é no aspecto social que está o legado deixado pelo jornalista. Ela costuma dizer que a maior homenagem é dar dignidade para os humildes e pobres, porque era por eles que Tim Lopes viveu, até ser sequestrado, torturado e morto por criminosos liderados pelo traficante Elias Pereira da Silva, o Elias Maluco.

Produtor e repórter da TV Globo, Tim investigava denúncias de moradores sobre tráfico de drogas e exploração sexual de adolescentes durante bailes funk realizados nos fins de semana em uma das comunidades da Vila Cruzeiro, no Complexo do Alemão, bairro da Penha, Zona Norte do Rio de Janeiro. O crime teve repercussão internacional pela crueldade dos assassinos e por representar uma tentativa de cerceamento da liberdade de imprensa.

Arcanjo Antonino Lopes do Nascimento estava com 52 anos, trinta deles dedicado ao jornalismo, em 2 de junho de 2002, quando foi descoberto gravando imagens do livre comércio de drogas e da prostituição infantil imposta pelos traficantes a meninas da Vila Cruzeiro. Levado pelo bando de Elias Maluco a local ermo, ele foi torturado até a morte, teve o corpo esquartejado e encharcado de gasolina antes de ser carbonizado numa fogueira, dentro de pneus de carro, método conhecido como "micro-ondas" pelos moradores da favela da Grota. Só no dia 5 de julho o exame de DNA confirmou que a ossada encontrada em cemitério clandestino localizado no alto do morro era mesmo do jornalista.

Os restos mortais foram enterrados no dia 7 de julho, no cemitério Jardim da Saudade. Entre 41 fragmentos de ossos no cemitério clandestino da Grota, técnicos da Universidade Federal do Rio de Janeiro (UFRJ) identificaram DNA de outras três pessoas, todas vítimas do "tribunal" do tráfico. A polícia prendeu sete acusados, levados a julgamento em 2005.

2 de junho

Elias Maluco, apontado como chefe do grupo, foi condenado a 28 anos e seis meses de prisão. Elizeu Felício de Souza, Reinaldo Amaral de Jesus, Fernando Sátiro da Silva, Cláudio Orlando do Nascimento e Claudino dos Santos Coelho foram sentenciados a 23 anos e seis meses de detenção. Angelo Ferreira da Silva recebeu a menor pena, de quinze anos.

Gaúcho de Pelotas, Tim era formado em jornalismo pela Faculdade Hélio Alonso. Antes de trabalhar como produtor na TV Globo, atuou em jornais impressos, com passagens pelas redações de *O Globo*, *O Dia*, *Jornal do Brasil*, *Folha de S.Paulo* e na revista *Placar*, especializada em futebol. Em 2001, recebeu o Prêmio Esso de Telejornalismo e o Prêmio Líbero Badaró, com a série "Feira das drogas" sobre tráfico nas favelas da Grota, da Rocinha e da Mangueira e em ruas da Zona Sul do Rio.

Você sabia?

A Associação Brasileira de Jornalismo Investigativo registrou trezentos casos de agressões a profissionais, de 2013 a 2016.

A ONG Repórteres sem Fronteiras classifica o Brasil como o segundo país mais perigoso para jornalistas na América Latina, depois do México.

3 de junho

Sítio do Pica-pau Amarelo estreia na TV
1952

O tema musical "Dobrado", composto por Salathiel Coelho, era a deixa para o diretor Júlio Gouveia, sentado diante da câmera, abrir o livro nas primeiras páginas e anunciar: "A história de hoje é...". A primeira vinheta de abertura do *Sítio do Pica-pau Amarelo*, baseada na obra imortal de Monteiro Lobato, de 1921, estreou exatamente no primeiro canal do país, a TV Tupi de São Paulo, em 3 de junho de 1952, quando a televisão ainda era objeto de luxo nos lares brasileiros e transmitia em preto e branco e ao vivo – o videotape surgiu apenas em 1959.

A primeira versão ficou uma década no ar, até 1962, com criação, roteiros, produção e direção do próprio Júlio e da mulher dele, Tatiana Belinky, que adaptaram a montagem feita quatro anos antes no Teatro Escola de São Paulo. Tudo começou com o sucesso da apresentação especial de "A pílula falante", um dos capítulos de *Reinações de Narizinho*, precursora da série inicialmente exibida às quintas-feiras, às sete e meia da noite.

Em 1955, a Tupi do Rio de Janeiro mostrou durante dois meses uma readaptação dirigida por Maurício Sherman e produzida por Lúcia Lambertini. Ela também interpretava a boneca Emília, ao lado de Daniel Filho, que fazia o Visconde, e Zeni Pereira, a Tia Nastácia. Desde então, foram realizados pelo menos dois filmes para o cinema e cinco programas, que passaram também nas redes Cultura, Bandeirantes e Globo.

O sucesso de audiência atraiu patrocinadores. Logo, o *Sítio do Pica-pau Amarelo* se tornou o primeiro programa da televisão brasileira a adotar o *merchandising*. Como as histórias não eram interrompidas para intervalo comercial, durante as cenas eram introduzidas divulgações de mercadorias comuns na época. Mesmo assim, a produção ainda era simples, reduzida ao cenário fixo, ou seja, à varanda do sítio, onde eram filmadas as cenas mais importantes. Os demais eram montados no improviso, dependendo das exigências de cada conto, sem efeitos especiais e as mágicas inerentes aos enredos. Tudo precisava ser adaptado ao orçamento e aos poucos recursos até então disponíveis, como na exibição do episódio "No reino das águas claras". Tatiana Belinky colocou o aquário da própria casa diante da câmera, e os atores pareciam cercados pelos peixinhos.

Algumas histórias de Monteiro Lobato chegaram a ser descartadas durante a fase inicial da série na TV Tupi, em razão das dificuldades de serem reproduzidas e executadas ao vivo. A primeira versão saiu do ar em 1962, com o afastamento de Júlio Gouveia, depois de 360 episódios de 45 minutos, ao vivo. No ano seguinte, foram reencenados com pequenas variações de diálogos e textos feitas por Lúcia Lambertini.

Em 1964, o *Sítio do Pica-pau Amarelo* foi atualizado pela TV Cultura, de São Paulo, em produção ainda comandada por Lambertini. Na Rede Bandeirantes, foi apresentado de 1967 a 1969, novamente com direção e produção do casal Júlio Gouveia e Tatiana Belinky e os atores originais da Tupi. Mas foi um fracasso. De 1977 a 1986 foi produzido na Globo, em parceria com a TV Educativa (TVE) e o antigo Ministério da Educação e da Cultura (MEC).

Você sabia?

No elenco original apareceram André José Adler (Pedrinho), Leny Vieira (Narizinho), Iná Malaguti (Dona Benta), Zeni Pereira (Tia Nastácia), Daniel Filho (Visconde) e Elísio de Albuquerque (Dr. Caramujo). Lúcia Lambertini foi substituída duas vezes por Dulce Margarida no papel de Emília.

O objetivo era respeitar o texto original e criar situações para educação infantil sobre problemas universais e do cotidiano, assim como na obra de Monteiro Lobato.

4 de junho

Eco-92 traz ao Rio líderes mundiais pelo meio ambiente
1992

A Cidade Maravilhosa pode até não ser a mesma de tempos atrás, maculada pela rotina de medo, violência, corrupção institucionalizada e insegurança crescente. Mas foi lá que, no início da década de 1990, se reuniu a Cúpula da Terra para a Eco-92, ou Rio-92, como ficou internacionalmente conhecida a conferência preparada pela Organização das Nações Unidas (ONU) com pelo menos vinte anos de antecedência, em Estocolmo, na Suécia, para debater o conceito de desenvolvimento sustentável e definir ações práticas de proteção ao meio ambiente. Desde então, têm sido buscadas alternativas para que o progresso da humanidade caminhe em harmonia com a natureza, sem interferir na qualidade de vida das futuras gerações.

Realizada de 4 a 14 de junho de 1992, a Conferência das Nações Unidas sobre o Meio Ambiente e Desenvolvimento juntou no Rio de Janeiro chefes de Estado de 178 países e representantes de 1.400 organizações não governamentais, somando mais de 30 mil pessoas de diversos idiomas e, apesar dos inevitáveis conflitos de interesse, um objetivo em comum.

Durante a Rio-92 surgiram, por exemplo, duas convenções sobre biodiversidade e mudanças climáticas, respectivamente, e três documentos que, teoricamente, passaram a nortear as ações nacionais e internacionais pelo desenvolvimento sustentável – "Declaração do Rio sobre meio ambiente e desenvolvimento", "Declaração de princípios sobre florestas" e "Agenda 21". Também ficou acertada a criação da Comissão de Desenvolvimento Sustentável, vinculada ao Conselho Econômico e Social das Nações Unidas, que, entre outras atribuições, atua em cooperação com os países até que consigam atingir os objetivos da Rio-92.

Outro importante documento assinado na Rio-92, a "Agenda 21", é um plano global de metas com 2.500 recomendações de como tornar possível o desenvolvimento sustentável. Defende, por exemplo, a ajuda dos países

4 de junho

desenvolvidos àqueles em desenvolvimento e que a conservação ambiental do planeta está diretamente relacionada à erradicação da pobreza e à diminuição das desigualdades sociais. Entre seus objetivos destacam-se a universalização do saneamento básico e do ensino público, maior participação do terceiro setor, dos sindicatos e dos trabalhadores na vida da sociedade, planejamento e uso sustentado dos recursos do solo, das formações vegetais, dos rios, lagos e oceanos e a conservação da biodiversidade.

A Eco-92 abriu caminho para pelo menos três outros grandes eventos da ONU com o propósito de debater problemas ambientais no planeta: a Rio+10, em Joanesburgo, na África do Sul, em 2002; a Cúpula Sobre Mudanças Climáticas, em Copenhague, na Dinamarca, em 2009; e, duas décadas depois, a Rio+20, novamente na capital fluminense, de 13 a 22 de junho de 2012. Em pauta estava a reafirmação dos compromissos estabelecidos vinte anos antes com o desenvolvimento sustentável em meio a urgências ambientais, sociais, econômicas e políticas e à crescente degradação da natureza. Os temas centrais em discussão foram a economia verde no contexto do desenvolvimento sustentável e da erradicação da pobreza e a estrutura institucional para o desenvolvimento sustentável.

Você sabia?

Paralelamente aos debates da agenda oficial da conferência da ONU, as entidades do terceiro setor promoveram o Fórum Global e aprovaram a "Carta da Terra", documento que consiste em termo de responsabilidade dos países ricos na preservação do meio ambiente.

A proposta brasileira de sediar a Rio+20 em 2012 foi aprovada pela 64ª sessão da Assembleia Geral das Nações Unidas, em 2009.

<u>5 de junho</u>

Brasil e Cuba reatam relações
1986

As relações entre Brasil e Cuba, instáveis em determinados momentos da história, atingiram a maturidade comercial e política na primeira década do século XXI, convergindo para a consolidação do protagonismo dos dois países em importantes projetos de integração e regional. Cooperação simbolizada, por exemplo, pelo acordo para viabilização das obras de modernização do porto de Mariel, em 2014, executadas com financiamento do Banco Nacional de Desenvolvimento Econômico e Social (BNDES).

Primeiro terminal de contêineres do Caribe, o empreendimento gerou cerca de 156 mil empregos diretos, indiretos e induzidos no território brasileiro, e foi considerado elemento fundamental para a inserção do país caribenho na economia global. A implantação ali da Zona Especial de Desenvolvimento estimulou a instalação de empresas brasileiras na região.

De acordo com dados do Ministério do Comércio Exterior brasileiro, de 2003 a 2013 os negócios bilaterais entre Brasil e Cuba cresceram praticamente 580%, de 91,99 milhões de dólares para 624,79 milhões de dólares. No mesmo período, as exportações brasileiras para Cuba aumentaram 736%, passando de 69,61 milhões de dólares para 582,17 milhões de dólares, enquanto as importações originárias da ilha caribenha cresceram 332%, de 22,38 milhões de dólares, em 2003, para 96,62 milhões de dólares, em 2013.

As relações diplomáticas entre os dois países foram estabelecidas em 1906, e reforçadas em 1959, quando o Brasil reconheceu o governo revolucionário de Fidel Castro, recebido em Brasília pelo então presidente da República, Juscelino Kubitschek. Em 1961, foi a vez de Jânio Quadros receber com honras de chefe de Estado o revolucionário Ernesto Che Guevara, condecorado com a Ordem do Cruzeiro do Sul.

Em 1962, o governo brasileiro, já sob o comando de João Goulart, se absteve na votação que expulsou Cuba da Organização dos Estados Americanos (OEA). Mas nem sempre foi assim.

5 de junho

A simpatia por Cuba durou apenas até 31 de março de 1964, ano em que o golpe de Estado impôs o regime militar no Brasil e determinou o rompimento político e comercial com o regime comunista de Castro. A situação só mudou a partir de junho de 1986, durante o processo de reabertura política no Brasil, com restabelecimento definitivo das relações entre os dois países, em 5 de junho, abrindo caminho para outras sete visitas do comandante cubano.

Em 1990, Fidel Castro esteve em Brasília, convidado para a posse de Fernando Collor na Presidência da República. Em 1992, participou da Conferência Internacional Sobre Meio Ambiente, no Rio de Janeiro. O líder da Revolução Cubana voltou ao Brasil em 1995, dessa vez para a posse de Fernando Henrique Cardoso, e em 1998, quando se encontrou também com Luiz Inácio Lula da Silva, que disputou e perdeu a eleição daquele ano também para FHC.

Em 2003, Fidel Castro finalmente pôde comparecer à posse de Lula, seu principal aliado político na América do Sul. Foi o início da parceria que uma década depois, já no segundo mandato da presidente petista Dilma Rousseff, deu origem ao programa Mais Médicos, a partir do segundo semestre de 2013, com a participação de 11 mil profissionais cubanos para suprir deficiências do Sistema Único de Saúde (SUS) em regiões carentes do Brasil.

Você sabia?

Inimigo declarado do regime militar implantado em 1964, o ex-presidente cubano Fidel Castro ficou mais de trinta anos sem voltar ao Brasil.

Em julho de 2013, houve a inauguração de voo direto, com frequência semanal, entre São Paulo e Havana, pela companhia aérea Cubana de Aviación.

6 de junho

Escândalo do mensalão envolve Parlamento e governo
2005

Gravações de áudio e vídeos, delações, chantagens, troca de ameaças, propinas e circulação de somas vultosas em malas, mochilas, cuecas e meias ou depositadas em contas bancárias de paraísos fiscais são práticas condenáveis, mas bastante comuns entre políticos e empresários brasileiros.

A corrupção e desvios no Brasil alcançaram o estágio de crime organizado, com o agravante da impunidade e com reflexos vergonhosos na precariedade dos serviços básicos de saúde, educação, assistência social e aumento da violência nas ruas. Dos casos conhecidos da população na primeira década do século XXI, o mensalão deve permanecer por muito tempo ainda no topo dos mais escandalosos da política nacional. Prática antiga entre deputados e senadores, a compra de votos de parlamentares no Congresso veio a público entre 2005 e 2006, objeto da ação penal de número 470, movida pelo Ministério Público no Supremo Tribunal Federal.

A batalha política que desencadeou o escândalo do mensalão começou com denúncias de fraudes em licitações da Empresa Brasileira de Correios e Telégrafos. Segundo matéria publicada na edição de 3 de junho de 2005, no jornal *Folha de S.Paulo*, o governo estaria liberando 400 milhões de reais na forma de emendas ao orçamento, como moeda de troca para que nenhuma investigação fosse feita pelo Parlamento.

Parte da base governista, em apoio à oposição, defendeu a instalação de Comissão Parlamentar de Inquérito (CPI), enquanto Roberto Jefferson, na época presidente do PTB, resolveu partir para o contra-ataque e jogar lama no ventilador. Três dias depois, na edição de 6 de junho, segunda-feira, a mesma *Folha* publicou entrevista exclusiva com Jefferson, concedida à jornalista Renata Lo Prete.

O parlamentar petebista disse que Delúbio Soares, o tesoureiro do PT, pagava mensalidade de 30 mil reais a alguns deputados do Congresso, para

6 de junho

que eles votassem seguindo a orientação do governo. Foi o próprio Jefferson quem usou o termo "mensalão" ao se referir à propina. A divulgação da entrevista agravou a crise no governo petista de Luiz Inácio Lula da Silva. Segundo Jefferson, o operador era o empresário Marcos Valério de Souza, dono das agências de publicidade SMP&B e DNA, que mantinham contratos com diversos órgãos públicos da administração federal.

A entrevista de Jefferson e seus desdobramentos resultaram na queda do então ministro da Casa Civil de Lula, José Dirceu, um dos homens fortes do PT, que voltou a ser deputado antes de ser preso. No lugar dele foi nomeada Dilma Rousseff, até então ministra das Minas e Energia, mais tarde sucessora de Lula no Palácio do Planalto. A direção nacional do PT e o próprio Delúbio Soares negaram as acusações, e, apesar de uma minoria do partido defender o afastamento, o tesoureiro foi mantido no cargo.

Em 8 de junho, a *Folha* publicou entrevista com Delúbio, que afirmou que o governo teria feito combate implacável à corrupção no país. "Nesses mais de trinta anos de militância política, não acumulei vantagens, e coloco à disposição da Justiça meus sigilos fiscal e bancário. O PT não participa de compra de votos nem de apoio de deputados", declarou na ocasião o tesoureiro petista. O Supremo Tribunal Federal (STF) começou a julgar o mensalão em 2012. Dos quarenta acusados inicialmente, apenas 37 réus foram a julgamento, dos quais 24 seriam condenados ao final do processo.

Você sabia?

Jefferson foi condenado pelo STF em 2012 a sete anos de prisão por corrupção passiva e lavagem de dinheiro. A pena começou a ser cumprida em 2014.
Dois anos depois, o mesmo STF concedeu indulto a Jefferson, perdoando os crimes cometidos.

7 de junho

Portugal e Espanha assinam o Tratado de Tordesilhas
1494

No tempo das grandes navegações, os reinos de Portugal e Castela, atual Espanha, eram governados por monarcas que se sentiam verdadeiros donos do mundo. Como eram recorrentes as disputas entre os dois reinos, cada um reivindicando para si as terras descobertas pelos conquistadores que se lançavam a atravessar o Oceano Atlântico, foi preciso negociar uma saída que atendesse ambos os lados. As tratativas culminaram com o acordo celebrado no povoado castelhano de Tordesilhas.

O Tratado de Tordesilhas, como foi chamado, foi assinado em 7 de junho de 1494 pelos representantes do reino de Portugal, dom João II, e da Coroa da antiga Espanha, rei Fernando II de Aragão e rainha Isabel I de Castela, com o objetivo de dividir as terras "descobertas e por descobrir" fora da Europa. Um ano e meio antes, o genovês Cristóvão Colombo chegara ao chamado Novo Mundo, navegando sob bandeira espanhola para abrir caminho à colonização do território que mais tarde seria batizado de América.

Ficou decidido que a separação das terras demarcadas seria feita a partir de um meridiano que estaria a 370 léguas, ou aproximadamente 1.780 quilômetros a oeste das ilhas de Cabo Verde. Todas as terras a oeste seriam da Coroa espanhola, enquanto as terras a leste pertenceriam à monarquia portuguesa.

Como os espanhóis necessitavam navegar por águas portuguesas para atingir seus próprios domínios, certas cláusulas garantiam passagem segura, sem qualquer exploração. Mas, como nem tudo o que estava escrito foi cumprido à risca, para melhor compreensão da relevância histórica do documento é preciso conhecer acordos prévios entre as duas potências.

A partir do recuo islâmico da península Ibérica no século VIII, castelhanos e portugueses disputaram o domínio da costa atlântica da África, rota estratégica para garantir passagem para a Índia sem depender exclusivamen-

7 de junho

te do mar Mediterrâneo. Em 1474, começou a ser negociado o Tratado de Alcáçovas, assinado dois anos depois, que entre as principais cláusulas determinava a renúncia de dom Afonso V ao trono de Castela e o casamento entre os filhos dos soberanos. Também demarcou as zonas de influência de cada lado no Oceano Atlântico e estabeleceu o domínio dos reis católicos nas Ilhas Canárias. Aos portugueses, garantiu a exploração de todas as terras ao sul.

Os dois reinos se comprometeram a não infligir os domínios estabelecidos, acerto ratificado pela benção do papa Sisto IV, em 1481. Em 1492, as primeiras descobertas de Cristóvão Colombo alteraram a situação diplomática e, no ano seguinte, a Coroa espanhola, com apoio do papa aragonês Alexandre VI, estabeleceu que terras descobertas e ainda por descobrir a oeste das Ilhas Canárias eram dos reis católicos, restando a Portugal as terras a leste.

Dom João II, de Portugal, propôs negociações paralelas aos representantes castelhanos, Isabel I e Fernando II, que, para evitar a hostilidade do reino vizinho, concordaram com o que foi celebrado em Tordesilhas. O acordo vigorou apenas até 1750, quando foi firmado o Tratado de Madrid, com novos limites de divisão territorial para as colônias lusitanas e espanholas na América do Sul.

Você sabia?

Apesar das dificuldades de aplicação na prática, o Tratado de Tordesilhas foi o primeiro de uma série de acordos para a demarcação de territórios, marco fundamental para a história colonial do século XVI.

Graças ao Tratado de Tordesilhas, Portugal tomou posse da região litorânea onde a esquadra de Pedro Álvares Cabral aportou em 1500, e que mais tarde se tornou o território brasileiro.

8 de junho

Reunião decide fundar SBPC e trabalhar o avanço da ciência brasileira
1948

A trajetória da Sociedade Brasileira para Progresso da Ciência (SBPC) está intrinsecamente relacionada à evolução social, política e econômica do Brasil, depois da Segunda Guerra Mundial.

O marco inicial dessa história é o dia 8 de junho de 1948, quando, em uma sala da Associação Paulista de Medicina, depois de interessados terem sido convocados por uma circular, aconteceu a primeira reunião que, exatamente um mês depois, culminaria com a aprovação dos estatutos e a fundação da SBPC.

O professor Jorge Americano foi o primeiro presidente eleito da SBPC. Entre os demais membros fundadores estão Mauricio Rocha e Silva, Paulo Sawaya, José Reis, Gastão Rosenfeld, José Ribeiro do Vale e F. J. Maffei. Nos primeiros anos de existência, a SBPC foi fundamental para o reconhecimento e a institucionalização da ciência no Brasil. Sua fundação coincidiu com o período de criação de organizações governamentais como o Conselho Nacional de Desenvolvimento Científico e Tecnológico (CNPq), em 1951; e a Coordenação de Aperfeiçoamento de Pessoal de Nível Superior (CAPES), no mesmo ano. Organizações que, aliadas a uma rede de instituições de ensino superior que começava a se estruturar e ao fortalecimento da comunidade científica nacional, permitiram ao país demonstrar no tempo certo a capacidade de produzir e utilizar conhecimento científico e tecnológico, e competir com as principais potências internacionais.

No aspecto político, a apartidária SBPC também cumpriu papel fundamental de resistência durante os vinte anos de governo militar, entre 1964 e 1984. Teve atuação importante ao se manifestar abertamente contra perseguições a professores, pesquisadores e estudantes e interferências nos sistemas

8 de junho

educacional e científico que pudessem ferir a autonomia das universidades brasileiras. Curiosamente, no período da ditadura foram criadas estatais que impulsionaram o desenvolvimento científico e tecnológico, e que entraram no século XXI ainda na plenitude do processo produtivo, como a Empresa Brasileira de Aeronáutica (EMBRAER), criada em 1971, e a Empresa Brasileira de Pesquisas Agropecuárias (EMBRAPA) fundada no ano seguinte.

No início dos anos 1980, a SBPC lançou as revistas *Ciência Hoje* (1982), *Ciência Hoje das Crianças* (1986) e o *Jornal da Ciência* (1987), canais de comunicação entre a comunidade científica e a sociedade brasileira. Com o fim do regime militar, no início da redemocratização, em 1985, foi criado o atual Ministério da Ciência, Tecnologia e Inovação, que fortaleceu o sistema nacional no setor. Foram criados programas de pós-graduação de qualidade, instituições de pesquisa e desenvolvimento, e fundações de amparo à pesquisa na maior parte dos estados brasileiros.

Anterior à SBPC, a Academia Brasileira de Ciências, criada em 3 de maio de 1916 por um grupo de 27 cientistas, ajudava a divulgar e fomentar a produção científica. Com sede no Rio de Janeiro, o nome original, Sociedade Brasileira de Ciências, foi alterado para o atual em 1921.

Você sabia?

A SBPC conta com 98 sociedades científicas associadas e mais de 6 mil sócios, entre pesquisadores, docentes, estudantes e amigos da ciência.

Desde 2003, os periódicos da SBPC passaram à responsabilidade do Instituto Ciência Hoje, ainda vinculado à entidade.

9 de junho

Nasce Patrícia Rehder Galvão, a Pagu
1910

A vida de Patrícia Rehder Galvão, a lendária Pagu, vai além das descrições que tentaram defini-la, tais como: "a primeira mulher presa política no Brasil", "musa do modernismo" – ou "musa-mártir", para Décio Pignatari – e "autora do primeiro romance proletário brasileiro". Na verdade, nenhuma delas foi suficiente para dar conta de personagem tão multifacetada.

Nascida em São João da Boa Vista (SP), no dia 9 de junho de 1910, Patrícia Galvão foi, ao longo de seus 52 anos de vida, jornalista, escritora, ativista política, diretora de teatro, desenhista, tradutora. Já aos quinze anos contribuía com um jornal de bairro na capital paulista, e, antes dos vinte, conheceu intelectuais do Movimento Antropofágico, como o casal Tarsila do Amaral e Oswald de Andrade. Raul Bopp, outro modernista, foi quem lhe deu o apelido Pagu, fruto de uma confusão do poeta, pois pensara que seu nome fosse Patrícia Goulart.

Pagu colaborou com desenhos para a *Revista de Antropofagia* e casou-se com Oswald de Andrade, vinte anos mais velho, em janeiro de 1930. Os dois entraram para o Partido Comunista Brasileiro (PCB) e editaram o jornal *O homem do povo*, proibido pela polícia. Pagu assinava, no tabloide que durou apenas oito números, a coluna intitulada "A mulher do povo", em que criticava as "feministas de elite".

A década de 1930 seria, para a jovem Pagu, de intensa militância política e artística, no Brasil e no exterior. Em 1933 publicou, sob o pseudônimo Mara Lobo, *Parque industrial*, o primeiro romance brasileiro de temática proletária. Dois anos antes, em 1931, fora presa pela primeira vez, durante greve de estivadores no porto de Santos. Em seguida, viajou para os Estados Unidos, Rússia, França, Japão e China.

Enviou de lá reportagens para jornais brasileiros, conheceu Sigmund Freud, os surrealistas franceses e o imperador chinês Pu Yi, com quem con-

9 de junho

seguiu, na Manchúria, as primeiras sementes de soja introduzidas no Brasil. Foi repatriada após prisão em Paris, para ser presa novamente em 1935, por causa de suas atividades políticas.

Quando libertada, quase cinco anos depois, abalada pelas torturas que sofreu, Pagu tentou o suicídio. Separada de Oswald desde antes da prisão e fora do PCB, casou-se com o escritor e jornalista Geraldo Ferraz, seu companheiro até o fim da vida e com quem teve o segundo filho, Geraldo Galvão Ferraz, nascido em 1941.

Pagu continuou, até morrer vítima de câncer, em dezembro de 1962, em intensa atividade intelectual, escrevendo crônicas, crítica cultural, poemas para vários jornais brasileiros. Radicada em Santos, incentivou o teatro amador local com aulas, traduções – como a de *A cantora careca*, de Eugène Ionesco – e montagens.

Espalhada em diversas publicações, a obra de Pagu começou a sair do ostracismo com o lançamento, em 1982, de *Pagu: vida-obra*, misto de antologia e biografia, de autoria de Augusto de Campos. No livro, o poeta perguntava em versos, já na primeira página: "Quem resgatará Pagu?".

Esse resgate só tem se intensificado com os anos: desde então, saíram filmes de ficção, documentários, reedições, textos inéditos, música de Rita Lee e Zélia Duncan, centros culturais e de pesquisa, comemorações oficiais e exposições a homenageá-la e a seu legado artístico e humano, sua vida-obra.

Você sabia?

Em 1944, Pagu escreveu contos policiais com o pseudônimo King Shelter para a revista *Detective*, editada por Nelson Rodrigues. Essas histórias foram organizadas e publicadas postumamente no livro *Safra macabra*.

James Joyce e Guillaume Apollinaire sao alguns dos autores, então desconhecidos no Brasil, de quem Pagu traduziu trechos em suas colunas de jornal.

10 de junho

Tenista Guga Kuerten é tricampeão em Roland Garros
2001

O enorme coração rabiscado com a própria raquete no piso de saibro da quadra Philippe Chatrier, ao final do primeiro e do último jogo, com a Torre Eiffel ao fundo, é o símbolo mais fiel do carinho compartilhado entre Gustavo Kuerten e a torcida.

O desenho representou mais do que gratidão aos franceses, pela acolhida durante a inédita campanha pelo tricampeonato do torneio de Roland Garros, um dos templos sagrados do tênis mundial. Depois de virar um jogo que parecia perdido na estreia, contra o desconhecido Michael Russell, na época com 23 anos e 122º do ranking da Associação dos Tenistas Profissionais (ATP), Guga contou com a vibração da plateia de Paris, mais a empolgação e o pensamento positivo dos brasileiros, para aos 24 anos jogar como veterano e seguir imbatível até cruzar na final com o espanhol Àlex Corretja e lhe impor incontestáveis três *sets* a um.

Assim, em 10 de junho de 2001, o manezinho mais ilustre da ilha de Santa Catarina entrou para o seleto grupo dos grandes campeões de Roland Garros, igualando-se a Mats Wilander e Ivan Lendl, também com três títulos, ao lado de Björn Borg, seis vezes campeão. Depois de Guga, só Rafael Nadal fez história no saibro de Paris, com a sequência de nove conquistas.

A vitória confirmou a boa fase do brasileiro, que havia fechado o ano anterior na liderança do ranking mundial da ATP. Consagrado lá fora, Gustavo Kuerten levou o tênis à condição de segundo esporte mais popular do Brasil, atrás apenas do futebol, sendo comparado a outro ídolo do país: Ayrton Senna, tricampeão de Fórmula 1.

A caminhada até o tri em Roland Garros e a consagração como melhor do mundo em 2001 começou quatro anos antes. Em 1997, quando levantou pela primeira vez o troféu, Guga era apenas o brasileiro simpático, irreveren-

10 de junho

te e, para muita gente, até espalhafatoso no tradicional e contido círculo do tênis internacional.

A garra foi fundamental para, aos vinte anos, passar de mero coadjuvante à condição de primeiro tenista brasileiro a vencer uma competição de simples masculino em torneios do Grand Slam, os quatro principais torneios de tênis da primeira divisão, campanha coroada com a épica vitória (6/3, 6/4 e 6/2) sobre o espanhol Sergi Bruguera na final do dia 8 de junho.

Pelo título, o tenista que encantou os franceses também com humildade, simpatia, alegria e uniformes berrantes recebeu 695 mil dólares. E subiu da 66ª para a 10ª posição no ranking da ATP, tudo sob a orientação de Larri Passos, técnico, amigo, irmão mais velho e "segundo pai".

Em Florianópolis, capital de Santa Catarina, onde os moradores nativos são chamados de "manezinhos da ilha", devido à colonização de imigrantes portugueses do arquipélago dos Açores no século XVIII, a euforia pela vitória de Guga lembrou a festa pela conquista do tetracampeonato da Seleção Brasileira na Copa do Mundo de 1994, na Alemanha.

Nascido em 10 de setembro de 1976, torcedor do Avaí e praticante de surfe na praia da Joaquina, Guga se tornou o maior ídolo esportivo da cidade de todos os tempos.

Tornou-se lenda e ídolo também na França, ao vencer Roland Garros pela segunda vez em 11 de junho de 2000, e chegar ao tricampeonato histórico em 2001, na mesma quadra onde encerrou a carreira em 25 de maio de 2008. Guga acumulou 358 vitórias em 553 jogos e conquistou vinte títulos.

Você sabia?

Em treze anos de carreira, o tenista Gustavo Kuerten foi líder do ranking mundial da ATP durante 43 semanas.

Em 2012, Guga recebeu a maior homenagem mundial do tênis, eternizado no hall da fama de Newport, nos Estados Unidos. Na lista desde 1978, a única representante do Brasil era Maria Esther Bueno.

11 de junho

Guerrilha urbana sequestra embaixador alemão
1970

Nas ruas, em casa e no trabalho, o brasileiro cantava feliz: "Noventa milhões em ação, pra frente Brasil, salve a Seleção...". Em meio à euforia contagiante pela campanha vitoriosa na conquista da taça Jules Rimet e do tricampeonato mundial de futebol, em 1970, no México, ninguém viu, ou quem viu não deu importância, quando uma reluzente Mercedes-Benz foi abalroada por uma picape Willy, na esquina da rua Cândido Mendes com a ladeira do Fialho, no bairro de Santa Teresa, Rio de Janeiro.

Na Mercedes ia o embaixador alemão Ehrenfried Anton Theodor Ludwig von Holleben, já a picape era dirigida por José Maurício Gradel: estava, assim, concluída a primeira etapa do sequestro planejado pela Vanguarda Popular Revolucionária (VPR) para a troca do embaixador pela libertação de quarenta presos políticos, guerrilheiros da própria organização e de outros três movimentos revolucionários que atuaram no Brasil entre os anos de 1960 e 1970 – Movimento Revolucionário 8 de Outubro (MR-8), Frente de Libertação Nacional (FLN) e Ação Libertadora Nacional (ALN).

Na sequência da ação de Gradel, pouco depois das sete da noite daquele 11 de junho, dois seguranças de Von Holleben, que seguiam o carro oficial da embaixada em uma Variant branca, foram metralhados por José Milton Barbosa, que estava com a "namorada", Sonia Eliane Lafoz, em uma escadaria próxima. Morreu no local o agente da Polícia Federal Irlando de Souza Regis, que seguia no carro do embaixador, enquanto a dupla da escolta oficial ficou gravemente ferida.

Imediatamente, Eduardo Leite e Herbert Eustáquio retiraram o embaixador da Mercedes e o transferiram para outro carro, um Opala azul, com a missão de levá-lo ao local combinado para o primeiro transbordo, onde outros três guerrilheiros, Gerson Theodoro, Alfredo Sirkis e Maurício Guilherme, esperavam em uma Kombi. Von Holleben foi colocado em uma

11 de junho

caixa de madeira e levado para o "aparelho", um apartamento alugado na rua Juvêncio de Menezes, no bairro de Cordovil.

O sequestro durou cinco dias, tempo suficiente para o governo da repressão, na época representado pelo general Emílio Garrastazu Médici, aceitar as exigências da VPR com a lista de quarenta presos políticos libertados e enviados para asilo na Argélia. Os bastidores revelam episódios inusitados nesse caso, como o ocorrido depois da prisão de Maria do Carmo Brito, da direção nacional da VPR, em abril de 1970.

No apartamento usado como QG da organização, agentes da repressão encontraram o plano para sequestrar o embaixador alemão, o que, em princípio, mudou o alvo para a embaixada japonesa. Uma viatura policial estacionada, no entanto, interrompeu a ação, mas a VPR deu o golpe de mestre. Como o plano já era de conhecimento do governo, os guerrilheiros apostaram que os agentes de repressão não imaginariam que teriam ousadia para sequestrar o alemão. E assim foi feito o terceiro de quatro sequestros políticos para chamar a atenção contra as torturas praticadas pelo regime militar de 1964.

O primeiro foi o embaixador americano Charles Elbrick, em setembro de 1969, no Rio de Janeiro; o segundo, o cônsul japonês Nobuo Okushi, em março do ano seguinte, em São Paulo. Em dezembro de 1970, Giovanni Enrico Bucher, representante da Suíça, foi o último diplomata sequestrado, no Rio de Janeiro, tendo sido libertado somente em janeiro de 1971 em troca de setenta presos políticos.

Você sabia?

Assaltos a bancos e carros-fortes e expropriações de armas em quartéis eram os métodos para financiar a luta armada contra a ditadura.

Em dezembro de 1968, o "golpe dentro do golpe", o Ato Institucional nº 5, deu plenos poderes aos militares, censurou a imprensa e cancelou as eleições.

12 de junho

Projeto Andar de Novo dá pontapé inicial na abertura da Copa
2014

O gol contra de Marcelo, aos nove minutos de jogo, não impediu a virada do Brasil por três a um contra a Croácia, mas foi o prenúncio de que em campo o pior ainda estava por vir. Porém, para um grupo de neurocientistas e oito paraplégicos selecionados para os testes do Projeto Andar de Novo (Walk Again), orientados pelo cientista brasileiro Miguel Nicolelis, o fracasso esportivo e até os sete a um da Alemanha nas semifinais ficaram em segundo plano na Copa do Mundo de 2014.

O fato mais importante, para eles, foi visto durante a solenidade de abertura da competição na Arena Corinthians, em Itaquera, Zona Leste de São Paulo.

Naquele 12 de junho, minutos antes de o árbitro japonês Yuichi Nishimura dar o apito inicial do jogo, um dos oito cadeirantes com paraplegia completa de tronco e membros inferiores pôde, enfim, movimentar novamente as pernas. O mundo todo acompanhou ao vivo, pela televisão, a vibração da torcida nas cadeiras do Itaquerão, quando Juliano Pinto, na época com 29 anos, levantou-se e, por alguns segundos, deu passos desajeitados antes de chutar levemente uma bola de futebol semelhante à usada pelos atletas em campo.

O movimento foi possível com o uso de um exoesqueleto, uma espécie de armadura robótica, acoplado por eletrodos a um computador e ao cérebro de Juliano, que mais tarde resumiu a sensação em depoimento postado nas redes sociais pelo próprio Nicolelis: "Estou impressionado, eu não acreditava. Só tenho a agradecer".

O Projeto Andar de Novo envolveu um grupo de pesquisadores de 25 países e chegou a ser criticado por outros cientistas pelo excesso de exposição da pesquisa e pelo fato de Nicolelis nunca ter publicado estudo científico que envolvesse humanos e o controle de robôs a partir do cérebro.

12 de junho

O brasileiro ficou reconhecido internacionalmente por seus trabalhos com macacos, ratos e controle de mecanismos mediante sensores neuronais. O protótipo apresentado na abertura da Copa de 2014 foi testado em oito pacientes entre 20 e 35 anos selecionados pela Associação de Assistência à Criança Deficiente (AACD), entidade sediada na capital paulista. Em 29 de abril, um dos paraplégicos conseguiu dar os primeiros passos com a armadura robótica, usando o próprio cérebro para os comandos. Até 20 de maio daquele ano, todos os pacientes já tinham dado, em média, 120 passos cada um, com ajuda do exoesqueleto.

As pesquisas são realizadas pelo Instituto Internacional de Neurociência de Natal (IINN), na capital do Rio Grande do Norte, e na Universidade Duke, nos Estados Unidos, onde Nicolelis trabalha com financiamentos externos. Na prática, o paciente usa um capacete que transmite sinais do cérebro ao computador, guardado em uma mochila, de onde partem os comandos para os pistões hidráulicos que movimentam as pernas mecânicas. O exoesqueleto tem bateria com autonomia de até duas horas. Os primeiros resultados das pesquisas do cientista brasileiro alimentam esperanças de mais de 25 milhões de pessoas que dependem de cadeiras de rodas para se locomover, em todo o mundo.

Você sabia?

O exoesqueleto foi construído em diferentes países com materiais feitos em impressoras 3D, plástico resistente, metais e alumínio. O primeiro modelo pesou em torno de setenta quilos e mediu 1,78 metro.

Um dos vinte maiores cientistas do mundo no fim do século passado, Miguel Nicolelis começou a atuar como neurocientista em 1984. Em 2009, foi considerado pela revista *Época* um dos cem brasileiros mais influentes do ano.

13 de junho

Criação do Jardim Botânico do Rio de Janeiro
1808

A ideia era instalar no local uma fábrica de pólvora cercada por horto, para a adaptação ao clima e ao solo cariocas das primeiras sementes e mudas de espécies vegetais de outras regiões do mundo, principalmente das especiarias trazidas das Índias Orientais – entre elas, baunilha, noz-moscada, canela e pimenta-do-reino. Surgiu, assim, o Jardim da Aclimatação, institucionalizado pelo decreto do então príncipe regente dom João de Bragança, futuro rei dom João VI, que, em nome da rainha Maria I, "manda tomar posse do engenho e das terras denominadas da lagoa Rodrigo de Freitas".

O jardim Botânico do Rio de Janeiro foi criado oficialmente em 13 de junho de 1808, como alternativa ao contexto econômico e político em que Portugal e Brasil, como colônia, estavam inseridos na época, no início do século XIX. Quase dois séculos depois, em 1995, foi transformado no Instituto de Pesquisas Jardim Botânico do Rio de Janeiro, um órgão federal vinculado ao Ministério do Meio Ambiente. É considerado por especialistas um dos mais importantes centros de pesquisa mundiais nas áreas de botânica e conservação da biodiversidade.

O primeiro desafio do jardim inicial foi adaptar, ou aclimatar, especiarias como baunilha, canela, pimenta e outras trazidas do Oriente, e viabilizar experiências com plantas enviadas de outras províncias portuguesas. Também foram cultivadas espécies oriundas do jardim botânico La Gabrielle, na Guiana Francesa, que havia sido invadida fazia pouco tempo por tropas portuguesas e brasileiras.

O trabalho de aclimatação foi complexo. Consistia, inicialmente, em aperfeiçoamento do transporte de mudas e sementes depois de viagens que duravam meses, e construção de sementeiras e viveiros de mudas. A última etapa consistia no transplante para o solo em diferentes áreas e observar a necessidade de incidência de sol, sombra, água e adubação de cada uma delas.

13 de junho

No reinado de João VI foi estimulada a plantação da *Camellia sinensis*, o chá preto, com a vinda de especialistas chineses e seus saberes milenares sobre a cultura e o beneficiamento do produto.

Entre as décadas de 1820 e 1830, chegaram a ser colhidas anualmente cerca de 340 quilos de folhas, com objetivo principal de estudos e produção de sementes e mudas para distribuição às províncias do império, incentivando o plantio para exportação. O sabor da planta, contudo, foi reprovado no mercado internacional, com queda vertiginosa nos anos seguintes.

Outras culturas foram experimentadas, como a palha da bombonaça, para confecção de chapéus, e as amoreiras, usadas para alimentar casulos do bicho-da-seda. Paralelamente às pesquisas, o arvoredo foi ampliado e virou espaço de lazer para a população, com lagos e cascatas, e regras que mantêm a visitação pública sem interferência nas atividades científicas.

Em 2017, ao completar 209 anos de criação, o Jardim Botânico passou por remodelação patrocinada pela Agência Nacional de Águas, com a reprodução de um pedaço da Amazônia no Rio de Janeiro. O entorno do lago ganhou projeto paisagístico com plantas de uma coleção que começou na década de 1920, na administração de Pacheco Leão. Algumas delas estão espalhadas na região amazônica do Jardim Botânico: seringueira, sumaúma, cacaueiros repletos de frutos, pau-mulato, açaizeiro, andiroba e árvores ameaçadas de extinção, como o mogno e a castanheira.

Você sabia?

São 137 hectares: na entrada do jardim, imensas e imponentes palmeiras imperiais com mais de duzentos anos formam um corredor de boas-vindas.

O Jardim Botânico deu nome ao bairro da Zona Sul do Rio de Janeiro, com cerca de 18 mil habitantes, de acordo com o Censo de 2010 do IBGE.

14 de junho

Morre Leila Diniz em acidente aéreo na Índia
1972

Naquela época, as notícias demoravam a chegar, e foi com dois dias de atraso, na edição de segunda-feira, dia 16 de junho de 1972, que o jornal *O Globo* publicou na primeira página, acima da manchete, o que os fãs brasileiros insistiam em não acreditar: "Ipanema chorou: Leila estava mesmo no avião", era o título da chamada que destacou no texto a vigília realizada na véspera por amigos e familiares da atriz, em orações para que fosse desmentida a informação sobre a explosão e a queda do voo JAL407, da Japan Airlines, nas proximidades de Nova Déli, na Índia.

Morreram no acidente as 82 pessoas que estavam a bordo, passageiros e tripulantes. Nascida em Niterói em 25 de março de 1945, Leila Diniz atuou em catorze filmes, entre eles *Todas as mulheres do mundo*, de 1966, dirigido por Domingos de Oliveira, com quem era casada na época. Também brilhou em doze telenovelas e várias peças teatrais. Deixou uma filha, Janaína, de apenas sete meses, fruto do relacionamento com o cineasta Ruy Guerra, que foi criada pelos amigos Marieta Severo e Chico Buarque.

Musa carioca e símbolo da liberdade sexual feminina entre os anos 1960 e 1970, período aterrorizado pela ditadura militar, Leila Diniz morreu aos 27 anos, no auge da fama. Ela voltava da Austrália, onde recebeu o prêmio de melhor atriz em festival internacional de cinema, pela atuação no filme *Mãos vazias*, produzido em 1971 por Luiz Carlos Lacerda.

Três anos antes de morrer, Leila Diniz foi escolhida porta-voz da liberação feminina no Brasil, e desafiou a moral brasileira da década de 1960. Se tornou símbolo da nova mulher e uma referência nas mudanças da sociedade nos anos de 1970, ao falar livremente sobre amor e sexo e escandalizar a sociedade. Entre tantas ousadias, Leila foi a primeira mulher brasileira a exibir a barriga em adiantado estado de gravidez, nas areias de Ipanema, com

14 de junho

biquíni minúsculo, na época em que as grávidas usavam uma "cortininha" sobre a barriga quando iam à praia.

Perseguida pelo regime militar e pela direita machista e conservadora brasileira, foi demitida da TV Globo, ficou desempregada e precisou se esconder no sítio do apresentador Flávio Cavalcanti. Mais tarde, ele a levou para ser jurada em seu programa na extinta TV Tupi, mesmo sendo acusada de colaborar com guerrilheiros militantes de esquerda.

Antes da vida artística, aos quinze anos, Leila Roque Diniz trabalhou como professora, ensinando crianças do maternal e jardim de infância, ainda que não tivesse concluído o segundo grau. Não demorou muito tempo e, aos dezessete, casou-se com o cineasta Domingos de Oliveira, e teve a primeira experiência como atriz na peça infantil *Em busca do tesouro*, dirigida por ele.

Em 1963, trabalhou como corista em um show de Carlos Machado, e, em seguida, estreou como atriz dramática ao lado de Cacilda Becker em *O preço de um homem*. Na época, o casamento com Domingos de Oliveira estava em crise e terminou exatamente quando começou a carreira dela na televisão, nas extintas Excelsior e Tupi, além da Globo.

Você sabia?

Em 1968, Leila Diniz foi à Alemanha representar o filme *Fome de amor*, de Nelson Pereira dos Santos, no Festival de Berlim.

Em novembro de 1972, nasceu sua filha, Janaína. Depois de uma temporada de dedicação integral ao bebê, Leila voltou aos palcos do teatro de revista.

15 de junho

Conferência de Paz revela o Águia de Haia
1907

A segunda edição da Conferência de Paz de Haia não evitou, mas adiou por sete anos o início dos combates da Primeira Guerra Mundial. De quebra, revelou ao mundo a astúcia e a oratória do jurista baiano Rui Barbosa, que, ao defender a igualdade entre as nações, sem distinção de grandes e pequenas ou pobres e ricas, elevou o Brasil da condição de mero coadjuvante a uma posição de destaque entre as 44 nações europeias, asiáticas e americanas que enviaram representantes à terceira maior cidade da Holanda.

Convocada pela rainha Wilhelmina da Holanda e pelo czar russo Nicolau II, a Segunda Conferência de Paz de Haia foi instalada solenemente em 15 de junho e se estendeu até 18 de outubro de 1907. O objetivo era evitar conflito bélico de dimensões mundiais, o que viria a acontecer sete anos depois com a Primeira Guerra Mundial. As grandes potências consolidavam o imperialismo, com acirramento das competições políticas e econômicas, cenário que, no entendimento dos dois monarcas, tornava imprescindível o debate para a resolução pacífica dos impasses entre nações.

O Brasil, como país soberano, foi convidado a participar da conferência, e o então presidente da República, Afonso Pena, designou ao ministro das Relações Exteriores, barão do Rio Branco, a missão de indicar o representante. Foi escolhido, então, o nome do jurista baiano Rui Barbosa, que voltou da Holanda com o honroso codinome de Águia de Haia.

Na verdade, ninguém contava com o brilhantismo do brasileiro. Assim como o presidente Afonso Pena e o chanceler Rio Branco, o próprio Rui Barbosa sabia da pouca – quase nenhuma – expressão do Brasil no cenário mundial, principalmente entre as grandes potências da Europa e os Estados Unidos. Entendiam que a participação em Haia seria insignificante, de mero coadjuvante, como na anterior, em 1899.

Mas, ao contrário das expectativas do governo brasileiro e surpreendendo

15 de junho

os representantes estrangeiros, brilhou o gênio do jurista baiano. Os discursos pronunciados por Rui Barbosa em Haia até hoje são considerados peças célebres da história nacional. Ao defender a igualdade jurídica entre os Estados, ele registrou para sempre o próprio nome e a marca do Brasil como defensores das pequenas nações na diplomacia mundial.

Graças aos pronunciamentos de Rui Barbosa, por exemplo, foi rejeitada a hierarquia entre nações independentes nos tribunais. Foi fundamental, também, a oposição dele ao conceito de "tribunal de presas", no qual se pretendia qualificar a importância dos países de acordo com a tonelagem de sua marinha mercantil. Isso prejudicaria drasticamente as nações latino-americanas e da África.

Mesmo sem evitar a deflagração da Primeira Guerra Mundial, a conferência de 1907 tem importância histórica também pela criação da Corte Internacional de Justiça, ou a Corte de Haia, dedicada em caráter permanente a analisar impasses internacionais. Foi uma experiência inédita na época em que a guerra ainda era comum na agenda de qualquer país, já que, pela primeira vez, os governos passaram a contar com uma instituição que, pelo menos em tese, buscaria a garantia da paz e a erradicação de conflitos. O que nem sempre é possível.

Você sabia?

A primeira Conferência de Haia, em 1899, tratou basicamente de estabelecer regras associadas ao comércio internacional e sobre a busca de solução pacífica para controvérsias específicas nas relações comerciais.

São mais de sessenta Estados membros de todos os continentes. Crescente número de Estados não membros está aderindo às Convenções de Haia. Assim, mais de 120 países participam hoje de seus trabalhos.

16 de junho

Pontapé inicial para indústria automobilística nacional
1956

Em 2013, rodaram pelas ruas e estradas brasileiras 4,5 milhões de carros, com média de 4,4 pessoas por veículo. Ônibus, caminhões e motocicletas estão fora da conta feita com base em dados do Departamento Nacional de Trânsito (DENATRAN) e em estimativa populacional do Instituto Brasileiro de Geografia e Estatística (IBGE). Importados à parte, o volume da frota representa o avanço da indústria automobilística nacional, hoje uma das mais competitivas do mundo.

Mas nem sempre foi assim. O início dessa realidade data de 1956, quando o presidente Juscelino Kubitschek assinou o Decreto nº 39.412 e criou o Grupo Executivo da Indústria Automobilística (GEIA), definindo as bases para a produção de veículos no país e a abertura do caminho para a entrada de fábricas estrangeiras, como Volkswagen, Ford e Scania, na região que mais tarde ficou conhecida como ABC paulista – nas cidades de Santo André, São Bernardo do Campo e São Caetano.

Antes, a produção automobilística brasileira era limitada à montagem. A fabricante de carrocerias Grassi, por exemplo, montou ônibus de 1908 a 1970, enquanto a Ford começou a montar o modelo T, o "Bigode", em 1919. Em 1925, a General Motors implantou a linha de montagem no Brasil, e, no ano seguinte, foi a vez de a International Harvester trazer peças para seus caminhões. Logo, foi criada ampla rede de revendedores e afinidade com o mercado consumidor brasileiro.

A base do que aconteceria depois da Segunda Guerra Mundial, com a reunião de esforços para a criação do GEIA e de um parque de produção nacional, está na Revolução de 1930, quando o governo de Getúlio Vargas tirou poder dos exportadores. Entre as medidas da época, proibiu-se a importação de veículos ou peças de outros países, política que culminaria anos depois com a regulamentação da indústria e do mercado nacionais pelo

16 de junho

decreto presidencial de 16 de junho de 1956. Até então, ruas e estradas do país eram ocupadas por frota envelhecida, a maior parte vinda dos Estados Unidos, da Alemanha e da Inglaterra.

Dirigido por Lucio Meira, o geia foi criado para estabelecer e supervisionar normas para o setor. A fabricação local era um dos alicerces do governo jk, que tinha a indústria e o transporte como dois de seus focos de atuação. A produção nacional de automóveis ajudou a formar o parque fabril e estimulou a rede de fornecedores de autopeças e serviços periféricos de infraestrutura.

Aliado a isso, outros dois fatores são apontados como fundamentais na implantação da indústria automobilística nacional: a Companhia Siderúrgica Nacional, inaugurada em Volta Redonda (rj), em 1946, e a Petrobras, que a partir de 1953, se não deu autonomia, impulsionou a produção nacional de petróleo e derivados.

Em dezembro de 1955, a Sociedade Técnica de Fundições Gerais fundiu o primeiro bloco de motor no Brasil, um caminhão Mercedes. No ano seguinte, com a criação do GEIA, estavam traçadas as metas para o setor. Cerca de 30% dos componentes dos veículos importados já tinham fornecedores nacionais, como baterias e velas. Os primeiros carros de passeio fabricados no Brasil foram Romi-Isetta e DKW-Vemag.

De acordo com as previsões do GEIA, até 1960, pelo menos 90% do peso dos caminhões e utilitários vendidos no Brasil tinha componentes nacionais. Para automóveis de passeio, eram de 95%, objetivos facilmente ultrapassados. Nasceu, assim, a indústria automobilística no Brasil.

Você sabia?

Segundo a revista *Exame*, em 2013, Curitiba era a capital brasileira com maior número de carros, um para 1,8 pessoa.

Nos anos 1990, quando a importação voltou a ser estimulada, o Brasil chegou a ter vinte empresas no mercado.

17 de junho

"Não é só por 20 centavos", grita o povo nas ruas
2013

O aumento autorizado pelo governo para as tarifas dos transportes públicos – ônibus e trens urbanos – foi o estopim das "jornadas de junho", série de manifestações populares iniciada em São Paulo e que se espalhou por outras cidades brasileiras.

Cerca de 2 milhões de pessoas nas ruas, com apoio de pelo menos 79 milhões de adesões virtuais pelas redes sociais, juntaram-se no grito que começou contra os 20 centavos cobrados a mais nas catracas e ecoou Brasil adentro. Muita gente questionava os gastos abusivos com os preparativos para a Copa do Mundo de 2014 e os valores exorbitantes das obras de construção e reformas de estádios.

A precariedade dos serviços públicos nas áreas de educação e saúde, principalmente, veio a reboque da mobilização nacional, considerada a maior do país desde o movimento dos "caras pintadas" pelo impeachment do então presidente da República Fernando Collor de Mello, em 1992, com até 84% de apoio da população. Imagens impressionantes, como as sombras de manifestantes no teto do Congresso Nacional projetadas na estrutura criada por Oscar Niemeyer, e cenas de depredação e violência policial foram vistas pelo mundo todo.

Convocadas pelo Movimento Passe Livre (MPL), as manifestações de junho de 2013 seguiram uma escalada cronológica e crescente em participação popular. O primeiro, em 6 de junho; o segundo, maior, juntou 5 mil pessoas, no dia seguinte, tendência que se manteve nos dias 11 e 13, com forte repressão policial.

A histórica resposta popular foi dada em 17 de junho, segunda-feira, com adesão grandiosa ao movimento contrário ao aumento de vinte centavos no preço das passagens de ônibus em São Paulo, no Rio de Janeiro, em Belo Horizonte e no Recife, por exemplo. As manifestações prosseguiram

17 de junho

com força no dia seguinte, com mais repressão policial e violência nas ruas das principais cidades brasileiras, até que na quarta-feira, 19, foi anunciada a revogação do aumento em São Paulo. Os manifestantes coordenados pelo MPL foram, então, para a avenida Paulista, onde festejaram a vitória.

Àquela altura, outros grupos também foram às ruas, enquanto representantes de partidos políticos foram expulsos da passeata. O próprio MPL deixou as manifestações naquele dia e passou a participar de agendas na periferia da cidade, como em protestos de sem teto.

Aos poucos, com o aumento da violência, a assiduidade dos manifestantes foi diminuindo nas ruas. Sem o protagonismo inicial do MPL, ganhou espaço a tática internacional dos *black bloc*, com ações de violência e ataques a órgãos do governo, como prédios públicos, e símbolos capitalistas, como agências bancárias e de automóveis importados.

Paralelamente, a repressão policial, que no início de junho gerou forte reação contrária da sociedade brasileira, ficou ainda pior. Relatório divulgado pelo Art. 19, organização de defesa da liberdade de expressão, apontou naquele ano 696 protestos em todo o país, com 2.608 pessoas detidas, oito casos de morte relacionados às manifestações e 117 jornalistas feridos. Foram inúmeros os casos de agressão policial.

Você sabia?

As redes sociais tiveram papel fundamental, com 79 milhões de internautas impactados pelas manifestações de junho de 2013. O apoio virtual gerou registros que mostraram a indignação de quem no dia 17 participou do movimento histórico nas ruas do Brasil.

Para Lúcio Flávio Rodrigues e Almeida, que na época era coordenador do Núcleo de Estudos de Ideologia e Lutas Sociais da PUC-SP, os brasileiros foram às ruas para reclamar de problemas que se acumularam durante muito tempo.

18 de junho

Chegada dos primeiros japoneses
1908

O Brasil é o país com a maior população japonesa fora do Japão. Em cinquenta anos desde o início da imigração, já eram 404.630 pessoas, colônia que, nas primeiras décadas do século XXI, chegou a mais de 1,5 milhão de habitantes, a maioria residente nos estados de São Paulo, com percentual de 1,9%; Paraná, com 1,5%, e Mato Grosso do Sul, com 1,4%.

Pesquisa publicada em 2016 pelo Instituto de Pesquisa Econômica Aplicada (IPEA), órgão do Ministério do Planejamento, revelou que no universo de 46.801.772 nomes de cidadãos brasileiros analisados, 315.925, o correspondente a 0,7%, tinham um único ou o último sobrenome de origem nipônica, resultado da integração cultural e social. Reconhecidos pela disciplina e disposição para o trabalho, os japoneses contribuíram com o Brasil trazendo também sua arte, costumes, crenças e sabedoria milenares, participando ativamente do desenvolvimento nacional.

Os primeiros japoneses começaram a chegar para ficar em 18 de junho de 1908. Naquele dia, o navio *Kasato Maru* atracou no porto de Santos trazendo a bordo 781 agricultores que partiram do porto de Kobe para uma travessia de 52 dias, conforme o primeiro acordo de migração formalizado entre os dois países em 1805. O destino deles foram as fazendas de café do interior paulista, onde substituíram os trabalhadores vindos da Europa que não se adaptaram aos métodos rudes, até sub-humanos, que eram empregados então pelos patrões brasileiros. O fluxo terminou em 1973, com a passagem do *Nippon Maru*, somando cerca de 200 mil imigrantes.

Consolidado em 1908, o processo migratório entre Brasil e Japão começou a ser negociado no fim do século XIX, quando a monocultura cafeeira perdeu a mão de obra africana. Como não houve adaptação dos europeus à truculência dos fazendeiros brasileiros, a ponto de a França e a Itália em certo momento barrarem a vinda de trabalhadores daqueles países, abriu-se caminho para os asiáticos, que inicialmente eram chamados de "escravos

18 de junho

amarelos" e considerados "raça inferior". Não demorou muito para prevalecerem seus traços culturais, como o comportamento disciplinado e ordeiro, a higiene pessoal e do ambiente compartilhado, a gentileza, a disposição para o trabalho e a empatia com a nova terra.

Os passageiros do navio *Kasato Maru*, porém, não foram os primeiros japoneses a pisar em solo brasileiro. Antes deles, desembarcaram por aqui quatro tripulantes do cargueiro a velas *Wakamiya Maru*, que foi atingido por uma tempestade em 1803, saiu da rota entre as cidades de Ishinomaki e Edo, atual Tóquio, e naufragou. Resgatados, os náufragos foram salvos por uma embarcação de guerra de bandeira russa, que, no retorno, em 20 de dezembro daquele ano, atracou no porto de Nossa Senhora do Desterro, atual Florianópolis, para conserto de avarias no casco.

Os japoneses resgatados permaneceram na ilha catarinense até 4 de fevereiro de 1804, período em que os marinheiros fizeram importantes registros sobre o meio de vida da população local, na época baseada na pesca de subsistência e agricultura.

Você sabia?

Isseis são os que vieram primeiro, seus descendentes diretos são chamados *nikkeis*, os filhos destes são *nisseis*, os netos são *sanseis* e os bisnetos *yonseis*. *Dekasseguis* são os nipo-brasileiros que fazem o caminho inverso, do Brasil para o Japão.

Na transição para a era Meiji, a partir de 1868, japoneses migraram também para Austrália, Havaí, Canadá, Estados Unidos e Peru.

19 de junho

Samuel Wainer deixa o comando do *Última Hora*
1971

Pouca gente conheceu de perto os meandros do segundo governo de Getúlio Vargas, de 1951 a 1954, e como funcionavam as engrenagens dos bastidores do poder político no Brasil, entre aquela década e o começo dos anos de 1970, já sob o regime militar do golpe de 1964. Samuel Wainer, no entanto, foi uma dessas pessoas.

Filho de imigrantes judeus russos da região da Bessarábia, atual Moldávia, na época disputada por Romênia e pela antiga União das Repúblicas Socialistas Soviéticas (URSS), o jornalista que criou a revista *Diretrizes* e, mais tarde, atuou como repórter do grupo *Diários Associados*, de Assis Chateaubriand, foi o fundador do *Última Hora*, jornal de linguagem popular, pioneiro na modernização do design gráfico com uso de ilustrações e fotos coloridas e ousadia na diagramação. Uma estética que sempre esteve à altura dos textos das reportagens bem apuradas e de colunistas como Nelson Rodrigues, Agnaldo Silva, Artur da Távola, Ignácio Loyola Brandão, Jô Soares, Jaguar, Juca Chaves, Nelson Motta, Rubem Braga e Walter Negrão, entre outros.

Escancaradamente getulista, *Última Hora* começou a circular em 12 de junho de 1951, no Rio de Janeiro, e no ano seguinte passou a ser produzida a versão de São Paulo. Foi o único jornal da época com abrangência em outras cidades, cadeia formalizada a partir de 1961, quando parte da edição nacional era impressa na gráfica carioca e complementada em Porto Alegre, Belo Horizonte, Recife, Niterói, Curitiba, Campinas, Santos, Bauru e na região do ABC paulista (Santo André, São Bernardo do Campo e São Caetano).

Pautado por temas corriqueiros, como futebol, criminalidade, problemas urbanos, cinema e cultura, manteve posicionamento político definido de apoio, primeiramente, ao governo de Vargas e, na sequência histórica, aos outros dois presidentes que antecederam ao golpe de 1964, Juscelino Kubitschek e João Goulart.

19 de junho

Com tiragem média de 140 mil por dia, mais 70 mil na edição de São Paulo, o *Última Hora* teve edições memoráveis, como a que noticiou o suicídio de Getúlio Vargas, que chegou a 700 mil exemplares. Inovou, também, por pagar os melhores salários, acirrando a desavença com o ex-amigo Carlos Lacerda, dono do *Tribuna da Imprensa*, que denunciou favorecimento do governo Vargas a Samuel Wainer na obtenção de financiamento no Banco do Brasil para compra do jornal e montagem do parque gráfico. Lacerda o denunciou também pelo fato de ser nascido no exterior, o que, legalmente, o impediria de ser dono de jornal no Brasil.

A partir de 1971, Samuel Wainer não teve outra saída frente à crise financeira: em 19 de junho, o jornal foi publicado pela última vez sob o comando dele, antes de ser vendido ao grupo empresarial liderado por Maurício Nunes de Alencar. Quatro anos depois, Wainer foi trabalhar na redação da *Folha de S.Paulo*, onde ficou até a morte, em 1980.

O livro de memórias, *Minha razão de viver*, foi editado postumamente pela filha dele, a modelo Débora Pinky Wainer, em 1988. De 1973 a 1987, o jornal passou à Arca Editora, de Ari de Carvalho, e depois foi vendido a José Nunes Filho, acusado de estelionato pelos próprios funcionários. O jornal *Última Hora* encerrou definitivamente as atividades em 26 de julho de 1991, data em que a falência foi decretada pela juíza Maria Célia Vidal. A dívida chegou a 450 milhões de cruzeiros.

Você sabia?

Samuel Wainer foi casado com Danuza Leão e teve dois filhos, além de Débora: o cineasta Bruno Wainer e o também repórter Samuel, que morreu em acidente de carro em 1984.

O Arquivo Público do Estado de São Paulo digitalizou e disponibilizou na internet 54.600 fotografias e 1.200 ilustrações do jornal.

20 de junho

Criação do BNDE, embrião do BNDES

1952

No início dos anos 1950, o país do café e do açúcar começava a dar os primeiros passos rumo à modernização e à competitividade internacional. Surgiram as primeiras siderúrgicas, as hidrelétricas e as grandes redes de transmissão de energia, e estradas foram abertas para a invasão dos automóveis.

É nesse contexto que nasceu o Banco Nacional de Desenvolvimento Econômico (BNDE), autarquia federal criada pela Lei 1.228, de 20 de junho de 1952, para ser o órgão formulador e executor da política nacional de desenvolvimento econômico. O "S" só foi incorporado à sigla no início dos anos 1980, resultado das preocupações sociais que em 1982 refletiram na mudança do nome para Banco Nacional de Desenvolvimento Econômico e Social (BNDES).

Essa vertente social começou a se consolidar no início do século XXI como missão do banco, que é promover a competitividade da economia brasileira, de forma agregada à sustentabilidade, à geração de emprego e renda e à redução das desigualdades sociais e regionais. O BNDES busca desenvolvimento local e regional, compromisso socioambiental e capacidade de inovação.

Em sua fase inicial, no entanto, ainda como BNDE, a instituição investiu mais em infraestrutura. A criação das primeiras estatais aos poucos liberou o banco para investir mais na iniciativa privada e na indústria, com liberação de linhas de financiamento ao setor agropecuário e às pequenas e médias empresas, a partir da década de 1960.

Em 1964, ano do golpe militar, o BNDE já descentralizava suas operações, abrindo escritórios regionais em São Paulo, Brasília e no Recife. Também passou a operar em parceria com rede de agentes financeiros credenciados espalhados por todo o Brasil. Em 1971, ocorreu importante transformação,

20 de junho

quando o banco se tornou empresa pública. A mudança deu maior flexibilidade para a contratação de pessoal, liberdade nas operações de captação e aplicação de recursos e menor interferência política.

Nos anos 1970, o BNDES foi fundamental na política de substituição de importações. Os setores de bens de capital e insumos básicos passaram a receber mais investimentos, com a formação do mais completo parque industrial da América Latina. Começaram os investimentos em informática e microeletrônica.

Durante a década de 1980, quando as preocupações sociais já estavam inseridas no contexto do banco, ganhou força o conceito da integração competitiva, que buscava a expansão do mercado interno e, ao mesmo tempo, o credenciamento da economia nacional para disputar a preferência no mercado externo. O banco incentivou as empresas brasileiras a concorrer com os produtos importados, ao mesmo tempo que estimulou as exportações, setor que ganhou um programa específico em 1983.

Na mesma época, passou a ser prática o planejamento estratégico, com elaboração de cenários prospectivos. Estava assim consolidada a vocação do BNDES para o estudo, análise e formulação de políticas, presente desde o Plano de Metas de Juscelino Kubitschek. A década de 1990 chegou, e com ela vieram as privatizações.

O BNDES teve papel importante no processo de venda de grandes estatais brasileiras, como Companhia Vale do Rio Doce e Telebras, por exemplo. Foi responsável pelo suporte administrativo, financeiro e técnico do Programa Nacional de Desestatização, iniciado em 1991.

Você sabia?

Em 1995, começou o apoio ao setor cultural, com investimentos na produção de filmes e na preservação do patrimônio histórico e artístico nacional.

A partir de 2006, o BNDES passou a investir mais na economia da cultura, com financiamentos de todas as etapas da cadeia produtiva.

21 de junho

Nasce o escritor Machado de Assis
1839

Da união entre um pintor de paredes e uma lavadeira nasceu no Rio de Janeiro, em 21 de junho de 1839, aquele que é considerado por muitos o maior escritor que o Brasil já teve: Joaquim Maria Machado de Assis.

Negro, autodidata, funcionário público durante boa parte da vida, Machado de Assis começou na literatura com romances e sonetos de inspiração romântica. Mas foi em sua fase realista, a partir de *Memórias póstumas de Brás Cubas* (1881), que passou a enfileirar obra-prima atrás de obra-prima: *Quincas Borba* (1891), *Dom Casmurro* (1899), *Esaú e Jacó* (1904) e *Memorial de Aires* (1908).

O genial observador de hábitos e do dia a dia burocrático da virada do século XIX para o XX, cuja grandeza foi reconhecida ainda em vida, morreu em 29 de setembro de 1908, aos 69 anos, em um Rio de Janeiro diferente daquele em que nasceu, agora capital da República e com a escravidão que atingira seus avós abolida havia duas décadas.

Pouco se sabe sobre sua infância. Órfão de pai e mãe ainda criança, foi criado no Morro do Livramento pela madrasta Maria Inês, responsável por inscrevê-lo na escola pública – a única que o escritor frequentou. Já aos dezesseis anos publicou seu primeiro poema, e aos dezessete conseguiu emprego como aprendiz de tipógrafo na Imprensa Nacional. Estreou em livro com *Crisálidas* (1864), de poesias, e *Ressurreição* (1872), romance.

"Ao ver-me que primeiro roeu as frias carnes do meu cadáver dedico como saudosa lembrança estas memórias póstumas": essa é uma das aberturas mais instigantes da literatura brasileira e mundial, e corresponde ao início das memórias narradas pelo defunto-autor Brás Cubas. É com esse livro que Machado introduz o realismo no Brasil, começando a consolidar o estilo e as temáticas que marcariam suas próximas obras: com uma escrita de fina e feroz ironia, que esmiúça e expõe, a partir de profundas análises psicológicas, as hipocrisias, vaidades e contradições da sociedade de então.

21 de junho

Último livro de Machado de Assis no século XIX, *Dom Casmurro* tornou-se um dos romances mais célebres da literatura brasileira, com um enigma até hoje debatido e não resolvido, passado mais de um século da publicação: afinal, Capitu traiu ou não traiu Bentinho, o narrador pouco confiável da história?

Nos seus mais de duzentos contos – reunidos em livros como *Papéis avulsos* e *Relíquias da casa velha* –, Machado produziu obras-primas consagradas do gênero, como "O alienista" e "A cartomante". Além de romances e contos, foi magistral também nas crônicas, deixando vasta e multifacetada obra, em que se incluem ainda poesias, peças teatrais, crítica literária e tradução.

Machado aprendeu a ler e traduzir francês enquanto trabalhava em uma padaria; entre as obras que verteu para o português estão *Os trabalhadores do mar*, de Victor Hugo, e *O corvo*, de Edgar Allan Poe. Foi o primeiro presidente da Academia Brasileira de Letras (ABL). A epilepsia e sinais de gagueira são tidos como responsáveis por sua personalidade introvertida.

O reconhecimento de Machado de Assis ultrapassa as fronteiras do Brasil. O crítico norte-americano Harold Bloom coloca-o entre os cem gênios da literatura universal e o maior escritor negro de todos os tempos.

Você sabia?

Quando Carolina, esposa com quem viveu 35 anos, sem filhos, morreu, Machado de Assis escreveu ao amigo Joaquim Nabuco: "Foi-se a melhor parte da minha vida, e aqui estou só no mundo".

A obra completa de Machado de Assis encontra-se sob domínio público e está acessível gratuitamente pela internet.

O diretor de cinema Woody Allen, em artigo de 2011 no jornal *The Guardian*, apontou *Memórias póstumas de Brás Cubas* como um dos cinco livros que mais impactaram sua carreira.

22 de junho

João Paulo II beatifica e Francisco santifica Padre Anchieta 34 anos depois
1980

Consagrado como o "Apóstolo do Brasil" pela Igreja Católica, um dos fundadores do colégio central de Piratininga no povoado que deu origem à cidade de São Paulo, em 25 de janeiro de 1554, o Padre José de Anchieta ficou praticamente quatro séculos na fila de espera do Vaticano, até ser beatificado em 22 de junho de 1980, com as bênçãos do Papa João Paulo II.

O demorado processo para sua canonização teve início em 1617, em campanha deflagrada pelos devotos na capitania da Bahia, com os pedidos de santificação sendo finalmente atendidos em 3 de abril de 2014 pelo Papa Francisco. Nascido em 19 de março de 1534 em São Cristóvão, uma das ilhas do arquipélago das Canárias, na adolescência Anchieta estudou no Colégio de Artes de Coimbra, em Portugal, e ingressou na Companhia dos Jesuítas aos dezessete, dois anos antes de desembarcar em Salvador, em 13 de julho de 1553.

Foi integrante da esquadra liderada pelo padre Manuel da Nóbrega, que chegou com a missão de catequizar índios e colonos, além de ter sido enviado a desfrutar do bom clima da nova terra por determinação médica, depois de diagnosticada grave doença osteoarticular degenerativa, com fraqueza e dores no corpo, popularmente conhecida como "espinhela caída".

Um acidente com a embarcação em que estava o levou a uma aldeia, onde salvou da morte uma menina indígena que estava muito doente e a batizou de Cecília. Teria sido o primeiro sacramento ministrado em território brasileiro. São exigidos pelo menos dois milagres, geralmente de recuperação completa da saúde, como sinais de santidade. Ou, como ocorreu com Anchieta, a chamada "canonização equivalente", para a qual são exigidos três requisitos básicos: prova de culto antigo ao candidato a santo, atestado histó-

22 de junho

rico incontestável da fé católica e de suas virtudes, e a fama ininterrupta de milagres por ele intermediados, conforme destacado nos pedidos referendados pela Conferência Nacional dos Bispos do Brasil (CNBB) e a Congregação das Causas dos Santos.

No dia 24 de abril de 2014, Francisco leu a homilia em ação de graças em missa celebrada na igreja de Santo Inácio, em Roma, pela canonização do agora são José de Anchieta, também declarado padroeiro dos catequistas.

Em sua missão pelo Brasil, Anchieta desceu da Bahia até a capitania de São Vicente e aos campos de Piratininga, e lá teve o primeiro contato com os índios carijós. Subiu a Serra do Mar, rumo ao planalto, fundou o primeiro colégio jesuíta, e em 25 de janeiro de 1554, dia da conversão do apóstolo são Paulo, participou da missa em homenagem ao santo. Foi a fundação do povoado que viria a ser a maior cidade do país.

Mais tarde, Anchieta aprendeu a escrever a gramática tupi e participou da expulsão dos franceses, que, em 1555, invadiram o Rio de Janeiro e dominaram os índios tamoios. Em 1577, aos 43 anos, passou a administrar os colégios jesuítas e viajou para várias cidades, entre elas Olinda, Rio de Janeiro, Santos e Reritiba – atual Anchieta (ES), que ajudou a fundar e onde morreu, em 9 de junho de 1597, aos 63 anos.

Anchieta é um dos cinco beatos de outros países canonizados graças à atuação evangélica no Brasil, ao lado de são Roque Gonzáles, santo Afonso Rodrigues, são João de Castilho e santa Paulina do Coração Agonizante de Jesus. O único santo nascido no país é Frei Antônio de Sant'ana Galvão.

Você sabia?

Entre poesias, cartas e autos, escreveu "O poema à Virgem", rabiscado com a bengala em uma das praias de Ubatuba, em São Paulo.

Com grande disposição para caminhar, parecia flutuar, daí o apelido de Abarebebe, ou "santo voador", que lhe foi dado pelos índios.

23 de junho

Nasce Elza Soares
1930

A vida foi dura com Elza Soares, mas ela deu a volta por cima com persistência e talento. Filha de operário e lavadeira, a menina negra nasceu pobre na favela da Moça Bonita, em Padre Miguel, morro do subúrbio do Rio de Janeiro, não se sabe exatamente quando, já que a certidão de nascimento indica o dia 23 de junho de 1937, mas a própria Elza acredita que poderia ter ocorrido em 1930, pois naquela época era comum o registro ser feito em cartório algum tempo depois.

Ela enfrentou fome e preconceito, foi obrigada pelo pai a se casar ainda na infância e, literalmente, levou muitos socos na cara até se tornar uma das mais completas intérpretes, e compositora, premiada em 1999 pela rádio BBC, de Londres, como a cantora brasileira do milênio na entrada do ano 2000.

Menina raquítica, Elza da Conceição Soares ganhou os primeiros trocados para ajudar a família carregando latas de água na cabeça morro acima. Seu casamento, aos doze anos, foi por obrigação e com um homem dez anos mais velho, Lourdes Antônio Soares, conhecido na favela como Alaúrdes. No ano seguinte, teve o primeiro filho, José Carlos, que nasceu prematuro e desnutrido. O menino José Carlos precisava de remédios, e, sem dinheiro, Elza decidiu tentar o prêmio em dinheiro oferecido pelo programa *Calouros em desfile*, comandado por Ary Barroso na extinta TV Tupi.

Muito magra, pesava apenas 35 quilos, e sem roupas adequadas para se apresentar na televisão, ela pegou emprestadas uma saia e uma blusa da mãe, que tinha o dobro do peso, fez alguns apertos com alfinetes e foi para o estúdio. Ao entrar no palco da Tupi com roupas bem maiores que o corpo raquítico, viu a reação preconceituosa da plateia, que caiu na gargalhada. O próprio Ary Barroso não se conteve e perguntou, em tom de zombaria, de que planeta ela tinha vindo.

"Do mesmo planeta que o senhor, o planeta fome", respondeu Elza Soares, seguida de silêncio constrangedor. Em seguida, cantou "Lama", de

23 de junho

Paulo Marques e Alice Chaves, ganhou a nota máxima e saiu com o dinheiro do primeiro lugar, orgulhosa do elogio inesquecível de Ary Barroso: "Neste exato momento acaba de nascer uma estrela". Elza comprou os remédios, mas seu filho não resistiu e morreu.

Aos quinze anos, Elza engravidou pela segunda vez e teve outro filho prematuro, que também morreu. Mesmo doente de tuberculose, mas estimulado pela beleza da morena fogosa, Alaúrdes não lhe dava trégua na cama, e, em 1957, ela já era mãe de quatro meninos e uma menina, Dilma. Dois meses depois do parto da caçula, ela foi trabalhar em uma fábrica de sabão, em Engenho de Dentro.

Aos 21 anos, ficou viúva e deu duro como doméstica, faxineira, lavadeira, passadeira, mas o dinheiro continuou curto. Ela queria ser artista e até ganhou alguns trocados cantando em bares da noite carioca, em meio a uma desesperadora situação de miséria. Doente e desnutrida, Dilma foi entregue a um casal rico, que não cumpriu a promessa de manter contato e desapareceu com a menina. Elza caiu em depressão.

Tinha 25 anos quando conheceu Garrincha, o jogador de futebol. Apaixonaram-se e ele deixou mulher e filhos para viverem juntos durante dezesseis anos, tempo de preconceito, paixão e sucesso. Tiveram três filhos, e a fome ficou para trás, substituída pelo alcoolismo e pela violência dele.

Elza Soares marcou seu nome na história da música mundial. Foram 33 discos, diversas coletâneas e indicações a prêmios, como o Grammy Latino de melhor álbum de MPB de 2016.

Você sabia?

Em 13 de abril de 1969, dona Josefa, mãe de Elza Soares, morreu em acidente de carro. Garrincha dirigia embriagado.

Em 2007, na abertura dos Jogos Pan-Americanos do Rio de Janeiro, Elza interpretou o Hino Nacional, no Maracanã.

24 de junho

Nasce o Maracanã, o gigante do futebol brasileiro
1950

Palco dos dribles desconcertantes de Garrincha, do milésimo e tantos outros gols de Pelé, das cobranças magistrais de falta de Zico, do oportunismo de Romário, até do amaldiçoado chute do uruguaio Ghiggia naquele mesmo ano, e de tantos outros lances do futebol, o campo do Maracanã foi testado pela primeira vez por dois times anônimos, peladeiros da melhor estirpe.

Quem bateu a primeira bolinha no gramado do mais charmoso estádio brasileiro, e durante muito tempo o maior do mundo, foram engenheiros e operários da própria obra, em jogo de confraternização cujo placar foi o que menos importou.

No dia seguinte, 17 de junho, o meia Didi, apelidado de "Folha Seca", marcou o primeiro gol do Maracanã, pela Seleção Carioca, mas não evitou a virada dos paulistas que venceram por três a um em amistoso festivo. A estreia na Copa, no dia 24 de junho, com goleada de quatro a zero sobre o México, aumentou a empolgação nacional, mas a campanha do Brasil no primeiro mundial em casa foi dramática. Terminou com o chute rasteiro de Ghiggia que Barbosa não conseguiu defender, no dia 16 de julho. Mas isso já é outra história.

A construção do estádio gigantesco na Zona Norte do Rio de Janeiro aconteceu na época em que a cidade ainda era a capital federal e administrada pelo prefeito nomeado marechal Ângelo Mendes de Moraes. Parte da opinião pública defendia o investimento do dinheiro desembolsado na obra em construção de hospitais e escolas. Parte da imprensa, no entanto, deu apoio ao projeto, com destaque para o jornalista Mário Filho, mais tarde homenageado com o nome do estádio.

Grandes jogadores do futebol brasileiro começaram ou consagraram sua carreira no Maracanã. Foi lá que Pelé jogou pela primeira vez com a ca-

24 de junho

misa da seleção, em 1957; fez o primeiro "gol de placa", em 1961, e, em 19 de novembro de 1969, marcou de pênalti o milésimo gol na carreira, contra o Vasco, no goleiro argentino Andrada. O maior artilheiro daquele gramado é o flamenguista Zico, com 333 gols em 435 jogos. Também em 1957, em tarde de atuação de gala de Garrincha, o Botafogo quebrou o jejum de sete anos sem títulos – não havia sido campeão desde a inauguração do estádio.

No campo do Maracanã, com 110 metros por 75 metros, em área de 186.638 metros quadrados, não foram realizadas apenas grandes partidas de futebol. Também ocorreram espetáculos musicais com artistas mundialmente consagrados, como Frank Sinatra, Kiss, Tina Turner, Madonna, Rolling Stones e Paul McCartney. O estádio é o segundo ponto turístico mais visitado no Rio de Janeiro, atrás apenas do Cristo Redentor, o símbolo máximo da cidade.

Em junho de 2000, no cinquentenário do estádio, foi inaugurada a calçada da fama, com as pegadas dos maiores craques que por lá passaram eternizadas em concreto. Sete anos depois, para realização dos Jogos Pan-Americanos no Rio de Janeiro, de 13 a 29 de julho, foram feitas grandes reformas, no valor total de 196 milhões de reais. Entre as principais modificações está a criação da plateia inferior, no segundo andar, em substituição à antiga "geral". Foram colocados assentos individuais, e a capacidade do estádio, que chegou a 183.341 pessoas no jogo em que o Brasil venceu o Paraguai por um a zero, em 1969, acabou reduzida para 87.101 lugares.

Você sabia?

A palavra Maracanã, do tupi-guarani, significa "semelhante a um chocalho". O local foi ponto de parada da maracanã-guaçu, ave migratória que emite som semelhante ao chocalho.

A jogadora brasileira Marta é a única mulher a deixar pegadas na calçada da fama do Maracanã, depois da conquista da medalha de ouro nos Jogos Pan-Americanos de 2007 pela seleção feminina de futebol.

25 de junho

Morre Jacques Cousteau
1997

A paixão pelo mar era de infância, mas foi um acidente de carro, nos anos 1930, que o impediu de se tornar piloto de aviões, depois dos estudos na escola naval de Brest e na escola de aviação marítima, empurrando-o para bordo do *Calypso*, no comando de inesquecíveis viagens científicas, algumas nas profundezas das águas.

Nascido em Saint-André-de-Cubzac, em 11 de junho de 1910, Jacques-Yves Cousteau foi criado em Marselha, cidade portuária do sul da França, e morreu em Paris aos 87 anos, na madrugada de 25 de junho de 1997. Estava em casa, em recuperação de tratamento hospitalar, quando teve complicações respiratórias e cardíacas, e "partiu para o mundo do silêncio", como anunciou sua família naquela manhã.

Capitão de fragata da Marinha francesa, oceanógrafo e documentarista, ao longo de praticamente cinquenta anos de carreira Cousteau deixou uma obra que atraiu admiradores e críticos. A verdade é que ele e sua equipe exploraram e popularizaram o mundo submarino com nove longas-metragens, cinquenta livros e diversas produções para televisão. No Brasil, no começo de 1980, em expedição pioneira à Amazônia a bordo do *Calypso*, Cousteau trabalhou durante dois anos em minucioso levantamento da vida na floresta. Na época a região era praticamente desconhecida para a população brasileira, inclusive para a comunidade científica nacional. A exploração à bacia amazônica foi considerada pelo próprio pesquisador a principal das aventuras que realizou durante os cinquenta anos dedicados a descobertas da diversidade no mundo, opinião que ganhou notoriedade por causa do valor acadêmico de suas palavras. Em incursões pelo emaranhado de rios, foram observados cerca de 3 mil espécies de peixes e outras espécies aquáticas ameaçadas de extinção, como o lendário boto da Amazônia, além de terem sido constatadas extensas áreas de desmatamento da mata nativa.

25 de junho

Com suas indefectíveis roupas azuis, o inseparável gorro vermelho e o barco *Calypso* como marcas registradas, Cousteau é reconhecido, principalmente, pelo pioneirismo na exploração do fundo do mar, ainda nos anos de 1950. Mais do que isso, mergulhou, literalmente, no desconhecido com aparelhos e equipamentos inventados por ele próprio, como o aqualung. Era o conjunto formado por cilindro de ar comprimido, válvula e respirador, que permitiu descidas autônomas, invenção desenvolvida em parceria com engenheiros da Marinha em 1943, quando ainda era militar da ativa. Politicamente, atuou abertamente em movimentos de resistência ao nazismo.

As aventuras em busca do conhecimento dos oceanos deram a ele uma Palma de Ouro, recebida no Festival de Cannes, em 1956, precedendo o Oscar no ano seguinte. O filme *O mundo do silêncio*, realizado em conjunto com Louis Malle, na época um jovem cineasta, levou pela primeira vez ao cinema imagens do fundo do mar, gravadas durante expedição ao Mar Vermelho – a primeira campanha, realizada em 1952.

Cousteau transformou o fundo do mar em evento de mídia. Mas não foi poupado de críticas que o acusaram de ter sido superficial nas contribuições científicas em oceanografia, biologia e arqueologia marinha, por exemplo. Construiu um império financeiro administrado pela Fundação Cousteau, na França, e pela Sociedade Cousteau, nos Estados Unidos, responsáveis pelo financiamento e administração das expedições, pela exploração comercial de produtos e pela difusão das ideias do capitão.

O pesquisador francês também se dedicou à exploração científica, e nos anos 1980 teve atuação de destaque na defesa do meio ambiente e no combate aos testes com armas nucleares.

Críticas à parte, nada tira de Cousteau o mérito de atrair a atenção de pelo menos três gerações para o mundo submarino e a preservação da natureza. Colaborou com o desenvolvimento da consciência ambiental e da pesquisa oceanográfica. Citado recentemente como um dos homens mais populares da França, Cousteau foi incorporado à Academia Francesa, em 1988.

Você sabia?

Pioneiro na luta pela conservação marinha, foi um dos primeiros a perceber o dano provocado pelo homem ao ecossistema dos oceanos.

26 de junho

Lançamento de *O Pasquim*, exemplo de humor e resistência
1969

Durante a ditadura militar, entre censura, ameaças e perseguições, o humor e a capacidade de rir da própria desgraça despontaram por vezes como uma válvula de escape para a luta popular pela redemocratização. A realidade brasileira era de inflação alta, desemprego e censura aos meios de comunicação e às atividades artísticas, com agravamento da truculência do governo militar.

O que era ruim nesse cenário logo acabou se transformando em farto material para pautar a irreverência de *O Pasquim*, semanário que se transformou em símbolo de resistência da imprensa nacional nos anos de chumbo, graças a uma redação que misturou o talento, a indignação e a coragem de chargistas, jornalistas, escritores, pensadores, ou "gênios", como eles mesmos se definiram no texto de apresentação da estreia, em 26 de junho de 1969. Por lá passaram Ziraldo, Jaguar, Millôr, Ciribelli, Miguel Paiva, Carlos Prósperi, Claudius, Fortuna, Sérgio Porto, Henfil, Paulo Francis, Ivan Lessa, Carlos Leonam e Sérgio Augusto, e colaboradores como Chico Buarque, Antonio Callado, Rubem Fonseca, Odete Lara, Glauber Rocha, Ruy Castro e Fausto Wolff, entre outros. O jornal circulou até a edição de número 1.072, que chegou às bancas em 11 de novembro de 1991.

O projeto surgiu após muita conversa entre o cartunista Jaguar e os repórteres Sérgio Cabral e Tarso de Castro, que buscavam uma publicação para ocupar a lacuna deixada pelo tabloide *Carapuça*, fechado desde a morte do editor Sérgio Porto. O nome original, que mais tarde perdeu o artigo e virou só *Pasquim*, foi sugestão de Jaguar. No começo, a média era de 28 mil exemplares, tiragem que chegou a mais de 200 mil na metade dos anos 1970, apesar da censura e do alto índice de analfabetismo no país (33,6% da população).

A pauta, direcionada ao aspecto comportamental, abordava temas tabus para a época, como sexo, drogas e feminismo, por exemplo, e assumia

26 de junho

uma postura mais politizada diante do agravamento da repressão, principalmente depois do famigerado Ato Institucional nº 5, o AI-5. Desenhado por Jaguar e inspirado na anedota que dizia que "Deus criou o sexo e Sigmund Freud a sacanagem", o mascote era o ratinho Sig, que se metia em praticamente todas as matérias.

Foram vários os embates com os órgãos de segurança da ditadura. Em um deles, a entrevista do trio Jaguar, Sérgio Porto e Tarso de Castro com a atriz Leila Diniz, em 1969, resultou na instauração da censura prévia por meio da Lei de Imprensa. No ano seguinte, em novembro, praticamente toda a redação foi presa depois da publicação de charge satirizando o célebre quadro de Pedro Américo, de dom Pedro I às margens do Ipiranga, com a legenda "Eu quero mocotó" em substituição ao histórico brado de "Independência ou morte".

Até fevereiro de 1971, o Pasquim foi editado por Millôr Fernandes, que escapara da prisão, com colaboração de Chico Buarque, Antonio Callado, Rubem Fonseca, Odete Lara, Glauber Rocha e outros intelectuais. Chegou a vender 100 mil exemplares, superando as revistas *Veja* e *Manchete*, juntas. A repressão recrudesceu, a redação foi atacada a bombas em março e maio de 1970 e até as bancas foram alvos de atentados para não venderem o jornal. Jaguar manteve a publicação até a década de 1990, ano em que o *Pasquim* foi homenageado pela escola de samba Acadêmicos de Santa Cruz com o enredo "Os heróis da resistência".

Você sabia?

A primeira tentativa de retomada ocorreu em 1999, por meio do periódico *Bundas*, paródia à revista *Caras*, mas durou pouco tempo.

Em 2002, foi lançada a edição *O Pasquim 21*, dos irmãos Ziraldo e Zélio Alves Pinto, que circulou até meados de 2004.

27 de junho

Nasce o escritor João Guimarães Rosa
1908

O cenário da ficção de João Guimarães Rosa é o sertão e as veredas do interior brasileiro. Seus personagens são os habitantes desse universo: vaqueiros, bandidos, meninos míopes e meninas santas, feiticeiros, burrinhos. Com linguagem inovadora, marcada por neologismos, arcaísmos e expressões da fala popular, é da orquestração dessas características, compondo uma singular prosa poética, que ganharam vida os mais belos livros da literatura brasileira, e também um dos mais importantes escritores do país.

Nascido na pequenina cidade mineira de Cordisburgo, em 27 de junho de 1908, Guimarães Rosa pouco viveu em sua terra natal, embora tenha feito, ao longo dos anos, diversas viagens pelo sertão brasileiro, anotando tudo o que via, ouvia, sentia e aprendia. São dessas anotações, de coisas e gente reais, que surgiriam, mais tarde, situações e personagens ficcionais como o vaqueiro Manuel Nardi, o Manuelzão, da novela "Uma estória de amor".

Guimarães Rosa atuava como médico e diplomata bem antes de ser reconhecido como escritor. Sua obra, porém, estava plenamente formada já em sua estreia em prosa, com o livro de contos *Sagarana*, de 1946. Seu único romance, *Grande sertão: veredas*, uma obra-prima da literatura mundial no século XX, foi publicado em 1956. Viriam ainda as novelas reunidas em *Corpo de baile*, cujas sete narrativas o autor redistribuiria, anos depois, em três livros: *Manuelzão e Miguilim*, *No Urubuquaquá, no Pinhém* e *Noites do sertão*. Suas obras foram traduzidas para o inglês, italiano, alemão e polonês, entre outras línguas.

Primeiro dos seis filhos do casal Florduardo e Francisca, aos nove anos o menino Joãozito mudou-se para Belo Horizonte. Formou-se em medicina e trabalhou como médico da Força Pública mineira em cidades do interior, até ser aprovado em concurso para o Itamaraty, em 1934. Como diplomata, atuou na função de cônsul adjunto em Hamburgo, em plena Alemanha

27 de junho

nazista, de 1938 a 1942, quando o Brasil rompeu relações diplomáticas e declarou guerra ao país de Hitler.

Lá conheceu sua segunda esposa, Aracy de Carvalho (1908-2011). Funcionária do Itamaraty, Aracy ajudou muitos judeus a imigrarem ilegalmente para o Brasil durante a perseguição nazista. Ganhou, por isso, a alcunha de "O anjo de Hamburgo". É uma das duas pessoas brasileiras com nome escrito no Jardim dos Justos entre as Nações, no Yad Vashem (Museu do Holocausto), em Israel, além de ser homenageada no Museu do Holocausto de Washington.

Depois de missões em Bogotá e Paris, Guimarães Rosa voltou em definitivo ao Brasil, morando com Aracy no Rio de Janeiro. Conciliava, na década de 1960, a chefia do Serviço de Demarcação de Fronteiras com a atividade literária. Aventurou-se em contos curtos com *Primeiras estórias* (1962) e *Tutameia – (Terceiras estórias)* (1967).

A percepção da grandeza de sua obra literária era quase uma unanimidade quando, em 19 de novembro de 1967, o escritor morreu vítima de um enfarte. Tinha 59 anos. Três dias antes havia assumido a cadeira nº 2 da Academia Brasileira de Letras (ABL), de onde proferiu a seguinte frase em seu discurso de posse: "A gente morre é para provar que viveu".

Você sabia?

Grande inovador da língua portuguesa, criador de inúmeros neologismos, o escritor era também poliglota: falava esperanto, lia sueco e latim e estudou a gramática do tupi, do sânscrito e do hebraico, dentre outros idiomas mais "convencionais".

A casa onde nasceu em Cordisburgo abriga desde 1974 o Museu Casa Guimarães Rosa. No acervo encontram-se desde objetos pessoais, como as gravatas-borboleta típicas do seu estilo, a originais manuscritos e datilografados.

28 de junho

Festival de Parintins faz a festa com os bois Garantido e Caprichoso
2005

A data mudou, mas a empolgação é a mesma. Desde 2005, por força de lei municipal, o Festival Folclórico de Parintins tem sido realizado no último fim de semana de junho, de sexta a domingo, como estratégia comercial para atrair mais público e arrecadação. Tradicionalmente, porém, a grande festa dos bois Garantido e Caprichoso, considerada a maior ópera a céu aberto da América Latina e o maior espetáculo folclórico no mundo, acontecia nos dias 28, 29 e 30 do mesmo mês, independentemente do dia da semana.

Durante os três dias, o vermelho do Garantido e o azul do Caprichoso dividem o Bumbódromo, como ficou popularmente conhecido o Centro Cultural e Esportivo Amazonino Mendes, inaugurado em 1988, com capacidade para 40 mil espectadores, para uma verdadeira batalha musical.

Construída no centro de Parintins, a grande arena em formato de cabeça de boi estilizada é considerada a maior obra cultural e desportiva do estado do Amazonas e marca os limites dos currais de Garantido e Caprichoso. Somente 5% dos ingressos são vendidos, com os outros 95% distribuídos gratuitamente ao público, com os lugares nas arquibancadas divididos igualitariamente entre torcedores vermelhos e azuis. Quem não consegue entrar no Bumbódromo acompanha tudo de um dos cinco telões instalados do lado de fora.

Parintins tem área de 7 mil quilômetros quadrados, localiza-se a aproximadamente 420 quilômetros de Manaus, por via fluvial, no meio da selva amazônica. Em barcos regionais, a viagem leva quinze horas rio abaixo, com passageiros acomodados em redes estendidas no convés ou em camarotes (ou 27 horas para subir o rio Amazonas), ou, ainda, em uma hora de voo a partir de Manaus. Fundada em 1793, tem mais de 100 mil habitantes, número que dobra durante o festival de folclore.

28 de junho

Cidade limpa e aconchegante, Parintins tem patrimônio histórico preservado, com destaque para a igreja do Sagrado Coração de Jesus construída em 1883, as casas da rua Benjamin da Silva, a praça Eduardo Ribeiro e as ruínas da Vila Amazônica – resultado da migração japonesa estimulada pelo cultivo da juta na década de 1930.

Também conhecida como Ilha Tupinambarana, foi primitivamente habitada por índios tupinambás, maués e sapupés. Mais tarde, no auge do ciclo da borracha, entre 1879 e 1912, a migração de nordestinos, principalmente maranhenses, em busca de trabalho nos seringais da Amazônia levou também aspectos culturais, e o bumba meu boi virou boi-bumbá, origem da maior manifestação folclórica do país.

Tudo começa a partir de 12 de junho, com folguedos juninos nas quadras das escolas e no Bumbódromo. São apresentações de quadrilhas, cordões de pássaros, xaxados e bois-bumbás trazidos pela migração nordestina no início do século XX. O concurso se estende até o fim de junho e dá lugar à disputa entre Caprichoso e Garantido, que incorporam também elementos da cultura indígena.

Em cada noite é encenado ritual amazônico com Pai Francisco, Mãe Catirina, Tuxauas, Cunhã Poranga, Pajé e suas inúmeras tribos, lendas e rituais indígenas. São cerca de 10 mil brincantes, que dançam em círculo ao som das toadas e dão o toque em palminhas de madeira ao ritmo de cateretê (indígena), carimbó e marcha, enquanto as torcidas, ou galeras, ornamentam e colorem seus redutos. Ao entrar na arena, cada boi é recebido com salva de fogos de artifícios e o grito de guerra da equipe, sob o silêncio dos contrários.

Você sabia?

O Boi Garantido foi criado por Lindolfo Monteverde, compositor amazonense nascido em Parintins em 1902.

O Boi Caprichoso, segundo a história oficial, nasceu em 1913 pela ação dos irmãos Raimundo, Pedro e Félix Cid.

29 de junho

Nasce o aviador e escritor Antoine de Saint-Exupéry
1900

Entre o final dos anos 1920 e início dos 1930, o pescador brasileiro Manoel Rafael Inácio, o Deca, morador da praia do Campeche, então um lugarejo praticaente isolado na parte sul da ilha de Santa Catarina, foi um dos anfitriões de Antoine de Saint-Exupéry. Os encontros aconteciam durante as paradas do aviador e futuro escritor francês no campo de pouso da empresa Groupe Latécoère ali localizado, considerado o primeiro aeroporto internacional do Sul do Brasil.

"Zé Perri", como era chamado por Deca e pelos outros moradores da praia, o futuro autor do sucesso literário internacional *O Pequeno Príncipe*, ali comeu pirão com peixe assado na brasa, caçou marrecos nos lagos da região e logo aprendeu a decifrar o sotaque cantado do típico português falado no litoral catarinense.

Antoine de Saint-Exupéry nasceu em 29 de junho de 1900; filho de família aristocrática, ficou órfão de pai aos cinco anos e cresceu com o sonho de ser piloto de aviação. A carreira concretizada afinal o levaria a várias partes do mundo, inclusive à ilha de Santa Catarina, até desaparecer, aos 44 anos, em circunstâncias nunca esclarecidas em voo sobre o Norte da África, em 31 de julho de 1944. A principal suspeita é que tenha sido abatido por caças da Alemanha nazista, embora não tenham sido descartadas as hipóteses de falha mecânica e, até mesmo, de suicídio.

Em 1929, ano em que assinou contrato com a editora francesa Gallimard para publicação de sete romances, foi nomeado para a chefia da Aeroposta Argentina. A missão dele era criar uma linha aérea até a Patagônia. Como apoio aos voos entre a Europa e a América do Sul, existia uma base na ilha de Santa Catarina, configurando-se como uma extensa área de campo de grama para pousos e decolagens e alojamento para descanso dos aviadores.

29 de junho

A passagem de Saint-Exupéry pelo litoral brasileiro e suas paradas na vila dos pescadores do sul da atual Florianópolis não ficaram no esquecimento. *O Pequeno Príncipe*, título de sua principal obra literária, é também o nome da avenida principal da praia do Campeche, hoje um dos bairros e balneários mais sofisticados de Florianópolis, onde foi erguido monumento em homenagem ao aviador francês.

Em uma das transversais da avenida mais movimentada do Campeche, mora Getúlio Manoel Inácio, pescador como o pai e suboficial reformado da base aérea de Florianópolis. Bom contador de histórias, Getúlio resgatou fragmentos da amizade mantida entre o pai dele e o piloto do correio aéreo para escrever o pequeno livro, *Deca e Zé Perri*, com edição bilíngue (português-francês), contendo relatos que ouviu desde a infância.

Ao ler o livro de Getúlio, Isabelle d'Agay, sobrinha-neta e herdeira do escritor, mostrou-se surpresa e honrada pela lembrança que a passagem do aviador deixou no Brasil, mesmo depois de mais de cinco décadas do seu desaparecimento, agradecendo a fidelidade à memória de Antoine de Saint-Exupéry.

Ainda na capital catarinense, o cineasta Zeca Nunes Pires e alunos do curso de cinema da Universidade do Sul de Santa Catarina (Unisul) realizaram o filme *Zé Perri no Campeche*, melhor documentário no Festival de Gramado, em 2000.

Você sabia?

Acreditou-se que o nome Campeche seria uma corruptela de "champs de pêche", como o local poderia ter sido chamado pelo aviador francês. A versão de que tenha vindo do vegetal pau-campeche (*Hematoxylon campechianum*), da família das Fabaceae, presente em ilha próxima, é hoje mais aceita.

Com mais de 160 traduções, *O Pequeno Príncipe* é um dos livros mais lidos do mundo. Estima-se que tenham sido vendidos 80 milhões de exemplares, 3.500 por dia, em 63 anos da primeira edição.

30 de junho

Brasil é pentacampeão de futebol
2002

O jogador Ronaldo Nazário, com um inusitado topete ao melhor estilo Cascão, personagem dos quadrinhos nacionais, foi o grande nome da Copa do Mundo de 2002, consagrando-se como o Fenômeno do futebol brasileiro. Depois de seguidas contusões e cirurgias nos joelhos, e quatro anos de inatividade, dele pouco se esperava. Assim como pouco se esperava da própria seleção dirigida por Luiz Felipe Scolari, de campanha ridícula nas eliminatórias. Mas, ao lado do outro Ronaldo, o Gaúcho, do cerebrino e humilde Rivaldo e do polêmico Roberto Carlos, formou o quarteto de "erres" e levou o Brasil à conquista inédita do pentacampeonato mundial de futebol.

Ao lado deles, os demais titulares – Marcos, Cafu, Lúcio, Roque Júnior, Gilberto Silva, Edmilson e Kléberson – representaram em campo os demais integrantes da "família Scolari". Com 32 seleções, o maior número até então, a 17ª Copa do Mundo foi dividida entre estádios do Japão e da Coreia do Sul. Entre 31 de maio e a grande final, em 30 de junho, foram disputados 64 jogos, com média de 2.705.197 torcedores no total.

O Brasil de Felipão chegou desacreditado à copa, mas fez uma campanha impecável e conquistou o quinto mundial de forma invicta. Foram sete vitórias em sete jogos: Turquia (2 x 1), China (4 x 0), Costa Rica (5 x 2) Bélgica (2 x 0), Inglaterra (1 x 0), Turquia (1 x 0) e Alemanha (2 x 0). Com os dois gols da vitória na final contra a Alemanha, Ronaldo, o Fenômeno, fechou a campanha com oito gols e como artilheiro do mundial. O troféu de melhor jogador foi entregue ao goleiro alemão Oliver Kahn, escolhido pela Fifa numa espécie de "prêmio consolação" que chegou a ser questionado – parte da imprensa internacional e do público escolheram Ronaldo como o melhor.

Em 2014, a Alemanha chegou ao tetra, mas o Brasil ainda era a seleção com mais conquistas: 1958, 1962, 1970, 1994 e 2002. A Seleção Brasileira foi, também, a primeira tricampeã mundial, em 1970, no México, o que lhe deu em definitivo a taça Jules Rimet, em ouro, mais tarde furtada

30 de junho

no Rio de Janeiro. Esse troféu dos mundiais foi, então, substituído pela taça Fifa, que, ao contrário da Jules Rimet, não ficará em definitivo com nenhuma seleção, independentemente do número de conquistas. O Brasil a levantou em 1994 e 2002.

O Brasil foi campeão pela primeira vez em 1958, na Suécia, com um grande time, mas com a torcida desconfiada dos fracassos anteriores: em 1950, no Maracanã, e em 1954, quando começou como favorito. E duas revelações no banco – Pelé e Garrincha. Na final, goleada de cinco a dois nos donos da casa.

O bi veio na copa seguinte, em 1962, no Chile, e começou com 2 x 0 na estreia contra o México. Pelé saiu machucado no empate sem gols com a Tchecoslováquia e não voltou mais à competição. Brilharam, então, o oportunismo do substituto Amarildo e a estrela de Garrincha. Na final, de novo com a Tchecoslováquia, a vitória foi fácil: 3 x 1.

O tri foi conquistado pelo timaço de 1970, no México, com posse definitiva da taça Jules Rimet. Liderada em campo por Pelé e, fora dele, por Zagallo, a conquista invicta foi coroada com o épico golaço de Carlos Alberto, o último da goleada de 4 x 1 na Itália.

Antes do penta, houve o tetra, nos Estados Unidos, em 1994, com futebol defensivo e burocrático, mas com o talento de Bebeto e Romário e a estrela de Taffarel. Depois de empate sem gols no tempo normal e na prorrogação, a final contra a Itália foi para os pênaltis, e o italiano Baggio chutou para fora a última cobrança.

Você sabia?

Foi a primeira vez que a Copa aconteceu na Ásia, fora da Europa ou em países Americanos.

A Copa de 2002 foi a última com participação garantida do campeão do campeonato anterior.

JULHO

1º de julho

Criação da Operação Bandeirante
1969

Durante os 21 anos de ditadura militar, entre 1964 e 1985, mais de 70 mil pessoas foram vítimas de crimes recorrentes praticados por órgãos de repressão formados em quartéis das Forças Armadas (Exército, Marinha e Aeronáutica), em delegacias da Polícia Federal e em estruturas estaduais das Polícias Civil e Militar, financiados, por sua vez, por poderosos grupos empresariais.

De acordo com levantamentos realizados por familiares das vítimas nas últimas quadro décadas, pelo menos 437 presos políticos foram mortos no período.

Nesse contexto de violência e crueldade contra as forças populares de resistência ao regime ditatorial, em 1969 surgiu a Operação Bandeirante (OBAN), grupo paramilitar independente criado pelo II Exército, para coordenar as ações planejadas de repressão e executadas com participação de agentes da PF e das polícias estaduais. Foi o embrião do temido Destacamento de Operações e de Informações - Centro de Operações de Defesa Interna (DOI-CODI), com sede na rua Tomás Carvalhal, 1.030, esquina com a rua Tutoia, nos fundos do 36º Distrito Policial, na capital paulista, um dos endereços onde, entre os anos de 1969 e 1978, foram torturadas mais de 8 mil pessoas, com pelo menos cinquenta assassinatos.

A OBAN foi lançada oficialmente em 1º de junho de 1969, com participação no ato do então governador de São Paulo, Roberto Costa de Abreu Sodré; do secretário de Segurança Pública, Hely Lopes Meirelles; do comandante do II Exército, general José Canavarro Pereira, devidamente acompanhado de representantes da Marinha e da Força Aérea Brasileira.

Prefeito nomeado da capital paulista na época, Paulo Maluf também apoiou a iniciativa, com obras de infraestrutura no quartel do II Exército, com asfaltamento e melhorias na rede elétrica. A determinação para montagem de um organismo que reunisse as forças repressivas no combate à subversão foi do ministro da Justiça, Luís Antônio da Gama e Silva, no fim de 1968, em reunião dos secretários de segurança em Brasília, e pelo general Carlos de Meira Mattos, que estava na chefia da inspetoria-geral das polícias militares.

O primeiro comandante da OBAN foi o tenente-coronel do Exército Waldir Coelho. A operação contou com doações privadas de empresas como Ultragaz, Ford, GM, Camargo Corrêa, Grupo Objetivo e Amador Aguiar (Bradesco). Entre os apoiadores, destacou-se Henning Albert Boilesen, dinamarquês naturalizado brasileiro, diretor do Grupo Ultra, que, segundo versões não confirmadas oficialmente, participou de sessões de tortura e seria colaborador da CIA. Ele foi morto em São Paulo, por guerrilheiros da Vanguarda Popular Revolucionária (VPR), comandada por Carlos Lamarca.

Em 1970, a OBAN foi chefiada por Carlos Alberto Brilhante Ustra, major de artilharia do Exército, torturador conhecido também pelos codinomes Doutor Silva e Doutor Tibiriçá.

Parte dessa história começou a ser revelada nos anos 1990, com a descoberta da vala clandestina do cemitério de Perus, em São Paulo, e por investigações da Comissão Parlamentar de Inquérito da Câmara Municipal. Corpos de indigentes e de presos políticos, vítimas da OBAN e do Esquadrão da Morte, outra organização paramilitar, revelaram parte da violência do regime. Tortura, sequestro, estupros, assassinatos e perseguições políticas foram os meios mais utilizados pelos agentes de repressão.

Você sabia?

O chefe do Estado-Maior do II Exército, general Ernani Ayrosa da Silva, foi um dos idealizadores da Operação Bandeirante.

A OBAN seguiu diretrizes de segurança interna determinadas pela Presidência da República.

2 de julho

Desfecho da Guerra de Independência da Bahia
1823

O capacete com penacho protegia sem esconder o rosto bonito à frente da tropa. Com a espada empunhada, vestida com o garboso uniforme azul, com saiote por ela própria costurado e sem perder a delicadeza na montaria, a cadete Maria Quitéria de Jesus foi saudada como heroína e homenageada pela população naquele 2 de julho de 1823, quando o Exército Libertador entrou em triunfo na cidade de Salvador, no desfecho da Guerra de Independência da Bahia.

Combatente de primeira linha, Maria Quitéria representou a presença feminina na sangrenta conquista da autonomia nacional em relação a Portugal, movimento fortalecido pela Conjuração Baiana, em 1798, e que em novembro do ano seguinte foi abalado pela condenação e execução dos principais líderes – João de Deus Nascimento, Luiz Gonzaga das Virgens, Lucas Dantas do Amorim Torres e Manoel Faustino dos Santos Lira.

Nascida em 1792, na pequena Nossa Senhora do Rosário, localidade de Feira de Santana (BA), filha de fazendeiro da região, Maria Quitéria teve uma infância feliz até a morte da mãe, quando, ainda menina, assumiu a tarefa de cuidar de dois irmãos mais novos. Em 1822, partidários da Independência do Brasil percorreram o interior da Bahia para arregimentar voluntários e doações para a luta contra os portugueses.

Hábil na montaria e boa de tiro, Maria Quitéria pediu permissão ao pai para se alistar, mas, como não lhe foi concedida, disfarçou-se de homem, com roupas emprestadas do cunhado. E, mesmo contra a vontade do pai, alistou-se no Regimento de Artilharia como soldado Medeiros. Depois foi transferida para a infantaria e passou a integrar o Batalhão dos Voluntários do Imperador, sendo a primeira mulher em unidade militar no Brasil.

Bastaram duas semanas para a façanha da jovem combatente ser descoberta pelo pai. Mas, como manejava as armas como poucos, o major Silva

2 de julho

e Castro a manteve no grupo, e Maria Quitéria logo conquistou o respeito dos companheiros de farda, destacando-se pela bravura. Assumiu a condição feminina e não precisou mais usar roupas masculinas, comportamento que influenciou outras mulheres e deu origem ao primeiro regimento feminino, obviamente por ela comandado.

Mesmo depois do grito de "independência ou morte" de dom Pedro I, às margens do Ipiranga, em 7 de setembro de 1822, tropas portuguesas continuaram lutando. Em batalha travada na foz do rio Paraguaçu, na Bahia, o grupo de mulheres liderado por Quitéria derrotou o inimigo e, em julho de 1823, ela foi reconhecida como heroína das guerras pela Independência e homenageada pelo imperador. Recebeu o título de Cavaleiro da Ordem Imperial do Cruzeiro.

Apesar das conquistas nos campos de batalha pela Independência do Brasil, Maria Quitéria viveu no anonimato após o casamento com o lavrador Gabriel Pereira de Brito, antigo namorado, com quem teve uma filha, Luísa Maria da Conceição. Voltou a Feira de Santana e, já viúva, mudou-se para Salvador. Lá, ela viria a ficar cega e morrer, em 1853.

Maria Quitéria é patrona do quadro complementar de oficiais do Exército brasileiro. Em 1953, na passagem do centenário de sua morte, um decreto do governo brasileiro determinou que o retrato dela fosse exposto em todos os estabelecimentos, repartições e unidades da corporação.

Você sabia?

A Guerra de Independência da Bahia foi um movimento iniciado em 1821, com raízes anteriores, motivado pelo sentimento federalista emancipador do povo em relação a Portugal.

Na Bahia, a luta pela Independência começou antes de 7 de setembro de 1822. E, ao contrário da pacífica proclamação às margens do Ipiranga, custou milhares de vidas e acirradas batalhas.

3 de julho

Toda nudez será castigada, da censura ao prêmio internacional no cinema
1973

Sucesso de público e crítica, premiado com o Urso de Prata no Festival Internacional de Berlim, em plena ditadura militar, o filme *Toda nudez será castigada* na época de seu lançamento não foi exibido no Brasil. A situação insólita foi criada pelo general de brigada Antônio Bandeira, chefe do serviço de censura da Polícia Federal, que achou o filme "imoral" e determinou a apreensão de seus rolos.

Proibido nos cinemas nacionais e apresentado pela primeira vez no exterior em 3 de julho de 1973, na parte ocidental da ainda dividida Alemanha, o filme produzido por Roberto Farias e dirigido por Arnaldo Jabor é baseado na peça de Nelson Rodrigues, que, obviamente, aborda a hipocrisia das famílias tradicionais brasileiras.

Liberado no Brasil provavelmente devido à repercussão internacional do prêmio em Berlim, embora com cortes, no mesmo ano o filme ganhou o Kikito de Ouro, do Festival de Cinema de Gramado, no Rio Grande do Sul, como melhor filme e melhor atriz, com Darlene Glória, e a menção honrosa pela trilha sonora. Durante as primeiras cinco semanas de sua exibição no cine Roxy, no Rio de Janeiro, arrecadou mais de 500 mil cruzeiros de bilheteria, na época uma consagração popular.

A trajetória internacional do cinema brasileiro é anterior à ditadura. Um primeiro filme a fazer sucesso foi *O cangaceiro*, escrito e dirigido por Lima Barreto e com diálogos criados por Rachel de Queiroz, lançado em 1953 pela lendária Vera Cruz. Inspirado em Virgulino Ferreira, o Lampião, foi aclamado no Festival de Cannes, na França, ganhando o prêmio de melhor filme de aventura e de melhor trilha sonora, com a música "Mulher rendeira" na voz da atriz Vanja Orico. Vendido para a Columbia Pictures, foi exibido em oitenta países – na França, ficou cinco anos em cartaz.

Nos anos de 1960, a ditadura foi cruel com a cultura nacional. No ci-

3 de julho

nema, o sucesso ficou por conta de *O assalto ao trem pagador*, dirigido por Roberto Farias em 1962 e baseado na história real do assalto ao vagão do trem pagador da Estrada de Ferro Central do Brasil, em 14 de junho de 1960, no trecho da linha entre Japeri e Miguel Pereira, no Rio de Janeiro.

Também em 1962, começou a produção de *Cabra marcado para morrer*. Dirigido por Eduardo Coutinho, o filme narra a vida de João Pedro Teixeira, líder camponês da Paraíba assassinado a mando de latifundiários. Com as filmagens interrompidas em 1964 pela repressão, ele teve parte da equipe presa. As sequências foram retomadas em 1984, com participação de ex-companheiros e da viúva de João Pedro, Elizabeth Altino Teixeira.

A década de 1970 já foi mais produtiva. Em 1976, *Dona Flor e seus dois maridos*, de Bruno Barreto, Eduardo Coutinho e Leopoldo Serran, levou a obra de Jorge Amado ao cinema, com mais de 10 milhões de espectadores. No mesmo ano, *Lúcio Flávio, o passageiro da agonia*, dirigido por Hector Babenco e baseado em livro de José Louzeiro, apresentou a trajetória do criminoso famoso por roubos a banco e fugas espetaculares. Em 1979, Cacá Diegues dirigiu *Bye Bye Brasil*, 18º melhor filme de todos os tempos segundo a Associação Brasileira de Críticos de Cinema (ABRACCINE).

Em 1980, *Pixote, a lei do mais fraco*, de Hector Babenco, contou a realidade violenta da infância nas ruas de São Paulo, sendo considerado um dos dez melhores filmes do ano. Em 1994, *O quatrilho*, de Fábio Barreto, foi indicado ao Oscar.

Você sabia?

A inauguração do cinema nacional é atribuída ao italiano Affonso Segretto, em 19 de junho de 1898. As primeiras imagens são de fortalezas e navios de guerra na Baía de Guanabara, além de filmetes com flagrantes históricos e políticos.

4 de julho

"Aquarela do Brasil" estreia no espetáculo *Joujoux e Balangandãs*
1939

Um mês antes da antológica gravação de Francisco Alves, "Aquarela do Brasil", de Ary Barroso, foi apresentada no "maior acontecimento artístico e filantrópico do ano", como dizia a imprensa carioca da época: o *Joujoux e Balangandãs*, de Henrique Pongetti. Era o dia 4 de julho de 1939, e pessoas da alta sociedade do Rio de Janeiro – entre elas o casal Getúlio e Darci Vargas – puderam ver, em primeira mão, no palco do Theatro Municipal do Rio de Janeiro, o barítono Cândido Botelho cantar "Aquarela Brasileira".

Foi o primeiro passo rumo ao sucesso daquela que se tornaria uma das mais conhecidas canções brasileiras, no país e no exterior, até referenciada como o segundo Hino Nacional, um sucesso que não foi imediato.

Gravada pela primeira vez por Francisco Alves, em agosto de 1939, "Aquarela do Brasil" tem seis minutos de duração e vários trechos instrumentais, em arranjos e acompanhamento do maestro Radamés Gnattali. Mas foi depois de figurar na trilha do desenho *Alô, amigos* (1942), dos estúdios Disney, que a canção afirmou-se de vez e no imaginário popular, transcendendo as fronteiras do país, com versões, dos anos 1940 ao século XXI, por artistas como Carmen Miranda, Frank Sinatra, Bing Crosby, Tom Jobim, Xavier Cugat, Gal Costa e Arcade Fire.

Os versos de Ary Barroso – que louvam a morena, o mulato, o samba, o coqueiro – fizeram com que "Aquarela do Brasil" se tornasse exemplar de um subgênero chamado samba-exaltação, marcado, como o nome indica, por mensagens que valorizam a nacionalidade. Recebeu por isso críticas no contexto do Estado Novo de Getúlio Vargas, aliadas à ditadura da retórica e à campanha de caráter nacionalista. Nada disso, porém, impediu que a letra do samba fosse ressignificada em outros contextos, como quando Elis Regina, durante a ditadura militar, gravou-a acompanhada por coro de

4 de julho

tribos indígenas. A exaltação do "Brasil brasileiro", nesse caso, virou um quase lamento.

A vida de Ary Barroso foi além de seu maior sucesso. Nascido em Ubá (MG), em 7 de novembro de 1903, e órfão desde os sete anos, o compositor construiu no Rio de Janeiro e no exterior carreira luminosa e multifacetada. Além de "Aquarela do Brasil", escreveu outros clássicos da música brasileira, como "No rancho fundo" (com Lamartine Babo), "Na baixa do sapateiro" e "No tabuleiro da baiana". São 264 composições em diferentes gêneros, demonstrando assim sua versatilidade: sambas, marchas de Carnaval, choros, valsas, trilhas para filmes de Hollywood – por uma delas, "Rio de Janeiro", da comédia musical *Brasil* (1944), foi indicado ao Oscar de Melhor Canção Original.

O artista comandou programas de auditório na TV e no rádio, revelando estrelas como Elza Soares e Luiz Gonzaga, e atuou como locutor esportivo – além de tocar gaitinha de boca em hora de gol, torcendo descaradamente nas transmissões pelo seu time do coração, o Flamengo.

Nas eleições de 1946, Barroso foi o segundo vereador mais votado – atrás apenas de Carlos Lacerda – para a Câmara do então Distrito Federal, mais tarde militando pela construção do Maracanã. Ao lado de Heitor Villa-Lobos, recebeu em 1955 a Ordem do Mérito pelas mãos do presidente Café Filho.

A partir de 1961, Ary Barroso sofreu com seguidas crises de cirrose hepática, até morrer em decorrência da doença aos sessenta anos, em 9 de fevereiro de 1964, um domingo de Carnaval.

Você sabia?

"Aquarela do Brasil" é a música-tema do filme *Brazil* (1985), de Terry Gilliam, e evoca o sonho de fuga de um mundo distópico e totalitário.

Ary Barroso foi o artista mais gravado por Carmen Miranda (1909-1955), ao todo foram trinta canções.

5 de julho

Revolta dos Tenentes em São Paulo
1924

Durou 23 dias, entre 5 e 28 de julho de 1924, o maior conflito bélico já registrado na cidade de São Paulo, que teve ao final muitos prédios destruídos e um saldo de aproximadamente quinhentos mortos e 5 mil feridos, além de 20 mil desabrigados.

A Revolta dos Tenentes, como ficou conhecido o conflito que abalou a capital paulista em 1924, marcava sua forte oposição ao presidente Artur Bernardes, à crise econômica de seu governo e aos privilégios concedidos à oligarquia cafeeira e à concentração de poder nas mãos de políticos de São Paulo e de Minas Gerais.

Considerada a segunda eclosão do movimento tenentista, cuja primeira rebelião aconteceu dois anos antes nos quartéis do Rio de Janeiro – lá chamada de Revolta dos 18 do Forte –, a Revolta dos Tenentes de São Paulo encontrou pela frente um Estado centralizado, autoritário e com grande disposição em usar a força para garantir sua estabilidade.

A Revolta dos Tenentes de 1924 começou com a tomada do 4º Batalhão de Cavalaria de Santana pelos revoltosos, que tinham planos para sua expansão por todo o Brasil. Mas não foi o que aconteceu: além de São Paulo, estendeu-se apenas aos estados do Rio Grande do Sul, Paraná e Amazonas. No comando estava o general reformado Isidoro Dias Lopes, com liderança na tropa de outros tenentes, como Joaquim do Nascimento, Juarez Távora, Miguel Costa, Eduardo Gomes, Índio do Brasil, João Cabanas e Fernandes Távora, que morreu em combate.

Com o revide das tropas do governo e a impossibilidade de vencê-las, cerca de 3.500 combatentes deixaram São Paulo no final dos 23 dias, muitos deles rumando para o sul. Na capital paulista, unidades do Exército e integrantes da Força Pública, em sua estratégia de combater os revoltosos, ocuparam pontos estratégicos e chegaram a atacar a sede do governo estadual, o palácio dos Campos Elísios. Houve combates nas ruas e bombardeio de vários prédios em bairros operários da Zona Leste. Muitos tenentes foram abatidos ou presos.

No Paraná, os oficiais paulistanos que se evadiram encontraram com o grupo rebelde que vinha do Rio Grande do Sul e com eles formaram a lendária Coluna Prestes, liderada pelo capitão Luís Carlos Prestes. Em dois anos de peregrinação pelo interior do Brasil, a Coluna se esforçou em convencer a população a ficar contra a "República do Café com Leite". Os tenentes perceberam, nas andanças, que as injustiças e a miséria do povo eram maiores do que imaginavam, viram de perto o domínio dos "coronéis" sobre os sertanejos, mas, sem apoio e sem condições de lutar e vencer, o movimento se enfraqueceu.

Com exceção do líder Luís Carlos Prestes, em 1929 o tenentismo se aliou à Aliança Liberal, que, com apoio de intelectuais e de membros das camadas médias urbanas, chamadas de liberais, opunha-se a comerciantes e fazendeiros. No Rio Grande do Sul, o grande articulador foi Osvaldo Aranha. Na era de Getúlio Vargas, entre 1930 e 1945, militares sobreviventes da Revolta dos Tenentes de 1924 foram anistiados.

Você sabia?

Reunidos pelo descontentamento com o governo federal, a composição ideológica do movimento tenentista se revelaria, com o tempo, bastante divergente. Em sua maioria, os comandantes do golpe de Estado responsável pela ditadura militar que se estendeu de 1964 a 1985, como Cordeiro de Farias, Ernesto Geisel, Eduardo Gomes, Castelo Branco, Emílio Garrastazu Médici, Juraci Magalhães e Juarez Távora, por exemplo, eram tenentes entre os anos 1920 e 1930, quando eclodiram as revoltas.

A Assembleia Constituinte eleita em 1933 foi dominada pelas oligarquias, com baixa representatividade dos tenentes.

6 de julho

Morre Castro Alves, poeta abolicionista
1871

Parecia improvável, mas, apesar de Castro Alves ter crescido cercado dos cuidados dos pais, o médico Antônio José Alves e a dedicada dona de casa Clélia Brasília, nem mesmo o belo rapaz de porte esbelto, tez clara, grandes olhos, vasta cabeleira negra e voz arrebatadora foi poupado pelo "mal do século", como a tuberculose era conhecida no Brasil.

Romântico e abolicionista, admirado pelos homens e desejado pelas mulheres, Antônio Frederico de Castro Alves, o "Poeta dos Escravos", morreu jovem demais, aos 24 anos, por volta das três da tarde do dia 6 de julho de 1871, no solar da família localizado no bairro Sodré, em Salvador, cinco meses depois da última aparição em público para prestigiar um recital beneficente.

Castro Alves é o patrono da cadeira sete da Academia Brasileira de Letras (ABL), mas o resgate e a preservação da obra dele devem-se a esforço pessoal de Rui Barbosa, amigo de infância, e como resultado de ampla campanha pela libertação dos escravos consolidada a partir de 1881. Alguns anos mais tarde, durante a gestão de Afrânio Peixoto à frente da Academia, a produção literária do poeta foi reunida em dois volumes, *Relíquias* e *Correspondência*. Em 1947, o Instituto Nacional do Livro, vinculado ao antigo Ministério da Educação e Cultura (MEC), coordenou comemorações do centenário do seu nascimento, com exposição que resultou em publicação.

O poeta que desafiou os senhores de escravos nasceu em 14 de março de 1847 na fazenda Cabaceiras, a 42 quilômetros da vila de Nossa Senhora da Conceição de Curralinho, pequena cidade do interior baiano rebatizada na atualidade com o seu nome. Órfão de mãe aos doze anos, foi criado na adolescência pela madrasta, Maria Rosário Guimarães, que, como o pai, o estimulou na leitura e nos estudos. No colégio, onde foi colega de classe de Rui Barbosa, encontrou atmosfera literária produzida por saraus, festas de

6 de julho

arte, música, poesia e declamação de versos. O pai morreu em 24 de janeiro de 1862, quando já moravam no Recife, que efervescia com os ideais republicanos. Castro Alves escreveu as primeiras poesias aos dezessete, quando surgiram os sintomas da tuberculose.

Em 1863, o poeta publicou "A primavera", primeiro poema contra a escravidão. Naquele ano, ainda no Recife, conheceu a atriz portuguesa Eugénia Câmara, que veio se apresentar no Teatro Santa Isabel, dez anos mais velha, e se apaixonaram. Em 1864, ingressou na Faculdade de Direito do Recife, participou ativamente da vida estudantil e literária, mas voltou para a Bahia no mesmo ano.

Já acometido pela tuberculose, retornou ao Recife com o amigo Fagundes Varella, em 1865, quando chegou a planejar estadia em Caetité, onde moravam seus tios e o avô materno, o major Silva Castro. A intenção dele era desfrutar do clima saudável da cidade. Antes, porém, foi para São Paulo.

Em 11 de novembro daquele ano, saiu para caçar de espingarda no bosque do Brás e, acidentalmente, deu um tiro no próprio pé esquerdo. O resultado foi uma longa infecção e transferência ao Rio de Janeiro em 1869 para amputação. A cirurgia feita pelos professores Andrade Pertence e Mateus de Andrade, sem anestesia, reproduziu sofrimento físico comparável ao que foram submetidos escravos que defendeu com lirismo e indignação. Em 31 de outubro, mutilado, se despediu de Eugénia Câmara no Teatro Fênix Dramática, e, em novembro, foi para Salvador em busca do consolo da família e dos bons ares do sertão.

Você sabia?

Em 1870, Castro Alves lançou *Espumas flutuantes*, sua única publicação em vida. O épico "O navio negreiro" é o poema abolicionista mais famoso da obra de Castro Alves.

7 de julho

Cristo Redentor é uma das sete maravilhas do mundo moderno
2007

De "braços abertos sobre a Guanabara", como cantou o maestro Antonio Carlos Jobim, a presença do Cristo Redentor no alto do morro do Corcovado, abençoando a Cidade Maravilhosa, além de símbolo incontestável da fé cristã do Brasil, de alguma maneira serve de alento ao povo carioca, principalmente em tempos de crise moral, criminalidade à solta e muita corrupção na política e administração pública.

Reconhecido como um dos pontos turísticos mais visitados do Brasil, a estátua de cimento e pedra-sabão é também um ícone da América Latina, conforme a opinião de 23,5% de 1.734 executivos da região pesquisados pela internet, em 2011. Nesse contexto, no dia 7 de julho de 2007, a estátua *art déco* que retrata Jesus Cristo, localizada a 709 metros acima do nível do mar, no parque nacional da Tijuca, com vista para a maior parte do Rio de Janeiro, foi escolhida informalmente como uma das sete maravilhas do mundo moderno, com mais de 100 milhões de votos.

As Novas Sete Maravilhas do Mundo fazem parte de revisão informal e recreativa da lista original das sete maravilhas originais, idealizada pela organização suíça New Open World Corporation. A seleção internacional foi feita por meio de votos pela internet e ligações telefônicas. Em 2012, a Organização das Nações Unidas para a Educação, a Ciência e a Cultura (UNESCO) considerou o maior monumento católico do Brasil como parte da paisagem da cidade incluída na lista de Patrimônios da Humanidade.

A estátua foi inaugurada em 12 de agosto de 1931, tem 38 metros de altura, pesa 1.145 toneladas e é a terceira maior escultura de Cristo do mundo. Está atrás apenas da estátua de Cristo Rei de Świebodzi, localizada na Polônia, a maior do mundo; e a de Cristo de la Concordia, na Bolívia, a segunda maior.

Em 1932, o Cristo ganhou iluminação pública definitiva. A construção

7 de julho

de uma estrada asfaltada facilitou o acesso de carros ao topo do Corcovado. Em 1973, o conjunto paisagístico do monumento foi tombado pelo Instituto do Patrimônio Histórico Nacional (IPHAN), com a primeira reforma realizada em 1980, para a visita do papa João Paulo II. A história do Cristo brasileiro remete a uma ideia do ano de 1859, revelada durante visita ao Rio de Janeiro do padre Pedro Maria Boss, mas a pedra fundamental só foi fincada em 4 de abril de 1922. No ano seguinte, foi escolhido o projeto do engenheiro Heitor da Silva Costa.

A imagem foi desenhada pelo artista plástico Carlos Oswald e projetada pelo arquiteto francês Paul Landowski, etapa que precedeu campanha de uma década para arrecadação dos recursos financeiros. A obra começou em 1926 e toda a montagem durou cinco anos, erguida em colaboração com o engenheiro Albert Caquot, também da França. Foi inaugurada em 12 de outubro de 1931, dia de Nossa Senhora Aparecida, a padroeira do Brasil, homenageada com capela na base da estátua. Em outubro de 2006, foi considerado um santuário católico.

Você sabia?

Ao contrário do que chegou a ser cogitado no Brasil, o Cristo Redentor não foi construído com doações do governo francês.

O mau tempo impediu a visão do monumento no dia da sua inauguração. Mesmo assim, a cerimônia contou com a presença do presidente Getúlio Vargas e com a bênção do cardeal dom Sebastião Leme.

8 de julho

Brasil dá vexame na Copa
2014

Ao longo de 64 anos, os familiares de Barbosa, o goleiro Moacir Barbosa Nascimento, foram estigmatizados pelo "maracanaço", como ficou conhecida a derrota da Seleção Brasileira para o Uruguai, por 2 x 1, na final da Copa do Mundo de 1950. É que Barbosa foi responsabilizado pelo segundo gol, marcado pelo lendário ponteiro Alcides Ghiggia, aos 38 minutos do segundo tempo, diante de 199.854 torcedores no lendário estádio Mário Filho – inaugurado naquele ano para ser o palco da primeira conquista do Brasil e, assim, tornar-se o maior templo do futebol internacional.

O que eles não poderiam imaginar ali é que a maldição do "maracanaço" acabaria de forma ainda mais humilhante para a Seleção Brasileira, anos depois, como aconteceu com o 7 x 1 das semifinais, quando ela perdeu para a futura campeã invicta, a Alemanha, na terça-feira, dia 8 de julho de 2014, no remodelado e modernizado Mineirão. O vexame agora tinha outro nome: "mineiraço".

Surgiram ali ainda outros vilões, o maior deles o técnico Luiz Felipe Scolari, o Felipão, que, atordoado pelo massacre em campo, creditou a desclassificação a um "apagão".

Como ocorreu em 1950, a festa para a vitória em casa em 2014 também havia sido preparada de véspera. Fora de campo, o Brasil destinara 28,1 bilhões de reais em recursos públicos e privados para construção e reforma de estádios, mobilidade urbana, portos, aeroportos, segurança e infraestrutura de turismo. Nas arenas esportivas, onde foram investidos 7,6 bilhões de reais, o governo federal participou com financiamento junto ao Banco Nacional de Desenvolvimento Econômico e Social (BNDES). O teto máximo para cada projeto era de 400 milhões de reais, com os empréstimos feitos com as garantias de qualquer operação para obras que "impulsionem o desenvolvimento para gerar emprego e renda", segundo versão oficial.

8 de julho

Mas o que sobrou, na prática, foram denúncias de superfaturamento, obras malfeitas e inacabadas, além de "elefantes brancos" deficitários, característica de empreendimentos que receberam jogos interessantes no Mundial, mas permaneceram ociosos, sem jogos ou qualquer outro evento que atraísse público.

Um exemplo disso é o Estádio Nacional Mané Garrincha, o mais caro da Copa de 2014, reformado em Brasília. O empreendimento custou aproximadamente 2 bilhões de reais aos cofres públicos e foi entregue ainda inacabado para as disputas dos jogos, sem a finalização das obras complementares do entorno. Houve denúncias de superfaturamento e inclusão de aditivos que multiplicaram o orçamento inicial, mas nada foi devidamente apurado ou comprovado.

Paralelamente, o governo do Distrito Federal mergulhou em uma das mais graves crises da administração pública, com queda de qualidade dos serviços oferecidos à população em áreas essenciais como saúde, educação e assistência social e sucessivos atrasos no pagamento dos salários do funcionalismo.

Em campo, a maior goleada de todos os tempos sofrida pela Seleção do Brasil começou cedo. Sem Neymar, machucado na rodada anterior contra a Colômbia, o time resistiu apenas onze minutos até Thomas Müller abrir o placar. Foram mais quatro gols no primeiro tempo, com Klose, Kroos (duas vezes) e Khedira. No segundo, Schürrle marcou duas vezes diante da torcida incrédula, enquanto Oscar fez o único gol brasileiro. Ao final, silêncio e lágrimas, como em 1950, dessa vez com o perdão a Barbosa, como legado moral.

Você sabia?

Antes de 2014, Brasil e Alemanha jogaram 21 vezes, com doze vitórias brasileiras, quatro alemas e cinco empates.

O técnico Luiz Felipe Scolari chegou a dizer que, se o Brasil não ganhasse a Copa, pediria asilo à embaixada do Kuwait.

9 de julho

Revolução Constitucionalista de São Paulo
1932

Para os mais jovens, talvez seja apenas mais um feriado, melhor ainda se der para emendar com o fim de semana. No contexto histórico da política nacional, contudo, é a data mais importante de São Paulo: ela marca o início da Revolução Constitucionalista de 1932, o maior movimento cívico dos paulistas. Foram 87 dias de combates sangrentos, entre 9 de julho e 4 de outubro, até a rendição paulista com um saldo de pelo menos 934 baixas – estimativas extraoficiais apontam até 2.200 mortos.

Entre os mortos em combate, obviamente não foram relacionados os estudantes Martins, Miragaia, Dráusio e Camargo, assassinados por tropas federais em 23 de maio, que deram origem ao MMDC, o movimento batizado com as iniciais dos rapazes, contra o governo provisório de Getúlio Vargas. Em 20 de junho de 2011, por determinação da Lei nº 12.430, aprovada na Assembleia Legislativa de São Paulo, eles tiveram seus nomes escritos no Livro dos Heróis da Pátria, sem menção a Orlando de Oliveira Alvarenga, baleado ao lado dos colegas e que morreu alguns meses depois.

No começo do levante, os líderes paulistas esperavam a adesão imediata de outros estados, e contavam principalmente com apoio das elites de Minas Gerais, Rio Grande do Sul e Mato Grosso para seguirem em marcha até o Rio de Janeiro, então capital federal, e derrubar o governo provisório de Vargas. Os revoltosos não contavam com o poder de persuasão e articulação de Vargas, e, sem um eficiente sistema defensivo em suas fronteiras, a revolução foi sufocada ainda nos seus estágios iniciais.

Apenas o estado de Mato Grosso se manteve ao lado dos paulistas. Depois de praticamente três meses de intensos combates e um rastro de destruição e sangue, o conflito foi encerrado com a rendição do Exército Constitucionalista. Apesar da derrota militar, parte das reivindicações do movimento revolucionário foi garantida mais tarde. Entre elas, a nomeação de interventor civil

9 de julho

e paulista, a convocação de Assembleia Constituinte e a promulgação de nova Constituição em 1934.

A nova Constituição, no entanto, durou pouco tempo, apenas três anos. Em 1937, Getúlio Vargas fechou o Congresso Nacional e outorgou outra Carta Magna, sob a alegação de extremismo de movimentos políticos da época. Começou, assim, o Estado Novo, regime que perdurou até 1945, quando Vargas foi deposto por grupo militar composto por generais, seus antigos aliados.

Durante o conflito, as indústrias paulistas se mobilizaram para atender às necessidades de armamentos, enquanto a população se uniu na campanha "Ouro para o bem de São Paulo". Só faltou mesmo a esperada adesão de mineiros e gaúchos, que, apesar de apoiarem a causa da constitucionalização, permaneceram leais ao governo provisório de Vargas.

Os principais líderes constitucionalistas tiveram seus direitos políticos cassados e foram deportados para Portugal. O general Valdomiro Lima, gaúcho e tio de Darci Vargas, mulher de Getúlio, foi nomeado interventor militar em São Paulo, cargo em que permaneceu até 1933.

Na economia, o Estado soube tirar proveito da crise internacional. O governo manteve a política de valorização do café com a compra e a retenção de estoques, permitiu o reescalonamento das dívidas dos cafeicultores e aceitou bônus de guerra como moeda legal.

Você sabia?

Em agosto de 1933, finalmente um civil paulista, Armando de Sales Oliveira, assumiu a chefia do governo do estado, em substituição ao general Valdomiro Lima.

A Revolução Constitucionalista liderada pelo general Isidoro Dias Lopes, o mesmo do levante tenentista de 1924, teve participação de remanescentes do movimento de 1930.

10 de julho

Estreia do filme *Deus e o diabo na terra do sol*, de Glauber Rocha
1964

A data de 10 de julho de 1964 parecia reservada não apenas para a estreia de um dos mais celebrados filmes nacionais já realizados, mas por ter ali um dos pontos altos do Cinema Novo. *Deus e o diabo na terra do sol*, segundo longa-metragem do jovem cineasta baiano Glauber Rocha, à época com 25 anos, desde então se estabeleceu como um marco da cinematografia brasileira, apresentando o estilo que lança mão de uma estética moderna para explorar dilemas sociais e políticos vividos no país.

O filme de Glauber, rodado na histórica cidade de Monte Santo (BA), conta a história do vaqueiro Manuel que, junto da esposa Rosa, foge pelo sertão após matar seu patrão. O casal topa, no caminho, com as figuras do líder messiânico Sebastião e do cangaceiro Corisco. No encalço dos dois, enviado pelos donos de terra, está o jagunço Antônio das Mortes.

Com narrativa não linear, edição ágil e fragmentada e poucos recursos – seguindo a máxima do próprio Glauber de se ter "uma câmera na mão e uma ideia na cabeça" –, o longa lida com diversos fenômenos sociais da caatinga, como o cangaço, o messianismo, a exploração do sertanejo, além da crença de que o sertão, um dia, vai virar mar.

Glauber escreveu, no manifesto "Uma estética da fome", que "onde houver um cineasta pronto a pôr seu cinema a serviço das causas de seu tempo, aí haverá um germe do Cinema Novo". Nelson Pereira dos Santos, Rogério Sganzerla, Leon Hirszman e Joaquim Pedro de Andrade são outros expoentes desse movimento temática e esteticamente renovador.

Meses antes de estrear no Brasil, *Deus e o diabo na terra do sol* concorrera à Palma de Ouro no Festival de Cannes, na França, ao lado de clássicos como *Vidas secas*, de Nelson Pereira dos Santos; *A mulher das dunas*, de Hiroshi Teshigahara; e *Os guarda-chuvas do amor*, de Jacques Demy – e o vencedor da Palma, Os guarda-chuvas do amor, de Jacques Demy.

10 de julho

Glauber Pedro de Andrade Rocha nasceu no dia 14 de março de 1939, em Vitória da Conquista (BA). Fez seu primeiro curta-metragem, *Pátio*, em 1959, no início da Faculdade de Direito da Bahia, que logo abandonaria. Estreou em longas-metragens com *Barravento* (1962) e sucedeu *Deus e o diabo na terra do sol* com dois clássicos: *Terra em transe* e *O dragão da maldade contra o santo guerreiro*. Ambos foram premiados em Cannes: o primeiro, com o prêmio da crítica; o segundo, o de melhor diretor – até hoje, o único para um brasileiro.

Em 1963, Glauber disse que sua geração queria fazer "filmes anti-industriais", "de autor", "de combate na hora de combate". Foi fiel a essa postura, o que lhe valeu problemas com a censura – como em *Terra em transe* (1967), que, mesmo premiado fora do país, levou meses para ser liberado aqui.

O crescente recrudescimento dos militares que mandavam no Brasil fez com que o artista, personalidade controversa à direita e à esquerda, vivesse anos no exílio. Alguns de seus filmes, inclusive, foram rodados no exterior – na Itália, no Congo, na Espanha.

Seu último trabalho, *A idade da terra*, estreou no Festival de Veneza em 1980. Glauber Rocha morreu pouco tempo depois, vítima de broncopneumonia, no dia 22 de agosto de 1981. Viveu intensos 42 anos.

Você sabia?

Em 2015, pesquisa da Associação Brasileira de Críticos de Cinema (ABRACCINE) apontou os cem melhores filmes nacionais. *Deus e o diabo na terra do sol* ficou na segunda posição, atrás de *Limite* (1931), de Mário Peixoto. Glauber, o diretor mais citado, tem outros quatro filmes na lista, incluindo *Terra em transe* (em quinto lugar).

Dois filhos de Glauber são artistas: Eryk é diretor de cinema, como o pai; e Ava, cantora.

11 de julho

Morre Agostinho dos Santos em acidente aéreo em Paris
1973

A notícia chegou aos jornais só no dia seguinte, mas a tragédia com o Boeing 707 prefixo PP-VJZ que saiu do aeroporto do Galeão, no Rio de Janeiro, com destino a Paris e Londres, aconteceu no dia 11 de julho de 1973, quando o avião pegou fogo ainda no ar e caiu a poucos quilômetros do aeroporto de Orly, em Paris. Estavam a bordo 134 pessoas, entre passageiros e tripulação, e apenas onze sobreviveram, mas não o músico Agostinho dos Santos. Ele estava a caminho da Grécia, onde participaria de um festival de música.

Importante nome da Música Popular Brasileira (MPB), aos 41 anos Agostinho estava em grande fase artística, depois de viver momentos marcantes de sua carreira, como quando interpretou, em 1959, a voz do personagem Orfeu, nas cenas em que este cantava, no filme ítalo-franco-brasileiro *Orfeu negro*, dirigido por Marcel Camus e com trilha sonora de Tom Jobim e Vinicius de Moraes, melhor filme estrangeiro no Festival de Cannes de 1960. Ou, ainda, quando participou, em novembro de 1962, ao lado de João Gilberto, da famosa apresentação da bossa nova aos norte-americanos, no Carnegie Hall, em Nova York. Lá, com Luiz Bonfá ao violão, acompanhado do conjunto do pianista Oscar Castro Neves, ele cantou "Manhã de Carnaval", enquanto Tom Jobim foi aplaudido com "Samba de uma nota só", e João Gilberto, com "Samba da minha terra", "Corcovado" e "Desafinado".

Ainda que revelada ao mundo no celebrado evento e a partir do poderoso mercado fonográfico dos Estados Unidos, a bossa nova não era novidade entre os brasileiros. O LP *Chega de saudade*, gravado por João Gilberto em 10 de julho de 1958 e lançado em 78 rotações no final do ano pela Odeon, já trazia a novidade da batida compassada e da voz quase falada, sem a empostação e arroubos das canções dos sucessos anteriores, gerando o que os

11 de julho

críticos chamaram de "divisor de águas" na MPB.

E Agostinho dos Santos, dono de grande versatilidade vocal, também fez parte desse cenário de mudanças, ainda que tivesse gravado muitas canções românticas antes e continuasse a cantar muito samba – e até rock: meses depois do lançamento de João Gilberto, ele também deixou registrada sua interpretação para "Chega de saudade". Essa gravação, quarenta anos depois da morte do cantor e compositor, junto a outros sucessos que caíram no esquecimento, em parte pelo seu desaparecimento precoce, foi recuperada em um projeto do selo Discobertas, que lançou em 2014 duas caixas com vários CDs dele.

Nascido em São Paulo, em 25 de abril de 1932, no bairro do Bexiga, filho de Odila e Augusto dos Santos, Agostinho dos Santos, que chegou a ser jogador de futebol na juventude, tornou-se conhecido pela voz aveludada e por seu ecletismo artístico. Começou a carreira cantando em circos, como era comum na época, depois em rádios de São Paulo, até se mudar para o Rio de Janeiro, para se apresentar na rádio Mayrink Veiga, com Ângela Maria, Sylvia Telles e a Orquestra Tabajara.

Agostinho conquistou discos de ouro, participou de vários festivais e se revelou o grande incentivador da trajetória inicial de outro grande talento da MPB: Milton Nascimento, a quem inscreveu sem ele saber em festivais e de quem gravou obras-primas como "Travessia" (Milton Nascimento e Fernando Brant).

Você sabia?

A filha de Agostinho, Nancy dos Santos, foi sua parceira na música "Paz sem cor" e montou em seu bar, em São José dos Campos, uma espécie de memorial com discos, fotos e documentos da carreira do pai.

A queda do avião em 1973 também matou o senador Filinto Müller, ex-chefe da polícia política de Vargas à época em que Olga Benário foi deportada grávida para a Alemanha nazista.

12 de julho

Surge a primeira radionovela nacional
1941

No ar, a pre-8, rádio Nacional do Rio de Janeiro! Com essa chamada, a rádio Nacional, criada em 1936, marcou época no Brasil como pioneira na difusão e produção de radionovelas. No início, eram rápidas cenas de rádio-teatro, mas logo estreou o programa *Teatro em casa*, com peças encenadas semanalmente.

Shows de auditório, radionovelas, programas humorísticos e musicais passaram a ser retransmitidos para todo o Brasil dos estúdios localizados no edifício A Noite, na praça Mauá. A estrutura simples dos primeiros anos, com apenas trinta pessoas nas áreas artística e administrativa, não foi obstáculo. A Nacional, como era conhecida, tornou-se pioneira também na integração cultural, caracterizando-se como a principal emissora do país, líder absoluta de audiência até o surgimento da televisão, em 1950.

Parte dessa audiência veio com a transmissão, em 12 de julho de 1941, às dez e meia da manhã, do primeiro capítulo de *Em busca da felicidade*, a primeira radionovela, baseada em obra mexicana de Leandro Blanco e adaptada por Gilberto Martins. Manteve-se no ar por três anos, substituída pela cubana *O direito de nascer*, de Félix Caignet.

No mesmo ano, também foi ao ar *A predestinada*, da rádio São Paulo, da capital paulista, emissora que em 1947 transmitiu *Fatalidade*, de Oduvaldo Vianna, a primeira novela genuinamente brasileira. Outros autores nacionais pioneiros na radiodramaturgia foram Amaral Gurgel e Gilberto Martins, seguidos de Dias Gomes, Mário Lago, Mário Brazzini, Edgar Alves, Janete Clair e Ivani Ribeiro.

Além do elenco de radioatores, o sonoplasta foi outro profissional imprescindível no sucesso das radionovelas. Era o responsável pelos efeitos sonoros que ajudavam a dramatização das histórias, simulando sons de passos nas escadas, trovoadas, vendavais, chuvas, trotes de cavalos, ranger de portas

12 de julho

etc. Até meados da década de 1950, o rádioteatro Nacional transmitiu 861 novelas, as mais ouvidas do rádio brasileiro, segundo as pesquisas de audiência da época.

A rádio Nacional foi fundamental, também, para a evolução da música popular brasileira, em vários ritmos. Ali nasceram concursos como "A rainha do rádio", que consagrou cantoras como Linda Batista, a primeira delas, em 1936, que ficou doze anos no trono; e também Emilinha Borba, Marlene, Dalva de Oliveira e Ângela Maria. Um dos cantores símbolo dessa era foi Cauby Peixoto, que enchia o auditório da rádio. Também fizeram sucesso Sonia Carvalho, Elisinha Coelho, Silvinha Melo, Orlando Silva, Nuno Roland, Aracy de Almeida e Marília Batista.

Em 1939, foi ao ar o programa *Vida pitoresca e musical dos compositores*, de Lamartine Babo. Em 1940, a rádio Nacional passou a fazer parte do Patrimônio Nacional, mediante decreto do presidente Getúlio Vargas.

Dirigida por Gilberto de Andrade, ganhou programação nova, elaborada com ajuda de José Mauro, irmão do cineasta Humberto Mauro. No ano seguinte, estreou o noticioso *Repórter Esso*, marco do jornalismo radiofônico apresentado pelo locutor Heron Domingues.

A rádio Nacional foi a primeira emissora do Brasil a organizar uma redação própria para noticiários, seguindo a rotina de um grande jornal diário impresso – com redatores, secretários de redação, repórteres, informantes e auxiliares. Completavam a estrutura inovadora a sessão de esportes e o boletim de notícias da América do Sul.

Você sabia?

Boatos e fofocas sobre celebridades da época ilustravam a coluna *Mexericos da Candinha*, editada por Anselmo Rodrigues na *Revista do Rádio*, de 1948 a 1960.

O declínio da radionovela iniciado com a chegada da televisão, na década de 1950, foi acentuado pelo golpe militar de 1964, que implantou a censura e restringiu a produção artística nacional.

13 de julho

Estatuto protege crianças e adolescentes
1990

A violência contra crianças e adolescentes no Brasil, que já chegou a registrar 34.142 denúncias entre janeiro e abril de 2012, de acordo com dados do Disque Direitos Humanos, o Disque 100, em seu módulo Criança e Adolescente, só não se tornou ainda mais dramática por causa da Lei nº 8.069, aprovada em 13 de julho de 1990 no Congresso Nacional e sancionada pelo então presidente Fernando Collor de Mello.

Trata-se do Estatuto da Criança e do Adolescente (ECA), que entrou em vigor em 12 de outubro do mesmo ano, data em que se celebra no Brasil o Dia das Crianças, este instituído pelo Decreto nº 4.867, de 5 de novembro de 1924.

Atualizado em 15 de maio de 2002, o ECA é composto de 267 artigos que definem os direitos fundamentais em relação à vida e à saúde, à educação, à convivência familiar, à cultura e ao lazer. Define também as regras legais relacionadas à prática de atos infracionais, determinando como penalmente inimputáveis os menores de dezoito anos.

Apesar da realidade nas ruas e lares brasileiros estar distante do que preconiza a legislação formulada a partir da Constituição Federal de 1988, o país é um dos primeiros a utilizar diretrizes internacionais com base no que preconizam a Declaração Mundial dos Direitos da Criança, as Regras de Beijing (orientações da ONU para administração da justiça da infância e da juventude) e Diretrizes das Nações Unidas para prevenção da delinquência juvenil.

O estatuto está dividido em dois: o primeiro trata da proteção dos direitos fundamentais à pessoa em desenvolvimento; o segundo está relacionado aos órgãos e procedimentos protetivos.

Entre os objetivos do ECA está o detalhamento dos direitos e deveres das crianças e dos adolescentes, e também de pais, gestores públicos, profissionais

13 de julho

da saúde e conselhos tutelares. Também estabelece punições para maus-tratos e contém políticas de atendimento, assistência e medidas de proteção e socioeducativas. O aumento no número de denúncias de maus-tratos e punições aos agressores é apontado como um dos avanços da legislação, originada em projeto de lei apresentado em 30 de junho de 1990 pelo então senador Ronan Tito de Almeida (PMDB-MG).

Trabalharam na elaboração da proposta legislativa juristas, representantes de entidades não governamentais de defesa dos direitos da criança e do adolescente e a assessoria jurídica da presidência da extinta Fundação Nacional do Bem-Estar do Menor (FUNABEM), além de contribuições da sociedade civil. O fim do termo "menor" foi uma das propostas do senador mineiro, definindo o limite de onze anos para a etapa infantil (criança) e de doze a dezoito para adolescência.

Você sabia?

Crianças e adolescentes têm direito a atendimento prioritário em postos de saúde e hospitais. Também devem receber socorro em primeiro lugar nos casos de acidente de trânsito, incêndio, enchente ou qualquer situação de emergência.

Os pais têm o dever de sustentar, guardar e educar seus filhos enquanto crianças e adolescentes, que não devem ser afastados de casa por falta de dinheiro. Se esse for o caso, a família deve ser incluída em programa oficial de assistência social do governo.

14 de julho

Aída Curi é assassinada, entre outras vítimas de feminicídio
1958

Anônimas ou famosas, estima-se que 50 mil mulheres foram mortas no Brasil, entre 2001 e 2011, por misoginia, ou, simplesmente, porque eram mulheres. A estatística da primeira década do século XXI manteve o país como o sétimo do mundo em casos de feminicídio, termo que passou a ser reconhecido a partir da Lei nº 13.104, sancionada em março de 2015 pela então presidente Dilma Rousseff (PT). Essa lei alterou o Código Penal Brasileiro para prever a circunstância qualificadora de homicídio. Mudou também a Lei nº 8.072, de julho de 1990, que inclui esse tipo de assassinato no rol de crimes hediondos.

Pesquisa realizada em 2012 pelo Instituto de Pesquisa Econômica e Aplicada (IPEA) aponta que as mulheres negras representam 61% das vítimas.

A lei do feminicídio tipifica e agrava o crime de homicídio quando cometido contra mulheres em situações de violência doméstica e familiar e menosprezo ou discriminação. A pena é aumentada em um terço até a metade, se o crime for praticado durante a gestação ou nos três meses posteriores ao parto, contra adolescente com menos de catorze anos, idosas com mais de sessenta ou com deficiência, e na presença de filhos ou de pais da vítima. A pena é de doze a trinta anos de prisão.

No Brasil, alguns casos emblemáticos chocaram a opinião pública. Um deles foi a morte da estudante Aída Jacob Curi, de dezoito anos, em 14 de julho de 1958, em Copacabana, no Rio de Janeiro. Levada à força por Ronaldo Castro e Cássio Murilo ao edifício Rio Nobre, na avenida Atlântica, a garota foi espancada com ajuda do porteiro Antônio Sousa, em apartamento em obras no 12º andar. Desmaiada, Aída foi levada ao terraço e jogada do peitoril. Os três foram denunciados por homicídio doloso, tentativa de estupro e atentado violento ao pudor, mas Ronaldo e Antônio foram absolvidos. Cássio Murilo foi encaminhado ao Sistema de Assistência ao Menor (SAM).

14 de julho

A morte de Cláudia Lessin Rodrigues, aos 21 anos, em 1977, é outro caso chocante. O corpo dela foi encontrado no dia 26 de julho nos costões da praia do Leblon, no Rio, dentro de um saco cheio de pedras atirado da avenida Niemeyer, depois de orgia na casa do suíço Michel Frank, herdeiro da relojoaria Mondaine. O cabeleireiro Georges Kour, outro playboy carioca, participou da trama sinistra. Com o caso, o repórter Valério Meinel, da revista *Veja*, ganhou o prêmio Esso de jornalismo daquele ano. Laudos criminalísticos mostraram que Cláudia foi estrangulada no local.

A longa e abjeta lista, entre vítimas que não ganharam os noticiários e que continua a crescer, inclui a milionária tcheca Dana Edita Fischerova de Teffé, aos 48 anos, em 29 de junho de 1961, quando entrou no carro do advogado Leopoldo Heitor Andrade Mendes e nunca mais foi vista. Em 30 de dezembro de 1976, a socialite mineira Ângela Diniz foi morta a tiros pelo marido, Raul "Doca" Fernandes do Amaral Street, em Búzios, Rio de Janeiro. Com grande repercussão nacional, houve ainda os casos de Eliana de Grammont, em 1981, morta pelo marido, o cantor Lindomar Castilho, em São Paulo; Sandra Gomide, em 2000, em São Paulo; e Eliza Samudio, em 2010, em Minas Gerais.

Você sabia?

Sandra Gomide foi morta a tiros, pelas costas, pelo também jornalista e ex-namorado Pimenta Neves, ex-diretor do jornal *O Estado de S. Paulo*.

Bruno Fernandes, ex-goleiro do Flamengo, foi condenado em 2013 a 22 anos de prisão por homicídio e ocultação do cadáver de Eliza Samudio, mãe de um de seus filhos. Em fevereiro de 2017, conseguiu *habeas corpus* por liminar deferida pelo ministro Marco Aurélio Mello, do STF, mas em abril do mesmo ano voltou à prisão por decisão do mesmo tribunal.

15 de julho

Acordo nuclear entre Brasil e Alemanha
1975

Enquanto a Alemanha, principal parceira brasileira na busca de tecnologia para produção atômica, manteve o ano de 2022 como limite para o desligamento de seus reatores, em busca de fontes de energia renováveis; e enquanto nos Estados Unidos matrizes nucleares perderam a concorrência para o gás de xisto, bem mais barato, ainda que não reduza o efeito estufa na atmosfera, o Brasil vai em caminho contrário. Seu programa de energia nuclear prossegue com as obras de Angra 3 e, conforme planos do governo, com a construção até 2030 de outras quatro unidades, todas no Nordeste.

A produção de eletricidade gerada por usinas nucleares no Brasil resultou de acordo de 1975, para importação de tecnologia germânica. As usinas 1 e 2 da central nuclear Almirante Álvaro Alberto, resultado de parte desse acordo, estão localizadas em Angra dos Reis (RJ), próximas à rodovia Rio-Santos, e hoje correspondem a 2,7% do consumo nacional.

Para entender a evolução do programa nuclear institucionalizado durante as longas tratativas realizadas entre 27 de junho e 15 de julho de 1975, durante o governo ditatorial do general Ernesto Geisel, é preciso voltar um pouco mais no tempo, chegar à segunda metade do século XX. Na década de 1950, os Estados Unidos exercem a supremacia mundial na tecnologia industrial, condição que forçou a reação dos países em desenvolvimento em busca da autonomia da própria política científica.

Com essa motivação, em 1951 foi criado o Conselho Nacional de Pesquisa (CNPq), que nos primeiros anos de funcionamento manteve sua política pautada no princípio da autonomia, mesmo tendo de enfrentar a oposição da ala que atuava em defesa dos interesses dos Estados Unidos nos meios científicos e governamentais do Brasil. Cinco anos mais tarde, a Comissão Nacional de Energia Nuclear (CNEN) foi desmembrada do CNPq e assumiu o controle da política nuclear brasileira, em colaboração com pesquisadores norte-americanos.

A parceria com os Estados Unidos foi reafirmada em 1971, com a compra do primeiro reator da Westinghouse Electric Corporation para equipar a central nuclear de Angra dos Reis. A partir de 1973, no entanto, a crise do petróleo, aliada à expansão internacional do mercado de reatores nucleares e, no ano seguinte, à suspensão norte-americana do fornecimento do urânio enriquecido, acordaram o governo brasileiro para a nova realidade.

O país redefiniu, então, a política nuclear e adotou postura mais ousada, com a construção de centrais para desenvolvimento dos diversos ciclos de produção nuclear. Nesse contexto, o acordo assinado com a Alemanha em 1975 previu contrato com consórcio de empresas alemãs, liderado pela Kraftwerk Union-KWU, para construção de oito grandes reatores, geração de eletricidade e implantação de indústria teuto-brasileira para a fabricação de componentes e combustível para operação dos equipamentos, pelo prazo de quinze anos. Das oito usinas, três saíram do papel. Mesmo sem reverter a opção pelo urânio enriquecido, o acordo com a Alemanha permitiu ao Brasil desenvolver a tecnologia.

Foram fortes as pressões, internas e externas, com críticas do Congresso dos Estados Unidos. Foi questionado, por exemplo, o destino do lixo atômico, além da adesão brasileira ao Tratado de Não Proliferação de Armas Nucleares, em julho de 1968. Em fevereiro de 1976, novo acordo entre Brasil e Alemanha, intermediado pela Agência Internacional de Energia Atômica, complementou o original, de 1975, com regras mais rígidas de segurança.

Você sabia?

O Brasil produz 90% da energia em usinas hidrelétricas, mas é preciso triplicar a produção para se tornar uma potência global.

16 de julho

Brasil perde a Copa do Mundo em casa, para o Uruguai
1950

Era um domingo de sol no Rio de Janeiro, o Maracanã estava lotado, com 200 mil pessoas espremidas para participar da grande festa que se anunciava. O Brasil, que precisa apenas do empate, manteve o resultado no primeiro tempo e, no segundo, logo aos dois minutos, saiu na frente com um gol de Friaça, placar que levou a plateia ao delírio.

A festa, porém, só durou até os 21 minutos, quando Ghiggia cruzou e Schiaffino, o craque da seleção do Uruguai, a Celeste, surpreendeu com um chute de primeira. Foi o primeiro susto do jogo, prenúncio do que a seleção comandada pelo treinador Flávio Costa sofreria a partir dos 34 minutos do segundo tempo. Ali, o atacante Alcides Ghiggia, de novo ele, invadiu a área pela direita e chutou rasteiro. A bola passou rente ao poste esquerdo e o corpo de Barbosa, o goleiro brasileiro.

Foi o segundo gol dos uruguaios, o gol responsável pelo bicampeonato mundial do Uruguai. Gol que silenciou o maior estádio do mundo e fez o Brasil chorar. Mais do que inesperado, o "maracanaço", como ficou conhecido, entrou para a memória do torcedor brasileiro por seis décadas: resistiu ao penta inédito (1958, 1962, 1970, 1994, 2010) e só foi superado pelo vexame da Copa de 2014, a dos 7 x 1 para a Alemanha, no Mineirão, e que ficou conhecido como o "mineiraço".

Em 16 de julho de 1950, a derrota para o Uruguai foi o desfecho inusitado de uma copa que parecia ter sido feita para o Brasil ganhar. Foi a quarta edição do torneio da Fifa, disputada de 24 de junho a 16 de julho, com jogos em Belo Horizonte, Curitiba, Porto Alegre, Recife, Rio de Janeiro e São Paulo. Sem exigências de infraestrutura de transporte urbano, aeroportos ou hospitais, por exemplo, bastava ter estádios "padrão Fifa", cujo caderno de encargos não tinha 420 páginas como hoje. Alguns estádios já estavam prontos: o Pacaembu foi reformado e o Maracanã inaugurado como o maior do

16 de julho

mundo. Eram exigidos apenas setores de arquibancadas para no mínimo 20 mil torcedores, alambrados, cabines para a imprensa e autoridades e túneis interligando os vestiários ao gramado.

Algumas obras ficaram inacabadas, ou foram feitas em cima da hora. Só em março, três meses antes da abertura oficial, foi concluído o calçamento no entorno do estádio do Pacaembu, em São Paulo, onde em dias de chuva se formava lamaçal. Também foi reformado o sistema de drenagem do gramado, e foram abertos dois novos portões, além de um ambulatório médico. O improviso foi marcado pela vistoria, em 1º de junho, 23 dias antes da abertura da competição. O presidente da Federação Italiana de Futebol e delegado da Fifa, Ottorino Barassi, constatou que o tamanho do gramado não era adequado, assim como a área da imprensa.

Da copa de 1950 participaram dezesseis nações, das quais sete europeias (Itália, Suécia, Suíça, Espanha, Iugoslávia, Inglaterra e Escócia), sete americanas (Brasil, Uruguai, Chile, Paraguai, Bolívia, Estados Unidos e México) e duas asiáticas (Turquia e Índia). Inglaterra fez sua estreia na competição, e registrou três grandes goleadas: Uruguai 8 x 0 Bolívia, Brasil 7 x 1 Suécia e Brasil 6 x 1 Espanha. Os destaques individuais da copa foram Roque Máspoli, Obdulio Varela, Alcides Ghiggia e Juan Schiaffino, pelo time campeão do Uruguai; e Ademir de Menezes, Zizinho, Jair Rosa Pinto e José Carlos Bauer, pelo Brasil.

Você sabia?

O presidente da Fifa, Jules Rimet, conta no livro *L'Historie merveilleuse de la Cuope du Monde* que a derrota do Brasil mudou todo o cerimonial de encerramento para entrega da taça ao campeão.

A Segunda Guerra Mundial arrasou a Europa e deixou o mundo sem copas, de 1938 a 1950.

17 de julho

Avião da TAM derrapa na pista de Congonhas: 199 mortos
2007

Um dos maiores acidentes da história da aviação civil no Brasil, paradoxalmente, ocorreu em solo, durante aterrissagem. No início da noite de uma terça-feira chuvosa, o Airbus 320 da TAM que fazia o voo JJ-3054, proveniente de Porto Alegre, aparentemente sem freios, derrapou na pista do aeroporto de Congonhas, em São Paulo, atravessou a área de escape de grama, cruzou parte da avenida Washington Luís e despencou sobre o setor de carga e descarga da própria companhia, a TAM Express. Morreram 199 pessoas, entre os 187 passageiros e tripulantes e outras doze que estavam no prédio atingido.

As primeiras informações foram desencontradas. Testemunhas relataram que viram o avião derrapar até bater contra o prédio, mas fontes da Aeronáutica chegaram a dizer que o piloto teria tentado arremeter, ou seja, tentado nova decolagem ao detectar algum problema no pouso, antes de cair. O Ministério Público do Estado de São Paulo abriu inquérito e apurou que a pista principal de Congonhas havia sido liberada sem estar pronta, sem as ranhuras (*groovings*) que atravessam o asfalto para escoamento da água da chuva e evitar aquaplanagens.

Segundo o que foi apurado na época do acidente, as obras haviam iniciado em 14 de maio, com interdição de 45 dias. A pista foi reaberta em 29 de junho, com a conclusão dos declives e da substituição das camadas gastas de asfalto. O trabalho vinha sendo feito durante as madrugadas, segundo a Infraero, com conclusão prevista para 27 de setembro, porém sem as ranhuras.

Na primeira fase da obra, o número de pousos e decolagens foi reduzido de 48 para 33 por hora, alguns foram suspensos, outros remanejados para o Aeroporto Internacional de Guarulhos. Durante o período de fechamento da pista principal, todas as operações de pousos e decolagens foram feitas pela pista auxiliar.

17 de julho

A ex-diretora da Agência Nacional de Aviação Civil (ANAC), Denise Abreu, foi responsabilizada pelo Ministério Público Federal (MPF), porque autorizou a liberação da pista do aeroporto sem as ranhuras que facilitam a frenagem das aeronaves. Além disso, o setor técnico da Polícia Federal apurou que um das manetes de controle das turbinas da aeronave estava na posição para acelerar e isso anulou o sistema de freios. Não foi esclarecido se o comando estava na posição errada por falha humana ou mecânica.

O diretor de segurança de voo da TAM na época, Marco Aurélio dos Santos de Miranda e Castro, e o vice-presidente de operações da companhia aérea, Alberto Fajerman, segundo o MPF, deixaram de seguir o manual de segurança de operações, porque "não providenciaram o redirecionamento necessário das aeronaves para outro aeroporto, mesmo após inúmeros avisos de que a pista principal do aeroporto de Congonhas estaria escorregadia, especialmente em dias de chuva". Os dois executivos também foram acusados de não alertarem os pilotos sobre a mudança de procedimentos quando o reversor estivesse desativado. De acordo com a análise do MPF, foram essas imprudências que causaram o acidente.

O que restou do prédio da TAM Express foi implodido. A empresa aérea doou o terreno à Associação dos Familiares e Amigos das Vítimas do Voo TAM JJ-3054, e surgiu no local a praça Memorial 17 de Julho, inaugurada em julho de 2012, cinco anos após o acidente. A área de 8 mil metros quadrados foi projetada pelo arquiteto Marcos Cartum.

Você sabia?

Em 2012, Denise Abreu impetrou *habeas corpus* no STF, para suspender a ação, e obteve parecer favorável do ministro Ricardo Lewandowski.

Bombeiros relataram que durante o resgate a temperatura no avião teria chegado a 1.000°C.

18 de julho

Tem início polêmica musical do samba
1933

Não chegou a ser um clássico no estilo Fla-Flu – para uma comparação com a disputa entre os craques do futebol do Rio de Janeiro –, há quem diga que foi até uma polêmica amistosa; o importante é que, quando dois bambas do samba decidiram travar uma batalha musical, quem saiu ganhando foi a música popular brasileira.

E foi exatamente o que aconteceu de 1933 a 1936, quando o novato Wilson Batista, negro, pobre e ainda em início de carreira, recém-chegado de Campos (RJ), e tido como um "candidato a malandro" ou um "malandreco" no dizer da época, decidiu afrontar musicalmente ninguém menos do que Noel Rosa – que revidou.

Compositor já respeitado aos 23 anos, celebrado pelo sucesso "Com que roupa", frequentador da Lapa, o centro da boemia carioca, onde homenageava mulheres e amigos, Noel foi o alvo certeiro de Batista, quando este compôs "Lenço no pescoço". A letra fazia uma caricatura do malandro antigo, que já não existia, de navalha no bolso e lenço no pescoço, e a intenção era provocar o sambista branco e de classe média que Noel representava, embora este tivesse grande atração pela malandragem.

A estratégia do iniciante Batista incluiu dar sua música para Sylvio Caldas gravar, o que aconteceu em 18 de julho de 1933, embora o disco dele tenha sido lançado só em outubro do mesmo ano. E a letra, provocativa, começava assim: "Meu chapéu do lado/ Tamanco arrastando/ Lenço no pescoço/ Navalha no bolso/ Eu passo gingando/ Provoco e desafio/ Eu tenho orgulho/ Em ser tão vadio".

A resposta de Noel não foi imediata e dizem que só veio depois que o mesmo Wilson se engraçou com uma moça de um cabaré da Lapa, Ceci, paixão de Noel. Havia ainda os amigos a instigá-lo a responder à provocação. E ela veio com "Rapaz folgado", que seria gravada em 1938 por Aracy de Al-

18 de julho

meida, mas circulou antes e dizia: "Deixa de arrastar o teu tamanco/ Pois tamanco nunca foi sandália/ E tira do pescoço o lenço branco/ Compra sapato e gravata/ Joga fora essa navalha/ Que te atrapalha [...] Malandro é palavra derrotista/ Que só serve pra tirar/ Todo o valor do sambista/ Proponho ao povo civilizado/ Não te chamar de malandro/ E sim de rapaz folgado".

A tréplica de Wilson veio com "Mocinho da Vila", que só recebeu nova resposta de Noel um ano depois, com "Feitiço da Vila", considerada uma das mais belas do compositor de Vila Isabel. Surgiram ainda "Conversa fiada", de Batista; "Palpite infeliz", de Noel; e a que foi considerada uma apelação de Batista, "Frankenstein da Vila", fazendo alusão ao queixo retraído de Noel. Dizem que ele ainda compôs inúmeros outros sambas com indiretas, entre eles "Terra de cego", sobre cuja melodia Noel decidiu se juntar ao rival: fez nova letra, rebatizando-o de "Deixa de ser convencida", que dizem foi para a moça que opôs os dois anos antes. Estava encerrada a polêmica.

Em 1937, ao saber da morte prematura de Noel Rosa, aos 26 anos, Wilson Batista compôs e cantou o samba "Grinalda", homenageando-o, o que faria por toda a vida, até falecer em 1968. Batista, embora não tocasse instrumentos, é considerado importante sambista da MPB, autor de centenas de músicas, boa parte crônicas de seu tempo, um relicário da memória cultural do país. Noel, por sua vez, além de cantor e compositor, era bandolinista e violonista, saudado como um dos maiores letristas, com letras de fina ironia e muitas tidas como poesias. Compôs cerca de trezentas músicas, entre sambas, marchinhas e canções, foi gravado e regravado por outros mestres da MPB.

Você sabia?

A gravadora Odeon, nos anos 1950, lançou o disco *Polêmica*, com o duelo musical de Noel Rosa e Wilson Batista, tornando-o conhecido do grande público.

19 de julho

Assassinato de Luz del Fuego
1967

Durou metade de um século o brilho de Dora Vivacqua, a Luz del Fuego, bailarina e precursora do naturalismo e da alimentação vegetariana no Brasil. Capixaba de Cachoeiro do Itapemirim, região metropolitana de Vitória, a atriz nasceu em 21 de fevereiro de 1917, uma segunda-feira de Carnaval. Sua morte aconteceu em 19 de julho de 1967, assassinada com pauladas na cabeça.

Os corpos dela e do caseiro Edgar, morto no mesmo dia, foram resgatados duas semanas depois por mergulhadores da Marinha, amarrados a pedras no casco de uma velha baleeira, do fundo da Baía de Guanabara.

O crime foi desvendado com ajuda do depoimento de um coveiro aos repórteres Mauro Dias, do jornal *O Dia*, e Mauro Costa, do *Última Hora*. Preso na delegacia de Niterói, o pescador Alfredo Teixeira Dias, recapturado depois de fugir do presídio do estado do Rio, confessou o duplo assassinato, com a cumplicidade do irmão, Mozart Gaguinho, que conseguiu escapar durante quinze dias.

Ao delegado Godofredo Ferreira da Silva Filho, Alfredo revelou que Luz del Fuego fora morta por vingança, dentro de pequena embarcação de madeira enquanto navegavam entre as ilhas das Capuanas de Baixo e do Sol, onde ela morava. Fuego teria denunciado os dois por crimes anteriores. As circunstâncias, no entanto, caracterizaram-se como latrocínio. Depois do duplo assassinato, Alfredo e o irmão remaram até a Ilha do Sol e saquearam a casa.

A trajetória de Dora começou a mudar nos anos 1920, para o nascimento da personagem Luz del Fogo. Na época, a família Vivacqua, de forte presença política, foi morar em Belo Horizonte, onde ela conheceu o serpentário do Instituto Ezequiel Dias.

Dora não usava sutiã e costumava desfilar apenas de calcinha e bustiê improvisado com lenços, quando o biquíni estava longe do guarda-roupa das

19 de julho

mulheres. Depois de uma adolescência com duas internações em instituições psiquiátricas, por esquizofrenia, Dora fugiu de sua família para o Rio de Janeiro, aos vinte anos. Com o assassinato do pai, ela ficou na então capital federal sob a tutela de seu irmão Attilio, mais tarde eleito senador da República.

Em 1937, fez curso de dança na academia Eros Volúsia, e sete anos depois tornou-se a atração da noite no circo Pavilhão Azul, onde fazia o espetáculo na companhia do casal de jiboias apelidado de Cornélio e Castorina. Em 1947, aconselhada pelo palhaço Cascudo, assumiu o codinome Luz del Fuego, copiado de um batom argentino.

Em 1950, ela colocou em prática as ideias de vegetarianismo e nudismo. Criou o Partido Naturalista Brasileiro (PNB), que não obteve registro na Justiça Eleitoral. Na mesma época conseguiu a cessão da Ilha Tapuama de Dentro, mas foi para a vizinha Ilha do Sol que ela se mudou, em 1960, e que se transformou em uma das grandes atrações do Rio de Janeiro, mesmo fora dos roteiros turísticos oficiais. O local foi visitado por várias estrelas de cinema, como Errol Flynn, Lana Turner, Ava Gardner, Tyrone Power, Cesar Romero, Glenn Ford, Brigitte Bardot e Steve McQueen.

Autora do romance *Trágico black-out* (1947) e da autobiografia *A verdade nua e crua* (1950), com o tempo Luz viu seu dinheiro terminar e o mito que criou desaparecer com o avanço da idade e sua retirada de cenário. Dora, feminista intuitiva, é considerada uma das primeiras libertárias brasileiras.

Você sabia?

O Dia do Naturismo no Brasil, comemorado em 21 de fevereiro, é uma homenagem a Luz del Fuego.

Luz del Fuego inspirou vários artistas: Rita Lee compôs "Luz del Fuego", em 1975, regravada por Cássia Eller, em 1998. Em 1980, a atriz Lucélia Santos deu vida à personagem no filme *Luz del Fuego*, de David Neves.

20 de julho

Fundação da Academia Brasileira de Letras
1897

Entidade tradicionalmente masculina e inspirada no modelo francês, a Academia Brasileira de Letras começou a ser articulada no fim de 1896, por iniciativa de Lúcio de Mendonça, conforme as edições de 10 e 11 de novembro daquele ano, dos jornais *Gazeta de Notícias* e do *Jornal do Commercio*, respectivamente. Foram sete reuniões, a primeira em 15 de dezembro, na *Revista Brasileira*, na travessa da rua do Ouvidor, nº 31, no Rio de Janeiro, na qual o escritor Machado de Assis foi aclamado presidente.

A última preparatória ocorreu em 28 de janeiro de 1897, com a presença de trinta dos quarenta primeiros membros. A primeira sessão oficial foi em 20 de julho, no Museu Pedagogium, na rua do Passeio, com a presença de dezesseis acadêmicos. Fez uma alocução preliminar o presidente Machado de Assis. Rodrigo Otávio, primeiro secretário, leu a memória histórica dos atos preparatórios, e o secretário-geral, Joaquim Nabuco, pronunciou o discurso de inauguração.

Os primeiros acadêmicos com direito às cadeiras foram Araripe Júnior, Artur de Azevedo, Graça Aranha, Guimarães Passos, Inglês de Sousa, Joaquim Nabuco, José Veríssimo, Lúcio de Mendonça, Machado de Assis, Medeiros e Albuquerque, Olavo Bilac, Pedro Rabelo, Rodrigo Otávio, Silva Ramos, Teixeira de Melo, Visconde de Taunay, Coelho Neto, Filinto de Almeida, José do Patrocínio, Luís Murat, Valentim Magalhães, Afonso Celso Júnior, Alberto de Oliveira, Alcindo Guanabara, Carlos de Laet, Garcia Redondo, Pereira da Silva, Rui Barbosa, Sílvio Romero e Urbano Duarte. Para completar os quarenta, como na Academia Francesa, foram eleitos Aluísio Azevedo, Barão de Loreto, Clóvis Beviláqua, Domício da Gama, Eduardo Prado, Guimarães Júnior, Magalhães de Azeredo, Oliveira Lima, Raimundo Correia e Salvador de Mendonça.

A candidatura de mulheres foi aprovada somente em 1976, quase oitenta anos após a fundação da ABL. Rachel de Queiroz foi a primeira eleita, empossada em 1977. De acordo com o Artigo 2º, só podem ser membros efetivos brasileiros que tenham publicado obras de reconhecido mérito em qualquer gênero de literatura, ou livro de valor literário. As mesmas condições valem para os vinte estrangeiros, membros correspondentes.

No início, sem sede própria e sem recursos financeiros, as sessões solenes eram realizadas no antigo Ginásio Nacional, no salão nobre do Ministério do Interior, ou no salão do Real Gabinete Português de Leitura. As reuniões ordinárias, no escritório de advocacia de Rodrigo Otávio, na rua da Quitanda, nº 47.

Em 1923, por iniciativa do embaixador Raymond Conty, o governo francês doou o prédio do Pavilhão Francês, erguido para a Exposição do Centenário da Independência do Brasil. É uma réplica do Petit Trianon, de Versalhes, projetado pelo arquiteto Ange-Jacques Gabriel entre 1762 e 1768.

Criada para promover e cultivar a língua portuguesa e a literatura brasileira, atuando em acordos ortográficos e instituindo prêmios, além de editar obras, a ABL é criticada por sua postura conservadora, literária e política, sem críticas a governos ditatoriais. Em detrimento de escritores, também deu preferência a políticos e autoridades.

Você sabia?

Escritores premiados e que hoje são parte do patrimônio literário brasileiro, como Lima Barreto, Monteiro Lobato, Carlos Drummond de Andrade, Graciliano Ramos, Clarice Lispector, Paulo Leminski e Rubem Fonseca, não entraram para a ABL. Muitos sequer se candidataram, ignorando a Academia, outros não obtiveram votos.

Já políticos como os ex-presidentes Getúlio Vargas, José Sarney e Fernando Henrique Cardoso, além do médico Ivo Pitanguy e dos magnatas das comunicações Assis Chateaubriand e Roberto Marinho, são imortais da ABL.

21 de julho

Primeira greve nacional pós-1964
1983

O cenário econômico e político foi o prenúncio das mudanças que viriam. No penúltimo ano do governo do general João Baptista Figueiredo, a crise parecia insustentável, agravada pelas determinações do Fundo Monetário Internacional (FMI) de aumentar os juros como tentativa de conter a inflação, além dos cortes de despesas. Em maio daquele ano de 1983, o último presidente militar do golpe de 1964 baixou o Decreto-lei nº 2.025, extinguindo benefícios dos empregados das empresas estatais e causando a reação imediata dos trabalhadores.

A mobilização começou a ganhar força em 16 de junho. Naquele dia, 35 entidades sindicais e associações de funcionários públicos, incluindo os petroleiros, aprovaram o estado de greve, em protesto contra o decreto, com apoio de estudantes, partidos de esquerda, a Ordem dos Advogados do Brasil (OAB) e a Associação Brasileira de Imprensa (ABI), entre outros setores da sociedade civil.

Petroleiros aderiram ao estado de greve nas refinarias de Campinas, Rio Grande do Sul, Pará, Minas Gerais, Cubatão e Duque de Caxias. Depois de aparente recuo do governo, no dia 29, o general Figueiredo assinou outro decreto, o de nº 2.036. Era o fim do abono de férias, das promoções, dos auxílios alimentação e transporte, do salário adicional anual e da participação nos lucros, por exemplo.

Em 5 de julho, trabalhadores do turno noturno da Refinaria do Planalto Paulista (REPLAN), em Paulínia, desafiaram a truculência do governo militar e entraram em greve. Na pauta de reivindicações, os principais itens eram contra o arrocho salarial e a manipulação do Índice Nacional de Preços ao Consumidor (INPC), o Decreto nº 2.036 e o acordo com o FMI. Dois dias depois, interventores e agentes da Polícia Federal invadiram o sindicato da base de Campinas, cassando os dirigentes.

A resposta dos trabalhadores foi imediata e a greve se alastrou. Atingiu petroleiros da Refinaria Landulpho Alves (RLAM), na Bahia, e metalúrgicos,

21 de julho

químicos e trabalhadores em transporte do ABC paulista (Santo André, São Bernardo do Campo e São Caetano do Sul). Na refinaria do Vale do Paraíba, em São Paulo, a polícia frustrou a ação dos grevistas.

O Exército entrou em prontidão no ABC, e o governo anunciou intervenção nos sindicatos dos metalúrgicos, em São Bernardo do Campo e Diadema, e no sindicato dos petroleiros em Mataripe (BA). As demissões começaram em 9 de junho, atingindo 153 trabalhadores de Paulínia e 205 de Mataripe, com enfraquecimento do movimento. Metalúrgicos e petroleiros suspenderam a greve em 11 de julho.

Foi a senha para a preparação da primeira greve geral da ditadura militar, deflagrada em 21 de julho, puxada por petroleiros, metalúrgicos e bancários e adesão de pelo menos 3 milhões de pessoas. Naquele mesmo dia, o então ministro do Trabalho, Murilo Macedo, determinou intervenção também nos sindicatos dos metalúrgicos e dos bancários, em São Paulo. Em 28 de agosto, foi criada a Central Única dos Trabalhadores (CUT), marco do novo sindicalismo nacional.

Em 8 de março de 1985, o sindicato voltou às mãos dos bancários em São Paulo. Começou, então, o movimento pelas Diretas, que culminou no comício de 25 de janeiro de 1984, na praça da Sé. Três décadas depois da greve histórica, foram anistiados 150 petroleiros perseguidos e demitidos durante o confronto com o regime militar.

Você sabia?

A garantia de emprego foi a principal reivindicação dos petroleiros da Petrobras durante a greve histórica de julho de 1983.

O corte de investimentos suspendeu obras públicas e gerou demissões. Operários ocuparam a fábrica da Scania, greves pipocaram e supermercados foram saqueados por desempregados.

22 de julho

Papa Francisco chega ao Brasil
2013

A rivalidade atual entre argentinos e brasileiros é em boa parte fomentada pela mídia, geralmente em torno do futebol. E há quem diga que ela tem origem histórica: a Guerra da Cisplatina. Não importa o motivo e a origem, ou mesmo se é uma rivalidade inventada, uma importante trégua aconteceu entre 22 e 28 de julho de 2013.

O responsável por esse feito, que afinal teve apoio da mídia, foi o ilustre torcedor do San Lorenzo e admirador confesso do futebol brasileiro: Jorge Mario Bergoglio, o Papa Francisco, 266º da Igreja Católica e o primeiro da América Latina.

Escolhido em março de 2013 para a sucessão do Papa Bento XVI, que havia abdicado no mês anterior, a primeira longa viagem internacional do Papa Francisco foi para o Rio de Janeiro, no Brasil. Foram quase doze horas de voo a bordo de um Airbus A330 da Alitalia, desde o aeroporto de Fiumicino, nos arredores de Roma, até o pouso no Galeão. Francisco chegou no meio da tarde de segunda-feira, 22 de julho, desfilou em carro aberto pelas ruas do Rio de Janeiro e, carismático, manteve o vidro do carro aberto em um dos recorrentes congestionamentos do trânsito na área central da cidade, só para cumprimentar fiéis que se aglomeravam nos dois lados das calçadas.

"Cristo bota fé nos jovens" pregou o pontífice argentino em seu primeiro discurso aos brasileiros. Francisco chegou para presidir a Jornada Mundial da Juventude de 2013. Em uma semana de estadia no país, reuniu milhões de pessoas no Rio de Janeiro e no santuário de Nossa Senhora Aparecida, a padroeira do Brasil, em Aparecida do Norte, interior de São Paulo. O protocolo de segurança foi ignorado várias vezes pelo papa, que desceu do papamóvel, abraçou fiéis, abençoou crianças, falou palavras de fé e coragem a jovens e adultos. Sem deixar de lado as críticas às desigualdades sociais, pediu mais amor aos pobres e respeito às instituições. Ainda no Rio, o papa visitou o

22 de julho

Palácio da Cidade, em Botafogo, para abençoar as bandeiras Olímpica e Paraolímpica – os jogos seriam realizados no Brasil, em 2016.

Cerca de 5,5 mil jornalistas acompanharam a primeira visita do Papa Francisco ao Brasil, 2 mil deles da imprensa internacional. A "Operação Papa" mobilizou cerca de 13,7 mil homens, dos quais 10,2 mil das Forças Armadas e 1,3 mil homens da Força Nacional de Segurança, mais agentes do Estado. Segundo a Polícia Militar do Rio de Janeiro, 14 mil homens atuaram no patrulhamento da cidade. Mesmo assim, pelo menos três grupos permaneceram mobilizados no largo do Machado, na Zona Sul do Rio, para protestar contra a visita do papa. Alguns manifestantes chegaram a jogar bombas de fabricação caseira em policiais, que revidaram com balas de borracha, jatos d'água e gás lacrimogêneo, na frente do Palácio da Guanabara.

Francisco não foi o primeiro papa a visitar o Brasil. João Paulo II esteve três vezes no país: em 1980, para a beatificação do jesuíta José de Anchieta, fundador da cidade de São Paulo; em 1991, ocasião em que o pontífice visitou irmã Dulce, em Salvador; e em 1997, quando rezou missa no aterro do Flamengo para 2 milhões de pessoas.

Você sabia?

A visita do Papa Francisco ao Brasil para a Jornada Mundial da Juventude de 2013 foi homenageada com selo comemorativo lançado pelos correios, com desenho de autoria de Fernando Lopes em aquarela sobre papel.

Primeiro papa jesuíta da história da Igreja Católica, Francisco foi também o primeiro da América Latina e do hemisfério Sul e o primeiro não europeu em mais de 1.200 anos, desde Gregório III, morto no ano de 741.

23 de julho

Chacina da Candelária
1993

Negros, pobres e jovens – seis ainda adolescentes, quase crianças. Este era o perfil das oito vítimas da chacina da Candelária, assassinadas a tiros enquanto dormiam praticamente amontoadas para se esconder do frio de julho, no centro histórico do Rio de Janeiro. Quatro morreram ali mesmo, na escadaria da igreja, um caiu sem vida ao tentar correr, dois foram levados de carro pelos criminosos até o aterro do Flamengo e lá executados, e um morreu no hospital alguns dias depois. Os assassinos eram policiais militares.

O massacre ocorreu em 23 de julho de 1993. Pouco antes da meia-noite, dois carros com as placas cobertas pararam diante da Candelária. Em seguida, os ocupantes atiraram contra mais de cinquenta pessoas, a maioria crianças e adolescentes.

Uma cruz de madeira posteriormente fincada no jardim da igreja, no local do crime, tirou do anonimato Paulo Roberto de Oliveira, 11 anos; Anderson de Oliveira Pereira, 13; Marcelo Cândido de Jesus, 14; Valdevino Miguel de Almeida, 14; "Gambazinho", 17; Leandro Santos da Conceição, 17; Paulo José da Silva, 18; e Marcos Antônio Alves da Silva, 19.

Entre os sobreviventes, o depoimento de Wagner dos Santos foi fundamental para identificação dos assassinos. Incluído no programa de proteção a testemunhas do Ministério Público Federal, ele foi levado com sequelas físicas e psicológicas para a Suíça, onde buscou refúgio depois de segunda tentativa de assassinato, em 1994, na Central do Brasil. Outros acabaram de forma violenta em diferentes situações.

Caso que repercutiu é o de Sandro Barbosa do Nascimento, também morto pela polícia do Rio de Janeiro, em 2000, no assalto ao ônibus 174, transmitido ao vivo durante quatro horas pela televisão e que virou tema de documentário. Elizabeth Cristina de Oliveira Maia foi assassinada no mesmo ano, antes de depor em processo contra policiais.

23 de julho

Sete pessoas foram indiciadas pelo crime da Candelária: os policiais militares Marcus Vinícius Emmanuel Borges, Cláudio dos Santos e Marcelo Cortes, o serralheiro Jurandir Gomes França, além de Nelson Oliveira dos Santos, Marco Aurélio Dias Alcântara e Arlindo Afonso Lisboa Júnior, os três sem profissão definida.

Cláudio, Marcelo e Jurandir foram inocentados, Arlindo foi condenado a dois anos por porte de uma das armas usadas no crime. Depois de três julgamentos, Marcus Vinícius foi condenado a trezentos anos, mas nunca foi preso; também julgado três vezes, Nelson Oliveira foi sentenciado a 45 anos, mas logo foi solto. O mesmo ocorreu com Marco Aurélio, condenado a 204 anos. Carlos Jorge Liaffa não foi indiciado, mesmo reconhecido por sobreviventes.

Você sabia?

Depois da Candelária, policiais militares do Rio de Janeiro foram acusados de chacinas em Vigário Geral (1993), com 21 mortos; no Morro do Borel (2003), quatro vítimas; na Via Show (2003), também quatro; e na Baixada Fluminense (2005), com 29 assassinatos. As vítimas eram, na maioria, adolescentes negros e pobres.

Para a Anistia Internacional, a chacina de 1993 ainda é motivo para reflexão sobre a violência policial e a impunidade no Brasil.

24 de julho

Nasce Antonio Candido, inovador da crítica literária brasileira
1918

Sociólogo de formação, Antonio Candido de Mello Souza nasceu no Rio de Janeiro, em 24 de julho de 1918, mas foi em São Paulo que desenvolveu sua carreira como ensaísta e professor universitário, tendo inovado a crítica literária brasileira ao relacionar literatura e sociedade, com abordagens dialética, humanista e comparativista.

Em seus 98 anos de vida, além da significativa contribuição para os estudos da formação da literatura e cultura brasileiras, um de seus legados foi a introdução, ainda nos anos 1960, da literatura comparada à disciplina de teoria literária, na Faculdade de Filosofia, Letras e Ciências Humanas da Universidade de São Paulo (FFLCH-USP). Ali se desenvolveu a interdisciplinaridade como metodologia de análise e crítica literária, um dos cânones da área.

Primeiro brasileiro a receber o conceituado prêmio internacional Alfonso Reyes, em 2005, em Monterrey, no México, com ele Candido alcançou o patamar de escritores e intelectuais como o argentino Jorge Luis Borges, o cubano Alejo Carpentier, o francês André Malraux, o mexicano Octavio Paz, e o norte-americano Harold Bloom, entre outros. Na literatura, recebeu outros prêmios, como o Camões, em 1998, concedido pelos governos brasileiro e português, em Lisboa, e quatro vezes o Jabuti, o mais importante do Brasil. Também levou o Anísio Teixeira em 1969, o Juca Pato de 2007 e o Machado de Assis de 1993.

De sua premiada trajetória, consta pelo menos uma homenagem da qual fez questão de declinar: o Prêmio Brasília de Literatura, da Fundação Cultural do Distrito Federal, de caráter oficialesco, concedido em 14 de setembro de 1970, em plena ditadura militar, regime ao qual ele fazia severas críticas e se opunha.

Paralelamente às atividades literárias, Candido teve importante militância no grupo radical Ação Popular, editando o jornal clandestino *Resistência*,

24 de julho

de oposição a Getúlio Vargas. Em 1980, com Sérgio Buarque de Holanda, foi um dos intelectuais que se juntaram ao movimento sindical para fundação do Partido dos Trabalhadores (PT). Foi considerado um dos mais importantes nomes do socialismo democrático no Brasil.

Intelectualmente ativo mesmo depois dos noventa anos e sem nunca aposentar a velha e conservada máquina de escrever, Candido esteve na FLIP (Festa Literária Internacional de Paraty) em 2011, seu último compromisso ligado à arte e ao trabalho.

Antonio Candido morreu na madrugada de 12 de maio de 2017, em São Paulo. De suas obras de crítica literária, *Formação da literatura brasileira*, de 1959, tornou-se referência. Ele escreveu para a *Folha da Manhã*, *Diário de S. Paulo* e *O Estado de S. Paulo*, neste último idealizando, em 1956, o "Suplemento Literário", um marco do pensamento crítico brasileiro.

Você sabia?

Antonio Candido foi professor emérito na USP e na UNESP, e doutor *honoris causa* pela Unicamp e pela Universidade da República do Uruguai.

Antifascista, em 1945 ajudou a fundar a União Democrática Socialista, mais tarde Partido Socialista Brasileiro.

25 de julho

Tecnologia estrangeira para vigilância da Amazônia
1997

Para ambientalistas e alguns cientistas preocupados com o futuro da biodiversidade e das riquezas minerais da Amazônia, entregar a responsabilidade de vigiar a maior floresta do mundo a uma empresa estrangeira seria o mesmo que, conforme o ditado popular, "deixar a raposa tomar conta do galinheiro". Ainda mais quando o processo é encaminhado em meio a denúncias de irregularidades e corrupção.

Foi nesse contexto, porém, que em agosto de 1993, no governo de Fernando Henrique Cardoso, o Conselho de Defesa Nacional aprovou a criação do Sistema Integrado de Vigilância da Amazônia (SIVAM), com a escolha da empresa Esca, sem concorrência pública, para gerenciar a compra de equipamentos.

Até a assinatura definitiva do contrato com a Raytheon, dos Estados Unidos, em 25 de julho de 1997, outros seis grupos internacionais apresentaram propostas: Dasa/Alenia (Alemanha/Itália), Thomson Alcatel (França), Unisys (EUA), Fokker, IAI Eletronic (Israel) e Sierra Technology (EUA). Após as análises das propostas técnicas, comerciais e de financiamento, a que saiu vencedora, segundo argumentos do governo à época, além de ser mais viável operacionalmente, garantia todos os recursos necessários, independentemente da situação econômica e financeira do Brasil.

A parte burocrática estava, assim, encaminhada. O próximo passo foi garantir a autorização do Senado para contratação de financiamentos externos de 1,395 bilhão de dólares, valor que viabilizou a continuidade do programa. Foi o maior investimento individual na área de defesa feito pelo Brasil nos anos 1990, independentemente das opiniões divergentes de cientistas que chegaram a considerar o Sivam uma obra faraônica.

Quem era contrário ao contrato com a empresa dos Estados Unidos argumentou, principalmente, contra o risco estratégico de a segurança da Amazônia ser confiada a grupo estrangeiro. Seguindo esse raciocínio, como outros países cobiçam a biodiversidade e as riquezas da região, o controle do monitoramento integrado deveria ser restrito às autoridades brasileiras.

Implantado gradativamente e com atraso de pelo menos dois anos em relação ao prazo inicialmente estipulado para entrar em vigor, no início da primeira década do século XXI, o Sistema Integrado de Vigilância da Amazônia é composto de vinte radares interligados, com capacidade para formar banco de dados único, em tempo real.

Governo e instituições autorizadas passam a ter acesso a informações sobre desmatamentos e queimadas na floresta, rotas de tráfico de drogas e armas, tráfego aéreo, novas fronteiras agropecuárias, formação de nuvens, acidentes geográficos e até localização de tribos indígenas ainda não contatadas. Na prática, o sistema divide a Amazônia em três áreas sem fronteiras definidas: Manaus, Belém e Porto Velho, com centros regionais de vigilância nas três capitais coordenados pelo centro de coordenação-geral, em Brasília.

Trata-se de uma rede primária de informações interligando os centros regionais de vigilância à coordenação. A rede secundária é formada por unidades maiores com satélites, sistema de telecomunicações e meteorológico, enquanto a rede terciária são as estações menores instaladas em áreas remotas para atendimento dos postos avançados na floresta – Ibama, FUNAI, Pelotão de Fronteira do Exército, Polícia Federal etc.

Você sabia?

Órgãos como Polícia Federal e Exército atuam na região de forma individualizada, no mesmo tipo de tarefa, sem compartilhar o conhecimento obtido e sem otimizar o uso do dinheiro público.

O projeto prevê participação dos demais países amazônicos, como suporte à integração do Brasil em nível internacional.

26 de julho

Nasce o economista brasileiro Celso Furtado
1920

Os 7.542 títulos da biblioteca Celso Furtado, inaugurada em 25 de setembro de 2009, estão entre os legados desse paraibano que, aos dezenove anos, saiu de Pombal, na época um lugarejo do alto sertão nordestino, para se tornar bacharel na Faculdade Nacional de Direito da Universidade Federal do Rio e Janeiro, em 1944, e, quatro anos mais tarde, economista com doutorado na Sorbonne, em Paris.

Eleito em 1997 para a cadeira número 11 da Academia Brasileira de Letras (ABL), foi ministro da Cultura no governo de José Sarney (PMDB), entre 1986 e 1988, período em que foi criada a primeira legislação de incentivos fiscais à cultura nacional.

Na área econômica, Celso Furtado se destacou como um dos mais importantes pensadores da América Latina no século XX, inspirado na escola do inglês John Maynard Keynes, o keynesianismo, fundamentada no controle estatal. Em 1949, foi morar no Chile, onde nasceu Mario, seu primeiro filho com a química argentina Lucia Tosi. Lá, foi um dos integrantes da Comissão Econômica para a América Latina (CEPAL), órgão das Nações Unidas que na época, sob a direção do argentino Raúl Prebisch, transformou-se em centro de debates sobre aspectos teóricos e históricos do desenvolvimento regional.

No retorno ao Brasil, já no começo da década de 1950, presidiu o grupo formado por técnicos da CEPAL e do recém-criado BNDE [mais tarde, BNDES (Banco Nacional de Desenvolvimento Econômico e Social)], e ajudou na elaboração de estudos que serviram de base para o Plano de Metas do governo Juscelino Kubitschek. Em 1953, assumiu diretoria do BNDE, e, no ano seguinte, nasceu André, seu segundo filho.

Na mesma época, no King's College da Universidade de Cambridge, na Inglaterra, escreveu *Formação econômica do Brasil*, sua obra mais consagrada,

26 de julho

que retrata possibilidades de intervenção racional do Estado no processo de desenvolvimento econômico. Celso Furtado voltou ao Brasil e, em 1959, a pedido do presidente JK, coordenou a criação da Superintendência de Desenvolvimento do Nordeste (SUDENE).

Três anos depois, já no governo João Goulart, em 1962, foi nomeado como o primeiro ministro do Planejamento do Brasil. Tornou-se, então, o mentor do Plano Trienal de Desenvolvimento Econômico e Social, estabelecendo regras rígidas para controle do déficit público e da inflação. Em 1963, retornou ao comando da Sudene, quando foi implantada a política de incentivos fiscais para investimentos na região.

Veio o golpe de 1964 e com ele o AI-1, o primeiro dos cinco atos institucionais da junta militar que governou o Brasil até 1985. O nome de Celso Furtado estava na primeira lista de cassados. Voltou ao Chile e no mesmo ano se mudou duas vezes, para os Estados Unidos e depois para Paris. Lá, durante vinte anos, atuou como professor efetivo na Faculdade de Direito e Ciências Econômicas da Sorbonne. Na metade da década, separou-se de Lucia.

Anistiado, em agosto de 1979 retornou ao Brasil e filiou-se ao PMDB. Em 1978, casou-se pela segunda vez, com a jornalista Rosa Freire d'Aguiar, com quem viveu até morrer, aos 84 anos, em 20 de novembro de 2004, no Rio de Janeiro.

Você sabia?

Em 2003, Celso Furtado se tornou membro da Academia Brasileira de Ciências.

Furtado participou da Força Expedicionária Brasileira (FEB) na campanha da Itália, durante a Segunda Guerra Mundial.

27 de julho

Companhia Living Theatre no Brasil
1970

Fundada em 1947, em Nova York, pela atriz e diretora Judith Malina e seu marido, Julian Beck, pintor, poeta, cenógrafo e diretor, The Living Theatre, uma das mais antigas companhias de teatro experimental dos Estados Unidos, com destaque na luta pela interação entre palco e plateia e pelo fim das fronteiras entre vida e arte, foi importante também no movimento contra a Guerra do Vietnã, estimulando a desobediência civil, na década de 1960. Como resultado desse perfil irreverente e contestador, a sede foi fechada e o grupo migrou para a Europa, em 1963.

Convidado pelo Teatro Oficina, de José Celso Martinez Corrêa, o grupo dos Estados Unidos veio a São Paulo, em 1970, para ensinar um pouco do estilo inovador e anárquico que desempenhava com tanta naturalidade. Mas houve divergências, e, no ano seguinte, a trupe se transferiu para Minas Gerais, onde, durante o festival de inverno de Ouro Preto, ficou mais conhecida no Brasil. E não exatamente só pela performance artística.

Fora das apresentações oficiais do festival, o grupo iniciou "O legado de Caim", ciclo de peças de rua que mais tarde foi apresentado também nos Estados Unidos. Parte do elenco, porém, foi presa por porte de maconha, em plena repressão da ditadura militar, numa das mais antigas cidades mineiras.

Os treze artistas foram levados para a prisão em Belo Horizonte, o caso ganhou repercussão mundial e personalidades internacionais, como o diretor Pier Paolo Pasolini, os escritores Alberto Moravia e Umberto Eco, apelaram publicamente pela libertação deles, manifesto endossado com as assinaturas de John Lennon e Yoko Ono, Marlon Brando, Bob Dylan, Jean-Paul Sartre, Jane Fonda, Betty Friedan, Mick Jagger, Tennessee Williams e o prefeito de Nova York, John Lindsay, entre outros.

Diante da pressão internacional, o governo brasileiro, na época sob o comando do general Emílio Garrastazu Médici, libertou mas expulsou os integrantes do Living Theatre, acusados de denegrirem a imagem do país.

27 de julho

De acordo com depoimento de Judith Malina, o grupo veio a convite de artistas brasileiros em busca de apoio na luta pela liberdade, para combater uma situação que era descrita como desesperadora.

Na sequência, o grupo se apresentou mundo afora, em locais inusitados, como minas de ferro, mas também em escolas nos Estados Unidos e em favelas italianas. Em cartaz, um repertório ativista e espetáculos apresentados ao ar livre, em locais de trabalho, para variados tipos de plateia, como parte do projeto "O legado de Caim".

Entre os artistas brasileiros que tiveram contato com o grupo destacam-se Ruth Escobar, Sérgio Mamberti e Ilion Tróya. Segundo Tróya, que na época estudava ciências sociais, "O legado de Caim" pretendia atingir por meio de uma estratégia cultural dinâmica os diversos, envolvendo, em especial, coletivos de estudantes, artistas e trabalhadores.

Em 1985, depois da morte de Julian Beck, Hanon Reznikov assumiu a direção, ao lado de Judith, que voltou ao Brasil só nos anos 1990. Na época, o presidente da República, Fernando Collor de Mello, assinou às pressas um decreto para anulação do ato de expulsão deixado pelo general Médici na década de 1970, período que entrou para a história como os anos de chumbo da política nacional.

Você sabia?

O grupo Living Theatre foi precursor no movimento do teatro off Broadway, propondo alternativa artística ao espetáculo estritamente comercial.

Em 2007, foi inaugurado novo espaço para o grupo em Nova York, o Living, na Clinton Street, onde começou nova montagem do *The Brig*, dirigida por Judith, com base no campo de prisioneiros do Iraque em Guantánamo e em outros lugares do mundo.

28 de julho

Lampião e Maria Bonita são massacrados em emboscada
1938

Herói ou vilão, justiceiro ou bandido, Virgulino Ferreira da Silva, o Lampião, tombou sem ter tempo de reagir. Ainda estava sonolento, acabara de acordar ao lado de quem mais amava, Maria Déa Oliveira, a Maria Bonita, mãe de sua filha Expedita, e de quem mais confiava, nove dos 32 cangaceiros com quem se esgueirava pela caatinga para fugir das volantes, os "macacos", como chamavam as tropas de civis e policiais militares que os perseguiam pelo sertão do Nordeste brasileiro.

Depois de incursão em Alagoas, Lampião, Maria Bonita, outras quatro mulheres e o restante do bando estavam acampados naquele que consideravam o melhor esconderijo, uma gruta de pedras pontiagudas no interior da fazenda Angico, no sertão de Sergipe, às margens do rio São Francisco. Traídos por Pedro Cândido, homem de confiança do cangaceiro que foi torturado pelo tenente João Bezerra da Silva, foram descobertos e surpreendidos ao acordarem para as primeiras atividades do dia, logo depois de rezarem o ofício em graça à Nossa Senhora Aparecida, na madrugada de 28 de julho de 1938.

A tropa de 48 homens da Polícia Militar alagoana, comandada por Bezerra da Silva, com ajuda do aspirante Francisco Ferreira de Melo e do sargento Aniceto Rodrigues, reforçada por metralhadoras portáteis Hotkiss, agiu rápido. Em vinte minutos, os cangaceiros foram atacados por todos os flancos. Lampião foi um dos primeiros a cair morto, enquanto Maria Bonita tombou gravemente ferida e foi degolada por um dos soldados. Desorientados, os sobreviventes ao massacre desapareceram no meio da caatinga, enquanto a volante comemorava diante dos "troféus" em que foram transformadas as cabeças do "rei do cangaço" e da mulher valente com quem viveu raros momentos de prazer e felicidade sob as estrelas e que o acompanhou pelos caminhos escaldantes do sertão até o último combate.

28 de julho

Os corpos de Lampião, Maria Bonita e dos cangaceiros mortos ao lado deles foram mutilados, suas cabeças decepadas e expostas em locais públicos. Durante mais de três décadas, familiares dos cangaceiros, entre eles o economista Silvio Bulhões, filho de outro casal lendário do cangaço, Corisco e Dadá, compadres de Lampião e Maria Bonita, lutaram por enterros dignos dos parentes, o que só ocorreu depois do Projeto de Lei nº 2.867, de 24 de maio de 1965, de origem nos meios universitários de Brasília e das conferências do poeta Euclides Formiga, com apoio popular e do clero.

A preservação das cabeças embalsamadas de Lampião e Maria Bonita gerou questionamentos entre médicos legistas, antropólogos e historiadores. Diretor do Instituto Médico Legal Nina Rodrigues na década de 1950, Estácio de Lima disse em reportagem publicada em junho de 1959, na extinta revista *O Cruzeiro*, que as cabeças foram conservadas pelo método egípcio de mumificação. A antropóloga biológica Cláudia Carvalho, ex-diretora do Museu Nacional do Rio de Janeiro, ressalta que na época ainda não era detalhadamente conhecida a técnica desenvolvida no antigo Egito, com uso de resinas, essências aromáticas, limpeza com água, retirada do cérebro pelo nariz e secagem dos fluidos corporais com grossa camada de sal.

No dia 6 de fevereiro de 1969, as cabeças de Lampião e Maria Bonita foram finalmente sepultadas, e as dos demais integrantes do bando, uma semana depois.

Você sabia?

Virgulino Ferreira da Silva nasceu em 7 de julho de 1897, na fazenda Ingazeira, em Vila Bela (PE). Aprendeu a ler e a escrever, mas cedo foi ajudar o pai e os dois irmãos na lida com o gado e as plantações.

Valente, jurou vingança depois da morte do pai por um policial, aderiu ao cangaço e ganhou o apelido de Lampião graças à rapidez no gatilho e ao clarão que saía do cano de seu fuzil.

29 de julho

Morre Mussum, de Os Trapalhões
1994

Cacildis! Os Trapalhões nunca mais foram os mesmos depois da morte do músico, comediante e ator Antônio Carlos de Santana Bernardes Gomes, o Mussum, que durante duas décadas integrou um dos mais engraçados programas da televisão brasileira, campeão de audiência no início das noites de domingo.

Mussum estreou na telinha em 1965, no programa humorístico *Bairro Feliz*, da TV Globo, e quatro anos depois recusou o convite de Wilton Franco, que o viu se apresentando em uma boate com Os Originais do Samba e quis levá-lo para o grupo humorístico, que na época era apresentado na TV Excelsior. Só em 1973 foi convencido pelo amigo Manfried Sant'Anna, o Dedé, a reforçar a trupe ao lado de Renato Aragão, o Didi Mocó, um ano antes da chegada de Mauro Faccio Gonçalves, o mineiro Zacarias. Pronto: estava formado o quarteto mais atrapalhado e engraçado da televisão, garantia de gargalhadas para crianças e adultos.

Um dos poucos artistas negros na televisão nacional entre os anos de 1970 e 1980, Mussum morreu em São Paulo, em 29 de julho de 1994, aos 53 anos, com infecção pulmonar que se espalhou para outros órgãos e insuficiência renal, complicações posteriores a um transplante de coração. Era carioca do morro da Cachoeirinha, em Lins de Vasconcelos, onde nasceu, em 7 de abril de 1941, e teve a mesma origem humilde dos demais meninos pobres do subúrbio, na Zona Norte do Rio de Janeiro.

Desde cedo compreendeu que a escola era a base para um futuro mais digno para a família, e adotou como rotina repassar os ensinamentos trazidos da sala de aula à mãe, a empregada doméstica Malvina Bernardes Gomes. Concluiu o primário em 1954 e logo ingressou na Fundação Cristo Redentor, colégio interno onde permaneceu durante nove anos, passando em seguida pelo Instituto Profissional Getúlio Vargas. Lá foi aprovado para seletiva do Programa Nutrição Boa, e em 1957 recebeu o diploma de ajus-

29 de julho

tador mecânico e carta de recomendação para trabalhar como aprendiz em oficina na localidade do Rocha, Zona Norte. Aos dezoito anos, alistou-se e serviu na Força Aérea Brasileira (FAB), onde se engajou por oito anos.

Paralelamente à carreira militar, Antônio Carlos participou da caravana cultural de Carlos Machado e estreou na carreira artística como tocador de reco-reco no grupo Os Modernos do Samba, que ajudou a fundar e que, mais tarde, passou a se chamar Os Originais do Samba. Foram inúmeros sucessos, com coreografias bem ensaiadas e roupas coloridas, que, na década de 1970, lhes proporcionaram sucesso e popularidade na televisão e shows em diversos países.

Já na Globo, o sucesso ao lado de Didi, Dedé e Zacarias começou a inviabilizar o cumprimento da agenda de shows, e Mussum deixou o grupo de samba, porém sem afastar-se da indústria musical. Gravou discos com Os Trapalhões, além de três álbuns solo. Na escola de samba Estação Primeira de Mangueira, uma de suas paixões, figurava todos os anos no desfile da Marquês de Sapucaí como diretor de harmonia da ala das baianas. Outro amor de infância era o Flamengo.

O humorista permanece na memória de admiradores de várias gerações. No Rio de Janeiro, foi lembrado em camisetas com a inscrição "Mussum forevis", e, em Jacarepaguá, o largo do Anil foi rebatizado com o nome dele. Em São Paulo, a rua Comediante Mussum é homenagem dos moradores do bairro Campo Limpo.

Você sabia?

O apelido Mussum foi dado por Grande Otelo, inspirado em peixe da América do Sul que, escorregadio como ele, conseguia sair com facilidade das situações mais estranhas.

Mussum se dedicou a campanhas de doação de córneas para deficientes visuais, em 1981, e em favor dos desabrigados da seca do Nordeste, de 1983 a 1985.

30 de julho

Nasce Mário Quintana, mestre da síntese e da simplicidade poética
1988

Um vô com espírito arruaceiro e de guri. A definição para o poeta Mário Quintana, que nasceu em 30 de julho de 1906, em Alegrete, na fronteira do Rio Grande do Sul, e morreu aos 87 anos em Porto Alegre, é do poeta gaúcho Fabrício Carpinejar, e talvez seja uma das que melhor traduzem sua obra. Com uma poesia plural, que transitou do soneto aos versos livres, os poemas de Quintana se destacam pelo mesmo lirismo sintético, irônico e coloquial que se leem em "Poeminho do contra", cujos versos parecem transmitir um recado do poeta: "Todos esses que aí estão/ Atravancando o meu caminho,/ Eles passarão.../ Eu passarinho!".

Esses versos muito conhecidos de Mário Quintana, embora remetam a diversos entendimentos, como é próprio da linguagem poética, costumam ser interpretados como resposta dele às três vezes em que foi preterido como candidato à Academia Brasileira de Letras (ABL). Tendo se candidatado nos anos de 1980, 1981 e 1982, Quintana não alcançou os votos necessários e perdeu, respectivamente, para Eduardo Portella, ministro da Educação do governo militar de João Baptista Figueiredo; para Orígenes Lessa, que estava há mais tempo esperando a oportunidade, depois de perder para o então senador e futuro presidente da República José Sarney; e para o jornalista Carlos Castelo Branco. Na última tentativa, em que se sinalizavam votos suficientes para ele se tornar imortal, Quintana retirou sua candidatura, criticando a ingerência política na eleição da ABL.

A mesma mensagem implícita em "vocês passarão, eu passarinho" ainda poderia se referir à receptividade da poesia de Quintana, que pela crítica especializada é considerada pouco inovadora, e também ao fato de seu nome não ter ultrapassado as fronteiras regionais, ainda que o autor tenha sido popular por sua poesia coloquial descompromissada com a seriedade e a cicunspecção – preferindo a leveza para falar da vida, do dia a dia e da

30 de julho

morte, uma herança da dicção modernista. E a despeito também de ele ter se tornado um frasista espirituoso, com tiradas e chistes irônicos.

Mário Quintana estreou no cenário literário brasileiro em 1940, com o livro *A rua dos cataventos*, pela editora Globo, então famosa casa editorial do Rio Grande do Sul. Os sonetos de seu livro de estreia foram bem recebidos e passaram a compor material didático e antologias. Antes disso, Quintana já vinha trabalhando como jornalista e tradutor, após breve período como farmacêutico, na farmácia paterna em Alegrete. Ele trabalhou nos jornais *O Estado do Rio Grande*, *Correio do Povo*, na *Revista do Globo* e na *Revista Província de São Pedro*. Assinou a coluna "Do Caderno H", cujos textos foram reunidos em livro. Também passou alguns anos trabalhando na livraria do Globo.

Sua carreira nas Letras teve o estímulo de escritores como Monteiro Lobato, Rubem Braga e Paulo Mendes Campos – que publicaram sua *Antologia poética*, em 1966, o livro do ano pelo Prêmio Fernando Chinaglia –, Augusto Meyer e Manuel Bandeira, entre outros. Além de livros de poemas, Quintana escreveu obras infantis e traduziu mais de 130 livros de autores como Marcel Proust e Virginia Woolf. Recebeu prêmios dos governos gaúcho e nacional, incluindo o Prêmio Machado de Assis, da ABL, pelo conjunto da obra, em 1980.

Quintana faleceu em 5 de maior de 1994, em Porto Alegre, dias depois do acidente que matou o campeão Ayrton Senna. Na ocasião, a mídia estava voltada para um país em estado de choque e que, por isso, ironicamente deu pouca atenção à despedida do "poeta da simplicidade".

Você sabia?

O poeta morou sozinho boa parte da vida em hotéis, como o Majestic, no centro histórico de Porto Alegre. Despejado por falta de pagamento, Quintana foi acolhido no hotel Royal, pelo seu dono, o comentarista esportivo e ex-jogador da seleção brasileira, Paulo Roberto Falcão. Mais tarde, o Majestic se transformou na Casa de Cultura Mário Quintana.

31 de julho

Estreia a Festa Literária Internacional de Paraty (Flip)
2003

Todos os anos, desde 2003, os leitores e amantes dos livros têm a chance de se encontrar, às margens do rio Perequê-Açu, nos calçamentos de pedra da histórica cidade de Paraty (RJ), com alguns dos mais celebrados escritores e artistas das últimas décadas. É a Festa Literária Internacional de Paraty, a Flip, um dos mais badalados eventos culturais no Brasil.

Já em sua primeira edição, em 31 de julho de 2003, a FLIP contou com a presença de personalidades de peso, como Eric Hobsbawm, Julian Barnes, Hanif Kureishi, Ana Maria Machado, Chico Buarque e Gilberto Gil, então ministro da Cultura do governo Lula. Os organizadores esperavam centenas de pessoas, mas vieram 6 mil – número que só cresceu nas edições seguintes.

Para entender o prestígio que a Flip rapidamente alcançou no mundo literário e no mercado editorial, basta listar os escritores que já passaram (até a 15ª edição, de 2017) pelo festival brasileiro. Entre os que receberam o Nobel de Literatura estão: Orhan Pamuk (Turquia), Toni Morrison (EUA), Nadine Gordimer e J. M. Coetzee (África do Sul), Svetlana Aleksiévitch (Bielorrússia). Entre os fortes candidatos ao Nobel: António Lobo Antunes (Portugal), Margaret Atwood (Canadá), Don DeLillo (EUA), Amos Oz (Israel), Salman Rushdie (Reino Unido). E entre os que receberam o Prêmio Camões: Alberto da Costa e Silva, Ariano Suassuna, Antonio Candido, Lygia Fagundes Telles, Ferreira Gullar e João Ubaldo Ribeiro (Brasil), Pepetela (Angola), Mia Couto (Moçambique) e o já citado António Lobo Antunes.

Estiveram presentes também vencedores do Jabuti e do Booker Prize, entre outros, além de novos autores, jornalistas, historiadores, desenhistas, músicos e diretores de cinema – como o francês Claude Lanzmann, do monumental *Shoah* (1985), a argentina Lucrecia Martel e os brasileiros Eduardo Coutinho, Nelson Pereira dos Santos e Carlos Nader.

31 de julho

Projeto da inglesa Liz Calder, a FLIP ganhou visibilidade no início por causa do sucesso da série Harry Potter, que liberou recursos para a Bloomsbury – editora na qual Calder, que possui ligação antiga com o Brasil, era uma das diretoras –, o que ajudou no seu lançamento.

Desde o início, a FLIP buscou integrar-se ao cotidiano de Paraty, com seu elegante centro histórico. A atmosfera intimista dá conta de histórias de encontros casuais, durante os dias de festa, entre escritores e leitores em pousadas, bares, restaurantes e ruas da antiga cidade colonial. Programações paralelas também dão um toque especial ao evento.

Na 15ª edição, em 2017, as mesas de discussão foram transferidas da habitual tenda provisória para dentro da igreja matriz. Mauro Munhoz, diretor da Casa Azul, associação que organiza a FLIP, disse que essa mudança sinaliza um "ponto de maturidade na ocupação do espaço público com cultura". A curadoria dessa mesma edição foi elogiada pela diversidade dos autores convidados: 30% dos escritores da edição eram negros, como as brasileiras Conceição Evaristo e Ana Maria Gonçalves, o norte-americano Paul Beatty e o jamaicano Marlon James.

Você sabia?

Os livros mais vendidos na história da FLIP foram *Na minha pele*, do ator Lázaro Ramos, e *A guerra não tem rosto de mulher*, de Svetlana Aleksiévitch, escritora e jornalista bielorrussa, vencedora do Nobel em 2015 e que participou da 14ª FLIP, no ano seguinte ao prêmio.

A cada edição, um autor brasileiro é homenageado, como Guimarães Rosa (2004), Gilberto Freyre (2010), Ana Cristina Cesar (2016) e Lima Barreto (2017).

AGOSTO

1º de agosto

MTV é pioneira na televisão segmentada
1981

Era meio-dia de um sábado, dia 1º de agosto de 1981, em pleno verão nos Estados Unidos. John Lack anunciava, com a expressão "Damas e cavalheiros, rock and roll", a entrada no ar da MTV (Music Television), a rede que popularizaria o videoclipe.

Na tela da televisão, simultaneamente ao áudio do locutor, alternavam-se imagens feitas em 12 de abril daquele ano, durante o lançamento do Colúmbia, o primeiro ônibus espacial usado pela Nasa como veículo lançador de satélites e em missões tripuladas para reparos de aparelhos em órbita no espaço, com imagens da chegada do foguete Apollo 11 à Lua, em 20 de julho de 1969.

Os produtores Alan Goodman e Fred Seibert apenas foram orientados pelos advogados da emissora a não usar a citação "one small step", ou "um pequeno passo", dita pelo astronauta Neil Armstrong ao andar na Lua pela primeira vez. A famosa frase terminou substituída para se evitarem eventuais embates jurídicos com a família do astronauta. Entrava, assim, pela primeira vez no ar, a rede que daria uma guinada vertiginosa na linguagem musical da televisão.

Não demorou muito e logo surgiram os VJs, os *videojockeys*. O novo conceito, dedicado ao público jovem, acabou se espalhando rapidamente mundo afora e chegou ao Brasil na década de 1990, transmitido por canal do Grupo Abril. Foram investidos mais de 20 milhões de dólares em equipamentos sofisticados, e a MTV passou a ser uma das pioneiras no sistema digital, com potência na época dez vezes superior à da Rede Globo.

A MTV foi a primeira rede aberta de televisão segmentada do Brasil e a terceira versão lançada fora dos Estados Unidos. A estreia no país aconteceu em 20 de outubro de 1990, também em um sábado ao meio-dia, na TV Corupá, canal 32, em UHF, em São Paulo, e na extinta TV Corcovado,

1º de agosto

canal 9, em VHF, no Rio de Janeiro. Coube às mulheres a honra de inaugurar a programação.

A primeira VJ na tela da MTV brasileira foi Astrid Fontenelle. Já na estreia houve problemas técnicos causados, provavelmente, por incompatibilidade tecnológica na transmissão do sinal de uma cidade para outra. Assim, o primeiro clipe exibido, um remix de "Garota de Ipanema", de Vinicius de Moraes e Tom Jobim, na voz de Marina Lima, ficou com o áudio de "Walk of Life", do grupo britânico Dire Straits. O telespectador demorou a entender aquela discrepância entre imagem e som.

Em São Paulo, depois de recorrentes problemas causados pela falta de ar-condicionado, a sede foi transferida para prédio da extinta TV Tupi, de catorze andares totalmente reformados e adaptados para receber a equipe e os novos equipamentos, na rua Afonso Bovero, no bairro do Sumaré. Dirigida ao público com idade entre 12 e 34 anos, e baseada em música, esportes, humor e jornalismo, a grade de programação da mtv Brasil continha também videoclipes produzidos pela matriz dos Estados Unidos, entre eles o famoso programa de comédia *Saturday Nigtht Live*, criado por Lorne Michaels e produzido por Dick Ebersol.

Com cerca de 25% de produção nacional, uma das metas da MTV brasileira foi seguir o conceito da matriz e transmitir programação durante 24 horas por dia.

Você sabia?

Subsidiária da Viacom Music desde 1985, a MTV teve origem em 1977, quando a Warner Amex Cable, da Warner Communications, lançou em Columbus, Ohio, o primeiro sistema de televisão a cabo interativo, o Qube.

Em 1º de agosto de 2016, foi lançado o canal MTV Classic, com programas que foram ao ar entre a década de 1990 e o início dos anos 2000.

2 de agosto

O *Abaporu*, de Tarsila do Amaral, volta ao Brasil durante as Olimpíadas
2016

Desde 2001, o mais valorizado quadro brasileiro, o *Abaporu*, de Tarsila do Amaral (1886-1973), está no Museu de Arte Latino-Americana de Buenos Aires (Malba), capital da Argentina. Foi adquirido em 1995, por 1,5 milhão de dólares, na casa de leilões nova-iorquina Christie's, pelo empresário e colecionador argentino Eduardo Costantini. Hoje seu valor estimado é de 40 milhões de dólares. Passadas mais de duas décadas no estrangeiro, raras vezes a tela, um marco do modernismo no Brasil, voltou ao seu país de origem.

Uma dessas oportunidades aconteceu durante as Olimpíadas do Rio de Janeiro, quando, de 2 a 21 de agosto de 2016, o *Abaporu* esteve ao alcance do público brasileiro, atração principal da exposição "A cor do Brasil", no Museu de Arte do Rio (MAR). Enquanto as demais obras da mostra – um grande passeio pela arte brasileira, de Di Cavalcanti a Bispo do Rosário, de Anita Malfatti a Adriana Varejão – permaneceram no MAR até janeiro, a clássica tela de Tarsila, tão logo encerrados os jogos, viajou de volta a Buenos Aires, sua casa.

Finalizado em janeiro de 1928, óleo sobre tela, o *Abaporu* foi um presente de Tarsila do Amaral ao seu marido, o escritor Oswald de Andrade, que completava 38 anos no dia 11. Impressionado, Oswald chamou o poeta Raul Bopp para vê-lo; juntos, com o dicionário guarani do jesuíta peruano Ruiz de Montoya em mãos, buscaram e encontraram um título indígena para a obra: *aba* (homem), *pora* (gente), *ú* (comer). *Abaporu*, o homem que come gente.

O *Abaporu* tornou-se símbolo, no contexto do modernismo brasileiro, do chamado Movimento Antropofágico, cujo manifesto, assinado por Oswald de Andrade, saiu no mesmo ano de 1928, ano da obra-prima de Tarsila. Pregava-se que a arte feita no país – na literatura, na pintura, na escultura, na música – deveria metaforicamente "deglutir" o que vinha de fora, para

2 de agosto

que, no lugar de apenas reproduzir padrões importados, surgisse algo novo alinhado à realidade nacional, algo novo com cara de Brasil.

E o homem que come gente de Tarsila do Amaral – com os pés enormes em contraste com a cabeça pequena, os tons básicos em verde, amarelo e azul, o sol e o cactos – adiantou-se a essa ideia então renovadora.

Nascida em Capivari, interior de São Paulo, a artista construiu uma obra que perpassou diferentes movimentos artísticos, como o cubismo, o Pau-Brasil e a Antropofagia, embora seus temas, cores e formas fossem essencialmente brasileiros – queria ser, dizia, a "pintora do Brasil". Entre seus quadros mais conhecidos estão *A negra* (1923), *Antropofagia* (1929) e *Operários* (1933), este último pioneiro por sua temática social.

Para muitos críticos, o Abaporu representou um momento em que o Brasil se assumiu com total liberdade para fazer uma pintura nacional original e que, ao mesmo tempo, estivesse no nível da discussão internacional do momento. No caso do Abaporu, e da obra de Tarsila em geral, esse momento transcendeu sua época para estender-se longe rumo ao século XXI: em 2018, a pintora brasileira ganhou mostra exclusiva, em que se incluiu sua mais célebre tela, no Museu de Arte Moderna (MOMA) de Nova York.

Você sabia?

Tarsila não participou da Semana de Arte Moderna, pois estudava em Paris. Quando voltou ao Brasil, em 1922, a pintora Anita Malfatti apresentou-a aos intelectuais do nascente movimento. As duas logo formaram, ao lado de Oswald, Mário de Andrade e Menotti Del Picchia, o chamado Grupo dos Cinco.

Uma das influências decisivas para a fase social de sua obra foi a viagem que fez, em 1931, à União Soviética, onde travou contato com as agruras da classe operária.

3 de agosto

O fim da censura e da tortura
1988

Preso em 1969, o cantor e compositor Gilberto Gil mandou "Aquele abraço" de despedida antes de partir para o exílio que, felizmente, no caso dele teve volta. Alguns contestadores e opositores do golpe militar de 1964, porém, sequer conseguiram viajar, desaparecendo ou permanecendo presos por anos durante a última ditadura declarada na história da política nacional, quando morte, tortura e censura estiveram lado a lado.

No ano seguinte à partida de Gil, Chico Buarque escreveu "Apesar de você", espécie de hino da resistência contra a falta de liberdade, uma letra de duplo sentido disfarçada em uma suposta briga de namorados. O objetivo: ludibriar os agentes do departamento da Polícia Federal encarregados de censurar a produção artística e cultural e decidir quais as notícias e mensagens poderiam ou não ser veiculadas em jornais, revistas, emissoras de rádio e televisão. Era o jeito de protestar driblando a censura.

A repressão só deixou de ser violenta a partir de 3 de agosto de 1988, quando foi aprovado, em primeiro turno, pela Assembleia Nacional Constituinte, o conteúdo do Inciso IX do Artigo 5º da Constituição Federal, promulgada em 22 de setembro daquele ano, onde se lia: "É livre a expressão da atividade intelectual, artística, científica e de comunicação, independentemente de censura ou licença". Em relação específica às atrocidades que vitimaram homens e mulheres, sem distinção, ali se acrescentou que "ninguém será submetido à tortura ou a tratamento desumano ou degradante".

A data passou, assim, a ser celebrada como fim da ditadura e da censura no Brasil. Embora, na prática, os meios de comunicação continuem sujeitos ao controle e ao orçamento de publicidade governamental e a população mais pobre ainda seja marginalizada, e criminalizada, vítima da corrupção que restringe os investimentos públicos em áreas estratégicas como saúde e educação, as conquistas políticas das décadas de 1980 e 1990 foram alcançadas às custas de muitas vidas.

3 de agosto

Segundo informações do site Comissão do Acervo da Luta Contra a Ditadura, oficialmente foram assassinadas mais de duzentas pessoas durante o golpe de 1964, entre estudantes, profissionais liberais, trabalhadores, dirigentes sindicais e líderes comunistas. O número de mortos "desovados" em valas comuns e cemitérios clandestinos, no entanto, é maior: 379, conforme lista relevada no site Desaparecidos Políticos, sem contar aqueles cujas famílias se calaram por medo de represálias dos militares e dos agentes da Polícia Federal.

Eram eles os temidos "anjos da morte", que agiam avalizados pela sigla DOI-CODI (Destacamento de Operações e de Informações - Centro de Operações de Defesa Interna), chefiados pelo capitão do Exército Carlos Alberto Brilhante Ustra, um dos mais cruéis interrogadores do regime autoritário de 1964. Sobreviventes relatam momentos de terror durante sessões de afogamento, espancamento no pau de arara, choques elétricos na "cadeira do dragão", além das longas sessões de violência sexual e tortura psicológica.

Outro temido aparato da repressão foi o Esquadrão da Morte, comandado na década de 1960 pelo delegado Sérgio Fleury. O policial costumava se vangloriar, entre outros crimes, de ter matado o guerrilheiro Carlos Marighella, em 4 de novembro de 1969.

Você sabia?

A censura marcou outras épocas no Brasil. Durante a colonização, por exemplo, os portugueses não aceitavam críticas à Igreja Católica nem ideias iluministas, e assim censuravam obras artísticas e literárias.

Novelas de televisão também foram alvo da censura: a primeira versão de *Roque Santeiro*, de Dias Gomes, foi proibida em 27 de agosto de 1975.

4 de agosto

Rachel de Queiroz, pioneira na ABL
1977

A predominância masculina — e machista — na instituição ficou explícita desde sua origem. A primeira a perceber isso foi a escritora Júlia Lopes de Almeida, que fez parte do grupo de intelectuais encarregados de estabelecer os critérios de funcionamento da Academia Brasileira de Letras, criada em 20 de julho de 1897 com os mesmos quarenta assentos de hoje. Ela até foi incluída na primeira lista de acadêmicos, mas terminou substituída pelo marido, Filinto de Almeida, também escritor.

Muita coisa pode ter mudado na literatura nacional desde então, mas, até as duas primeiras décadas do século XXI, as mulheres continuaram sendo preteridas pela ABL. Apenas oito foram eleitas e a pioneira foi Rachel de Queiroz, oitenta anos depois da fundação. A autora cearense concorreu com o jurista Pontes de Miranda à vaga de Cândido Mota Filho, em 4 de agosto de 1977, e venceu por 23 votos a 15 e uma abstenção.

Rachel foi empossada dois meses depois, recepcionada por Adonias Filho, sendo a quinta ocupante da cadeira cinco, que tem Bernardo Guimarães como patrono. Foi sucedida por José Murilo de Carvalho em novembro de 2003, quando morreu. O vestido e o colar que ela usou na cerimônia de posse, oferecidos pelo governo do Ceará, substituíram o tradicional fardão exclusivamente masculino. Romancista, cronista, tradutora e jornalista, ela também integrou a Academia Cearense de Letras, eleita em 1994.

A escritora nasceu em 17 de novembro de 1910 em Fortaleza, filha de Daniel de Queiroz Lima e Clotilde Franklin de Queiroz, descendente pelo lado materno da família de José de Alencar. Acuada pelo flagelo da seca, a família fugiu para o Rio de Janeiro antes de a menina completar sete anos. Não se adaptaram, moraram dois anos em Belém e voltaram a Fortaleza. Lá ela estudou no colégio Imaculada Conceição e se formou professora, em 1925. Passados dois anos, entrou no jornalismo, escrevendo em *O Ceará*. Em 1930, aos vinte anos, estreou na literatura com o romance *O quinze*,

4 de agosto

obra realista baseada no drama secular do povo nordestino contra a miséria e a seca. Foram apenas mil exemplares, mas que lhe consagraram com o prêmio da Fundação Graça Aranha no ano seguinte. Em 1932, publicou *João Miguel*, seguido de uma pausa de cinco anos, até o retorno em 1937 com *Caminho de pedras*.

Conquistou o prêmio da Sociedade Felipe d'Oliveira com o romance *As três Marias*, em 1939, quando já estava de volta ao Rio de Janeiro, e passou a escrever no *Diário de Notícias*, na revista *O Cruzeiro* e em *O Jornal*, o pioneiro dos Diários Associados, de Assis Chateaubriand. Rachel de Queiroz publicou crônicas, depois selecionadas e reunidas nos livros *A donzela e a Moura Torta, 100 crônicas escolhidas, O brasileiro perplexo, O caçador de tatu* e *Cenas brasileiras*. Para o teatro, escreveu *Lampião*, em 1953, e *A beata Maria do Egito*, em 1958, premiada pelo Instituto Nacional do Livro.

Na política, entrou em 1931 para o Partido Comunista Brasileiro, rompeu algum tempo depois, mas foi presa em 1937, durante o Estado Novo de Getúlio Vargas. Recusou o Ministério da Cultura no governo de Jânio Quadros, em 1961, e apoiou o golpe militar de 1964.

Você sabia?

Cinco foi o número máximo de mulheres da mesma geração na ABL: Cleonice Berardinelli, Rosiska Darcy de Oliveira, Lygia Fagundes Telles, Nélida Piñon e Ana Maria Machado.

A segunda mulher eleita para a ABL foi a romancista Dinah Silveira de Queiroz, em 1980.

5 de agosto

Gisele Bündchen faz desfile olímpico no Maracanã
2016

O Maracanã, um dos templos do futebol, palco de vitórias e derrotas emocionantes, gols e craques inesquecíveis, estava mais alegre e colorido do que nunca. Ansiosa e internacional, a plateia fez parte do espetáculo transmitido ao vivo para o mundo todo, e vibrou quando ela apareceu majestosa, vibrante e arrasadora.

Naquela sexta-feira, 5 de agosto de 2016, coube à supermodelo Gisele Bündchen a honra de atravessar o lendário estádio brasileiro e desfilar na mais longa passarela de sua carreira, com 128 metros de comprimento, para ser a estrela maior da cerimônia de abertura dos Jogos Olímpicos do Rio de Janeiro. No balanço de "Garota de Ipanema", clássico da bossa nova de Tom Jobim, na voz de Daniel, neto do compositor, Gisele estava em um belo e longo vestido de tecido exclusivo, metalizado, que, dependendo da luz, aparecia dourado ou prateado, com uma fenda frontal.

A criação e desenvolvimento era do não menos famoso e competente Alexandre Herchcovitch, feito a pedido da modelo, que esperou quatro meses até a peça ser concluída e passar pela última prova. O estilista conta que realizou a confecção no ateliê de Samanta Shoel e que a própria Gisele sugeriu a cauda do vestido mais longa, no que foi atendida. Para a sandália, Herchcovitch usou um modelo de Alexandre Birman e redesenhou sobre a forma já existente.

Com a cauda do vestido alongada em setenta centímetros e protegida por uma corrente para não dobrar, a última prova foi feita no camarim do estádio durante o ensaio geral, dois dias antes da solenidade organizada pelo Comitê Olímpico Internacional. Para manter a surpresa, Herchcovitch cobriu Gisele com um tecido branco e não revelou detalhes nem mesmo aos demais artistas envolvidos com a cerimônia.

No dia da abertura, ele foi cedo ao Maracanã para fazer a última re-

5 de agosto

visão na roupa de Gisele, que chegou por volta das cinco da tarde, provou novamente e fez todo o percurso que repetiria glamorosamente mais tarde. A concentração da modelo começou com duas horas de antecedência, para um show de equilíbrio, simpatia e beleza.

Gisele nasceu em Horizontina (RS), em 20 de julho de 1980, filha de Valdir Bündchen e Vânia Nonnenmacher, descendentes de alemães. Tem cinco irmãs, entre elas a gêmea Patrícia. Entrou no mundo da moda aos catorze anos, descoberta por olheiro em um shopping em São Paulo. Trabalhou para a agência Elite, e em 1996 viajou para Nova York, iniciando assim a carreira internacional.

Em 1999, foi premiada modelo do ano pela revista *Vogue*. Em 2004, atuou em Hollywood, no filme *Táxi*, com Ann-Margret Olsson, e em 2006, em *O diabo veste Prada*, com Meryl Streep. A mais bem paga em 2007, segundo a revista *Forbes*, Gisele Bündchen também apareceu no *Guinness World Book* como a modelo mais rica do mundo.

De 2001 a 2005, ela namorou o ator americano Leonardo DiCaprio. Em 2006, começou um relacionamento com Tom Brady, jogador de futebol americano, com quem se casou três anos depois, na Califórnia. Em 8 de dezembro de 2009, nasceu Benjamin, primeiro filho do casal, três anos mais velho que a caçula Vivian. Gisele aderiu a causas sociais, contribuiu para a preservação da Amazônia e para o programa Fome Zero. Foi nomeada embaixadora da Boa Vontade, pelo Programa das Nações Unidas para o Meio Ambiente. Em 2010, construiu uma casa de 2 mil metros quadrados, em Brentwood, na Califórnia, em terreno de 11 milhões de dólares.

Você sabia?

Gisele Bündchen trabalhou para grifes como Valentino, Zara, Bulgari, Versace, Victoria's Secret, Ralph Lauren e Tommy Hilfiger.

Em setembro de 2000, foi considerada pela revista *Rolling Stone* a modelo mais bonita do mundo.

6 de agosto

Nasce Adoniran Barbosa
1910

Nem tudo foi fácil na vida de João Rubinato, nascido em Valinhos (SP), em 6 de agosto de 1910, caçula dos sete filhos de Francesco Rubinato e Emma Catman, italianos de Cavárzere, na província de Veneza, que desembarcaram no porto de Santos, em 1895.

Em busca de melhores condições financeiras e de sobrevivência, antes de se fixar em São Paulo, a família morou em Jundiaí e Santo André. O menino João, que não gostava da escola, também começou a trabalhar cedo, com a certidão de nascimento adulterada pelo próprio pai, de dez para doze anos, idade mínima permitida para o ingresso no mercado de trabalho na época. Fez serviço de cargas, foi varredor de fábrica, engraxate, pintor de paredes, mascate, garçom, mecânico, vendedor de tecidos e entregador de marmitas.

Aos catorze anos, os bolinhos surrupiados a caminho da clientela foram fundamentais para alimentar a voracidade do moleque em crescimento, enquanto sonhava em ser ator de radionovelas. Com o nome artístico de Adoniran Barbosa, ele só despontaria algum tempo depois, para se tornar um dos principais compositores e intérpretes da música brasileira, criador do samba marcado pela mistura de duas grandes vertentes paulistas do início do século XX: o caipira e o italiano, legado da própria infância.

Entre suas obras estão "Trem das onze", "Tiro ao Álvaro" e "Saudosa maloca", gravadas também por outros artistas, como o grupo Demônios da Garoa e Elis Regina. Outro clássico seu é o "Samba do Arnesto". Seu nome artístico veio da junção de Adoniran Alves, grande amigo de boemia, e Luís Barbosa, sambista carioca de quem era fã.

O músico deslanchou depois das tentativas frustradas como ator, embora em 1953 viesse a estrelar o premiado filme *O cangaceiro*, de Lima Barreto e com diálogos criados por Rachel de Queiroz. Antes disso, no entanto, em 1933, Adoniran tentou a sorte em programas de calouros na antiga rádio

Cruzeiro do Sul. Estreou com o samba "Se você jurar", de Ismael Silva e Nilton Santos, mas foi reprovado.

Ele voltaria para apresentar "Filosofia", de Noel Rosa, sendo aprovado por Jorge Amaral e abrindo, finalmente, as portas para novos trabalhos na rádio e para mostrar as próprias composições. Adoniran gravou anúncios e cantou na emissora até 1934, quando aceitou convite de Otávio Gabus Mendes e foi para a rádio Record. No ano seguinte, com Alvarenga e Ranchinho, ganhou concurso de Carnaval promovido pela prefeitura de São Paulo, com a marchinha "Dona Boa", gravada por Raul Torres.

No papel de ator, virou comediante, e criou personagens com relativo sucesso em programas escritos por Osvaldo Moles. Mas o lado compositor se manifestou e ele penetrou na interpretação da linguagem típica paulistana. Fez do samba um veículo de inserção social do povo da periferia.

Na década de 1950, ele estreou na televisão, participou de novelas da extinta TV Tupi, também em folhetins como *Mulheres de areia* e *Os inocentes*. No cinema, além de *O cangaceiro*, atuou em *Cantinho da terra*, ambos de Lima Barreto, e contracenou ainda com Dercy Gonçalves em *Caído do céu*.

Consagrado na voz de outros intérpretes, ele gravou seu primeiro disco solo somente em 1974, intitulado Adoniran Barbosa, e em 1975 lançou mais uma coletânea com o mesmo nome. Em 1980, com convidados, gravou o último álbum. Sua última composição foi "Tiro ao Álvaro". Ele foi casado com Olga Krum, com quem teve a filha Maria Helena, e depois com Matilde de Luttif. Morreu em 23 de novembro de 1982, aos 72 anos, com enfisema pulmonar, desiludido com a cidade que viu crescer.

Você sabia?

Na velhice, o sambista recriou com sucata miniaturas de rodas-gigantes, trens e carrosséis elétricos.

7 de agosto

Lei Maria da Penha protege mulher contra violência doméstica
2006

Pesquisa realizada em 2010 pela Fundação Perseu Abramo revelou que naquele ano o número de mulheres brasileiras espancadas chegou à média de cinco a cada dois dias. Demostrou, também, que em cada grupo de cinco mulheres uma afirmara já ter sofrido algum tipo de violência de um homem, conhecido ou não, e mais, que o parceiro foi responsável por 80% dos casos reportados aos pesquisadores.

Pior foi constatar que tudo isso aconteceu quatro anos depois de ter sido sancionada e entrar em vigor a Lei nº 11.340/2006, batizada como Lei Maria da Penha em homenagem à biofarmacêutica cearense Maria da Penha Maia Fernandes, que era repetidamente espancada e, em 1983, foi vítima de duas tentativas de homicídio por parte do marido, o professor universitário colombiano Marco Antonio Heredia Viveros. Na primeira, ela foi alvejada com um tiro pelas costas, ficando paraplégica, e, quatro meses depois, já em cadeira de rodas, escapou de ser eletrocutada enquanto tomava banho.

Sancionada em 7 de agosto e em vigor desde 22 de setembro de 2006, a Lei Maria da Penha dá cumprimento à Convenção para Prevenir, Punir e Erradicar a Violência Contra a Mulher, a Convenção de Belém do Pará, da Organização dos Estados Americanos (OEA), ratificada pelo Brasil em 1994, e à Convenção para Eliminação de Todas as Formas de Discriminação Contra a Mulher, da Organização das Nações Unidas (ONU). Antes, violência doméstica era caso dos juizados especiais criminais, responsáveis por crimes considerados de menor potencial ofensivo, conforme a Lei nº 9.099/1975. A consequência disso era o arquivamento dos processos, conforme afirma a jurista Carmen Hein de Campos, com aumento da impunidade. Além disso, muitas mulheres agredidas não denunciavam por medo de represálias, por dependência financeira, por não terem para onde ir e pela omissão e conivência das autoridades policiais.

7 de agosto

Ainda que a violência contra a mulher no Brasil continue alarmante, a Lei Maria da Penha foi inovadora porque criou mecanismos para punir e prevenir a violência doméstica e familiar. A partir daí, os processos passaram a ser competência dos juizados especializados em violência doméstica e familiar contra a mulher, que julgam também questões cíveis, como divórcio, pensão e guarda dos filhos, antes atribuições da Vara da Família.

Suspeitos acusados passaram a ser punidos com decretação de prisão em flagrante, quando configurada, ou preventiva, com alteração do parágrafo 9º do Artigo 129 do Código Penal Brasileiro. Em caso de condenação, a pena prevista é de três meses a três anos de reclusão, com agravante se for praticada contra companheiras, irmãs, ascendentes (mães e avós) e descendentes (filhas), ou, ainda, "prevalecendo-se o agente das relações domésticas, de coabitação ou de hospitalidade". Anteriormente, a punição prevista era o pagamento de multas, quase sempre irrisórias, ou doação de cestas básicas a instituições de caridade.

Você sabia?

A Lei Maria da Penha não faz distinção de orientação sexual e contempla lésbicas, travestis, transexuais e transgêneros que mantêm relações íntimas ou sociais.

Em 2001, o Brasil foi condenado pela Comissão Interamericana de Direitos Humanos da OEA por negligência, omissão e tolerância. O processo penal do agressor de Maria da Penha ocorreu só em 2002, e o governo foi obrigado a criar novo dispositivo legal de prevenção e punição à violência doméstica.

O Brasil está entre os países com maior índice de homicídios femininos, com uma taxa de 4,8 assassinatos em 100 mil mulheres. É a quinta posição em um ranking de 83 nações, segundo dados do Mapa da Violência 2015 (CEBELA/FLACSO).

8 de agosto

Padre brasileiro inventa balão de ar quente
1709

Homem de fé e dedicado à vida eclesiástica, o padre jesuíta Bartolomeu Lourenço, que nasceu em 19 de dezembro de 1685 na antiga capitania de São Vicente, na época território de Santos (SP), e que aos 33 anos adotou o apelido Gusmão em homenagem ao mestre e protetor Alexandre de Gusmão, desde cedo demonstrou aptidão também para a matemática e a física.

Um dos primeiros cientistas brasileiros com reconhecimento internacional, a ele são atribuídos inventos comprovadamente funcionais, com registro outorgado ainda durante o governo imperial português. Na juventude, construiu uma bomba que permitiu o abastecimento de água do seminário de Belém, na Bahia, a uma elevação de cem metros. Em 1713, na Holanda, criou a "máquina para drenagem das embarcações de alto-mar", patente conhecida apenas em 2004 por meio de pesquisas de Rodrigo Moura Visoni. Antes, porém, em 8 de agosto de 1709, aos 23 anos, o religioso revelou publicamente a maior de suas descobertas, inicialmente batizada de "instrumento para se andar pelo ar", ou "Passarola", o precursor dos balões movidos a gás. A petição de privilégio apresentada três meses antes lhe foi concedida em alvará assinado pelo rei dom João V, que, entusiasmado, financiou a execução do projeto.

Lourenço de Gusmão realizou uma série de cinco experiências com pequenos aeróstatos construídos com arame, papel pardo e pequeno recipiente de barro fixado na base para manter acesa a chama e a emissão de ar quente. Nas três primeiras tentativas, o balão pegou fogo, e um deles foi destruído por funcionários temerosos de incêndio nas cortinas da sala das audiências do Palácio Real. Nas duas últimas, o invento subiu à altura do teto e flutuou durante algum tempo, até descer com suavidade.

Um mês depois, o padre fez nova demonstração — dessa vez com equipamento maior, mas ainda sem dirigibilidade e incapaz de transportar um

8 de agosto

homem – com testemunhas ilustres: o rei e a rainha; o cardeal Miquelangelo Conti, nomeado em 1721 Papa Inocêncio XIII; o corpo diplomático; os escritores Francisco Leitão Ferreira e José Soares da Silva, nomeados membros da Academia Real de História Portuguesa em 1720; o diplomata José da Cunha Brochado e o cronista Salvador Antônio Ferreira.

Em 1783, na França, utilizando o conceito do ar quente descoberto pelo padre brasileiro, os irmãos Etienne e Joseph Montgolfier realizaram um voo dirigível. Por segurança, os primeiros passageiros a bordo foram alguns animais, sob olhares do rei Luís XVI e grande plateia parisiense. Naquele ano, o professor J. A. Charles voou durante duas horas e meia a mais de 250 metros do solo, em percurso de quarenta com dois tripulantes, oito anos antes de o francês Jean-Pierre Blanchard voar pela primeira vez em território americano, na Filadélfia.

Em 1884, o paraense Júlio Cezar Ribeiro de Souza patenteou, em Paris, o balão governável Victória, que voou contra o vento e em linha reta. Em 1893, Augusto Severo de Albuquerque Maranhão construiu, também em Paris, outro dirigível, este batizado em homenagem a Bartolomeu de Gusmão, o pai do balonismo. Finalmente, Santos Dumont fez vários desses voos antes de se tornar famoso com o 14-Bis, em 1906.

Você sabia?

O primeiro voo teria sido realizado por índios Nazca, que viveram no Peru entre os anos 800 a.C. e 600 d.C., em balão feito com fibras vegetais.

Em abril de 2008, o Padre Adelir Antônio de Carli, de 41 anos, levantou voo em Paranaguá (PR), em uma cadeira acoplada a cerca de mil pequenos balões, mas morreu ao cair no mar.

9 de agosto

Bertha Lutz funda entidade para mais direitos femininos
1922

As mulheres representam hoje a maioria absoluta da população brasileira, vivem mais, diminuíram o número de filhos, ocupam cada vez mais espaço no mercado de trabalho e sustentam, pelo menos, 37,3% das famílias no país. Pesquisa Nacional por Amostra de Domicílios, divulgada em 2013 pelo Instituto Brasileiro de Geografia e Estatística (IBGE), registra 103,5 milhões de mulheres vivendo no país, o equivalente a 51,4% da população.

Nas eleições gerais de 2014, elas representaram 52,13% dos 142.822.046 eleitores, um aumento de 5,8% em relação ao pleito anterior, de 2010, quando foram 51,82%, ou seja, 70.373.971 eleitoras. Também conquistaram espaço nos principais cargos dos três poderes – Executivo, Legislativo e Judiciário. Em 2014, por exemplo, 6.245 mulheres foram consideradas aptas pela Justiça Eleitoral a concorrer aos cargos eletivos em disputa, um acréscimo de 71%.

Mas nem sempre foi assim. Consolidada nas décadas iniciais do século XXI, a conquista das mulheres brasileiras no contexto político e administrativo remonta ao ano de 1922 e, particularmente, ao nome da bióloga Bertha Lutz. Nascida em 1894, filha do sanitarista Adolfo Lutz e formada em ciências naturais pela Universidade Sorbonne, em Paris, ela voltou ao Brasil em 1918 para trabalhar no Museu Nacional do Rio de Janeiro, então capital federal, onde começou a militância.

Bertha foi uma das primeiras mulheres a ingressar no serviço público e também considerada pioneira do movimento feminista brasileiro.

Inspirada nos movimentos feministas que conheceu na Europa e nos Estados Unidos, em 1919 Bertha Lutz criou a Liga para a Emancipação Intelectual da Mulher, espécie de embrião da Federação Brasileira pelo Progresso Feminino, fundada em 9 de agosto de 1922. Foi a representante brasi-

9 de agosto

leira na Assembleia Geral da Liga das Mulheres Eleitoras, nos Estados Unidos, e elegeu-se vice-presidente da Sociedade Pan-Americana.

Depois da Revolução de 1930, o movimento sufragista conseguiu a primeira grande vitória. O Decreto nº 21.076, assinado em 24 de fevereiro de 1932 pelo presidente Getúlio Vargas, garantiu o voto feminino no país, antes mesmo de países como França, Itália e Japão. Em 1934, Bertha participou do comitê elaborador da Constituição e garantiu a igualdade de direitos políticos.

Depois de duas tentativas malogradas nas urnas, foi eleita primeira suplente para a Câmara Federal pela Liga Eleitoral Independente, e assumiu a cadeira no Legislativo em 1936, com a morte do deputado Cândido Pereira. Defendeu mudanças na legislação referentes ao trabalho feminino infantil, isenção do serviço militar, licença de três meses para gestantes e redução da jornada de trabalho, na época de treze horas diárias.

A carreira política de Bertha Lutz terminou em 1937, com a ditadura do Estado Novo de Getúlio Vargas, mas ela continuou no serviço público até 1964, quando se aposentou no cargo de chefe de botânica do Museu Nacional. Em 1975, Ano Internacional da Mulher, ela integrou a delegação brasileira no primeiro congresso internacional, na capital do México, seu último ato público em defesa da causa feminina e da igualdade de gênero. Bertha morreu no Rio de Janeiro, em 1976, aos 82 anos.

Você sabia?

Em 1933, Bertha Lutz se formou advogada pela Faculdade de Direito do Rio de Janeiro, depois incorporada à UFRJ.

Apesar de os estatutos da Federação Brasileira pelo Progresso Feminino destacarem aspectos relativos às trabalhadoras assalariadas, o movimento era integrado quase que exclusivamente por mulheres da alta classe média.

10 de agosto

Nasce Jorge Amado
1912

Jorge Amado alcançou fama mundial, recebeu cobiçados prêmios nacionais e internacionais de literatura, como o Camões, em 1994, mas era na Bahia, seu estado natal, onde estava não só a matéria-prima de suas obras, mas toda a cultura a qual viveu intensamente. Filho do fazendeiro de cacau João Amado de Faria e de Eulália Leal Amado, nasceu em 10 de agosto de 1912, na fazenda Auricídia, em Ferradas, zona rural de Itabuna, sul da Bahia, e a vida toda se orgulhou do título de obá olorum, a mais alta honraria do candomblé, representado por Exu, o orixá que recebe as primeiras oferendas, cantigas e rezas, posto civil que exercia no Ilê Axé Opô Afonjá, tradicional terreiro e símbolo da resistência das religiões afrodescendentes em Salvador, cujo nome significa "casa da força sustentada por Xangô".

Militante político dos mais ativos, foi eleito deputado federal constituinte em 1945 pelo Partido Comunista Brasileiro (PCB), tornando-se autor da lei que garante a livre manifestação religiosa. Foi preso e exilado diversas vezes "por subversão" e chegou a ter livros queimados em praça pública, em Salvador, perseguição que não o impediu de se tornar o autor com maior número de obras adaptadas para cinema, teatro e televisão. Criou, entre tantos outros sucessos, clássicos como *Dona Flor e seus dois maridos*, *Tenda dos milagres*, *Tieta do agreste*, *Gabriela* e *Tereza Batista cansada de guerra*. Foram 49 livros publicados em vida, traduzidos em 49 idiomas para oitenta países, além de versões em braile ou fitas especialmente gravadas para cegos. Tornou-se o escritor de romance ficcional mais vendido no Brasil.

Jorge Amado passou parte da infância em Ilhéus, para onde a família se mudou depois de o pai escapar de uma tocaia e de um surto de varíola. Em 1917, quando ele estava com cinco anos, mudaram-se para a fazenda Taranga, em Itajuípe, onde o pai retomou a produção cacaueira. No ano seguinte, já alfabetizado pela mãe, Jorge voltou a Ilhéus, para a escola de dona Guilhermina, professora que usava a palmatória e outros castigos.

10 de agosto

Em 1922, com apenas dez anos, criou *A Luneta*, pequeno jornal distribuído a vizinhos e parentes. Na mesma época, foi para Salvador estudar em regime de internato no colégio Antônio Vieira, dos jesuítas. No fim das férias, dois anos depois, fugiu para a casa dos avós paternos, em Itaporanga (SE). Coube ao tio Álvaro levá-lo de volta à fazenda em Itajuípe. A convivência em meio ao povo, na adolescência, foi fundamental para a obra de Jorge Amado, universalizada, apesar de aparentemente regional.

Precoce, já aos catorze anos Jorge Amado iniciou a vida literária, sendo um dos fundadores da Academia dos Rebeldes. Aos quinze, estreou como repórter policial no *Diário da Bahia*, e escreveu também para a revista *A Luva*. Aos dezenove, publicou o primeiro romance, *O país do Carnaval*, época em já estava no Rio de Janeiro. Em 1933, lançou o segundo livro, *Cacau*, anterior às histórias que retratariam a rotina de Salvador, como *Mar morto*, em 1936, e *Capitães de areia*, de 1937, este proibido pela censura do Estado Novo, de Getúlio Vargas.

Viveu com a primeira mulher, Matilde Garcia Rosa, entre 1933 e 1944 e tiveram uma filha, Eulália. Em 1945, casou-se com a escritora Zélia Gattai, e tiveram dois filhos, João Jorge, sociólogo, e a psicóloga Paloma. Jorge Amado morreu em 6 de agosto de 2001, em Salvador, e teve o corpo cremado. A pedido dele, as cinzas foram espalhadas em torno da mangueira do jardim da casa onde morava, no Rio Vermelho.

Você sabia?

Em 1955, Jorge Amado deixou a militância política e, ainda filiado ao PCB, passou a se dedicar apenas à literatura.

O título de doutor pela Sorbonne foi o último recebido pessoalmente, em 1998, na sua última viagem a Paris.

11 de agosto

Dom Pedro instala primeiros cursos jurídicos no Brasil
1827

A primeira tentativa de implantar um curso jurídico no Brasil veio com o Decreto Imperial de 9 de janeiro de 1825, para sua abertura no Rio de Janeiro, mas a iniciativa nunca saiu do papel.

Os estatutos então elaborados por Luís José de Carvalho e Melo, o visconde da Cachoeira, não foram, porém, desperdiçados: serviram para a fundação dos primeiros cursos jurídicos, base das faculdades de Direito de São Paulo e Olinda, aprovados depois da retomada da questão pelo Parlamento imperial, em 1826.

O projeto assinado por José Cardoso Pereira de Melo, Januário da Cunha Barbosa e Antônio Ferreira França foi, então, convertido na Lei Imperial de 11 de agosto de 1827. Ficaram estabelecidas, entre outras regras para ingresso, a idade mínima de quinze anos e aprovação nos exames de retórica, gramática latina, língua francesa, filosofia racional e moral, e geometria.

O pioneiro foi o curso de ciências jurídicas e sociais da Academia de São Paulo, onde as aulas começaram em 1º de março de 1828 nas instalações do Convento de São Francisco. O início e o término das aulas eram sinalizados pelo sino da igreja e os alunos entravam e saíam pela sacristia. O diretor nomeado em 13 de outubro de 1827 foi o tenente-general José Arouche de Toledo Rendon, doutor em leis graduado em direito civil, em Coimbra, em 1779.

Em Olinda, o curso foi inaugurado em 15 de maio de 1828, inicialmente em anexo ao Convento de São Bento e transferido para o Recife em 10 de agosto de 1854. O objetivo dos cursos jurídicos era qualificar pessoal para as funções de direção e formar a classe administradora do país durante o período da transição republicana.

Em 1903, foi fundado o Centro Acadêmico XI de Agosto, o primeiro do

11 de agosto

Brasil, que se caracterizou pelo histórico de lutas e engajamento com os mais variados problemas sociais da época. Três anos mais tarde, foi solidário à greve dos operários da Companhia Paulista de Estradas e, em 1907, teve a sede transferida para a rua 15 de Novembro, o ponto de encontro de estudantes e trabalhadores. Em 1909, apoiou a Campanha Civilista de Rui Barbosa, na primeira manifestação de conflito com o governo federal. Professores e alunos também combateram a escravidão, o Estado Novo de Getúlio e a ditadura do golpe militar de 1964.

Por lá passaram acadêmicos que ocuparam posição de destaque no Judiciário e na política nacional. Entre eles, Álvares de Azevedo, Castro Alves, Fagundes Varella, Joaquim Nabuco, Pimenta Bueno, Prudente de Moraes, Campos Salles, Bernardino de Campos, Júlio Prestes, Rui Barbosa, Washington Luís, Caio Prado Júnior, Jânio Quadros, André Franco Montoro, Miguel Reale, Goffredo da Silva Teles Junior, Fábio Konder Comparato, Ulysses Guimarães, Dalmo Dallari e Plínio de Arruda Sampaio.

A formatura de bacharelados em São Paulo e Pernambuco e a atuação de profissionais provenientes da Europa, principalmente da Universidade de Coimbra, despertaram o interesse em criar uma entidade de classe. Inspirado no modelo português, Francisco Alberto Teixeira de Aragão, conselheiro do Superior Tribunal de Justiça, estimulou a criação do Instituto dos Advogados do Brasil (IAB), em 1843. A Ordem dos Advogados do Brasil foi criada em novembro de 1930, durante o governo provisório de Getúlio Vargas.

Você sabia?

Em 11 de agosto, estudantes de direito confraternizam em locais privados e, sob a tradição do "Dia do Pendura", saem sem pagar a conta.

A OAB foi criada, entre outras atribuições, para impedir que a atividade fosse exercida por pessoas de pouca qualificação ou desonestas.

12 de agosto

Marcha das Margaridas
2000

A pequena flor de botão amarelo e pétalas brancas que nos jardins do interior do Brasil ainda representa inocência, juventude, sensibilidade, pureza e bondade, quando presa ao chapéu de palha simboliza a luta de agricultoras, quilombolas, indígenas, pescadoras, extrativistas e mulheres trabalhadoras que, desde 2000, vestem também a camisa lilás para a Marcha das Margaridas.

Comprometida com o movimento pelos direitos básicos, a caminhada intitulada Marcha das Margaridas percorre as sedes dos três poderes, em Brasília, e lembra o assassinato da lavradora e líder sindical Margarida Maria Alves, morta com um tiro no rosto, a mando de usineiros de cana-de-açúcar, em 12 de agosto de 1983, aos cinquenta anos, em Alagoa Grande (PB).

A primeira marcha reuniu 20 mil pessoas, número que aumentou gradativamente nas edições seguintes, em 2003, 2007, 2011, e chegou a 100 mil na manifestação de 2015, segundo a organização.

A Marcha das Margaridas, uma marca da ação das mulheres do campo e da floresta, integra a agenda permanente do Movimento Sindical de Trabalhadores e Trabalhadoras Rurais e feministas, com ênfase na capacitação e na mobilização das trabalhadoras rurais brasileiras. A estratégia tem revelado grande capacidade de organização, não só por ser canal de formação, denúncia e de pressão, mas também pela força do diálogo e da negociação política, tornando-se referência também na América Latina.

Nas três primeiras marchas, em 2000, 2003 e 2007, os focos da mobilização foram a luta contra a fome, a pobreza e a violência sexista. Em 2011, elas levaram para as ruas o tema "desenvolvimento sustentável com justiça, autonomia, igualdade e liberdade".

Para a Confederação Nacional dos Trabalhadores na Agricultura (CONTAG), a Marcha das Margaridas, além da crescente mobilização, demonstra amadurecimento político no movimento feminista e conquistas, como a necessidade de titulação da terra em nome do homem e da mulher e a implan-

12 de agosto

tação do projeto de Saúde Reprodutiva da Mulher. Também participam da organização as 27 federações de trabalhadores na agricultura, com apoio de mais de 4 mil sindicatos e entidades feministas parceiras.

De acordo com os dados da CONTAG, as mulheres representam 48% da população rural do Brasil, 36% da população economicamente ativa do mercado rural e são responsáveis pela produção de 30% dos alimentos básicos do país. Pelo menos, 56% delas começaram a trabalhar antes dos dez anos, com jornadas cansativas, de dez a dezoito horas diárias, e apenas 15% têm carteira assinada. Cerca de 60% engravidam entre quinze e 21 anos e 43,1% não têm acesso a qualquer método contraceptivo.

Símbolo da luta das mulheres por terra, trabalho, igualdade, justiça e dignidade, Margarida Maria Alves ficou durante doze anos na presidência do Sindicato dos Trabalhadores e Trabalhadoras Rurais de Alagoa Grande, e lá fundou o Centro de Educação e Cultura do Trabalhador Rural. A trajetória dela foi marcada pela luta contra a exploração, o analfabetismo e pela reforma agrária. Para Raimunda Celestina de Mascena, da coordenação nacional de mulheres da CONTAG, esses dados retratam a condição feminina no meio rural brasileiro, marcada pela exclusão social, discriminação e violência.

Você sabia?

A Marcha das Margaridas é a versão brasileira da Marcha Mundial das Mulheres, criada em 2000 e organizada em todo o mundo contra os modelos políticos e econômicos que ignoram a igualdade de direitos e de gênero.

A organização reúne CONTAG, CUT, Movimento das Quebradeiras de Coco, Trabalhadoras Rurais do Nordeste, Movimento de Luta pela Terra, União Brasileira de Mulheres e Conselho Nacional dos Seringueiros.

13 de agosto

Morre Mãe Menininha do Gantois
1986

Mãe Menininha do Gantois, nascida em 10 de fevereiro de 1894 em casa humilde da rua da Assembleia, transversal das ruas do Tira Chapéu e da Ajuda, no centro histórico de Salvador, e batizada no catolicismo com o nome de Maria Escolástica da Conceição Nazaré, em homenagem à santa, cresceu meiga e franzina, inspiração para o apelido carinhoso que a tornou conhecida e admirada pelo resto da vida.

Ao morrer "de velhice", em 13 de agosto de 1986, aos 92 anos, lá mesmo na capital baiana onde nascera, deixou como legado a valorização do candomblé como principal manifestação religiosa afrodescendente e uma das bases do sincretismo consolidado a partir da miscigenação cultural e étnica brasileira.

Descendente de africanos escravizados originários da tribo Kekeré, de Agbeokuta, no sudoeste da Nigéria, filha de Oxum, ainda era criança quando foi escolhida para ser ialorixá, mãe de santo, do terreiro Ilê Iyá Omi Axé Iyamassê, um dos mais antigos do país, fundado em 1849 pela bisavó, Maria Júlia da Conceição Nazaré.

Iniciada no candomblé aos oito anos, Menininha fez parte de longa linhagem de ialorixás brasileiras, a mais famosa de todas. Foi escolhida para suceder a tia-avó e madrinha de batismo, Pulchéria Maria da Conceição, Mãe Pulchéria; mas até estar devidamente preparada para assumir o posto mais alto na hierarquia religiosa, sua mãe, Maria da Glória Nazareth, a substituiu durante curto período.

Quarta na sucessão do Terreiro do Gantois, foi sucedida em 1986 por Mãe Cleusa Millet, filha mais velha do casamento com o advogado Álvaro MacDowell de Oliveira, descendente de escoceses. Respeitada pela liderança, sabedoria, gentileza, bondade, vitalidade e humildade, Mãe Menininha do Gantois foi responsável pela difusão e popularização do candomblé na Bahia e no resto do Brasil. Agregou seguidores de todas as religiões em seu terreiro, pessoas comuns e personalidades da arte e da política, como os músicos Dorival Caymmi, Gilberto Gil, Caetano Veloso, Tom Jobim e Vinicius de Moraes.

Mãe Menininha de Gantois quebrou paradigmas, superou o preconceito e teve importante participação no processo de modernização do candomblé, sem permitir que fosse transformado em objeto de exploração folclórica e turística. Sem nunca deixar de frequentar a Igreja Católica com o traje típico africano, ela foi fundamental para a conquista do respeito diante das demais religiões e pelo poder político.

Essa aceitação está simbolizada, por exemplo, durante a tradicional lavação com água de cheiro das escadarias da igreja Matriz Nosso Senhor do Bonfim. Iniciada no século XVIII como uma tarefa obrigatória para os escravos, a festividade de janeiro no centro histórico de Salvador é reconhecida como Patrimônio Imaterial do Brasil pelo Instituto do Patrimônio Histórico e Artístico Nacional (IPHAN).

O trabalho de pessoas como Mãe Menininha do Gantois foi importante, também, para melhor compreensão e aceitação da umbanda como manifestação tipicamente brasileira, síntese de vários elementos das religiões africanas e cristãs. Formada no início do século XX na região Sudeste do Brasil, representa a mistura de rituais indígenas, do candomblé, do catolicismo e do espiritismo kardecista. No Brasil, o Rio Grande do Sul tem a maior proporção nacional de adeptos, 1,47%, da população.

Você sabia?

Mãe Menininha do Gantois foi articuladora do fim das restrições e proibições policiais ao candomblé, a partir da década de 1930.

Em 1986, o Terreiro Casa Branca, na avenida Vasco da Gama, nº 463, Engenho Velho, em Salvador, foi o primeiro culto afro-brasileiro reconhecido como patrimônio nacional.

14 de agosto

César Cielo, primeiro campeão olímpico da natação brasileira
2008

Demorou, mas finalmente o Brasil fez seu primeiro campeão olímpico de natação. O autor da façanha foi César Augusto Cielo Filho, que herdou o nome do pai pediatra; com a mãe, Flávia, professora de educação física, aprendeu a dar as primeiras braçadas, ainda menino, na modesta piscina do Clube de Campo Piracicaba, em Santa Bárbara d'Oeste, interior de São Paulo.

A conquista empolgou a plateia durante a Olimpíada de Pequim, na China, em 2008, onde o nadador brasileiro, com 21 segundos e 30 centésimos, quebrou o recorde do até então imbatível Alexander Popov, o russo que era o dono da melhor marca dos 50 metros livre desde 1992, em Barcelona.

A trajetória vitoriosa de Cielo começou em 2007, com três medalhas de ouro e uma de prata nos Jogos Pan-Americanos do Rio de Janeiro. A confirmação na Olimpíada ocorreu em 14 de agosto de 2008, quando subiu ao pódio para receber a medalha de bronze na prova dos 100 metros livre. Dois dias depois, veio a vitória com o ouro nos 50 metros. Até então, os melhores resultados da natação do Brasil haviam sido a medalha de prata de Ricardo Prado nos 400 metros medley nos Jogos Olímpicos de Los Angeles, em 1984, e outro segundo lugar, de Gustavo Borges, nos 100 metros, em Barcelona, em 1992, e mais uma prata, nos 200 metros, em 1996, Atlanta (EUA).

Em 2009, César Cielo manteve a boa fase e voltou de Roma campeão e recordista mundial dos 100 metros livres e campeão mundial dos 50 metros, feitos que o colocaram na posição de herói do esporte nacional. Em 2011, ganhou ouro nos 50 metros livres do mundial em Xangai, na China, e, no mesmo ano, foi o primeiro nos jogos Pan-Americanos, em Guadalajara, México, na modalidade de nado medley.

Para chegar ao lugar mais alto do pódio da natação internacional foram muitos anos de treinamento puxado e renúncias. Depois das primeiras aulas

14 de agosto

com a mãe ainda em Santa Bárbara, Cielo se transferiu para o Esporte Clube Pinheiros, e lá nadou e treinou ao lado de Gustavo Borges, na época um ídolo da natação brasileira.

O primeiro torneio internacional de Cielo foi o Campeonato Mundial de Natação em Piscina Curta de 2004, em Indianápolis. Dois anos depois, se transferiu para os Estados Unidos, morou em Auburn, e lá bateu o recorde americano dos 100 metros livres, que pertencia ao nadador catarinense Fernando Scherer, que mais tarde se tornou empresário do atleta.

Em Auburn, ganhou bolsa de estudos para defender o time de natação da universidade local, e escolheu o curso de comércio exterior com especialização em espanhol. Foi treinado por Brett Hawke, australiano, responsável pelos últimos meses de preparação antes dos Jogos de Pequim, em 2008. Rigoroso, o contrato o proibia de namorar, de sair à noite e de beber. Depois dessa fase de abstinência, namorou com a miss Brasil 2011, Priscila Machado, e com a modelo Kelly Gisch.

Na galeria de conquistas dele estão os recordes brasileiro e sul-americano nos 4 × 100 metros livres e 4 × 100 metros medley em piscina olímpica, dos revezamentos 4 × 50 metros livres em piscina curta (25 metros) e longa (50 metros), e dos 4 × 200 metros livres em piscina curta. Medalha de ouro nos 50 metros e 100 metros livre do Grand Prix de Missouri, nos Estados Unidos, em 2008.

Você sabia?

César Cielo foi considerado pela revista *Época* um dos cem brasileiros mais influentes de 2009, e melhor atleta da década pela revista *Sport Life*.

Paralelamente às piscinas, César Cielo administrou desde dezembro de 2010 o restaurante Original da Granja, em São Paulo, que lhe garantiu patrocínios.

15 de agosto

Classe operária se organiza e faz primeira greve geral
1903

Jornada diária de oito (e não de até dezesseis horas), reajuste salarial e moradia digna: essas foram a base das reivindicações da primeira greve geral do período republicano, no começo do século XX e da implantação da indústria nacional. Era o início da organização dos empregados dentro das fábricas, com o surgimento, no Rio de Janeiro, em 1903, da Federação das Associações de Classe, modelo inspirado na Central Geral dos Trabalhadores (CGT) francesa.

Dois anos mais tarde, daquela primeira mobilização para o primeiro congresso da categoria, surgiu a Federação Operária do Rio de Janeiro, base para a fundação, em 1906, da Federação Operária Regional Brasileira. Na mesma época, em 1905, sapateiros, padeiros, marceneiros e chapeleiros fundaram a Federação Operária de São Paulo, influenciados pelas ideias anarquistas trazidas por grupos de migrantes europeus, notadamente espanhóis, italianos, franceses e portugueses.

A primeira greve da Primeira República foi deflagrada em 15 de agosto de 1903, abrindo caminho para uma série de outros movimentos trabalhistas e sociais, alguns relacionados no contexto da Revolta da Vacina. Homens e mulheres empregados da fábrica de tecidos Aliança, a maior unidade têxtil na época, localizada em Laranjeiras, na cidade do Rio de Janeiro, pararam a linha de montagem para reivindicar a redução da jornada de trabalho para oito horas e a correção salarial de 40%. Os grevistas exigiam também a recontratação de duas operárias que, segundo as lideranças, haviam sido demitidas arbitrariamente.

Foram 26 dias de paralisação. A greve ganhou adesão e logo se espalhou pelas demais fábricas de tecidos do Rio, atingindo, também, outras categorias profissionais, como tecelões, alfaiates, chapeleiros, pintores, vidreiros, sapateiros, canteiros e outros operários das pedreiras, depois estivadores e

15 de agosto

catraieiros. No total, cruzaram os braços cerca de 40 mil operários, dos quais 25 mil eram têxteis, movimento este que chegou aos bairros de São Cristóvão, Vila Isabel, Andaraí, Botafogo, Jardim Botânico e, inclusive, ao então remoto Bangu.

Apesar da mobilização, as reivindicações foram atendidas apenas parcialmente e a repressão foi violenta depois da greve. Centenas de trabalhadores foram demitidos e a Federação Operária Regional Brasileira extinta em fábricas de tecidos. Em contrapartida, o avanço da organização dos trabalhadores resultou na criação das primeiras entidades sindicais do país. Na sequência, surgiu a federação intersindical transformada em 1905 na Federação Operária do Rio de Janeiro, base da Confederação Operária Brasileira e embrião das centrais sindicais brasileiras.

Em 1906, outra greve geral dessa vez paralisou Porto Alegre. Uma década depois, foi deflagrada a maior das paralisações daquele período, igualmente iniciado nas fábricas têxteis e com adesão de cerca de 70 mil homens e mulheres em São Paulo, que já era a maior cidade industrial do Brasil. Uma série de movimentos ocorreu nos anos seguintes, com aumento da repressão estatal sobre a estrutura sindical e início da discussão sobre a implantação de leis para reconhecimento das demandas operárias. Em 1962, grevistas reivindicaram a garantia legal do 13º salário, negociada pelo Comando Geral dos Trabalhadores, base da CGT, central sindical que atuou antes do golpe militar de 1964.

Você sabia?

Em 1903, foram criadas a União dos Operários Estivadores e a Sociedade União dos Foguistas.

Em 1989, a greve geral paralisou mais de 70% da população ativa por 48 horas, a maior da história até então.

16 de agosto

Caras Pintadas contra Collor de Mello
1992

O povo brasileiro vinha de um período de 21 anos de ditadura militar, ainda desconfiado do legado deixado pelo governo transitório de José Sarney e ansioso por eleição direta para presidente da República, quando surgiu o alardeado pela mídia "caçador de marajás".

Era o candidato Fernando Collor de Mello, oriundo de família tradicional da política alagoana, jovem para os padrões de antigos presidentes, e que surgiu como uma grande novidade no cenário político nacional.

Resultado: recebeu a maioria dos votos no pleito de 1989 e foi empossado em janeiro de 1990. Entre as primeiras providências de seu governo, a nova equipe econômica chefiada pela ministra Zélia Cardoso de Mello anunciou um plano de recuperação financeira com medidas de impacto e impopulares, como aumento da carga tributária e das tarifas públicas, abertura dos mercados nacionais, substituição da moeda (cruzado novo para cruzeiro) e, a mais polêmica de todas, o confisco das cadernetas de poupança com saldos superiores a 50 mil cruzeiros pelo período de um ano e meio.

Não bastasse a reação negativa ao Plano Collor por parte de pequenos e médios investidores na caderneta de poupança, o governo que prometia moralizar o país e acabar com os altos salários dos "marajás da República" ficou bem distante das metas. Mais do que isso, Collor se envolveu no escândalo de corrupção conhecido como "Esquema PC", em alusão ao envolvimento de seu ex-tesoureiro de campanha, Paulo César Farias, o PC. Os desmandos foram denunciados pelo irmão do então presidente, Pedro Collor, que apresentou provas de roubo de dinheiro público, enriquecimento ilícito e tráfico de influência.

A mobilização de lideranças da União Nacional dos Estudantes (UNE) e da União Brasileira dos Estudantes Secundaristas (UBES), por democracia e pelo fim da censura e da corrupção, remonta aos anos 1980. Na década

16 de agosto

seguinte, o ponto alto do movimento popular contra Collor ocorreu no segundo semestre de 1992, mas uma primeira reunião foi realizada em 29 de maio daquele ano. No dia 11 de agosto, mais de 10 mil pessoas estavam engajadas em frente ao Museu de Arte de São Paulo.

Isolado no Congresso Nacional e sem apoio popular, Collor não resistiu à pressão dos "Caras Pintadas", como ficou conhecido o movimento estudantil que exigiu antecipação do fim do mandato dele. O pedido de *impeachment* foi respaldado em praticamente todas as cidades brasileiras por milhões de jovens e adolescentes vestindo roupas pretas e com a combinação de verde e amarelo da bandeira nacional estampada no rosto. O ápice da campanha ocorreu em 16 de agosto de 1992, o "domingo negro", como ficou marcado na história recente do país.

Com a força dos Caras Pintadas e a conclusão da Comissão Parlamentar de Inquérito (CPI) que apurou a corrupção, o Movimento pela Ética na Política ganhou as ruas. Fernando Collor renunciou ao mandato em 29 de dezembro de 1992 na expectativa de preservar os direitos políticos, mas foi deposto pelo Congresso e substituído pelo então vice-presidente, Itamar Franco. Oito anos depois, em 2006, foi eleito senador em Alagoas pelo Partido Renovador Trabalhista Brasileiro (PRTB).

Você sabia?

Pedro Collor revelou a corrupção do irmão Fernando em entrevista à revista *Veja*, em maio de 1992.

O pai de Fernando e Pedro Collor, o então senador Arnon de Mello (PDC-AL), matou com um tiro, em plenário, o senador José Kairala (PSD-AC), depois de mirar no senador Silvestre Péricles (PTB-AL). Foi em 4 de dezembro de 1963.

17 de agosto

Morre Carlos Drummond de Andrade
1987

Diplomado em farmácia em 1925, servidor público federal com 28 anos de carreira, tradutor e maior poeta brasileiro do século XX, Carlos Drummond de Andrade foi, antes de tudo, homem de imprensa. Ele próprio fez questão de repetir em várias entrevistas que se encantou com a profissão ainda "rapazinho" e que em 64 anos de atividade teve produção jornalística maior do que a literária.

Nascido em Itabira do Mato Dentro (MG), em 31 de outubro de 1902, filho de Carlos de Paula Andrade e Julieta Augusta Drummond de Andrade, fazendeiros em decadência econômica, o jovem publicou os primeiros textos em 1918 no *Aurora Colegial*, tabloide do Colégio Anchieta, em Nova Friburgo (RJ), para onde se mudara. Dois anos depois, escreveu pela primeira vez para um veículo comercial, o *Jornal de Minas*; mas só seis anos mais tarde se tornou colaborador regular no *Diário de Minas*, de Belo Horizonte, na época reduto de adeptos do ainda incipiente movimento modernista mineiro.

Drummond morreu de parada cardíaca em 17 de agosto de 1987, aos 85 anos, doze dias depois da filha única, Maria Julieta, vítima de câncer. Até se aposentar, três anos antes, escreveu poemas, crônicas e contos nos cadernos de cultura de outros importantes jornais mineiros e cariocas – *A Tribuna*, *Estado de Minas*, *Diário da Tarde*, *A Manhã*, *Folha Carioca*, *Correio da Manhã* e *Jornal do Brasil*, onde se aposentou. No JB, durante quinze anos publicou um total de cerca de 2.300 textos, três vezes por semana, no Caderno B. O resultado de extensa convivência com a redação foram 29 livros de versos e 22 de prosa, boa parte deles, sobretudo os de prosa, com conteúdo saído diretamente de suas publicações em jornais.

O tempo presente, a memória e a metapoesia marcam sua produção poética altamente lírica. Nos primeiros livros de versos, *Alguma poesia*, de 1930, e *Brejo das Almas*, de 1934, o modernismo já aparece em sua produção,

17 de agosto

sem ser dominante. Em *Sentimento do mundo*, lançado em 1940; em *José*, de 1942, e em *A rosa do povo*, de 1945, o autor se aproveita da maturidade poética para, por meio da inspiração na realidade contemporânea e da experiência histórica coletiva, tornar-se indivíduo engajado e solidário social e politicamente com as angústias populares mais cotidianas.

Drummond foi um dos fundadores de *A Revista*, de curta duração, mas importante para o modernismo em Minas Gerais. Sua capacidade de criação poética se desenvolveu paralela à rotina burocrática no serviço público, de 1934 a 1945, na chefia de gabinete do então ministro da Educação, Gustavo Capanema, e, depois, até a aposentadoria, em 1962, no Serviço do Patrimônio Histórico e Artístico Nacional, no Rio de Janeiro. Lá, em 29 de setembro de 1984, Drummond se despediu em grande estilo do *Jornal do Brasil*, onde estreara em 1969.

A capa daquela edição trouxe a caricatura do velho jornalista vestido com terno confeccionado com páginas de jornal, de costas, acenando. A ilustração foi repetida no Caderno B, acima do último texto dele no JB, "Ciao". A mesma edição trouxe a reprodução da sua primeira coluna no jornalão carioca, com o título "Leilão do ar", de 2 de outubro de 1969, além de reportagem sobre a trajetória do cronista, fotos e as cartas trocadas em setembro de 1984 com o vice-presidente da empresa, Nascimento Brito, que tentou em vão demovê-lo da aposentadoria.

Você sabia?

Em 1928, a modernista *Revista de Antropofagia*, de São Paulo, publicou "No meio do caminho", poema criticado pela coloquialidade, pela repetição e por usar "tinha uma pedra" em vez de "havia uma pedra".

Obras de Drummond foram vertidas para o espanhol, inglês, francês, italiano, alemão, sueco e tcheco.

18 de agosto

No basquete, talento de Hortência e Paula encanta até Fidel Castro
1991

Aos 65 anos e trajando o indefectível uniforme verde de comandante da mais emblemática revolução da América Latina, Fidel Castro se acomodou no meio do povo para reforçar o ambiente de otimismo para a final do jogo de basquete. Quase todos na plateia, exceto a minoria verde e amarela espremida em um canto do ginásio, davam como certa a conquista de mais uma medalha de ouro pelo time vermelho de Cuba, mas, assim como o poderoso chefe militar, aos poucos foram trocando a certeza da vitória pela resignação.

Afinal, foi impossível não reconhecer a superioridade adversária, registrada não só no placar folgado, com 21 pontos de diferença – 97 a 76 –, mas, principalmente, pelo desempenho das duas principais representantes da mais brilhante geração do basquete feminino, a "Rainha" Hortência e "Magic" Paula.

Ao lado de Janeth, Marta Sobral, Ruth, Nádia, Vânia, Simone, Ana Motta, Joyce, Roseli e Adriana, e comandadas pela técnica Maria Helena Cardoso, Paula e Hortência formaram a geração de ouro do basquete feminino brasileiro. O começo de tudo foi a conquista na final dos Jogos Olímpicos de Havana, em 18 de agosto de 1991, quando Fidel, humildemente, se rendeu ao talento do time brasileiro e fez questão de descer à quadra para entregar as medalhas às campeãs olímpicas, numa reverência especial à dupla, a quem chamou de *brujas*, ou bruxas.

Três anos depois, Hortência, Paula e Janeth voltaram a brilhar com a camiseta amarela. Sob comando do treinador Miguel Ângelo da Luz, o Brasil ficou com o título de campeão mundial com a vitória de 97 a 87 contra as chinesas, em Sydney, na Austrália. As maiores pontuadoras da conquista de 1994 foram Hortência, com 27, Janeth, 20, Paula, 17 e Leila, 14. A mesma geração ganhou a inédita medalha de prata olímpica nos Jogos de Atlanta, em 1996, e, renovada, em 2000, trouxe o bronze de Sydney.

18 de agosto

Parceiras inigualáveis na seleção, as duas principais jogadoras do basquete brasileiro vivenciaram rivalidade nem sempre velada quando defendiam as camisas dos respectivos clubes.

Nascida em 23 de setembro de 1959, em Potirendaba (SP), Hortência Fátima Marcari é a maior pontuadora da história da seleção, com 3.160 pontos em 127 partidas oficiais e média de 24,9 por jogo. Disputou cinco mundiais e duas Olimpíadas e, em 1990, bateu o recorde mundial com 121 cestas em uma só partida. Em 2005, Hortência se tornou a primeira brasileira a entrar para o Hall da Fama do Basquete, seguida, obviamente, por Paula. Quatro anos mais tarde, Hortência foi empossada no cargo de diretora da Seleção de Basquete Feminino pelo então presidente da Confederação Brasileira de Basquete, Carlos Nunes.

Três anos mais nova, nascida em 11 de março de 1962, em Osvaldo Cruz, também São Paulo, Paula Gonçalves da Silva é a "Magic" Paula em homenagem ao ídolo Magic Johnson. Começou aos dez anos de idade e chegou a ser considerada uma das melhores jogadoras do basquete nacional. Atuou em duas posições, ala e armadora, e mostrou grande eficiência com assistências, cobrança de lances livres e nos arremessos de cestas de três pontos. Aos catorze anos, foi convocada pela primeira vez para a equipe adulta do Brasil.

Você sabia?

Em casa, nos Jogos Pan-Americanos de 1991, os cubanos terminaram à frente dos Estados Unidos em medalhas de ouro – 140 a 130. Foi a única vez desde 1951.

Juntas, Paula e Hortência também foram campeãs mundiais pelo time da Ponte Preta em 1993, ao vencer o Primizie Parma, da Itália, por 102 a 86. Naquele ano, o time de Campinas formou uma "seleção" em seu elenco.

19 de agosto

Nasce o poeta e tradutor Haroldo de Campos
1929

Não fosse o poeta, tradutor e ensaísta Haroldo de Campos — e seu irmão Augusto de Campos —, grandes obras da literatura universal permaneceriam inacessíveis a quem apenas domina a língua portuguesa. Ao entender a tradução literária como *transcriação*, para usar suas próprias palavras, os dois trouxeram para o conhecimento dos leitores do português textos traduzidos que chegaram a ser aclamados pelos autores originais.

Entre as primorosas transcriações de Haroldo estão poemas do escritor mexicano Octavio Paz, que lhe rendeu elogios do próprio Nobel de Literatura de 1990, o qual considerou trechos da sua versão em português melhores até mesmo que a sua criação em espanhol. Ele verteu para o português de textos bíblicos a poemas que vão da Antiguidade à vanguarda, como Homero, Dante, Goethe, Ezra Pound, Vladimir Maiakovski e Konstantínos Kaváfis, traduzindo de originais em grego, hebraico, russo, inglês, alemão, italiano, chinês, japonês. Mas sua produção não ficou apenas na transcriação.

Nascido em São Paulo, em 19 de agosto de 1929, dotado de rara erudição, com o irmão mais novo Augusto e com Décio Pignatari, na década de 1950, os três lançaram as bases do concretismo, movimento artístico renovador, sobretudo no campo da poesia, que do Brasil se espalhou pelo mundo. O grupo Noigandres, fundado por eles em 1952, encarregava-se de difundir suas ideias na revista homônima e ao lado de outros poetas, como José Lino Grünewald e Ronaldo Azeredo, atraindo elogios e críticas.

A poesia concreta procurava romper com o verso e explorar, em seu lugar, as possibilidades visuais e sonoras das palavras, que podiam ser decompostas e dispostas de maneira a formar imagens. Daí o nome poema-objeto e seu aspecto "multimídia". Também buscava valer-se de neologismos e expressões de outros idiomas. O concretismo inspirou poetas de vários países, que a ele aderiram, e, no Brasil, influenciou decisivamente importantes

19 de agosto

autores como Paulo Leminski e, antes dele, Ferreira Gullar, que posteriormente travaria extensa polêmica com os concretos, defendendo a subjetividade da poesia. O "Manifesto Neoconcretista", lançado em 23 de março de 1959 no suplemento dominical do *Jornal do Brasil*, assinado por Gullar, foi a consolidação dessa ruptura e acabou atraindo quem antes se identificava com os concretos.

O concretismo conversou com a música popular, a Tropicália em especial, o cinema e as artes plásticas. Em 1956, o Museu de Arte Moderna de São Paulo recebeu a Exposição Nacional de Arte Concreta, organizada por Haroldo, da qual participaram, além de representantes da poesia concreta, artistas plásticos como Lygia Clark e Hélio Oiticica, estes ligados ao neoconcretismo.

Haroldo escreveu mais de trinta livros e é considerado referência-chave da poesia brasileira no século XX. Sua obra *Galáxias*, de 1984, clássico de prosa poética, é tida por alguns críticos como sua obra-prima.

Ao longo de 73 anos de vida, ele se correspondeu com personalidades da intelectualidade mundial, como Umberto Eco e Tzvetan Todorov. Recebeu, nos anos 1990, no Brasil, dois prêmios Jabuti, e, no México, o Prêmio Octavio Paz, além do título doutor *honoris causa* pela Universidade de Montreal, no Canadá.

Ele morreu vítima de falência múltipla de órgãos, em 16 de agosto de 2003, pouco tempo depois de concluir sua transcriação da *Ilíada*, de Homero.

Você sabia?

Em 1952, aos 23 anos, Haroldo de Campos escreveu sua única peça teatral, *Graal - legenda de um cálice*, que permaneceu inédita até 2017, quando foi lançada pela editora Perspectiva.

Caetano Veloso musicou, em 1991, o "Circuladô de Fulô", do livro *Galáxias*.

20 de agosto

Nasce Cora Coralina
1889

Mulher simples, de pouco estudo, alheia aos modismos dos centros urbanos e doceira de mancheias, a escritora Cora Coralina nasceu Anna Lins dos Guimarães Peixoto Bretas, filha de Francisco de Paula Lins dos Guimarães Peixoto, desembargador nomeado pelo imperador dom Pedro II, e da dona de casa Jacinta Luiza do Couto Brandão. Passou a infância em casarão erguido em meados do século XVIII, uma das primeiras edificações à beira do rio Assunção, na antiga Vila Boa, em Goiás.

Apesar de ter frequentado somente as quatro primeiras séries na escola da mestra Silvina Ermelinda Xavier de Brito, Aninha, como era conhecida, produziu riquíssima obra literária com poesia baseada no cotidiano do interior brasileiro, particularmente dos becos históricos de Goiânia e interior de Goiás.

Os seus primeiros textos fluíram quando tinha apenas catorze anos, publicados mais tarde em jornais de Goiânia e de outras cidades, como o semanário *Folha do Sul*, com circulação em Bela Vista, onde em maio de 1906 escreveu a crônica "A tua volta", dedicada a Luiz do Couto, "o querido poeta gentil das mulheres goianas", e no ano seguinte, com Leodegária de Jesus, Rosa Godinho e Alice Santana, dirigiu o semanário *A Rosa*. Em 1910, o primeiro conto, "Tragédia na roça", foi incluído no *Anuário Histórico e Geográfico do Estado de Goiás*, já com o pseudônimo de Cora Coralina.

Também publicou textos na revista *A informação goiana*, que começou a ser editada em 15 de julho de 1917, no Rio de Janeiro. Paralelamente às primeiras publicações em periódicos, ela frequentou as tertúlias do Clube Literário Goiano, em um dos salões do casarão pertencente a dona Virgínia da Luz Vieira, e lá teve a inspiração para o poema "Velho sobrado". Jovem, sonhadora e apaixonada, em 1911 mudou para Jaboticabal, interior de São Paulo, levada pelo advogado Cantídio Tolentino de Figueiredo Bretas, separado da primeira mulher e 22 anos mais velho, com quem viveu

20 de agosto

durante 45 anos e teve seis filhos – Paraguaçu, Eneias, Cantídio, Jacintha, Ísis e Vicência, dos quais Eneias e Ísis morreram ainda bebês. O marido foi chefe de polícia do governo do presidente do estado de Goiás Urbano Coelho de Gouveia, entre 1909 e 1912.

Em 1922, o marido a proibiu de aceitar convite de Monteiro Lobato para participar da Semana de Arte Moderna. Em 1928, mudou para a capital paulista, mas como a chegada dela coincidiu com a ocupação da cidade por tropas revolucionárias, ficou algumas semanas trancada em um hotel, defronte à Estação da Luz. Assistiu à chegada de Getúlio Vargas à praça do Patriarca, na rua Direita, e não impediu o filho Cantídio de lutar na Revolução Constitucionalista de 1932.

Em 1934, depois da morte do marido, trabalhou como vendedora da editora José Olímpio. Mais tarde, foi morar em Penápolis, interior de São Paulo, onde produziu e vendeu linguiça e banha de porco caseiras, antes de mudar-se para Andradina – onde a casa de cultura tem o seu nome – e, em 1956, voltar a Goiás. Em 1965, aos 75 anos, lançou seu primeiro livro: *Poemas dos becos de Goiás e estórias mais*. Em 1976, publicou *Meu livro de cordel*, pela editora Cultura Goiana, e, em 1983, Carlos Drummond de Andrade escreveu-lhe para elogiar o trabalho de *Vintém de cobre*, carta que ao ser divulgada tornou-a conhecida, e reconhecida, no Brasil. Cora morreu em 10 de abril de 1985, em Goiânia.

Você sabia?

Cora Coralina, também apelidada Aninha da Ponte da Lapa, produzia doces cristalizados de figo, caju, abóbora e laranja.

Em 1983, foi eleita Intelectual do Ano e ganhou o Prêmio Juca Pato, da União Brasileira de Escritores.

21 de agosto

Brasil derrota Itália e é tricampeão olímpico de vôlei masculino
2016

Segundo esporte mais popular do país, atrás apenas do futebol, o vôlei é também um dos mais vitoriosos em competições internacionais. O tricampeonato olímpico com o Maracanãzinho lotado, contra a Itália, foi a consagração de uma nova geração de jogadores, no começo desacreditada, mas respaldada dentro da quadra pelo misto de segurança, frieza e liderança do líbero Serginho, pela força do oposto Wallace e pela inteligência do levantador Bruninho. E, na lateral dela, pela soma da estratégia, da garra, da volúpia e das caras e caretas do vitorioso treinador Bernardinho, às vezes questionado pela "histeria" no trato com o time, notadamente nos intervalos entre um *set* e outro e nas paradas de jogo a pedido dos técnicos.

Mesmo com a força da torcida, o Brasil entrou desacreditado nos Jogos Olímpicos de 2016, no Rio de Janeiro. Favorito natural em competições anteriores, o time vinha de uma série de resultados adversos na temporada de 2015. Na primeira fase, foram duas derrotas, para Estados Unidos e Itália, a adversária da grande final de 21 de agosto, e a vaga só foi garantida na última rodada, com a vitória diante da França.

Naquela tarde de domingo, o espírito vitorioso voltou a pairar no Maracanãzinho e, contagiado pelo calor da torcida, o time de Bernardinho superou a mesma Itália da primeira fase, pelo clássico placar da superioridade absoluta, três *sets* a zero, com parciais de 25 a 22, 28 a 26 e 26 a 24.

Colorido de verde e amarelo, o ginásio do Maracanãzinho tremeu no intervalo do primeiro para o segundo *set*, quando o atacante Neymar, que no sábado havia conquistado a medalha de ouro inédita no futebol, apareceu no telão com mensagem de otimismo e foi ovacionado pela plateia. Na repetição da final de Atenas em 2004, a medalha de ouro foi decidida nos detalhes em um jogo de placar apertado em todos os *sets* e decidido nos erros do adversário, já que os italianos cederam 27 pontos, contra 23 dos brasileiros.

21 de agosto

Com três medalhas de ouro, o vôlei masculino do Brasil soube tirar proveito do fator "casa" e se igualou em 2016 aos Estados Unidos e à União Soviética como os principais vencedores da modalidade na história das Olimpíadas. O time foi campeão, também, em Barcelona nos Jogos de 1992, e em Atenas, em 2004, mas vinha de dois vices, duas medalhas de prata, em Pequim, na Olimpíada de 2008, e em Londres, quatro anos depois.

Em 2016, a derrota para a Rússia, de virada, foi traumática e parte daquele grupo de jogadores saiu da seleção. A conquista do ouro no último dia da Olimpíada no Brasil foi importante, também, para a consagração de dois ícones da história contemporânea do vôlei nacional: o técnico Bernardinho, que chegou pela sexta vez seguida ao pódio olímpico, depois da campanha com o time feminino em Atlanta e em Sydney, e o líbero Serginho, jogador que saiu de uma infância pobre em favela de São Paulo para se tornar o maior medalhista olímpico do Brasil em esportes coletivos – com duas de ouro e duas de prata.

Você sabia?

Jogos da 31ª Olimpíada, a do Rio 2016, foram realizados no segundo semestre de 2016, na Cidade Maravilhosa, sede escolhida durante a 121ª Sessão do Comitê Olímpico Internacional, em 2 de outubro de 2009, em Copenhague, na Dinamarca. Foi a oitava vez que o Brasil sediou um grande evento multiesportivo.

Polícia Federal e Ministério Público Federal iniciaram em 2017 investigação da Operação Lava Jato para apurar indícios de propina e compra de votos na escolha do Rio de Janeiro para sediar a Olimpíada de 2016.

22 de agosto

Em São Vicente, a primeira eleição da América
1532

No Brasil, a história do voto remonta ao período colonial. A primeira eleição ocorreu 32 anos depois da descoberta das novas terras pela frota portuguesa comandada pelo fidalgo Pedro Álvares Cabral. E foi para a escolha dos primeiros integrantes do Conselho Municipal da vila de São Vicente, em São Paulo, correspondente à atual Câmara de Vereadores. Na época, o sistema era restrito a quem tivesse algum tipo de renda e, ainda assim, não havia qualquer preocupação com a lisura do processo.

Tudo começou com a chegada de Martim Afonso de Sousa, enviado pelo rei João III para demarcar territórios no litoral atlântico e no rio da Prata. Foi ele quem comandou o massacre dos índios carijós, guaianases e tamoios para fundar a vila de São Vicente, a primeira cidade do Brasil, em 22 de fevereiro de 1532, com instalação de pelourinho, igreja e da sede da primeira Câmara, para realização, em 22 de agosto daquele ano, da primeira eleição no continente americano.

A primeira atividade econômica de São Vicente foi a cultura da cana-de--açúcar e a instalação de engenhos para a manufatura do açúcar. Também foram implantadas a agricultura de subsistência e formados os primeiros rebanhos de gado bovino, com matrizes trazidas do arquipélago de Cabo Verde, em 1534.

Durante a colonização, as eleições ocorreram quase sempre da mesma forma, com alterações registradas somente a partir de 1828. As casas legislativas estavam inseridas na circunscrição das comarcas e funcionavam como órgãos administrativos colegiados. Tinham como principais atribuições arrecadar impostos e zelar pela defesa das cidades. Por determinação das Ordenações do Reino, as câmaras deveriam ser ocupadas pela "nobreza", ou "legislação de homens bons".

Pouco antes da Proclamação da República, em 1881, foi instituído o título de eleitor, obviamente sem foto, documento insuficiente para barrar

22 de agosto

as fraudes corriqueiras. Com o fim do Império, na eleição de 1889, o voto deixou de ser determinado pela renda do eleitor, mas continuou sendo proibido a jovens com menos de 21 anos, mulheres, analfabetos, soldados rasos, indígenas e integrantes do clero.

No primeiro Código Eleitoral do Brasil, publicado em 1932, a novidade foi o voto secreto. Em 1955, as eleições ocorreram em cédulas de papel, e o eleitor passou a ser identificado por meio de documento com foto. Em 1964, teve início o período conhecido como "anos de chumbo", de duas décadas de ditadura militar e restrições de direitos fundamentais do cidadão.

O povo brasileiro voltou a eleger diretamente um presidente somente em 1989, quando Fernando Collor de Mello sucedeu a José Sarney, que havia sido escolhido pelo Colégio Eleitoral formado por deputados federais e senadores.

Como os analfabetos e adolescentes acima de dezesseis anos já estavam indo às urnas, a partir de 2010 os detentos não condenados também ganharam o direito a voto. A Justiça Eleitoral também modernizou normas e procedimentos para ampliar a segurança e participação dos brasileiros com a criação de cadastro nacional de eleitores, além das inovações tecnológicas, como urna eletrônica e identificação biométrica.

Você sabia?

Os habitantes originais de São Vicente foram índios tapuias, expulsos por volta do ano 1000 por tupis oriundos da Amazônia, que chamavam o lugar de Gohayó.

A vila, depois cidade, mantém o nome atual desde 1502, em homenagem a são Vicente de Saragoça, um dos padroeiros de Portugal.

23 de agosto

Basquete de Oscar e cia desbanca EUA e traz ouro de Indianápolis
1987

Resultados imprevisíveis, vitórias de times técnica e taticamente inferiores são recorrentes na história do esporte mundial de alto rendimento, e nas mais diferentes modalidades. No basquete, uma dessas zebras, talvez a maior de todos os tempos, imortalizou a geração de Oscar e Marcel como uma das melhores do Brasil e garantiu a conquista da inédita medalha de ouro nos Jogos Pan-Americanos de Indianápolis, em 1987.

No pódio ao lado, um degrau abaixo, o time dos Estados Unidos, até então imbatível dentro de casa, deixou de lado o constrangimento de perder uma invencibilidade de sessenta jogos para reconhecer a superioridade do time comandado fora da quadra pelo técnico Ary Vidal, contentando-se com a prata do segundo lugar, diante de uma plateia estupefata.

A vitória histórica de 23 de agosto de 1987, por 120 a 115, foi construída no segundo tempo, depois do revés de 54 a 68 no primeiro. E não foi por acaso. A seleção brasileira surpreendeu com a velocidade na transição da defesa para o ataque, e vice-versa, com jogo coletivo e, sobretudo, com a pontaria nos arremessos de três pontos. Oscar, o maior nome do jogo e da história do basquete nacional, fez jus ao apelido de Mão Santa que o acompanhou pelo resto da vida. Ele e Marcel fizeram 55 dos 66 pontos que proporcionaram a virada do segundo tempo, e, emocionados, juntaram-se a Gérson, Guerrinha, Israel, Paulinho Villas Boas, Rolando, Cadum e Pipoka no choro coletivo de satisfação no meio da quadra.

Aos torcedores adversários, restou o aplauso resignado diante da festa brasileira. O estilo de jogo daquele time, segundo especialistas e os próprios ex-jogadores, passou a ser praticado mundo afora, e, três décadas depois, foi a principal característica do Golden State Warriors, campeão de 2017 da NBA, a mais importante liga de basquete do mundo.

Idolatrado também pelos amantes do esporte nos Estados Unidos, o

23 de agosto

craque Oscar foi eternizado no Hall da Fama do basquete em Springfield, Massachusetts, no dia 8 de setembro de 2013. Naquela ocasião, o brasileiro foi homenageado pelo lendário Larry Bird, ex-astro do Boston Celtics, um dos times campeões da NBA, e foi igualado a astros da categoria de Michael Jordan, entre outros poucos.

Certamente, o ouro dos Jogos Pan-Americanos de Indianápolis foi o resultado com maior repercussão internacional e de maior visibilidade para o basquete do Brasil, embora não tenha sido o resultado mais importante. Antes, a seleção nacional conquistou o bicampeonato mundial, em 1959 e 1963, time formado por outra geração de craques, entre eles Vlamir e Amaury, comandada pelo técnico Togo Renan Soares, o lendário Kanela. Em Olimpíada, o time brasileiro garantiu três medalhas de bronze nos jogos: em Londres, em 1948; depois em Roma, em 1960; e em Tóquio, em 1964.

Três décadas depois, Oscar, o cestinha daquela final com 46 pontos, ainda entende que o resultado do Pan-Americano de 1987 foi imprescindível para dirigentes e técnicos dos Estados Unidos repensarem a forma de jogar basquete. Uma das mudanças foi a pressão para os profissionais da nba atuarem integrados com a Federação Internacional de Basquete (FIBA), o que, na avaliação do Mão Santa, representou os primeiros passos para o surgimento do Dream Team, o melhor time que ele viu jogar em todos os tempos.

Você sabia?

Na final de 1987, o Brasil acertou 10 bolas de três pontos em 25 tentativas, 40%. O time dos Estados Unidos acertou 2 de 11 arremessos.

Oscar foi o cestinha do torneio, com 246 pontos, o maior da história do Pan.

24 de agosto

Suicídio de Getúlio Vargas causa comoção nacional
1954

Venerado por muitos, odiado por outros tantos, Getúlio Vargas foi o presidente que ficou mais tempo no poder, dezenove anos, em dois mandatos. No primeiro, entre 1930 e 1945, liderou a revolução que derrubou Washington Luís e, em 1937, implantou a ditadura do Estado Novo. Mais tarde, em 1950, foi eleito pelo voto popular para governar o Brasil até 1954, respaldado pelo Partido Trabalhista Brasileiro (PTB).

Longe de ser unanimidade, apesar das medidas populistas adotadas, encontrou na Câmara Federal e no Senado forte oposição a seus ideais nacionalistas, entre eles, a criação da Petrobras, em 1953, com o slogan "O petróleo é nosso", que desagradou importante segmento do empresariado, descontentamento agravado pelo reajuste de 100% decretado no valor do salário mínimo.

Na oposição, o jornalista Carlos Lacerda, da União Democrática Nacional (UDN), coordenava as ações para a desestabilização política do governo. A campanha contra Vargas foi intensificada na imprensa, no Congresso e em setores das Forças Armadas, depois do episódio conhecido como "O atentado da rua Tonelero". Na noite de 5 de agosto de 1954, Lacerda escapou com apenas um ferimento no pé, ao ter o carro cercado por homens armados e ser abordado a tiros momentos antes de chegar em casa. O segurança dele, um major da Aeronáutica, foi baleado e morto no local.

Getúlio Vargas foi acusado de ser o mandante da emboscada, denúncia reforçada por supostos indícios encontrados no local do crime pela polícia. As pistas levaram a um dos homens de confiança do presidente, Gregório Fortunato, o "Anjo Negro", que mais tarde teria admitido a participação no atentado. Repletas de contradições, as investigações nunca comprovaram nada de concreto, o que não impediu a pressão de setores das Forças Armadas e a adesão dos militares à campanha pela renúncia do presidente.

24 de agosto

No dia 24 de agosto de 1954, quando todos davam a renúncia como certa, inclusive o vice, Café Filho, Getúlio Vargas deu o tiro que mudou o rumo da política nacional e, segundo o biógrafo Lira Neto, adiou em dez anos o golpe militar de 31 de março de 1964. Trancado no gabinete presidencial do Palácio do Catete, Getúlio empunhou o revólver que guardava e atirou contra o próprio coração, deixando a Presidência nas mãos de Café Filho.

Ao noticiarem o suicídio, as principais emissoras de rádio do Rio de Janeiro passaram a ler a "Carta Testamento" deixada por Vargas, incentivando a população a vingar a morte do "pai dos pobres". Houve quebradeira nas ruas, destruição de viaturas e depredação das sedes dos jornais *O Globo*, da família de Roberto Marinho, e *Tribuna da Imprensa*, este dirigido por Carlos Lacerda.

A comoção popular fez retroceder o movimento para derrubar Getúlio. Contudo, dez anos depois, essas mesmas forças foram responsáveis pelo golpe contra João Goulart, em 1964, mantendo-se no poder durante 21 anos. Entre os articuladores dessa ação estavam os generais Sylvio Frota, Ednardo D'Ávilla Mello, Golbery do Couto e Silva, Antônio Carlos Muricy e Amaury Kruel. Entre os civis de oposição ao getulismo e apoiadores da ditadura, Carlos Lacerda foi eleito deputado federal em 1955, e, cinco anos depois, governador da Guanabara.

Você sabia?

Getúlio Vargas entregou Olga Benário, mulher do líder comunista Luís Carlos Prestes, grávida, ao governo nazista de Adolf Hitler, na Alemanha. Ela foi morta na câmara de gás no campo de extermínio de Bernburg, depois de dar à luz Anita Leocádia, entregue à avó paterna.

O Departamento de Imprensa e Propaganda (DIP) foi criado para censurar manifestações contrárias ao governo Vargas.

25 de agosto

Jânio Quadros renuncia depois de sete meses na Presidência
1961

Contraditório, polêmico, populista e curto. Se essas palavras não definem, pelo menos resumem os sete meses do governo de Jânio da Silva Quadros na Presidência do Brasil, antes do golpe que respaldou os 21 anos de ditadura militar no país, entre 1964 e 1985. Eleito com 6 milhões de votos e apoio da União Democrática Nacional (UDN), de Carlos Lacerda, o representante da elite oligárquica do país, Jânio venceu a disputa presidencial contra o general Henrique Lott, ministro da Guerra, sendo empossado no dia 31 de janeiro de 1961, em Brasília, a nova capital da República. Sua promessa era a de acabar com a corrupção na administração pública, equilibrar as finanças e controlar a inflação. No entanto, o slogan "varre, varre vassourinha, varre, varre a bandalheira", que caiu na boca do povo durante a campanha dele, logo virou motivo de chacota.

Na economia, o governo adotou caráter conservador e seguiu todas as recomendações do Fundo Monetário Internacional (FMI). Houve congelamento salarial, restrição de crédito e desvalorização da moeda, mas a inflação continuou alta e o descontentamento da população cresceu. A queda de popularidade foi vertiginosa, depois de outras medidas polêmicas do presidente, que proibiu o uso de biquíni em transmissões de concursos de beleza pela televisão, as rinhas de galos e o lança-perfume em bailes de Carnaval. Em contrapartida, Jânio Quadros regulamentou o jogo de cartas.

Na política internacional, mesmo se declarando publicamente contra o comunismo, Jânio Quadros também surpreendeu. Adotou medidas para romper com a dependência brasileira dos Estados Unidos, aproximou-se dos movimentos nacionalistas e de esquerda, tentou a reaproximação diplomática do Brasil com a União das Repúblicas Socialistas Soviéticas (URSS), articulou a viagem do vice-presidente, João Goulart, o Jango, em missão oficial à China, país também socialista.

25 de agosto

Para completar a lista de ações contestadas por setores conservadores da sociedade, políticos de direita e a cúpula das Forças Armadas, em agosto de 1961, pouco tempo antes de renunciar, Jânio Quadros condecorou, com a Ordem do Cruzeiro do Sul, o médico e guerrilheiro argentino Ernesto Che Guevara, um dos líderes da Revolução Cubana, ao lado de Fidel Castro.

Articulado com os militares, em 24 de agosto de 1961, Carlos Lacerda fez pronunciamento em rede nacional de rádio e televisão para denunciar suposto golpe de Estado que estaria sendo planejado pelo presidente da República, e, no dia seguinte, uma sexta-feira, o Brasil foi surpreendido com a renúncia de Jânio Quadros.

Na carta enviada ao Congresso Nacional, Jânio atribuiu a "forças terríveis e ocultas" sua decisão de deixar o governo. A renúncia foi aceita em sessão que durou cerca de dez minutos, e o presidente da Câmara dos Deputados, Ranieri Mazzilli, assumiu a sucessão natural, até a volta de João Goulart da China. Na época, foi especulada a possibilidade de blefe por parte de Jânio ao apresentar a renúncia. Anos depois, em entrevista concedida em 1992, o próprio Jânio confirmou que a intenção na época era causar comoção nacional e voltar ao cargo aclamado pelo povo.

Seus adversários, contudo, foram mais astutos e inviabilizaram qualquer possibilidade de reação popular, além de enfraquecerem a sucessão de João Goulart com a implantação do parlamentarismo no Brasil.

Você sabia?

Carlos Lacerda usou a *Tribuna da Imprensa* para publicar notícias distorcidas contra o governo de Jânio Quadros.

Em 1985, Jânio foi eleito prefeito de São Paulo e empossado em janeiro do ano seguinte.

26 de agosto

General João Figueiredo reassume a Presidência
1983

A imagem que se tinha dele era a do general arrogante, mal-humorado e, muitas vezes, agressivo. E não era para menos, já que o presidente João Batista Figueiredo encerrava o ciclo de 21 anos do regime de exceção imposto pelo golpe de 1964, um período marcado por censura, tortura, morte e desaparecimento de presos políticos e de cidadãos comuns – operários, artistas, estudantes, professores, jornalistas e tantos outros profissionais liberais ou desempregados –, gente que nada mais queria além de liberdade de expressão e igualdade de direitos sociais.

Último militar a governar o Brasil com mãos de ferro antes da reabertura política da década de 1980, é possível que, além daquilo que a figura dele invocava, sua fisionomia taciturna tivesse a ver também com o desagradável legado de dores físicas que o acompanhavam desde 1975, quando serviu como chefe do temido Serviço Nacional de Informações (SNI) e precisou ser internado para cirurgia de hérnia de disco.

Os problemas físicos do general Figueiredo se agravaram em 1981, já na Presidência da República. Caminhava com dificuldades e chegava a mancar, por causa de uma inflamação na perna esquerda; no mesmo ano passou ainda por outra operação, dessa vez para correção das pálpebras, procedimento realizado pelo cirurgião Ivo Pitanguy.

O maior susto ocorreu, porém, alguns meses depois, em setembro, ao sofrer um enfarte e precisar viajar às pressas para Cleveland, nos Estados Unidos, onde foi submetido a bateria de exames coronarianos, embora não tenha precisado colocar pontes de safena. Apesar das recomendações médicas, o coração de Figueiredo pioraria em julho de 1983.

Nessa época, o presidente deixou no comando seu vice, Aureliano Chaves, e viajou novamente a Cleveland. Dessa vez, voltou com duas pontes de safena e, apesar de um tombo de cavalo tê-lo obrigado a usar colete

26 de agosto

cervical, reassumiu o cargo em 26 de agosto daquele ano. As dores na coluna, que haviam dado uma trégua ao general presidente, reapareceram em setembro de 1984.

Como presidente, João Figueiredo foi responsável pela condução do processo de reabertura política após o golpe de 1964. Foi autor do projeto de lei de anistia aos punidos pelo regime militar, beneficiando 4.650 pessoas, e de perdão aos acusados de crimes de abuso de poder, tortura e assassinato durante a ditadura.

No governo de Figueiredo foi extinto o bipartidarismo, até então representado pela Aliança Renovadora Nacional (ARENA) e pelo Movimento Democrático Brasileiro (MDB). Em seis anos de seu governo, o Brasil passou por grave crise econômica, elevou as taxas de juros e a inflação anual chegou a 230%, enquanto a dívida externa atingiu os 100 bilhões de dólares e exigiu o socorro do Fundo Monetário Internacional (FMI).

Controverso, Figueiredo costumava soltar frases impopulares, como "prefiro cheiro de cavalo ao do povo" ou "se eu ganhasse salário mínimo, daria um tiro no coco". Ele também se notabilizou pela implementação do polêmico programa de estímulo à agricultura, com o slogan "Plante que o João garante", iniciativa que modernizou o campo e elevou o Brasil à condição de um dos maiores exportadores agrícolas do mundo. Em contrapartida, causou quebradeira entre os pequenos produtores.

Você sabia?

Em Florianópolis, no dia 30 de novembro de 1979, a convite do então governador de Santa Catarina, Jorge Bornhausen, o presidente João Figueiredo foi hostilizado em plena praça central por manifestantes contra o regime militar. O episódio ficou conhecido como Novembrada.

Na transmissão de cargo, em 15 de março de 1985, Figueiredo se recusou a entregar a faixa presidencial ao sucessor José Sarney.

27 de agosto

Nasce Madre Teresa de Calcutá, proclamada santa após cura de brasileiro
1910

O engenheiro Marcílio Haddad Andrino sabe muito bem o que significa "viver de novo". Seu renascimento ocorreu em dezembro de 2008, aos 35 anos, quando, recém-casado, foi internado em um dos hospitais de Santos (SP), com fortes dores de cabeça. O diagnóstico não foi nada bom: hidrocefalia, ou acúmulo excessivo de líquido no crânio, além de oito abscessos (acúmulo de pus), e inchaço, espalhados pelo cérebro.

Mesmo desacreditado, os médicos o transferiram imediatamente para a Unidade de Tratamento Intensivo (UTI), enquanto providenciavam o centro cirúrgico para procedimento de emergência. Meia hora depois, ele estava acordado, sentado, sem nenhuma sequela e, surpreendentemente, consciente. Só não sabia exatamente o que estava fazendo no leito hospitalar.

Submetido a novos testes no dia seguinte, Haddad surpreendeu ainda mais os médicos, pois não apresentava nenhum tipo de lesão ou excesso de líquido no cérebro. Por unanimidade dos sete votos, o exame colegial da ordem dos médicos atestou que a resolução da doença foi cientificamente inexplicável. O milagre foi explicado em julho do ano seguinte, quando o Padre Elmiran Ferreira, que acompanhou o caso de perto, informou em entrevista ao jornal *A Tribuna*, de Santos, que no mesmo dia da internação do paciente, em coma, foi procurado pela mulher dele, em desespero, a quem deu uma imagem de Madre Teresa de Calcutá e recomendou devoção e confiança durante as orações. E assim foi feito.

Em missão especial a Santos, membros do tribunal eclesiástico para a causa de canonização de Madre Teresa entrevistaram catorze testemunhas e recolheram a documentação disponível, provas encaminhadas ao Vaticano que, em 2002, já havia reconhecido o primeiro milagre atribuído à freira: a

27 de agosto

cura de Monika Besra, de trinta anos. Diagnosticada com tumor abdominal, a mulher disse ter se livrado da doença depois que foi presenteada com uma "medalha milagrosa" da Virgem Maria, que havia sido usada pela religiosa, aos 87 anos. A beatificação foi feita pelo papa João Paulo II, em 19 de outubro de 2003, em Roma, durante cerimônia diante de 300 mil fiéis.

Já o decreto autorizando a Congregação das Causas dos Santos a proclamar a canonização foi assinado em fevereiro pelo papa Francisco, durante o Consistório Ordinário, após reconhecimento da cura milagrosa de Haddad. Madre Teresa virou santa em 4 de setembro de 2016.

Desde então, Marcílio Haddad Andrino tem uma terceira data em seu calendário de renascimento: 27 de agosto, em homenagem ao dia do nascimento de Madre Tereza, em 1910. De origem albanesa e nascida Agnes Gonxha Bojaxhiu, na Escópia, Macedônia, a religiosa fundou a própria congregação, as "Missionárias da caridade", e por mais de quarenta anos se dedicou aos miseráveis e aos doentes. Em 1979, recebeu o Prêmio Nobel da Paz.

Madre Tereza morreu em 1997, aos 97 anos, e o enterro, em 5 de setembro de 1997, foi um acontecimento nacional na Índia, com a presença de chefes de Estado e governantes do mundo todo. Milhões de pessoas acompanharam o cortejo pelas ruas de Calcutá.

Você sabia?

O inconfundível hábito de Madre Teresa, branco com três listas azuis, foi registrado junto ao Departamento de Patentes da Índia para impedir o uso comercial indevido. A vestimenta usada por ela durante três décadas, desde 1948, foi confeccionada com tecidos desenvolvidos por doentes leprosos que viviam em habitações sob alçada da ordem das Missionárias da Caridade, nas imediações de Calcutá.

A congregação Missionárias da Caridade conta com 4.500 voluntárias em 130 países e setecentas casas dedicadas a pobres e doentes.

28 de agosto

Lei da Anistia reabre país a exilados
1979

A primeira a desembarcar no Aeroporto Internacional do Galeão, no Rio de Janeiro, no dia 31 de agosto de 1979, foi a produtora cultural paulistana Dulce Maia de Souza, a Judite, integrante da Vanguarda Popular Revolucionária, a primeira guerrilheira a participar da luta armada contra a ditadura militar. No dia seguinte, em meio à euforia com a presença da delegação do Flamengo, campeão carioca daquele ano, chegaram Fernando Gabeira e Francisco Nelson, completando o primeiro grupo de brasileiros beneficiados pela Lei da Anistia.

Uma semana depois, no clima das comemorações da Independência, o país testemunhou a volta de Leonel Brizola, que fez questão de embarcar em um bimotor em Foz do Iguaçu e voar até São Borja (RS), para visitar os túmulos de dois velhos líderes trabalhistas e conterrâneos, Getúlio Vargas e João Goulart, o Jango. Outro retorno emblemático foi do ex-governador de Pernambuco, Miguel Arraes, que após quinze anos de exílio na Argélia desembarcou, no dia 15 de setembro, no Aeroclube de Pernambuco, com a mulher Madalena e os quatro filhos, ao lado do jornalista e ex-deputado federal Márcio Moreira Alves, também cassado e banido pelo golpe militar de 1964. O comunista Luís Carlos Prestes e o advogado, escritor e líder das Ligas Camponesas Francisco Julião de Arruda, pernambucano como Arraes, também voltaram depois de serem banidos do Brasil pela ditadura.

Resultado da pressão popular no período de reabertura política e promulgada, em 28 de agosto de 1979, pelo general e último presidente militar do Brasil, João Figueiredo, a Lei nº 6.683 anistiou cidadãos punidos por atos de exceção desde a edição do AI-1, de 9 de abril de 1964, o primeiro de cinco atos institucionais adotados pelo regime. Longe de ter sido "ampla, geral e irrestrita", como desejavam os movimentos sociais, não beneficiou militantes envolvidos em crimes de morte e dos chamados "atentados terroristas", por exemplo.

28 de agosto

Outros, só obtiveram a liberdade depois do cumprimento de penas impostas pelos antigos ditadores, além de também terem sido beneficiados oficiais das Forças Armadas e todos os demais agentes de segurança do Estado envolvidos em assassinatos, sequestros, torturas e desaparecimentos de presos políticos. Entre eles o temido delegado da Polícia Civil Sérgio Fleury, um dos torturadores mais violentos do extinto Destacamento de Operações de Informação - Centro de Operações de Defesa Interna (DOI-CODI). Mesmo assim, havia uma atmosfera de relativa satisfação e otimismo.

Em 28 de agosto de 2001, pouco mais de duas décadas depois da assinatura da Lei nº 6.683/1979, o Ministério da Justiça e Segurança Pública fez a instalação oficial da Comissão de Anistia, com a atribuição de examinar requerimento e emitir parecer. O regime da anistia política abrange os atingidos por atos de exceção entre 18 de setembro de 1946 e 5 de outubro de 1988, conforme determina o artigo 8º do Ato das Disposições Constitucionais Transitórias da Constituição Federal de 1988.

Você sabia?

A luta pela anistia dos opositores da ditadura de 1964 começou quatro anos depois do golpe, protagonizada por estudantes, jornalistas e políticos de oposição ao regime. Uma década depois, foi criado no Rio de Janeiro o Comitê Brasileiro pela Anistia, com entidades da sociedade civil e sede na Associação Brasileira de Imprensa.

Em agosto de 2008, o Conselho Federal da OAB ingressou no Supremo Tribunal Federal com ação para excluir da Lei da Anistia os crimes praticados por agentes da ditadura, como tortura, desaparecimentos e homicídios.

29 de agosto

Chacina de Vigário Geral
1993

Para os parentes de Fábio Pinheiro Lau, na época com dezessete anos, e do metalúrgico desempregado Hélio de Souza Santos, 38 anos, a dor da impunidade é a mesma dor da morte. Eles foram os primeiros a tombar na noite de 29 de agosto de 1993, por volta das onze da noite, quando um grupo de homens encapuzados, a maioria policiais militares, armados com fuzis, pistolas, metralhadoras e granadas, se espalhou pelas ruelas da favela de Vigário Geral, no Rio de Janeiro, e deixou um rastro de sangue e 21 corpos estendidos no chão.

Dos 52 matadores denunciados pela chacina, somente sete foram condenados e cumpriram algum tipo de pena, cinco morreram e um deles fugiu – os demais foram absolvidos por falta de provas.

Fábio e Hélio foram alvejados na área destinada aos trailers dos vendedores ambulantes, na praça Córsega, a caminho do bar do Caroço, onde uma bomba foi lançada e matou o proprietário Joacir Medeiros, 69 anos, e seis clientes, todos trabalhadores: o enfermeiro Guaracy Rodrigues, 33; o serralheiro José dos Santos, 47; o motorista Paulo Roberto Ferreira, 44; o ferroviário Adalberto de Souza, 40; o metalúrgico Cláudio Feliciano, 28 e Paulo César Soares, 35. O gráfico Cleber Alves, 23, que voltava do trabalho, encontrou parte do bando e nunca voltou para casa.

Perto dali e praticamente no mesmo momento, foram assassinados Clodoaldo Pereira, 21; Amarildo Baiense, 31, e Edmilson Costa, 23. Para completar a chacina, os atiradores invadiram a casa de uma família evangélica e mataram todas as oito pessoas: o pai, o vigia Gilberto Cardoso dos Santos, 61; a mulher dele, Jane, 58; os filhos Luciano e Lucinéia, gêmeos de 23, Lucia, 33, a adolescente Luciene, 15, e Lucinete, 27; e a nora, Rúbia, 18. Todos tinham endereço fixo e profissão, e não havia qualquer envolvimento das vítimas com o tráfico de drogas, exceto a coincidência de morarem na mesma favela, marcada pela violência e falta de saneamento básico.

29 de agosto

Algumas horas mais tarde, foi confirmada a participação do grupo conhecido como "Cavalos corredores", formado por policiais do 9º Batalhão, do quartel de Rocha Miranda. De acordo com o que foi apurado, os matadores invadiram a favela para vingar quatro colegas que haviam sido assassinados no dia anterior, na praça Catolé do Rocha, em confronto com integrantes da quadrilha do traficante Flávio Negão, de quem cobravam o pagamento de propina.

A imagem dos 21 corpos perfilados na entrada da favela foi publicada em jornais e transmitida por emissoras de televisão a todo o mundo. O enterro coletivo praticamente paralisou a cidade do Rio de Janeiro e causou comoção social, mobilizando entidades internacionais de defesa dos direitos humanos, como a Anistia, que cobraram providências das autoridades e assumiram uma investigação paralela.

Você sabia?

Chacinas de Vigário Geral, com 21 mortos, e da Candelária, com oito, as duas em 1993; de Acari, com onze, em 1990; e da Baixada Fluminense, com 29, em 2005, revelam histórico de violência policial no Rio de Janeiro. As vítimas foram jovens, pobres e, na maioria, negros.

Quatro crianças foram poupadas. A menina mais velha, de nove anos, fugiu carregando no colo a prima de apenas quinze dias.

30 de agosto

Cidade de Deus estreia nos cinemas
2002

A mistura de atores experientes e amadores selecionados em oficinas realizadas com mais de quatrocentos moradores de diferentes comunidades, entre adultos e crianças, foi a receita que deu certo para o toque de realismo ao filme *Cidade de Deus*.

Com roteiro adaptado por Bráulio Mantovani a partir do livro homônimo de Paulo Lins, o filme dirigido por Fernando Meirelles e Kátia Lund expõe a completa ausência do Estado e o consequente crescimento da violência e da criminalidade no conjunto habitacional iniciado nos anos 1960, longe da área urbana e sem a mínima infraestrutura, o mesmo que duas décadas depois se tornaria um dos lugares mais perigosos do Rio de Janeiro. As filmagens duraram de junho a agosto de 2001.

Com orçamento estimado em 3,3 milhões de dólares e receita bruta de 18,6 milhões de dólares, o filme *Cidade de Deus* estreou nos cinemas do país em 30 de agosto de 2002. Na terceira semana alcançou 1 milhão de espectadores. Logo se tornou um dos filmes brasileiros com maior número de indicações ao Oscar – quatro, nas categorias de melhor diretor, roteiro adaptado, edição e fotografia. Aplaudido por espectadores e pela crítica, por suas qualidades artísticas e estéticas, o longa é um dos representantes do "cinema da retomada", como foi rotulado o período de reflorescimento da produção cinematográfica nacional.

Cidade de Deus é resultado da parceria entre as produtoras O2 Filmes, Globo Filmes e Videofilmes, com distribuição da Lumière Brasil. O elenco traz os atores profissionais Matheus Nachtergaele, Gero Camilo, Edson Montenegro, Charles Paraventi, o cantor Seu Jorge e os então estreantes Alice Braga e Daniel Zettel, que contracenam com atores escolhidos entre os moradores das comunidades: Alexandre Rodrigues, Leandro Firmino, Douglas, Silva, os irmãos Phellipe e Jonathan Haagensen, Michel Gomes, Renato de Souza e Roberta Rodrigues.

30 de agosto

O filme conta a trajetória de personagens que circulam pelas áreas dominadas por facções, como ainda acontece nos morros e no subúrbio do Rio de Janeiro e na Baixada Fluminense. A trama é construída pela narrativa do menino Buscapé, interpretado por Alexandre Rodrigues, acostumado com o ambiente violento da favela, mas que encontra na paixão pela fotografia motivações para crescer fora do crime. O personagem ganhou destaque no filme, já que no livro sua participação é menor.

Nas cenas iniciais, uma galinha corre pelas ruelas da favela, fugindo de um grupo de traficantes, até ficar encurralada entre eles e Buscapé, já adulto, que testemunha a guerra entre as duas quadrilhas rivais. Ele registra tudo com a inseparável máquina fotográfica. De um lado, está o bando de Zé Pequeno (interpretado por Leandro Firmino e quando criança pelo menino Douglas Silva), que tomba morto; do outro, a gangue de Sandro Cenoura, vivido por Matheus Nachtergaele.

A narrativa é não linear, embora dividida em três fases: começa com a infância dos protagonistas, em 1960. Zé Pequeno ainda era o menino Dadinho, quando demonstra sadismo ao matar clientes e funcionários em assalto a motel, ao lado de Marreco, irmão mais velho de Buscapé. A segunda fase enfoca a morte do personagem Cabeleira até a decisão de Mané Galinha enfrentar Zé Pequeno. A fase final se dá nos anos 1970, com o tráfico de drogas no centro das disputas.

Você sabia?

Em 1997, Heitor Dhalia, então redator publicitário, presenteou Fernando Meirelles com o livro de Paulo Lins e sugeriu a adaptação para o cinema.

Cidade de Deus teve público acumulado de 3.307.746 espectadores.

31 de agosto

Nasce Angeli, um de "Los três amigos"
1956

Paulistano do bairro Água Verde, o cartunista e chargista Arnaldo Angeli Filho cresceu em ambiente tipicamente urbano, notívago, boêmio, assim como são seus personagens: Tudo Blue e Moçamba, Mara Tara, Rê Bordosa, Bob Cuspe, Meiaoito e Nanico Bibelô, Os Skrotinhos ou os velhos hippies Wood & Stock, que satirizam o cotidiano da grande cidade.

Autodidata, começou a desenhar ainda criança; aos catorze anos publicou na revista *Senhor* seu primeiro desenho, e aperfeiçoou o traço copiando trabalhos dos mestres Millôr Fernandes, Jaguar e Ziraldo, do *Pasquim*, espécie de célula da resistência cultural ao regime militar de 1964. Amadureceu com nítidas influências *underground* do cartunista estadunidense Robert Crumb.

Considerado um dos precursores do moderno humor gráfico paulistano, Angeli foi para o jornal *Folha de S.Paulo* a convite da cartunista Hilde Weber, mulher do jornalista Cláudio Abramo, e publicou a primeira charge política em setembro de 1975. Um ser monstruoso, de um só tronco, dois braços, duas pernas e duas cabeças querendo se autodevorar representava a divisão interna do Movimento Democrático Brasileiro (MDB), único partido de oposição ao governo militar e sua base de sustentação no Congresso, a Aliança Renovadora Nacional (ARENA).

Publicou, também, as tiras diárias com as sacadas sacanas de Rê Bordosa, Bob Cuspe e Wood & Stock. O elenco de personagens irreverentes cresceu na década de 1980, quando Angeli fechou contrato com a editora Circo, passando a publicar a revista em quadrinhos *Chiclete com Banana*. Lá estão Walter Ego, Rigapov, Rhalah Rikota, Bibelô, Meiaoito e Nanico, Ritchi Pareide, Aderbal e Os Skrotinhos.

No começo da década de 1980, Angeli deixou as charges de lado e passou a dedicar seu tempo de produção às tiras e aos quadrinhos. É a época da observação dos tipos urbanos comuns depois da abertura política.

31 de agosto

Em parceria com Laerte, criadora de Overman e Piratas do Caribe, e de Glauco, que criou Geraldão e Geraldinho, surgem Los Três Amigos, série também publicada na *Chiclete com Banana*, que atingiu a tiragem de 110 mil exemplares.

O trio é formado por personagens fictícios brasileiros de quadrinhos *underground*, para adultos, publicados pela primeira vez pelo suplemento FolhaTeen em 16 de dezembro de 1991, que nada mais são além de caricaturas dos próprios autores devidamente paramentados e com sotaque mexicano – Angel Villa, Laerton e Glauquito. A ideia surgiu depois de Angeli assistir a um filme de comédia, de John Landis, e preparar uma capa para a edição especial de aniversário da revista. Em 1994, o cartunista Adão Iturrusgarai, criador de Aline, apareceu como o quarto amigo.

Angeli abandonou personagens das tiras da série *Chiclete com Banana*, como Rê Bordosa, sua criação mais famosa, e deixou de usar políticos em suas charges. Desenvolveu um traço influenciado por George Grosz, com o tom representando a sociedade do século XXI.

Você sabia?

Angeli publicou tiras na Alemanha, França, Itália, Espanha, Argentina, e em Portugal teve uma compilação de seu trabalho lançada pela editora Devir em 2000.

Angeli tem desenhos incluídos na *Enciclopédia del Humor Latino Americano*, da Colômbia, na *Antologia de humor brasileiro* e no Museu do Cartum e Caricatura de Basileia, Suíça.

Em dezembro de 1987, Angeli tomou uma atitude corajosa, que causou polêmica entre os fãs: decidiu matar a personagem Rê Bordosa, símbolo da vida "porra-louca". A causa da morte foi o vírus tédius matrimonius. Na época, o cartunista reclamou de ter percebido que, por causa do sucesso garantido dela, começara a usá-la quando estava sem inspiração, daí a decisão radical.

SETEMBRO

1º de setembro

Estreia do *Jornal Nacional*, na Rede Globo
1969

Na segunda-feira, 19 junho de 2017, William Bonner e Renata Vasconcellos apareceram com indisfarçável sorriso de satisfação na mais distinta bancada do telejornalismo brasileiro. Naquela noite, o *JN*, ou *Jornal Nacional*, foi transmitido ao vivo do novo estúdio, no centro do moderno prédio da redação da Rede Globo no Rio de Janeiro. O projeto priorizou a integração das diversas equipes, maior eficiência nos fluxos de informação e agilidade na produção para diversas plataformas – televisão aberta e a cabo, rádio, internet e jornal.

A obra foi iniciada no final de 2014 e faz parte do complexo localizado no Jardim Botânico, com 3.405 metros quadrados de área construída. Esta foi apenas uma das muitas mudanças e modernizações implementadas ao longo dos anos no principal produto jornalístico da emissora líder de audiência no país, desde a primeira edição, em 1º de setembro de 1969, com direção de Armando Nogueira e Alice Maria.

Noticiário noturno exibido de segunda a sábado, geralmente às oito e meia, o *JN* foi o primeiro gerado em rede nacional, a partir do Rio de Janeiro, via Embratel, um alcance significativo em um país de dimensões continentais.

Com o conteúdo inicialmente filtrado pela censura da ditadura militar, o telejornal estreou quando a televisão brasileira ainda era em preto e branco. Os primeiros apresentadores foram Hilton Gomes e Cid Moreira. Ao fundo, predominava a antiga logomarca da Globo. Com a chegada da cor, em 1972, o cenário ganhou cara nova e pela primeira vez o mapa-múndi foi destacado ao lado da logomarca do *JN*.

Sete anos depois, o enquadramento dos apresentadores, ou âncoras, passou do close ao plano americano, com a imagem até a cintura. O cenário foi acrescido de mais uma parede, viabilizando o jogo de câmeras e maior

1º de setembro

movimentação dos apresentadores. Em 1985, foram inseridas telas ao fundo, com a exibição de imagens relacionadas à reportagem apresentada.

Em busca de qualidade técnica e liderança absoluta de audiência, as inovações continuaram na Central Globo de Jornalismo em maio de 1989, quando Delfim Fujiwara, Alexandre Arrabal e Luís Felipe Cavalleiro assumiram o projeto de renovação dos cenários e efeitos visuais. Logo a vinheta do *JN* foi aprimorada por computação gráfica.

No cenário de abertura, o fundo em tons de azul, com o símbolo da emissora, foi encurvado para gerar efeito de profundidade. Depois de novas alterações, em 31 de agosto de 2009, mais uma reforma comemorou os quarenta anos do telejornal. O globo terrestre pendurado sobre a redação ganhou movimento, além de ter sido instalado um telão com imagens e ilustrações complementares às reportagens.

Pela bancada do JN, onde a folga dos titulares gera disputado rodízio aos sábados e feriados, passaram vários apresentadores. São eles que dão o tom às chamadas das matérias que vão ao ar, algumas marcantes, como o reconhecimento do erro das Organizações Globo, em 2 de setembro de 2013, por ter dado apoio editorial ao golpe militar (ditadura) de 1964. E outras premiadas, como a cobertura da retirada de traficantes durante a ocupação policial do Complexo do Alemão, no Rio de Janeiro, em novembro de 2010, que no ano seguinte rendeu ao programa, em Nova York, o prêmio Emmy internacional, na categoria notícia. O Emmy é comparado ao Oscar da televisão mundial. Foi a sétima vez em nove anos que o *JN* chegou à final, e a primeira vitória, diante de concorrentes do Reino Unido, da Islândia e das Filipinas.

Você sabia?

Em 2000, nos 35 anos da Globo, o *Jornal Nacional* deixou o estúdio tradicional para ser apresentado de dentro da redação, a bancada virou área de trabalho em um mezanino a três metros e meio do chão.

2 de setembro

Incêndio destrói Museu Nacional
2018

Em meio a cinzas, fuligens e escombros, o meteorito Bendegó foi a única peça encontrada intacta após o incêndio que destruiu o prédio e o acervo do Museu Nacional, no Rio de Janeiro, na noite do dia 2 de setembro de 2018. Principal peça da coleção de aerólitos do museu, a pedra havia sido encontrada em 1784, no interior da Bahia, e levada ao Rio de Janeiro em 1888, por determinação de dom Pedro II. No dia seguinte ao incêndio, sobre o mesmo pedestal de concreto em que ficava, no *hall* de entrada do prédio bicentenário, foi encontrada chamuscada para virar símbolo dos 20 milhões de itens consumidos pelo fogo – e da maior perda científica do Brasil.

Considerado o quinto maior acervo do mundo, o do Museu Nacional era fonte de pesquisa e conservação da história natural e da antropologia das Américas, abrigando o mais antigo fóssil humano americano, encontrado no Brasil, com cerca de 12 mil anos e batizado de "Luzia". Também estavam lá múmias egípcias adquiridas pelo imperador dom Pedro II, além do sarcófago de Sha-amun-em-su – cantora-sacerdotisa de Tebas, morta por volta de 750 a.C., um dos únicos do mundo que nunca foram abertos. A gigantesca lista incluía ainda documentos de assinatura da Lei Áurea; coleções de antropologia biológica e de etnologia das culturas indígena, afro-brasileira e do Pacífico; fósseis de plantas e animais já extintos; murais de Pompeia, na Itália; obras de arte e artefatos greco-romanos pertencentes à imperatriz Teresa Cristina; o trono do cruel rei africano Adandozan de Daomé.

Fundado por dom João VI em 6 de junho de 1818, o Museu Nacional, inicialmente instalado no Campo de Santana, teve seu acervo transferido para o palácio de São Cristóvão, no parque da Quinta da Boa Vista, zona norte do Rio de Janeiro, em 1892. O prédio de 215 anos, cuja coleção foi enriquecida ao longo dos anos, foi residência da família real portuguesa (1808-1821) e da imperial brasileira (1822-1889), antes de ser a sede da

2 de setembro

primeira Assembleia Constituinte Republicana, entre 1889 e 1891; dele só restaram as paredes.

Integrante do Fórum de Ciência e Cultura da Universidade Federal do Rio de Janeiro (UFRJ) e vinculada ao Ministério da Educação, a instituição autônoma vinha enfrentando problemas recorrentes, com cortes sistemáticos dos recursos financeiros para manutenção e reformas periódicas. O descaso, segundo especialistas, agravou a degradação do edifício tombado pelo Instituto do Patrimônio Histórico e Artístico Nacional (IPHAN) desde 1938, que tinha infiltrações no teto, emendas nas instalações elétricas, rachaduras nas paredes e falta de sistema adequado de proteção contra incêndios regulamentado junto ao Corpo de Bombeiros. Na ocasião, alguns setores – como o salão que abrigava a montagem da primeira réplica do dinossauro *Maxakalisaurus topai*, proveniente de Minas Gerais – estavam desativados por infestação de cupins.

Na noite de 2 de setembro de 2018, a população brasileira assistiu, pela TV e internet, à destruição total de enorme parte da sua memória histórica.

As investigações periciais, iniciadas paralelamente ao rescaldo do Corpo de Bombeiros, foram baseadas nos depoimentos de três vigilantes que estavam de plantão no começo da noite do fatídico domingo, 2 de setembro de 2018: dizem ter visto um clarão no primeiro andar, por volta das sete e meia, cerca de duas horas depois do encerramento da visitação pública. Em seguida, as labaredas se espalharam rapidamente para os dois pavimentos superiores. De acordo com o Corpo de Bombeiros, a falta de pressão de água nos hidrantes ligados à rede da Companhia Estadual de Águas e Esgotos (CEDAE) retardou o combate às chamas em pelo menos quarenta minutos.

Você sabia?

A princesa Leopoldina, mulher de dom Pedro I, assinou no prédio do Museu Nacional a declaração de Independência do Brasil, em 2 de setembro de 1822.

3 de setembro

Rita Lee é presa e condenada por porte de maconha
1976

Cantar para diferentes gerações, aos 65 anos, foi o tributo de Rita Lee pelo 459º aniversário da cidade de São Paulo, em 25 de janeiro de 2013, no largo do Anhagabaú. A compositora e cantora paulistana, da Vila Mariana, reapareceu animada, psicodélica e irreverente como sempre, e ignorou a aposentadoria dos palcos anunciada no verão anterior durante tumultuado show na praia de Atalaia Nova, em Barra dos Coqueiros, litoral norte de Sergipe. Lá, na madrugada de 29 de janeiro, domingo, ela foi presa pela segunda vez na vida, acusada de desacato à autoridade por ter questionado a abordagem agressiva de policiais militares a um grupo de jovens fãs que fumava maconha na plateia.

Dessa vez, o mal-estar certamente foi menor do que o vivenciado pela cantora na década de 1970, durante os anos de chumbo da ditadura militar, tempos de censura e perseguições à classe artística. Rita Lee foi presa pela primeira vez em 24 de agosto de 1976, autuada em flagrante por porte de maconha e, no dia 3 de setembro daquele ano, foi condenada a um ano de prisão, mais o pagamento de multa de valor equivalente a cinquenta salários mínimos, pelo juiz Antonio Aurélio Maciel. O detalhe curioso é que, na época, ela estava grávida de três meses do primeiro filho com o guitarrista Roberto de Carvalho, Beto Lee, e vinha de longo período de abstinência da erva.

A pequena quantidade de maconha encontrada pela polícia eram apenas farelos e restos de cigarros fumados por amigos, músicos que frequentavam a casa onde ela morava, na rua Pelotas, em São Paulo.

Como era ré primária, tinha residência fixa, era gestante e precisava de acompanhamento médico especializado, o magistrado concedeu o benefício da prisão albergue, com recolhimento entre as sete da noite e sete da manhã, e liberdade o restante do dia. Diante da pressão de fãs e de outros artistas, o então juiz da Vara das Execuções Criminais, Renato Laercio Talli, decidiu

3 de setembro

converter o cumprimento da pena em prisão domiciliar, por falta de casa do albergado em São Paulo, com permissão de horário especial para permitir suas atividades profissionais, exercidas quase sempre à noite.

A prisão de Rita Lee foi noticiada com destaque na página policial da edição de 25 de agosto de 1976 do *Diário Popular*. Com ela, foram presos outros integrantes de sua banda Tutti Frutti, o que levou ao cancelamento dos shows na boate Aquarius, caracterizando-se como um dos mais truculentos episódios da ditadura militar contra artistas e a juventude do Brasil.

Na mesma época, com o namorado Roberto de Carvalho já incorporado como guitarrista da banda, Rita compôs em parceria com Paulo Coelho "Arrombou a festa", música que bateu recorde de vendas, com 200 mil cópias.

Grávida, saiu em turnê nacional com o baiano Gilberto Gil, com o espetáculo Refestança, que virou disco. Beto Lee nasceu em 1977; depois vieram João, em 1979, e Antônio, em 1981. Para Roberto de Carvalho, principal parceiro musical e pai dos três rapazes, aquele show de 2013 no aniversário de São Paulo foi a celebração dos cinquenta anos de trabalho da rainha do rock nacional.

Você sabia?

Rita Lee Jones, em 1965, formou com os irmãos Sérgio e Arnaldo Baptista a banda Os Mutantes.

No Carnaval de 2012, ela desfilou na Águia de Ouro, com tema sobre a Tropicália, ao lado de Caetano Veloso, Gilberto Gil, Wanderléa, Cauby Peixoto e Ângela Maria. No desfile, prestou homenagem à atriz Leila Diniz.

Em 2016, a cantora lançou sua autobiografia, que permaneceu na lista dos livros mais vendidos por semanas. Pela obra, ela foi escolhida como melhor autora do ano pela Associação Paulista dos Críticos de Arte (APCA).

4 de setembro

Sequestro do embaixador dos Estados Unidos, Charles Elbrick
1969

O Brasil vivia a euforia da classificação para a Copa do Mundo de 1970, em busca do tri, no México. A vaga seria garantida em 31 de agosto de 1969 diante do Paraguai, com gol de Pelé, em pleno Maracanã abarrotado e colorido de verde e amarelo. Em algum lugar do Rio de Janeiro, um grupo de homens e mulheres, a maioria jovens, tirou proveito daquela atmosfera de vitória futebolística e do ufanismo da semana da pátria para colocar em prática um plano ousado: sequestrar o embaixador dos Estados Unidos, Charles Elbrick, e trocá-lo por quinze militantes de esquerda que haviam sido presos pelo regime militar.

Em 4 de setembro, integrantes da Dissidência Comunista da Guanabara, mais tarde rebatizada de Movimento Revolucionário 8 de Outubro, ou MR-8, e da Ação Libertadora Nacional, dois dos movimentos de esquerda que aderiram à luta armada contra a ditadura, capturaram Charles Elbrick e o mantiveram por quatro dias em cativeiro improvisado, em uma casa alugada no bairro do Rio Comprido, Zona Norte da cidade.

O sequestro do embaixador Elbrick foi comandado pelo operário Virgílio Gomes da Silva, codinome Jonas, da ALN, preso, torturado e morto logo depois da libertação do embaixador; e Joaquim Câmara Ferreira, o Toledo, que em outubro de 1970 teve o mesmo destino. Também participaram Antônio Freitas Filho, Cid Queiroz Benjamin, Fernando Gabeira, João Lopes Salgado, João Sebastião Rios Moura, Sergio Rubens Araújo Torres, Vera Silvia Magalhães, Cláudio Torres, Daniel Aarão Reis, Franklin Martins, Paulo de Tarso Venceslau e Manoel Cyrillo. Os sobreviventes foram presos e exilados, e retornaram ao Brasil em 1979, depois da promulgação da Lei da Anistia pelo general João Figueiredo, o último presidente militar.

Apesar de monitorar a movimentação dos ativistas, a polícia não in-

4 de setembro

vadiu o cativeiro por exigência das autoridades dos Estados Unidos, para salvaguardar a vida do embaixador. Na cúpula do governo militar, depois de acirradas discussões e dissidências, prevaleceram as negociações impostas pelos guerrilheiros e a troca. A libertação dos presos políticos foi anunciada na capa dos principais jornais do país, em 7 de setembro, Dia da Independência, com treze deles posando como jogadores de futebol diante do Hércules 56, da Força Aérea Brasileira, que os levou para o México.

Na foto, em pé, estão Luís Travassos, José Dirceu, José Ibrahin, Onofre Pinto, Ricardo Vilas Boas, Maria Augusta Carneiro Ribeiro, Ricardo Zarattini e Rolando Frati; agachados, João Leonardo Rocha, Agonalto Pacheco, Vladimir Palmeira, Ivens Marchetti e Flávio Tavares. Gregório Bezerra e Mario Zanconato, embarcados no Recife e em Belém, não apareceram na fotografia oficial. Do outro lado, o embaixador Charles Elbrick foi libertado em meio à multidão que se dispersava depois do clássico entre Flamengo e Bangu, nos arredores do estádio do Maracanã.

No período de 11 de março a 7 de dezembro de 1970, outros três diplomatas estrangeiros foram sequestrados por militantes da luta armada, com libertação de mais 115 presos políticos. O primeiro foi o japonês Nobuo Okumi, em São Paulo, seguido do alemão Ehrenfried Anton Theodor Ludwig von Holleben no dia 11 de junho, fechando com o suíço Giovanni Enrico Bucher, os dois últimos no Rio de Janeiro.

Você sabia?

Assaltos a bancos e a quartéis para recolher armas e munições eram ações dos grupos que lutaram contra a ditadura nas décadas de 1960 e 1970.

Virgílio Gomes da Silva, que liderou o sequestro de Charles Elbrick, foi preso em plena rua, encapuzado e levado pelos agentes da Operação Bandeirantes (OBAN). Sua morte se deu por espancamento.

5 de setembro

João do Pulo é ouro na 3ª Copa Mundial de Atletismo
1981

A vida nunca foi fácil para João Carlos de Oliveira, o João do Pulo, apesar de seu empenho e momentos de grandes conquistas. Órfão de mãe, começou a trabalhar ainda menino, aos sete anos, lavando carros na praça da estação ferroviária de Pindamonhangaba, pequena cidade do vale do Paraíba. Na adolescência, já demonstrava aptidão para o esporte e teve o talento descoberto pelo professor de educação física Pedro Henrique Camargo de Toledo, o Pedrão, mas foi no Exército que ele se entregou à rotina de disciplina e treinamentos puxados para se tornar um dos mais consagrados atletas brasileiros.

Especializado em saltos triplo e em distância, se tornou recordista mundial, medalhista olímpico e tetracampeão pan-americano. Aposentado das pistas e do quartel, virou político, eleito para dois mandatos como deputado estadual pelo extinto PFL.

A carreira de atleta começou a dar sinais de que poderia deslanchar em 1973, aos dezenove anos. Orientado por Pedro Henrique, quebrou o recorde mundial júnior de salto triplo no Campeonato Sul-Americano de Atletismo, com o pulo de 14,75 metros. Em 1975, já na categoria adulto e com as duas divisas de cabo na farda do Exército brasileiro, João conquistou na cidade do México a medalha de ouro no salto em distância nos Jogos Pan-Americanos, atingindo a marca de 8,19 metros, façanha ainda mais valorizada em 15 de outubro daquele ano com a medalha de ouro no salto triplo. Naquele dia, conseguiu a incrível marca de 17,89 metros, e quebrou em 45 centímetros o recorde mundial da modalidade, que pertencia ao soviético Viktor Saneyev.

O mundo do atletismo começou, assim, a conviver com o negro alto e magro que parecia ter molas nas pernas compridas. Favorito ao ouro no salto triplo nos Jogos Olímpicos de Montreal, no Canadá, mas fora de forma depois de uma cirurgia, em 1976, João do Pulo saltou bem abaixo do que estava acostumado, apenas 16,90 metros. Bronze no salto triplo, ficou em quarto e fora do pódio no salto em distância.

Em 1979, João voltou por cima nos Jogos Pan-Americanos de Porto Rico. Lá, foi bicampeão nas duas modalidades, sagrando-se tetracampeão em duas provas, superando, inclusive, Carl Lewis, que depois veio a ser tetracampeão olímpico de salto em distância.

Suposta trapaça na Olimpíada de 1980, em Moscou, para favorecer os atletas da casa, Jaak Uudmae, e, principalmente, Viktor Saneyev, tirou o ouro de João do Pulo naquele ano. O brasileiro teve dois saltos anulados pelos fiscais soviéticos, um deles acima de dezoito metros e considerado novo recorde mundial por analistas internacionais, e voltou com a medalha de bronze.

Para compensar a falta de ouro olímpico, no ano seguinte, em Roma, João Carlos Oliveira saltou 17,37 metros, e foi tricampeão mundial do salto triplo, à frente do soviético Jaak Uudmae, campeão olímpico de 1980, e do futuro recordista mundial Willie Banks, dos Estados Unidos. As conquistas anteriores na competição foram em 1977, em Düsseldorf, na Alemanha, e em 1979, no Canadá.

Em 22 de dezembro de 1981, João Carlos de Oliveira sofreu grave acidente de carro na rodovia Anhanguera, quando seguia de Campinas para São Paulo. Ficou um ano internado, e teve a perna direita amputada. Depois, estudou educação física, foi eleito e reeleito deputado estadual, em 1986 e 1990, mas passou os últimos anos da vida solitário e depressivo. Alcoólatra e pobre, morreu de cirrose hepática e infecção generalizada em 1990.

Você sabia?

Na juventude, João do Pulo treinou no clube São Paulo e foi o primeiro atleta negro a competir pelo Pinheiros.

João fracassou como empresário nos ramos de transporte e panificação.

6 de setembro

Brasileiro recorre de sentença pela patente do Bina
2012

É fato que o Judiciário brasileiro acumula um histórico de processos parados, muitos recursos, sentenças às vezes equivocadas e até mesmo ações prescritas pela longa espera de julgamentos. Um exemplo clássico da morosidade do sistema é o caso do reconhecimento da patente do Bina, o dispositivo identificador de chamadas de telefones, fixos e celulares, tecnologia desenvolvida pelo mineiro Nélio José Nicolai: por cerca de 35 anos transcorrendo na Justiça, o inventor acabou falecendo em 11 de outubro de 2017, aos 77 anos, sem ter visto a solução do caso.

Utilizado há anos pelas companhias telefônicas brasileiras, e pelo mundo afora, o Bina não gerou para seu inventor o devido pagamento dos royalties a que ele teria direito. O equipamento foi registrado no Instituto Nacional de Propriedade Industrial (INPI) em 7 de julho de 1992.

Entre as tantas idas e vindas do volumoso processo que Nicolai abriu, a 2ª Vara Cível de Brasília determinou o que seria a solução mais positiva do caso, ou seja, que as operadoras Vivo, Sercomtel, CTBC, Global Telecom e Norte Brasil Telecom depositassem indenização em nome do inventor. O problema é que a decisão acabaria suspensa até o julgamento do recurso pelo Tribunal de Justiça do Distrito Federal e dos Territórios, motivando novo recurso por parte de Nicolai, em 6 de setembro de 2012.

Em junho de 2016, a 4ª Turma do TJDFT reconheceu a necessidade de perícia no processo e cassou a sentença de primeira instância, que havia reconhecido os direitos do inventor pelo menos contra a Vivo, uma das operadoras nacionais que sempre fez uso da tecnologia reivindicada por Nicolai. O processo retornou, então, à fase inicial, sem julgamento do mérito da ação.

Nascido em Belo Horizonte, em 27 de abril de 1940, Nélio José Nicolai era formado em eletrotécnica pelo Centro Federal de Educação Tecnológica de Minas Gerais (CEFET-MG). Além do Bina (sigla de B identifica A), desen-

6 de setembro

volvido quando ainda era empregado da Telebrasília, ele criou outros quatro inventos incorporados à telefonia internacional: o Salto, ou sinalizador sonoro que indica outra chamada durante uma ligação; o sistema de mensagens para controle de operações bancárias para celulares; o Bina-Lo, que registra chamadas perdidas; e o telefone fixo celular – aqueles sem fio instalados em residências ou estabelecimentos comerciais.

A ação contra a operadora Vivo, calculada em 2016, era superior a 5 bilhões de reais, uma das maiores causas de indenização sobre propriedade industrial em tramitação no Judiciário nacional. Pelas contas do advogado Luiz Felipe Belmonte, o alto valor decorria do fato de o Brasil ter então mais de 220 milhões de celulares equipados com identificador de chamada, e as companhias cobrarem, em média, 10 reais por mês de cada usuário pelo uso do serviço. Mas a estimativa era de que Nicolai embolsasse apenas 10%, e não os 25% que cobrava na Justiça, de royalties, ou 2 reais de cada aparelho, o que equivaleria a uma fortuna de 440 milhões de reais ao mês, valor que, pela ação original, deveria ser multiplicado pelos anos seguidos de uso do equipamento.

Se tivesse sido paga, a indenização transformaria Nicolai em um dos homens mais ricos do Brasil, em contraste com a situação financeira que enfrentou nos últimos anos. Com nome incluído como devedor em listas de serviços de crédito, ele precisou vender três apartamentos para sustentar a família e pagar honorários de advogados. Vendeu também cotas de 1% da indenização que tanto esperava, em vão.

Você sabia?

Em 2017, no mundo, eram mais de 7 bilhões de aparelhos de telefonia celular, sendo mais de 270 milhões só no Brasil.

O Bina, assim como o avião 14-Bis, de Santos Dumont, são invenções brasileiras universalizadas.

7 de setembro

Proclamada a Independência do Brasil
1822

Oficialmente, foram 2 milhões de libras esterlinas, o equivalente a cerca de 8,5 milhões de reais, mais o que foi desviado em ouro, prata, madeira e parte da arrecadação de impostos: esse foi o preço estipulado por Portugal pela liberdade do Brasil, simbolizada à margem do riacho Ipiranga, em São Paulo, pelo grito de "Independência ou morte" do então príncipe regente Pedro de Alcântara, em 7 de setembro de 1822.

Formalizada décadas depois, a independência vinha, na verdade, sendo pretendida desde a Inconfidência Mineira, em 1789; e pela Conjuração Baiana, em 1798, além de outros movimentos.

Concluído o gesto simbólico em São Paulo no início de setembro, ao retornar ao Rio de Janeiro, em 1º de dezembro de 1822, dom Pedro I foi aclamado com o título de imperador do Brasil. Só em 29 de agosto de 1925, porém, foi assinado o Tratado da Amizade para reconhecimento da autonomia da antiga colônia, além de ter sido formalizada a aliança comercial que garantiu a abertura dos portos ao Reino Unido, que, afinal, intermediou o conflito. O Reino Unido, aliás, encarregou-se de emprestar o dinheiro exigido a título de indenização pela corte portuguesa, dando origem à dívida externa brasileira, até porque tinha interesses na nova condição do Brasil.

Para chegar à independência brasileira e entender os interesses dos ingleses, é preciso voltar entre o fim do século XVIII e o início do XIX, período da dominação francesa na Europa. Naquela época, protegidos por sua poderosa Marinha de Guerra, só os ingleses tinham como resistir às investidas de Napoleão Bonaparte, que, astuto, tentou vencê-la pela força econômica. Em 1806, ele decretou o bloqueio continental, com todos os portos da Europa fechados aos ingleses.

Para evitar conflito com esses aliados, dom João VI buscou neutralidade, mas não conseguiu evitar a invasão de Portugal por tropas francesas, refor-

7 de setembro

çada pela Espanha. Pressionado, o rei fugiu com a corte portuguesa para o Brasil, escoltado por esquadra naval inglesa na travessia do Atlântico, para, em 28 de janeiro de 1808, decretar a abertura dos portos ao comércio internacional, abrindo o promissor mercado brasileiro aos produtos ingleses.

Elevado à condição de Reino Unido de Portugal, Brasil e Algarves em 1815, o Brasil deu o primeiro passo à autonomia administrativa para deixar de ser colônia. Paralelamente, em Portugal preparava-se a Revolução Liberal em 1820, com uma nova Constituição limitando o poder de dom João VI, que tentou resistir, mas foi obrigado a voltar à Europa. Dom Pedro, então com dezessete anos, ficou como príncipe regente sob a tutela de José Bonifácio de Andrada, o "Patriarca da Independência".

O enfraquecimento da autoridade de dom Pedro e a pressão para que voltasse a Portugal foram medidas da corte, na tentativa de recolonizar o Brasil. Ameaçados, os grandes proprietários se uniram contra as ordens de Lisboa, movimento que culminou na criação do Partido Brasileiro, primeira agremiação política do país. E assim deu origem a documento com 8 mil assinaturas, enviado a Portugal, em apoio à permanência do príncipe regente, que, no dia 9 de janeiro de 1822, pronunciou a frase célebre: "Digam ao povo que fico, para o bem de todos e felicidade geral da nação".

Oito meses depois, ele deu o brado pela Independência, medida comemorada pelos grandes proprietários de terras e comerciantes, a elite brasileira. A separação preservou a autonomia econômica e administrativa do país, mas não beneficiou o restante da população, aliás, o que se verificou foi a manutenção da escravidão por mais 66 anos.

Você sabia?

Estados Unidos e México foram os primeiros países que reconheceram a Independência do Brasil.

8 de setembro

Primeiro Círio de Nazaré, em Belém do Pará
1793

A maior festa religiosa da região Norte do Brasil não é o mais antigo, mas certamente é o mais conhecido e tradicional Círio de Nazaré do país. Em Belém do Pará, a primeira procissão em tributo à Nossa Senhora foi realizada na tarde de 8 de setembro de 1793, quando a imagem foi carregada do palácio do governo até a pequena capela, depois de missa celebrada pelo capelão José Ruiz de Moura, em pagamento de promessa pela cura de enfermidade sofrida pelo então governador do Rio Negro e Grão-Pará, capitão Francisco de Sousa Coutinho.

Escoltada pelo pelotão de cavalaria à frente do cortejo, a imagem da Virgem de Nazaré foi transportada em pequeno palanque azul protegido nas laterais por soldados da guarda nobre do palácio. Seguindo o governador, estavam a cúpula da diocese, integrantes das casas civil e militar e a multidão heterogênea de devotos: brancos, indígenas e negros.

Na chegada à capela, foi celebrada a segunda missa. Em seguida, foi abençoada a pedra fundamental da terceira ermida, erguida no mesmo local onde, em 1700, o caboclo Plácido José de Souza encontrou a pequena imagem, às margens do igarapé Murutucu, transversal à atual travessa 14 de Março, nos fundos da basílica e do santuário, considerados joia da arquitetura sacra no portal da Amazônia. Houve celebrações religiosas e feira no arraial, onde foram dispostas barracas de palha com produtos da região.

O roteiro original foi mantido até 1881. A partir do ano seguinte, o bispo dom Macedo Costa e o presidente da província do Pará, Justino Ferreira Carneiro, resolveram transferir o ponto de partida da procissão para a catedral de Belém. Em 1854, as celebrações foram antecipadas para o período matutino, para evitar as chuvas que são mais comuns no período da tarde. A definição de realizar a celebração do Círio de Nazaré no segundo domingo de outubro, e não mais em 8 de setembro, ocorreu somente em 1901.

8 de setembro

No início da década de 1920, mesmo com as obras da nova matriz em andamento, a imagem original de Nossa Senhora de Nazaré foi transferida para lá. Mais três anos se passaram, até a inauguração do altar-mor, em celebração que comemorou os 25 anos de ordenação sacerdotal de padre Afonso. A imagem foi entronizada em 1926, mesmo ano em que o Papa Pio XI concedeu o título de basílica ao templo, erguido em partes pré-moldadas elaboradas por empresas francesas, italianas e brasileiras. Levadas a Belém de navio para a montagem, as peças foram milimetricamente encaixadas nos lugares predeterminados, formando conjunto arquitetônico que foi declarado, em 2013, Patrimônio Cultural da Humanidade pela Organização das Nações Unidas para a Educação, a Ciência e a Cultura (UNESCO).

A imagem venerada pelos devotos que lotam basílica e santuário todos os anos é réplica da encontrada por Plácido há mais de trezentos anos, exceto a utilizada na procissão de número duzentos, no Círio de 1992. Reza a lenda que Plácido a levou para casa, mas na manhã seguinte ela não estava onde a havia guardado, mistério que teria se repetido várias vezes, inclusive quando ficou escoltada sob a guarda nobre do palácio do governo da província. O entendimento foi de que a santa desejava permanecer junto ao igarapé, e lá foi erguida a primeira ermida, dando assim início à romaria do povo em devoção à Virgem de Nazaré.

Você sabia?

A devoção remonta ao início da colonização portuguesa. No Brasil, a festa religiosa foi realizada pela primeira vez em 8 de setembro de 1630, em Saquarema (RJ).

Um dos maiores eventos religiosos do mundo, em Portugal é celebrado na mesma data, na Vila de Nazaré. O termo "círio" vem do latim *cereus* e significa vela ou tocha grande.

9 de setembro

Com dinheiro do IR, Mobral alfabetiza sem ensinar a pensar
1970

Criado no papel pela Lei nº 5.379, que foi sancionada pelo general Artur da Costa e Silva, em dezembro de 1967, na prática o Movimento Brasileiro de Alfabetização (Mobral) só começou a funcionar no período do "milagre econômico" do governo militar e da euforia pela conquista do tricampeonato mundial de futebol, no México.

No dia 9 de setembro de 1970, portanto, foi publicado no Diário Oficial da União o Decreto-Lei nº 1.124, assinado pelos ministros da Educação e Cultura, Jarbas Passarinho, e da Fazenda, Delfim Netto, e pelo presidente da época, o general Emílio Garrastazu Médici, autorizando a dedução de 1% a 2% do Imposto de Renda das empresas nos exercícios fiscais de 1971 a 1973, para financiamento de projetos destinados a ensinar jovens e adultos a ler, escrever e a fazer as contas básicas de matemática.

Para o governo, o que interessava era criar uma nova condição de escolaridade para o povo brasileiro, a chamada "alfabetização funcional".

Com o envolvimento do empresariado e das prefeituras e entidades comunitárias, a meta era beneficiar cerca de 16,3 milhões de pessoas acima dos quinze anos. Ideologicamente, o objetivo era se contrapor aos métodos educacionais que estimulavam a abertura da consciência para o livre pensar, desenvolvidos pelo educador Paulo Freire, mais tarde considerado *persona non grata* pelo regime militar.

A educação funcional empregada pelo Mobral consistia simplesmente em ensinar a escrever e a ler o próprio nome, além das operações básicas da matemática. Estava muito aquém dos métodos apregoados pelo Programa Nacional de Alfabetização, criado antes do golpe de 1964 com participação de Paulo Freire, que levava em conta a realidade social dos alunos e a palavra geradora extraída do meio em que cada um estava inserido.

Inicialmente, foram atendidos pelo Mobral 480 de aproximadamente

9 de setembro

4 mil municípios brasileiros da época – em 2017, eram 5.564 cidades. Em 1960, com uma população de quase 71 milhões de habitantes, o país detinha o elevado índice de 39,4% de iletrados, o que corresponde a cerca de 28 milhões de brasileiros iletrados. Com 46% da população rural, no campo estavam concentrados 68% dos jovens e adultos sem o mínimo de escolaridade.

Com orçamento próprio de 500 mil cruzeiros à época, um dos mais altos do governo, o Mobral contava também com repasses regulares de parcela dos 30% de participação do MEC nas arrecadações da Loteria Esportiva. Também passou a receber 2% do Imposto de Renda das empresas, conforme decretado pelo general Médici, e, apesar da aparente austeridade pregada pelo governo dos generais, não ficou livre da corrupção, com desvios de recursos públicos e manipulação política dos dados oficiais, até ser extinto em junho de 1985, em uma das primeiras medidas do governo José Sarney na transição para a reabertura democrática.

Apesar dos discursos ufanistas e da escandalosa manipulação dos números, os resultados do Mobral em sala de aula ficaram abaixo do aceitável. Segundo dados da Pesquisa Nacional por Amostra de Domicílios, o país entrou no século XXI com mais de 13 milhões de analfabetos, o que em 2013 representou 8,3% da população acima dos quinze anos.

Você sabia?

As aulas ocorriam das 19hs às 23h, na maioria das vezes improvisadas em salas com iluminação precária, goteiras e pouco arejadas.

Com a extinção em 1985, foi criada a Fundação Educar e, mais recentemente, a Educação de Jovens e Adultos (EJA) na rede regular de ensino dos estados e municípios.

10 de setembro

Paulo Maluf é preso pela primeira vez
2005

Homem de confiança dos generais que comandaram o país entre 1964 e 1985, o engenheiro e empresário Paulo Maluf, de origem libanesa, estreou na política em 1969, quando entrou para a Aliança Renovadora Nacional (ARENA), tendo sido nomeado prefeito de São Paulo. Ficou só dois anos à frente da administração da maior cidade do país, entre 1969 e 1971, até ser chamado pelo governador Laudo Natel para assumir a Secretaria de Transportes.

De lá para cá, Maluf chegou ao governo do estado de São Paulo por eleição indireta em 1978, foi eleito deputado federal pelo PDS em 1982, e uma década depois chegou à prefeitura paulistana pelo voto direto. Até 2004, perdeu nove das eleições das quais disputou (prefeitura, governo de São Paulo e Presidência da República), mas em 2017 estava novamente em Brasília, no terceiro mandato consecutivo na Câmara dos Deputados, pelo Partido Progressista (PP).

O currículo de Maluf começou a se confundir com sua ficha criminal em 10 de setembro de 2005, quando ele, aos 74 anos, foi preso pela primeira vez. Seu filho Flávio Maluf também foi levado para a sede da Polícia Federal, na Lapa, com prisão preventiva decretada pela juíza da 2ª Vara Criminal, Sílvia Maria Rocha. Pai e filho foram acusados de formação de quadrilha, corrupção passiva, lavagem de dinheiro e evasão de divisas, sendo soltos por *habeas corpus* impetrado pela defesa. Vivaldo Alves, doleiro, e Simeão Damasceno de Oliveira, ex-diretor da construtora Mendes Júnior, foram igualmente indiciados.

Em 23 de maio de 2017, doze anos depois da prisão preventiva, Maluf foi finalmente condenado pela 1ª Turma do Supremo Tribunal Federal a uma pena de sete anos, nove meses e dez dias de prisão em regime fechado, mais o pagamento de multa de 1 milhão de reais por lavagem de dinheiro.

10 de setembro

O STF determinou, também, a perda do mandato na Câmara. A sentença é resultado da denúncia do Ministério Público Federal por desvios de dinheiro público, mais de 172 milhões de dólares, durante repasses para obras realizadas no período da segunda gestão de Paulo Maluf como prefeito de São Paulo, entre 1993 e 1996.

O dinheiro lavado, segundo as investigações coordenadas pelo procurador-geral na época, Roberto Gurgel, foi transferido para contas pessoais no exterior, antes de ser aplicado em investimentos na empresa Eucatex, pertencente à família do político. Parte dos recursos públicos roubados, de acordo com os autos, foi proveniente da construção da avenida Água Espraiada, na zona sul de São Paulo, obra concluída somente em 2000. Os custos estimados na época foram de 600 milhões de dólares.

De cinco acusações por lavagem de dinheiro contra Maluf, quatro prescreveram. Assim, o réu foi considerado culpado apenas pelo desvio de cerca de 15 milhões de reais, dinheiro que, comprovadamente, foi mantido pelo menos até 2006 em contas clandestinas em bancos de paraísos fiscais do exterior.

Você sabia?

Na França, Paulo Maluf foi condenado a três anos de prisão por lavagem de dinheiro, entre 1996 e 2005. A sentença foi anunciada em 2016, pela 11ª Câmara do Tribunal Criminal de Paris. Os valores foram desviados de obras públicas em São Paulo.

Paulo Maluf também é réu em processo por falsidade ideológica eleitoral.

Em 2010, Maluf foi inserido na lista de procurados da Interpol, por determinação da promotoria de Nova York. Ele é acusado de movimentar ilicitamente milhões de dólares no sistema financeiro internacional.

Entre as obras feitas em São Paulo na gestão de Maluf estão as marginais Pinheiros e Tietê, o elevado Presidente João Goulart (antes chamado de elevado Costa e Silva, o Minhocão) e o túnel Ayrton Senna.

11 de setembro

Ataques às torres gêmeas repercutem no Brasil
2001

Mesmo distante das operações antiterroristas vigentes nos Estados Unidos, a América Latina também foi impactada pelos ataques de 11 de setembro de 2001. Naquela manhã, dezenove homens ligados à organização terrorista Al-Qaeda sequestraram quatro aviões comerciais de passageiros, e colidiram intencionalmente dois deles contra as Torres Gêmeas do complexo empresarial do World Trade Center, no centro financeiro de Nova York, destruindo também edifícios vizinhos.

O terceiro avião se chocou contra o Pentágono, a sede do Departamento de Defesa, no condado de Arlington, Virgínia, enquanto o quarto voo caiu próximo de Shanksville, na Pensilvânia, depois que alguns de seus passageiros e tripulantes tentaram retomar o controle das mãos dos sequestradores. Morreram 3 mil pessoas, entre ocupantes das aeronaves e pessoas atingidas no solo.

No Brasil, foi praticamente imediata a reação governamental, não só com manifestações formais de solidariedade, mas principalmente na invocação do Tratado Interamericano de Assistência Recíproca, que precedeu o Tratado de Washington e criou a Organização do Tratado do Atlântico Norte (OTAN). O país também acolheu as resoluções do Conselho de Segurança das Nações Unidas, e passou a atuar no controle dos fluxos financeiros que poderiam servir à estrutura de financiamento das organizações criminosas. Na agenda internacional, temas tradicionalmente mais interessantes, como comércio e desenvolvimento econômico, foram deixados em segundo plano, em detrimento da segurança internacional.

Os efeitos imediatos no Brasil foram mais financeiros do que propriamente políticos, de acordo com avaliação feita por Rubens Antônio Barbosa enquanto esteve à frente da embaixada nos Estados Unidos. O país, assim como o restante da América Latina, sentiu intensamente os efeitos recessivos

11 de setembro

e econômicos do terror, embora essas consequências não tenham sido tão devastadoras como foram na Argentina, comparou o diplomata brasileiro.

Os ataques de 11 de setembro, por outro lado, resgataram no governo brasileiro, pelo menos em tese, aspectos importantes da política externa. Com extensas fronteiras terrestres, inclusive em regiões conturbadas como a Amazônia colombiana, a segurança não pode deixar de ser um dos seus quesitos prioritários. Para Barbosa, independentemente da pressão dos Estados Unidos ao denunciar a existência de supostos focos terroristas na região conhecida como tríplice fronteira, entre Brasil, Argentina e Paraguai, nenhum país da América do Sul desempenhará papel preponderante na guerra contra o terrorismo mundial, mas pode ajudar no processo global com o reforço da própria segurança e preservação da estabilidade democrática regional.

Especialistas em relações internacionais apontaram que muitos problemas econômicos mundiais cresceram, em parte, depois dos ataques de 11 de setembro de 2011, com a desaceleração econômica causada na época pela redução das taxas de juros e estímulo ao consumo interno.

Entre as nações emergentes, o Brasil se beneficiou da alta das *commodities*, resultado das demandas da China e da Índia por alimentos e produtos básicos. O mercado externo dos Estados Unidos perdeu participação como destino para as exportações brasileiras. E mesmo com a alta mundial do petróleo pós-11 de setembro, na questão energética o Brasil manteve-se mais protegido das oscilações com as novas descobertas de petróleo e gás.

Você sabia?

Depois do atentado, leis antiterroristas foram aprimoradas em vários outros países, como Alemanha, Canadá, Reino Unido e Nova Zelândia.

Intolerância e perseguições a imigrantes ainda são consequências dos ataques terroristas de 2001.

12 de setembro

Câmara cassa mandato de Eduardo Cunha
2016

No mais longo processo desde a criação do Conselho de Ética e Decoro Parlamentar, em 2001, iniciado em 13 de outubro de 2015 com a representação dos partidos PSOL e Rede, a Câmara Federal cassou o mandato do deputado Eduardo Cunha (PMDB-RJ). O placar de votação do plenário registrou 450 votos a favor, 10 contrários e 9 abstenções durante a histórica sessão de 12 de setembro de 2016. Cunha foi acusado de mentir durante o depoimento espontâneo prestado à Comissão Parlamentar de Inquérito (CPI) da Petrobras, em maio de 2015, quando negou ter contas bancárias fora do Brasil, e insistiu no argumento que era apenas beneficiário de um *trust* contratado para administrar os recursos da família no exterior.

Sétimo deputado federal na lista dos cassados com parecer favorável do Conselho de Ética e Decoro Parlamentar, o parlamentar afastado em maio de 2016, dois meses antes de renunciar à presidência da Câmara, ficou inelegível até 2027. De acordo com o relator da matéria, deputado Marcos Rogério (DEM-RO), todas as provas analisadas pelo colegiado, como extratos bancários, depoimentos de testemunhas e documentos do Ministério Público da Suíça, comprovaram que Eduardo Cunha possuía conta bancária, patrimônio e bens não declarados à Receita Federal, e que, portanto, mentiu durante o depoimento à CPI da Petrobras. Os *trusts*, segundo foi apurado na época, eram "empresa de papel, de instrumentos criados para evasão de divisas, lavagem de dinheiro e recebimento de propina".

Entre os aliados de Cunha, a tentativa para substituir a perda de mandato pela pena mais branda de suspensão coube ao deputado Carlos Marun (PMDB-MS), que apresentou questão de ordem, para que, em vez do parecer, fosse colocado em votação um projeto de resolução. Se aprovada, a manobra parlamentar permitiria a apresentação de emenda com pena diferente, mas foi rejeitada, e Marun, então, deu a última cartada: pediu o apoio de um

12 de setembro

terço dos deputados presentes para recorrer da decisão do então presidente da Câmara, Rodrigo Maia (DEM-RJ), com efeito suspensivo à Comissão de Constituição e Justiça e de Cidadania. Mais uma vez, o aliado de Cunha não obteve sucesso.

Ao ocupar a tribuna da Câmara pela última vez e discursar em defesa própria, Eduardo Cunha voltou a negar a existência de conta não declarada em bancos de paraísos fiscais no exterior. Voltou a repetir que foi vítima de perseguição política, por ter aceitado a denúncia que deu origem ao impeachment da ex-presidente petista Dilma Rousseff. O advogado dele, Marcelo Nobre, também sustentou que não havia provas materiais para cassar o mandato do ex-presidente da Câmara Federal. Foram 335 dias desde a entrada da representação para abertura do processo por quebra de decoro parlamentar.

Você sabia?

Preso desde 19 de outubro de 2016 pela Operação Lava Jato, o ex-deputado Eduardo Cunha foi condenado a quinze anos e quatro meses de prisão, pela prática de crimes de corrupção passiva, lavagem de dinheiro e evasão fraudulenta de divisas.

O ex-parlamentar e presidente da Câmara foi acusado pelo Ministério Público Federal de receber propina de contrato de exploração de petróleo no Benin, na África, e de usar contas secretas na Suíça para lavar o dinheiro. De acordo com a sentença do juiz Sergio Moro, Cunha recebeu cerca de 1,5 milhão de dólares.

13 de setembro

Governo devolve bens a imigrantes italianos
1950

Depois de duas décadas de luta pela unificação do país onde nasceram, a Itália, eles emigraram em grandes grupos a partir de 1860, em busca de trabalho e prosperidade em outros centros da Europa, na Austrália e na América. No Brasil, começaram a aportar em 1870 e, depois de substituírem a mão de obra dos africanos e serem semiescravizados nas fazendas de café, chegaram para desbravar e colonizar o interior do país, principalmente as regiões Sul e Sudeste.

Entre anarquistas, carbonários, mafiosos, mercenários, revolucionários, agricultores e pequenos ou grandes empreendedores, prosperaram e ajudaram o Brasil a crescer consolidado no catolicismo. Também foram hostilizados, notadamente durante a Segunda Guerra Mundial, quando, em 11 de março de 1942, tiveram os bens confiscados por decreto assinado pelo então presidente da República, Getúlio Vargas.

Quatro meses depois, em 11 de agosto, as tropas brasileiras seguiram para os campos de batalha na Itália para reforçar o exército dos Aliados (Estados Unidos, França e Inglaterra). Entre os bens pertencentes a italianos no Brasil durante o Estado Novo, confiscados para compensar eventuais prejuízos com a guerra, estavam prédios históricos como as tradicionais sedes da Societá Italiana, local para preservação da cultura da terra natal.

Em São Paulo, o antigo imóvel do Círculo Italiano, fundado em 1911, foi demolido e deu lugar ao edifício Itália, reinaugurado em 1965 na avenida Ipiranga, para se tornar um dos prédios mais imponentes da cidade e um dos maiores do país, com 165 metros de altura, 46 andares e dezenove elevadores. Protegido pelo Serviço do Patrimônio Histórico Nacional, é um dos marcos da arquitetura verticalizada nacional, além de abrigar o mirante do restaurante Terraço, um dos pontos turísticos mais visitados, com visão panorâmica de 360° da metrópole.

13 de setembro

Com o fim do conflito e a derrota da Alemanha e seus principais aliados, entre eles os italianos, o próprio Getúlio Vargas se encarregou de devolver aos imigrantes e descendentes os bens materiais que haviam sido apreendidos, com novo decreto, dessa vez assinado em 13 de setembro de 1950. Para resolver pendências do Tratado de Paz de 1947, que desvinculava todos os bens italianos bloqueados durante a guerra, foi firmado acordo entre os dois países, prevendo a criação da Companhia Brasileira de Colonização e Imigração Italiana, concretizada em 28 de setembro de 1950, e, através dela, os primeiros recursos foram liberados.

Em 2013, de acordo com dados divulgados pela embaixada italiana em Brasília, havia 30 milhões de descendentes de imigrantes, pelo menos a metade deles estabelecida em São Paulo, principalmente nos bairros do Brás e do Bexiga. Os demais, espalhados pelos estados de Santa Catarina, Rio Grande do Sul, Paraná, Minas Gerais e Espírito Santo, onde na área rural mantiveram a tradição de produzir o próprio vinho e a boa massa caseira.

Segundo pesquisa divulgada em 2016 pelo Instituto de Pesquisas Econômicas Aplicadas (IPEA), em um universo de 46.801.772 nomes brasileiros analisados, 3.594.043, o correspondente a 7,7%, tinham sobrenome de origem italiana. Muitos desses nomes e sobrenomes se transformaram em exemplos de trabalho e prosperidade, como Francesco Matarazzo e seus irmãos, que chegaram em 1881 e construíram um império industrial em São Paulo.

Você sabia?

No Rio Grande do Sul, Bento Gonçalves, Caxias do Sul e Garibaldi têm na cultura da uva para a produção de vinho uma das principais atividades econômicas.

Em São Paulo, em 1901, os italianos compreendiam 90% dos 50 mil trabalhadores ocupados nas fábricas.

14 de setembro

São Paulo inaugura primeira linha de metrô do país
1974

Mais conhecido por metrô, o Metropolitano de São Paulo, seu nome oficial, atende a capital paulista desde 14 de setembro de 1974. Naquela data, o primeiro trecho do sistema metroviário de transporte urbano a ser inaugurado no Brasil teve início comercialmente com a ligação de sete quilômetros entre as estações Jabaquara e Vila Mariana. Um ano depois, era ampliado com a ligação entre Jabaquara e Santana, passando a se chamar linha Norte-Sul, com 16,7 quilômetros de extensão e vinte estações. Só depois de 23 anos, a mesma linha, já rebatizada de Linha 1 - Azul, seria ampliada até o Tucuruvi, com mais 3,5 quilômetros e três novas estações. Hoje circulam diariamente por ela mais de 1,3 milhão de passageiros.

Mas não é a Linha 1 - Azul do metrô paulistano a mais concorrida do país – e sim a Linha 3 - Vermelha, que liga as regiões leste e oeste da cidade e foi inaugurada em 10 de março de 1979, entre as estações Brás e Sé. Hoje rebatizada de Corinthians-Itaquera-Palmeiras-Barra Funda, é a linha que, com dezoito estações desde 1988, transporta em média mais de 1,4 milhão de passageiros.

O metrô de São Paulo é considerado o mais movimentado entre os sistemas metroviários do mundo, com seus 89,8 quilômetros distribuídos entre seis linhas e 79 estações: as já citadas 1 - Azul e 3 - Vermelha, além da 2 - Verde (Vila Madalena-Vila Prudente), 4 - Amarela (Luz-Butantã), 5 - Lilás (Capão Redondo-Moema) e 15 - Prata (Vila Prudente-Vila União). São transportados por dia uma média de 4,5 milhões de passageiros e há ainda a interligação das suas estações com trens operados pela Companhia Paulista de Trens Metropolitanos (CPTM), que atende municípios vizinhos.

Apesar de premiações e certificações de qualidade recebidas pelo metrô de São Paulo, o sistema paulistano passou de muito elogiado e referência, para muito criticado, alcançando a beira da saturação, segundo engenheiros

14 de setembro

especializados em transporte urbano. O motivo estão nas falhas recorrentes de operação, atrasos na expansão e superlotação em horários de pico. Há, ainda, denúncias de superfaturamento e pagamento de propinas em contratos destinados à sua expansão e renovação, com suposto envolvimento de funcionários dos governos paulistas das últimas décadas.

A Companhia do Metropolitano de São Paulo, que opera o metrô paulistano, é de capital misto, na qual o governo estadual detém a maioria das ações, ainda que em parceria com investidores privados, como é o caso da empresa ViaQuatro, que opera a Linha 4 - Amarela. A origem da Companhia do Metropolitano de São Paulo remonta ao início dos anos 1960, quando prefeitura e governo criaram comissões para estudos de criação do metrô. A companhia foi afinal fundada em dezembro de 1966. E a primeira concorrência internacional vencida pelo consórcio HMD, constituído pelas empresas alemãs Hochtief e DeConsult e pela brasileira Montreal. Já em seu início, em função da alta tecnologia disponibilizada na época e da construção de um túnel de manobras em Santana, que diminuiu o intervalo entre os trens, o metrô de São Paulo despontou entre os melhores do mundo.

Hoje imperam críticas operacionais e aos serviços e denúncias de corrupção, mas os projetos governamentais continuam prevendo que, até 2034, o metrô de São Paulo deverá dobrar e até mesmo triplicar sua extensão, atingindo quilometragem próxima às das redes de Berlim, na Alemanha, ou de Paris, na França. A ideia, exemplo do que já existe na Europa, sobretudo em Berlim, é melhorar ainda mais o sistema metroviário integrando-o aos meios de transportes não motorizados, em que as ciclovias e bicicletários despontam como estímulo ao uso de bicicletas para deslocamentos diários.

Você sabia?

Algumas estações mudaram de nome, atendendo a clubes de futebol das proximidades. Foi o caso das atuais Portuguesa-Tietê e Palmeiras-Barra Funda.

Propinoduto é nome pelo qual ficou conhecido o esquema de corrupção do metrô paulista que envolveu funcionários do governo em pagamentos de "comissões", em troca de facilitação nas concorrências.

15 de setembro

Estreia de Carlos Gomes com a ópera *Joanna de Flandres*
1863

Deveria ter sido no dia 10, mas adiamentos seguidos marcaram 15 de setembro de 1863 como uma das datas importantes na vida de Antônio Carlos Gomes. Foi a primeira apresentação no palco do Theatro Municipal do Rio de Janeiro da ópera *Joanna de Flandres*, a segunda dele, cantada em quatro atos em português com libreto do jornalista Salvador de Mendonça.

Obra que encantou o imperador dom Pedro II e proporcionou ao compositor a bolsa de estudos do governo brasileiro que lhe abriu caminho, aos 28 anos, para desenvolver o talento ao lado dos mestres que tanto admirava no conservatório de Milão, mas que, curiosamente, nunca foi gravada e só voltou a ser encenada em 2005, no Teatro Alpha, em São Paulo. Vieram em seguida as operetas *Nella Luna* e *Se sa minga*, inspiradas e criadas já em Milão, prévias da composição que o levaria, enfim, ao sucesso e ao reconhecimento internacional: *O Guarani*, popularizada pelo uso de trecho da introdução como vinheta de abertura de *A Hora do Brasil*, programa oficial de notícias do governo federal transmitido diariamente, de segunda a sexta-feira, em todas as emissoras de rádio do país, pontualmente às sete da noite, com duração de uma hora.

Considerado o maior compositor lírico da América, foi o segundo nome mais encenado no Teatro alla Scala de Milão, atrás apenas de Giuseppe Verdi. Nascido em Campinas (SP), em 11 de julho de 1836, filho de Manoel José Gomes, o Maneco Músico, e de Fabiana Maria Cardoso, sempre demonstrou interesse pela música; estudou com o próprio pai, e, aos dezoito anos, compôs a *Missa de São Sebastião*, dedicada ao velho Maneco, e aos 21, criou *Suspiro d'alma*.

Aos 23 anos, protagonizou a grande aventura, a viagem que transformou o jovem Nhô Tonico no grande Carlos Gomes. Na época, já se apresentava em concertos ao lado do pai, lecionava canto e piano e estudava óperas,

15 de setembro

com preferência explícita por Verdi. Relativamente conhecido em São Paulo, onde compôs o Hino Acadêmico, cantado pelos alunos da Faculdade de Direito do Largo São Francisco, começou a planejar uma maneira de chegar à corte e entrar no conservatório musical do Rio de Janeiro.

Mesmo sem dinheiro para a viagem, comunicou ao irmão João Pedro e, sem se despedir dos pais, em 1859 fez a penosa travessia da serra até o porto de Santos no lombo de um vigoroso burrico. Embarcou, então, no vapor *Piratininga* com pequeno saco de bagagem e a carta de recomendação que lhe facilitou o acesso ao paço de São Cristóvão e à preferência do imperador. Em 4 de setembro de 1861, estreou no teatro da Ópera Nacional com a primeira composição, *A noite do castelo*, baseada nos poemas de Antônio Feliciano de Castilho. Pela obra, dom Pedro II o agraciou com a Imperial Ordem da Rosa.

Durante cinco anos, Carlos Gomes foi escolhido como o melhor aluno do conservatório. Como prêmio, em 1863, depois de Joanna de Flandres, recebeu a bolsa para aperfeiçoar os estudos na Itália, partindo em 8 de novembro com carta de recomendação assinada pelo imperador. Em Milão, foi aluno de Lauro Rossi, e em 1866 recebeu o diploma de mestre e compositor, antecipando uma sequência de sucessos. Em 19 de março de 1870, no Teatro alla Scala de Milão, apresentou *O Guarani*, ópera adaptada da obra de José de Alencar que colocou o Brasil no mapa cultural europeu.

Você sabia?

Em 25 de julho de 1880, foi realizada a primeira conferência abolicionista no Teatro São Luís, no Rio de Janeiro, com a presença de Carlos Gomes.

O compositor morreu em Belém, em 16 de setembro de 1896, e seus restos mortais estão em monumento da praça Antônio Pompeu, em Campinas (SP).

16 de setembro

Carlos Lacerda, articulador de golpes
1955

Conceitos básicos no cotidiano de todo jornalista, isenção e ética foram, no entanto, retirados do manual de redação de Carlos Lacerda, que misturou profissão com política e ganhou notoriedade na articulação de episódios decisivos na história contemporânea da administração pública brasileira nos anos 1950 e 1960.

Muitas vezes inventando casos, como o registrado na edição de 16 de setembro de 1955 na *Tribuna da Imprensa*, onde publicou suposta carta escrita pelo deputado argentino Antonio Brandi, peronista, enviada a João Goulart, o Jango, ministro do Trabalho do governo Juscelino Kubitschek. No texto, segundo ele, havia referências a contrabando de armas e à organização de uma república sindicalista na América Latina, a partir de bases no Brasil e na Argentina.

Quem descobriu a falsificação da assinatura foi o então jovem repórter Newton Carlos, que, coincidentemente, trabalhava na *Tribuna*, mas só revelou a farsa em entrevista ao projeto Memória da Imprensa Carioca, em 2002, aos 65 anos.

Lacerda começou no jornalismo em 1929, com artigos editados por Cecília Meireles no *Diário de Notícias*. Três anos mais tarde, entrou na Faculdade de Direito da Universidade do Rio de Janeiro, mas, desinteressado, não concluiu o curso. Ainda na faculdade, se aproximou dos ideais comunistas e foi um dos fundadores da Ação Libertadora Nacional, até romper em 1939 e passar a escrever artigos anticomunistas.

Em 1945, Carlos Lacerda assinou a ficha de filiação à União Democrática Nacional (UDN), e, dois anos depois, já era vereador no Rio de Janeiro, na época o Distrito Federal. Ainda em 1947, renunciou ao mandato, inconformado com a decisão do Senado de retirar da Câmara o poder de examinar vetos do prefeito. Em 1949, fundou o próprio jornal, *Tribuna da Imprensa*, principal veículo de oposição no segundo período da Presidência de Getúlio

16 de setembro

Vargas. Os ataques eram diários, até que, em 5 de agosto de 1954, ocorreu o episódio que provocaria uma crise sem precedentes na história da República.

Lacerda voltava para casa de comício no colégio São José, quando foi alvo de atentado na rua Tonelero. Na emboscada, morreu o segurança, o major Rubens Florentino Vaz, da Aeronáutica, enquanto ele, baleado no pé, acusou o governo pelo crime.

Uma semana depois, Lacerda publicou editorial sugerindo a renúncia do presidente, que, isolado politicamente, atirou no próprio peito. A morte de Vargas provocou depredação da *Tribuna de Imprensa*, mas em 3 de outubro, dois meses após o suicídio, o jornalista foi eleito o deputado federal mais votado da UDN.

O auge da carreira política do jornalista ocorreu em 5 de dezembro de 1960. Naquele dia, Lacerda foi empossado como primeiro governador do estado da Guanabara. As divergências entre ele e Jânio Quadros se agravaram, até a renúncia do presidente em 25 de agosto de 1961. Em outubro, a *Tribuna da Imprensa* foi vendida a Manuel Francisco do Nascimento Brito.

Com o golpe de 1964, Carlos Lacerda foi para a Europa e os Estados Unidos defender os ideais do regime na época representado pelo general Castelo Branco. Mas não concretizou o desejo de chegar à Presidência da República. Depois do Ato Institucional nº 5 (AI-5), em 13 de dezembro de 1968, foi preso e teve os seus direitos políticos cassados por dez anos. Na volta, fundou as editoras Nova Fronteira e Nova Aguillar. Morreu em 21 de maio de 1977.

Você sabia?

Em Lisboa, em 1966, Juscelino Kubitschek admitiu a Lacerda que, se o deixasse ter acesso à televisão, ele o teria derrubado da Presidência.

Por sua militância oposicionista, nem sempre ética, Lacerda foi apelidado de "O Corvo" e "Demolidor de Presidentes".

17 de setembro

Primeira edição do jornal *Diabo Coxo*
1864

Em tempos de publicações digitais e muita incerteza sobre o futuro do jornalismo impresso, as ilustrações têm sido um instrumento cada vez mais eficiente, como estratégia editorial, para, por meio do humor, informar e formar novos leitores, inclusive com a função alfabetizadora. O que parece novidade, porém, não é: já na São Paulo do século XIX, a prática era largamente empregada pelo *Diabo Coxo*, o primeiro jornal humorístico da antiga província.

Editado por Ângelo Agostini (1843-1910) e Luiz Gama (1830-1882), ambos se utilizaram das caricaturas e de sua linguagem capaz de ser compreendida com clareza pelos pobres e negros analfabetos, que assim puderam ter acesso às notícias sobre fatos reais do cotidiano social, econômico e político do governo imperial.

A primeira edição circulou em 17 de setembro de 1864. Entre os editores, merece referência a trajetória de militante e profissional de Luiz Gama, conhecido por seu engajamento ao movimento abolicionista em plena vigência das leis escravocratas. Por esse ativismo, ele recebeu do escritor Raul Pompeia o epíteto de "Apóstolo Negro da Abolição".

Dois anos depois de fundarem o *Diabo Coxo*, Gama e o caricaturista Ângelo Agostini se juntaram a Américo de Campos, da mesma loja maçônica à qual pertenciam, e fundaram o *Cabrião*, pautado pelos ideais republicanos e abolicionistas que comungavam. Gama conquistou a própria liberdade judicialmente e, mesmo sem ter ingressado no curso de direito, atuou como advogado provisionado, ou rábula, como era chamado na época, para libertar negros cativos e resolver pendengas trabalhistas de imigrantes europeus explorados nas lavouras de café. Destacou-se como bom orador e estudioso das leis.

Aos 29 anos, ele foi considerado um dos expoentes do romancismo e o maior abolicionista do Brasil, tornando-se um dos raros intelectuais negros no país escravocrata do século XIX, autodidata e o único que conheceu a dolorosa experiência do cativeiro.

Gama viveu por 42 anos em São Paulo, cidade que na época tinha população menor que a do Rio de Janeiro, mas exercia forte influência da cultura jurídica desde 1828, reflexo da instalação da Faculdade de Direito do Largo São Francisco. Lá estudaram alunos provenientes de várias partes do país e de todas as camadas sociais, misturados aos filhos da oligarquia rural que começava a se formar e a fazer parte da elite intelectual brasileira.

Escrevente de polícia em 1868, Luiz Gama se caracterizou por libertar escravos presos ilegalmente e perdeu o cargo com a queda do Partido Liberal e a ascensão dos conservadores ao poder. Em 2015, depois de 133 anos de sua morte, a Ordem dos Advogados do Brasil – Seção São Paulo (OAB-SP), fez o resgate histórico do legado profissional de Luiz Gama e lhe concedeu, *in memoriam*, o título de advogado.

Nascido em 21 de junho de 1830, Gama só foi alfabetizado aos dezessete anos. Do pai, branco e rico arruinado, que o vendeu como escravo na infância para quitar dívidas de jogo, Gama sempre omitiu o nome. Da mãe, a liberta Luísa Malin, mais tarde mitificada pelo movimento negro, Gama fala com orgulho em carta autobiográfica enviada em 1880 ao amigo Lúcio Mendonça. Na África, ela teria sido princesa da tribo mahi da nação Nagô, na região do Benin, praticante do islamismo; no Brasil, participou dos levantes de escravos na Bahia do século XIX, como as revoltas dos Malês (1835) e a Sabinada (1837-1838).

Você sabia?

Nunca foram esclarecidos os meios utilizados por Luiz Gama para conquistar a liberdade.

Com diabetes, morreu em 24 de agosto de 1882. Seu enterro dele reuniu uma multidão até então nunca vista no Rio de Janeiro do Império.

18 de setembro

Amyr Klink cruza o Atlântico Sul a remo
1984

Bem conservado, o barco IAT está guardado em lugar de destaque em meio aos mais diversos tipos de embarcações que integram o acervo do Museu do Mar, em São Francisco do Sul (SC). A bordo dele, o navegador paulistano Amyr Klink, aos 29 anos, remou sozinho 3.700 milhas, cerca de 6 mil quilômetros, jornada que começou no porto de Lüderitz, na costa africana da Namíbia, e terminou depois de cem dias, seis horas e 23 minutos, na praia da Espera, em Itacimirim, município de Camaçari, litoral norte da Bahia.

Os sinais de abandono e depredação que tomaram conta do lugar contrastam com a importância do monumento erguido ali como marco da chegada de Klink, em 18 de setembro de 1984. Após a inédita travessia a remo do Atlântico Sul, o que veio depois disso pareceu tarefa fácil para o explorador solitário, que enfrentou 42 vezes o mar gelado da Antártica antes de subir rumo ao norte e navegar para completar o Círculo Polar Ártico.

Amyr Klink nasceu em 25 de setembro de 1955, o mais velho dos quatro filhos do libanês Jamil Klink e da sueca Asa Frieberg Klink. Aos dez anos, já em Paraty, no Rio de Janeiro, deu as primeiras remadas em *Max*, a primeira das mais de trinta canoas colecionadas, e sentiu que o mar o levaria a lugares distantes.

Mas foi mesmo por terra a primeira viagem internacional, de motocicleta até o Chile, em 1978, aos 23 anos. Cinco anos depois, terminou a construção do *IAT*, o barco a remo da primeira travessia do Atlântico. Paralelamente, se dedicou aos estudos sobre rotas marítimas, analisou relatos de acidentes com veleiros, se preparou para manutenção em alto-mar e adotou alimentação balanceada. Também teve tempo de encaminhar questões diplomáticas e legais para a partida do porto de Lüderitz, a contragosto das autoridades da Namíbia diante dos riscos da empreitada.

18 de setembro

Klink partiu na madrugada de 10 de junho, e já nas primeiras remadas percebeu que não seria fácil atravessar a turbulenta corrente da costa da África. Esse foi o batismo do barco, construído com lastro nos tanques, para se comportar como uma espécie de "joão-bobo": quando virava, voltava à posição original imediatamente. Essa foi uma das inovações projetadas e desenvolvidas para o IAT, baseado no *Capitaine Cook*, do navegador francês Gérard d'Aboville.

Sem GPS (Global Positioning System), Klink contou com os astros, o sextante e as ondas do rádio para se orientar. Chegou a remar 110 quilômetros em um dia, em outros ficou horas à deriva sob intensas tempestades, escoltado por baleias, tartarugas e tubarões. Em 1986, foi pela primeira vez à Antártica.

Na volta, construiu o *Paratii*, barco com o qual estreou em 1989 como velejador, em outra viagem solitária. Foram 642 dias, sete meses e meio de invernagem e 27 mil milhas de navegação. O *Paratii 2* começou a ser construído em 1994, mas ainda a bordo do *Paratii* realizou o projeto Antártica 360 Graus. Em 2001, concluiu o *Paratii 2* para refazer, entre dezembro de 2003 e fevereiro de 2004, a circum-navegação polar com tripulação de cinco marinheiros, em viagem de 13,3 mil milhas em 76 dias, sem escalas.

Você sabia?

Viagens de Amyr Klink são contadas em palestras, exposições, documentários e quatro belos livros: *Cem dias entre céu e mar*, *Paratii – entre dois polos*, *Mar sem fim* e *Linha-d'água*.

Casado com a velejadora Marina Bandeira desde 1997, é pai das gêmeas Tamara e Laura (1998) e da caçula Marina Helena (2000).

19 de setembro

Nasce Paulo Freire, o patrono da educação
1921

Referência para educação e cidadania na África, na Europa e em outros países da América Latina, no Brasil o pernambucano Paulo Freire foi banido pelo governo militar durante dezesseis anos, exilado entre 1964 e 1980.

Entre os rescaldos mais recentes desse período de intolerância e ignorância contra aquele que é um dos mais notáveis pensadores da pedagogia mundial, está o texto ofensivo atribuído ao Instituto Liberal e editado e inserido na internet por servidores do Serviço Federal de Processamento de Dados (SERPRO), retirado nove minutos depois sob protestos da viúva, Ana Maria Araújo Freire, em 28 de junho de 2016.

Por ironia, nesse mesmo ano, Paulo Freire foi considerado nos Estados Unidos o terceiro maior intelectual de toda a história da humanidade, o mais citado e, portanto, o mais estudado nas universidades de lá, que, em tese, são contrárias às ideias comunistas. Ainda em 2016, a Open Syllabus realizou pesquisa em mais de 1 milhão de programas de estudos de universidades norte-americanas, no Reino Unido, na Austrália e na Nova Zelândia, e descobriu que *Pedagogia do oprimido*, o livro mais conhecido de Paulo Freire, é o 99º mais usado, e faz dele o único brasileiro entre os cem mais citados e o segundo melhor colocado no campo da educação, atrás somente de *Teaching for Quality Learning in University: What the Student Does*, de John Biggs.

A London School of Economics, com base em dados do Google Acadêmico, divulgou que essa obra de Freire é também a terceira mais citada mundialmente na área das ciências sociais. Publicado em 1968, traduzido para vinte idiomas, o trabalho que relaciona a escolarização à formação da consciência política foi proibido no Brasil até 1974.

O reconhecimento oficial, contudo, só ocorreu em 2009, no Fórum Mundial de Educação Profissional, em Brasília, quando o Estado brasileiro, por meio do Ministério da Justiça, fez o pedido de perdão *post mortem* à família

19 de setembro

e assumiu o pagamento de reparação econômica. Em 13 de abril de 2012, a então presidente Dilma Rousseff (PT) sancionou a Lei nº 12.612 e declarou Paulo Freire Patrono da Educação Brasileira.

Virginiano de 19 de setembro de 1921, filho do oficial da Polícia Militar de Pernambuco Joaquim Temístocles Freire e da bordadeira Edeltrudes Neves Freire, Paulo morou na estrada do Encanamento, no bairro da Casa Amarela, no Recife, até os dez anos, quando a família em crise financeira se mudou para Jaboatão dos Guararapes.

Teve três irmãos, Stela e os rapazes Armando e Temístocles. A vida acadêmica começou aos 22 anos, na Faculdade de Direito do Recife, antes do primeiro casamento, em 1944, com Elza Maria Costa Oliveira, com quem teve cinco filhos. Ele foi professor de português no colégio Osvaldo Cruz, onde estudou na adolescência, e superintendente do setor de educação e cultura do Serviço Social da Indústria (SESI). Lá, teve o primeiro contato com a educação de jovens e adultos e percebeu a necessidade de se combater o analfabetismo entre os trabalhadores brasileiros.

Elza morreu seis anos depois da volta do exílio, na mesma época em que Freire recebeu o Prêmio Educação para a Paz, da Organização das Nações Unidas para a Educação, a Ciência e a Cultura (UNESCO). Também foi indicado ao Prêmio Nobel da Paz, em 1993, e morreu em 2 de maio de 1997, ao lado de Ana Maria.

Você sabia?

Em uma praça de Estocolmo, na Suécia, um monumento em forma de banco homenageia Paulo Freire.

Freire aprendeu a escrever rabiscando com gravetos no chão de sua casa de infância, no Recife.

Em 2017, um movimento de direita propôs ao Senado que se revogasse a lei que nomeou Freire Patrono da Educação.

20 de setembro

Eclode a Revolução Farroupilha
1835

O ímpeto separatista que resiste de forma isolada no Rio Grande do Sul, contrariamente às orientações do Movimento das Tradições Gaúchas (MTG), remonta ao século XVI, quando o território dos pampas foi palco e alvo de disputas entre portugueses e espanhóis.

A disposição emancipacionista ganhou novos ingredientes a partir de 1821, em protesto contra o governo imperial central, que passou a cobrar taxas exorbitantes de impostos sobre os principais produtos da região, da erva-mate aos derivados da pecuária, como couro, sebo, graxa e, principalmente, charque, que era comercializado para alimentação da mão de obra escravizada no restante do Brasil.

Para piorar ainda mais a situação dos estancieiros, como eram chamados os proprietários de terra e produtores da região, no início de 1830 foi aprovada a política de incentivos à importação da carne seca oriunda da bacia do Prata, beneficiando fazendeiros argentinos e uruguaios, ao mesmo tempo que foi reajustada a taxação do sal, insumo indispensável na época.

Aliado a esses aspectos financeiros e econômicos, havia ainda o descontentamento pelo fato de os comandantes militares e funcionários públicos de altas patentes serem portugueses ou enviados de outros centros do país, em detrimento dos gaúchos que lutaram contra as Províncias Unidas do Prata, Argentina e Uruguai, na Guerra da Cisplatina, entre 1825 e 1828.

Com catorze municípios e população de aproximadamente 150 mil pessoas, entre brancos, escravos e índios, o Rio Grande do Sul não tinha sequer escola pública. Esse era o contexto em que foi deflagrada a Revolução Farroupilha, ou a Guerra dos Farrapos, também chamada Decênio Heroico, caracterizada como a mais longa revolta brasileira e liderada por representantes da elite formada por grandes fazendeiros de gado.

Foram dez anos de batalhas, com tropas formadas basicamente pelas camadas mais pobres da população. Planejada por Bento Gonçalves, a to-

20 de setembro

mada de Porto Alegre pelas tropas rebeldes ocorreu em 20 de setembro de 1835, com proclamação da República Farroupilha. Piratini era a capital. Com a fuga do então presidente da província, Fernandes Braga, para Rio Grande, na foz da lagoa dos Patos, Bento Gonçalves, nomeado presidente da República dos Farrapos, empossou o vice, Marciano Ribeiro.

Os imperiais acabaram retomando Porto Alegre em 15 de julho e detiveram sua posse até 1840; apesar das tentativas de Bento Gonçalves de reconquistá-la, a cidade passou por 1.283 dias de sítio sem nunca mais ter voltado aos domínios dos farrapos.

Um ano antes, em 1839, comandados pelo italiano Giuseppe Garibaldi, os farrapos atravessaram por terra dois barcos sobre carretões puxados por bois até o rio Tramandaí, evitando a marinha imperial na lagoa dos Patos, e assim atacaram pelo mar. Tropas de David Canabarro completaram o cerco para a tomada de Laguna e proclamação da República Juliana, em 24 de julho, com adoção das cores amarela, branca e verde na bandeira e extinção de impostos na pecuária e produtos agrícolas.

Sem chegar a Desterro, atual Florianópolis, no dia 15 de novembro a esquadra farroupilha foi aniquilada, com fuga de Garibaldi e Canabarro. Em Lages, no planalto catarinense, os farrapos se renderam ao Exército imperial.

Você sabia?

O termo farroupilha, derivado de farrapo, significando pessoa malvestida, foi adotado pelos líderes da revolução para atrair a simpatia do povo, dando a impressão de que lutavam por eles.

Em Santa Catarina, Laguna, onde foi instalada a República Juliana, teve importante papel para a República Farroupilha.

Gomes Jardim e Onofre Pires entraram com tropas armadas em Porto Alegre pela ponte da Azenha, em 20 de setembro de 1835.

21 de setembro

População urbana é maior que a rural, aponta censo do IBGE
1970

Até 1940, o Brasil era um país predominantemente rural, com cerca de 69% da população morando no campo. As cidades começaram a crescer a partir da década seguinte, com a intensificação do processo de urbanização seguindo a reboque da industrialização durante os governos de Getúlio Vargas e Juscelino Kubitschek, com formação de mercado interno que atraiu milhares de pessoas para o Sudeste, região com maior infraestrutura e, consequentemente, maior concentração industrial.

Entre as décadas de 1960 e 1980, chegou a 27 milhões o número de migrantes do campo, segundo pesquisas do Instituto Brasilciro dc Gcografia e Estatística (IBGE), inchaço motivado entre outros fatores pela modernização e industrialização do país, por falta de empregos agrícolas e avanço da agricultura mecanizada e da monocultura, além, é claro, dos supostos atrativos culturais das áreas metropolitanas.

Resultado da falta de planejamento e de políticas públicas voltadas à população de baixa renda e à mobilidade urbana, o crescimento desordenado agravou problemas como favelização, desemprego, violência, enchentes, poluição, transporte coletivo deficiente e excesso de carros nas ruas. A partir de 1970, mais da metade da população se fixou nas áreas urbanas, onde, teoricamente, a oferta de emprego e de serviços, como saúde, educação e transporte, era maior.

Em seis décadas, a população rural aumentou cerca de 12%, enquanto nas cidades o número de moradores passou de 13 milhões para 138 milhões, aumento superior a 1.000%. De acordo com os dados oficiais do governo, em 1950 a zona rural somava 33.161.506 habitantes, o correspondente a 63,84% do total. Duas décadas depois, moradores das zonas rurais totalizavam 41.037.586 pessoas, ou 44% da população brasileira. O Sudeste foi, também, a primeira região brasileira a apresentar redução populacional no

21 de setembro

campo, com a migração mais acentuada a partir da década de 1960. A tendência foi mantida em meio século, entre 1950 e 2000, com saldo negativo de 4.971.925 campesinos e diferença de 42% a menos, dinâmica atribuída à modernização agrícola e à intensa industrialização do Sudeste.

Na região Sul, a redução da população rural se acentuou a partir de 1970, também influenciada pela industrialização e modernização da agricultura, fenômeno vinculado ao que já ocorrera no Sudeste. No ano 2000, eram 744.644 habitantes a menos em relação a 1950, decréscimo de 13%. A população total na região aumentou 17.248.913 pessoas no mesmo período, processo que no Nordeste só ocorreu entre 1980 e 1991. Lá, em 2000 a população rural era 11,6% maior do que em 1950. No Centro-Oeste, tradicionalmente uma região de recebimento de migrantes, o decréscimo na população rural começou na década de 1970. A região Norte foi a única com crescimento contínuo da população do campo.

Muito antes disso, em 1870, ficou definido em uma década o intervalo entre um censo e outro, e o primeiro ocorreu dois anos depois, o Recenseamento da População do Império do Brasil, de 1872, que contou 9.930.478 habitantes, sendo 48% mulheres, mais 1.510.806 escravos. O intervalo de dez anos, contudo, não foi cumprido e a pesquisa domiciliar só foi realizada novamente em 1890, já na fase republicana, sendo repetida em 1900 e 1920. O IBGE é responsável pelo censo demográfico desde 1940.

Você sabia?

Em cinquenta anos, entre 1950 e 2000, a população urbana cresceu 633,4%, somando 137.755.550 habitantes em 2000.

A migração começou a cair no final da década de 1990 e tornou-se seletiva. Mulheres jovens são maioria desde os anos 1980.

22 de setembro

Washington Olivetto e o marco da propaganda brasileira
2008

Se existe algo que Washington Olivetto prefere esquecer é o sequestro que sofreu em 2001. Foram 53 dias no cativeiro improvisado por uma quadrilha de chilenos, colombianos, argentinos e brasileiros em uma casa do Brooklin, bairro nobre da zona sul de São Paulo, até ser libertado em 2 de fevereiro do ano seguinte, a pouco mais de uma semana do Carnaval.

Como bom publicitário, um dos mais premiados do país, Olivetto prefere se lembrar mesmo das campanhas de sucesso e da infinidade de prêmios colecionados ao longo da carreira, iniciada por acaso graças a um pneu furado em frente à agência que lhe deu o primeiro emprego, aos dezoito anos, nos idos de 1969.

Entre os tantos trabalhos de destaque, um dos mais marcantes foi produzido em 1987, ao custo de 86 mil dólares, para a marca de lingeries Valisere, incluído em *Os 100 melhores comerciais de TV*, publicação da norte-americana Bernice Kanner. Esse filme, segundo especialistas, foi o marco inicial da moderna propaganda brasileira, além de tornar famosa Patrícia Lucchesi, na época a adolescente entrando na puberdade que inspirou o bordão "o primeiro sutiã a gente nunca esquece".

A propaganda tornou-se um clássico por ter sido o primeiro com um tom mais afetivo, "artifício que marcou a publicidade brasileira", definiu o próprio Olivetto. Na época em que não eram comuns as propagandas de roupas íntimas na TV brasileira, abriu caminho para o diálogo entre pais e filhas sobre sexualidade.

O livro *O primeiro a gente nunca esquece*, lançado em 22 de setembro de 2008, traz revelações sobre os bastidores da produção e declarações de celebridades nacionais, a exemplo de Pelé, Mauricio de Souza, João Ubaldo Ribeiro, entre outros, sobre o tema "a primeira vez", contando acontecimentos de suas vidas que jamais esqueceram.

22 de setembro

Descendente de italianos da região da Ligúria, paulistano da Lapa e corintiano que chegou à vice-presidência do clube, em 1981, Olivetto encontrou inspiração para o trabalho em seu pai, um habilidoso homem de vendas. Matriculado na faculdade de publicidade da Fundação Armando Álvares Penteado (FAAP), não concluiu o curso, interrompido no fatídico dia em que furou um dos pneus do Karmann Guia exatamente em frente à agência HGP, que lhe deu a vaga como estagiário. Passados três meses, ele produziu o primeiro comercial, para a Deca, premiado com o Leão de Bronze no festival de Cannes, na França, em 1969.

Em 1970 já estava na DPZ, onde quatro anos depois ficou com o Leão de Ouro de Cannes. Em parceria com o diretor de arte Francesc Petit, realizou diversos trabalhos premiados e criou o "garoto Bombril", com o ator Carlos Moreno inspirado em Woody Allen, que entrou no *Guinness Book*, o livro dos recordes, pela mais longa permanência no ar. O contrato entre Olivetto e a Bombril terminou em 2013, depois de trinta anos e mais de 340 filmes. Em 1986, Olivetto saiu da DPZ e virou sócio da agência suíça GGK, mais tarde W/Brasil, com filiais nos Estados Unidos, em Portugal e na Espanha, uma das agências mais premiadas do mundo, criadora de longa lista de comerciais memoráveis.

Você sabia?

Lançada em 2005 por Fernando Morais, a biografia *Na toca dos leões* resume a trajetória de Washington Olivetto e o sequestro ocorrido em fins de 2001.

Olivetto é uma das 25 figuras-chave da publicidade do mundo, segundo a revista britânica *Media International*.

23 de setembro

Criadas Escolas de Aprendizes Artífices
1909

Os Institutos Federais de Educação, Ciência e Tecnologia representam um marco histórico para o ensino público gratuito. Antes deles, porém, em 2005, os antigos Centros Federais de Educação Tecnológica (CEFETS), correspondentes ao ensino médio ou segundo grau, já haviam consolidado o status de universidade integrada também pela Rede Federal de Educação Profissional, Científica e Tecnológica instituída na Lei nº 11.892/2008. Isso tudo um século depois do Decreto nº 7.566, assinado em 23 de setembro de 1909 pelo sétimo presidente da República, Nilo Peçanha, do Partido Republicano Fluminense, que criou nas capitais dos estados as Escolas de Aprendizes Artífices, destinadas ao ensino profissional primário gratuito.

O ato, considerado o embrião do sistema atual, começou com dezenove unidades mantidas pelo Ministério da Agricultura, Indústria e Comércio, destinadas, como dizia o texto de justificativa da lei, a absorver "o aumento constante da população das cidades", facilitar o acesso das "classes proletárias aos meios de vencer as dificuldades sempre crescentes da luta pela existência" e, para isso, "não só habilitar os filhos dos desfavorecidos da fortuna com o indispensável preparo técnico e intelectual, como fazê-los adquirir hábitos de trabalho profícuo, que os afastará da ociosidade ignorante, escola de vícios e do crime".

Assim, as primeiras unidades educacionais profissionalizantes tiveram a função básica de inclusão social de jovens pobres, não exatamente de formação de mão de obra qualificada. Na primeira década do século XX, a economia nacional estava concentrada na produção rural, com a industrialização se iniciando lenta e precariamente, mesmo nos maiores centros urbanos da época, e a demanda era de operários e contramestres, pessoas aptas às atividades artesanais e manufatureiras.

23 de setembro

Em 1942, de acordo com as novas tendências econômicas, as Escolas de Aprendizes Artífices foram transformadas em escolas industriais e técnicas, com formação profissional, equivalente ao ensino médio, ou antigo segundo grau, já com vinculação ao ensino superior em áreas correspondentes de formação. Naquele mesmo ano foi criado o Serviço Nacional de Aprendizagem Industrial (SENAI), também voltado para a qualificação para o trabalho industrial.

Durante o governo de Juscelino Kubitschek, de 1956 a 1961, a chegada da indústria automobilística representou a consolidação da indústria nacional. O governo fez investimentos vultosos nas áreas de infraestrutura e, pela primeira vez na história republicana, a educação pública foi contemplada com 3,4% do orçamento federal. Em 1959, as Escolas Industriais e Técnicas foram transformadas em autarquias e passaram a ser denominadas Escolas Técnicas Federais, com unidades em todos os estados. Com autonomia didática e administrativa, intensificaram a formação técnica e aprimoraram a qualidade dos cursos profissionalizantes. Mesmo durante o regime militar, entre 1964 e 1985, tiveram papel importante na formação técnica em diversas áreas.

Você sabia?

Decreto do presidente Nilo Peçanha, que criou a Escola de Aprendizes Artífices em 1909, determinou também a realização de exposição anual da produção nas oficinas para avaliação do grau de conhecimento e premiação dos alunos. A renda obtida com a venda dos artefatos era toda revertida às despesas da instituição.

Em 1918, as Escolas de Aprendizes Artífices foram transformadas em Fazendas Modelos, passando a Liceus Industriais em 1937 e Escolas Técnicas Federais entre 1942 e 1959. Em 1978, Centros Federais de Educação Tecnológica.

24 de setembro

Tropas brasileiras chegam à Itália para Segunda Guerra Mundial
1944

Rubens Leite de Andrade tombou em setembro de 2014, aos 89 anos, em Campos (RJ), enterrado com honras de herói. Ele foi um dos 25.334 pracinhas, como eram chamados os soldados da Força Expedicionária Brasileira (FEB) enviados à Itália, sete décadas antes, para combater tropas de Adolf Hitler e impedir o avanço dos nazistas na Europa durante a Segunda Guerra Mundial.

Voluntário, como a maioria dos que se apresentaram, foi incorporado ao Exército dos Aliados para servir como batedor dos fuzileiros da 1ª Companhia do 11º Regimento de Infantaria, e teve a perna amputada ao pisar com o pé direito em mina terrestre durante patrulha de reconhecimento, em Monte Castelo, em 6 de março de 1945. Naquela mesma tarde, ele viu oito companheiros de farda serem mutilados da mesma forma, até a chegada do pelotão especializado para desarmar os artefatos restantes camuflados pelo chão e permitir a retirada dos feridos.

Foram várias horas de espera, medo e dor. Ele ficou um ano em tratamento especializado nos Estados Unidos, antes de voltar ao Brasil, aposentado como 3º sargento do Exército, e se dedicar à luta pelos direitos dos ex-combatentes, condecorado com as medalhas Sangue do Brasil, de Campanha, de Guerra, de Guerra da Polônia e La Croix du Combattant de l'Europe.

Desacreditados e mal preparados, os soldados brasileiros começaram a chegar à Itália em 24 de setembro de 1944, cinco anos depois do início da guerra. Trajavam farda com peças cedidas pelo Exército dos Estados Unidos, inadequada para enfrentamento do rigoroso inverno europeu, e, mesmo inexperientes e armados precariamente em relação ao poder de fogo do arsenal inimigo, foram decisivos para a rendição dos alemães, em maio de 1945, na famosa batalha de Monte Castello. Naquele momento, a missão da FEB

24 de setembro

era se integrar ao 5º Exército dos Estados Unidos e reforçar as tropas aliadas para impedir o deslocamento alemão ao território da França.

As primeiras vitórias ocorreram já em setembro de 1944, com a tomada de Massarosa, Camaiore e Monte Prano. No ano seguinte, houve as conquistas de Monte Castelo, Castelnuovo e Montese, antecipando o fim do conflito, com a rendição assinada em 2 de maio e cumprida definitivamente seis dias depois. Entre as baixas, tombaram 454 soldados brasileiros, sepultados no cemitério de Pistoia, na Itália, até outubro de 1960, quando as cinzas foram transferidas para o Monumento Nacional aos Mortos da Segunda Guerra Mundial, no aterro do Flamengo (RJ).

No início do conflito, em 1939, o governo de Getúlio Vargas mantinha relações cordiais com a Alemanha de Hitler, o que explica a demora do Brasil em entrar na guerra. A neutralidade terminou diante da pressão dos Estados Unidos para liberação de portos e aeroportos das regiões Norte e Nordeste, na época estratégicos na defesa do continente americano, em troca do reaparelhamento das Forças Armadas brasileiras e do financiamento para construção de uma siderúrgica.

Além disso, ataques alemães a navios mercantes foram encarados como provocação e resultaram na declaração de guerra ao Eixo – Alemanha, Itália e Japão. Criada um ano antes da ida à Itália, a FEB estampou nos uniformes insígnia com uma serpente com um fumegante cachimbo na boca. Foi a resposta aos que diziam ser mais fácil uma cobra fumar do que o país entrar na guerra.

Você sabia?

Oficiais brasileiros tiveram três meses de preparação no Fort Leavenworth, nos Estados Unidos, antes de irem à guerra.

A FEB foi criada em 1943, em reunião entre o presidente brasileiro Getúlio Vargas e o norte-americano Franklin D. Roosevelt, na cidade de Natal (RN).

25 de setembro

Orfeu da Conceição tira Vinicius de Moraes do anonimato
1956

A eterna parceria entre o poeta e o maestro não poderia ter começado melhor. Logo depois que Lucio Rangel apresentou Vinicius de Moraes a Tom Jobim, e este teria perguntado ao novo amigo "tem um dinheirinho aí?", os dois começaram a trabalhar na trilha sonora de *Orfeu da Conceição*, lançada no mesmo ano e transformada em um dos marcos do estilo que no começo da década seguinte passaria a ser chamado de bossa nova.

Em vinil, o LP de sete faixas foi o primeiro álbum da dupla e teve abertura ("Overture") gravada pelos 35 músicos da Grande Orquestra Odeon, e contou com a participação de Luiz Bonfá no violão e Roberto Paiva nas interpretações de "Um nome de mulher", "Se todos fossem iguais a você", "Mulher, sempre mulher", "Eu e o meu amor" e "Lamento no morro". A voz de Vinicius aparece teatralizando o "Monólogo de Orfeu", ao som de uma flauta pastoral ao fundo.

Escrita dois anos antes, a peça estreou em 25 de setembro de 1956, e foi a segunda vez que atores afrodescendentes pisaram no palco do Theatro Municipal do Rio de Janeiro. A primeira foi em 8 de maio de 1945, na estreia de *O imperador Jones*, de Eugene O'Neill, com o Teatro Experimental do Negro.

Trabalharam na montagem grandes nomes da cultura brasileira na época, como o arquiteto Oscar Niemeyer, que fez os cenários; Carlos Scliar e Djanira, responsáveis pela produção dos cartazes; mais Haroldo Costa, Ademar Pereira da Silva, Ruth de Souza e Abdias Nascimento com elenco do Teatro Experimental do Negro. *Orfeu da Conceição* é uma peça baseada no drama da mitologia grega, vivida por personagens inspirados em moradores dos morros cariocas, e começou a ser alinhavada com mais de uma década de antecedência.

Nos idos de 1942, Vinicius ciceroneou o poeta norte-americano Waldo Frank em visita ao Brasil, e as incursões a favelas, terreiros de candomblé e

25 de setembro

escolas de samba lhe revelaram uma realidade que até então desconhecia. Ali, houve a primeira aproximação entre as comunidades negras cariocas e os gregos heroicos, míticos e trágicos. O ciclo se completou no mesmo ano, quando Vinicius estava hospedado na casa do amigo Carlos Leão, no morro do Cavalão, em Niterói, e, enquanto lia um livro sobre mitologia grega, ouvia batucada em uma favela vizinha. Naquele momento, o poeta vislumbrou o mito das escolas de samba e a tragédia carioca ganhou o primeiro ato.

A obra escrita por Vinicius de Moraes e musicada por Tom Jobim também chegou ao cinema. Ainda em 1955, portanto antes da estreia da peça, o poeta iniciou as tratativas com o produtor Sacha Gordine para transformar a história no filme *Orfeu Negro*, produção franco-italiana lançada em 1959 e dirigida por Marcel Camus, ganhadora da Palma de Ouro do Festival de Cannes daquele ano, e dos prêmios de melhor filme em língua estrangeira no Oscar e no Globo de Ouro de 1960. Em 1999, foi lançado *Orfeu*, dirigido por Cacá Diegues e com música de Caetano Veloso.

A peça conta a história de amor entre Orfeu e Eurídice, paixão que desperta o ciúme em Mira, ex-namorada do rapaz, que, irada, convence Aristeu, apaixonado por Eurídice, a matá-la. Na terça-feira, último dia de Carnaval, depois da morte da amada, Orfeu desce o morro, ensandecido por não encontrá-la. Na volta à favela, ele é morto por Mira e pelas outras mulheres por ela atiçadas.

Você sabia?

Em 2010, o musical *Orfeu* foi remontado pela Showbras, com direção de Aderbal Freire-Filho, Jaques Morelenbaum e Jaime Alem.

José Medeiros, da revista *O Cruzeiro*, foi um dos fotógrafos que registrou os bastidores de *Orfeu da Conceição*.

26 de setembro

Imigração suíça e revolta no campo contra a escravidão branca
1857

Fugidos da fome e demais reflexos das guerras napoleônicas do começo do século XIX, no velho continente, depois dos portugueses os suíços foram os primeiros imigrantes europeus trazidos ao Brasil para suprir a falta da mão de obra escrava. Foi uma longa e penosa travessia do Atlântico, misturados e confundidos com os alemães, até começarem a chegar entre 1819 e 1820, atraídos pela promessa de terras férteis para a colonização da serra do Rio de Janeiro, com clima e características naturais parecidas com as da região de origem.

Surgiu, assim, a cidade que homenageia o cantão de Friburgo, de onde saíram as 261 famílias, totalizando 1.682 pessoas, bem mais do que o dobro da centena prevista no contrato assinado com o agente de imigração, Sébastien Nicolas Gachet, para a abertura da colônia no morro do Queimado, no então distrito de Cantagalo.

Amontoados e espremidos, eles continuaram desembarcando em grande número, chegando a 2.013 nas remessas iniciais, dos quais 311 sucumbiram na viagem, proporção comparada ao de mortos nos navios negreiros. Esta, aliás, não foi a única semelhança entre os imigrantes e a mão de obra africana até então escravizada no país. Os suíços também se fixaram em São Paulo, no Rio Grande do Sul, no Espírito Santo e em Santa Catarina.

Em São Paulo, ocorreu um dos mais importantes episódios da imigração no Brasil: a Revolta de Ibicaba, também chamada Revolta dos Parceiros. A saga sobre as péssimas condições de trabalho, maus-tratos e exploração de mão de obra foi contada por Thomas Davatz no livro lançado em 1858, *O tratamento dos colonos na província de São Paulo no Brasil e seu levante contra os seus opressores*, republicado em 1951 com o título *Memórias de um colono no Brasil*, traduzido por Sérgio Buarque de Holanda. Relato que, em 1933, já havia sido relacionado por Mário de Andrade como uma das vinte obras fundamentais

26 de setembro

sobre o país, por ser, segundo ele, "o primeiro livro especificamente de luta de classes e reivindicações proletárias no Brasil".

Fundada em 1817, na região de Limeira (SP), a fazenda Ibicaba foi sede de uma das mais importantes colônias europeias no Brasil. Pertencente ao senador Nicolau Pereira de Campos Vergueiro, foi a primeira a substituir negros africanos pelos imigrantes brancos, principalmente portugueses, suíços e alemães, entre 1847 e a década seguinte. Antes mesmo da abolição da escravatura, a empresa Vergueiro e Companhia recrutava colonos e financiava a viagem com a condição de o imigrante quitar a dívida com trabalho por pelo menos quatro anos, no sistema que ficou conhecido como "parceria". No entanto, senhores de engenho, fazendeiros de café e seus capatazes repetiram o tratamento autoritário e desumano anteriormente aplicado aos escravos com o trabalhador imigrante, cobrando juros exorbitantes pela posse da terra e vendendo-lhes os alimentos que eram produzidos por eles mesmos, o que os aprisionava a dívidas impagáveis.

A exploração causou a revolta na fazenda do senador Vergueiro. Liderados pelo religioso e professor Thomas Davatz, os imigrantes se rebelaram e exigiram melhores tratamento e condições de trabalho. A revolta teve grande repercussão na Europa, sendo um dos destaques das primeiras edições do jornal suíço *Auswanderungsblatt*, fundado em 26 de setembro de 1857. A mobilização resultou, enfim, na gradual regularização do trabalho nos engenhos e fazendas de café no Brasil.

Você sabia?

Cerca de mil portugueses, suíços e alemães vieram no século XIX para a fazenda Ibicaba, que tinha até moeda própria.

A guerra do Sonderbund, em 1847, enfraqueceu a Suíça política e economicamente, e estimulou a vinda de colonos ao Brasil.

27 de setembro

Inauguração da Transamazônica, a estrada de ninguém
1972

Projetada como símbolo da grandeza do Brasil pelo regime militar, a rodovia Transamazônica, ou BR-230, é hoje o retrato do abandono e do desperdício de dinheiro público às custas da degradação ambiental e da qualidade de vida dos povos da floresta e daqueles que para lá foram na crença do eldorado escondido na selva inóspita.

Com orçamento inicial de 320 milhões de cruzeiros, a moeda da época, máquinas pesadas foram içadas por helicópteros às matas mais densas, e, derrubadas as primeiras seringueiras, no tronco de uma delas, em outubro de 1970, foi encravada a placa de bronze descerrada pelo então presidente Emílio Garrastazu Médici, o terceiro general na linha de sucessão da ditadura. O canteiro de obras foi instalado em Altamira, com estrutura para abrigar cerca de 4 mil homens, entre operários, engenheiros e pessoal de apoio, até que, dois anos depois, em 27 de setembro de 1972, a estrada foi inaugurada com oito meses de atraso e, ainda assim, inacabada.

Desde o marco zero, em Cabedelo, na região metropolitana de João Pessoa, o primeiro e único trecho que efetivamente lembra uma rodovia com asfalto, sinalização e fluxo intenso de carros e caminhões, são 4.223 quilômetros que atravessam outros cinco estados – Ceará, Piauí, Maranhão, Tocantins e Pará – até Lábrea, no Amazonas.

Lá, no começo dos anos 2000 foram iniciadas as obras do prolongamento em direção a Benjamin Constant, cerca de 750 quilômetros à frente. A maior parte parece uma picada sem fim em meio a grandes áreas da floresta devastadas, encoberta pela poeira sufocante durante o verão amazônico e intransitável pela lama e pelos atoleiros que se estendem ao longo do inverno chuvoso – estações que prevalecem e dividem o ano na região amazônica com pouco mais de 2 mil quilômetros.

A ideia inicial, que teria surgido em 1969 durante um voo do presidente

27 de setembro

Médici sobre a Amazônia, ao lado do ministro da Fazenda, Delfim Netto, previa a abertura da estrada atravessando o Brasil de leste a oeste, até Boqueirão da Esperança, na fronteira acreana com o Peru, viabilizando a saída de produtos nacionais pelo Pacífico. Seriam mais de 4 mil quilômetros de estrada na floresta, mais o trecho nordestino.

O objetivo do governo era colonizar a região da floresta com os retirantes da seca no sertão. A Transamazônica era o eixo principal do Plano de Integração Nacional e seu percurso havia sido mapeado para abertura de agrovilas e novas cidades com potencial agropecuário, projeto que foi praticamente abandonado pelo governo federal a partir de 1975. Mesmo inacabada e sem manutenção regular na maior parte do trecho, o custo da obra já superou a cifra astronômica de 1,5 bilhão de dólares.

Migrantes que foram estimulados a viver no entorno da rodovia construíram cidades e abriram estradas vicinais, mas permanecem em situação de isolamento. Diante da precariedade da estrada e dos altos preços dos fretes, não conseguem dar escoamento da produção, nem garantem o título definitivo das propriedades. Outra consequência é a elevação do custo de vida na região, situação ainda mais agravada a partir do desmonte dos canteiros de obras e da saída das empreiteiras, entre 1974 e o ano seguinte, quando o governo brasileiro deu a estrada por concluída, afetando drasticamente a economia local.

Você sabia?

Na situação atual, a viagem que no verão demora um dia pode levar uma semana durante os longos períodos de chuvas e atoleiros que se estendem por quilômetros da Transamazônica.

Considerada uma obra faraônica, a Transamazônica é a quinta maior estrada do Brasil, atrás das BRS 116, 101, 364 e 153.

28 de setembro

Lei do Ventre Livre prepara fim da escravidão no Brasil
1871

O Brasil foi o último país ocidental a acabar com a escravidão na modernidade. Ainda assim, a abolição da escravatura no país procurou atender a pressões comerciais inglesas e não apenas questões humanitárias. Interessada em expandir o mercado consumidor de seus produtos, a Inglaterra estimulou a substituição dos negros pela mão de obra assalariada dos imigrantes europeus por meio da aprovação pelo parlamento britânico, em 8 de agosto de 1845, do ato de supressão do tráfico negreiro.

Conhecido internacionalmente como Lei Bill Aberdeen, o controle britânico sobre a navegação no Oceano Atlântico foi encarado pelo governo brasileiro como uma afronta à soberania nacional, além de inflacionar o mercado clandestino, já que os grandes proprietários, em particular os fazendeiros do café, não abriam mão de seus cativos.

O impasse só foi resolvido cinco anos depois, em 4 de setembro de 1850, com a promulgação da Lei Eusébio de Queiroz, determinando a extinção do tráfico negreiro para o Brasil. A medida reforçou a ação dos movimentos abolicionistas nas diversas camadas da sociedade brasileira do século XIX, e a extinção da escravidão passou a dominar os debates no Parlamento entre os partidos Liberal e Conservador, até a histórica sessão de 28 de setembro de 1871.

Naquele dia, seguindo o que já havia sido aprovado pela Câmara dos Deputados, o Senado referendou a Lei nº 2.040, ou Lei do Ventre Livre, apresentada pelo gabinete do conservador José Maria da Silva Paranhos, o visconde do Rio Branco. A intenção era garantir a transição gradual do sistema escravocrata para o de mão de obra livre e remunerada, a contragosto dos cafeicultores de São Paulo, Minas Gerais e Rio de Janeiro – apesar de as condições de trabalho oferecidas aos imigrantes brancos ainda serem semelhantes às do regime anterior e os salários, muito abaixo das suas necessidades básicas.

28 de setembro

A Lei do Ventre Livre, no entanto, não significou o fim da escravidão. Apenas determinava que filhos de escravas nascidos em cativeiro seriam considerados livres, mas deveriam permanecer até os oito anos de idade sob a tutela dos senhores, quando estes poderiam decidir se permaneceriam responsáveis por eles para usufruir gratuitamente do trabalho até a maioridade, na época aos 21 anos, ou se iriam entregá-los ao governo em troca de indenização em dinheiro.

Para os abolicionistas ainda era pouco. Fazendeiros continuaram obtendo mão de obra escrava de maneira ilegal, estimulando o contrabando interno, até o discurso do deputado baiano Jerônimo Sodré, em 5 de março de 1879, classificar a lei como "reforma vergonhosa e mutilada".

Com apoio de Joaquim Nabuco, que passou a exigir medidas mais contundentes, e pressão de personalidades como José do Patrocínio e Ângelo Agostini, em 1885 foi aprovada a Lei dos Sexagenários. A partir daquela data, foram libertados todos os escravos acima de sessenta anos de idade, a maioria doente e debilitada fisicamente. Três anos depois, durante viagem de seu pai, dom Pedro II, a Portugal, a princesa Isabel assinou a Lei nº 3.353, conhecida historicamente como Lei Áurea, abolindo no papel a escravidão no Brasil.

Você sabia?

Portugal foi a primeira nação moderna a dar alforria aos escravos, em 1761. Decreto do Marquês de Pombal abrangeu apenas a corte continental e as colônias na Índia, não o Brasil.

Organizações de direitos humanos denunciam que ainda existem mais de 25 milhões de escravos no mundo. Na Mauritânia, África, a escravidão foi abolida três vezes, a última em 1980, mas, de acordo com o grupo suíço Solidariedade Cristã Internacional, persiste o domínio muçulmano sobre negros nativos.

29 de setembro

Nasce Plínio Marcos, multiartista "maldito"
1935

Praieiro que cresceu na rua das Antigas Laranjeiras, a humilde vila de bancários em Santos, Plínio Marcos tinha tudo para não dar certo. Ficou dez anos na primeira série do ensino fundamental no grupo escolar Dona Lourdes Ortiz, foi aprendiz de encanador, mas é funileiro a profissão que consta no certificado de reservista ao dar baixa do serviço militar obrigatório na Aeronáutica.

Ele queria mesmo era ser jogador profissional de futebol profissional, chegou a treinar como ponta esquerda da Portuguesa Santista e no Jabaquara, mas não passou da várzea, e, para sobreviver, foi vendedor de álbuns de figurinhas e livros espíritas, camelô, e chegou a enfrentar a rotina pesada de estivador no cais do porto. Até que se apaixonou pela filha do dono de um circo em passagem pela cidade e, para agradar ao homem, se transformou no palhaço Frajola.

Filho de Armando e Hermínia, nasceu na primavera, em 29 de setembro de 1935, teve quatro irmãos e uma irmã, e morreu em São Paulo, em 19 de novembro de 1999. Deixou como legado uma das mais polêmicas obras da dramaturgia nacional, parte dela embargada por vários anos pela censura do regime militar de 1964.

Depois do circo, em 1958, teve a primeira experiência no teatro amador, ao ser chamado para o grupo de Patrícia Galvão, a Pagu, e o marido dela, Geraldo Ferraz. Lá conheceu a obra dos autores Samuel Beckett e Fernando Arrabal, contatos que viabilizaram no ano seguinte a montagem de um de seus primeiros textos. *Barrela*, dirigido por ele mesmo, conta a história real de uma curra em uma prisão de Santos e a vingança da vítima, um garoto que havia sido preso por uma besteira qualquer e que dois dias depois matou quatro dos homens que estavam com ele na cela.

Escrita em forma de diálogo e, segundo ele próprio, cheia de erros or-

29 de setembro

tográficos, a peça preservou o linguajar chulo usado no dia a dia das pessoas simples, e causou escândalo na sociedade puritana da época. Foi a senha para a estreia como ator profissional, em 1966, quando, ao lado de Ademir Rocha e dirigido por Benjamin Cattan, interpretou *Dois perdidos numa noite suja*. Paralelamente, trabalhou na equipe técnica da extinta TV Tupi.

Plínio Marcos nunca cedeu à eterna batalha contra a censura. A peça *Navalha na carne*, em 1967, só foi permitida depois da mobilização da classe teatral e pressão de artistas e críticos liderados por Cacilda Becker e Walmor Chagas, ainda assim somente para maiores de 21 anos. Ruthinéa de Moraes, em São Paulo, e no ano seguinte Tônia Carrero no Rio de Janeiro, sob a direção de Fauzi Arap, tiveram as respectivas carreiras impulsionadas mediante o papel da prostituta explorada pelo gigolô.

Ele já era um nome conhecido nacionalmente, quando virou articulista do jornal *Última Hora*, de Samuel Wainer, e criou uma tribuna de enfrentamento da censura da ditadura militar. Plínio se autoproclamou "maldito", mas a coragem e a teimosia lhe custaram caro. Toda a sua obra foi interditada, inclusive *Abajur lilás*, dirigida por Antônio Abujamra, proibida no ensaio geral, em 1975. Voltou em 1977 no musical *O poeta da vila e seus amores*, sobre Noel Rosa, e dois anos depois escreveu *Sob o signo da discoteque*. Àquela altura, Plínio se interessou por esoterismo e tarô, fase em que produziu *Madame Blavatsky*, em 1985, painel sobre a autora de *A doutrina secreta;* e *Balada de um palhaço*, em 1986.

Você sabia?

Durante alguns anos, Plínio Marcos financiou as próprias obras, vendidas por ele mesmo nas filas de teatro.

Deixou vários textos inéditos, entre ele as peças infantis *As aventuras do coelho Gabriel*, de 1965, e *Assembleia dos ratos,* de 1989.

30 de setembro

Descontaminação tardia ajuda a ampliar ação do césio-137 em Goiás
1987

A demora entre o momento em que os catadores Roberto dos Santos e Wagner Mota encontraram a estranha cápsula em meio aos escombros do antigo prédio do Instituto Goiano de Radiologia, em Goiânia, até a identificação do pó semelhante ao sal de cozinha com brilho azulado, que inicialmente encantou o comerciante Devair Alves Ferreira, dono do ferro-velho onde o artefato foi aberto para retirada do chumbo, é um dos agravantes do maior acidente radioativo do país, com quatro mortos.

Removida e manipulada indevidamente em 13 de setembro de 1987, a fonte e as proporções da contaminação só ficaram oficialmente conhecidas dezesseis dias depois, em 29 de setembro, quando finalmente foram comunicadas à Comissão Nacional de Energia Nuclear (CNEN), que, por sua vez, notificou a Agência Internacional de Energia Atômica (AIEA). A partir daí é que foi acionado o plano de emergência com participação também de Furnas Centrais Elétricas, Empresas Nucleares Brasileiras (NUCLEBRAS), Defesa Civil, equipes médicas da ala de emergência nuclear do Hospital Naval Marcílio Dias, Secretaria Estadual de Saúde de Goiás, Hospital Geral de Goiânia, com apoio de outras instituições locais, nacionais e internacionais que se incorporaram à "Operação Césio-137".

Somente no dia 30 setembro, técnicos da CNEN, com ajuda do Corpo de Bombeiros e de policiais militares, começaram, enfim, o meticuloso e perigoso processo de descontaminação da região atingida.

Primeiramente, foram identificadas, monitoradas e tratadas as pessoas envolvidas, com isolamento dos locais considerados focos de radiação e triagem da população no Estádio Olímpico de Goiânia.

Foram removidas e analisadas partes do solo da área considerada o principal foco de contaminação, na vizinhança do ferro-velho e da casa de Devair, onde várias construções foram demolidas. Paralelamente, houve a

30 de setembro

monitoração da dispersão do césio 137 no ambiente – no ar, na água e nos vegetais. No total, foram localizados sete pontos com altas taxas de exposição do material radioativo e monitoradas 112.800 pessoas, das quais 249 apresentaram significativa contaminação.

Em 120 delas, os efeitos da contaminação por césio se resumiram às roupas e calçados, e todas foram liberadas após a devida higienização. As outras 129 receberam atendimento médico regular, 79 com contaminação externa e apenas tratamento ambulatorial, mas, das outras cinquenta vítimas afetadas internamente, trinta foram encaminhadas a albergues para isolamento parcial e vinte ao Hospital Geral de Goiânia. Além disso, catorze vítimas em estado grave foram transferidas para o Hospital Naval Marcílio Dias, no Rio de Janeiro, e lá quatro morreram. Oito desenvolveram síndrome aguda da radiação, catorze apresentaram falência de medula óssea e uma teve o antebraço amputado.

O acidente de Goiânia resultou em 3.500 metros cúbicos de lixo radioativo, volume acondicionado em contêineres lacrados com concreto. O material foi depositado na cidade de Abadia de Goiás, a 23 quilômetros da capital, onde foi instalado o Centro Regional de Ciências Nucleares do Centro-Oeste. Pelo menos 1.141 pessoas continuaram sendo permanentemente monitoradas pelo Centro de Assistência aos Radioacidentados do governo de Goiás.

Você sabia?

A Justiça Federal em Goiás estipulou em 1,3 milhão de reais o valor da indenização ao Fundo dos Direitos Difusos, mas houve recursos.

Não houve registros de doenças genéticas nos filhos e netos de pessoas expostas à radiação, segundo autoridades de saúde de Goiás.

OUTUBRO

1º de outubro

Nasce Hélio Gracie, símbolo das artes marciais brasileiras
1913

O garoto franzino, de saúde debilitada, neto de diplomata e descendente de escoceses, aprendeu cedo que sutileza e inteligência utilizadas na hora certa seriam armas fundamentais para superar a força bruta.

Considerado um dos patriarcas do jiu-jítsu no país, ao lado de Carlos, o irmão mais velho, Hélio Gracie aprendeu a tirar proveito da própria fragilidade para criar um estilo de luta baseado em estrangulamentos, alavancas, imobilização e torções, e que passou a ser reconhecido internacionalmente. Foi, também, o precursor do "vale tudo", a origem do MMA, sigla em inglês de "artes marciais mistas", a modalidade esportiva que substituiu o boxe, fama, ostentação, riqueza e popularidade. O jiu-jítsu vem também deixando muitas marcas de sangue no octógono, o tatame transformado em ringue e palco do grande espetáculo.

O jiu-jítsu entrou por acaso na família Gracie, em 1914, quando Hélio apenas engatinhava. Nascido no primeiro dia de outubro do ano anterior, em Belém do Pará, o menino acabara de completar um ano quando Mitsuyo Maeda, campeão japonês também conhecido como Conde Koma, discípulo direto de Kano na escola de judô Kodokan, chegou com a missão de instalar uma colônia no Norte do Brasil. Com a ajuda do empresário Gastão Gracie, o imigrante conseguiu se estabelecer em Belém, e como agradecimento ensinou os princípios da arte marcial a Carlos, primogênito do novo amigo.

Caçula entre os oito irmãos, cinco rapazes e três meninas, Hélio precisou de cuidados especiais da mãe, Cesalina, crescendo debilitado fisicamente, tendo vertigens a qualquer esforço – como subir um simples lance de escadas, por exemplo. Diante de tanta fraqueza e problemas nas articulações, conseguiu convencer os pais a tirá-lo da escola logo depois da segunda série do antigo curso primário. E nunca mais voltou a estudar, exceto os movimentos bem articulados da luta que o consagrou no mundo.

1º de outubro

Em 1925, quando a família começou a enfrentar dificuldades financeiras, Carlos se mudou para o Rio de Janeiro e abriu a primeira academia. Hélio foi morar com um dos tios, virou timoneiro em um dos clubes de remo da cidade e dois anos depois, aos catorze, foi morar com o irmão, em Botafogo. A essa altura, os médicos já lhe haviam recomendado não praticar jiu-jítsu, mas ele observava atentamente as aulas e conseguiu memorizar todos os movimentos da luta, tornando-se, assim, um excelente professor teórico. Novamente o acaso mudou a vida de Hélio, agora aos dezesseis anos.

Certo dia, ao perceber que Carlos estava atrasado para uma aula na academia, Hélio assumiu o lugar do irmão, foi muito elogiado pelo aluno e passou a desenvolver seu próprio método, mais tarde batizado internacionalmente de *Brazilian Jiu-Jitsu*, ou, simplesmente, jiu-jítsu brasileiro. Aos dezessete anos, lutou pela primeira vez contra o boxeador Antônio Portugal, e venceu em apenas meio minuto. A disputa mais longa da história, com duração de 3 horas 45 minutos, contra o ex-aluno Valdemar Santana, também foi vencida por ele, que foi o primeiro ocidental a derrubar um japonês, em 1932.

Foi Hélio, também, quem misturou as artes marciais ao convidar um atleta de cada modalidade no mesmo evento de luta, o chamado Desafio do Gracie. Atuou até 1951, virou embaixador internacional do esporte e seus sete filhos se transformaram em grandes lutadores.

Você sabia?

Rorion Gracie, filho de Hélio, foi um dos sócios fundadores do primeiro torneio de UFC, em 1993, nos Estados Unidos.

A família Gracie tem academias nos Estados Unidos, onde dá aulas para atores como Mel Gibson, Chuck Norris e Rene Russo.

2 de outubro

Massacre dos 111 presos no Carandiru
1992

Os nomes dos detentos mortos, no maior massacre da história do sistema penal brasileiro, em 2 de outubro de 1992, no Carandiru, foram repetidos seguidas vezes durante 24 horas, em diferentes tons, por 24 artistas, estudantes, intelectuais e desportistas chamados pelo artista Nuno Ramos, para dar vida à instalação 111, vigília, canto e leitura. O objetivo foi trazer a público a memória e a identidade dos indivíduos assassinados pelo Estado.

A obra emocionou quem a visitou 24 anos depois da chacina, em novembro de 2016, em uma varanda com vista panorâmica do centro de São Paulo, ou virtualmente pelas redes sociais. Dois meses antes, em setembro, a 4ª Câmara Criminal do Tribunal de Justiça paulista anulou os cinco julgamentos anteriores, realizados entre 2013 e 2014, e que haviam condenado os 74 policiais militares acusados de envolvimento direto nas mortes a penas que variavam de 48 a 624 anos de prisão. Foi o maior julgamento da história do Brasil, porém sem que nunca nenhum dos envolvidos tenha sido preso. Apenas três integrantes da tropa foram absolvidos.

Tudo começou com uma desavença entre dois presos do pavilhão nove, durante uma pelada no campinho de futebol da Casa de Detenção. Logo, a briga generalizada saiu do controle dos agentes prisionais de plantão e virou rebelião, com depredação das celas, colchões queimados e confronto entre detentos armados com pedaços de ferro e objetos cortantes, situação esta comunicada pelo diretor da época, José Israel Pedrosa, ao então secretário de Segurança Pública, Pedro Franco de Campos.

O governador Luiz Antônio Fleury Filho (PMDB), que estava em viagem ao interior do estado, na véspera das eleições municipais de 1992, também foi avisado, antes da invasão fulminante da Polícia Militar.

Comandada pelo coronel Ubiratan Guimarães, a PM chegou com todas as suas tropas de choque preparadas para o combate, todos armados com

2 de outubro

armas pesadas e munição letal. A tensão pairava no ar, e chegou a haver um breve ensaio de negociação, até que, por volta das três e meia da tarde, o oficial determinou a entrada dos policiais de tomada de posição de ataque. Os tiros começaram a ser ouvidos às 16h13, e só pararam meia hora depois, deixando um rastro de sangue, corpos amontoados e grande número de feridos.

Na operação de rescaldo foram contados 111 mortos, alguns com ambas as mãos na cabeça, em claro sinal de execução depois da rendição, e outros 87 foram encaminhados para atendimento hospitalar emergencial. Nus, os sobreviventes foram obrigados a passar correndo por um "corredor polonês" formado por policiais armados, e alguns tiveram que carregar e empilhar os cadáveres em uma sala do primeiro andar da Casa de Detenção.

Passados 24 anos e cinco condenações em júris populares, conforme denúncia apresentada pelo promotor de Justiça Daniel Tosta, o processo penal voltou à fase inicial em setembro de 2016, com votos favoráveis de três dos quatro desembargadores da 4ª Câmara Criminal do TJSP: o relator Ivan Sartori, que votou, inclusive, pela anulação das sentenças anteriores; o revisor, Camilo Léllis, e o 3º juiz do colegiado, Edison Brandão, que só não concordaram com o pedido de absolvição apresentado pelos advogados de defesa dos policiais.

Você sabia?

Um dos policiais do massacre do Carandiru, Cirineu Carlos Letang Silva, responsabilizado por 52 mortes, já havia sido condenado anteriormente como matador de travestis.

Dos 111 mortos sem chance de defesa pela Polícia Militar, 89 ainda eram presos provisórios e aguardavam julgamento.

3 de outubro

Criação da Petrobras intensifica produção em poços nacionais
1953

Estopim de uma das maiores crises institucionais e políticas do século XXI, envolvida em esquemas escandalosos de corrupção e desvios de volumosas quantias de dinheiro público, endividada e desacreditada pela propina multipartidária, a Petrobras de certa forma deixou de ser símbolo de orgulho e soberania para se transformar em motivo de vergonha nacional.

Resultado de uma campanha popular pela nacionalização da exploração do petróleo, a maior estatal brasileira foi criada em 3 de outubro de 1953, no governo de Getúlio Vargas, catorze anos depois da descoberta do primeiro poço produtivo de petróleo, na localidade de Lobato, em Salvador (BA). Desde então muita coisa mudou.

O Brasil chegou às duas primeiras décadas do século XXI como o 13º produtor mundial de petróleo, responsável por 2,7% da exploração, com capacidade de extrair 2,1 milhões de barris por dia, desempenho que parecia deixar o país bem perto da autossuficiência, principalmente depois da descoberta do pré-sal, que se estende entre o litoral do Espírito Santo e de Santa Catarina, em 2007.

Só parecia, porque, sucateada e sem capacidade de fazer novos investimentos, a empresa, que já ocupou o 4º lugar no ranking das maiores petrolíferas de capital aberto do mundo, ficou fora dos lotes mais importantes do leilão da extensa jazida submarina, dez anos mais tarde. E acabou entregando a "cereja do bolo" a multinacionais de Portugal, Estados Unidos e Alemanha.

Pela ordem cronológica da industrialização da exploração de petróleo no Brasil, foi fundada no Rio de Janeiro a Refinaria Duque de Caxias (REDUC), em 1961, dois anos antes da criação do Centro de Pesquisa e Desenvolvimento (CENPES), que se tornou um dos mais importantes complexos de estudos aplicados do mundo.

3 de outubro

O fundo do mar foi explorado com sucesso pela primeira vez em 1968. Naquele ano, começou a ser instalada a P-I, plataforma móvel de perfuração, com capacidade para operar em até trinta metros de profundidade. A jazida descoberta no mar de Sergipe, na área continental brasileira, deu origem ao campo de Guaricema.

Em 1974, em meio a uma das mais severas crises do petróleo, a Petrobras anunciou a descoberta da bacia de Campos, na costa norte do Rio de Janeiro, mas, na época, nada foi mais extraordinário do que a entrada em operação do campo de Urucu, em plena Amazônia, em 1986.

A Petrobras naquela época já era, então, uma empresa de renome internacional, respeitada e reconhecida no mundo inteiro também pelo desenvolvimento da gasolina Podium. Tratava-se do mesmo combustível utilizado pelos velozes carros da Fórmula 1, e que passou a ser encontrado também na rede composta de mais de 8 mil postos de revenda que popularizou a inconfundível marca BR pelo país afora.

A descoberta do pré-sal, em 2007, parecia expandir os horizontes para a indústria mundial do petróleo. Antes de estourar a crise, a empresa chegou a anunciar estratégias que garantiriam o desenvolvimento da cadeia de bens e serviços, com investimentos em tecnologia e capacitação profissional. Em 2016, nove anos depois, a produção superou a marca de 1 milhão de barris por dia, fatia que desde o ano seguinte passou a ser dividida com as maiores multinacionais do setor.

Você sabia?

Manoel Inácio Bastos e Oscar Cordeiro foram os técnicos que perfuraram o primeiro poço de petróleo, na Bahia. Dali surgiram vários outros, e, em 1941, teve início a primeira produção comercial no Brasil, no campo de Candeias.

Foi o escritor Monteiro Lobato um dos pioneiros dos estudos de prospecção, e foi ele o autor da célebre frase "o petróleo é nosso".

4 de outubro

Nasce Assis Chateaubriand, rei do império de comunicação
1892

Ao acrescentar na identidade dos filhos o sobrenome copiado do poeta e pensador francês François-René de Chateaubriand, de quem era admirador, o velho José Bandeira de Melo, lá nos idos do século XIX, certamente imaginava um futuro letrado para os que o sucederiam em Umbuzeiro, pequena cidade do agreste paraibano.

E assim aconteceu com o neto batizado de Francisco de Assis Chateaubriand, como o pai, também em homenagem ao santo italiano que abriu mão da vida abastada pela caminhada em proteção aos pobres e, mais tarde, pelo exílio na floresta cercado de animais. A diferença é que Chatô, como era chamado pelos íntimos, amigos ou inimigos, nunca quis renunciar a nada.

Não quis renunciar muito menos ao império que ele mesmo construiu entre as décadas de 1930 e 1960, os Diários Associados, a primeira rede nacional de comunicação, que na fase áurea chegou a ter uma centena de jornais impressos, editora de quadrinhos, agência de notícias, as revistas *O Cruzeiro* e *A Cigarra*, 36 emissoras de rádio e dezoito estações de televisão, entre elas a histórica TV Tupi, de São Paulo. A emissora foi o primeiro canal da América Latina a entrar no ar, em 1950, quatro anos antes de ele ser eleito para a cadeira 37 da Academia Brasileira de Letras (ABL), em substituição a Getúlio Vargas, aliado e, segundo diziam os opositores, seu principal financiador.

Obstinado e de ética questionável, chegando a chantagear empresas para garantir anúncios em seus veículos, Chatô trabalhou muito até se tornar o magnata das comunicações e um dos homens mais importantes da política nacional, inclusive com dois mandatos de senador – em 1952, pela Paraíba e, em 1957, pelo Maranhão.

Nascido em 4 de outubro de 1892, o menino gago aprendeu francês e alemão com professores particulares, e, aos doze anos, foi para o Recife.

4 de outubro

Aprovado na Escola Naval, ele se preparou para a Faculdade de Direito, período em que colaborava com artigos para vários jornais, entre eles o *Diário de Pernambuco*. Formado, em 1913, foi para o Rio de Janeiro, e lá começou a trabalhar como advogado, além de escrever para os diários *Correio da Manhã*, *Jornal do Comércio* e *Jornal do Brasil*.

O império dos Diários Associados começou a ser erguido em 1921, com a compra de *O Jornal*. Três anos depois, Chateaubriand comprou o *Diário da Noite*, de São Paulo; o *Jornal do Comércio*, do Rio de Janeiro; e o *Diário de Pernambuco*, na época o maior do Recife. Em 1928, lançou *O Cruzeiro*, a revista semanal que se destacou pelas grandes reportagens. Atento às inovações gráficas, implantou rotativas coloridas, design inovador e equipamentos que facilitavam a transmissão internacional de fotografias.

Outro legado que deixou é a fundação do Museu de Arte de São Paulo (MASP), em 1947, ao lado de Pietro Maria Bardi, com exposição da coleção de quadros adquiridos por ele a preços baixos na Europa empobrecida do pós-guerra. A decadência veio na década de 1960, principalmente depois do golpe militar de 1964, quando o jovem Roberto Marinho deu os primeiros passos para a construção da Rede Globo, o maior conglomerado de comunicação do país.

Chatô, doente de trombose, ainda trabalhou mais alguns anos em uma máquina de escrever adaptada pela IBM, com correias que lhe permitiam acionar o teclado mesmo semiparalisado. Morreu em São Paulo, em 4 de abril de 1968.

Você sabia?

Teve três filhos com Maria Henriqueta Barroso do Amaral. Desquitado em 1934, teve outra filha com Corita, que fugiu com a menina e perdeu a guarda depois da interferência de Getúlio Vargas.

Chatô deixou para 22 funcionários o Condomínio Acionário das Emissoras e Diários Associados.

5 de outubro

Morre Fulvio Pennacchi, um dos fundadores do Grupo Santa Helena
1992

Quem passa todos os dias pela estação do metrô da praça da Sé, no centro de São Paulo, não imagina a importância do local para se compreender as influências da Europa no desenvolvimento das artes visuais no Brasil. É que, muito antes do vaivém dos trens superlotados, lá funcionou o "Palacete Santa Helena", velho edifício que, antes de ser demolido, em 1971, para abrir caminho ao desenvolvimento urbano e dar um pouco de mobilidade à cidade apressada, entre as décadas de 1930 e 1940, foi o endereço de seis rapazes que tinham em comum a origem humilde e o desafio de sobreviver na nova terra.

Ao chegarem ao Brasil em 1929, ali os italianos Alfredo Volpi e Fúlvio Pennacchi encontraram Aldo Bonadei, Alfredo Rizzotti, Mario Zanini, Clóvis Graciano e Humberto Rosa, todos filhos de conterrâneos que haviam imigrado anteriormente, além de Francisco Rebolo, de origem espanhola, e Manuel Martins, descendente de portugueses. Cada um deles teve seu próprio ofício e em comum tinham, também, o talento como decoradores e na pintura.

Alguns eram autodidatas, mas a maioria teve formação básica no Liceu de Artes e Ofícios de São Paulo e na Escola Profissional Masculina do Brás, importantes institutos profissionalizantes. É nesse contexto que surgiu o Grupo Santa Helena, primeiro ateliê coletivo do Brasil, espécie de consórcio de profissionais que passaram a trabalhar juntos, com divisão igualitária das despesas com aluguel, água, luz e condomínio. Era mais ou menos com o que no conceito globalizado do século XXI passou a ser chamado de *coworking*, uma associação que, no entanto, durou pouco tempo, em torno de uma década, embora as relações pessoais e profissionais entre eles tenham persistido.

Inicialmente à margem dos movimentos acadêmicos da época, modernistas ou vanguardistas, os integrantes do Grupo Santa Helena tinham como característica a constante busca pelo aprimoramento e domínio do desenho

5 de outubro

e da composição da pintura, além da disposição para participar de debates e dividir experiências de vida e de trabalho, com convicções estéticas próprias e autônomas em relação às correntes artísticas da época.

Outra particularidade deles era a capacidade de retratar em seus desenhos as expressões e situações do dia a dia da população da capital e de cidades do interior e do litoral paulista, além das reproduções de paisagens coloridas e de realismo impressionante. Entre as rotinas dos artistas, nos fins de semana faziam incursões aos bairros da periferia para retratar gente anônima do subúrbio em sessões de pintura ao ar livre. Encerrado o ciclo do ateliê coletivo, no início dos anos 1940, cada um deles seguiu trajetória própria, a exemplo do açougueiro Fúlvio Pennacchi, italiano que se estabeleceu em São Paulo a partir de 1930 como pintor, ceramista, desenhista, ilustrador, gravador, professor, e, cinco anos depois, participou do Salão Paulista de Belas-Artes. E lá se enturmou com o restante do grupo.

Sepultado desde 5 de outubro de 1992 no jazigo da família do conde Attilio Matarazzo, no cemitério da Consolação, Pennacchi deixou uma obra que retrata a lida do homem do campo, além de afrescos em casas de famílias italianas, prédios públicos e na igreja Nossa Senhora da Paz.

Você sabia?

A primeira mostra só ocorreu em 1966, na galeria Quatro Planetas, quase trinta anos depois do fim do grupo. A segunda foi em 1975, no Paço das Artes.

Em 1995, o Museu de Arte Moderna de São Paulo (MASP) organizou exposição com 105 obras. No ano seguinte, a mostra foi levada ao Centro Cultural Banco do Brasil, no Rio de Janeiro.

6 de outubro

Emerson Fittipaldi é bicampeão e abre caminho para o Brasil na Fórmula 1
1974

A tensão estava no ar, misturada ao cheiro forte de gasolina e abafada pelo ronco dos motores perfilados para a largada do Grande Prêmio dos Estados Unidos, no circuito de Watkins Glen, em Nova York. Estava em jogo o Campeonato Mundial de Fórmula 1 de 1974, e três pilotos brigavam pelo primeiro lugar: Jody Scheckter, da África do Sul, que corria por fora com 45 pontos e largou na sexta posição com a Tyrrel; seguido pelo suíço Clay Regazzoni, da Ferrari, o oitavo do *grid*, e Emerson Fittipaldi, do Brasil, o nono com a McLaren, ambos com 52 pontos na classificação geral.

O *pole position* foi o argentino Carlos Reutemann, da Brabham, enquanto o outro brasileiro, José Carlos Pace, largou em quarto, na segunda fila. Foram 59 voltas de muitas ultrapassagens e emoção. Depois de um duelo histórico no início, Regazzoni ficou para trás e a corrida terminou com Fittipaldi na quarta posição, resultado suficiente para lhe garantir o bicampeonato.

Naquele 6 de outubro de 1974, Fittipaldi quebrou o protocolo de premiação da Fórmula 1 e subiu ao pódio com a mulher, Maria Helena, para comemorar o título inédito para o automobilismo brasileiro e o nascimento de Juliana, a primeira dos sete filhos em três casamentos. O primeiro título dele foi em 1972, ao volante de uma Lotus. Depois daquele bi inédito, o Brasil só voltou a ter um campeão mundial em 1981, com Nelson Piquet, bicampeão em 1983 e tri em 1987; só igualado por Ayrton Senna em 1988, 1990 e 1991.

A carreira vitoriosa de Fittipaldi começou com a passagem obrigatória pelo kart, onde adquiriu aprendizado suficiente para conquistar a primeira corrida internacional em 7 de abril de 1969, pela Fórmula Ford, na Holanda. Foram muitas conquistas, até a transferência na mesma temporada

6 de outubro

para a Fórmula 3, na Inglaterra, mais competitiva, onde foi campeão pela primeira vez, aos 22 anos. O talento do brasileiro logo chamou a atenção de Colin Chapman, dono da Lotus, que o contratou no ano seguinte para a Fórmula 1. Mas Emerson teve um começo desastroso.

Na estreia com a Lotus, no GP da Grã-Bretanha, circuito de Brands Hatch, o brasileiro cruzou a linha de chegada em oitavo lugar. Na segunda corrida, três semanas depois em Hockenheim, na Áustria, terminou em quarto e marcou os primeiros pontos no Mundial de pilotos de 1970. Já estava com moral na escuderia, quando o austríaco Jochen Rindt, companheiro de equipe e líder do campeonato, pediu-lhe para amaciar o motor com o qual tentaria o título, no dia seguinte, no GP de Monza. Durante o treinamento, Emerson bateu e destruiu o carro, inutilizado para a prova seguinte.

A decisão da equipe foi tirar Emerson Fittipaldi da corrida e usar o carro dele para Jochen Rindt tentar antecipar o título da temporada, mas outro acidente causou a morte do austríaco. Em luto, a Lotus se afastou das duas corridas seguintes, e só voltou na penúltima, em Watkins Glen, nos Estados Unidos, com Emerson competindo. O brasileiro, então, venceu a primeira corrida da carreira na Fórmula 1, resultado que impediu os adversários de alcançarem a pontuação de Rindt, que sagrou-se, assim, o primeiro e único campeão póstumo da mais importante categoria do automobilismo. Antes de encerrar a carreira, foi bicampeão das 500 Milhas de Indianápolis, em 1989 e 1993, e na Fórmula Indy, também em 1989.

Você sabia?

Em 1972, Fittipaldi foi o campeão mais jovem da Fórmula 1, com 25 anos, recorde batido em 2005 pelo espanhol Fernando Alonso.

Em 2016, dívidas de 27 milhões de reais resultaram no bloqueio judicial dos bens de Emerson Fittipaldi.

> 7 de outubro

É menina o primeiro bebê de proveta no Brasil
1984

A paranaense Anna Paula Caldeira sempre foi uma mulher de hábitos comuns. Caçula dos seis filhos de Ilza Caldeira, a nutricionista formada desde 2005 trabalha em média oito horas por dia, faz academia para manter a forma física, vai ao cinema, gosta de passar os fins de semana na praia e se diverte quando está cercada pelos sobrinhos. Pode caminhar sossegada e anônima pelas ruas de Curitiba ou São José dos Pinhais, mas já era famosa antes mesmo de nascer em 7 de outubro de 1984.

Anna foi a primeira bebê de proveta do Brasil e da América Latina, tornando-se marco do avanço da medicina no Brasil, ao abrir caminho para o desenvolvimento de avançadas técnicas de reprodução assistida, ou fertilização *in vitro*, resultado de treze anos de pesquisas do médico Milton Nakamura, morto em 1997, quando ela já era uma adolescente sonhadora.

Aos 36 anos, Ilza tinha cinco filhos do primeiro casamento quando se casou com o urologista José Antônio Caldeira, e não podia engravidar de novo porque havia perdido as trompas uterinas depois da peritonite. Levada à clínica do doutor Nakamura, onde a técnica vinha sendo testada até então sem sucesso, lá ela ouviu falar pela primeira vez em inseminação artificial. E ficou ainda mais surpresa quando, dois meses depois de iniciado o tratamento, foi informada que estava no segundo mês de gestação. Foi uma gravidez normal, semelhante às anteriores. Ela trabalhou até dois dias antes da cesariana e Anna nasceu com 3,3 quilos, tornando-se a segunda bebê de proveta do mundo, seis anos, dois meses e treze dias depois da pioneira, a inglesa Louise Brown, primeira criança concebida em laboratório.

Pouco mais de três décadas depois do parto de Anna, aproximadamente 300 mil crianças nasceram por meio dos métodos da fertilização *in vitro*, média anual de 4 mil bebês em cerca de 150 clínicas no país. No mundo, no mesmo período, o número aproximado era de 5 milhões desde que Louise Brown entrou para a história da humanidade.

Com a evolução tecnológica, mulheres que não mais ovulam podem engravidar com óvulos doados por terceiras, enquanto homens que não produzem espermatozoides maduros podem ser beneficiados com a técnica que retira e amadurece em laboratório as primeiras células de formação, para que depois sejam fertilizadas artificialmente.

São muitos os avanços nas técnicas em desenvolvimento. Na época em que Ilza engravidou de Anna, era necessária internação e abertura do abdome para retirada dos óvulos, método substituído pela aspiração com agulha, via vaginal, procedimento que não demora mais do que dez minutos. A mulher recebe doses de hormônios que estimulam a farta ovulação e aumentam as probabilidades de fertilização, inicialmente em uma incubadora que simula as condições do corpo da mulher, antes da transferência apenas dos melhores embriões selecionados para gestação uterina, um ou dois, e não mais em grande quantidade como nos testes iniciais.

A evolução permitiu também o teste genético de embriões para avaliar o risco de doenças hereditárias em casais soro-discordantes, como portadores de HIV e hepatite, por exemplo. Outra vantagem, segundo especialistas, é a possibilidade de congelar espermatozoides, óvulos e embriões, para portadores de câncer com risco de perda da fertilidade ou para quem deseja engravidar no futuro.

Você sabia?

Ilza e José Antônio Caldeira foram o 23º casal atendido pelo médico curitibano Milton Nakamura, mas o primeiro caso de sucesso.

Anna Paula sempre lidou com naturalidade com a curiosidade alheia sobre seu desenvolvimento pessoal.

8 de outubro

Frente Única Antifascista reage à "marcha dos cinco mil"
1934

Foi uma segunda-feira diferente. Assassinado com um tiro na cabeça enquanto discursava contra a ditadura no dia anterior, o jovem Décio Pinto de Oliveira, aluno da Faculdade de Direito do Largo São Francisco, em São Paulo, foi sepultado naquele 8 de outubro de 1934, com honras de herói popular. Ele se tornou o símbolo da resistência antifascista, movimento que conseguiu o que até então parecia impossível: superar as diferenças internas e reunir todas as tendências de esquerda – trotskistas, stalinistas, socialistas, sociais-democratas, anarquistas, mais a Coligação dos Sindicatos Proletários, com apoio dos jornais *A Classe Operária*, *O Homem Livre*, *A Manha*, *A Plebe* e *A Plateia*.

Na praça da Sé, restaram as marcas da batalha do dia anterior, que deixou outros 34 manifestantes feridos a bala, entre eles Cipriano Cruz e o crítico e jornalista Mário Pedrosa, e, do outro lado, cinco guardas civis mortos. Os dias seguintes seriam de muita tensão.

A estratégia da esquerda foi planejada para impedir o prosseguimento e a retomada da "marcha dos cinco mil", como ficou conhecido o ato organizado para comemorar os dois anos de fundação da Associação Integralista Brasileira (AIB), liderada por Plínio Salgado, que chegou a ter respaldo da polícia estadual, mas foi obrigada a bater em retirada diante da reação. Fuga que ficou para sempre marcada na história brasileira como a "revoada das galinhas verdes", em alusão à cor da camisa que vestiam e despiram às pressas enquanto corriam sem rumo para despistar os inimigos.

Adeptos do fascismo e do nazismo, representantes da direita brasileira e integrantes militares e civis do governo de Getúlio Vargas, eles pretendiam implantar no país ações idênticas às impostas na Itália por Benito Mussolini, a partir da caminhada de Roma de 1922, e repetida uma década depois na Alemanha de Adolf Hitler. Plínio Salgado negociava o Ministério

8 de outubro

da Educação, mas, ardiloso, depois do golpe para implantação do Estado Novo, em 1937, Getúlio não só se afastou dos integralistas, como proibiu a existência de qualquer movimento político no país. Organizados pela AIB e com apoio de parte da sociedade paulista, foram ao comício convocado para a praça da Sé, de onde sairiam em caminhada pelo centro de São Paulo, preparados para o confronto. A marcha se estendeu por dois quilômetros da avenida Brigadeiro Luís Antônio.

Só não contavam com a reação tão bem articulada e também armada dos grupos antifascistas, que formaram duas comissões, uma para mobilização popular, outra paramilitar, responsável pela defesa do grupo. O ex-líder tenentista João Cabanas, o ex-comandante Roberto Sisson e Euclydes Krebs, do PCB, estavam nessa segunda, que planejou o ataque à manifestação integralista. Foram tomados e guarnecidos pontos estratégicos da praça da Sé, inclusive as janelas do histórico edifício Santa Helena.

O embate começou com a réplica das palavras de ordem, até que uma rajada de metralhadora foi disparada contra os antifascistas, protegidos por agentes de segurança do Estado. Foi a senha para o início do tiroteio, resistência que demorou cerca de quatro horas e transformou a praça da Sé em campo de batalha.

Rechaçados, a maior parte dos integralistas debandou "feito bando de galinhas", como se disse na época, deixando para trás o que para alguns antifascistas se transformou em troféu e símbolo da vitória: as camisas verdes.

Você sabia?

A Ação Integralista Brasileira foi criada com a unificação de organizações fascistas regionais, em ato no Teatro Municipal de São Paulo, em 7 de outubro de 1932, para combater o comunismo.

A Frente Única Antifascista surgiu em 25 de junho de 1933, no salão da Legião Cívica 5 de Julho. Formada por grupos de esquerda, foi a base da Aliança Nacional Libertadora, fundada no ano seguinte.

9 de outubro

Morre Che Guevara, revolucionário condecorado por Jânio Quadros
1967

A inconfundível boina verde e a camiseta com a reprodução do contorno do rosto de Ernesto Che Guevara estampado no peito são souvenirs que não saem de moda na América Latina. E tampouco no Brasil, onde a memória do líder revolucionário é venerada por uma legião de jovens e adultos, como símbolo de rebeldia, revolução, liberdade e justiça social.

A única passagem de Che por aqui durou menos de dezesseis horas, entre 18 e 19 de agosto de 1961, e aconteceu quando ele veio a convite do presidente Jânio Quadros e recebeu a Grã-Cruz da Ordem Nacional do Cruzeiro do Sul, a mais alta comenda da República. A homenagem gerou enorme mal-estar em parte do governo brasileiro, principalmente na ala militar, tendo sido contestada pelo governador da então Guanabara, Carlos Lacerda, aliado do golpe de 1964, e, supostamente, um dos articuladores da pressão para a renúncia presidencial que surpreendeu a nação uma semana depois da visita do então ministro da Economia de Cuba. Che era então braço direito de Fidel Castro desde a guerrilha organizada na Sierra Maestra para a derrubada do ditador Fulgencio Batista, em 1959.

Che Guevara chegou cansado ao Brasil, por volta das onze e meia da noite do dia 18, em comitiva de 45 pessoas. Veio do Uruguai, depois de reunião do Conselho Interamericano Econômico e Social da Organização dos Estados Americanos (OEA), em Punta del Este. No dia seguinte, foi cedo para a solenidade de saudação à bandeira, na praça dos Três Poderes, onde passou em revista as tropas, diante do constrangimento visível dos oficiais da Guarda Presidencial, do Exército brasileiro, que, indignados, boicotaram a parada militar com a presença do líder comunista – apenas soldados sem graduação permaneceram perfilados enquanto o comandante da revolução cubana ouviu os hinos e prestou continência às bandeiras dos dois países.

9 de outubro

Em pouco mais de quinze minutos, Che estava no Salão Verde do Palácio do Planalto, acolhido com entusiasmo por Jânio, familiares e assessores diretos, políticos, jornalistas e intelectuais. O quadrimotor Bristol Britannia, da Cubana de Aviación, decolou da base aérea de Brasília para Havana no dia seguinte. Há duas versões para o convite a Che Guevara, além da condecoração, mais tarde anulada pelos militares.

Uma delas diz que o encontro serviu para discutir a situação de 168 exilados cubanos na residência da embaixada brasileira em Cuba, embora outros setores afirmem que a condecoração foi o desfecho de articulação diplomática do núncio apostólico no Brasil, Monsenhor Armando Lombardi, por orientação da Santa Sé. A pedido dele, Jânio teria intercedido para cessar a perseguição contra a Igreja Católica em Cuba.

A verdade nunca pôde ser esclarecida pelo próprio Che. Aprisionado em 8 de outubro de 1967, durante combate de Quebrado do Churro, e baleado na perna esquerda, ele foi levado a La Higuera. No dia seguinte, foi fuzilado por um soldado do Exército boliviano, e depois teve as mãos decepadas. Os restos mortais do guerrilheiro foram resgatados de cemitério clandestino a cinquenta quilômetros de distância de onde foi morto, e levado para memorial dos heróis da revolução, em Havana.

Você sabia?

Na década de 1960, o governador da Guanabara, Carlos Lacerda, homenageou Manuel Tony Varona, que lutou contra a revolução castrista em Cuba.

Oriundo da classe alta argentina, Che nasceu em Rosário, mas sua família se mudou para La Gracia, região de Córdoba, em razão de o clima ser mais adequado ao menino asmático.

O diretor brasileiro Walter Salles, em 2004, filmou *Diários de motocicleta,* baseado no livro de memórias do jovem Che, em viagem pela América Latina.

10 de outubro

"A banda", primeiro sucesso de Chico Buarque no tempo dos festivais
1966

Na voz dele ou interpretada por Nara Leão, "A banda" foi o primeiro grande sucesso de Chico Buarque. Apresentada por ambos no 2º Festival da Música Popular Brasileira da TV Record, em 10 de outubro de 1966, a canção dividiu o primeiro lugar do Troféu Viola de Ouro com "Disparada", feita por Geraldo Vandré e Théo de Barros para Jair Rodrigues, garantiu 6.800 de dólares de premiação e, lançada no primeiro álbum do cantor, vendeu 55 mil cópias em menos de uma semana.

Composta em apenas um dia, na volta da excursão da peça *Morte e vida Severina* à Europa, e inspirada no encantamento de quem parava o que estava fazendo para "ver a banda passar tocando coisas de amor", a canção foi criada em substituição à romântica "Morena dos olhos d'água", que ficaria bem demais na voz de Gilberto Gil, Caetano Veloso, Leo Jaime e Mônica Salmaso, por exemplo.

O ano de 1966 marcou, também, a transferência de Solano Ribeiro para a emissora na época pertencente ao empresário Paulo Machado de Carvalho, que deu ao novo contratado a missão de repetir o sucesso alcançado na extinta TV Excelsior. Ribeiro estreou na casa nova com o II Festival da Música Popular Brasileira, de setembro a outubro, no lotado Teatro Record. Foram 2.635 inscrições, das quais foram selecionadas 36 após criteriosa avaliação que estimou a qualidade técnica e a interação com o público, "sem levar em conta o que era sofisticado e demagógico", segundo o próprio Solano Ribeiro, que justificou o empate com argumentos convincentes.

"'A banda' foi síntese de tudo o que havia sido feito de bom até então; 'Disparada' abriu novos caminhos, quebrou o preconceito que marginalizava a música sertaneja, nunca levada em conta como autêntica manifestação de nosso cancioneiro popular." O segundo lugar ficou com "De amor ou paz", composição de Luís Carlos Paraná e Adauto Santos, defendida no palco por

10 de outubro

Elza Soares. O título de melhor intérprete ficou com Jair Rodrigues, que contou com a participação dos trios Maraiá e Novo na fervorosa apresentação de "Disparada".

Além da Record, canal 7, em São Paulo, o II Festival da Música Popular Brasileira foi transmitido pela TV Paulista, canal 5, e TV Globo, canal 4, do antigo estado da Guanabara. Vieram outros concursos, outros prêmios coroaram a trajetória do artista e revelaram compositores e vozes. E, apesar de ter sido um dos compositores brasileiros mais vigiados e perseguidos pela censura do governo militar, entre 1964 e 1985, Chico Buarque se tornou autor de obras memoráveis, de engajamento político explícito, entre as quais "Construção", "Pedaço de mim", "Cálice", "Apesar de você", "Geni e o zepelim". Escreveu para o teatro *Gota d'água*, *Ópera do malandro*, *Calabar* e *Roda Viva*, e os livros *Estorvo*, *Budapeste* e *Leite derramado*, entre outros.

Os festivais organizados e transmitidos pelas emissoras de televisão Excelsior, Record, Rio e Globo, entre 1965 e 1985, foram importantes para a consolidação da música brasileira. Revelaram grandes compositores e cantores, como o próprio Chico Buarque, Nara Leão, Jair Rodrigues, Geraldo Vandré, Elis Regina, Caetano Veloso, Gilberto Gil, Gal Costa, Edu Lobo, Tom Jobim, Oswaldo Montenegro, Tetê Espíndola, Guilherme Arantes, entre outros tantos. Apesar da repressão e da censura, os concursos foram um canal para protestos políticos de cunho social contra o regime militar.

Você sabia?

Antes de "A banda", Chico Buarque compôs "Sonho de Carnaval" e "Pedro pedreiro".

Chico entrou na Faculdade de Arquitetura e Urbanismo da Universidade de São Paulo (FAU-USP) em 1963, mas ficou só dois anos.

11 de outubro

Morre Renato Russo, líder da Legião Urbana e símbolo do rock nacional
1996

Renato Russo, que nasceu Renato Manfredini Júnior em 27 de março de 1960, no Rio de Janeiro, e adotou o sobrenome artístico em homenagem aos franceses Jean-Jacques Rousseau e Henri Rousseau, é daquelas pessoas que merecia ter vivido mais tempo, por sua presença artística e crítica. A morte prematura aos 36 anos, três semanas depois do lançamento de *Tempestade*, numa das melhores fases do grupo Legião Urbana, foi consequência da Aids – ele era soropositivo desde 1990, embora nunca tenha assumido publicamente a doença.

O corpo do vocalista e compositor foi cremado e as cinzas jogadas sobre o jardim de Roberto Burle Marx. Para a música brasileira, ficou o legado da obra breve, mas de intensa poesia e constante indignação política, com oito discos e aproximadamente 25 milhões de cópias vendidas no Brasil, incluindo os álbuns *Acústico MTV* e *Uma outra estação*, coletâneas posteriores ao anúncio oficial do fim da banda feito pelos colegas Dado Villa-Lobos e Marcelo Bonfá e o empresário Rafael Borges, passados onze dias de luto.

Em 2008, Renato Russo ficou na 25ª posição na lista dos Cem Maiores Artistas da Música Brasileira, promovida pela revista *Rolling Stone*. Dois anos depois, o grupo foi o segundo vinculado à gravadora EMI que mais vendeu, com 350 mil cópias. Premiada com dois discos de diamante pelos álbuns *Que país é este?*, de 1987, e *Acústico MTV*, de 1999, a banda integra o "quarteto sagrado" do rock nacional, ao lado de Barão Vermelho, Titãs e Os Paralamas do Sucesso.

Cinco anos depois, os antigos companheiros de Renato Russo, além de músicos especialmente convidados, fizeram turnê para comemorar os trinta anos do lançamento do primeiro disco, *Legião Urbana*, um dos maiores sucessos de 1985. O grupo contava com Dado Villa-Lobos na guitarra, Marcelo Bonfá na bateria e, entre 1984 e 1988, com o baixista Renato Rocha, em-

11 de outubro

bora originalmente tenha tido outra formação: em 1982, Bonfá vinha do grupo Dado e o Reino Animal; Eduardo Paraná era o guitarrista, chamado de Kadu Lambach; e Paulo Guimarães, o Paulista, o tecladista. No ano seguinte, Paraná e Paulista saíram, e entrou Dado Villa-Lobos.

Antes do sucesso com a Legião Urbana, Renato Russo era o vocalista do grupo Aborto Elétrico, ao lado do baterista Fernando Lemos, o Fê, do irmão dele, o baixista Flávio, e o guitarrista sul-africano André Pretorius. A convivência entre eles não durou muito tempo, apenas quatro anos, por causa das frequentes desavenças. O primeiro grupo, aliás, é considerado o embrião de outros três que se seguiram no rock brasileiro – Plebe Rude, a própria Legião e Capital Inicial, onde Fernando Lemos foi tocar ao lado do irmão Flávio e do guitarrista Loro Jones, sob a liderança do vocalista Dinho Ouro Preto.

Juntamente com Cazuza, Renato Russo foi idolatrado como um dos maiores poetas do rock brasileiro; ele e a Legião representaram uma geração nascida em plena ditadura militar da década de 1960 e que cresceu inconformada com o período político, econômico e social vivido pelo Brasil nos anos 1980 e 1990. Suas canções são adoradas por pais e filhos, legiões de fãs que se renovam com a intensidade e a atualidade das letras na voz profética do cantor.

Você sabia?

Carioca, Renato Russo morou de 1967 a 1969 em Nova York. Na volta, morou na Ilha do Governador, antes de a família trocar o Rio de Janeiro por Brasília, em 1973.

Em 1975, Renato foi diagnosticado com doença óssea que o deixou praticamente imóvel na cama. Passou a maior parte do tempo ouvindo música, o que acabou sendo fundamental para sua formação profissional.

12 de outubro

Dia de Nossa Senhora Aparecida, padroeira do Brasil
1980

Todos os anos, uma multidão de peregrinos faz o mesmo caminho, alguns mais de uma vez, outros em sacrifício. Eles sobem o Vale do Paraíba para pedir graças, pagar promessas ou simplesmente rezar em devoção e ter o privilégio de venerar bem de pertinho a imagem de Nossa Senhora Aparecida, a padroeira do Brasil. A festa da fé se repete sempre em 12 de outubro, data oficialmente dedicada à santa pela Lei nº 6.802, de 1980, ano em que o Papa João Paulo II consagrou o maior santuário dedicado à Virgem Maria em todo o mundo, a basílica de Aparecida, cidade a 170 quilômetros de São Paulo que passou a ser considerada o coração católico do país.

Diz a lenda que, em meados de 1717, três pescadores, Domingos Garcia, Filipe Pedroso e João Alves, foram convocados pela Câmara Municipal de Guaratinguetá (SP) a providenciarem peixes o bastante para que fosse oferecido um banquete ao conde de Assumar, dom Pedro de Almeida e Portugal, governador da província de São Paulo e Minas Gerais, em passagem a caminho da antiga Vila Rica, atual cidade de Ouro Preto (MG). Os pescadores então desceram e subiram o rio Paraíba do Sul, jogaram várias vezes as redes, mas nada conseguiram, até passarem pelo porto de Itaguaçu, onde nas malhas trouxeram primeiramente o corpo, vindo a seguir, em uma segunda tacada, a cabeça da santa negra. No lance seguinte, vieram muitos peixes, abundância que ajudou a alimentar o povo da vila.

A imagem inicialmente ficou com Filipe, que anos mais tarde deu de presente ao filho. O rapaz, então, construiu um pequeno oratório e lá passou a se reunir aos sábados para rezar com os familiares e vizinhos e receber as graças de Maria. Logo a história se espalhou pelas aldeias da região, e os devotos começaram a aparecer cada vez em maior número. Em 1734, a paróquia de Guaratinguetá determinou a construção de uma capela no alto do morro dos Coqueiros, aberta aos fiéis em 26 de julho de 1745, mas a pere-

12 de outubro

grinação aumentou e o templo novo ficou pequeno. Uma década depois, foi iniciada a construção de uma igreja maior, a atual basílica Velha.

Em 1894, um grupo de padres e irmãos da Congregação dos Missionários Redentoristas foi a Aparecida com a missão de atender aos romeiros que se postavam aos pés da Virgem Maria para rezar e pedir graças à "Nossa Senhora Aparecida das águas". A devoção era tanta que, em 1904, o Papa Pio X determinou o coroamento solene da imagem, e, em 29 de abril de 1908, a igreja recebeu o título de basílica Menor. Mas nada comparado ao grande acontecimento de 1929, quando o Papa Pio XI declarou Nossa Senhora Aparecida a padroeira do Brasil, diante do bem espiritual revelado ao povo e do aumento cada vez maior de devotos.

A importância do santuário de Aparecida foi reconhecida pelo Papa Paulo VI em 1967, quando foram comemorados os 250 anos de devoção, com entrega da Rosa de Ouro. O tempo passou, o número de romeiros cresceu e a primeira basílica também ficou pequena para acomodar tanta gente. E aí entram em ação mais uma vez os missionários redentoristas e bispos, que iniciaram em 11 de novembro de 1955 a obra de outra igreja, a atual. Em 1980, ainda em construção, o templo foi consagrado pelo Papa João Paulo II, quatro anos antes de a Conferência Nacional dos Bispos do Brasil (CNBB) declarar oficialmente a basílica de Aparecida como Santuário Nacional, o maior santuário mariano do mundo.

Você sabia?

A coroa de ouro com pontos de diamantes e rubis e o manto azul foram presentes da princesa Isabel, em 1888.

Em 1980 foi decretado feriado nacional em 12 de outubro, que também é Dia das Crianças.

13 de outubro

Revogação do AI-5 abre caminho para a redemocratização
1978

O mais truculento dos dezessete atos institucionais impostos pelo Comando Supremo da Revolução, como foram denominados os sucessivos governos militares impostos pelo golpe de 31 de março de 1964, o AI-5 deixou cicatrizes profundas no povo brasileiro. Foram dez anos de muitas arbitrariedades consumadas por meio de prisões, torturas, mortes, censura, cassação de direitos políticos, intervenção no poder Legislativo, tudo isso agravado por altos índices de desemprego, inflação sem controle e corrupção desenfreada.

O fim das medidas de exceção baixadas em 1968 foi determinado pelo Artigo 3º da Emenda Constitucional nº 11, assinada em 13 de outubro de 1978 pelo penúltimo presidente do regime ditatorial, Ernesto Geisel, data que, de acordo com manifesto da Ordem dos Advogados do Brasil (OAB), deve ser lembrada como um dos mais importantes momentos cívicos para retomada do Estado de Direito no país. A medida que abriu caminho ao lento e gradual processo de redemocratização entrou em vigor em 1º de janeiro de 1979, já sob a gestão do general João Baptista Figueiredo. Na sucessão, em 1985, houve a eleição indireta de Tancredo Neves, que morreu no dia anterior à posse e foi substituído pelo vice José Sarney, no período que passou a ser chamado de Nova República.

O AI-5 foi a forma de a chamada "linha dura" dos militares se manter no poder pela força, quatro anos depois do golpe, em resposta ao discurso feito em 2 de setembro de 1968, na tribuna da Câmara Federal, pelo deputado Márcio Moreira Alves, do Movimento Democrático Brasileiro (MDB), na época o único partido de oposição e mais tarde precursor do PMDB. O parlamentar propôs boicote ao governo e às Forças Armadas, conclamando a população a não participar das comemorações do Dia da Independência, em 7 de setembro. Às mulheres dos golpistas, Moreira Alves sugeriu greve de sexo enquanto a democracia não fosse restabelecida.

13 de outubro

Mesmo contra a vontade de grupo de senadores do partido aliado, a Aliança Renovadora Nacional (Arena), criado para apoiar a ditadura e que assinou manifesto se opondo ao conjunto de ações elaboradas pelo então ministro da Justiça, Luís Antônio da Gama e Silva, o mais tenebroso dos atos institucionais foi emitido pelo presidente Artur da Costa e Silva, em 13 de dezembro de 1968.

A primeira medida, em 21 de outubro de 1969, foi o fechamento do Congresso Nacional, das assembleias legislativas, exceto a paulista, e das câmaras de vereadores. Era o que faltava para o governo totalitário, moldado na figura presidencial, extinguir direitos políticos dos dissidentes e consolidar a intervenção em estados e municípios, que passaram a ser governados por interventores nomeados e a legislar por meio de decretos-lei.

A emenda constitucional global reeditou a Constituição de 1967, que teve toda a sua autoridade transferida ao Executivo pelo AI-5. A censura passou a atuar de forma rígida sobre a imprensa e meios artísticos. Obras musicais, cinema, teatro, programas de rádio e televisão foram vetados por "subversão da moral e dos bons costumes". Reuniões políticas e sindicais também foram proibidas, houve toques de recolher e foi suspenso o *habeas corpus* para os chamados crimes de motivação política. Foram os verdadeiros anos de chumbo da política nacional.

Você sabia?

No governo de Ernesto Geisel, o regime militar já dava sinais de falência diante das denúncias de corrupção e rejeição popular.

O AI-5 suspendeu manifestações públicas e deu ao presidente da República poderes para suspender direitos políticos de qualquer cidadão brasileiro por até dez anos.

14 de outubro

Fundação da CNBB
1952

As histórias da Conferência Nacional dos Bispos do Brasil (CNBB) e de dom Hélder Câmara se completam. Como assistente nacional da Ação Católica Brasileira, criada em 1935 para organizar o laicato, foi ele o principal articulador dos encontros de prelados e bispos, apoiados pelo núncio apostólico dom Carlo Chiari, para a formação de um órgão centralizador do episcopado. O objetivo era melhorar a administração da Igreja, isso nos idos de 1949.

A ideia começou a ser concretizada já no ano seguinte, no Congresso Mundial dos Leigos, em Roma, onde foi elaborado o esboço do estatuto da organização, proposta apresentada ao Papa Pio XII e aprovada também graças à influência do Monsenhor Giovanni Montini, futuro papa Paulo VI. Em outubro de 1952, com permissão da Santa Sé, o encontro realizado entre os dias 14 e 16 no palácio São Joaquim, no Rio de Janeiro, foi a senha para fundação da terceira maior conferência episcopal do mundo.

Participaram da criação da cnbb representantes de diversas tendências. Primeiramente, foi eleita a comissão permanente encarregada de dirigir a entidade, formada por dom Vicente Scherer, Mário de Miranda Vilas Boas e Antônio Morais de Almeida Júnior. Hélder Câmara foi designado secretário-geral, e para a presidência foi escolhido o cardeal Carlos Carmelo Motta. Foram aprovadas também no primeiro encontro as finalidades do secretariado-geral e seu desdobramento em seis secretariados nacionais, voltados a áreas específicas – educação, ação social, ensino de religião, seminários e vocações sacerdotais, apostolado do leigo e Liga Eleitoral Católica.

Logo a CNBB assumiu posição fundamental na Igreja brasileira, e dom Hélder Câmara surgiria como o líder de fato. A entidade tornou-se porta-voz da hierarquia eclesiástica, em parceria com a Associação Católica Brasileira, sendo tratada como órgão de representação nacional e com maior autonomia de ação, inclusive mais liberdade para se manifestar sobre questões políticas.

Em 1954, a Santa Sé enviou o novo núncio papal, dom Armando Lombardi. Até morrer, dois meses depois do golpe militar de 31 de março de 1964, ele teve importante papel na sustentação da unidade da CNBB e de seu secretariado, manteve encontros semanais com dom Hélder e apoiou as declarações sociais mais avançadas. Em maio de 1956, com a presença de ministros do governo de Juscelino Kubitschek, os bispos se reuniram em Campina Grande (PB) para discutir os problemas sociais e econômicos da região. A partir daí nasceu a Superintendência de Desenvolvimento do Nordeste (SUDENE).

Em 1964, o apoio da Igreja Católica ao golpe militar foi majoritário, mas não unânime. Dom Hélder passou a ser monitorado pelos militares, agentes do Departamento de Ordem Política e Social (DOPS) e pelo centro de informações da Polícia Federal. O Itamaraty tentou, várias vezes, impedir suas entrevistas e viagens ao exterior, quando ele denunciava a violência da ditadura.

A imprensa foi proibida de citar o nome de Dom Hélder, e parte dos chefes religiosos seguiram alinhados aos militares. Os que resistiram e contestaram foram perseguidos, presos, torturados e alguns até assassinados, violência condenada pelo Vaticano. Na sequência histórica, nos anos 1980, a CNBB teve importante participação na redemocratização, com influências nas campanhas por anistia aos presos políticos, eleições diretas e reforma agrária.

Você sabia?

Em 1966, Padre Henrique Pereira Neto, auxiliar de dom Hélder Câmara, foi morto pelo Comando de Caça aos Comunistas, o CCC.

Em 1970, o secretário-geral da CNBB, dom Aloísio Lorscheider, foi preso pelo DOPS.

15 de outubro

FHC é eleito o 34º presidente do Brasil
1994

Senador pelo PSDB e ministro da Fazenda que implantou o Plano Real durante o período em que o vice Itamar Franco herdou a vaga de Fernando Collor de Mello, afastado por corrupção na gestão anterior, o sociólogo e cientista político Fernando Henrique Cardoso tinha 63 anos quando assumiu pela primeira vez a Presidência da República, em 1995. A estabilidade econômica foi a principal bandeira de campanha do "tucano", que foi eleito o 34º presidente do Brasil em 15 de outubro de 1994, em primeiro turno, com 34.364.961 votos, 54,27% do total. Em segundo lugar ficou o líder metalúrgico Luiz Inácio Lula da Silva, candidato do PT, que acumularia mais uma derrota nas urnas quatro anos mais tarde, tendo de se conformar com a reeleição de FHC.

Carioca que começou a vida acadêmica na capital paulista, onde se casou em 1953 com a antropóloga Ruth Cardoso e teve três filhos, antes de entrar na política partidária foi professor emérito da Universidade de São Paulo (USP), foi perseguido depois do golpe militar de 31 de março de 1964 e ficou quatro anos exilado no Chile e na França. No exterior, teve vários trabalhos premiados.

Fernando Henrique levou para o Planalto a experiência bem-sucedida do Plano Real no controle da inflação e concentrou suas primeiras ações na estabilidade e redução dos altos índices de desemprego. Foram implementadas reformas na área da educação, com a aprovação em 1996 da Lei de Diretrizes e Bases (LDB), e também foram criados parâmetros curriculares para o ensino básico. Em fevereiro de 1997, o governo deu início ao processo de privatização de importantes empresas estatais, como a Companhia Vale do Rio Doce, gigante do setor de mineração e siderurgia, além do sistema Telebras, a empresa brasileira de telecomunicações, e o Banco do Estado de São Paulo (BANESPA), todas negociadas com grandes grupos estrangeiros.

15 de outubro

Partidos de oposição, sobretudo PT, PDT e PSB, questionaram duramente as privatizações das empresas nacionais, denunciando que a venda tinha como principal objetivo alimentar a corrupção estatal, além de prejudicar o crescimento econômico brasileiro. Luiz Inácio Lula da Silva e Leonel Brizola foram os críticos mais severos ao governo de FHC, que enfrentou, também, a pressão no campo, realizada pelo Movimento dos Trabalhadores Rurais Sem Terra (MST), por reforma agrária.

Mesmo assim, ainda em 1997, Fernando Henrique Cardoso teve amplo apoio do Congresso Nacional na aprovação da emenda constitucional que permitiu o direito de reeleição ao presidente da República, aos governadores de estados e aos prefeitos municipais. Estava, assim, aberto o caminho à reeleição no pleito de 1998 para o segundo mandato, o qual ele reassumiu no ano seguinte, sem grandes investimentos em reformas estruturais ou privatizações.

FHC chegou ao fim do governo, em 2002, depois de oito anos no poder, com a inflação teoricamente sob controle. Não mudou, no entanto, nada na política de desigualdade na distribuição de renda do povo brasileiro, mantendo o abismo entre pobres e ricos – o que 20% da população rica recebia era trinta vezes mais em relação ao vencimento médio dos 20% da população mais pobre, de acordo com os cálculos da época no Departamento Intersindical de Estudos e Estatísticas Socioeconômicas (DIEESE).

Você sabia?

Na gestão de FHC, houve dois violentos conflitos agrários: os massacres de Corumbiara (RR), em 1995, e Carajás (PA), no ano seguinte.

FHC deixou o governo com excessiva dependência ao Fundo Monetário Internacional (FMI), e consolidou a política neoliberal no Brasil. Em 2000, FHC sancionou a Lei complementar nº 101, ou Lei de Responsabilidade Fiscal, que controla e limita os gastos da União, dos estados e municípios à capacidade de arrecadação tributária, e promoveu a transparência dos gastos públicos.

16 de outubro

Nasce Fernanda Montenegro
1929

Mulher da vida. Assim o cantor Milton Nascimento homenageou essa grande atriz com uma música homônima. Da vida, sim, mas ela também sempre foi mulher dos palcos, da televisão e, em fase mais madura da carreira, mulher do cinema. Fernanda Montenegro, a dama das grandes interpretações, antes de todas essas facetas, não se pode esquecer, foi também mulher de rádio.

E foi ao microfone da emissora oficial do Ministério da Educação e Cultura (MEC) que tudo começou, aos quinze anos, quando aprovada em concurso de locutora. Paralelamente, ela estudava no terceiro ano do curso técnico de secretariado na escola Berlitz, onde também aprendeu inglês, francês, estenografia e datilografia. À noite, ainda frequentava o Madureza, antiga escola de educação de jovens e adultos, concluindo em dois anos o colegial, fase equivalente ao atual ensino médio.

Na época, Fernanda Montenegro ainda era Arlette Pinheiro Esteves da Silva, nascida em 16 de outubro de 1929, pelas mãos de parteira, em casa da rua Alaíde, no antigo bairro do Campinho, subúrbio carioca, como filha mais velha do mecânico Vitório, português, e de Carmen, descendente de italianos que imigraram da Sardenha. Suas irmãs Aída e Áurea cresceram longe da vida artística. O avô materno delas, Pietro Nieddu, foi um dos imigrantes que trabalhou na construção do Teatro Municipal do Rio de Janeiro.

Localizada em ponto nobre da praça da República, a rádio MEC era vizinha da Faculdade Nacional de Direito da Universidade Federal do Rio de Janeiro (UFRJ). Lá funcionava um grupo amador de teatro coordenado pelo professor Adauto Filho e formado por estudantes, entre eles Magalhães Graça e Valquíria Brangatz, mais conhecida pelo pseudônimo de Neli Rodrigues. Não demorou muito para a jovem deixar de ser Arlete, virar Fernanda e também subir ao palco.

16 de outubro

Sua primeira personagem foi Cassona, da peça *Nuestra Natacha*, antes de ser levada para atividades do teatro Ginástico. Seu primeiro papel como atriz de rádio foi na obra *Sinhá Moça chorou*, de Claudio Fornari, na época um autor importante. Fernanda fez o papel de Manuela, a jovem apaixonada por Garibaldi, e já escrevia as próprias peças ainda sem saber que seria apontada por público e crítica como uma das maiores estrelas dos palcos e da dramaturgia brasileira.

Foram dez anos de rádio até se tornar uma das mais premiadas atrizes, no Brasil e fora dele. Fernanda foi a primeira representante da América Latina e a única brasileira indicada ao Oscar de melhor atriz, pela atuação no filme *Central do Brasil*. Também foi a primeira brasileira a ganhar o Emmy internacional pela atuação em *Doce de mãe*, série de televisao de 2013.

No teatro, em 1950 atuou na peça *Alegres canções nas montanhas*, e contracenou com Fernando Torres, com quem teve dois filhos – a também atriz Fernanda Torres e o cenógrafo, programador visual e diretor de cinema Cláudio. Foi nos anos 1950 que ela teve o primeiro contato com a televisão, em dramas policialescos.

Em 1999, Fernanda recebeu do então presidente Fernando Henrique Cardoso (PSDB) a maior comenda civil do país, a Grã-Cruz da Ordem Nacional do Mérito, "pelo reconhecimento ao destacado trabalho nas artes cênicas brasileiras". Quatro anos mais tarde foi eleita pela revista *Forbes* a 15ª celebridade mais influente do país.

Você sabia?

O nome Fernanda foi escolhido, segundo ela, pela sonoridade que remete a personagens de Balzac e Proust; Montenegro é homenagem a um homeopata amigo dos pais dela.

Em 1979, durante a ditadura militar, Fernanda e o marido Fernando escaparam de atentado. Nos governos de Itamar Franco e José Sarney, ela recusou convites para ser ministra da Cultura.

17 de outubro
___

Nasce Chiquinha Gonzaga, primeira pianista e maestrina do Brasil
1847

Pioneirismo, ousadia, coragem, talento, liberdade, caráter, atributos que definem Francisca Edwiges Neves Gonzaga, a Chiquinha Gonzaga, compositora que se tornou a primeira pianista de choro, autora da primeira marcha carnavalesca letrada e primeira mulher a reger orquestras no Brasil machista e opressor do século XIX.

Como reconhecimento, ficaram a eternização de "Ó abre alas", de 1899, como um dos hinos do Carnaval brasileiro, o busto de bronze deixado pelo escultor Honório Peçanha no passeio público do Rio de Janeiro e a Lei federal nº 12.624/2012, que instituiu a data do aniversário dela, 17 de outubro (1847), como o Dia Nacional da Música Popular Brasileira.

Filha do oficial do Exército imperial José Neves Gonzaga e de Rosa, humilde filha e neta de escravos, batizada pelo general Luís Alves de Lima e Silva, o duque de Caxias, a menina foi educada com rigor familiar e cedo aprendeu a ler, a escrever e ter conhecimentos de matemática com o cônego Trindade. Piano, ela aprendeu com o maestro Lobo, e, aos onze anos, concluiu a primeira composição.

Sua vida de estudos, no entanto, deu uma guinada na adolescência. Aos dezesseis anos, por determinação do pai, casou-se com o oficial da Marinha imperial brasileira, Jacinto Ribeiro do Amaral, que não gostava de música e encarava o piano como um rival. Já tinham três filhos quando, cansada do isolamento no navio onde o marido trabalhava e das frequentes humilhações sofridas, uma vez que ele não admitia o trabalho artístico, Chiquinha Gonzaga desafiou os conceitos e preconceitos da sociedade da época, separou-se e levou o filho mais velho, João Gualberto.

As outras duas crianças, a menina Maria do Patrocínio e o caçula Hilário ficaram com o pai, apesar das diversas tentativas de Chiquinha de criar os filhos juntos. Foi um escândalo sem precedentes, que Chiquinha enfren-

17 de outubro

tou de cabeça erguida, com muito trabalho, até que em 1867 reencontrou seu primeiro amor, o engenheiro João Batista de Carvalho, com quem teve mais uma filha, Alice Maria. O novo casamento não durou muito tempo, dessa vez por causa da infidelidade do marido; uma vez separados, ele ficou com a guarda da menina. Chiquinha passou a depender da música para se sustentar e ao filho João Gualberto. Apesar do preconceito pela situação de "mulher separada", virou profissional, integrou grupo de choro, a carreira evoluiu e não demorou para fazer sucesso também como compositora.

Em janeiro de 1885, estreou a opereta *A corte na roça*, no Teatro Príncipe Imperial, e causou embaraços porque a palavra "maestrina" ainda não existia no dicionário como feminino de "maestro". Quatro anos depois, Chiquinha regeu concerto de violões, até então instrumento estigmatizado, no Imperial Teatro de São Pedro de Alcântara. A mesma audácia a levou à militância política, denunciando o preconceito e o atraso social.

Abolicionista, jamais virou as costas às origens africanas maternas, vendeu partituras em domicílio para arrecadar fundos e capitalizar a Confederação Libertadora, e com o dinheiro comprou a alforria de José Flauta, escravo cativo de grande talento musical. Sozinha por décadas, aos 52 anos se apaixonou pelo jovem João Batista Lage, português, de dezesseis anos. O preconceito com a diferença de idade fez com que vivessem um romance secreto. Chiquinha morreu na véspera do Carnaval de 1935, aos 87 anos, ao lado de Joãozinho, como chamava seu amigo e grande amor.

Você sabia?

Em 1917, Chiquinha fundou a Sociedade Brasileira de Autores Teatrais, a primeira protetora e arrecadadora de direitos autorais no país.

Trazido da Europa em 1909, o piano alemão da marca Ronisch, fabricado sete anos antes, ficou com Chiquinha Gonzaga até a sua morte.

18 de outubro

Judeus migram para formar a primeira colônia no Brasil
1904

Superar adversidades, com obstinada capacidade de reorganização para recomeçar da estaca zero, é uma particularidade cultural judaica. Tem sido assim ao longo da história e não foi diferente no Brasil, onde os primeiros imigrantes chegaram a partir de 1904, uma década antes de estourar na Europa a Primeira Guerra Mundial. Foram 38 famílias, 148 pessoas provenientes da Bessarábia, atual Moldávia, na época pertencente ao Império Russo, as pioneiras a desembarcarem em 18 de outubro daquele ano na estação ferroviária de Santa Maria (RS). Lá formaram a colônia Philippson, primeira comunidade hebraica no Brasil.

Em sua chegada, dormiram em hotéis baratos da avenida Rio Branco e no dia seguinte lotaram o vagão que os levou à localidade de Itaara, em Santa Maria, para ocuparem os 5.767 hectares da área comprada um ano antes do coronel João Batista de Oliveira Mello, por Franz Philippson, presidente da companhia que explorava os serviços ferroviários no Rio Grande do Sul, no Uruguai e na Argentina e acionista da empresa colonizadora, a Jewish Colonization Association, ou simplesmente ICA.

Na época, o governador Borges de Medeiros promoveu uma política de benefícios fiscais para estimular uma nova colonização e retomada da produção agropecuária dos campos gaúchos, ressentidos pelos efeitos da sangrenta revolução federalista de 1893 a 1897.

Chegando à nova terra, no ano 5665 do calendário judaico, os colonos encontraram já erguidas a sinagoga e a escola, além de um terreno preparado para o futuro cemitério. O lote 1 ficou com Shalon Nicolaievisky, cujo nome significa "paz" na língua original, e os outros 37 foram sorteados. Era o começo do sonho agrícola dos judeus no Brasil, longe da perseguição a que eram submetidos na Europa Oriental.

A primeira colheita, contudo, demonstrou baixa fertilidade das terras

18 de outubro

distribuídas, situação agravada com uma praga de gafanhotos, em 1906, que dizimou o pouco que brotou das plantações de trigo e fumo. Como socorro, a companhia de Franz Philippson comprou dos colonos a madeira para fabricar dormentes e acender os fornos das locomotivas, mas não impediu a debandada para áreas urbanas de Santa Maria, Cruz Alta e Porto Alegre. Muitos viraram mascates e caixeiros-viajantes.

Em 1909, a ICA comprou outra área no Rio Grande do Sul, a fazenda Quatro Irmãos, nos campos de Passo Fundo, para a chegada de mais imigrantes judeus a partir de 1911, vindos da Bessarábia e da Argentina. Quatro anos depois, às vésperas da guerra, eram 350 famílias, e a colônia continuou progredindo até a Revolução de 1923. A violência da luta entre Chimangos e Maragatos afetou a produção e a segurança, gerando debandada para a região de Porto Alegre e concentração no bairro do Bonfim.

Com a vinda do rabino Isaías Raffalovich, construíram-se escolas com professores especializados e foram desencadeadas campanhas de apoio junto a instituições internacionais. A prosperidade voltou, principalmente entre 1927 e 1928. Mas na era de Getúlio Vargas, a Revolução de 1930 foi mais uma catástrofe, com novas invasões de terras e prejuízo financeiro. Deflagrada a Segunda Guerra Mundial, a terceira experiência da ICA no Brasil foi a colônia Barão Hirsch, em Resende, estado do Rio, dessa vez com judeus foragidos do holocausto nazista da Alemanha de Hitler.

Você sabia?

O cemitério tombado como patrimônio histórico e preservado pela comunidade israelense gaúcha é o que restou da colônia Philippson, em Santa Maria.

A Jewish Colonization Association foi fundada em 1881 pelo banqueiro e barão Maurice Hirsch.

19 de outubro

Triste fim de Policarpo Quaresma é publicado
1911

A imagem do velho tipógrafo manipulando as letras até formar palavras, frases e histórias ainda incompreensíveis deve ter ficado armazenada em um cantinho qualquer da memória do menino Afonso Henriques de Lima Barreto. Nascido em 13 de maio de 1881, no Rio de Janeiro, o garoto cresceu órfão de mãe, a professora Amália Augusto. Mas dela, muito provavelmente, acabou herdando o interesse pelo saber, enquanto a observação do trabalho do pai, o tipógrafo João Henriques, lhe deu familiaridade com as letras. O olhar crítico, a loucura hereditária e a paixão pela literatura marcariam a futura trajetória e as obras de Lima Barreto, que se tornaria autor, entre outros, do clássico livro *Triste fim de Policarpo Quaresma*.

De criança, recebeu do padrinho Afonso Celso de Assis Figueiredo, o visconde de Ouro Preto, educação escolar de qualidade, mas na juventude foi obrigado a abandonar os estudos de mecânica na Escola Politécnica e garantir o sustento de casa, cuidando dos três irmãos mais novos e do pai demente, internado com sucessivos surtos psiquiátricos na antiga Colônia de Alienados da Ilha do Governador.

Aprovado em concurso público do Ministério da Guerra, para o cargo de amanuense, passou a trabalhar também como jornalista e escritor. Logo criou suas histórias, estreando como romancista em 1909 com *Recordações do escrivão Isaías Caminha*.

Solitário, boêmio e alcoólatra, Lima Barreto publicou romances, sátiras, contos e crônicas em jornais anarquistas e revistas ilustradas do início do século XX, além de periódicos tradicionais. Fundou e dirigiu a revista *Floreal*, de apenas duas edições.

A mais conhecida de suas obras, *Triste fim de Policarpo Quaresma*, foi publicada pela primeira vez em 19 de outubro de 1911, em formato de folhetim, nas páginas do *Jornal do Commercio*. Só em 1915, no entanto, foi editada pelo

19 de outubro

autor em livro. O enredo conta em terceira pessoa a vida do funcionário público nacionalista fanático, que deseja resolver os problemas do país e oficializar o tupi como língua brasileira. Ele vira major sem nunca ter sido militar, é considerado traidor e fuzilado por ordem do ditador Floriano Peixoto, o Marechal de Ferro.

A maior parte da obra, no entanto, só foi redescoberta e transformada em livro por pesquisadores como Francisco de Assis Barbosa depois da morte do autor, que se afundou no alcoolismo e na esquizofrenia que causavam alucinações e o levaram a duas internações na Colônia de Alienados da Praia Vermelha, em 1914, e também à aposentadoria do serviço público por invalidez, em 1918.

Lima Barreto só foi reconhecido como um dos maiores escritores brasileiros depois de três tentativas malogradas de aceitação na Academia Brasileira de Letras (ABL). Enquanto teve lucidez e saúde física para escrever, transformou suas experiências pessoais em inspiração temática para construir personagens e histórias, posicionando-se publicamente contra decisões políticas da Primeira República. Em *Clara dos Anjos*, por exemplo, denunciou as desigualdades sociais no período de transição entre os séculos XIX e XX, e não se calou diante do racismo sofrido por negros e "mulatos mestiços", como ele.

Suas internações no hospício resultaram em *O cemitério dos vivos*, romance inacabado publicado postumamente, assim como *Diário íntimo*. Lima Barreto morreu em 1º de novembro de 1922, no Rio de Janeiro, e, como o seu personagem, o patriota major Policarpo Quaresma, não teve tempo de perceber que a nação ideal por ambos almejada não passou de ilusão.

Você sabia?

Triste fim de Policarpo Quaresma é um dos principais romances nacionais do início do século XX.

Na FLIP 2017, a Festa Literária Internacional de Paraty, Lima Barreto foi o escritor homenageado, ganhando nova e detalhada biografia.

20 de outubro

Abertura da 1ª Bienal Internacional de Artes Plásticas de São Paulo
1951

A primeira edição da Bienal Internacional de Artes de São Paulo, de 20 de outubro a 23 de dezembro de 1951, ainda que realizada pelo Museu de Arte Moderna (MAM), ocupou o espaço onde no futuro seria construído o Museu de Artes de São Paulo (MASP), no amplo terreno do antigo Clube Trianon, na avenida Paulista.

Bem antes do prédio mais famoso e cartão-postal da região, da arquiteta Lina Bo Bardi, inaugurado em 1968, o galpão ali improvisado para a primeira Bienal teve autoria dos arquitetos Luís Saia e Eduardo Kneese de Mello. Em exposição, a diversidade nacional e mais de 1.800 obras de representantes de 23 países, ocupação executada pelos próprios artistas, baseados nos preceitos idealizados pelos organizadores, os mecenas Ciccillo Matarazzo e sua mulher, Yolanda Penteado.

Inspirados no que viram em Veneza, na Itália, a proposta da Bienal visava aproximar expositores e pessoas comuns, com a possibilidade de se ver de perto e até tocar as obras expostas, para assim discutir e vivenciar a atmosfera da arte visual moderna. A exposição de abertura teve direção artística de Lourival Gomes Machado, seleção de Clóvis Graciano e do então presidente do MAM, Ciccillo Matarazzo. O júri de premiação foi formado por Sérgio Milliet e René d'Harnoncourt.

A segunda Bienal, em dezembro de 1953, no recém-inaugurado parque do Ibirapuera, em comemoração ao quarto centenário da cidade de São Paulo e já ocupando o prédio projetado por Oscar Niemeyer, ficou conhecida como a Bienal de Guernica. Além do famoso quadro de Picasso, de 1937, a mostra trouxe, por exemplo, o romeno Constantin Brancusi e o italiano Giorgio Morandi. Uma das mais simbólicas edições, porém, foi a 10ª, em 1969, em plena vigência do AI-5, o quinto ato institucional do governo militar. Além de Burle Marx e Hélio Oiticica, foi boicotada por estrangeiros. Pa-

20 de outubro

ralelamente, na França, 321 artistas assinaram no Museu de Arte Moderna de Paris o manifesto "Non à la Biennale".

O caráter competitivo foi uma das características das bienais do século xx, até o começo dos anos de 1990, democráticas e livres para qualquer artista se inscrever. Cabia ao Conselho de Arte e Cultura escolher as obras que melhor representassem a temática de cada edição. Com aprimoramento do corpo de jurados, formado por outros artistas, críticos e jornalistas, abriu-se caminho para novos talentos, para premiar os melhores e homenagear artistas consagrados em salas especiais. Na estreia, foi rejeitado o cinecromático criado em 1949 por Abraham Palatnik, obra mais tarde aceita e que recebeu menção especial dos jurados internacionais.

A premiação em aquisição de obras, dinheiro ou em bolsas de estudos fora do Brasil durou da primeira até a 14ª, em 1977. Na edição seguinte, a 15ª, em 1979, considerada a "Bienal das Bienais", foram copilados os premiados nacionais e internacionais das anteriores. Os jurados só retornariam em 1989 e 1991, nas 20ª e 21ª exposições, mas foram suprimidos a partir dos anos seguintes.

Com o passar do tempo e a modernização, o Conselho de Arte e Cultura foi extinto, e a escolha dos artistas e das obras passou a ser feita pelo modelo curatorial e presidencialista, a iniciativa privada assumiu a ocupação do espaço entre as famosas colunas e sinuosas rampas do edifício que leva a marca do genial Niemeyer.

Você sabia?

A Bienal de São Paulo é um dos principais eventos do circuito internacional, como a Bienal de Veneza e a Documenta de Kassel, da Alemanha.

Em 1962, foi criada a Fundação Bienal de São Paulo, que passou a organizar o evento.

21 de outubro

Morre visconde de Mauá, pioneiro da industrialização
1889

Pioneiro no empreendedorismo industrial no primeiro Império, sob a regência de Pedro I, e um dos homens mais ricos do Brasil no século XIX, Irineu Evangelista de Sousa, o visconde de Mauá, chegou a seus últimos dias mais preocupado com sua falência do que com o diabetes que minou sua saúde.

Visionário e defensor das ideias liberais, havia atraído ao longo da vida o descontentamento especialmente dos conservadores, por causa de ideias e empreendimentos inovadores. Terminou, assim, por ver suas empresas sabotadas e sobretaxadas e os próprios negócios afetados pela crise bancária de 1864. Depois de vender a maior parte de seu patrimônio e pagar as dívidas de suas empresas, o gaúcho nascido em 28 de dezembro de 1813, em Arroio Grande, na fronteira com o Uruguai, morreu em Teresópolis, região serrana do Rio de Janeiro, em 21 de outubro de 1889, aos 76 anos.

A trajetória milionária de Irineu Evangelista de Sousa começou na infância, aos sete anos, quando ficou órfão de pai e passou a ser criado por parentes maternos, muito pobres, até ser levado pelo tio José Batista de Carvalho, capitão da Marinha Mercante, para o Rio de Janeiro. Lá, aos onze anos já estava empregado como balconista da loja de tecidos de João Rodrigues Pereira de Almeida, um dos maiores comerciantes da cidade.

O contato com o mundo comercial e financeiro foi produtivo. Aos catorze anos, Irineu foi promovido a guarda-livros, responsável pela contabilidade e escrituração das empresas do patrão, que não passou ileso pelas turbulências econômicas da época. Em 1829, Irineu foi encarregado de negociar a liquidação dos negócios de Pereira Almeida, seu primeiro patrão, com Ricardo Carruthers, importador escocês que logo se tornou seu grande mestre nos negócios. Foi o começo de seu novo ciclo de profissionalização.

21 de outubro

Irineu aprendeu inglês, matemática e, acima de tudo, assimilou os métodos de trabalho dos ingleses. Aproveitou domingos e feriados para estudar mais, e, aos 23 anos, já era gerente. Aprendeu a multiplicar o capital com empréstimos a juros e com a variação cambial, e foi introduzido à maçonaria pelo escocês, que, aposentado, o deixou como sucessor e representante dos negócios dele no Brasil. Independente, tornou públicos seus ideais liberais, apoiou causas revolucionárias e abolicionistas, foi perseguido por conservadores radicais.

Em 1840, viajou para a Inglaterra. Lá, viu como funcionava a economia internacional e se convenceu de que o Brasil, até então um país agrícola, precisava abrir caminho para a industrialização. Na volta, trouxe investimentos que viabilizaram a instalação da primeira companhia de fundição em Ponta de Areia, para a construção de navios e armas, e implantou a empresa responsável pela iluminação a gás no Rio de Janeiro, em 1851.

Ainda organizou as companhias de navegação a vapor no rio Guaíba, no Rio Grande do Sul, e no Amazonas, em 1852; implantou a primeira estrada de ferro, de Mauá a Petrópolis, obra que lhe proporcionou o título de barão, em 1854. Outra importante realização sua foi o cabo submarino em 1874, ligando o Brasil à Europa. Participou da construção da ferrovia dom Pedro II, atual Central do Brasil, e da Santos-Jundiaí, até fundar, nos anos 1850, o próprio banco, o Mauá, MacGregor & Cia, com filiais em várias capitais brasileiras, Londres, Nova York, Buenos Aires e Montevidéu. Na política, foi deputado federal e tornou-se inimigo do Império. Recebeu o título de visconde em 1871, três anos antes de começar a decadência.

Você sabia?

Fundada pelo visconde de Mauá em 1846, um ano depois a primeira indústria naval brasileira já empregava mil operários.

22 de outubro

Dom Paulo Evaristo Arns assume a Arquidiocese de São Paulo
1970

A Igreja Católica no Brasil pode ser dividida em dois períodos, antes e depois de dom Paulo Evaristo Arns. Descendente de imigrantes italianos, o filho de Gabriel e Helena cresceu em Forquilhinha, cidade do sul de Santa Catarina, ao lado de catorze irmãos, entre eles Zilda Arns, com quem anos mais tarde fundou a Pastoral da Criança.

A sua trajetória religiosa começou em 1939, aos dezoito anos, quando entrou para a ordem franciscana do seminário São Luís de Tolosa, em Rio Negro (PA), e no ano seguinte se transferiu para o noviciado de Rodeio, no oeste catarinense, antes de se mudar para Petrópolis, na serra do Rio de Janeiro, e ser ordenado presbítero, em 30 de novembro de 1945. Estudioso, frequentou a Sorbonne, em Paris, e laureou-se em patrística (filosofia cristã dos três primeiros séculos, elaborada pelos primeiros teóricos) e línguas clássicas. Foi professor e mestre dos clérigos. Durante dez anos, exerceu o ministério e deu assistência à população carente. Foi vigário nos subúrbios, amigo das crianças e dos pobres dos morros.

Na capital paulista, atuou intensamente com a população pobre da Zona Norte, trabalho que lhe rendeu a indicação ao cargo de bispo auxiliar do Arcebispo dom Agnelo Rossi, no dia 2 de maio de 1966, empossado dois meses depois, base para o que viria em seguida. Em 22 de outubro de 1970, enquanto parte da população brasileira festejava o tricampeonato de futebol conquistado no México, e outra era submetida à violência da ditadura militar, dom Paulo foi nomeado arcebispo metropolitano de São Paulo pelo Papa Paulo VI.

Foi empossado no dia 1º de novembro de 1970, diante do núncio apostólico, de 28 bispos e arcebispos; da mãe; dos irmãos; do governador Roberto Abreu Sodré; do prefeito Paulo Maluf, na época jovem engenheiro nomeado para seu primeiro mandato; e de aproximadamente 5 mil fiéis.

22 de outubro

Em plena ditadura militar, dom Paulo foi fundamental na defesa de presos políticos. Teve atuação pastoral voltada para moradores da periferia, trabalhadores, e para a formação de Comunidades Eclesiais de Base (CEB) nos bairros pobres e para os direitos humanos. Criou, em 1972, a Comissão de Justiça e Paz, da diocese de São Paulo, para acolher denúncias de abusos praticados pelo governo militar. Na época, entre suas tarefas, peregrinava pelos quartéis das Forças Armadas e delegacias da Polícia Federal e do Destacamento de Operações de Informação - Centro de Operações de Defesa Interna (DOI-CODI), usando sua influência para libertar presos políticos.

Nomeado cardeal em 1973, ainda no papado de Paulo VI, estimulou a formação das pastorais da moradia e operária. Naquele ano, colocou à venda o palácio Episcopal Pio XII, e com o dinheiro do negócio a diocese financiou mais de 1.200 centros nas periferias. Também incentivou a instalação de 2 mil comunidades eclesiásticas de base, que pregavam o combate à desigualdade social e à miséria. Coordenou clandestinamente, com o pastor presbiteriano Jaime Wright, o projeto Brasil: Nunca Mais, entre 1979 e 1985, ano em que criou com a irmã Zilda Arns a Pastoral da Criança. Ela morreu em 2010, no terremoto que arrasou o Haiti. Dom Paulo faleceu em 14 de dezembro de 2016.

Você sabia?

Em 1996, aos 75 anos, dom Paulo foi obrigado, pelo Código Canônico, a apresentar renúncia ao papa, pela idade. Aposentou-se com 28 anos de carreira, em abril de 1998, nomeado arcebispo emérito de São Paulo.

Dom Paulo apoiou a Teologia da Libertação, corrente que teve como um de seus líderes o brasileiro Leonardo Boff, escreveu 56 livros e participou da eleição do Papa João Paulo II, em 1978.

Chamado de Cardeal da Esperança, foi indicado ao Nobel da Paz em 1989.

23 de outubro

Santos Dumont voa em público com o 14-Bis
1906

Dinheiro nunca faltou a Alberto Santos Dumont, condição fundamental para seus estudos e experimentos com a aviação. Filho de Francisca de Paula Santos, descendente de portugueses, e do engenheiro ferroviário Henrique, de família francesa, era neto de François Dumont, joalheiro que imigrou da França para o interior de Minas Gerais, na metade do século XIX. Sexto dos oito filhos do casal, Alberto nasceu em 20 de julho de 1873, na fazenda Cabangu, em Palmira, município que seria rebatizado anos mais tarde com o seu sobrenome.

Educado de maneira refinada, Alberto foi alfabetizado pela irmã Virgínia, antes de ingressar no colégio Culto à Ciência, em Campinas (SP), e mais tarde no instituto Irmãos Kopke e no colégio Morethzon, no Rio de Janeiro. Na época, a família já havia se mudado para Rezende, estado do Rio, e, de lá, para a fazenda Andreúva, na região de Ribeirão Preto, interior de São Paulo. Em meio à imensidão do cafezal familiar, o jovem cresceu observando os pássaros em voo e tentando compreender as engrenagens das máquinas agrícolas, uma das novidades da Revolução Industrial do fim do século XIX. Foram a curiosidade e o desejo de voar, portanto, que fizeram com que ele buscasse se aprofundar nos estudos da mecânica e dos motores de combustão a gasolina. Em 1891, aos dezoito anos, viajou com a família pela primeira vez à França, onde ficou encantado com os balões tripuláveis que sobrevoavam Paris.

Emancipado, Alberto recebeu dos pais títulos de renda e ações para estudar e financiar suas experiências mecânicas na aviação. Voltou à França em 1892, sozinho, e construiu seu próprio balão. Foram vários testes com modelos de dirigíveis motorizados, os chamados "charutos voadores". A brincadeira começou a ficar séria em 1900, quando o milionário Henri Deutsch de la Meurthe, magnata do petróleo, enviou ao Aeroclube da França o desafio que passou a ser o grande objetivo dos candidatos a futuros aviadores. Foi insti-

23 de outubro

tuído, assim, o Prêmio Deutsch: quem decolasse do campo de Saint-Cloud, contornasse a Torre Eiffel e aterrissasse no mesmo ponto em trinta minutos ganharia 100 mil francos.

Em 1901, Santos Dumont montou o balão Seis com motor de 16HP, completou o percurso e distribuiu metade do prêmio aos mecânicos e auxiliares. O restante, ele doou aos pobres de Paris. Dos modelos seguintes, o Nove foi pioneiro no transporte de pessoas, protótipo do Dez, o "ônibus dirigível" que cruzava o céu de Paris lotado de corajosos passageiros.

Santos Dumont queria mais, e o próximo voo foi a bordo de um aeroplano. Sempre bem vestido, em 13 de setembro de 1906 ele fez em Paris o primeiro teste com o 14-Bis, mais pesado que o ar. Depois de vinte dias e alguns ajustes, em 23 de outubro de 1906 o brasileiro fez a exibição pública, na presença de mais de mil pessoas no campo de Bagatelle. Com propulsão própria, algo inédito na época, o aeroplano percorreu sessenta metros em sete segundos, a dois metros do chão, e ganhou a taça Archdeacon.

No primeiro voo oficial homologado, um mês depois, o avião fez 220 metros em 21 minutos e dois segundos, a seis metros de altura, e ganhou o prêmio do Aeroclube da França. O avião caiu em Saint-Cyr, em 4 de abril de 1907. Com a evolução tecnológica e inventiva dele, vieram o Oiseau de Proie, "ave de rapina", como chamavam os franceses, e o Demoiselle, base da indústria mundial da aviação e inspiração para a Empresa Brasileira de Aeronáutica (EMBRAER), fundada em 1969.

Você sabia?

Solitário e depressivo, Santos Dumont se decepcionou com a utilização da aviação como arma na Primeira Guerra Mundial, em 1914, e na Revolução de 1932. Suicidou-se em 23 de julho daquele ano, no Guarujá, litoral de São Paulo.

24 de outubro

Mauricio de Sousa publica primeira tira do Cebolinha
1960

Luiz Carlos da Cruz nem era muito chegado da família Sousa, mas acabou inspirando um dos mais famosos personagens das histórias em quadrinhos do Brasil. O amigo disléxico de Márcio, irmão de Mauricio de Sousa, na bucólica infância de todos, em Mogi Mirim (SP), era quem trocava o "R" pelo "L" e foi apelidado de Cebolinha, por causa dos cabelos espetados. Anos depois, na década de 1960, Luiz Carlos foi lembrado para o nascimento de Cebolácio Júnior Menezes da Silva, o menino travesso que apareceu pela primeira vez como personagem coadjuvante nas tiras da dupla Bidu e Franjinha.

Sua estreia foi na edição de 24 de outubro de 1960. Nas primeiras historinhas, ao lado do cãozinho Bidu e do amigo Franjinha, Cebolinha era um garotinho aproximadamente oito anos, criado em um dos redutos das tradicionais famílias paulistanas. Não demorou muito para o trocador de letras ganhar popularidade, assumir o papel principal e dar espaço a novos amigos, entre eles Floquinho, o cachorro esverdeado da raça Lhasa apso.

Ainda em preto e branco, as tiras eram publicadas nas edições diárias do antigo jornal *Folha da Manhã*, atual *Folha de S.Paulo*. Mas logo Cebolinha se tornaria um dos mais famosos personagens da futura Turma da Mônica, a garotinha baixinha e dentuça que surgiu com Sansão, seu inseparável coelho de pelúcia, só em 21 de março de 1963. Em 8 de setembro do mesmo ano, Cebolinha foi o personagem principal da versão em cores da edição de estreia da *Folhinha*, o suplemento infantil da *Folha de S.Paulo*, época em que acabou desbancado por Mônica.

Mônica foi inspirada na segunda dos dez filhos de Mauricio de Sousa, assim como outros personagens também baseados em personagens reais, entre eles amigos de infância do autor e outros de seus filhos: a comilona Magali, Marina, Maria Cebolinha (inspirada em Mariângela), Nimbus (em

24 de outubro

Mauro), Do Contra (em Mauricio Takeda), Vanda, Valéria, Marcelinho e o outro Maurício, o Dr. Spada.

Baseada no lema "amigos, amigos, brincadeiras à parte", a relação entre Cebolinha e Mônica normalmente é estremecida pela obsessão dele em planejar truques para irritá-la, escondendo ou amarrando as orelhas do coelho Sansão. Quase sempre envolvem o amigo Cascão, que é avesso a banhos.

Cebolinha, que nos primeiros gibis torcia para o São Paulo, virou palmeirense e ganhou a própria revistinha em janeiro de 1973, na editora Abril. Em 2010, na comemoração do cinquentenário, a editora Panini lançou álbum de luxo, no formato 19 cm x 27,5 cm, contendo seleção de histórias antigas e uma versão em estilo mangá. Também foi lançada edição do Cebola Jovem com 96 páginas coloridas, igualmente em formato grande.

Mauricio de Sousa, que trabalhava inicialmente como repórter policial, mas passava mal quando via sangue, começou a desenhar profissionalmente em 18 de julho de 1959, com os quadrinhos de Bidu e Franjinha. As histórias criadas por ele e equipe hoje são conhecidas internacionalmente, algumas adaptadas para o cinema, televisão e videogames. Produtos licenciados com a marca das personagens são comercializados em quarenta países e catorze idiomas. Parques temáticos da Turma da Mônica foram criados em várias capitais do Brasil.

Você sabia?

Mauricio de Sousa, que criou império nos moldes da Disney, nasceu em Santa Isabel (SP), e, aos doze anos, criou o personagem Capitão Picolé, parecido com o dinossauro verde Horácio, mas em preto e branco e com uma capa.

O autor da Turma da Mônica presidiu a Associação de Desenhistas de São Paulo e liderou a luta política pela reserva de mercado para quadrinhos nacionais. Após 1964, porém, foi visado pela ditadura militar.

25 de outubro

Jornalista Vladimir Herzog é assassinado pelo governo militar
1975

Dramática e revoltante, a última fotografia de Vladimir Herzog, supostamente enforcado com a tira de pano usada como cinto da roupa de preso que foi obrigado a vestir para interrogatório, em uma das celas do Destacamento de Operações de Informações - Centro de Operações de Defesa Interna (DOI-CODI), órgão da 2ª Divisão do Exército brasileiro, é um dos símbolos da crueldade e da tortura praticadas contra os opositores do regime militar entre 1964 e 1985.

A imagem chocante, eternizada pela máquina fotográfica de um dos peritos do Instituto Médico Legal (IML) chamados ao local do crime para "comprovar" o suicídio no interior do prédio da rua Tomás Carvalhal, 1.030, no bairro do Paraíso, em São Paulo, serviu para revelar a farsa montada e a capacidade de manipulação dos órgãos de segurança na época.

O jornalista estava com a cabeça levemente tombada sobre o ombro esquerdo, as pernas escancaradas e os pés apoiados no chão, por ser bem mais alto do que a base das grades de ferro onde foi amarrado pelo pescoço. Sobre o piso de tacos, foram deixados fragmentos de papel com uma falsa confissão escrita por ele, que, segundo a tese dos torturadores, justificaria o arrependimento e o surto psicótico do atentado contra a própria vida.

Vlado, como era conhecido, foi assassinado em 25 de outubro de 1975, um sábado, por volta do meio-dia. Mas a morte dele não foi em vão: representou o marco inicial da reação popular às arbitrariedades da ditadura militar. O Sindicato dos Jornalistas de São Paulo assumiu a liderança das manifestações, estudantes universitários entraram em greve e mais de 5 mil pessoas se concentraram no entorno da Catedral da Sé em culto ecumênico organizado pelo arcebispo metropolitano dom Paulo Evaristo Arns, com o reverendo presbiteriano Jaime Wrigth e a parti-

25 de outubro

cipação do rabino Henry Sobel. Foi o primeiro grande protesto contra a tortura em plena ditadura.

O presidente na época, general Ernesto Geisel, determinou abertura de inquérito policial militar, totalmente manipulado para concluir a versão de suicídio, apesar da aberração da fotografia. A família de Herzog entrou com ação judicial para cobrar da União a responsabilidade pela sua morte, até que, em 25 de outubro de 1979, o juiz Márcio José de Morais, da 7ª Vara da Justiça Federal de São Paulo, deu sentença favorável à viúva Clarice e aos filhos Ivo e André. No entanto, só em 2013 foi emitida nova certidão de óbito, atestando morte causada por lesões e maus-tratos praticados em instalações do Exército. Esse laudo pode ser considerado um avanço, embora tenham sido ignoradas as situações de abuso de autoridade, tortura e homicídio.

Judeu, Herzog nasceu em 27 de junho de 1937, na antiga Iugoslávia, atual Croácia. Era diretor de jornalismo da TV Cultura quando foi procurado na redação por dois agentes do DOI-CODI, que pretendiam levá-lo para depor sobre supostas ligações com o Partido Comunista Brasileiro, na clandestinidade desde o golpe de 1964. Após negociação tensa, Vlado comprometeu-se a se apresentar espontaneamente no dia seguinte. Foi e nunca mais voltou.

Você sabia?

Depoimentos de Sérgio Gomes, Paulo Markun, Anthony de Christo, Rodolfo Konder, George Duque Estrada, Diléa Frate e Luiz Weis, jornalistas presos no DOI-CODI na mesma data, foram fundamentais no esclarecimento da farsa.

Vladimir Herzog dá nome a disputado prêmio de imprensa destinado a temas sobre a anistia e os direitos humanos, promovido pelo Comitê Brasileiro de Anistia, desde 1979.

A grande paixão profissional de Vlado foi o cinema, que para ele era ferramenta de investigação e denúncia da realidade brasileira.

26 de outubro

Clarice Lispector lança
A hora da estrela
1977

Quase toda a sua família mudou de nome quando chegou ao Brasil. O pai Pinkouss virou Pedro; Mania, a mãe, Marieta; Leia, uma das irmãs, ganhou o nome Elisa. Só a outra irmã continuou sendo Tania. E ela, que se chamava Haia Pinkhasovna, foi rebatizada como Clarice Lispector.

Nascida em 10 de janeiro de 1920, em Chechelnyk na Ucrânia, durante a viagem da família de origem judaica à América, com escalas em Bucareste, na Romênia, e Hamburgo, na Alemanha, a chegada de Clarice e a família ao Brasil aconteceu a bordo do navio *Cuyabá*, em março de 1922, no porto de Maceió. Ali foram todos recebidos por Zaina, irmã de Mania, que viera antes para o Brasil.

Clarice Lispector, que afinal nunca pisaria de volta em sua terra natal, gostava de se autodeclarar pernambucana. Naturalizada brasileira, foi reconhecida como uma das grandes escritoras e intelectuais brasileiras do século XX, autora de perturbadora obra, por entrelaçar o cotidiano simples a tramas existenciais e psicológicas.

No final da carreira, já dividida entre o jornalismo e a literatura, pouco antes de morrer escreveu *A hora da estrela*, seu romance de despedida, no qual narra os momentos de dilema enfrentados pelo escritor Rodrigo S. M. durante a criação da personagem Macabéa, alagoana órfã, virgem e solitária. Clarice morreu aos 57 anos, no Rio de Janeiro, em 9 de dezembro de 1977, sendo sepultada no cemitério israelita do Caju.

Lançado em 26 de outubro de 1977, *A hora da estrela* instiga pela interpretação que enxerga grande aproximação entre a própria autora com o personagem Rodrigo, um escritor também à espera da morte, e também com Macabéa, a alagoana que gosta de ouvir rádio e passou a infância no Nordeste, mas foi levada ao Rio de Janeiro, onde trabalha como datilógrafa e apenas sobrevive na cidade grande.

26 de outubro

Obra instigante, traz as características marcantes da escrita de Clarice, que une originalidade de estilo e profundidade psicológica para abordar temas comuns por personagens comuns. No cinema, a versão da obra dirigida por Suzana Amaral, em 1985, conquistou os principais prêmios do Festival de Brasília. A atriz Marcélia Cartaxo, no papel de Macabéa, ganhou o troféu Urso de Prata, em Berlim, no ano seguinte.

Clarice Lispector estreou como escritora em 1943, quando também se formou em Direito na Universidade Federal do Rio de Janeiro (UFRJ) e se casou com o colega de faculdade Maury Gurgel Valente, com quem teve dois filhos, Pedro (1949) e Paulo (1953). Naquele ano, escreveu *Perto do coração selvagem*, uma viagem psicológica conflituosa, com o qual ganhou o prêmio Graça Aranha. Em 1959, já separada, retorna com os filhos ao Rio e escreve para o jornal *Correio da Manhã*, sob o pseudônimo de Helen Palmer. Em 1960, seu *Laços de família* ganha o prêmio Jabuti, da Câmara Brasileira do Livro.

Ao dormir com cigarro aceso em 1966, causou um incêndio no quarto que lhe queimou o corpo e a mão direita. Depois de várias cirurgias, viveu isolada, escrevendo crônicas para o *Jornal do Brasil*.

Você sabia?

Clarice Lispector foi chamada de "Kafka da literatura latino-americana", segundo afirmação publicada no jornal *The New York Times*, em 2005. A opinião foi de Gregory Rabassa, tradutor para o inglês de autores como Jorge Amado, Gabriel García Márquez e Mario Vargas Llosa.

Entre seus trabalhos de tradução estão obras de Agatha Christie, além de outros, bem como adaptações de Júlio Verne, Edgar Allan Poe, Walter Scott, Jack London e Ibsen.

27 de outubro

Brasil declara guerra aos países da Tríplice Aliança
1917

O Brasil nada teve a ver com a origem da discórdia, lá na segunda metade do século XIX. O que estava em disputa na primeira década de 1870, no período que antecedeu à Primeira Guerra Mundial, ou a Grande Guerra (1914-1918), eram os interesses expansionistas da Alemanha Prussiana, ao lado da Áustria-Hungria e, inicialmente, da Itália com a formação da Tríplice Aliança. Do outro lado da trincheira, ficaram tropas da Tríplice Entente, bloco militar que uniu França, Inglaterra e Rússia e, mais tarde, a própria Itália, que abandonou os antigos aliados no início das batalhas.

Sem grandes recursos bélicos, a modesta participação brasileira se resumiu ao apoio pontual em combates aéreos e marítimos e no auxílio aos feridos. Ainda assim, só a partir de 27 de outubro de 1917, três anos depois do início do conflito. Em difícil situação econômica e social, as finanças do país dependiam basicamente das exportações de café.

A neutralidade declarada em agosto de 1914 chegou ao fim em 3 de abril de 1917. Naquela tarde, o vapor *Paraná*, um dos maiores navios da Marinha Mercante, carregado com 4,4 mil toneladas de café, foi torpedeado por submarino alemão quando navegava dentro das normas exigidas pela Convenção de Haia, no cabo Barfleur, na França. Três tripulantes brasileiros morreram. A notícia do ataque demorou alguns dias, mas quando chegou ao Brasil provocou comoção nacional e muita revolta, com sucessivas depredações a clubes tradicionais e comércios pertencentes a imigrantes ou descendentes, e passeatas nas ruas contra a Alemanha. A pressão resultou na renúncia do ministro das Relações Exteriores, Lauro Müller, de origem germânica, e abalou ainda mais a diplomacia entre os dois países.

Depois do bombardeio a outros cargueiros na costa do mar Mediterrâneo, também a embarcações dos Estados Unidos, em 26 de outubro o Congresso Nacional aprovou e, no dia seguinte, o presidente da República, Ven-

27 de outubro

ceslau Brás, assinou a declaração de guerra. Três dias antes, o comandante do *Macau* havia sido levado como prisioneiro durante ataque do submarino alemão U-93 na costa espanhola, em mais uma das sucessivas provocações.

Em represália, o governo brasileiro confiscou 42 navios alemães, número que na época representava um quarto da frota nacional, como indenização pelos ataques e perda das cargas. Nos três primeiros dias de novembro, os navios *Acari* e *Guaíba* foram torpedeados na costa de São Vicente, em Portugal, pelo submarino U-151. A abertura dos portos a embarcações aliadas e o patrulhamento do Atlântico Sul foram as primeiras missões da Marinha brasileira. A Divisão Naval em Operações de Guerra foi incorporada à esquadra britânica em Gibraltar, na primeira ação naval em águas internacionais. O governo brasileiro enviou missão médica com cirurgiões civis e militares a hospitais de campanha.

Também foram enviados contingentes de sargentos e oficiais do Exército, integrados às tropas francesas. Aviadores reforçaram a Força Aérea Real da Inglaterra e parte da esquadra nacional foi empregada em missões contra investidas submarinas da Alemanha. A Grande Guerra terminou em 11 de novembro de 1918, mas as tropas do Brasil permaneceram na Europa até o começo do ano seguinte. Em junho de 1919, a Divisão Naval de Operações foi dissolvida, quatro meses antes da extinção da missão médica.

Você sabia?

A contribuição no armistício deu ao Brasil cadeira na Conferência de Paz de Paris, origem do Tratado de Versalhes.

Equipe médica brasileira atuou no combate à gripe espanhola que atingiu a população francesa em 1918.

28 de outubro

Fundação Oswaldo Cruz produz vacina contra sarampo
1982

Até se tornar referência mundial em pesquisas e tecnologia para o desenvolvimento e a fabricação de substâncias que abastecem os estoques do Programa Nacional de Imunizações, do Sistema Único de Saúde (SUS), e que são exportadas para pelo menos outros setenta países, o Brasil enfrentou diversas epidemias e até um levante popular – a Revolta da Vacina, entre 10 e 16 de novembro de 1904, no Rio de Janeiro.

A causa dos violentos conflitos urbanos entre a população e as forças policiais na época foi a desinformação sobre a eficácia das medidas de prevenção contra a varíola, que se espalhava principalmente entre os mais pobres, moradores de áreas insalubres. Para conter a proliferação dos casos, o governo lançou a campanha obrigatória de vacinação, coordenada pelo jovem sanitarista Oswaldo Cruz, medida suspensa temporariamente diante das depredações e dos confrontos, e só retomada depois de trinta mortos, uma centena de presos e outros tantos deportados ao estado do Acre.

De lá para cá, não demorou até a varíola ser erradicada, e hoje a população está devidamente esclarecida sobre a importância do calendário anual de imunização do Ministério da Saúde. Para chegar a essa situação, tudo começou com o esforço do pioneiro na prevenção às doenças tropicais no Brasil, portanto, nada mais justo que a instituição líder de produção de vacinas da América Latina leve o nome dele.

Foi na Fundação Oswaldo Cruz, a Fiocruz, precisamente no Instituto de Tecnologia em Imunobiológicos de Manguinhos, no Rio de Janeiro, que desenvolveu-se a vacina contra o sarampo. A fabricação em escala industrial foi iniciada em 28 de outubro de 1982, depois de um acordo de cooperação firmado com o Instituto Biken, do Japão. A vacina é composta de vírus vivos atenuados e cultivados em fibroblastos de embriões de galinha. A cepa empregada no complexo tecnológico do Bio-Manguinhos é a Cam 70, distribuí-

28 de outubro

da na forma liofilizada, acompanhada de diluente próprio, e conservada em geladeira entre dois e oito graus centígrados. Deve ser aplicada a partir do primeiro ano de idade em conjunto com a vacina da rubéola e da caxumba (tríplice). São produzidas, em média, 10 milhões de doses por ano.

Na década de 1970, o sarampo atingiu de 2 a 3 milhões de crianças. No início dos anos 1990, ocorreu surto no país, com a realização em 1992 de campanha em crianças de nove meses a catorze anos. Foi alcançada cobertura de imunização de 96%. Depois disso, a estratégia não teve continuidade, a vacinação de rotina caiu significativamente e novo surto eclodiu em 1996, em Santa Catarina e outros dezoito estados, com 53.664 infectados. Em outubro de 2000, foram registrados os últimos casos autóctones – originários de dentro do próprio país.

No Brasil, além da Fiocruz, também se destaca na pesquisa e na fabricação de substâncias imunobiológicas o Instituto Butantan, maior produtor nacional de soros e vacinas. Vinculado à Secretaria de Saúde do estado de São Paulo, o Butantan fornece à rede nacional produtos de prevenção a doenças como gripe, ou *influenza* A (H1N1), hepatite B, raiva em cultivo celular e DTP (tríplice bacteriana).

Você sabia?

Parceria entre a Fundação Bill & Melinda Gates e a Fiocruz viabilizou a exportação, a partir de 2017, de 30 milhões de doses fabricadas com tecnologia nacional em todas as fases do processo.

A FIOCRUZ fornece oito das doze vacinas essenciais do calendário básico de imunização do Ministério da Saúde.

29 de outubro

Lula é reeleito presidente do Brasil
2006

Estudo do Instituto Brasileiro de Geografia e Estatística (IBGE) revelou que pelo menos 39 milhões de brasileiros foram beneficiados em 2004 pelos programas sociais de transferência de renda do governo federal, na primeira gestão do ex-metalúrgico Luiz Inácio Lula da Silva, um dos fundadores do Partido dos Trabalhadores.

A pesquisa confirmou que as ações atingiram 21,4% da população do país, ou seja, as pessoas mais pobres. Naquele mesmo ano, houve o recorde histórico de atendimento a 50,3% das famílias miseráveis. O Bolsa Família, por exemplo, que chegou a 3,6 milhões de domicílios em 2003, dobrou para 6,5 milhões no ano seguinte, e foi a 8,7 milhões em 2005. Os recursos públicos investidos nesse caso específico subiram de 3,4 bilhões de reais em 2003 para 6,5 bilhões de reais em 2005, o que representa a mais volumosa transferência de recursos da América Latina. Vinculado à obrigatoriedade de comprovação de frequência escolar, também resultou em indicadores positivos de melhorias no aprendizado, geração de renda e diminuição da criminalidade.

Com Lula, a economia brasileira cresceu, em média, 3,5%, foram gerados 6,4 milhões de empregos com carteira assinada e houve queda de 19% no índice de pobreza. Os números, em certa medida, justificam a reeleição de Lula em 29 de outubro de 2006, com 60% dos votos contra 39,2% do segundo colocado, o ex-governador de São Paulo Geraldo Alckmin (PSDB). Explicam, também, a eleição da sua sucessora, Dilma Rousseff, quatro anos mais tarde. E, independentemente das denúncias que anos depois resultariam na condenação do ex-presidente na Operação Lava Jato a nove anos de reclusão, por corrupção, ainda que proferida por julgamentos extremamente criticados por seus métodos, Lula se manteve como o mais popular líder político do Brasil de todos os tempos.

O líder petista foi lançado candidato à Presidência da República pela primeira vez em 1989. Foi a primeira eleição direta, depois de 25 anos de

29 de outubro

jejum impostos pelo regime militar e do mandato tampão de José Sarney, que, em 1985, herdou o cargo com a morte de Tancredo Neves, eleito pelo Colégio Eleitoral, indiretamente. Na ocasião, Lula perdeu no segundo turno para o alagoano Fernando Collor de Mello, que centrou a campanha na promessa de "caça aos marajás", sendo posteriormente destituído por corrupção, em 1992.

A saga petista para chegar ao poder teve sequência nas duas eleições seguintes, e Lula foi candidato novamente em 1994 e quatro anos depois. Nas duas vezes, perdeu no segundo turno para o sociólogo Fernando Henrique Cardoso, do PSDB, que colocou em prática a política de privatização das principais empresas públicas do país.

Em junho de 2002, o PT aprovou em convenção nacional a ampla aliança política com PL, PCdoB, PCB e PMN. No mesmo ano, Lula concorreu pela quarta vez ao cargo de presidente da República, com o empresário e senador mineiro José de Alencar, do PL, de vice. Foi, finalmente, eleito em 27 de outubro, aos 57 anos, com praticamente 53 milhões de votos. Derrotou o também tucano José Serra, ministro da Saúde de Fernando Henrique Cardoso.

Você sabia?

Na reeleição, Lula montou governo de coalizão para ampliar a fraca base aliada no Congresso Nacional. O PMDB entrou na estrutura ministerial do governo.

Lula recebeu da UNESCO o Prêmio da Paz de 2008; no ano seguinte, foi escolhido "O homem do ano" pelos jornais *Le Monde* e *El País*; em 2012, foi escolhido como o Estadista Global em Davos, na Suíça.

30 de outubro

Polícia Federal deflagra Operação Anaconda
2003

Deu trabalho, mas em um ano de escutas telefônicas a Polícia Federal e a Procuradoria-Geral da República revelaram vergonhoso esquema de corrupção, negociações ilícitas e crime organizado no Judiciário. O principal resultado foi a prisão do ex-juiz João Carlos da Rocha Mattos, condenado a 29 anos de prisão, em diferentes processos, por lavagem de dinheiro e evasão de divisas.

Em São Paulo, os investigadores apuraram a movimentação de grande quantia de dólares sem origem declarada e depositada em uma conta na Suíça. Batizada de Operação Anaconda, a investigação deflagrada em 30 de outubro de 2003 desmontou quadrilha especializada na venda de sentenças judiciais, envolvendo magistrados, policiais, advogados e empresários. O fio da meada foi denúncia feita dois anos antes em Maceió, o que permitiu a descoberta da base da organização em São Paulo e ramificações também nos estados do Pará e Rio Grande do Sul.

De acordo com apuração da época, os principais mentores foram o ex--juiz federal João Carlos da Rocha Mattos e importantes quadros da própria PF. Entre eles, o agente César Herman Rodriguez, os delegados José Augusto Bellini, e Jorge Luiz Bezerra da Silva, este já aposentado e atuando como advogado. No organograma da organização criminosa, a auditora fiscal aposentada e ex-mulher de Rocha Mattos, Norma Regina Emílio Cunha, e os advogados Carlos Alberto da Costa Silva e Affonso Passarelli Filho apareciam como planejadores, executores e gerentes financeiros.

Outros nomes apontados foram os dos irmãos Casem e Ali Mazloum, também juízes federais, dos empresários Wagner Rocha e Sérgio Chiamarelli Júnior e do ex-corregedor da Polícia Federal Dirceu Bertin. Foram denunciados por formação de quadrilha, denunciação caluniosa, abuso de autoridade, falsidade ideológica, peculato e corrupção passiva. Anos depois, alguns

30 de outubro

tiveram as penas reduzidas pelo Superior Tribunal de Justiça (STJ) e outros foram inocentados em parte das acusações.

O escândalo foi considerado então um dos maiores no Judiciário brasileiro, com grande repercussão na imprensa estrangeira. Rocha Mattos em 2008 foi expulso pelo Tribunal Regional Federal da 3ª Região, com jurisdição em São Paulo e Mato Grosso do Sul, "por conduta incompatível com o que se espera de um juiz federal nos termos da Lei Orgânica da Magistratura". Preso e condenado a doze anos, ficou oito anos detido. Beneficiado pela legislação penal, passou para o regime semiaberto e, em 2001, foi cumprir o restante da pena em prisão domiciliar.

Dois anos mais tarde, o ex-juiz foi acionado criminalmente pela Ordem dos Advogados do Brasil (OAB) por exercício irregular da profissão. Em abril de 2015, ele foi novamente condenado, a dezessete anos de prisão, em processo por lavagem de dinheiro e evasão de divisas. Entre as inúmeras irregularidades apontadas pelas investigações, foi constatada a movimentação de quantias vultosas de dólares, verdadeiras fortunas, sem origem declarada. Em outubro daquele mesmo ano, a Procuradoria-Geral da República anunciou o resgate de conta na Suíça aberta pelo ex-magistrado. Foram devidamente repatriados 19,4 milhões de dólares (77,5 milhões de reais, segundo cálculos da Justiça Federal), valor depositado na conta única do Tesouro Nacional.

Você sabia?

A Operação Anaconda é alusão à serpente que envolve lentamente a presa e a comprime até sufocá-la e quebrar seus ossos. A meta da PF era quebrar a espinha dorsal do crime organizado na Justiça.

Outro juiz brasileiro preso, em 2013, foi Nicolau dos Santos Neto, o Lalau, condenado por desviar dinheiro da construção do Fórum da Justiça do Trabalho em São Paulo.

31 de outubro

Dilma Rousseff é eleita primeira presidente do Brasil
2010

Dilma Rousseff não foi só a primeira mulher eleita presidente do Brasil. Foi também a primeira a ser reeleita e a primeira afastada por *impeachment* pelo Congresso Nacional, tudo em apenas seis anos, prazo equivalente a um mandato e meio. Antes de ser eleita, ela foi ministra das Minas e Energia e chefe da Casa Civil nos governos de Luiz Inácio Lula da Silva, chegando à Presidência da República aos 63 anos, com mais de 55 milhões de votos, ao superar José Serra (PSDB) no segundo turno.

Mais de 20 milhões de eleitores não foram às urnas naquele domingo de 31 de outubro de 2010, em um dos mais elevados índices de abstenção do período republicano. A petista ganhou no Distrito Federal, em Minas Gerais, reduto tucano, e em outros catorze estados, mantendo a hegemonia conquistada pelo seu antecessor, principalmente no Nordeste, enquanto o adversário chegou na frente em São Paulo e nos dez estados restantes.

Entre as primeiras ações de seu primeiro mandato, criou o Programa Nacional de Acesso ao Ensino Técnico e Emprego (PRONATEC), uma das mais importantes iniciativas de formação profissional do Brasil. Mais de 8 milhões de jovens e trabalhadores foram matriculados em cursos técnicos e de qualificação profissional em parceria com o Sistema S – SENAI, SENAC, SENAR e SENAT – nos setores industrial, de comércio, agricultura e transporte. Na educação, o Ciência sem Fronteiras ofereceu bolsas em universidades internacionais a estudantes de engenharia, exatas e biomédicas.

Na saúde, historicamente um dos mais deficientes serviços públicos no Brasil, a principal medida emergencial adotada por Dilma gerou controvérsias, mas foi fundamental para regiões mais carentes. Foi o programa Mais Médicos, lançado em 2013 como parte do pacto de melhoria do SUS. A intenção era aperfeiçoar a atenção básica, aumentar o número de atendimentos e, paralelamente, ampliar os investimentos em infraestrutura nos hospitais de

31 de outubro

forma integrada com as unidades municipais e a rede estadual. Nos bastidores do Planalto, Lula articulou com lideranças a criação de ampla coligação que garantiria a eleição para o segundo mandato dela.

A reeleição de Dilma Rousseff foi confirmada nas urnas em 26 de outubro de 2014. Com apoio formal de outros oito partidos (PMDB, PDT, PCdoB, PR, PP, PRB, PROS e PSD), e com o peemedebista Michel Temer de vice na chapa, ela garantiu 54.500.287 votos, o correspondente a 51,64% do eleitorado nacional, contra 51.041.146, ou 48,36%, do mineiro Aécio Neves (PSDB), herdeiro político de Tancredo Neves. O Tribunal Superior Eleitoral (TSE) contou ainda 7.141.416, ou 6,34%, de brancos e nulos, e 30.137.317 abstenções, o equivalente a 21,10%.

A contumaz volúpia do PMDB e dos partidos de esquerda, fortalecidos desde o pleito de 2010, acentuou as dúvidas sobre a capacidade de Dilma ter sucesso nas articulações políticas, de maneira a acomodar tantos novos aliados. Atacada pela oposição e minada no próprio governo, foi afastada do cargo e denunciada por crime de responsabilidade na condução das finanças.

Em votação histórica e muito criticada, o Congresso Nacional aprovou o *impeachment* e a afastou. Pouco depois, as "pedaladas fiscais" que serviram para acusá-la foram liberadas por lei aprovada no Senado, passando a ser praticadas pelo impopular governo de Michel Temer, que assumiu a Presidência com a destituição de Dilma e, em um ano, alcançou 94% de rejeição em pesquisas.

Você sabia?

Aos dezesseis anos, Dilma entrou na vida política para combater o regime militar de 1964. Condenada por subversão, ficou presa de 1970 a 1972, em São Paulo, tendo sido vítima de tortura.

NOVEMBRO

1º de novembro

Portugueses descobrem a Baía de Todos os Santos
1501

Quem chega pela primeira vez a Salvador, logo é convidado a admirar as águas tranquilas da pequena enseada que forma a praia do Porto da Barra. Para além da beleza natural, um mergulho na memória cultural da cidade acaba revelando ali resquícios da chegada dos primeiros navegadores portugueses e do começo do período colonial, no século XVI. Naquele ponto aportou a expedição inaugural de Tomé de Sousa, com a missão de escolher o melhor lugar para a construção da primeira capital do Brasil.

A data da descoberta, 1º de novembro de 1501, é lembrada hoje com um descuidado monumento, um painel de azulejos. Era o Dia de Todos os Santos, razão para o batismo da baía protegida por encostas e de bom ancoradouro. Formada por reentrância na costa litorânea do Nordeste, é a maior do Brasil e a segunda do mundo, menor apenas do que o Golfo de Bengala, na África. Seu "H" entre as vogais na grafia lusitana original (Bahia de Todos os Santos) tem a ver com o português praticado na época, nomeando-se assim o estado da Bahia. Com extensão de 1.233 quilômetros quadrados, a baía tem profundidade média de 9,8 metros, chegando a 42 metros em determinados pontos do canal.

Ponto turístico da área central e histórica de Salvador, emoldurada por ruínas das antigas fortalezas que protegiam a entrada da velha cidade, a Baía de Todos os Santos, na grafia atual, é considerada berço da civilização colonial portuguesa nas Américas. No século XVI, abrigou o maior porto exportador do hemisfério Sul, e de lá saíram para as metrópoles europeias a prata extraída de solo boliviano e o açúcar produzido nos engenhos brasileiros. Do porto de Salvador, ou porto do Brasil, como foi chamado, também eram despachadas mercadorias dos países vizinhos, além de ter sido a instalação que mais recebeu escravos africanos para trabalhos forçados nas fazendas de cana e café, do Recôncavo Baiano, principalmente. Daí vem a predominân-

1º de novembro

cia negra da população local, que passou por vários ciclos econômicos: pau-brasil, agricultura, caça às baleias, petróleo, indústria petroquímica, pesca e ocupação desordenada, até a instalação do novo porto de Salvador, no século XIX, inaugurado oficialmente em 13 de maio de 1913.

Na Baía de Todos os Santos houve também tentativas de invasões holandesas, resistência das tribos nativas, entre elas os índios tupinambás, batalhas pela independência da Bahia e emancipação brasileira diante de Portugal. Com distâncias variadas do continente, algumas de suas ilhotas foram transformadas em quilombos por escravos fugidios e, mais tarde, libertos pela Lei Áurea. Elas ainda mantêm a estrutura precária de comunidades mais pobres de Salvador.

Passados quase cinco séculos da descoberta de Tomé de Sousa, o enorme potencial da baía continua subaproveitado, e um exemplo desse retrocesso é o terminal de Aratu. Estratégica para a indústria petroquímica de Camaçari e a economia baiana, a instalação gigantesca depende de investimentos para reduzir o tempo de espera dos navios. O porto de Salvador investe em estrutura para o turismo, enquanto o maior projeto naval dos últimos anos, o estaleiro Paraguaçu, criado para produzir e fornecer sondas à Petrobras, está praticamente abandonado.

Você sabia?

A carta de doação da "Capitania da Bahia de Todos os Santos a Francisco Pereira Coutinho, em 26 de agosto de 1534", selou a ocupação da região. Mas em 1540, índios tupinambás incendiaram engenhos de açúcar ali, motivando uma guerra que acabaria por exterminá-los.

Do Elevador Lacerda, de 63 metros, inaugurado em 1873 como o primeiro elevador urbano do mundo, tem-se uma das mais belas vistas da Baía de Todos os Santos.

2 de novembro

Ópera na Ilha de Marajó
2015

Foi uma experiência diferente e inesquecível para quem sempre esteve mais acostumado aos sons peculiares da Floresta Amazônica e ao vaivém das marés entre os atalhos do manguezal. Catadores de caranguejos, coletores de açaí, crianças e adolescentes de doze comunidades extrativistas de Soure, região turística da Ilha de Marajó, no Pará, no dia 2 de novembro de 2015, tiveram o privilégio de assistir ao encerramento do festival de ópera e gastronomia realizado por lá pela primeira vez.

Foram três dias de espetáculos, a partir do dia 31 de outubro, com apresentações em palcos improvisados a bordo de pequenas canoas a remo em igarapés habitados por jacarés e sobre deques de madeira cuidadosamente instalados entre as imensas raízes que brotam da lama. Não houve filas, nem bilheterias. E os moradores, que nunca haviam se imaginado em um teatro, de repente tinham ali um imenso palco a céu aberto, onde surgiram protagonistas como a soprano Gabriela Geluda, que apareceu em meio à escuridão em um vestido branco esvoaçante para entoar a "Melodia sentimental", composição de Heitor Villa-Lobos, acompanhada de um violoncelo e do tenor Juremir Vieira.

Para chegarem ao local da apresentação, artistas e plateia percorreram o mesmo trajeto, uma caminhada de pouco mais de dez minutos por trilha estreita e iluminada apenas por lanternas, até o portinho onde já estavam atracadas as pequenas embarcações. O comboio fluvial seguiu em silêncio, só interrompido pelo ritmo lento das remadas e um ou outro som da fauna noturna em prontidão.

Villa-Lobos foi a grande inspiração da atriz e diretora de teatro Katia Brito e do musicista Caio Cezar, idealizadores do concerto inédito. A ideia foi a de levar o compositor de volta à floresta, explicou ele durante um dos momentos de descanso na fazenda São Jerônimo, que serviu de base logística para a montagem do espetáculo. Sem microfones ou qualquer outra para-

2 de novembro

fernália eletrônica, as raízes contorcidas do mangue deram conta da acústica e inspiraram sobrevoo sincronizado de bandos de guarás, ave avermelhada que se alimenta quando a fartura de caranguejos desentoca para acasalamento, durante um dos solos de *Carmen*.

Foram apresentadas peças menores, a ópera *Carmen*, de Georges Bizet, e a adaptação de *La serva padrona*, de Giovanni Pergolesi, com diálogos em português e referências à Ilha de Marajó e ao estilo de vida dos nativos. A decepção ficou por conta do cancelamento de *O guarani*, do maestro Carlos Gomes, por causa da chuva dos finais de tarde paraense. A adaptação dos artistas aos caprichos da natureza, aliás, seria impossível sem os conhecimentos e a generosidade dos moradores de Marajó, verdadeiros consultores sobre os caminhos do manguezal e os horários de cheia e vazante da maré.

A gastronomia completou o espetáculo. O banquete Ópera Festival teve participação especial do *chef* Andoni Luis Aduriz, do Mugaritz, da Espanha, eleito o sexto melhor restaurante do mundo em 2014, que cozinhou ao lado de Mara Sales, do Tordesilhas, e Jerônima Brito, da fazenda São Sebastião. O cardápio não poderia ser mais típico: maniçoba, preparada com folhas de mandioca cozidas por sete dias com carne de porco; pato no tucupi; e frito do vaqueiro. De sobremesa, doce de leite e queijo de búfala.

Você sabia?

Além do cenário inusitado da floresta, a soprano Edna D'Oliveira ficou encantada com o comportamento atencioso da plateia.

O festival entrou para o calendário turístico e cultural de Soure e de Marajó.

3 de novembro

Morre a marquesa de Santos, a "santa" das prostitutas
1867

Bonita, sedutora, altiva, ousada, independente, rica e generosa, Domitila de Castro Canto e Melo, Titília para os familiares e amigos mais chegados, foi muito mais do que, simplesmente, uma das amantes de dom Pedro I. Nobre de berço, a sétima e penúltima filha de João de Castro Canto e Melo, militar açoriano, e de Escolástica Bonifácia de Toledo Ribas, descendente de uma das primeiras famílias aristocratas paulistanas, nunca dependeu dos paparicos do imperador para ter brilho próprio e desempenhar papel de destaque na história brasileira entre os séculos XVIII e XIX.

Nascida em 27 de dezembro de 1797, morreu em 3 de novembro de 1867, de infecção intestinal, no palacete comprado por ela, na rua do Carmo, atual Roberto Simonsen, sede do Museu da Cidade de São Paulo. Sepultada no cemitério da Consolação, cuja capela original foi construída com doação de dois contos de réis feita pela própria Domitila, o túmulo onde também estão os corpos do irmão mais novo, Francisco; de Felício, filho de seu primeiro casamento; e de Maria Isabel, uma das duas filhas com Pedro I, foi recuperado no início da década de 1980. Os custos da reforma foram bancados pelo sanfoneiro Mario Zan, famoso devoto que, mesmo depois de morto, paga as despesas de manutenção dos jazigos com dinheiro dos direitos autorais de suas músicas.

Passados tantos anos, o túmulo ainda recebe sempre flores frescas, lembrança de pessoas que a consideram uma espécie de santa sem beatificação. Uma das lendas que ilustram o imaginário popular é que ela protege as prostitutas da cidade.

De pela clara e olhos escuros, Domitila tinha apenas quinze anos, em 1813, quando se casou com o alferes Felício Pinto Coelho de Mendonça, oficial do 2º Esquadrão do Corpo dos Dragões da Cidade de Vila Rica, atual Ouro Preto (MG). Tiveram três filhos, o caçula morreu ainda na infância, e logo ele se revelou um marido violento, envolvido em sucessivas bebedeiras e jogos de azar. Cansada de sofrer, em 1816 ela voltou para a casa dos pais, em São Paulo, com as crianças. Três anos depois, aceitou a reconciliação, mas ele voltou ainda mais agressivo. Endividado e interessado em vender as terras herdadas da família, Felício falsificou a assinatura dela e tentou matá-la a facadas, em 6 de março de 1819, em São Paulo. Ele a acusou de traição e alegou "legítima defesa da honra", mas foi preso e levado ao Rio de Janeiro. Três anos depois, Domitila conheceu dom Pedro, casado desde 1817 com Leopoldina de Habsburgo.

O relacionamento entre ela e dom Pedro começou em 1822 e terminou em 1829, sete anos registrados em mais de duzentas cartas de amor e confidências. Em outubro de 1826, ela ganhou o título de marquesa de Santos, sem nunca ter pisado na cidade, o que teria sido uma desfeita do imperador a José Bonifácio de Andrada, antigo aliado e santista de nascimento.

Viúvo de Leopoldina, dom Pedro expulsou Domitila da corte em 1829, grávida de Maria Isabel, e se casou com Amélia de Leuchtenberg. Rica, em 1833 a marquesa de Santos se envolveu com o poderoso presidente da província de São Paulo, Rafael Tobias de Aguiar. Ficaram juntos durante 24 anos, mesmo quando ele foi preso por participar da Revolução Liberal. Tiveram seis filhos.

Você sabia?

Na corte, Domitila fez importante doação para ajudar o Brasil na Guerra da Cisplatina (1825-1828), e abrigou tropas na Guerra do Paraguai (1864-1870).

Domitila foi também uma das principais doadoras para construção da Santa Casa da Misericórdia.

4 de novembro

Carlos Marighella é assassinado
1969

Em 2016, passados 47 anos, o Ministério Público Federal determinou a reabertura das investigações para esclarecer o assassinato de Carlos Marighella, um dos articuladores da luta armada e inimigo público número um do regime militar de 1964. O líder da Aliança Libertadora Nacional (ALN) foi assassinado com quatro tiros em emboscada armada na alameda Casa Branca, no Jardim Paulista, bairro nobre de São Paulo, pelo então delegado Sérgio Paranhos Fleury, do temido Departamento de Ordem Política e Social (DOPS), um dos idealizadores da introdução dos métodos criminosos da Scuderie Le Cocq, braço do esquadrão da morte na polícia brasileira.

O que nunca ficou claro desse episódio foram as circunstâncias em que ocorreu a execução e, mais ainda, a manipulação da cena do crime e inquérito para sustentação da versão oficial de que o guerrilheiro teria reagido à voz de prisão antes de ser baleado.

Marighella foi morto na noite de 4 de novembro de 1969, aos 58 anos, dois meses depois do sequestro do embaixador dos Estados Unidos, Charles Elbrick. Enquanto uma multidão barulhenta seguia para o clássico Corinthians e Santos, no estádio municipal do Pacaembu, o líder comunista foi ao encontro dos padres Yves do Amaral Lesbaupin, o frei Ivo, e Fernando de Brito, dominicanos que apoiaram a luta armada e tinham sido detidos alguns dias antes. Sem saber dessa informação, Marighella chegou ao ponto de encontro pontualmente, às oito da noite, para discutirem meios de tirar do país pessoas perseguidas pela ditadura. Ele costumava ser cuidadoso em suas missões, mas não teve tempo de perceber a cilada.

Na rua praticamente vazia, além do Volkswagen com placa 24-69-28, de São Paulo, ocupado pelos padres, estavam estacionados um automóvel com duas pessoas, uma delas o delegado Fleury de peruca feminina para simular um casal de namorados, e uma camionete com policiais armados. Outros agentes se espalharam em pontos estratégicos, escondidos atrás de postes e árvores. Na chegada de Marighella, os religiosos saíram rapidamente do carro e se jogaram ao chão, enquanto se seguiram sucessivas rajadas. Ele foi alvejado sem tempo de reagir.

A fotografia que circulou o mundo mostra Marighella estendido na traseira do carro, com a cabeça e parte do tórax sobre o banco e os pés para fora, no outro lado. A porta do motorista estava escancarada, e o encosto do assento inclinado para a frente. Depois de décadas, no entanto, o fotógrafo Sérgio Vital Tafner Jorge, que na época tinha 33 anos e atuava na extinta revista *Manchete*, rompeu o silêncio para denunciar a farsa à Comissão da Verdade. Ele foi um dos quatro jornalistas que, ao saberem da morte de Marighella, abandonaram o futebol no Pacaembu e correram, literalmente, até a alameda Casa Branca.

Chegaram a tempo de ver Marighella morto, sentado no banco do motorista, antes de o corpo ser retirado, estendido e revistado na calçada e, finalmente, "ajeitado" na parte traseira do Fusca. Essa última cena teria sido a única que tiveram permissão de registrar e publicar. Na ação também morreram a investigadora do dops Estela Borges Morato e o protético alemão Friederich Adolf Rohmann, atingido por bala perdida. O delegado Rubens Tucunduva, desafeto de Fleury mas partícipe da cilada, foi baleado na virilha.

Você sabia?

Filho do imigrante italiano Augusto, operário, e da baiana Maria Rita, descendente de escravos trazidos do Sudão, Marighella cresceu em Salvador, e lá desenvolveu os ideais comunistas.

Em 2008, a viúva Clara Charf passou a receber pensão vitalícia do governo brasileiro por ter sido obrigada a abandonar a profissão de aeromoça, por causa de perseguição.

5 de novembro

Vazamento da Samarco causa tragédia ambiental em Mariana
2015

A avalanche de lama que avançou sobre as cidades do interior de Minas Gerais deixou muito mais do que um rastro de 663 quilômetros de devastação, morte, dúvidas e impunidade. Desde o rompimento de 62 milhões de metros cúbicos de rejeitos de minério de ferro da barragem de Fundão, no complexo de mineração da Samarco, empresa controlada pelas gigantes Vale e BHP Billiton, no interior de Mariana, equipes de biólogos, geólogos e oceanógrafos tentam compreender os impactos do maior desastre ambiental de todos os tempos no Brasil.

Para muito além das dezenove mortes e das 241 famílias do distrito de Bento Rodrigues, que perderam tudo, a tragédia de 5 de novembro de 2015 dizimou as 26 espécies de peixes e toda a fauna complementar que habitavam o trecho alto do rio Doce e afluentes Gualaxo do Norte e do Carmo, mais próximos ao local do vazamento. Na outra ponta, os pesquisadores monitoram o grau da contaminação por arsênio, chumbo e cádmio encontrada em camarões e outros pescados comuns da foz, na região de Regência (ES).

Como os sedimentos permaneceram em movimento, carregados pelas correntes, também são desconhecidas as consequências e as proporções da destruição no ecossistema marinho. Tampouco é possível medir a dor das famílias que perderam conhecidos e várias delas tudo o que construíram na vida. Pescadores ficaram sem o principal meio de subsistência e milhares de pessoas foram afetadas pelo aumento absurdo da turbidez da água captada para abastecimento de cidades de Minas Gerais e do Espírito Santo.

A morosidade no processo de relocação das famílias desalojadas pela onda de lama, inicialmente transferidas para casas de aluguel ou hotéis da região, é a mesma que só aumenta a incerteza de quem acompanha as ações preventivas e de regeneração ambiental da área devastada. Demorou mais de um ano até a apresentação do Plano de Manejo da Fundação Renova, cria-

5 de novembro

da para coordenar as ações de reparação da mineradora Samarco e de suas controladoras multinacionais. Na prática, se resumiu ao plantio de espécies exóticas e invasoras de gramíneas, em substituição à mata ciliar original, para mitigar os riscos de a lama acumulada nas margens escorrer para a calha do rio Doce nos períodos de chuva.

O projeto de recuperação ambiental, que pode levar décadas para ser executado, dividiu a área afetada em dezessete grandes trechos, que recebem soluções diferentes. Em alguns desses lotes, o rejeito foi removido, mas, em áreas agricultáveis dos primeiros sessenta quilômetros do percurso da enxurrada, a lama foi coberta por camada de areia e substratos orgânicos que permitem a volta do cultivo.

O valor das multas aplicadas pelo Instituto Brasileiro do Meio Ambiente e dos Recursos Naturais Renováveis (IBAMA) à Samarco e suas controladoras Vale e BHP Billiton chegou a 250 milhões de reais. Além de os prejuízos estimados pelo Ministério Público Federal ficarem muito acima, pois chegam a pelo menos 20 bilhões de reais, a defesa da mineradora não abriu mão das brechas da lei para recorrer e, obviamente, adiar os pagamentos.

Você sabia?

Depois do desastre de Mariana, o Código de Mineração que estava em discussão desde 2013 na Câmara Federal tornou obrigatória a apresentação de planos de evacuação e de contingenciamento em casos de acidentes; tratamento e reciclagem dos rejeitos; e seguro de danos gerais correspondente ao risco apresentado pela barragem em questão.

Dos 16,5 bilhões de reais em multas aplicadas por crimes ambientais, entre janeiro de 2011 e setembro de 2015, apenas 494,2 milhões de reais foram pagos.

6 de novembro

"Pelo telefone", o primeiro samba registrado
1916

Música boa de verdade é aquela que gera falação, cai na boca do povo, é assoviada nas ruas e vira motivo de Carnaval – e assim foi com "Pelo telefone", primeiro samba gravado, sucesso nacional na voz do cantor Baiano e de outros que se sucederam ao longo do tempo. A prova, a petição de registro entregue oficialmente no dia 6 de novembro de 1916 com a assinatura de Ernesto Joaquim Maria dos Santos, o Donga, está documentada no arquivo do departamento de direitos autorais da Biblioteca Nacional do Rio de Janeiro. Mas não sem antes causar grande controvérsia entre compositores e sambistas cariocas.

A partitura para piano manuscrita por Pixinguinha, acrescida da letra que serviu como base da gravação pioneira, pelo selo Odeon, foi dedicada a dois irreverentes foliões do início do século XX: Norberto Amaral, o Morcego, e o repórter Mário de Almeida, o Peru, a quem mais tarde foi atribuída a coautoria.

Atestado subscrito por M. P. Cabrita e Júlio Suckow, anexado pelo próprio Donga dez dias depois do pedido de registro, afirmou que o samba foi apresentado em público pela primeira vez em 25 de outubro de 1926, no Cine Teatro Velho. A documentação foi deferida em 27 de novembro daquele ano, sob o número 3.295. Produzida vinte dias depois, a partitura para piano impressa no Instituto das Artes Gráficas, no Rio de Janeiro, era composta de quatro páginas – a capa, a segunda e a terceira com a música escrita, enquanto a última foi utilizada pela Casa Edison para anunciar novos lançamentos do *Suplemento*, de janeiro de 1917. Na época foram anunciadas as duas primeiras gravações instrumentais, pela banda Odeon, assinada apenas por Donga. A versão com letra na voz do cantor Baiano, e já com crédito a Mauro de Almeida também como compositor, é posterior. Mas é a que verdadeiramente levou ao primeiro sucesso do samba, já no Carnaval de 1917, dando origem a paródias que chegaram a ser publicadas em jornais da cidade.

6 de novembro

Com o sucesso nas ruas e no rádio, cresceu também a polêmica em torno da música, que nasceu em uma roda de partido alto na casa da baiana Hilária Batista de Almeida, a Tia Ciata, histórico reduto da cultura negra da rua Visconde de Itaúna, nas proximidades da praça 11. Ela própria teria participado da composição, ao lado de João da Mata, Mestre Germano, Hilário Jovino Ferreira, o Sinhô, e Donga, é claro. Cada um teria sido responsável por diferentes estrofes, improvisações e colaborações coletivas que depois foram copiladas e reorganizadas por Mário de Almeida, que morreu pouco tempo depois da gravação, sem ver o sucesso da obra.

A controvérsia que houve não se resumiu à autoria. "Pelo telefone" foi citada como tango ou modinha e, de acordo com pesquisadores, representou a transição do maxixe e o reconhecimento do samba como novo gênero musical. Segundo estudiosos, a composição é caracterizada por "estrutura ingênua, com refrões e melodias distintas que reforçam a teoria de que realmente foi elaborada aos pedaços e por pessoas diferentes". Uma das versões populares substitui a frase "o chefe da folia" por "o chefe da polícia", inspirada em situação real envolvendo Irineu Marinho, dono do jornal *A Noite*. A intenção, segundo Donga, era desmoralizar o chefe de polícia Aureliano Leal, que havia determinado a seus subordinados que informassem "antes, pelo telefone", sobre as operações para apreensão de material usado em jogos de azar.

Você sabia?

Pixinguinha também era assíduo nas reuniões na casa de Tia Ciata.

Outras nove gravações anteriores a 1916 teriam sido registradas como samba, mas nenhuma fez sucesso.

7 de novembro

Inaugurada a nova sede do MASP
1968

O jornalista, empresário e mecenas paraibano Assis Chateaubriand não teve tempo de desfrutar da recepção glamurosa para a convidada ilustre, a rainha da Inglaterra, Elisabeth II, mas foi devidamente homenageado ao ter seu nome eternizado na sede do Museu de Artes de São Paulo (MASP), uma de suas grandes realizações pessoais.

Ele morreu em abril de 1968, sete meses antes da inauguração do museu, em 7 de novembro, no prédio projetado pela arquiteta modernista Lina Bo Bardi e que se tornou marco cultural da cidade de São Paulo, depois de doze anos em construção em plena avenida Paulista e com vista privilegiada do centro histórico e da Serra da Cantareira.

O empreendimento, que teve importante parceria do crítico italiano Pietro Maria Barbi, foi concretizado também graças à valorosa colaboração de Edmundo Monteiro, *office boy* que se tornou executivo de comunicação, homem de confiança e grande amigo do poderoso Chatô, como Chateaubriand era chamado. Antes da inauguração, o primeiro acervo foi aberto ao público em 2 de outubro de 1947, em espaço provisório anexo ao edifício dos extintos Diários e Emissoras Associados, na rua 7 de Abril, no centro.

Com acervo composto por cerca de 8 mil peças que representam uma viagem pelas artes plásticas entre o século IV a.C. até os dias de hoje, o MASP é considerado o mais importante museu da América Latina. A estrutura do prédio abriga, em 5 mil metros quadrados, pinacoteca, biblioteca, fototeca, filmoteca, videoteca, salas para oficinas e cursos e serviço educativo de apoio às exposições, exibição de filmes e concertos musicais de interesse artístico e cultural. Lá podem ser apreciadas obras da escola italiana, de artistas como Rafael, Andrea Mantegna, Botticelli e Bellini, ao lado de pintores flamengos como Rembrandt, Frans Hals, Cranach ou Memling, e dos espanhóis Velázquez e Goya. No núcleo europeu, onde prevalece a pintura francesa, destacam-se os quatro retratos das filhas de Luís XV, pintados por

7 de novembro

Nattier, e as alegorias das quatro estações de Delacroix. Dos impressionistas, Renoir, Manet, Monet e Cézanne estão representados no MASP, que guarda, também, o pós-impressionismo de Van Gogh e de Toulouse-Lautrec. Outro destaque é o espaço dedicado a Edgar Degas. A coleção de esculturas de bronzes, com tiragem de 73 peças, só pode ser vista integralmente no MASP, no Metropolitan, em Nova York, ou no museu D'Orsay, em Paris.

Um dos espaços mais nobres do museu, a pinacoteca, no segundo andar, foi preparada para exposição em homenagem ao centenário de Pietro Maria Barbi, em 2000. A reforma exigiu serviços de alta especialização e tecnologia, como o reforço das vigas de sustentação, recuperação estrutural, impermeabilização da cobertura, troca de vidros, colocação de película de proteção contra raios ultravioleta, troca de persianas, nivelamento e troca do piso e de todos os sistemas de eletricidade, iluminação, ar-condicionado com filtros especiais e, ainda, a colocação de um segundo elevador.

Arrojado e futurista em 1968, o projeto de arquitetura vanguardista foi complementado com parceria com empresa de tintas, na década de 1990, quando as vigas de sustentação do vão livre, de 74 metros, passaram a ostentar a cor vermelha. A pintura, que tecnicamente resolveu problemas de infiltração, resgatou a ideia original de Lina Bo Bardi.

Você sabia?

Chateaubriand pretendia implantar núcleos regionais de arte, como os museus de Olinda, Campina Grande, Araxá e Porto Alegre.

Em 2017, pela primeira vez, o MASP estabeleceu autoclassificação para uma exposição, restringindo acesso a menores de dezoito anos, mesmo acompanhados.

8 de novembro

Suzane Richthofen confessa assassinato dos próprios pais
2002

Demorou oito dias para ser esclarecido o que, segundo investigadores mais experientes, parecia evidente desde as primeiras horas depois do crime, um dos mais chocantes da crônica policial de São Paulo. Uma semana foi o máximo que a estudante de direito na Pontifícia Universidade Católica (PUC) de São Paulo, Suzane von Richthofen, na época com dezoito anos, resistiu até confessar, em 8 de novembro de 2002, a participação no assassinato dos próprios pais, o engenheiro Manfred e a psicanalista Marísia, na casa luxuosa onde moravam na companhia do irmão adolescente Andreas, de quinze anos, na rua Zacarias de Góis, região do Brooklin.

Em 31 de outubro, o casal foi morto enquanto dormia, golpeados na cabeça pelo namorado da garota, Daniel Cravinhos de Paula e Silva, na época do crime com 21 anos, com ajuda do irmão dele, Cristian, 26 anos.

De acordo com o que foi apurado, Suzane e Daniel se conheceram em 1999, e começaram um relacionamento desaprovado pelos pais dela. Persuasiva e sedutora, a garota convenceu o namorado a ajudá-la a matar Manfred e Marísia, além de envolver Cristian no plano macabro com a promessa de que dividiriam entre os três a herança da família. Pareciam ter pensado em tudo detalhadamente, desde o álibi até a simulação do latrocínio, assalto seguido de morte. Naquela noite, depois de deixar Andreas em uma *lan house* e combinar de pegá-lo mais tarde, Suzane, que já havia desligado o sistema de alarme e monitoramento eletrônico da mansão, abriu a porta da frente para a entrada dos irmãos Cravinhos.

Protegidos com luvas e meias de nylon na cabeça e carregando bastões de ferro e madeira, os rapazes foram conduzidos para dentro da casa. Suzane subiu as escadas, confirmou que os pais dormiam, indicou o quarto aos cúmplices e desceu para a sala. Lá, teria tapado os ouvidos para não ouvir os ruídos das pancadas e da agonia que antecedeu a morte de Manfred e Ma-

8 de novembro

rísia, que tentou se proteger com os braços e teve alguns dedos quebrados. Antes de morrer, a mãe balbuciou um apelo aos assassinos para pouparem os filhos, mas eles não estavam nos quartos ao lado.

Na segunda parte do plano, houve a simulação do roubo do dinheiro guardado e uma valise, com 8 mil reais, 6 mil euros e 5 mil dólares, que ficou com Cristian. Do cofre, foram retiradas joias de Marísia, que ficaram espalhadas pelo chão do quarto, e o revólver calibre 38, de Manfred, deixado ao lado do corpo dele. A biblioteca foi desarrumada, além de os irmãos Cravinhos terem simulado a invasão pela janela da sala para deixar marcas de tênis na parede. O pedaço de ferro e o porrete foram lavados na piscina da casa e jogados no lixo com as roupas que estavam usando.

Para completar a encenação, Suzane e Daniel foram ao motel Colonial. Como haviam combinado com Andreas, às 2h56 da madrugada passaram na *lan house*, pegaram o rapaz e foram para a mansão do Brooklin. Ao chegarem, encontraram a porta aberta e então acionaram a Polícia Militar para denunciar o suposto assalto. Na cena do crime, os policiais perceberam os primeiros sinais de contradição.

Em julgamento que durou quatro dias e mobilizou a opinião pública nacional, Daniel e Suzane foram condenados a 39 anos e seis meses de reclusão, um ano a mais do que a sentença proferida para Cristian.

Você sabia?

Andreas Albert von Richthofen briga judicialmente para que a irmã perca o direito à herança da família.

Suzane von Richthofen frequentou cultos evangélicos durante a pena, de onde se especulou que teria se tornado pastora.

Na prisão, a mentora do assassinato dos pais conviveu com Anna Carolina Jatobá, acusada do assassinato da enteada Isabella Nardoni.

9 de novembro

Tesouro arquitetônico de Belém é tombado como patrimônio histórico
1977

O passado continua vivo nas ruas de Belém, a metrópole imponente fundada no portal da Amazônia em 1616 pelo capitão Francisco Caldeira Castelo Branco, enviado pela Coroa portuguesa para defender o território das tentativas de invasões francesas, holandesas e inglesas. De lá para cá, a antiga e forte influência lusitana, por causa de conscientização e esforços de preservação histórica, está hoje bem representada na cidade, visível sobretudo na arquitetura de 2.800 edificações coloniais nos bairros da Cidade Velha e da Campina, o conjunto formado por sobrados conjugados a casas comerciais no térreo, igrejas, palácios e palacetes, alguns ocupados por órgãos da administração pública.

E é ali que justamente se encontra o mais tradicional de todos os pontos turísticos locais, o mercado do Ver o Peso, na confluência dos rios Guamá e Pará e tombado oficialmente em 9 de novembro de 1977. Construído em 1625 como estrutura para conferência da pesagem exata, fiscalização e cobrança de impostos das mercadorias movimentadas no porto, o complexo onde ele se encontra dispõe de 35 mil metros quadrados, com várias construções ao redor, como mercado de Ferro, praças Dom Pedro I e do Relógio, Doca, feira do Açaí, ladeira do Castelo e solar da Beira. O mercado de peixe Francisco Bolonha foi erguido em 1867 e restaurado em 1905. O boulevard Castilhos França e o mercado da Carne fizeram parte do mesmo lote de tombamentos oficializados pelo Instituto do Patrimônio Histórico e Artístico Nacional (IPHAN).

A casa de pesagem de mercadorias no velho porto fechou em 1839. As modificações no Ver o Peso incluíram o mercado de Ferro, obra da empresa La Rocque Pinto & Cia, vencedora da concorrência pública aberta em 1897. Em torno da construção de 1.197 metros quadrados e peso estimado em 1.133.389 toneladas divididas na estrutura metálica de zinco, cresceu a

9 de novembro

maior feira livre da cidade. O porto se tornou palco de chegadas e partidas de embarcações que adentravam o majestoso rio Amazonas ou levavam ervas e mercadorias da floresta para a Europa. Foi de lá que zarpou a frota de Pedro Teixeira, em 1637, para estender a linha do Tratado de Tordesilhas aos atuais limites territoriais do Brasil.

Daquele ponto também saíram os primeiros carregamentos de borracha extraída de seringueiras da Amazônia, entre o fim do século XIX e começo do XX, ciclo que elevou a importância comercial de Belém em plena Revolução Industrial. Atraídos pelo dinheiro, imigrantes sírios, libaneses, italianos e judeus marroquinos chegaram com seus comércios, na mesma época em que surgiram construções imponentes, como os palácios Lauro Sodré e Antônio Lemos, o colégio Gentil Bittencourt e o teatro da Paz.

Os primeiros tombamentos arquitetônicos no centro histórico de Belém são relativamente antigos, e ajudaram a manter viva a história da cidade. Em 1940, por exemplo, passou a ser protegida legalmente a coleção arqueológica e etnográfica do museu paraense Emílio Goeldi. No ano seguinte, foram tombadas as igrejas da Sé, de santo Alexandre e de são João Batista. O colégio jesuítico foi incluído no projeto.

Você sabia?

Em 2014, o IPHAN encaminhou tombamento dos fortes da vila e da serra da Escama e do quartel-general Gurjão, em Óbidos, região metropolitana da capital.

Antes de Belém, a cidade foi denominada Feliz Lusitânia, Santa Maria do Grão Pará e Santa Maria de Belém do Grão Pará. Seus primeiros habitantes foram os índios tupinambás.

A Independência do Brasil, proclamada na distante São Paulo, só foi reconhecida em Belém e em todo o Pará quase um ano depois, em 15 de agosto de 1823.

10 de novembro

Começa no Rio de Janeiro a Revolta da Vacina
1904

A intenção era a melhor possível, mas a forma truculenta e mal planejada como foi executada transformou em caos urbano a primeira tentativa de imunização em massa no Rio de Janeiro, a então capital federal. Era o início do século XX e a cidade já era marcada pela falta de saneamento básico e notória precariedade sanitária.

Desinformada, a população dos morros e bairros da periferia foi quem mais sofreu, pois já estava assustada com as epidemias e, nesse contexto, era também a mais afetada pela febre amarela, peste bubônica e varíola, aliás, todas corriqueiras do início do período republicano. Nomeado diretor do Departamento Nacional de Saúde Pública pelo presidente Rodrigues Alves, com a missão de erradicar as doenças que se espalhavam rapidamente, o sanitarista Oswaldo Cruz convenceu o Congresso Nacional a aprovar, em 31 de outubro de 1904, a Lei da Vacina Obrigatória, com uso da força policial para evitar resistências e respaldar o trabalho dos agentes da campanha.

Na época, a maioria absoluta da população não sabia o que era varíola, tampouco prevenção, e temia os efeitos colaterais da substância aplicada. Em meio à insegurança, ao desemprego e à confusão generalizada, políticos e jornais da oposição ajudavam a difundir a teoria da conspiração, com boatos de um plano macabro para eliminação dos mais pobres e favorecimento das camadas mais abastadas. A situação, que já era tensa, tornou-se explosiva.

O descontentamento com as medidas do governo federal aumentou diante da reforma urbana da cidade do Rio de Janeiro, sob comando do prefeito Pereira Passos, que desalojou milhares de pessoas pobres para demolição de cortiços e favelas e, assim, abrir caminho para a construção de avenidas, praças e edifícios mais modernos.

Para agravar a ira popular e dificultar ainda mais os argumentos de

10 de novembro

Cruz e suas equipes, foi espalhado o boato de que as mulheres teriam de se despir para a aplicação da vacina nas "partes íntimas" do corpo. A isso tudo se juntou a ação da Liga Contra a Vacina Obrigatória, criada cinco dias antes da deflagração da revolta popular. Muitas pessoas se negaram a atender aos agentes sanitários de imunização, prédios públicos e lojas foram depredados, trilhos foram retirados e bondes virados e incendiados, inviabilizando o principal sistema de transporte urbano da época. Houve barricadas e destruição de postes da iluminação das ruas, de lampiões. Houve também confronto com as forças de segurança, atacadas a pedradas, pauladas e pedaços de ferro.

Foram sete dias de violência. Deflagrada entre 10 e 16 de novembro de 1904, a Revolta da Vacina só terminou depois de instituído o "estado de sítio", com suspensão temporária de direitos e garantias constitucionais e intervenção das Forças Armadas. A resistência teve adesão de alunos da escola militar da Praia Vermelha, apoio de manifestações estudantis e de grupos positivistas defronte ao palácio do Catete. O saldo foi de trinta mortos, uma centena de feridos, supostos líderes do movimento deportados para o Acre e a suspensão temporária da campanha emergencial de imunização. Sua retomada só viria tempos depois, sendo repetida até a erradicação da doença no Rio de Janeiro.

Você sabia?

A primeira epidemia de varíola no Brasil foi em 1563, na ilha de Itaparica (BA), e chegou a São Paulo, com mais de 30 mil índios mortos. Em 1599, no Rio de Janeiro, foram 3 mil vítimas, entre indígenas e negros.

Os registros mais antigos da doença foram encontrados em egípcios mumificados há 3 mil anos, no vale do Nilo. Introduzida na América por espanhóis e portugueses, virou arma biológica na queda dos impérios asteca e inca.

11 de novembro

Getúlio Vargas fecha o Congresso Nacional
1930

Ditador e populista, o gaúcho Getúlio Vargas foi o político que mais tempo governou o Brasil. Foram dezenove anos no poder, quinze de forma ininterrupta, entre 1930 e 1945, e o segundo período de 1951 a 1954. Regime centralizador, caracterizado por violenta repressão e perseguição aos comunistas, foi, ao mesmo tempo, marcado pela criação da Consolidação das Leis do Trabalho (CLT) e garantia de direitos fundamentais, como registro do emprego em carteira, salário mínimo com reajuste anual, férias remuneradas e descanso semanal. O voto secreto e a participação das mulheres nas eleições foram conquistas também consumadas na era de Getúlio Vargas, que flertou ideologicamente com o nazismo alemão de Adolf Hitler, a quem o Brasil ajudou por fim a combater na Segunda Guerra Mundial.

Getúlio foi sargento do Exército, serviu no 6º Batalhão de Infantaria de São Borja, no Rio Grande do Sul, sua cidade natal, antes de ingressar na Escola Preparatória e de Tática, em Rio Pardo, no mesmo estado, e ser transferido para o quartel do 25º BI, na capital Porto Alegre. Em 1903, abandonou a rotina da caserna, mas soube tirar proveito das estratégias aprendidas no militarismo para sustentar a longa e controversa carreira como homem público.

Em 1909, Getúlio foi eleito deputado estadual. Permaneceu até 1923 na Assembleia Legislativa do Rio Grande do Sul, e em 1924 foi eleito deputado federal. Ficou na Câmara entre 1924 e 1926, sendo nomeado ministro da Fazenda pelo presidente Washington Luís. Em 1927, chegou ao governo gaúcho, empossado em 1928, e começou a preparar o terreno para sua candidatura à Presidência da República no ano seguinte, pela Aliança Liberal.

Derrotado nas urnas, foi um dos líderes da Revolução de 1930, que derrubou o ex-aliado Washington Luís e impediu a posse do sucessor Júlio Prestes, de quem perdera a eleição. Levado ao poder pela junta de oficiais das Forças Armadas, Getúlio assumiu em 3 de novembro de 1930. No salão

11 de novembro

dos despachos do palácio do Catete, o novo chefe de governo deu posse ao novo ministério e depois foi à sacada, acenar para o povo. Em 11 de novembro do mesmo ano, ele dissolveu o Congresso Nacional, determinando que o Governo Provisório exerceria também as funções do poder Legislativo.

Foram nomeados interventores federais nos estados, exceto Minas Gerais, onde Olegário Maciel foi mantido. Os governos gaúcho e pernambucano ficaram com os líderes revolucionários Antônio Flores da Cunha e Carlos de Lima Cavalcanti, respectivamente. Em São Paulo, o interventor foi o pernambucano João Alberto Lins de Barros, líder do movimento tenentista, rejeitado pela oligarquia cafeeira local.

O Governo Provisório se estendeu até a promulgação da nova Constituição da República em 16 de julho de 1934, quando Getúlio foi eleito presidente pela Assembleia Constituinte. Nessa fase, adotou política nacionalista, modernizou a economia e criou o Ministério do Trabalho. Em novembro de 1937, o Congresso Nacional foi novamente dissolvido para instalação do período ditatorial conhecido como Estado Novo.

Em outubro de 1945, Getúlio foi deposto pelos militares. Em 1951, no Partido Trabalhista Brasileiro (PTB), ele voltou à Presidência da República, dessa vez pelo voto popular. Pressionado pelos militares para renunciar, Getúlio se matou com um tiro no peito, em 24 de agosto de 1954, no palácio do Catete.

Você sabia?

O governo Vargas criou obras de infraestrutura e desenvolveu o parque industrial brasileiro.

Getúlio entregou a judia Olga Benário, mulher do líder comunista Luís Carlos Prestes, ao governo nazista de Adolf Hitler. Ela estava grávida e morreu na câmara de gás, alguns meses depois de dar à luz a menina Anita Leocádia, que acabou entregue à avó, Leocádia, mãe de Prestes.

12 de novembro

Nasce o sambista Paulinho da Viola
1942

A voz suave e o jeito único de tocar o instrumento que o acompanha desde a infância fazem de Paulinho da Viola um sambista lírico, erudito, sem afastá-lo das mais profundas raízes da música popular brasileira. Filho do violonista Benedito César Ramos de Faria, um dos integrantes da primeira formação do grupo de choro Época de Ouro, Paulo César Batista de Faria nasceu em 12 de novembro de 1942. Desde menino conviveu com Pixinguinha e Jacob do Bandolim, Tia Amélia, Canhoto da Paraíba, entre outros que frequentavam a casa onde cresceu, na rua Pinheiro Guimarães, no bairro carioca de Botafogo.

Ainda jovem, ele teve parceiros ilustres, como Cartola, Elton Medeiros e Candeia. De tanto observar, aprendeu por conta própria a dedilhar os primeiros acordes. O pai, que tocava por vocação e sustentava a família com o salário de funcionário da Justiça Federal, queria-o doutor e no começo não gostou da ideia, mas permitiu que o amigo Zé Maria ensinasse ao rapaz os segredos do violão.

Ainda chamado de Paulo César, enquanto completava os estudos ginasiais e começava o curso de técnico de contabilidade, passava os fins de semana na casa de uma tia, em Vila Valqueire. Lá começou a frequentar as noitadas no bairro, e com os amigos da vizinhança formou o bloco Foliões da Rua Amélia Franco. Em 1959, aos dezessete anos, conheceu o violonista Chico Soares, o Canhoto da Paraíba, com quem passou a estudar mais seriamente, época em que entrou pela primeira vez em uma escola de samba, a União de Jacarepaguá.

Em 1963, o primo Oscar Bigode, na época diretor de bateria da Portela, convidou-o a mudar de escola. O primeiro encontro dele com a ala de compositores foi no bar do Nozinho, e lá mostrou a música "Recado", samba do qual havia feito apenas a primeira parte. Fez a segunda ao lado de Casquinha, que veio a se tornar seu primeiro parceiro, tendo sido aprovado

12 de novembro

como um dos integrantes do grupo seleto. Enturmado com os carnavalescos, concluiu os estudos de contabilidade e, aos dezenove anos, foi trabalhar em um dos bancos da cidade.

O emprego no banco mudou a vida dele. Mas de um outro jeito. Certo dia, Paulo reconheceu o cliente que estava sendo atendido na mesa ao lado. Ignorou a timidez e se apresentou ao poeta Hermínio Bello de Carvalho, com quem puxou conversa, obviamente, sobre samba. Hermínio o convidou para visitá-lo no Catete e ele ouviu, pela primeira vez, gravações de Zé Keti, Elton Medeiros, Anescar do Salgueiro, Carlos Cachaça, Cartola e Nelson Cavaquinho. Passou a frequentar o Zicartola, restaurante de Cartola e dona Zica, na tradicional rua da Carioca, onde começou a apresentar as suas canções e a interpretar composições de amigos, recebendo ali as primeiras gorjetas em troca de música. Foi o começo da profissionalização.

Com Oscar Bigode, Zé Keti, Anescar do Salgueiro, Nelson Sargento, Elton Medeiros e Jair do Cavaquinho, ele deixou alguns sambas registrados numa gravadora da época, a Musidisc. Não demorou até formarem o grupo A Voz do Morro. Depois de uma apresentação, o funcionário da gravadora perguntou a identidade de cada um dos integrantes, e ele respondeu: "Paulo César". O outro retrucou que não era nome de sambista. Mais tarde, Zé Keti relatou o fato a Sérgio Cabral, que publicou nota no jornal com a solução para o problema. Nasceu, assim, Paulinho da Viola.

Você sabia?

Em Paris, no festival em homenagem aos quinhentos anos do Brasil, em 2000, Paulinho da Viola lotou o espaço La Villette, com 4.700 pagantes na plateia.

O primeiro samba, em parceria com Hermínio de Carvalho, "Duvide-o-dó, foi regravado em 1999 no disco *Sinal aberto*, com Toquinho.

13 de novembro

Foguete explode no Centro de Lançamento de Alcântara
2015

Parecia que tudo estava bem. Simulações no dia anterior seriam a garantia de sucesso no Centro de Lançamento de Alcântara, estrutura mantida pela Força Aérea Brasileira (FAB) no litoral do Maranhão. Às 14h20 do dia 13 de novembro de 2015, porém, uma grande explosão destruiu o foguete não tripulado suborbital VS-40M V03, construído no Departamento de Ciência e Tecnologia Aeroespacial de São José dos Campos (SP).

O modelo equipado com o Satélite de Reentrada Atmosférica (SARA), plataforma de experimentos no espaço destinada a pesquisas para o desenvolvimento de produtos na área de engenharia, eletrônica, sistemas embarcados, permitiria a realização de estudos tecnológicos por pesquisadores por até dez dias em ambientes de microgravidade. Como em acidentes anteriores, os prejuízos materiais e científicos foram gigantescos. Dessa vez, felizmente, sem vítimas, de acordo com o relatório emitido na época pelo Centro de Investigação e Prevenção de Acidentes Aéreos.

A nota oficial da FAB confirmou, apenas, falha no sistema de propulsão do motor no momento da ignição, quando o veículo ainda estava na rampa, antes da decolagem, e que todos os procedimentos de segurança foram adotados, sem riscos aos profissionais do projeto. O resultado da apuração da comissão de sindicância ficou restrito ao comando do programa espacial brasileiro.

O foguete que explodiu antes de ir para o espaço fazia parte da operação São Lourenço, iniciada na segunda quinzena de outubro daquele ano e coordenada por técnicos do Instituto de Aeronáutica e Espaço, em São José dos Campos, com participação de engenheiros e militares do Centro de Lançamento de Alcântara, do Comando Geral de Operações Aéreas, do Departamento de Controle do Espaço Aéreo e Marinha do Brasil, em parceria com especialistas da Agência Espacial Alemã e do Centro Espacial da Suécia.

13 de novembro

A plataforma do Sara levaria um componente do sistema de navegação, denominado Sistema de Medição Inercial, acompanhado de um equipamento de geoposicionamento global (GPS) de aplicação espacial desenvolvido pela Universidade Federal do Rio Grande do Norte. O projeto estava sendo desenvolvido em cooperação com o Instituto de Aeronáutica e Espaço e apoio da Agência Espacial Brasileira. A base de lançamento é em uma área isolada no município de Alcântara, distante trinta quilômetros da capital maranhense, São Luís, e com acesso restrito.

Antes do acidente, em 30 de outubro, foi lançado o 12º Foguete de Treinamento Intermediário, com a missão de avaliar as condições para a operação São Lourenço e corrigir eventuais problemas. Essa etapa fez parte das medidas de segurança de praxe, reforçadas com investimentos de 110 milhões de reais depois do acidente de 22 de agosto de 2003, durante simulação da operação São Luís. Na ocasião, morreram 21 técnicos e engenheiros que preparavam a missão que colocaria em órbita o microssatélite meteorológico Satec, do Instituto de pesquisas Espaciais, e o nanossatélite Unosat, da Universidade do Norte do Paraná. O veículo lançador de satélites explodiu três dias antes e, apesar de as investigações nunca terem sido reveladas, na época foi levantada a hipótese de sabotagem.

Você sabia?

Próxima à linha do Equador, a base de lançamento de Alcântara é considerada a mais bem posicionada do mundo. Ela exige menos combustível dos foguetes.

Durante o governo de Michel Tremer, o governo brasileiro afirmou que passaria a permitir o uso da base de Alcântara por países como Estados Unidos, França, Rússia e Israel.

Em 2003, explosão abortou o lançamento espacial de dois satélites nacionais de sensoriamento remoto.

14 de novembro

Presidente Geisel cria o Programa Nacional do Álcool
1975

Estimativa de vendas da Associação Nacional de Fabricantes de Veículos Automotores (ANFAVEA), traçada em 2009, calculou que pelo menos 78% da frota de 46 milhões de unidades estarão usando motores *flex* nas ruas do país a partir de 2020.

Essa boa perspectiva e os bons resultados alcançados pelo uso do etanol não foram, porém, uma constante, e a razão tem a ver com seu preço oscilante, já que é influenciado pelos custos do seu próprio transporte – algo que é bem menor próximo às regiões produtoras de cana, como São Paulo. Ali o combustível acaba sendo 70% mais barato na bomba em relação à gasolina. Portanto, de acordo com a regra usual para abastecimento de carros leves, acaba sendo mais vantajoso usar o etanol no dia a dia, embora não seja uma condição para todo o país.

Esses são alguns dos resultados positivos que o Brasil colheu com o Programa Nacional do Álcool (Proálcool), em vigor há mais de quarenta anos, mas que continua a passar por oscilações. Para quem vive na região Norte do país, por exemplo, onde a distância influencia o preço final do combustível, a vantagem já não é a mesma. Isso ocorre porque a diferença entre o conteúdo energético médio de cada um dos combustíveis leva a uma conta que, obviamente, reflete-se no consumo nacional.

Na verdade, essa conta está na própria origem da criação do Proálcool, quando, em meados da década de 1970, diante da baixa na cotação do açúcar e na alta do petróleo, buscaram-se caminhos alternativos viáveis para o setor rodoviário.

Foi em 14 de novembro de 1975, em plena ditadura militar, que o então presidente, o general Ernesto Geisel, assinou o Decreto nº 76.593, que instituía o Proálcool, desenvolvido como alternativa para mitigar os impactos dos constantes reajustes nos cálculos do custo de vida e da inflação. Dentro dessa

14 de novembro

perspectiva, os números se mostraram significativos: até o ano 2000, foram fabricados cerca de 5,6 milhões de veículos movidos a etanol, os quais na primeira fase utilizaram-no apenas como aditivo. A partir de 1979, com novos aumentos dos preços da gasolina, foram introduzidos os carros com motores adaptados, que se difundiram rapidamente. Em 1986, já representavam 92% das vendas.

Tudo ia bem e parecia promissor para o programa, até que a redução do preço do petróleo e a elevação do preço do açúcar no mercado internacional inverteram a lógica inicial do Proálcool. A produção de etanol deixou de ser interessante para os usineiros, causando ondas de desabastecimento em todo o país. Paralelamente, a tecnologia disponível nas montadoras gerava constantes problemas mecânicos nos veículos, principalmente em regiões de clima frio, quando os carros demoravam para ligar, o que contribuiu para a queda nas vendas de carros com os novos motores.

Assim, a frota foi sucateada e o consumo de álcool hidratado se reduziu gradativamente. Em 2003, o combustível abastecia menos de 10% dos carros de passeio, mas a tecnologia então utilizada, por outro lado, revelou-se fundamental para o avanço dos motores bicombustíveis, introduzido em março daquele mesmo ano.

Criou-se, assim, a possibilidade de o motorista optar pelo combustível que representa maior desempenho com mais economia, além de eliminar o risco de novas crises de abastecimento e causar menos poluição. Praticamente todas as marcas de veículos de passeio vendidas no Brasil dispõem atualmente dessa tecnologia.

Você sabia?

A partir do suco, a cana fermentada gera álcool combustível ou pode ser tratado para virar açúcar.

Lançado em 1979, o Fiat 147 foi o primeiro modelo de veículo produzido em série no Brasil equipado com motor a álcool.

15 de novembro

República é proclamada sob impulso de mentiras
1889

Os últimos anos da década de 1890 foram marcados pela decadência da monarquia brasileira, após um período de significativos avanços. Doente e sem herdeiro homem, dom Pedro II teria de entregar o trono ao marido de sua filha, a princesa Isabel, que era casada com o francês Gastão de Orléans, o Conde d'Eu. O problema era que o nome dele não era aceito pelos republicanos. Além disso, apesar de ter a simpatia de boa parte da população, o imperador comprara briga com o alto clero ao interferir em assuntos religiosos, afetando diretamente a autonomia da Igreja Católica por se manter aliado à maçonaria. Ele também bateu de frente com o oficialato do Exército, onde predominava a indignação com a censura e com corrupção no Paço.

Paralelamente, crescia nos centros urbanos a classe média formada por funcionários públicos, profissionais liberais, estudantes, artistas e comerciantes, que reivindicavam maior participação nos assuntos políticos. Já no campo, fazendeiros de gado e cafeicultores, representantes das oligarquias rurais do Oeste paulista, que também queriam mais poder, juntaram-se ao movimento que se articulava para derrubar o Império. Pelo voto, porém, a questão parecia perdida.

Em 1884, apenas três candidatos republicanos chegaram à Câmara dos Deputados. Na legislatura seguinte, o número caiu para um, enquanto na última eleição parlamentar realizada no período imperial, em 31 de agosto de 1889, o Partido Republicano elegeu dois deputados. Nesse contexto, surgiu a figura do marechal Deodoro da Fonseca como o líder capaz de comandar o golpe no governo. Logo ele, monarquista convicto e de lealdade declarada a dom Pedro II, a quem devia favores, mas que não sabia do que seus futuros aliados eram capazes. Em 9 de novembro, o baile da ilha Fiscal revoltou a população pelos gastos, e foi a última ostentação do Império. Deodoro resistiu o quanto pôde, mas acabou sendo iludido por duas grandes mentiras.

15 de novembro

Em 14 de novembro de 1889, os republicanos espalharam o boato de que o primeiro-ministro, visconde de Ouro Preto, havia determinado a prisão do tenente-coronel Benjamin Constant e do próprio Marechal Deodoro. Convencido de que seria detido, na manhã seguinte, o oficial reuniu as tropas e marchou rumo ao centro do Rio de Janeiro. A concentração aconteceu no antigo campo da Aclamação, atual praça da República, e no interior do quartel-general do Exército, decretando a demissão dos ministros. Para Deodoro, cuja missão se resumiria à substituição do Ministério Imperial, a Proclamação da República ainda estava fora de cogitação.

É aí que entraram em cena Quintino Bocaiuva e o barão de Jaceguai, que enviaram mensageiro com outra mentira ao marechal. O recado era que o imperador havia nomeado como primeiro-ministro o gaúcho Gaspar Silveira Martins, antigo desafeto de Deodoro. Foi a gota d'água para ele juntar as tropas do Exército e, enfim, proclamar a República Federativa em 15 de novembro.

A eleição, pelo Congresso, de Deodoro da Fonseca como primeiro presidente do Brasil só ocorreria, no entanto, em 25 de fevereiro de 1891.

Você sabia?

Após a proclamação, a família imperial foi informada de que deveria deixar o Brasil em 24 horas. Ainda que expulso do país, dom Pedro II foi tratado com deferência, inclusive pelos militares.

O nome completo de dom Pedro II era Pedro de Alcântara João Carlos Leopoldo Salvador Bibiano Francisco Xavier de Paula Leocádio Miguel Gabriel Rafael Gonzaga.

16 de novembro

Morre Janete Clair, autora de novelas
1983

Janete Clair tinha o dom de criar histórias. Mais do que isso, encantava as pessoas com tramas envolventes, bem articuladas, repletas de emoção e suspense, tendo sido capaz de parar o país diante da televisão para tentar desvendar o misterioso assassinato de Salomão Hayala, personagem de Dionísio Azevedo na novela "O astro", em 1978, e se tornar a única a atingir cem pontos de audiência na faixa das oito da noite.

A "maga das oito", como era chamada na época, é autora de "Irmãos coragem", a mais longa novela brasileira de todos os tempos, com 328 capítulos, em preto e branco, que conta a saga de João (Tarcísio Meira), Gerônimo (Cláudio Marzo) e Duda (Cláudio Cavalcanti). Foi ao ar entre 8 de junho de 1970 e 12 de junho de 1971, dirigida por Daniel Filho, Milton Gonçalves e Reynaldo Boury, com direção geral de Daniel Filho. Repetida em versão compacta em 1995, em *remake* de 155 capítulos escritos pelo seu viúvo Dias Gomes, foi exibida de 2 de janeiro a 1º de julho, às seis da tarde, pela Rede Globo. Em abril de 2011, a obra foi lançada em oito DVDs pela Globo Marcas.

São delas também "Selva de pedra", de 1972, e "Pecado capital", de 1975. Com câncer no intestino, Janete não conseguiu escrever o final feliz para si própria, e morreu precocemente aos 58 anos, em 16 de novembro de 1983, no Rio de Janeiro. Deixou "Eu prometo", estrelada por Francisco Cuoco, para ser finalizada por Gloria Perez.

De origem libanesa e nascida em Conquista, no Triângulo Mineiro, em 25 de abril de 1925, Jenete Stocco Emmer adotou Janete Clair como nome artístico, inspirada na música "Clair de Lune", de Claude Debussy, atendendo a sugestão do amigo Otávio Gabus Mendes. Mas a trajetória dela como escritora e autora de folhetins começou muito antes, ainda na adolescência, quando a família se mudou para Franca, no interior de São Paulo. Aos treze anos, fazia sucesso cantando em árabe e francês na rádio Herz, principal emissora da cidade. No ano seguinte, precisou ajudar nas despesas da casa,

16 de novembro

interrompeu a lida artística e passou a trabalhar como datilógrafa, antes de virar estagiária em laboratório de bacteriologia, já na capital.

Em São Paulo, a vida começou a mudar. Aos vinte anos, ela passou em teste para vaga de locutora e atriz da rádio Tupi, e se apaixonou pelo futuro marido, o dramaturgo Dias Gomes. Casados e estimulada por ele, nos anos 1950, Janete Clair começou a escrever radionovelas, e seu primeiro grande sucesso foi "Perdão, meu filho", em 1956, na rádio Nacional. Tiveram quatro filhos, Guilherme, Alfredo, Denise e Marcos Plínio, este falecido aos dois anos e meio. A estreia na televisão ocorreu na década seguinte, com a produção das telenovelas "O acusador" e "Paixão proibida", na Tupi. Passou uma temporada em Minas Gerais, e lá escreveu "Estrada do pecado" para a TV Itacolomi, e na volta adaptou "A herança do ódio", peça de Oduvaldo Vianna, para a TV Rio.

No Rio de Janeiro, em 1967 recebeu a difícil missão de alterar a telenovela "Anastácia, a mulher sem destino", da Rede Globo, para reduzir custos de produção. Janete simplesmente criou um terremoto na trama, fez desaparecer mais da metade dos personagens e destruiu a maior parte dos cenários. Nunca mais saiu da Rede Globo, onde escreveu também "Sangue e areia", "Passo dos ventos", "Rosa rebelde" e "Véu de noiva".

Você sabia?

Janete Clair foi conhecida também como "A dama das oito", "Nossa senhora das oito" ou, como preferia o poeta Carlos Drummond de Andrade, "Usineira de sonhos".

Em 1975, a novela "Pecado capital" foi escrita às pressas para substituir a primeira versão de "Roque Santeiro", vetada pelo regime militar.

17 de novembro

Heitor Villa-Lobos morre no Rio de Janeiro
1959

Raul Villa-Lobos, diretor da biblioteca do Senado Federal e músico amador, e dona Noêmia Monteiro, grandes incentivadores dos estudos, fizeram de tudo para ver o filho Heitor formado em medicina. Mas o garoto inquieto, nascido em 5 de março de 1887, em Laranjeiras, Zona Sul carioca, que aprendeu a tocar violoncelo em uma viola adaptada pelo próprio pai, já aos seis anos surpreendeu compondo uma primeira peça para violão, baseada em cantigas de moda. Aos oito anos, demonstrava interesse por Bach e logo também aprendeu a tocar clarinete e saxofone.

Apreciador de ritmos populares, o jovem Heitor conheceu cantadores tipicamente nordestinos na casa de Alberto Brandão, levado pelo velho pai Raul, músico amador que morreu quando ele tinha doze anos, época em que o padrão de vida da família deu uma guinada para baixo. Autodidata e prematuro musicalmente, o adolescente começou a se apresentar profissionalmente em teatros, cafés e bailes do Rio de Janeiro, enquanto a mãe, até então acostumada às facilidades da alta sociedade, foi lavar e engomar toalhas e guardanapos da Confeitaria Colombo, para sustentar os outros sete filhos.

Aos dezesseis anos, quando morava com uma tia, Heitor Villa-Lobos ficou encantado com a musicalidade dos chorões, então malvistos pela sociedade, passando a frequentar a loja de música Cavaquinho de Ouro. Em 1905, viajou para o Nordeste, bebeu na rica fonte do folclore regional e dois anos depois escreveu "Os cantos sertanejos", para pequena orquestra. Na mesma época, matriculou-se no curso de harmonia de Frederico Nascimento, no Instituto Nacional de Música, mas não se adaptou à disciplina acadêmica, e continuou se sustentando com apresentações de violoncelo, piano, violão e saxofone em teatros e cinemas. Recitais com suas obras foram mal recebidos pela crítica, que não entendeu suas inovações musicais.

Foi a Semana de Arte Moderna que projetou Villa-Lobos internacio-

17 de novembro

nalmente. A partir do evento realizado de 11 a 18 de fevereiro de 1922, no Theatro Municipal de São Paulo, o compositor brasileiro, que morreu em 17 de novembro de 1959, aos 72 anos, passou a ser reconhecido como criador original da fusão de ritmos folclóricos e populares com a música erudita. No ano seguinte, com financiamento do governo brasileiro, foi a Paris e demonstrou seu talento, retornando em 1924 ao Brasil. Em 1927 foi novamente à Europa, dessa vez bancado pelo milionário mecenas Carlos Guinle, apresentando concertos de suas obras na regência de importantes orquestras.

O ponto alto da fase criativa de Villa-Lobos foi a década de 1930, com a composição das "Bachianas brasileiras", para diversas combinações de instrumentos que expressam a afinidade entre Bach e a música popular instrumental brasileira. Em 1931, percorreu 54 cidades do interior paulista, viagem que inspirou "O trenzinho caipira", outra de suas obras antológicas. Na ditadura getulista do Estado Novo, entre 1937 e 1945, quando foi obrigatório o ensino de música nas escolas públicas, ele foi secretário de Educação Musical, mas se considerava injustiçado no Brasil. Depois da Segunda Guerra Mundial, o maestro fez turnê pelos Estados Unidos e pela Europa. Lá suas peças foram executadas nos mais importantes teatros.

Você sabia?

Villa-Lobos não teve filhos. Em 1936, depois de duas décadas de casamento com a pianista Lucília Guimarães, assumiu em Berlim o romance com a professora de música Arminda Neves d'Almeida, a quem dedicou várias composições, e futura diretora do museu Villa-Lobos.

O maestro foi o fundador e primeiro presidente da Academia Brasileira de Música. Foi membro da Academia de Belas-Artes de Nova York.

18 de novembro

Morre Aleijadinho, mas o mito permanece
1814

Pedra-sabão é a matéria-prima eternizada pelo nome de Antônio Francisco Lisboa, o Aleijadinho, escultor, entalhador, considerado um dos mais importantes e criativos arquitetos e artistas do Brasil colonial, nascido na antiga Vila Rica, atual Ouro Preto. As obras a ele atribuídas, mais do que o desenvolvimento cultural da região, simbolizam a ostentação da Igreja Católica no século da fartura do ouro, o outro minério igualmente farto nas montanhas de Minas Gerais, porém de cotação incomparável. As peças mais famosas dele estão, obviamente, em Ouro Preto e nas demais cidades históricas de Congonhas do Campo, Morro Grande, Tiradentes, São João del-Rei, Mariana e Sabará.

O artista aprendeu o ofício ainda criança, de tanto observar a lida do pai, o português Manuel Francisco Lisboa, mestre de carpintaria, que chegou a Minas Gerais em 1723 e esculpiu em madeira várias imagens religiosas. Da mãe, a escrava Isabel, herdou a cor da pele e os traços característicos da africanidade. Alforriado na pia batismal, estudou as primeiras letras em português e latim e música com os padres da paróquia local. Mais tarde foram seus mestres os imigrantes lusitanos João Gomes Batista e Francisco Xavier de Brito.

Na primeira metade do século XVIII, graças ao ouro surgiram em Minas Gerais ricas construções em pedra e alvenaria e igrejas suntuosas. Nessa época, o jovem mestiço Antônio Francisco Lisboa desenvolveu habilidades e a criatividade de escultor e projetista, ainda sem as sequelas da doença que mais tarde lhe limitou os movimentos e a capacidade produtiva, dando-lhe o apelido que se tornou marca registrada de suas obras.

Os inconfundíveis estilos barroco e rococó, entalhes em relevos e estátuas estão presentes em construções religiosas de várias cidades mineiras, um patrimônio histórico nacional e da humanidade, que fez Aleijadinho ser

18 de novembro

chamado de "Michelangelo tropical" pelo biógrafo francês Germain Bazin. Desenhista talentoso, ele riscava a planta, supervisionava a construção e se encarregava dos trabalhos de acabamento, para dar o toque final a fachadas, janelas, portas, imagens e púlpitos. Superou o preconceito pela genialidade, talento que o consagrou como o maior gênio na arte colonial no Brasil. Em 1777, no auge da produção e da fama, apareceram os sinais da doença degenerativa, supostamente lepra ou sífilis, que corroeu suas mãos e pés e o debilitou, mas não o impediu de trabalhar. Um empregado o carregava para toda parte e atava-lhe às mãos o cinzel, o martelo e a régua.

Em 1804, reapareceu o filho que teve com Narcisa Rodrigues da Conceição, batizado Manuel Francisco Lisboa em homenagem ao pai. Levado pela mãe para o Rio de Janeiro, o rapaz voltou a Minas com a mulher Joana e o neto de Antônio Francisco. A partir de 1812, a saúde de Aleijadinho piorou. Praticamente cego e dependente de terceiros, ele foi morar nas proximidades da igreja do Carmo de Ouro Preto, de onde supervisionava obras que estavam a cargo do pupilo, Justino de Almeida. Em seguida, se mudou para a casa do filho e ficou sob os cuidados da nora até morrer, em 18 de novembro de 1814. O corpo deformado dele foi sepultado na Matriz de Antônio Dias, junto ao altar de Nossa Senhora da Boa Morte.

Você sabia?

Dados disponíveis sobre Aleijadinho são da biografia escrita 44 anos depois da sua morte, em 1858, por Rodrigo José Ferreira Bretas, com base em depoimentos.

O ano provável de seu nascimento é 1738, reconhece o Museu Aleijadinho, em Ouro Preto, embora não haja registro oficial e alguns pesquisadores defendam 29 de agosto de 1730 como a data de batismo.

19 de novembro

Milésimo gol de Pelé
1969

Andrada, o goleiro argentino do Vasco da Gama, parecia disposto a estragar a festa. Ele pulou para o canto certo, a sua esquerda, mas o chute saiu forte, à meia altura, fez uma pequena parábola no ar até tocar novamente no gramado. O nome de Pelé ecoou no estádio do Maracanã lotado pela torcida adversária, enquanto ele correu para dentro da rede, segurou a bola como um troféu e a beijou com carinho, em agradecimento, cercado de dirigentes, repórteres e fotógrafos que naquela noite puderam invadir o campo impunemente e até acompanhá-lo na demorada volta olímpica.

Aos 29 anos, treze de carreira profissional, o Rei do Futebol marcou o milésimo gol às 23h23 de quarta-feira, 19 de novembro de 1969, aos 33 minutos do segundo tempo de um jogo equilibrado e assim consolidou a vitória santista por 2 a 1, pelo Torneio Roberto Gomes Pedrosa, correspondente ao Campeonato Brasileiro da época. Nas arquibancadas, 65.157 pagantes extasiados, privilegiadas testemunhas da consagração do maior jogador de todos os tempos, façanha até então inédita.

De acordo com as estatísticas de sua carreira profissional, Pelé balançou as redes adversárias 1.282 vezes em 1.367 partidas, incluindo as amistosas, com média de 0,94 gol por jogo. Esses números caem para 812 jogos e 757 gols, praticamente a mesma média, 0,93, quando contabilizadas apenas as disputas em torneios de primeira divisão – campeonatos Paulista, Brasileiro (na época Taça Brasil, Torneio Roberto Gomes Pedrosa ou Nacional de Clubes), Rio-São Paulo, copas Libertadores da América, Intercontinental, North American Soccer League, com as camisas do Santos e do Cosmos, as duas únicas equipes que defendeu. Na Seleção Brasileira, foram 115 confrontos e 95 gols, no total, ou 77 gols em 92 jogos oficiais, tornando-se o maior artilheiro da equipe nacional.

O primeiro gol de Pelé foi na sua estreia na equipe profissional do Santos, em 7 de setembro de 1956. Foi o sexto na goleada de 7 a 1 no Corin-

19 de novembro

thians de Santo André. Outro momento marcante foi em 2 de setembro de 1962, no empate de 3 a 3 entre Santos e São Paulo, pelo Campeonato Paulista. Marcou duas vezes, sendo o segundo o gol número quinhentos, aos 21 anos, e terminou a temporada com 73 gols em 59 jogos. Despediu-se da Seleção em 18 de julho de 1971, no Maracanã, em amistoso contra a extinta Iugoslávia, empatado em 2 a 2. Ficou na Vila Belmiro até 1974. No New York Cosmos, para onde se transferiu em 1975, o último jogo no Giants Stadium foi contra o próprio Santos, em 1º de outubro de 1977. Atuou um tempo de cada lado e marcou, de falta, o primeiro gol da equipe dos Estados Unidos, que ganhou por 2 a 1.

Pelé foi descoberto por Waldemar de Brito e levado para o Santos aos dezesseis anos, onde em duas décadas ganhou vários títulos paulistas e nacionais. Aos dezessete, disputou e ganhou a primeira Copa do Mundo, em 1958, na Suécia. Foi bi, em 1962, no Chile, e tri, em 1970, no México. Aposentado em 1977, virou o embaixador mundial do futebol. Em 1981, foi eleito atleta do século pelo jornal francês *L'Équipe*; em 1997, recebeu o título de sir-cavaleiro honorário do Império Britânico das mãos da rainha Elizabeth II; em 1999, foi eleito o futebolista do século; em 2002, a Fifa o elegeu o jogador do século XX.

Você sabia?

Pelé inspirou o termo "gol de placa", criado pelo jornalista Joelmir Beting em jogo contra o Fluminense no torneio Rio-São Paulo, em 1961, quando driblou meio time antes de marcar.

Em cadeira de rodas, aos 77 anos, Pelé participou do sorteio dos grupos da Copa do Mundo de 2018, em Moscou. Foi festejado em foto histórica pelo presidente russo Vladimir Putin e pelo jogador argentino Diego Maradona.

20 de novembro

Zumbi é morto pelas tropas de Domingos Jorge Velho
1695

Foi de 50 mil réis, o equivalente a mais ou menos 70 gramas de ouro pela cotação da época, o prêmio que dom Pedro II de Portugal e Algarve, também chamado de "O Pacificador", concedeu ao capitão Furtado de Mendonça, um dos comandantes das tropas do bandeirante paulista Domingos Jorge Velho, em troca da cabeça de Zumbi. O guerreiro foi morto aos quarenta anos em uma emboscada em 20 de novembro de 1695, em seu último esconderijo, entrincheirado na mata fechada entre as serras da Barriga e Dois Irmãos, perseguido pelos antigos e longos caminhos que misturavam os territórios de Alagoas e Pernambuco.

Decapitado e salgado para retardar a putrefação do couro cabeludo, o crânio foi entregue ao governador da capitania pernambucana, Caetano de Melo e Castro, que ordenou a exposição como troféu em praça pública, para acabar com a lenda de imortalidade e servir de prova da consumação do massacre ocorrido um ano antes no Quilombo dos Palmares. Paralelamente, o ato deveria apaziguar fazendeiros que exigiam a reação da Coroa contra a fuga de escravos. Passados mais de quatro séculos, o líder quilombola tornou-se símbolo nacional e americano da consciência e da resistência negra. A data de sua morte é hoje reverenciada com festa e reflexão nas comunidades tradicionais de todo o Brasil, inclusive com a decretação de feriado em diversos municípios.

A saga dele pela liberdade começou cedo. Neto da princesa Aqualtune, trazida do Congo, e sobrinho de Ganga Zumba e Ganga Zona, o menino que ganhou o nome Zumbi em homenagem ao deus da guerra nasceu livre na serra da Barriga, região de mata fechada da parte baixa do rio São Francisco, atual município de União dos Palmares, em Alagoas. O quilombo onde se refugiavam escravos fugidos dos engenhos de açúcar era um grande território, formado por dezenas de aldeias, chegando a ter mais de 20 mil pessoas

20 de novembro

que sobreviviam basicamente da agricultura. Entre 1602 e 1608, Bartolomeu Bezerra comandou alguns homens, que chegaram até a serra, sem localizar os fugitivos. Em 1630, quando Pernambuco vivia sob o domínio holandês, as fugas se intensificaram e o Quilombo dos Palmares, cercado de paliçadas, já era foco de resistência contra a escravidão.

Capturado durante um dos ataques, aos sete anos, foi entregue ao padre jesuíta Antônio Melo, batizado e ganhou o nome de Francisco. Aos quinze anos fugiu de volta ao Quilombo dos Palmares. Em 1675, tropas de Manuel Lopes que revelaram mais de 2 mil casas, fortificadas com estacas. Nos combates seguintes, Zumbi foi baleado duas vezes, resistiu e começou a virar lenda.

Os ataques se sucedem. Em 1678, Ganga Zumba, o chefe supremo, aceitou acordo proposto pelo governador de Pernambuco para transformação de Palmares em vila. Zumbi se rebelou e teve apoio de outros líderes quilombolas. Com a morte do tio, envenenado, ele assumiu o comando do quilombo e da luta de libertação dos negros cativos. A queda de Palmares começou em 1691. Naquele ano, Domingos Jorge Velho, à frente de mais de mil homens, invadiu o mocambo do Macaco. Ferido, Zumbi fugiu para Porto Calvo, mas, três anos depois, novo ataque dizimou o quilombo. Aprisionada, Dandara, a guerreira com quem teve os filhos Motumbo, Harmódio e Aristogíton, preferiu a morte e se jogou de um precipício. Ele fugiu de novo, para a serra Dois Irmãos, mas, delatado pelo antigo companheiro Antônio Soares, foi morto.

Você sabia?

Em 1675, Zumbi se destacou como estrategista de guerra e ajudou a expulsar soldados da Coroa portuguesa.

O quilombo dos Palmares, cuja capital era conhecida como Macaco, possuía aldeias de nomes africanos (Aqualtene, Dombrabanga, Zumbi e Andalaquituche), indígenas (Subupira ou Tabocas) e portugueses (Amaro).

21 de novembro

Nossa Senhora do Rosário aparece no rio Potenji
1753

A presença holandesa em território nordestino, em particular os de origem calvinista que dominaram a capitania do Rio Grande, ou Potenji, impôs severas restrições à ação catequizadora e introdução do catolicismo no século XVII. Os conflitos religiosos na região se intensificaram durante a guerra de reconquista do Recife, em território pernambucano, e em 1645 guerreiros indígenas aliados às tropas da Holanda, liderados por Jacó Rabi, massacraram fiéis que esperavam o horário da missa dominical na capela do engenho Cunhaú.

Na manhã de 16 de julho do mesmo ano, todos que estavam na igreja de Nossa Senhora das Candeias com o Padre André de Soveral foram atacados, enquanto o terceiro grupo de católicos foi levado até a localidade de Uruaçu, às margens do Potenji, e lá também foram dizimados, entre eles o vigário Ambrósio Francisco Ferro e o leigo Mateus Moreira, que na agonia da morte teria bradado do alto da sua fé: "Louvado seja o Santíssimo Sacramento".

Beatificados em 5 de março de 2000 pelo então papa João Paulo II, os mártires de Cunhaú e Uruaçu, e o beato Mateus Moreira, proclamado padroeiro dos ministros extraordinários da Comunhão Eucarística no Brasil, não sabiam, mas deixaram extraordinário legado de fé, devoção e, acima de tudo, pacificação. Oito anos após serem perseguidos e sacrificados a mando dos holandeses, em 21 de novembro de 1753 aconteceu o achado que mudou o rumo da história.

Um grupo de humildes pescadores encontrou por acaso um caixote de madeira encalhado entre as pedras em uma das margens do rio Potenji, com uma imagem de Nossa Senhora do Rosário e uma mensagem manuscrita: "Aonde esta imagem aportar nenhuma desgraça acontecerá". Imediatamente, os pescadores comunicaram a descoberta ao Padre Manoel Correia

21 de novembro

Gomes, vigário da paróquia local, que se dirigiu à margem do rio e logo reconheceu a imagem de Nossa Senhora do Rosário. No entanto, como 21 de novembro já era o dia dedicado à apresentação de Maria ao templo de Jerusalém, a santa retirada do caixote de madeira foi batizada como Nossa Senhora da Apresentação, e proclamada padroeira de Natal.

Para homenagear a padroeira, foi decretado feriado municipal no dia 21 de novembro, ponto alto dos festejos iniciados com pelo menos uma semana de antecedência. Nesse período, as celebrações se estendem entre a Pedra do Rosário, onde a imagem foi encontrada, a atual catedral metropolitana e a antiga, atual igreja de Nossa Senhora da Apresentação, localizada na praça André de Albuquerque. Naquele mesmo altar, no dia 25 de dezembro de 1599 o Padre Gaspar Moperes rezou a primeira missa na cidade, naturalmente sem a presença de representantes dos colonizadores holandeses.

Na época da introdução do cristianismo na sociedade do Rio Grande do Norte, portanto, muito antes de a imagem de Nossa Senhora do Rosário ter sido resgatada do rio pelos pescadores do Potenji, Nossa Senhora da Apresentação já era a padroeira de Natal. A festa da apresentação de Nossa Senhora ao templo de Jerusalém foi instituída em 1571. A atual catedral metropolitana, também conhecida como catedral Nova ou catedral Nova Cidade, foi inaugurada em 21 de novembro de 1988, no bairro da Cidade Alta, e também é dedicada à padroeira.

Você sabia?

Os primeiros missionários da arquidiocese de Nossa Senhora da Apresentação e do Rosário foram os jesuítas Francisco Lemos, Gaspar de Samperes e Francisco Pinto, pioneiros na catequização de índios.

No idioma tupi-guarani, "potenji" significa rio de Camarões; "potiguar" é comedor de camarões.

22 de novembro

Revolta da Chibata contra escravidão a bordo
1910

Tripla jornada de trabalho, comida ruim e chibatadas. Comuns nas senzalas, os castigos aos afrodescendentes não cessaram com a publicação da Lei Áurea, a Lei nº 3.353, sancionada pela princesa Isabel em 13 de maio de 1888.

No Brasil, o último país republicano a acabar com a escravidão, os maus-tratos se repetem no dia a dia em quartéis e navios da Marinha. Escravos libertos ou filhos de ex-cativos, os tripulantes subalternos, negros e mestiços na maioria, eram submetidos a longos períodos de serviço militar nos primeiros anos da Primeira República, comandados por oficiais brancos. Paralelamente às condições sociais degradantes e à discriminação escancarada, na primeira década do século XX a esquadra brasileira era uma das mais atrasadas do mundo. Estava atrás, inclusive, das Armadas da Argentina e do Chile, vizinhos sul-americanos.

Reunidos clandestinamente nos cantos e porões das embarcações ou nos bares do cais, os marinheiros do Rio de Janeiro passaram a aglutinar forças e articularam apoio nas demais unidades nacionais para planejar uma reação. Deflagrada entre 22 e 27 de novembro de 1910, a Revolta da Chibata começou a ser preparada com pelo menos cinco anos de antecedência.

Em 1905, uma comitiva de embarcados brasileiros permaneceu alguns meses em convivência com os colegas da Marinha Real da Inglaterra, em Londres. Lá, viram de perto as diferenças. Na volta, foi organizado o comitê geral, sob comando do marujo João Cândido Felisberto, conhecido entre os colegas como Almirante Negro. A estratégia inicial dos amotinados previa a tomada dos principais navios militares ancorados na Baía de Guanabara, principalmente os novos encouraçados *Minas Geraes* e *Bahia*, em 25 de novembro de 1910, depois da posse do presidente da República,

22 de novembro

marechal Hermes da Fonseca, no dia 15. Porém, um caso de agressão antecipou a revolta.

Flagrado com bebida alcoólica a bordo do *Minas Geraes*, o marinheiro Marcelino Rodrigues Menezes foi preso pela Marinha, e agrediu o cabo que o denunciou. A punição imposta a ele, 250 chibatadas diante de toda a tripulação, foi o estopim da revolta. Por volta das dez da noite do dia 22, um grupo rendeu e matou o comandante Batista das Neves a tiros e coronhadas, o mesmo destino que tiveram os três outros oficiais da embarcação. Inclusive aquele que chicoteou Menezes. Pelo menos a metade dos 4 mil homens embarcados participaram do motim.

No dia seguinte, o líder João Candido escreveu manifesto para exigir o fim dos castigos corporais, melhor alimentação e condições de trabalho e também a anistia aos revoltosos. A ameaça era bombardear o Rio de Janeiro, a capital federal. Depois de algumas tentativas da Marinha de retomar as embarcações, em 26 de novembro Hermes da Fonseca, supostamente, aceitou as reivindicações. O decreto legislativo nº 2.280 anistiou os revoltosos, que entregaram as armas e o comando dos navios ocupados.

Em 28 de novembro, contudo, alguns foram expulsos, e dezembro começou com a deflagração da segunda revolta. Dessa vez, na fortaleza da ilha das Cobras. Houve repressão e prisão dos líderes em celas subterrâneas, onde alguns morreram. Outros foram enviados para trabalhos forçados na produção de borracha na Amazônia. João Cândido, expulso e internado como louco no hospital de Alienados, foi absolvido em 1922 com alguns colegas.

Você sabia?

Em 2008, foi concedida anistia *post mortem* a João Cândido Felisberto e demais revoltosos. Reparação financeira às famílias foi vetada pelo governo.

A menor punição da Marinha por infração a bordo era de 25 chibatadas.

23 de novembro

Intentona Comunista fracassa
1935

Mesmo depois da dispersão da Coluna Prestes e da divisão do movimento tenentista, ainda havia disposição de luta nos anos 1930, sobretudo contra os privilégios elitistas. Motivos não faltavam, e um deles era o crescimento da Ação Integralista Nacional, criada em 1932 pelo político paulista Plínio Salgado, organização de extrema direita inspirada nas ações nazifascistas predominantes na Europa da pré-Segunda Guerra Mundial e uma das principais aliadas do presidente Getúlio Vargas.

Mas houve falhas de articulação e, acima de tudo, faltou participação popular à principal delas, a Intentona Comunista de 1935, guerrilha paramilitar comandada pelo capitão do Exército Luís Carlos Prestes, ao lado da mulher Olga Benário, representando os ideais da Aliança Nacional Libertadora (ANL) e do Partido Comunista do Brasil, com apoio de integrantes do *Comintern*, o comitê da Internacional Comunista, entre eles o argentino Rodolfo Ghioldi e o alemão Arthur Ernest Ewert. O vazamento antecipado de informações estratégicas deixou em alerta as Forças de Segurança Nacional, e os levantes executados sem sincronismo, em datas e locais diferentes, estão entre as prováveis causas do fracasso da tentativa de revolução que também foi chamada de Revolta Vermelha.

A ilegalidade do movimento decretada por Vargas foi o estopim da revolta comunista, que defendia o não pagamento da dívida externa, nacionalização das empresas estrangeiras instaladas no país, o combate ao fascismo e a reforma agrária, entre as principais bandeiras de luta. A reação foi planejada dentro dos quartéis. Militares revolucionários iniciaram a rebelião em 23 de novembro de 1935, em Natal, e chegaram a tomar o poder durante três dias. O movimento se alastrou isoladamente para São Luís e para a região metropolitana do Recife, nas manhãs seguintes, até chegar ao Rio de Janeiro, a capital federal, quatro dias depois do primeiro levante.

23 de novembro

No Rio de Janeiro, o movimento comunista foi deflagrado, simultaneamente, no quartel do 3º Regimento de Infantaria, na Praia Vermelha; no 2º Regimento de Infantaria, no Batalhão de Comunicações, na Vila Militar; e na Escola de Aviação do Exército do Campo dos Afonsos – a Força Aérea Brasileira foi criada só em 1941. A intenção era sequestrar aviões oficiais para bombardear a sede do governo, mas as linhas de defesa instalaram canhões e explodiram a pista para impedir decolagens. Melhor articuladas, as forças fiéis ao governo Vargas rechaçaram os revolucionários. Foi decretado "estado de sítio", com início de longo período de forte repressão e perseguição aos comunistas.

O comandante Luís Carlos Prestes e vários líderes sindicais, militares e intelectuais foram presos e tiveram seus direitos cassados. Grávida, Olga Benário, companheira de Prestes, de nacionalidade alemã, foi presa e deportada para a Alemanha. Morreu em um campo de concentração nazista em Bernburg, em 23 de abril de 1942, e sua filha entregue à avó paterna.

A revolta de 1935 serviu de argumento para o governo Vargas denunciar o chamado Plano Cohen, o documento forjado por integralistas revelando um suposto golpe comunista contra a ordem institucional. Era o pretexto perfeito para o autogolpe que, em 1937, levou Vargas a instituir o chamado Estado Novo, um dos mais obscuros períodos da política nacional.

Você sabia?

Infiltrado, o agente do serviço de inteligência britânico, Johann Heinrich Amadeus de Graaf, ou Johnny de Graaf, revelou os planos dos revolucionários ao governo brasileiro.

Depois do levante, Prestes ficou preso por dez anos. Em 1945, porém, apoiou a permanência de Vargas no poder, por orientação de seu partido.

24 de novembro

Enchentes deixam rastro de destruição em Santa Catarina
2008

Recorrentes, as enchentes deixaram um gigantesco rastro de destruição em Santa Catarina na primeira década do ano 2000. E continuaram a gerar prejuízos na década seguinte.

Em 2001, inundações mais graves do que as que ocorreram no verão anterior em 33 cidades não ficaram restritas ao mês de fevereiro, repetindo-se também em setembro e outubro. Afetaram cinquenta municípios. Nos dois anos seguintes, houve inundações graduais, sem consequências mais drásticas, provocadas pelo fenômeno El Niño, que é causado pelo aquecimento das águas do Oceano Pacífico, com influência dos ventos alísios de leste para oeste, maior evaporação e concentração de nuvens de chuva.

Em março de 2004, foi a vez de o furacão Catarina atingir o estado, com ventos de 120 quilômetros por hora que destruíram mil e quinhentas casas e estabelecimentos comerciais, danificando outros 40 mil. Três pessoas morreram e os prejuízos econômicos foram calculados em 350 milhões de dólares. Apesar de todos esses prejuízos, a maior catástrofe da década ainda estava por vir.

Em novembro de 2008, sessenta cidades ficaram embaixo d'água e mais de 1,5 milhão de pessoas foram afetadas, principalmente na região do vale do rio Itajaí-Açu. O saldo da tragédia foi de 135 pessoas mortas, duas desaparecidas, 9,3 mil moradores forçados a sair de suas casas e 5.617 reforçando as estatísticas dos desabrigados. Naquele ano, o período de chuvas já se arrastava havia dois meses, fora mais intenso em 22 e 23 de novembro, e atingiu o ponto mais trágico no dia seguinte. Mais de 150 mil consumidores ficaram sem eletricidade e houve racionamento de água. Várias cidades ficaram sem acesso, isoladas pelo grande volume de água que transbordou do leito dos rios, pelo acúmulo de escombros e por deslizamentos de terra em rodovias.

Em 25 de novembro, o prefeito de Blumenau, João Paulo Kleinübing,

24 de novembro

decretou estado de calamidade pública na cidade. O mesmo ocorreu nos outros treze municípios mais afetados. Para completar o quadro de destruição, sessenta cidades ficaram em situação de emergência. O porto de Itajaí, um dos mais importantes, teve prejuízos com a destruição de parte dos berços de atracação. O rio Itajaí-Açu subiu 11,52 metros acima do nível normal. O solo acumulou o equivalente a mil litros de água por metro quadrado. Foi decretado luto oficial de três dias pelos mortos; o governo federal liberou 1,6 bilhão de reais para a reconstrução.

A tragédia foi notícia em vários países. Os Estados Unidos autorizaram a embaixada em São Paulo a doar 50 mil dólares, para suprimentos de emergência e reparos básicos nas casas mais atingidas. Da Alemanha, vieram 200 mil euros para compra de barracas, alimentos, colchões, cobertores e água potável.

Depois das enchentes de 2008, o governo catarinense criou grupo técnico científico para estudos de prevenção contra novos desastres naturais. A força da natureza, no entanto, tem sido bem mais rápida do que as efetivas providências.

Em 2011, as cheias afetaram Rio do Sul, Lontras e outros 43 municípios do Alto Vale. Em 2015, a cidade de Blumenau foi novamente arrasada e a população contou com a solidariedade dos brasileiros. No verão de 2018, foi a vez de a capital Florianópolis registrar, em um único dia, o volume de chuva equivalente a três meses: 400 mm. Outras cidades litorâneas também foram afetadas, com inundações e o registro de três mortes.

Você sabia?

Em julho de 1983, houve o registro de 197.790 desabrigados e 49 mortos em noventa municípios catarinenses, sobretudo em Blumenau, Itajaí e Rio do Sul.

Em março de 1974, Tubarão e mais treze cidades do sul catarinense ficaram inundadas. Lista oficial nunca foi divulgada, mas estimam-se 199 mortos.

25 de novembro

Lado a lado e Fernanda Montenegro recebem prêmio Emmy
2013

O ano de 2013 foi especialmente fértil para a teledramaturgia nacional. Em particular para a Rede Globo, que concorreu em cinco das nove categorias da 41ª edição do prêmio Emmy internacional, considerado o Oscar da televisão mundial. E ganhou dois deles. *Lado a lado*, primeira novela escrita por João Ximenes Braga e Claudia Lage, dirigida e produzida por Vinícius Coimbra, desbancou a também brasileira e favorita *Avenida Brasil*, de João Emanuel Carneiro, a angolana *Windeck* e a canadense *30 Lives*, enquanto Fernanda Montenegro foi consagrada a melhor atriz pela performance no especial *Doce de mãe*.

As outras produções da emissora representadas na solenidade de 25 de novembro, em Nova York, nos Estados Unidos, foram *O brado retumbante*, que disputou o prêmio de melhor série dramática e perdeu para *Les revenants*, da França; e *Como aproveitar o fim do mundo*, que foi superado por *Moone boy*, do Reino Unido, na escolha da melhor comédia.

Primeira brasileira escolhida no quesito de melhor atriz, segundo o site oficial do Emmy, Fernanda Montenegro teve um páreo duríssimo. Concorreu com a chinesa Sun Li, protagonista de *The Back Palace: legend of Zhen Hua*n; com a britânica Sheridan Smith, de *Mrs. Biggs*; e com a sueca Lotta Tejle, de *30 Degrees in February*. A veterana atriz brasileira interpretou dona Picucha, em *Doce de mãe*, comédia coproduzida entre a Globo e a Casa de Cinema de Porto Alegre, que, como resumiu a própria Fernanda, mostra que é possível envelhecer com bom humor e doçura.

O Brasil concorreu também na escolha do melhor ator, com o trabalho de Marcos Palmeira em *Mandrake*, produção da HBO e da Goritzia Filmes. O vencedor foi Sean Bean, pelo papel em *Accused*, do Reino Unido. A participação brasileira teve ainda o ator Cauã Reymond, que apresentou a categoria *Programa sem roteiro predefinido* ao lado da atriz Amanda Righetti, quesito venci-

25 de novembro

do pela produção australiana *Go Back to Where You Came From*. Além dos países premiados, foram indicados ao Emmy de 2013 trabalhos da Alemanha, do Canadá, da África do Sul, do Japão, de Angola, da Suécia, do México, da Bélgica, do Uruguai, da Colômbia, da China e das Filipinas.

Com o prêmio para a novela *Lado a lado*, o Brasil, ou melhor, a TV Globo, passou a grande concorrente, desde a criação desse quesito do Emmy, em 2008. Em 2009, venceu com *Caminho das Índias* e, em 2012, com *O astro*. O roteiro de João Ximenes Braga e Claudia Lage conta a história de duas jovens de classes sociais diferentes que lutam por amor e liberdade em meio às transformações do Rio de Janeiro do início do século XX. A novela chegou ao mercado internacional em 2014, enquanto *Avenida Brasil*, a outra indicação nacional, foi vendida para mais de cem países, seguindo o caminho da primeira produção nacional que conquistou o mundo, exportada até para a China: *Escrava Isaura*.

A novela inspirada no romance de Bernardo Guimarães, com direção de Gilberto Braga, que teve o último capítulo em fevereiro de 1977, ganhou a fama de ter influenciado até mesmo a suspensão do racionamento de energia elétrica durante sua apresentação em Cuba de Fidel Castro. Na Polônia, houve concurso para escolha da sósia da personagem interpretada por Lucélia Santos, que na China ganhou o troféu Águia de Ouro, de melhor atriz do ano.

Você sabia?

Lado a lado foi protagonizada por Camila Pitanga, no papel de jovem escrava, e Marjorie Estiano, como filha de baronesa.

Antes do Emmy, Fernanda Montenegro ganhou o Urso de Prata do Festival de Cinema de Berlim, com *Central do Brasil*, em 1998.

26 de novembro

Alunos do Balé Bolshoi estreiam *O quebra-nozes*
2014

Foi uma noite de gala. No complexo do Centreventos Cau Hansen, a casa da dança e da escola do Teatro Bolshoi do Brasil, em Joinville, única filial da famosa companhia fora da Rússia, o palco foi especialmente preparado para receber os bailarinos em uma apresentação inédita e inesquecível: a obra completa do espetáculo *O quebra-nozes*, conto de Natal repleto de personagens fascinantes que ganham vida pela linguagem do balé clássico.

Estrelado pela primeira vez com participação integral de alunos da escola brasileira em 26 de novembro de 2014, a remontagem especial teve coreografia idealizada e produzida pelo russo Vladimir Vasiliev, ex-integrante do Bolshoi original, que antes já havia assinado outras duas importantes produções para a instituição, *Giselle* e *Don Quixote*.

Considerado um dos melhores bailarinos do mundo no século XX e uma das estrelas mais brilhantes do original Teatro Bolshoi da Rússia, Vasiliev voltou a seu país orgulhoso da missão que veio cumprir no Brasil. Ciente de ter contribuído para a realização de um espetáculo histórico, o bailarino e coreógrafo russo realçou a importância da escola de Joinville como única filial da companhia principal fora de Moscou.

A exclusividade estava explícita já no visual inspirado em telas e desenhos sobre papel de autoria do próprio Vasiliev, usados para compor a história com projeções criadas por Vigas, videojóquei de Joinville. Segundo Vasiliev, em *O quebra-nozes* pela primeira vez suas obras, vivas, interagiram com o elenco.

Perfeccionista, Vasiliev não se preocupou apenas com os efeitos visuais. O seu trabalho consistiu também em adaptar o enredo para o elenco formado por alunos da instituição e bailarinos da Companhia Jovem do Bolshoi. Baseado na versão de Vasili Vainonen, *O quebra-nozes* remontado por ele no Brasil ganhou roupagem diferenciada em praticamente todo o primeiro ato,

26 de novembro

incluindo a cena antológica da luta entre o príncipe e os vilões. Nesse momento, o balé clássico deu lugar à dança contemporânea.

Elementos cênicos, cenário e figurino passaram pela aprovação do coreógrafo a distância, o que demonstrou a total confiança e afinidade entre os membros da equipe. Apenas a parte coreográfica foi repassada pessoalmente ao elenco e aos professores na última passagem dele pelo Brasil, em novembro de 2013, um ano antes da estreia. A remontagem, segundo o próprio Vasiliev, é diferente de todas as demais versões.

O quebra-nozes é o balé preferido de Vladimir Vasiliev, espetáculo que o leva de volta aos tempos de estudante, pois o clássico era um dos mais frequentes do repertório da escola, em Moscou. Vasiliev interpretou todos os papéis da obra, representando na primeira vez o personagem principal, que atuou ao lado de Ekaterina Maximova, bailarina com quem se casou em 1957.

O balé conta a história de Marie, que numa típica festa natalina alemã ganha do padrinho Drosselmeyer um quebra-nozes em formato de soldadinho de chumbo, rejeitado pela maioria das crianças e danificado pelo irmão dela. Em um sonho, a menina vê o boneco formar um exército contra a invasão de ratos gigantes e assustadores comandados pelo rei. Transformado em príncipe, o herói a leva em uma linda viagem a seu castelo, onde são felizes para sempre.

Você sabia?

Em 1958, Vladimir Vasiliev dançou *O quebra-nozes* pelo Teatro Bolshoi; em 1966, fez parte do elenco da remontagem do clássico.

O balé original teve origem como teatro privado do príncipe Pyotr Urusov, em Moscou, em 1776.

27 de novembro

Morte causada pelo zika vírus é notificada por autoridades
2015

Em tempos de febre amarela, dengue e chikungunya, demorou cinco meses para a confirmação da primeira morte pelo zika vírus no Brasil, doença também transmitida pela picada do mosquito *Aedes aegypti*.

Júlio César Silva de Jesus, que tinha 35 anos e morava em São Luís, morreu em junho, mas a causa foi diagnosticada só em 27 de novembro de 2015, pelo instituto Evandro Chagas, de Belém, referência nacional em doenças infectocontagiosas e febres hemorrágicas. Com histórico de artrite reumatoide, alcoolismo e lúpus, o paciente fazia uso contínuo de corticoides e tinha o sistema imunológico debilitado. A dificuldade para isolamento do vírus motivou a demora da conclusão dos exames iniciados em julho, um mês depois do óbito de Silva de Jesus, para a notificação no Ministério da Saúde.

Só depois de descartada a suspeita de dengue, os testes com a técnica rt-pcr detectaram o genoma do vírus nas amostras de sangue e fragmentos de cérebro e vísceras do paciente. A partir daí, houve mais análises laboratoriais nos órgãos de pesquisas e a adoção de protocolo específico no enfrentamento da epidemia. O zika vírus passou a chamar a atenção quando mulheres grávidas contaminadas, em sua maioria da região Nordeste, deram à luz bebês com microcefalia, a maioria entre as vítimas fatais.

O segundo caso de morte causada pelo zika vírus, também confirmado pelo Instituto Evandro Chagas em novembro de 2015, foi de uma garota de dezesseis anos, que faleceu em outubro do mesmo ano em Benevides (PA). Com suspeita inicial de dengue, a paciente reclamou de dor de cabeça, náuseas e apresentou pontos vermelhos na pele e nas mucosas. A coleta de sangue foi feita somente sete dias depois do início dos sintomas, e ela desenvolveu quadro de redução do número de plaquetas, evoluindo para hemorragia.

A terceira morte de adulto, notificada em 11 de fevereiro de 2016, ocor-

27 de novembro

reu em 23 de abril de 2015, dois meses antes do caso de Silva de Jesus. Sem histórico de outras doenças crônicas, a paciente de vinte anos morava em Serrinha (RN), onde foi hospitalizada com tosse seca e contínua, quadro que evoluiu para sangramento. A paciente morreu no hospital Giselda Trigueiro, em Natal, para onde havia sido transferida. Inicialmente, chegou a ser cogitada a hipótese de pneumonia, mas também houve investigação do Instituto Evandro Chagas e constatada contaminação pelo zika vírus, conforme notificação à Organização Mundial da Saúde (OMS).

Nesse caso específico, a infecção pulmonar aguda era até então um sintoma não habitual. Cientistas do Instituto Evandro Cruz também constataram a relação entre o zika vírus e os surtos de microcefalia e outras malformações congênitas em recém-nascidos, fato até então inédito nas pesquisas internacionais. Outros médicos e pesquisadores também levantaram as mesmas suspeitas, entre eles a médica Adriana Melo, de Campina Grande (PB), que enviou materiais de pacientes infectadas ao Instituto Oswaldo Cruz/FioCruz, no Rio de Janeiro, onde foi confirmada a relação.

Um grupo executivo com técnicos de dezessete ministérios ficou encarregado de formular um plano nacional de combate ao mosquito *Aedes aegypti*. Em regiões críticas, foram intensificadas medidas de suporte assistencial, como pré-natal, distribuição de repelentes, atenção psicossocial, fisioterapia, exames de suporte e estímulo precoce dos bebês afetados pela microcefalia.

Você sabia?

Usados no tratamento de câncer de mama, gástrico e ósseo, anticorpos monoclonais produzidos em laboratório biotecnológico funcionam como prevenção ao zika vírus, conforme pesquisas do Instituto Oswaldo Cruz e da Universidade de São Paulo.

28 de novembro

Teatro Municipal de Manaus é patrimônio histórico nacional
1966

Prédio colonial mais suntuoso da cidade e do estado do Amazonas, o Teatro Municipal de Manaus, ou Teatro Amazonas, é o símbolo da riqueza do auge do ciclo da borracha. A construção foi aprovada em 1881 pela Assembleia Provincial, com projeto do Gabinete Português de Engenharia e Arquitetura de Lisboa, mas as obras só foram iniciadas efetivamente no final de 1884. Além das equipes de engenharia, também foram trazidos da Europa os escultores e pintores responsáveis pelos detalhes do acabamento.

A inauguração foi em 31 de dezembro de 1896, durante a gestão do governador Eduardo Ribeiro, e a primeira grande restauração ocorreu em 1990, de acordo com as normas do decreto de tombamento do Instituto do Patrimônio Histórico e Artístico Nacional (IPHAN), de 28 de novembro de 1966. A preservação do prédio é resultado de quatro reformas e da manutenção permanente, serviços que conseguem manter o ambiente original. O projeto arquitetônico, eclético, é uma verdadeira mistura dos estilos barroco e rococó. A decoração e o estilo são de autoria do ator, decorador, ensaísta e jornalista Crispim do Amaral.

Mais do que representar a herança artística daquela região do Brasil até então inóspita, o teatro que já recebeu espetáculos e festivais de óperas com a participação de artistas de renome internacional se mantém em plena atividade. Lá já se apresentou, por exemplo, o espanhol José Carreras, que participou da reinauguração, depois da restauração de 1990. Na mesma década, o italiano Luciano Pavarotti, ao lado do pianista e maestro Leone Magiera, cantou as árias da ópera *Tosca* "E lucevan le stelle" e "Recondita armonia", para cerca de 5 mil pessoas. Um de seus principais corpos artísticos é a Amazonas Filarmônica, criada em 1997.

Na atualidade, a programação do teatro é elaborada pela Secretaria de

28 de novembro

Estado da Cultura, sendo um dos destaques o Festival Amazonas de Ópera, realizado em maio desde 1996. O Festival Amazonas Jazz, outra atração anual, ocorre sempre entre junho e julho. O teatro é aberto a cada 45 minutos, de terça-feira a sábado, para visitas guiadas com informações em português, inglês e espanhol. O esplendor de parte da decoração e da arquitetura originais está representado por pinturas no teto e nas laterais, móveis, pisos e objetos utilizados há pelo menos um século.

A capacidade do auditório é de 701 pessoas sentadas confortavelmente nas poltronas com almofadas que substituíram as antigas cadeiras em madeira de lei e revestimento de palha da Índia – apenas alguns exemplares foram mantidos nos corredores, como curiosidade. Uma fileira de frisas e um camarote especial são disponibilizados exclusivamente para o governo do estado. O espaço da plateia é circundado por luminárias, ornamentos e esculturas de rostos de personalidades da literatura e da música mundial, entre eles Beethoven, Mozart e o escritor William Shakespeare.

Esculturas de máscaras estão ali lembrando a comédia e o drama do antigo teatro grego. As colunas que sustentam os camarotes são de ferro recoberto com gesso. O teto é decorado com pinturas de personagens da mitologia mundial, com ninfas, querubins e cupidos. Pintura que reproduz a base da Torre Eiffel dá ao espectador a sensação de estar embaixo do monumento de Paris. Da França, veio também o lustre central.

Você sabia?

Na sala da plateia, pintura original de Crispim do Amaral homenageia o encontro das águas.

No auge do ciclo da borracha, nas cadeiras de baixo ficavam os mais pobres e, conforme subiam os andares, subia também a posição social do espectador.

29 de novembro

Tragédia no voo da Chapecoense
2016

Mesmo quem não gosta de futebol, sentiu a dor da tragédia. E o mundo todo, amantes ou não do esporte, solidarizou-se com o drama que da noite para o dia transformou a vida da cidade de Chapecó, no oeste de Santa Catarina. O motivo: a queda do avião que levava a delegação da Chapecoense, mais imprensa e convidados para a disputa do jogo final da Copa Sul-Americana de Futebol, contra o Atlético Nacional, em Medellín, na Colômbia.

Sem combustível, a aeronave caiu nas cercanias da segunda maior cidade colombiana. Os destroços do Avro RJ-85, da empresa boliviana Lamia, foram localizados na madrugada chuvosa de 29 de novembro de 2016, em uma encosta íngreme e de difícil acesso de Cerro El Gordo, município de La Unión, próximo ao aeroporto José María Córdova.

Das 77 pessoas a bordo, apenas seis sobreviveram, entre elas os jogadores Alan Luciano Ruschel, que teve uma recuperação surpreendente e voltou a jogar pela equipe catarinense já no Campeonato Brasileiro de 2017; Jackson Folmman, que teve a perna esquerda amputada e se tornou embaixador do clube, e o zagueiro Hélio Hermito Zampier Neto, resgatado cinco horas depois do acidente em estado gravíssimo. Danilo Padilha, goleiro titular, morreu enquanto era transportado por uma das equipes de socorro. Também sobreviveram a boliviana Ximena Suárez, auxiliar de voo; o compatriota dela Erwin Tumiri, mecânico do avião; e o jornalista e narrador Rafael Henzel, que faria a transmissão da partida para uma emissora de rádio de Chapecó.

Além da comprovada falta de combustível para chegar ao destino, o plano de voo da Lamia foi precedido de circunstâncias no mínimo incomuns. Diante da falta de um acordo de comércio aeronáutico, por ser uma empresa estrangeira, a boliviana Lamia estava impedida de operar entre os outros dois países. A delegação catarinense viajou de Chapecó a São Paulo, onde embarcou em avião comercial da companhia Boliviana de Aviación

29 de novembro

até o aeroporto de Viru Viru, em Santa Cruz de la Sierra. De lá, o jatinho recebeu sinal verde para decolar rumo à Colômbia, mesmo sem ter sido devidamente abastecido.

Anteriormente, a mesma aeronave fora usada por participantes de outros países para as competições da Confederação Sul-Americana de Futebol (CONMEBOL), inclusive pela Seleção Argentina em viagem para as eliminatórias da Copa do Mundo de 2018 da Rússia.

Depois do acidente, a solidariedade do povo colombiano contagiou o resto do mundo. O Nacional abriu mão do título sul-americano daquele ano em favor do adversário que não chegou a enfrentar, enquanto atletas, clubes, torcedores e autoridades de diversos países enviaram mensagens de condolências e ajuda financeira para reconstrução do time. A velocidade não foi, porém, a mesma nas investigações e nos processos judiciais para indenização das famílias.

Além do piloto Miguel Quiroga, morto no acidente, e do sócio dele Marco Antonio Rocha Venegas, foram responsabilizados dois operadores do aeroporto de Santa Cruz de la Sierra, Gustavo Vargas Gamboa e o filho Gustavo Vargas Villegas, supostos sócios na empresa boliviana, que pertenceria a Loredana Albacete, filha do ex-senador venezuelano Ricardo Albacete.

No Brasil, o Ministério Público afirmou que a Chapecoense não teve culpa pelo acidente. Familiares dos jogadores, contudo, alegam que o clube foi imprudente ao contratar a Lamia, embora os procuradores não tenham constatado irregularidades nos contratos assinados.

Você sabia?

A seguradora Bisa se recusou a pagar apólice estipulada em 80 milhões de reais, alegando que foi falha humana do piloto, ou seja, o erro de cálculo de combustível causou o acidente.

30 de novembro

Morre Cartola, cantor e compositor
1980

Pouca gente sabe quem foi Angenor de Oliveira, que deveria ter sido Agenor e só na velhice percebeu o erro na certidão de nascimento. Mas Cartola todo mundo conhece. Neto de escravos, nascido em 11 de outubro de 1908 no bairro do Catete, no Rio de Janeiro, o mais velho dos oito filhos de Aída Gomes e Sebastião Joaquim de Oliveira, com quem aprendeu a tocar violão e cavaquinho ainda na infância, abandonou os estudos depois do curso primário e, na adolescência, quando a família já havia se mudado para a favela que surgia no morro da Mangueira, foi tipógrafo e servente, até se tornar pedreiro na construção civil.

O chapéu-coco na cabeça, para proteger os cabelos da massa de cimento que respingava do teto e das paredes, foi a inspiração dos colegas de obra para o apelido que o eternizou como autor de sambas memoráveis, entre eles "As rosas não falam" e "O mundo é um moinho", de 1976, dois clássicos da música popular brasileira. Com câncer, o sambista de letras românticas morreu em casa no dia 30 de novembro de 1980, aos 72 anos.

A carreira de Cartola pode ser dividida em dois períodos. Expulso de casa pelo pai aos dezoito anos, foi morar sozinho. Caiu na boemia e no alcoolismo, frequentou prostíbulos e, enfraquecido, foi socorrido por uma vizinha, Deolinda. Sete anos mais velha, ela se apaixonou, largou o primeiro marido e levou uma filhinha para o barraco onde passaram a morar juntos. Enquanto ela lavava roupas de quem podia pagar, ele fazia esporádicos biscates como pedreiro, mas preferia ganhar algum dinheiro compondo ou tocando em bares e tendas das redondezas.

Carlos Cachaça, parceiro inseparável, também fez parte do Bloco dos Arengueiros, fundado em 1925 e que foi a base da Estação Primeira de Mangueira, três anos depois. O próprio Cartola sugeriu o nome e as cores, verde e rosa, e compôs o primeiro samba da escola, "Chega de demanda". Na

30 de novembro

década de 1930, suas músicas foram interpretadas por Carmem Miranda, Sílvio Caldas, Aracy de Almeida e Francisco Alves.

A morte de Deolinda, em 1949, deu uma guinada na vida de Cartola. Abatido, ele deixou o morro da Mangueira, se afastou do meio artístico e desapareceu. Chegou a ser considerado morto. Foram sete anos no anonimato, período em que viveu na favela do Caju ao lado de Domária, a segunda companheira. Sobreviveram com o pouco que ganhava como vigia de edifícios e lavador de carros, em Ipanema. Em 1956, foi encontrado por acaso pelo jornalista Sérgio Porto, o Stanislaw Ponte Preta, que o levou a programas de rádio e resgatou o sambista.

Entregue ao alcoolismo, doente e desdentado, Cartola encontra a terceira mulher, e essa mudou a sua vida. Euzébia Silva do Nascimento, a Dona Zica, antiga fã, levou-o de volta ao morro da Mangueira, e juntos abriram o restaurante Zicartola, um dos mais importantes pontos de encontro do samba tradicional com a música da Zona Sul do Rio de Janeiro. Lá, se ouvia Tom Jobim, Zé Keti, Nelson Cavaquinho, Ismael Silva e Clementina de Jesus, por exemplo. As composições dele voltaram a ser gravadas, entre outras vozes por Nara Leão e Elizeth Cardoso.

Em 1970, participou de show no prédio da então extinta União Nacional dos Estudantes (UNE), no Flamengo, espetáculo intitulado *Canta Cartola*. A partir de 1974, aos 66 anos, finalmente começou a gravar os próprios discos – no total, foram seis álbuns na carreira.

Você sabia?

Cartola foi contínuo no *Diário Carioca* em 1958, e, no ano seguinte, no Ministério da Indústria e do Comércio.

Cartola e Zica se casaram em 1964, quando ele descobriu o erro no registro do próprio nome; não tiveram filhos.

DEZEMBRO

1º de dezembro

Gilberto Freyre lança *Casa-Grande & Senzala*
1933

Para entender melhor as controvérsias históricas que envolvem a mistura multirracial da base da sociedade patriarcal brasileira, consolidada a partir da legitimação velada da exploração sexual a que foram submetidas índias e negras africanas durante a colonização portuguesa, é indispensável ler e, quem sabe, reler *Casa-Grande & Senzala*.

Obra de referência sobre a formação do Brasil, de suas cerca de setecentas páginas é praticamente impossível sair sem refletir sobre causas e efeitos da miscigenação que tanto contribuiu para o caráter, a cultura e as polivalências física e intelectual de grande parte da população, embora ela tenha resultado quase sempre de relações forçadas e consumadas às custas da imposição social dos senhores de engenhos e de seus filhos varões, com a benção da Igreja Católica.

Livro lançado em 1º de dezembro de 1933 e considerado uma das melhores interpretações do passado agrário e escravocrata do país, a obra escrita pelo pernambucano Gilberto Freyre procurou valorizar as contribuições indígenas, africanas e europeias na definição da identidade nacional, seus costumes, hábitos e crenças.

Antes de se debruçar sobre o tema, o autor vasculhou diários de fazendeiros de café e cana-de-açúcar do século XIX, pesquisou a vida pessoal dos próprios familiares, leu antigas cartas, livros de viagens, jornais, relatos, notas folclóricas, registros de batismos e de casamentos, obituários e, por incrível que pareça, até receitas de bolos e doces típicos da variada gastronomia deixada por aqueles que transitavam no cotidiano conectado da casa-grande com a senzala. Não deixou passar nem os chás extraídos da mata densa, tampouco os efeitos sobrenaturais das mandingas e bruxarias.

Freyre tratou ainda de mostrar a depravação, a promiscuidade e a disseminação da sífilis, esmiuçou o dia a dia de patrões e escravos, brancos e negros, em aproximações em que buscou a simplicidade da linguagem e da compreensão popular, ainda que mantivesse atento seu olhar crítico e acadêmico como sociólogo, antropólogo e historiador. A verdade é que Gilberto Freyre abriu caminho para a discussão sobre as contribuições indígenas, dos brancos europeus e da África negra nos conceitos de raça e cultura.

Casa-grande & senzala acabou resultando em um dos mais profundos estudos da alma e da identidade do Brasil moderno. Centrada no que o próprio autor classificou como "equilíbrio dos antagonismos", a obra se desenvolve em torno da inexistência de conflitos entre senhores e escravas, que dividiam o mesmo espaço e tinham as distâncias sociais aparentemente reduzidas pelas recorrentes relações sexuais que mantinham.

O livro ocupa o mesmo patamar de outras duas obras, também indispensáveis para a melhor compreensão da formação da sociedade brasileira: *Formação do Brasil contemporâneo*, publicada em 1934 por Caio Prado Jr.; e *Raízes do Brasil*, 1936, de Sérgio Buarque de Holanda. Nascido em 15 de março de 1900, Freyre lançou *Casa-Grande & Senzala* no auge de sua trajetória produtiva, como forma de rechaçar doutrinas racistas que pregavam o branqueamento do Brasil, com base no que aprendeu com seu mestre Franz Boas, nos Estados Unidos. Lá, na opinião dele, o período escravocrata foi mais segregador, cruel e desumano do que o que ocorreu no Brasil.

Você sabia?

O livro sofreu críticas pela linguagem considerada "vulgar e obscena", chegando a ser queimado em praça pública como ato de desagravo, apoiado por colégios católicos do Recife.

2 de dezembro

Euclides da Cunha lança livro
Os sertões, sobre Canudos
1902

Quando Euclides da Cunha chegou a Canudos, em setembro de 1897, o arraial sertanejo vivia seu derradeiro mês de resistência contra o Exército brasileiro. Era a quarta expedição militar que os seguidores do beato Antônio Conselheiro enfrentavam. Correspondente de *O Estado de S. Paulo* na guerra, Euclides enviou dezenas de cartas e telegramas direto do front, na caatinga baiana, com relatos e análises sobre o que se passava no povoado conflagrado.

Em janeiro de 1898, o jornal publicou "Excerto de um livro inédito", primeiro anúncio do que se tornaria, quatro anos mais tarde, o relato definitivo sobre o conflito e grande clássico da literatura brasileira: *Os sertões*, lançado em 2 de dezembro de 1902. A frase inicial da obra deu a versão quase literal da citação que marcaria o livro: "O sertanejo é, antes de tudo, um forte".

A Guerra de Canudos começou em novembro de 1896, por desavenças entre Conselheiro e um comerciante local. Forças oficiais foram enviadas uma, duas, três vezes, e não conseguiam bater as armadilhas da caatinga e os jagunços esquivos, armados precariamente. Cada derrota exigia um revide maior – até se consumar de vez a tragédia.

Antônio Conselheiro morreu em 22 de setembro de 1897, e Canudos caiu em definitivo no dia 5 de outubro, quando o exército entrou nos escombros do arraial e foram mortos seus últimos defensores. "Eram quatro apenas", escreveu Euclides em *Os sertões*, "Um velho, dois homens feitos e uma criança, na frente dos quais rugiam 5 mil soldados".

A imprensa da época retratava Canudos como uma ameaça monarquista – Conselheiro pregava o retorno de dom Sebastião – à jovem República brasileira. Mas o que Euclides da Cunha, republicano convicto, testemunhou e relatou foi um massacre perpetrado pelo Estado sobre miseráveis sertanejos, vítimas de várias mazelas: pobreza, seca, fome, fanatismo, indiferen-

2 de dezembro

ça, incompreensão. Como escreveu na nota preliminar de sua obra-prima: "Aquela campanha lembra um refluxo para o passado./ E foi, na significação integral da palavra, um crime./ Denunciemo-lo".

E é o que fez Euclides ao expor em detalhes a sangrenta campanha militar contra o arraial. "Livro vingador", como o próprio autor o definiu, *Os sertões* foi escrito em uma cabana de zinco em São José do Rio Pardo (SP), de onde Euclides supervisionava, como engenheiro, a construção de uma ponte.

Estruturado em três partes – "a terra", "o homem" e "a luta" – e escrito em estilo denso e épico – chegou a ser comparado a *Ilíada* de Homero e a *Guerra e paz* de Tolstói –, *Os sertões* vai muito além da descrição do conflito para versar sobre geografia, geologia, biologia, sociologia, psicologia e história, em uma tentativa de interpretação daquela realidade brasileira. Em sua análise do homem sertanejo, Euclides valeu-se de teorias deterministas em voga na época, que consideravam algumas raças como inferiores.

Lançado pela editora Laemmert, o livro tornou-se sucesso imediato de crítica e público e rendeu ao autor estreante a eleição, já em 1903, como imortal da Academia Brasileira de Letras (ABL). Planejava escrever uma obra sobre a exploração de seringueiros na Amazônia, que presenciara durante expedição ao Alto Purus, mas um fim trágico e precoce o impediu de concluí-la: Euclides foi morto a tiros de revólver, em duelo, pelo amante da esposa, no dia 15 de agosto de 1909, aos 43 anos.

Você sabia?

Inspirados pela leitura de *Os sertões*, autores estrangeiros escreveram versões ficcionais da Guerra de Canudos. Destacam-se *Veredicto em Canudos*, do húngaro Sándor Márai, e *A guerra no fim do mundo*, do peruano Nobel de Literatura Mario Vargas Llosa.

3 de dezembro

Morre Prudente de Moraes, 1º presidente civil eleito pelo povo
1902

Terceiro na linha de sucessão da recém-proclamada República, o paulista Prudente de Moraes foi o primeiro presidente civil escolhido de forma direta pelo povo.

Depois dos governos conturbados dos marechais Deodoro da Fonseca e Floriano Peixoto, o representante da oligarquia cafeeira obteve vitória esmagadora na eleição de 1º de março de 1894, tendo como vice o médico baiano Manuel Vitorino Pereira, ligado aos militares e com quem manteve fortes divergências políticas. Foram 276.583 votos contra apenas 39.291 dados a Afonso Pena, seu principal adversário e segundo colocado no pleito disputado por outros 29 candidatos.

Moraes permaneceu no cargo até 1898, período em que foi chamado de "Pacificador", reconhecimento por sua capacidade de resolver conflitos com diplomacia, habilidade e, trocadilho à parte, com a prudência que fez jus ao seu nome de batismo. O seu último ato político foi em 15 de novembro de 1898.

Após a transmissão do cargo ao sucessor, Campos Sales, o ex-presidente da República dedicou seus últimos anos à advocacia. Trabalhou normalmente até 1901. Enfraquecido pela tuberculose, morreu em 3 de dezembro de 1902, aos 61 anos, sendo homenageado no nome de três cidades brasileiras: Presidente Prudente (SP); Prudentópolis (PR); Prudente de Morais (MG).

Filho do tropeiro José Marcelino de Borges e de Catarina Maria de Moraes, que o alfabetizou em casa, Prudente nasceu em 4 de outubro de 1841, em Itu. O pai foi assassinado quando ele tinha menos de cinco anos, e logo depois a família se mudou para Vila Nova da Constituição, atual Piracicaba, onde a mãe se casou novamente, com o major do Exército José Gomes.

Depois das primeiras séries no colégio Manuel Estanislau Delgado, em

3 de dezembro

1857, Prudente de Moraes foi para a capital. No ano seguinte, concluiu os estudos preparatórios no colégio João Carlos da Fonseca, e, em 1859, ingressou na Faculdade de Direito de São Paulo, onde conheceu outros futuros líderes da República, como o próprio Campos Sales, Francisco Rangel Pestana e Bernardino de Campos.

Formado em 1863, foi trabalhar perto do irmão Manuel, fazendeiro e também advogado e político em Vila Nova. Filiado ao Partido Liberal, Prudente de Moraes foi eleito vereador e, em janeiro de 1865, presidente da Câmara Municipal. Foi autor do projeto que mudou o nome da cidade para Piracicaba, onde também foi prefeito. Em 1866, casou-se com Adelaide Benvinda, e tiveram oito filhos. Ele entrou no Partido Republicano em 1876, e no ano seguinte foi o mais votado dos três deputados eleitos pelo partido em São Paulo. Chegou à Câmara do Império em 1885.

Após a Proclamação da República, em 1889, integrou a junta que governou São Paulo, com Francisco Rangel Pestana e o tenente-coronel Joaquim de Souza Mursa, antes de ser nomeado governador. Em novembro integrou, como senador, a Assembleia Constituinte da República. Mas só em 24 de fevereiro de 1891 foi aprovada a primeira Constituição, sem que fosse cumprida a determinação de eleição direta para presidente da República.

Deodoro da Fonseca foi escolhido pelo Congresso Nacional, renunciou para a posse do vice, Floriano Peixoto, que, em 15 de novembro de 1894, foi sucedido pelo primeiro presidente civil eleito no voto popular.

Você sabia?

Além do desajuste econômico do país, Prudente de Moraes negociou o fim da Revolução Federalista, no Rio Grande do Sul, e combateu a Revolta de Canudos, na Bahia.

Preso e acusado de articular atentado contra o presidente em 5 de novembro de 1897, o vice Manuel Vitorino Pereira foi encontrado enforcado na cadeia.

4 de dezembro

Usina de Ferro de Ipanema, base da siderurgia nacional
1810

Quem chega à pequena Iperó, na região sul de São Paulo, não desconfia que essa típica cidade do interior do Brasil, com igreja matriz no centro da praça, pequenos comércios e uma população em torno de 30 mil habitantes, guarda em seu território vestígios de um importante patrimônio histórico.

Trata-se do sítio arqueológico formado pelo conjunto de galpões, casarões e fornos de fundição da Real Fábrica de Ferro Ipanema, que foi criada por carta régia assinada por dom João VI em 4 de dezembro de 1810.

Em plena atividade por quase todo o século XIX, mais especificamente até 1895, ali foi fabricado tudo o que o Brasil precisava para desenvolver a mecanização rural, como arados, arames, pregos, enxadas, ferramentas variadas, facões, foices, machados, gradis, escadarias, equipamentos de engenhos de açúcar, panelas e maquinários em geral. E também armas brancas – adagas, baionetas, espadas e lanças –, que foram ali forjadas para uso do Exército brasileiro na Guerra do Paraguai, entre 1864 e 1870.

A fábrica teve início, na verdade, com os exploradores do século XVI, que abriram picadas para se embrenhar na Mata Atlântica até chegarem ao morro de Araçoiaba, no sertão paulista. Além de madeira e água em abundância, encontraram ali uma região rica em magnetita, que é a matéria-prima utilizada para a fabricação de ferro gusa. Foi essa descoberta que determinou a permanência no local da expedição de Afonso Sardinha e filho, em 1589.

Conhecida como Vale das Furnas, atual Ribeirão do Ferro, a região recebeu a construção de duas forjas para fundição direta, mais tarde reconhecidas pela Associação Mundial de Produtores de Aço como a primeira tentativa de fabricação da liga metálica da América, ou o berço da siderurgia nacional.

Orçado então em 60 contos de réis, o projeto foi concluído em julho

4 de dezembro

de 1810, mas enfatizava a necessidade da vinda de técnicos europeus experientes em siderurgia. De acordo com a carta régia, foi formada uma empresa com sociedade de capital misto, sendo treze ações pertencentes à Coroa portuguesa e 47 a acionistas particulares de São Paulo, do Rio de Janeiro e da Bahia.

Uma equipe liderada por Carl Gustav Hedberg foi contratada em dezembro de 1809, com a missão de montar o complexo para a extração da magnetita e a produção de ferro gusa. Em 1815, Hedberg foi substituído pelo alemão Ludwig Wilhelm Varnhagen, que construiu os altos fornos inaugurados três anos depois. Em 1820, José Bonifácio de Andrada e Silva visitou a fábrica e criticou a arquitetura e a estrutura funcional do complexo, que acabaram sendo ajustadas.

A fábrica registrou significativo crescimento entre 1865 e 1890, dobrou a produção diária de ferro gusa e um novo processo de refino de ferro foi introduzido por operários austríacos, trazidos em 1878.

O conjunto arquitetônico preservado, em torno de 20% do original, está integrado à Fazenda Nacional de Ipanema, criada em 1992 e atualmente sob gestão do Instituto Chico Mendes de Conservação da Biodiversidade (ICMBio). São 5.069,73 hectares abertos à visitação pública de terça a domingo para um mergulho na história.

Você sabia?

Quatro décadas após a desativação da Real Fábrica de Ferro Ipanema, no Estado Novo de Getúlio Vargas, na década de 1940, começou a nascer, em Volta Redonda (RJ), a Companhia Siderúrgica Nacional, a maior do Brasil e da América Latina.

A Companhia Siderúrgica Nacional só começou a entrar efetivamente em operação em 1966, no governo de Eurico Gaspar Dutra, que não convidou Getúlio Vargas para a inauguração.

5 de dezembro

Funai assume proteção do índio
1967

Antes da chegada dos europeus, eles eram aproximadamente 100 milhões em toda a América, 5% espalhados no imenso território que a partir de 1500 passou a ser disputado também por exploradores espanhóis e holandeses, mas foi dominado pela Coroa portuguesa, às custas de sangue e submissão.

Os 5 milhões de nativos pré-colombianos viviam divididos em tribos de acordo com o tronco linguístico de cada um, predominando os povos tupi-guarani, no litoral; macro-jê ou tapuia, no Planalto Central; e aruaque (*aruak*) e caraíba (*kaib*), em diferentes regiões da Amazônia. Dizimados à bala e espada ou expulsos do hábitat natural e aculturados pela evangelização jesuíta, os índios do Brasil foram reduzidos a pouco mais de 400 mil indivíduos teoricamente protegidos em reservas criadas pela União.

Até as duas primeiras décadas do século XXI, eram cerca de 220 etnias e 180 línguas identificadas e cadastradas pela Fundação Nacional do Índio (FUNAI), criada com precária estrutura operacional em 5 de dezembro de 1967, em plena ditadura militar, e sucateada durante sucessivos governos democráticos. A recorrente falta de pessoal técnico e as interferências políticas na gestão do órgão são fatores que atrasam, por exemplo, a demarcação de terras indígenas tradicionalmente ocupadas, motivo de violentos conflitos com posseiros, grileiros e fazendeiros.

Somados os agrupamentos que subsistem sem identidade cultural e perambulam nas ruas dos centros urbanos, como os guarani e caingangues no Sul e no Sudeste, a população original praticamente dobra. O Censo do Instituto Brasileiro de Geografia e Estatística (IBGE) de 2010 contou 734.131 pessoas que se consideravam índios, mais concentrados no Norte, predominantemente na Amazônia, no Nordeste e no Centro-Oeste, com destaque para o Mato Grosso do Sul. Pelos levantamentos oficiais do governo, não há registros de qualquer um desses grupos apenas nos estados do Rio Grande do Norte, Piauí e no Distrito Federal.

5 de dezembro

Na atualidade, os índios nacionais são diferenciados também pelo nível de contato. São poucos, mas ainda há os "isolados", que vivem em pontos ermos e fronteiriços da Floresta Amazônica e praticamente não conhecem os brancos; os "integrados" são aqueles que falam português e trabalham nas cidades; os que mantêm contato ocasional; e os que têm contato permanente com os costumes e a cultura dos demais brasileiros.

Sucessora do extinto Serviço de Proteção ao Índio e Localização de Trabalhadores Nacionais, mais tarde apenas Serviço de Proteção aos Índios, primeira estrutura de governo responsável pela política indigenista nacional, a FUNAI é vinculada ao Ministério da Justiça. A missão é basicamente a mesma da origem, em 1910, quando a Igreja Católica deixou de ter a hegemonia assistencial e de catequização, e passou a coexistir a tutela estatal.

No dia a dia, ela deve identificar, delimitar, demarcar e fazer a regularização fundiária e o registro das terras tradicionalmente ocupadas, além de promover o desenvolvimento sustentável com ações de valorização étnica, conservação e recuperação ambiental. Apesar das dificuldades operacionais, deve, ainda, proteger povos isolados e recém-contatados.

Você sabia?

Na primeira Constituição Republicana, de 1824, prevaleceu o conceito de sociedade homogênea, sem diversidade étnica e cultural. Coube às Assembleias Provinciais catequizar e agrupar a população em colônias.

O Dia do Índio, 19 de abril, foi criado em 1943 pelo Decreto nº 5.540, do presidente Getúlio Vargas. A data marca o 1º Congresso Indigenista Interamericano, em 1940, no México.

6 de dezembro

Biodiesel, solução no campo e na cidade
2004

Desde janeiro de 2013, ônibus, vans, caminhões, camionetes e qualquer outro tipo de utilitário que trafegam pelas ruas e estradas brasileiras passaram a poluir menos. E sem prejuízo no desempenho do motor.

Essa gigantesca frota de veículos passou a ser abastecida com a mistura B5, o correspondente à adição de 5% de biodiesel no combustível convencional fóssil, o diesel mineral produzido a partir do petróleo bruto. Em 2008, essa obrigatoriedade foi menor, de 2%, mas o crescimento gradativo do percentual pode chegar a 100%, de acordo com a Lei nº 11.097, em vigor desde 2005. Estudos da Environmental Protection Agency (epa), o órgão ambiental dos Estados Unidos, indicam que a substituição reduz em até 57% as emissões de gás carbônico no ar.

A redução gradativa da dependência do petróleo é resultado do Programa Nacional de Produção e Uso de Biodiesel (PNPB), instituído oficialmente pelo governo federal em 6 de dezembro de 2004. A meta é fomentar com sustentabilidade uma fonte reconhecidamente limpa e renovável de energia. E, acima de tudo, barata e com importante retorno social. Entre os fundamentos básicos está o fortalecimento da agricultura familiar, com geração de empregos, aumento da renda e aproveitamento das aptidões regionais pelo estímulo ao cultivo de novas plantas oleaginosas, em especial em áreas que foram consideradas de pouca fertilidade.

Com diferentes peculiaridades regionais de clima e solo, o Brasil tem potencial já comprovado para produzir o "diesel verde" mediante diversas fontes de matéria-prima, entre elas: lavouras de soja, mamona, girassol, palma do dendê, canola, algodão e amendoim, nabo forrageiro, girassol, pinhão-manso, babaçu, além de óleos e gorduras residuais, com diferentes finalidades e tecnologias – craqueamento e transesterificação, por exemplo.

Na mesma data foi lançado o selo Combustível Social, mecanismo para

6 de dezembro

incentivar empresas produtoras de biodiesel a promover a inclusão social. Devidamente identificados, fabricantes que contribuem com a agricultura familiar com a compra direta de quantidades previamente determinadas pelo Ministério do Desenvolvimento Agrário têm a garantia de participar dos maiores lotes para venda do biocombustível em leilões da Agência Nacional de Petróleo, Gás Natural e Biocombustíveis (ANP). Segundo cálculos do governo, na etapa inicial a renda média anual dos agricultores cadastrados ficou em torno dos 5 mil reais por família. Em vários casos, esse valor representa o dobro do que ganhariam antes da implementação do programa.

Paralelamente às diretrizes de sustentabilidade e rentabilidade no campo com redução da poluição urbana, há a garantia de preços competitivos, qualidade e suprimento, com indicadores reais de cumprimento dos objetivos primários e forte tendência de consolidação do combustível natural, 100% brasileiro, nos mercados interno e externo. O processo até parece lento, mas a introdução do biodiesel na matriz energética brasileira é irreversível.

O país que praticamente nada sabia sobre o próprio potencial em tempo curtíssimo ficou entre os quatro maiores produtores do mundo. Quebrou, assim, o paradigma da sociedade dependente do petróleo mineral, fonte esgotável que, de acordo com especialistas internacionais, caminha para a escassez absoluta.

Você sabia?

Quatro leilões de 840 milhões de litros de biodiesel beneficiaram 205 mil famílias de pequenos agricultores.

O biodiesel é alternativa para o transporte urbano, rodoviário, ferroviário e aquaviário, tratores, geradores de energia e motores estacionários.

7 de dezembro

Criação da EMBRAPA, marco da pesquisa agropecuária
1972

No Brasil, o solo é fértil, o braço do trabalhador rural é forte e o clima variado é fundamental para a diversificação das culturas. Porém, sem estudos e desenvolvimento tecnológico, o sistema produtivo de alimentos estaria estagnado. Isso só não acontece por causa dos avanços proporcionados pela Empresa Brasileira de Pesquisa Agropecuária (EMBRAPA) que colocou o Brasil entre as potências mundiais do setor.

A EMBRAPA surgiu na década de 1970, no rasto do trabalho sobre fixação biológica de nitrogênio iniciado vinte anos antes por um grupo de cientistas liderado pela premiada agrônoma Johanna Döbereiner, originária da extinta Checoslováquia, formada na Alemanha e com cidadania brasileira, uma das fundadoras do antigo Centro Nacional de Ensino e Pesquisas Agronômicas do Ministério da Agricultura. Embrião da estrutura que dá sustentação ao atual Centro Nacional de Pesquisa de Agrobiologia, o laboratório se tornou referência no desenvolvimento da agricultura orgânica e pioneiro no uso de inoculantes com rizóbio no cultivo de soja, melhorando a competitividade do produto nacional no mercado externo.

No papel, o nome da EMBRAPA apareceu pela primeira vez em 7 de dezembro de 1972, quando o então presidente da República, general Emílio Garrastazu Médici, sancionou a Lei nº 5.851 e oficializou a criação da empresa do Ministério da Agricultura. Os estatutos foram aprovados em 28 de março do ano seguinte, um mês antes da posse da primeira diretoria. A falta de pessoal técnico especializado em número suficiente para atender as regiões produtivas foi um dos desafios enfrentados na época.

No final de 1973, uma portaria governamental extinguiu o Departamento Nacional de Pesquisa e Experimentação, que até então coordenava os órgãos nacionais de pesquisas nas áreas agrícolas e criação de rebanhos para produção de carne e leite. A EMBRAPA absorveu a estrutura com 92 bases físi-

7 de dezembro

cas, sendo nove sedes de institutos regionais, setenta estações experimentais, onze imóveis e dois centros nacionais. A partir daí, passou a administrar o sistema de pesquisas agropecuárias no âmbito federal.

Em 1974, foram criados os primeiros centros nacionais divididos de acordo com as culturas mais viáveis de cada região. Por exemplo, trigo em Passo Fundo, no Rio Grande do Sul; arroz e feijão em Goiânia; gado de corte em Campo Grande, e seringueira em Manaus. Aos departamentos de diretrizes e métodos, técnico e científico de difusão de tecnologia, de recursos humanos, financeiro e de informação e documentação coube funcionar como elemento de ligação dos executivos às áreas de execução das pesquisas. A atualização estatutária de 1997 manteve o foco na tecnologia, na análise de projetos prioritários e no apoio a pequenos e médios produtores.

Um dos símbolos nacionais dessas pesquisas é a bezerra Vitória, primeiro bovino clonado no Brasil e na América Latina, em 17 de março de 2001. Criada por cientistas da EMBRAPA com a técnica de transferência nuclear de células embrionárias e monitorada por veterinários da Universidade de Brasília, a vaca teve bom desempenho em relação a crescimento e desenvolvimento de acordo com os padrões da raça. Em 2004, pariu o primeiro filhote e, em 2006, o segundo, mostrando-se exemplar perfeito cientificamente. O animal morreu aos dez anos de idade.

Você sabia?

A vaca Vitória, clonada pela EMBRAPA, deixou dois netos nascidos de forma natural.

A estatal viabilizou a modernização da agropecuária, intensificada a partir da década de 1970.

8 de dezembro

Morre o compositor Tom Jobim
1994

Antonio Carlos Brasileiro de Almeida Jobim, ou simplesmente Tom Jobim, é um dos maiores nomes da música brasileira e internacional – e não por acaso. Nascido em pleno verão carioca, em 25 de janeiro de 1927, no bairro da Tijuca, filho do diplomata Jorge de Oliveira Jobim e de Nilza Brasileiro de Almeida, o menino cresceu em meio a parentes seresteiros e à boemia.

Aos oito anos, quando a família já morava em Ipanema, ficou órfão de pai, perda que viveu com ressentimento e tristeza, ficando seu padrasto, Celso Pessoa, encarregado de lhe presentear, mais tarde, com o primeiro piano e se tornar seu grande incentivador. Aos catorze, ele já tocava algumas canções, mas se aprimorou mesmo depois das aulas particulares com o maestro alemão Hans Joachin Koellreutter, introdutor da técnica dodecafônica no Brasil, e depois com Lúcia Branco, Leo Peracchi, Alceu Bocchino e Tomás Teran. Encantado com a obra de Villa-Lobos, ainda na juventude juntou o erudito e o popular para em breve ajudar a criar o movimento da Bossa Nova.

Antes de se decidir profissionalmente pela música, ele cursou a faculdade de arquitetura e chegou a trabalhar em um escritório, no Rio de Janeiro, embora por pouco tempo. Tocou em bares e boates de Copacabana no início dos anos 1950, e, em 1952, foi contratado pela gravadora Continental. Além de fazer arranjos, tinha a função de transcrever para a pauta as melodias de compositores que não dominavam a escrita musical.

Tom Jobim foi destaque do Festival de Bossa Nova do Carnegie Hall, em Nova York, em 1962, compondo no ano seguinte "Garota de Ipanema", em parceria com Vinicius de Moraes, canção que se tornou grande sucesso da música brasileira no exterior.

Nos Estados Unidos, ele fundou a própria gravadora, a Corcovado Music. O sucesso fora do Brasil o levou de volta aos Estados Unidos em 1967, para gravar ao lado de um dos mitos da música mundial: Frank Sinatra.

8 de dezembro

Casado com a paulista Thereza Hermanny, que conheceu na adolescência, a união dos dois aconteceu em 1949. Paulo Jobim, que se tornaria músico como o pai, nasceu no ano seguinte. Em 1957, nasceu Elizabeth, a filha que se tornaria artista plástica e vocalista da Banda Nova, que o acompanhou nos últimos anos de carreira.

Em 1976, já separado de Thereza, Tom conheceu a fotógrafa Ana Beatriz Lontra, à época com dezenove anos, com quem saiu em lua de mel em 1978 e se casou oficialmente uma década depois. Com ela teve dois filhos, João Francisco, em 1979, e Maria Luiza Helena, em 1987. Ana também participou do coro feminino da Banda Nova, e, em 1988, lançou o livro *Ensaio poético*, de fotos do artista. Compositor, arranjador, instrumentista e cantor, Tom Jobim trabalhou até o fim da vida. O último álbum, *Antônio Brasileiro*, foi lançado pouco tempo antes de ele morrer, em 8 de dezembro de 1994, no hospital Mount Sinai, em Nova York. No mesmo ano, fez o último show, em Jerusalém, Israel.

Imortalizado por uma discografia que contém uma infinidade de clássicos da Música Popular Brasileira, incluindo samba e jazz, ele foi homenageado em 2014 com estátua em tamanho real, na orla de Ipanema, próximo à praia do Arpoador. O evento organizado na passagem dos vinte anos de sua morte teve participação especial do sexteto Terra Brasilis, convidado pela família do músico. O seu corpo está sepultado no cemitério São João Batista.

Você sabia?

"Tereza da praia", em parceria com Billy Blanco e gravada em 1954 por Lúcio Alves e Dick Farney, na Continental, foi seu primeiro sucesso.

Em 1958, o disco *Canção do amor demais*, em parceria com Vinicius e interpretação de Elizeth Cardoso, teve ao violão um baiano até então desconhecido: João Gilberto.

9 de dezembro

Central do Brasil é premiado no exterior
1998

Lançado no país em abril de 1998, três meses depois da estreia internacional, na mostra regional na Suíça, e da apresentação no festival de Sundance, nos Estados Unidos, o longa-metragem *Central do Brasil* não demorou até se transformar em um dos filmes mais elogiados pela crítica e o mais premiado do cinema brasileiro.

O roteiro assinado pela dupla Marcos Bernstein e João Emanuel Carneiro, baseado em história do diretor Walter Salles inspirada em *Alice nas Cidades*, de Wim Wenders, é estrelado pela diva Fernanda Montenegro, primeira brasileira indicada ao Oscar de melhor atriz, no papel de Dora, e por Vinícius de Oliveira, o menino Josué, além da interpretação também muito elogiada de outra veterana da dramaturgia nacional, Marília Pêra, a Irene. A consagração ocorreu no final daquele mesmo ano, em 9 de dezembro, com a conquista do National Board of Review, em Nova York.

O reconhecimento veio com a premiação em duas categorias – melhor atriz, obviamente para Fernanda Montenegro, e melhor filme estrangeiro, o primeiro prêmio de destaque internacional da carreira do diretor Walter Salles. Fundado em 1909 em Nova York, entre os anos de 1916 e 1950, o National Board of Review funcionou como órgão de censura e regulação do conteúdo de cinema dos Estados Unidos, e desde 1932 premia os melhores da indústria cinematográfica.

Indicado também ao Oscar de melhor filme, *Central do Brasil* ganhou o Urso de Ouro do Festival de Berlim; o Globo de Ouro de melhor produção em língua estrangeira; melhor filme de língua não inglesa da British Academy of Film and Television Arts (BAFTA); melhor filme estrangeiro no Satellite Awards. Fernanda Montenegro ficou com o Urso de Prata como melhor atriz, além do prêmio da Los Angeles Film Critics Association Award.

Com produção compartilhada entre Brasil e França, o filme de Walter

9 de dezembro

Salles foi escolhido pelo Ministério da Cultura do governo francês e recebeu recursos do Fonds Sud Cinéma para financiamento. Foram nove semanas de filmagens, com locações no Rio de Janeiro, na Bahia, em Pernambuco e no Ceará. O filme foi incluído em novembro de 2015 na lista dos cem melhores filmes nacionais de todos os tempos da Associação Brasileira de Críticos de Cinema (ABRACCINE).

A produção conta a história emocionante da amizade entre uma mulher solitária, em busca de uma segunda chance de ser feliz no Rio de Janeiro, e um garoto que precisa reencontrar suas raízes, no Nordeste do Brasil. Dora é uma aposentada que faz bicos na Central do Brasil, onde escreve cartas para pessoas analfabetas, geralmente retirantes que foram tentar a sobrevivência no Rio de Janeiro e mandam notícias a parentes e amigos. Uma das clientes, Ana (Soia Lira), aparece com o filho Josué, de nove anos, e pede para Dora escrever ao marido que o menino quer visitá-lo no Nordeste. Ao sair da estação, Ana morre atropelada por um ônibus e Josué, sem ter para onde ir, passa a morar ali mesmo.

Passados alguns encontros e desencontros, inclusive com ameaças à vida dela e do garoto, Dora decide viajar com Josué à procura do pai. Na viagem pelo sertão do Brasil, superam obstáculos, fazem descobertas e revelam a realidade dos que migram pelo país em busca da subsistência ou para reencontrar os que ficaram para trás.

Você sabia?

O elenco foi completado por Othon Bastos, o César; Matheus Nachtergaele, Isaías; Caio Junqueira, Moisés; Otávio Augusto, Pedrão; e Stella Freitas, Iolanda.

Na disputa do Oscar de melhor atriz, em 1999, Fernanda Montenegro perdeu para a jovem Gwyneth Paltrow, de *Shakespeare apaixonado*, sucesso de bilheteria no mundo todo.

10 de dezembro

Secundaristas ocupam escolas públicas
2015

Durante a mobilização nacional dos estudantes secundaristas em defesa da educação pública de qualidade, adolescentes brasileiros, alguns ainda com traços infantis, deram uma verdadeira aula de maturidade, democracia e coragem. Para a maioria dos pais, foi como vislumbrar a esperança em um Brasil melhor, embora esse sentimento tenha se manifestado em meio a uma mistura de nostalgia, orgulho e medo.

As manifestações intensificadas a partir de outubro de 2015, com passeatas nas ruas e dois meses de ocupação das escolas de São Paulo contra o projeto de reorganização do ensino médio do então governador Geraldo Alckmin (PSDB), foram marcadas por momentos de preocupação, apesar do inspirador exercício de cidadania.

Um desses momentos mais tensos aconteceu em 10 de dezembro, dia de fazer o rescaldo da truculência generalizada do Estado, para conferir o número de feridos e detidos depois que agentes de segurança usaram da força contra os estudantes. Foi também um dia de reavaliar a estratégia para a retomada da luta.

Imagens de meninas indefesas cara a cara com policiais militares protegidos atrás de coletes à prova de balas, escudos de aço e armados para a guerra foram estampadas nas capas dos principais jornais. Publicadas em redes sociais e sites de notícias, as fotografias também circularam mundo afora, mostrando violentas agressões, abusos de autoridade e uso excessivo da força, com intensa utilização de bombas de gás lacrimogênio e spray de pimenta para dispersar a multidão juvenil.

A reforma educacional do governo de Geraldo Alckmin, combatida pela comunidade escolar, abrangeria 3,75 milhões de alunos e previa o fechamento de 94 unidades da rede estadual, além do encerramento dos ciclos de atividades em outras 754 dos níveis fundamental ou médio.

10 de dezembro

Ainda no final de 2015, estudantes permaneceram ocupando pacificamente as escolas, para impedir planos de fechamentos em diversas capitais brasileiras. A reestruturação de ensino na rede estadual previa que cada unidade passasse a oferecer aulas apenas para um ciclo de ensino, de acordo com a faixa etária, o que deixaria vagos e disponíveis dezenas de prédios da educação. Um dos resultados disso se refletiria em salas de aulas superlotadas.

Na esteira das manifestações de São Paulo, a União Brasileira dos Estudantes Secundarista (UBES) direcionou a mobilização para combater a Proposta de Emenda Constitucional (PEC) 241, contra a medida provisória da reforma do ensino médio e contra o projeto de lei Escola Sem Partido. Cerca de cem unidades da rede estadual, colégios de aplicação e institutos federais foram ocupados em todo o Brasil. Apresentada pelo presidente da República Michel Temer (PMDB), a proposta limitou o teto de gastos públicos em saúde, educação, segurança e infraestrutura por vinte anos.

De acordo com o Ministério da Educação, a reforma, assim que implementada, tornará obrigatórias apenas quatro disciplinas, entre elas português e matemática, aumentará o número de escolas em período integral e oferecerá formação voltada aos interesses específicos dos alunos, que poderão optar por uma das cinco áreas: ciências humanas, ciências da natureza, linguagens, matemática e formação técnica profissional. As polêmicas envolveram artes, educação física, sociologia e filosofia, que passaram a ser optativas e, segundo críticos, ao não fazerem parte obrigatoriamente do currículo escolar, afetarão a formação humanística dos futuros cidadãos.

Você sabia?

Secundaristas da rede pública de São Paulo denunciaram a repressão policial que sofreram à Comissão Interamericana de Direitos Humanos da Organização dos Estados Americanos (OEA).

11 de dezembro

Estreia do Show Opinião
1964

Óperas são espécie de obras teatrais que tem a música como principal característica, com diálogos cantados e intercalados de textos empostados por artistas de grande capacidade vocal, os quais se fazem acompanhar por orquestras. Diferenças e semelhanças à parte, essa definição se encaixa bem ao show Opinião, escrito por Armando Costa, Paulo Pontes e Oduvaldo Vianna Filho, o Vianinha, com direção de Augusto Boal, produzido pelo Teatro de Arena e o Centro Popular de Cultura, da União Nacional dos Estudantes (UNE), espetáculo que estreou em 11 de dezembro de 1964.

No mesmo ano do golpe que instaurou a ditadura militar que durou 21 anos, a partir de 31 de março, dia em que a sede da UNE foi incendiada e a entidade colocada na ilegalidade, o Show Opinião levou ao palco três vozes de origens e tonalidades distintas, as quais não tinham as peculiaridades de tenores, sopranos e árias, mas, sim, a força para compor com o público um protesto cantado a várias vozes. E assim aconteceu: entoado por diferentes pessoas e ao ritmo do mais puro samba de raiz, o show virou um grande manifesto artístico contra a situação social e política do Brasil.

O elenco era formado por Zé Keti, sambista carioca nascido no distrito de Inhaúma, Zona Norte da cidade, malandro escolado de tanto vagar pelos morros e asfalto, o mais legítimo representante dos favelados perseguidos pela polícia e pelos militares; por João do Vale, preto velho nordestino, nascido na pobre Pedreiras, cidadezinha do Maranhão, que encarou com dignidade os quatro empregos que lhe garantiram a sobrevivência antes de dar certo na música, no Rio de Janeiro, e que era outro a estar na mira dos homens do regime militar. E, para completar, a doçura de Nara Leão, a queridinha da bossa nova, a voz feminina mais popular dos movimentos musicais das décadas de 1950 e 60, a garota de Copacabana, da Zona Sul carioca, oriunda da parcela da classe média contrária à ditadura e à censura impostas pelos generais.

11 de dezembro

Apelidada de musa do protesto, Nara foi hostilizada por antigos parceiros, teve problemas de saúde e acabou substituída pela baiana Maria Bethânia, em início de carreira, cujo talento impressionou ao cantar "Carcará", de João do Vale e José Cândido.

Foram 24 músicas em 47 minutos de show, composições também de Sérgio Ricardo, Edu Lobo e Carlos Lyra, com grande público no shopping center Copacabana, sede do Teatro de Arena no Rio de Janeiro. Referência entre os movimentos contrários à ditadura dos militares, e um dos mais importantes da música popular brasileira, o Show Opinião deu origem a álbum com o mesmo nome, lançado em 1965.

No palco, os três cantadores se revezavam entre canções e narrações que abordavam a problemática social daquele momento, com críticas à política brasileira, aos militares e aos políticos que apoiavam a ditadura. E sem deixarem de lado, obviamente, o bom humor, com sátiras e diálogos que faziam referências a personalidades da cultura brasileira, entre eles João Cabral de Melo Neto e Glauber Rocha.

Nas primeiras semanas foram mais de 25 mil espectadores no Rio de Janeiro, público que superou os 100 mil nas apresentações em São Paulo e Porto Alegre. O modelo se propagou pelo Brasil, como nos espetáculos *Liberdade, liberdade* e *Arena conta Zumbi*, embora às vezes de forma velada para evitar a truculência da ditadura.

Você sabia?

O Show Opinião teve origem no teatro de rua do CPC/UNE, baseado na forma de agitação e propaganda surgida na Rússia pós-Revolução de 1917.

Ficou em cartaz no Teatro de Arena, no shopping center Copacabana, pertencente a Arnon de Mello, que apoiava o golpe, pai do ex-presidente Fernando Collor.

12 de dezembro

Nasce Silvio Santos
1930

Ele não foi o único a ficar rico, mas é o mais famoso camelô a erguer um conglomerado de empresas, entre elas uma rede nacional de televisão, tendo amealhado fortuna avaliada em 1,1 bilhão de dólares. O apresentador e empresário Silvio Santos, cujo nome de batismo é Senor Abravanel, em homenagem ao avô paterno, nasceu em 12 de dezembro de 1930 em uma casa simples da Lapa, no Rio de janeiro.

Primogênito de Alberto, imigrante da Tessalônica, antigo Império Otomano, hoje Grécia, e de Rebeca, judia da Esmirna, atual Turquia, teve cinco irmãos, mas só ele ficou milionário. Na infância, fez o primário na escola Celestino da Silva e se formou em contabilidade na Escola Técnica de Comércio Amaro Cavalcanti. Bom de matemática, começou a lida vendendo quinquilharias herdadas dos pais.

Aos catorze anos, já como camelô, aproveitou o momento de redemocratização pós-ditadura do Estado Novo, de Getúlio Vargas, e somou os primeiros trocados com a venda de capas plásticas para títulos de eleitor. Costumava trabalhar na avenida Rio Branco, onde o vozeirão impressionou um dos fiscais da prefeitura, que lhe deu um cartão da rádio Guanabara. Foi contratado como locutor, mas, como o salário na emissora era baixo, ficou pouco tempo e voltou para as ruas.

Com grande habilidade para vendas, ele garantia a féria nos 45 minutos de intervalo do almoço dos fiscais, mas não ficava ocioso no restante do dia. Silvio serviu um ano no Batalhão de Paraquedistas, mas percebeu que não ficaria rico no Exército. Queria mais e acabou contratado pela rádio Continental, de Niterói. Para animar o retorno na última barca do trajeto Rio-Niterói, e assim juntar mais dinheiro, ele montou no convés um sistema de alto-falante, com bingo e dançarinas que iam trabalhar nas boates do Rio.

Já em São Paulo, montou um circo com três espetáculos noturnos. De tanto falar, Silvio ficava com as bochechas avermelhadas. As caravanas do

12 de dezembro

"Peru falante", como passou a ser chamado, ficaram famosas na periferia da capital e em cidades do interior paulista. Transferiu-se para a televisão em 1962, e estreou o primeiro programa, *Vamos brincar de forca*, na TV Paulista, mais tarde incorporada à Rede Globo.

Manteve-se na emissora como um programa independente, negociando a publicidade do espaço alugado. Em 1972, José Bonifácio de Oliveira Sobrinho, o Boni, e Walter Clark remodelaram a grade da Globo e investiram em esportes, jornalismo e telenovelas, vetando Silvio Santos. Para os executivos, ele destoava da programação sofisticada, mas ficou mais quatro anos, bancado pelo próprio Roberto Marinho, dono da emissora, com contrato de exclusividade até 1976.

Amigo dos generais no governo de Ernesto Geisel, Silvio Santos ganhou outorga do canal 11, do Rio de Janeiro, e passou a fazer o programa em cadeia nacional pela Tupi, falida em 1980. Foi sócio de Paulo Machado de Carvalho na Record, mais tarde vendida a Edir Macedo, bispo da Igreja Universal. Em 1981, o presidente João Figueiredo lhe concedeu licença para operar o canal 4, em São Paulo, a TVS, início do Sistema Brasileiro de Televisão (SBT).

Em 1987, Silvio teve suspeita de câncer de garganta, ficou algumas semanas sem gravar o programa, substituído por Gugu Liberato. Na política, em 1989, sua candidatura à Presidência da República pelo nanico PMB foi considerada ilegal e cassada.

Você sabia?

Com Maria Aparecida Vieira, Sílvio teve a primeira filha, Cíntia, e adotou Silvia. Casou-se de novo em 1978, com Íris Pássaro, mãe de Daniela, Rebeca, Renata e Patrícia, sucessora nos negócios da família.

Em 2013, negou a venda do horário da madrugada à Igreja Universal, por princípios religiosos, e ressaltou que o SBT é uma emissora judaica.

13 de dezembro

Senado aprova a PEC 55
2016

De nada adiantaram as manifestações contrárias da oposição nas comissões e em plenário, tampouco os protestos da população nas ruas, onde chegaram a ocorrer confrontos violentos com a Polícia Militar. Com ampla maioria, as bancadas governistas no Congresso Nacional aprovaram, em 2016, a Proposta de Emenda Constitucional que estabelece limites para os gastos públicos por vinte anos, ou seja, até 2036.

O cronograma de tramitação reservou algumas datas estratégicas para apressar a votação da polêmica proposta apresentada em junho pelo governo de Michel Temer (PMDB), como uma das medidas de impacto para reequilibrar as contas públicas, ao lado da reforma na Previdência Social. Ainda sob a denominação PEC 241, passou primeiramente pela Câmara Federal, em sessão de 25 de outubro, com aval de 359 deputados, 116 votos contra e duas abstenções. Na sequência foi entregue pelo presidente da Casa, Rodrigo Maia (DEM-RJ), ao presidente do Senado, Renan Calheiros (PMDB-AL), onde recebeu nova denominação e virou a PEC 55, sem qualquer mudança de conteúdo.

Na Comissão de Constituição e Justiça, o relator escolhido foi o cearense Eunício Oliveira, líder peemedebista, nome sugerido pelo próprio Renan Calheiros. No plenário do Senado, a votação em primeiro turno começou em 29 de novembro e foi concluída nas primeiras horas do outro dia, com fácil vitória governista. Foram 61 votos a favor e apenas 14 contra, apesar de todas as pesquisas de opinião pública realizadas antes demonstrarem o descontentamento da população diante da proposta do governo Temer.

A maior preocupação se aplicava ao corte de recursos e o consequente agravamento da crise na saúde e na educação. A segunda e decisiva votação ocorreu em 13 de dezembro de 2016, terça-feira, em sessão tumultuada dentro da casa legislativa, com aprovação por 53 a 16, placar inferior ao registrado anteriormente, mas dentro do limite determinado pelo regimento interno

13 de dezembro

em caso de propostas para mudança constitucional, três quintos, ou seja, 49 dos 81 parlamentares. A promulgação ocorreu dois dias depois.

De acordo com a PEC, até 2036 os gastos da União (Executivo, Legislativo e Judiciário) só poderão crescer conforme a inflação do ano anterior, estipulada em 7,2% em 2017. O teto corresponderá ao limite do ano anterior corrigido pelo Índice Nacional de Preços ao Consumidor Amplo, mas, se qualquer um dos poderes desrespeitar, sofrerá sanções no ano seguinte, como a proibição de realizar concursos públicos ou conceder reajustes ao funcionalismo. Está prevista, também, a compensação em caso de superação dos gastos estabelecidos, e que despesas com saúde e educação passem a ser enquadradas a partir de 2018.

Na saúde, os investimentos mínimos passaram de 13,7% para 15% da receita corrente líquida, o que corresponde à soma dos impostos com desconto das transferências previstas na Constituição Federal. Foram excluídos transferências constitucionais aos estados e municípios e ao Distrito Federal, os créditos extraordinários, as complementações do Fundo de Manutenção e Desenvolvimento da Educação Básica e de Valorização dos Profissionais de Educação. A regra vale para gastos da Justiça Eleitoral com eleições e despesas de capitalização de estatais não dependentes. Só a partir do décimo ano o presidente da República poderá encaminhar projeto de lei ao Congresso para mudar a base de cálculo.

Você sabia?

Pesquisa do Datafolha divulgada no dia da votação final apontou 60% dos entrevistados contra a proposta e 24% a favor.

A Polícia Militar do Distrito Federal usou bombas de gás para reprimir com violência a manifestação contra as medidas do presidente Michel Temer.

14 de dezembro

Identificado fóssil de dinossauro gaúcho
2006

O *Pampadromaeus barberenai*, o corredor dos pampas, batizado assim em homenagem ao pesquisador e paleontólogo Mario Costa Barberena, um dos fundadores do Programa de Pós-Graduação em Paleontologia do Instituto de Geociências da Universidade Federal do Rio Grande do Sul, é um dos mais antigos ancestrais dos dinossauros que habitaram o Brasil. E eles tinham inegável predileção pela região central das pradarias gaúchas.

Bípede e onívoro, alimentava-se de vegetais, insetos e pequenos animais de carne macia, media cinquenta centímetros de altura, 1,50 metro de comprimento e pesava de doze a quinze quilos. Pertencente ao extinto gênero sauropodomorfo, teria vivido no período Triássico, onde atualmente é a cidade de Agudo, de colonização tipicamente alemã e economia baseada na agricultura.

A descoberta da espécie anunciada em 2006 por pesquisadores da Universidade Luterana do Brasil (ULBRA), em Canoas, é considerada uma das mais importantes para a ciência internacional. O esqueleto fossilizado, com cerca de 228 milhões de anos, foi encontrado em 2004 incrustado em um arenito de 220 gramas, em meio a rochas sedimentares da formação Santa Maria que afloram em um pequeno açude, nas cercanias de Agudo. Foi coletado pelo paleontólogo Sergio Furtado Cabreira.

Durante os dois anos seguintes, o fóssil foi sendo preparado para a primeira aparição pública, o que ocorreu somente em 14 de dezembro de 2006. Nessa data, o pequeno dinossauro foi tombado pelo Museu de Ciências Naturais da Universidade, catalogado como ULBRA-PVT016, e divulgado mundialmente.

O passo seguinte dos pesquisadores foi a conclusão dos estudos sobre as características específicas da espécie para descrição e divulgação de artigos em publicação científica de paleontologia, o que ocorreu em novembro

14 de dezembro

de 2011, na revista alemã *Naturwissenschaften*. Também chamou a atenção dos cientistas brasileiros o fato de o esqueleto do *Pampadromaeus barberenai* ser um dos mais bem conservados fósseis de dinossauros encontrados até então em todo o mundo. Ossos e dentes aparentemente conservados são objeto de estudo da equipe de paleontólogos brasileiros criada especialmente para analisar, classificar e publicar os resultados aí obtidos.

Coordenado pelo professor Sergio Cabreira, o trabalho é realizado pelos pesquisadores Cesar Leandro Schultz e Marina Bento Soares, da UFRGS; Max Cardoso Langer e Jonathas Bittencourt, da Universidade de São Paulo; Daniel Fortier, da Universidade Federal de Minas Gerais, e pelo biólogo Lúcio Roberto da Silva, da Ulbra. Reconhecido como um dos mais importantes fósseis no estudo da origem dos dinossauros, o pequeno *Pampadromaeus barberenai* seria um dos mais antigos membros da linhagem de pescoço longo, a exemplo dos titanossauros, comuns no período Cretáceo, a correr pelas planícies do Sul do Brasil.

A região central do Rio Grande do Sul concentra grande número de pequenos afloramentos fossilíferos formados entre 200 milhões e 250 milhões de anos, e tornou-se referência internacional pelos importantes achados de vestígios de dinossauros e de diversos outros grupos de vertebrados. Trata-se da rota paleontológica, preservada para o desenvolvimento científico e do turismo regional nos municípios de Agudo, Faxinal do Soturno, Dona Francisca e São João do Polêsine.

Você sabia?

Fósseis de répteis e outros ancestrais ajudam a encontrar respostas para a origem de mamíferos, dinossauros e aves.

O *Pampadromaeus* corresponde ao esqueleto desarticulado de um indivíduo, o que viabilizou a reconstituição completa.

15 de dezembro

Nasce Oscar Niemeyer, o mais importante arquiteto brasileiro
1907

Ao longo de 104 anos de vida, Oscar Niemeyer pôde acompanhar todos os eventos-chave do século XX e ainda o alvorecer dos anos 2000. Mas não se limitou ao papel de testemunha: em todo esse período, o futuro arquiteto nascido em 15 de dezembro de 1907, no Rio de Janeiro, foi também protagonista do seu tempo, ao projetar e construir um dos legados mais reconhecidos da arquitetura mundial.

Entre os célebres edifícios que idealizou, no Brasil e em países como Estados Unidos, França, Itália, Argélia e Israel, estão a praça dos Três Poderes e os palácios da Alvorada e do Planalto, em Brasília; a Marquês de Sapucaí, no Rio de Janeiro; a sede da Organização das Nações Unidas, em Nova York; a igreja de São Francisco de Assis, em Belo Horizonte; o Copan e o Parque do Ibirapuera, em São Paulo, e o Museu Oscar Niemeyer, em Curitiba. Dois deles – Brasília e o Conjunto Arquitetônico da Pampulha – são reconhecidos como Patrimônios da Humanidade pela UNESCO.

Oscar Niemeyer formou-se em 1934 pela Escola Nacional de Belas Artes, no Rio de Janeiro. No início da carreira, associou-se a outro grande arquiteto brasileiro, Lucio Costa (1902-1998), com quem dividiu vários trabalhos urbanísticos ao longo dos anos. O contato com Juscelino Kubitschek valeu a Niemeyer o convite para tocar dois de seus projetos mais consagrados: o Conjunto da Pampulha, na década de 1940, quando JK era prefeito de Belo Horizonte; e a construção de Brasília, nos anos 1950, quando presidente da República. No segundo, projetou diversos edifícios dentro do plano piloto elaborado por Lucio Costa.

Considerado um dos maiores arquitetos do século XX, influenciado pelo franco-suíço Le Corbusier e dono de um estilo moderno a valorizar curvas livres em seus traçados, Niemeyer foi o primeiro brasileiro a vencer – em 1988 – o prêmio Pritzker, "o Nobel da arquitetura". Além de várias outras

15 de dezembro

condecorações, sua obra foi continuamente transposta para dezenas de livros e exposições.

Aliada à sua atuação profissional, Niemeyer levou uma vida de intensa atividade política, tendo ingressado no Partido Comunista Brasileiro (PCB) em 1945. Por causa disso, no ano seguinte, não pôde entrar nos Estados Unidos, quando convidado a ministrar curso na Universidade de Yale. Mas logo obteve o visto: ganhou por unanimidade, em 1947, concurso para a construção da sede da ONU em Nova York. Anos depois, desligou-se da Academia Americana de Artes e Ciências em protesto contra a Guerra do Vietnã.

O arquiteto passou boa parte da ditadura militar brasileira (1964-1985) no exílio, em Paris, voltando ao Brasil no início dos anos 1980. Em 1965, demitiu-se da Universidade de Brasília, com mais de duzentos professores, em protesto contra as intervenções militares na instituição. Saiu do PCB em 1990; por volta dessa época, foi um dos que ajudaram financeiramente Luís Carlos Prestes, o histórico líder comunista, que dispunha de poucos recursos na velhice.

Casou-se com Annita Baldo, sua esposa quase a vida toda, em 1928. Teve apenas uma filha, Anna Maria, mas muitos netos, bisnetos e tataranetos. Entrou no século XXI ativo, lúcido, projetando e desenhando. Morreu no Rio de Janeiro, em 5 de dezembro de 2012, dez dias antes de completar 105 anos.

Você sabia?

"Niemeyer e eu somos os últimos comunistas deste planeta", disse uma vez Fidel Castro a respeito do amigo arquiteto, que dizia que "enquanto existir miséria e opressão, ser comunista é a solução".

Em 2006, outro brasileiro venceria o Pritzker: o capixaba Paulo Mendes da Rocha, que projetou, entre outros, a marquise da praça do Patriarca e o Museu da Língua Portuguesa, em São Paulo.

16 de dezembro

Começa a circular *Semana Ilustrada*
1860

Eram apenas oito páginas, quatro de textos e quatro de ilustrações e charges, o que bastou para se tornar a mais importante inovação na imprensa brasileira na segunda metade do século XIX, já sob o segundo reinado de Portugal, de dom Pedro II.

Conteúdo crítico, inovação gráfica e suposta autonomia editorial foram as principais características da *Semana Ilustrada*, revista fundada pelo imigrante alemão Henrique Fleiuss, que, curiosamente, não era jornalista, mas gráfico e artista plástico talentoso, e teve entre redatores e colaboradores personalidades ilustres da cultura nacional, a exemplo do escritor Machado de Assis.

A revista circulou aos domingos, desde 16 de dezembro de 1860, com distribuição dirigida a assinantes e parte da tiragem destinada à venda avulsa. A última edição foi impressa em abril de 1876 envolta em grave crise financeira, falência satirizada pelos concorrentes que criticavam a fidelidade assumida ao imperador durante os dezesseis anos de publicação.

A *Semana Ilustrada* foi resultado do impulso aventureiro e empreendedor de seu criador Fleiuss, influenciado pelo compatriota e naturalista Carl Friedrich Philipp von Martius, que assinou a carta de recomendação dele ao imperador brasileiro. O alemão chegou ao Brasil em 1859 e peregrinou pelo Norte do país antes de se estabelecer no Rio de Janeiro, onde, em sociedade com o irmão Carlos Fleiuss e com o pintor Carlos Linde, fundaram a empresa gráfica Fleiuss, Irmão & Linde, com sede na rua Direita, nº 49, a atual 1º de Março.

A revista foi diagramada em formato pequeno, 24 cm × 17,5 cm, menor do que os tabloides, e até a edição de número 10 foi ilustrada e litografada quase que exclusivamente pelo próprio fundador, com colaboração do artista português Rafael Bordalo Pinheiro e do desenhista Angelo Agostini, italiano, considerado também um dos fundadores da mais importante publicação brasileira no período do Segundo Império, mas que se tornou um de

16 de dezembro

seus críticos ferrenhos e concorrentes. Nessa fase, eram publicadas caricaturas de H. Aranha, Aristides Seelinger, Ernesto Augusto de Sousa e Silva, o Flumen Júnior, Pinheiro Guimarães e Aurélio de Figueiredo.

Além das caricaturas e charges de grande criatividade e da qualidade litográfica da revista, os textos eram primorosos. Ali eram publicados artigos de jornalistas, articulistas, escritores e ficcionistas do gabarito de Quintino Bocaiúva, Joaquim Nabuco, Joaquim Manuel de Macedo, Bernardo Guimarães e Ernesto Cybrão, que usava o pseudônimo Boileau Mirim, entre outros.

Foi em sua última fase, nos anos do apogeu, que ela teve um de seus colaboradores mais ilustres, Machado de Assis, que eventualmente escrevia protegido pela alcunha do personagem-símbolo do periódico, o "Doutor Semana". Sob o lema *ridendo castigat mores*, ou "rindo, corrige os costumes", a *Semana Ilustrada* ressaltava na primeira página as figuras do "Doutor Semana" e do "Moleque", personagens que interagiam com o público por meio de comentários maliciosos sobre os assuntos em evidência na corte.

Você sabia?

Pautas que ainda hoje são comuns nos jornais, como a crescente violência no Rio de Janeiro, a crise econômica – embora lá fosse a crise do café –, a baixa do câmbio e os juros altos, eram temas abordados na *Semana Ilustrada* com muitas caricaturas e charges.

Inspirada em publicação francesa, a *Semana Ilustrada* denunciou problemas sociais e abriu espaço para a boa literatura do Segundo Império do Brasil.

17 de dezembro

Base militar dos Estados Unidos é consolidada em Fernando de Noronha
1956

Avistado pela primeira vez por expedições portuguesas no começo do século XVI e disputado por exploradores espanhóis e holandeses que também navegaram na costa nordestina no período da colonização, o arquipélago de Fernando de Noronha é mais do que o paraíso de turistas e pesquisadores que desvendam os segredos do fundo do mar.

Antes de ser transformado em destino de milhares de visitantes do mundo todo, o santuário ecológico localizado no Oceano Atlântico foi transformado em posto estratégico compartilhado pelos exércitos do Brasil e dos Estados Unidos. A ocupação militar iniciada em setembro de 1942, na gestão de Getúlio Vargas, com a construção do aeroporto utilizado pela Força Aérea daquele país na rota Natal-Dakar, uma estrutura devolvida ao governo brasileiro ao fim da Segunda Guerra Mundial, foi consolidada em 17 de dezembro de 1956 pelo então presidente Juscelino Kubitschek.

Naquele dia, foi formalizada a parceria para construção da base militar dos Estados Unidos em uma das extremidades isoladas de Fernando de Noronha, o que mudou a rotina da pequena população da ilha. O contrato avalizou a movimentação observada já no fim de novembro, com a chegada de navios, dois deles de grande porte, transporte de material por helicóptero e desembarque de cerca de 150 soldados daquele país e outros 250 brasileiros envolvidos na obra.

O acordo permitiu a permanência das tropas norte-americanas por cinco anos, com renovação pelo mesmo prazo para monitoramento dos mísseis teleguiados lançados do cabo Canaveral, na Flórida. Em troca, o Brasil recebeu equipamentos avaliados em 100 milhões de dólares e colaboração tecnológica e de pessoal para o desenvolvimento de sistema de comunicação instalado no

17 de dezembro

morro do Francês, ponto de recepção e transmissão de rádio no território. Segundo o governo brasileiro, a base militar foi desativada em janeiro de 1959 e repassada à administração nacional.

Em operação no mesmo lugar da antiga base militar dos Estados Unidos, mas devidamente remodelado, o aeroporto de Fernando de Noronha, na atualidade, é servido por voos diários do Recife, a capital pernambucana, e de Natal, a capital do Rio Grande do Norte.

Em 14 de outubro de 1988, campanha liderada pelo ambientalista José Truda Palazzo Júnior culminou com a classificação de 70% do arquipélago como parque nacional, com cerca de 11.270 hectares para a proteção das espécies endêmicas lá existentes e da área de concentração dos golfinhos rotadores (*Stenella longirostris*), que se reúnem diariamente em lugar de observação considerado o mais regular da espécie em todo o planeta, e também para a preservação de todos os ecossistemas terrestres e marítimos.

Em 5 de outubro do mesmo ano, o território federal foi dissolvido e adicionado ao estado de Pernambuco, exceto a área do atol das Rocas, adicionada ao Rio Grande do Norte. Em 2001, Fernando de Noronha foi declarado Patrimônio Natural da Humanidade pela Organização das Nações Unidas para a Educação, a Ciência e a Cultura (UNESCO).

Você sabia?

Uma prisão ali construída no fim do século XVIII foi desativada pelo presidente Juscelino Kubitschek em 1957, quando entrou em operação a base militar erguida pelos Estados Unidos um ano antes. Hoje, o centro comercial de Fernando de Noronha é o núcleo urbano de Vila dos Remédios, enquanto a gestão do parque nacional é do Instituto Chico Mendes de Conservação da Biodiversidade (ICMBIO).

Para os militares dos Estados Unidos, o arquipélago de Fernando de Noronha ainda é importante posto de observação por sua localização estratégica entre a América do Sul e a África, no Oceano Atlântico.

18 de dezembro

Nasce o cientista Adolfo Lutz
1855

A febre amarela, que no final da segunda década do século XXI fez vítimas em São Paulo, a maior metrópole da América Latina, e em outras importantes cidades das regiões Sudeste, Nordeste e Norte, é a mesma que abreviou a infância de Adolfo Lutz no Rio de Janeiro, onde nasceu em 18 de dezembro de 1855. Ele tinha apenas dois anos quando os pais, os imigrantes Gustav Lutz e Matihild Oberteuffer, assustados com as mortes causadas pela doença e pela epidemia de cólera na então insalubre capital da República brasileira, decidiram fazer o caminho de volta para a Suíça.

O menino cresceu na cidade de origem do avô paterno, Friedrich Bernard Jacob Lutz, que durante vinte anos chefiou o serviço médico do Exército da Confederação Helvética. E nele se inspirou profissionalmente. Estudou medicina na Universidade de Berna, concluiu o curso de graduação em 1879, fez especialização em Londres, Paris e Viena, ao lado de Joseph Lister e Louis Pasteur, antes de voltar ao Brasil, em 1881.

Atuou inicialmente como clínico geral na cidade paulista de Limeira, até regressar à Europa para novas especializações. Em Hamburgo, na Alemanha, pesquisou a morfologia de micro-organismos relacionados a doenças dermatológicas, cinco anos antes de viajar a São Paulo para se tornar pioneiro em pesquisas sobre doenças endêmicas e epidêmicas e precursor da medicina tropical. No ano seguinte, já especializado em hanseníase, saiu novamente do Brasil para trabalhar no Havaí, onde assumiu a direção do hospital Kalihi, leprosário localizado na ilha de Molocai. Lá, permaneceu até 1891.

Em 1892, o médico infectologista voltou em definitivo ao Brasil e foi nomeado para a direção do Instituto de Bacteriologia, mais tarde renomeado Instituto Adolfo Lutz em sua homenagem.

Ele participou de expedições na região do rio São Francisco, subiu ao Nordeste e desceu ao Sul do país para realizar importantes pesquisas sobre doenças comuns naquela época, entre elas hanseníase, esquistossomose, fe-

18 de dezembro

bre tifoide e leishmaniose. Adolfo Lutz foi, também, o responsável pela identificação do mosquito *Aedes aegypti*, principal agente transmissor da malária e da dengue. Foi ele quem criou a zoologia médica no Brasil, além de ter sido um dos primeiros cientistas brasileiros a compreender a forma de contágio e de prevenção da febre amarela, a mesma que causou milhares de mortes na infância dele em pleno Rio de Janeiro do século XIX, e que na atualidade continua a se alastrar Brasil afora, apesar dos avanços científicos e da descoberta vacinal.

A convite de Osvaldo Cruz, outro pioneiro da medicina preventiva brasileira, Adolfo Lutz trabalhou durante 32 anos na chefia do Instituto de Manguinhos, no Rio de Janeiro, e deixou publicados inúmeros trabalhos sobre suas diversas áreas de atuação. Teve participação importante nas pesquisas de Vital Brazil para a produção de soro antiofídico contra picadas de cobras venenosas, desenvolvendo a armadilha para captura de serpentes na origem do Instituto Butantan, onde até hoje são desenvolvidas as vacinas do calendário nacional do Ministério da Saúde. Adolfo Lutz morreu no Rio de Janeiro, em 6 de outubro de 1940, aos 85 anos.

Você sabia?

Adolfo Lutz foi pioneiro na entomologia, que estuda a relação dos insetos com o homem e o meio ambiente, e confirmou o mecanismo de transmissão da febre amarela pelo *Aedes aegypti*.

Também identificou a blastomicose na América do Sul, descobriu propriedades terapêuticas de diversas plantas brasileiras e como zoologista descreveu espécies de anfíbios e insetos.

19 de dezembro

Achados de arqueóloga no Piauí confirmam presença humana na América
2006

Na arqueologia não é preciso ter pressa para avançar algumas dezenas de milhares de anos. A pesquisadora Niède Guidon, paulista de origem francesa, nascida em Jaú (SP), soube esperar pacientemente durante três décadas para ver reconhecidos como ferramentas humanas os artefatos de rochas e fragmentos de fogueiras encontrados em escavações realizadas desde 1973, pela equipe coordenada por ela, no Boqueirão da Pedra Furada, em Raimundo Nonato, região do agreste do Piauí, com datação entre 33 mil e 58 mil anos antes do tempo presente.

O fato é que a descoberta da professora, que chegou a ser ridicularizada por colegas brasileiros e internacionais, derrubou as teorias anteriores sobre a chegada dos primeiros grupos de homens ao continente americano, oriundos da África, até então estimada em até 15 mil anos, na última era glacial. A confirmação que silenciou críticos e céticos, entre eles o professor Walter Neves, da Universidade de São Paulo (USP), foi divulgada em 19 de dezembro de 2006, depois das análises realizadas por Eric Boëda, especialista da Universidade de Paris. Os artefatos líticos que causaram tanta discórdia foram descobertos em 1978, na mesma área de onde os arqueólogos também retiraram e catalogaram resquícios de fogueiras.

De acordo com os relatos publicados pela professora Niède Guidon, as marcas da presença humana estavam em um abrigo natural em uma encosta da serra da Capivara. O carvão foi inicialmente datado em até 50 mil anos, chegando a 58 mil anos em análise realizada posteriormente na Austrália. A arqueologia na época era dominada pelo paradigma de "Clovis first", que atribuía a chegada dos ancestrais dos índios americanos a um tempo bem mais recente, 15 mil anos, no máximo. A passagem teria sido

19 de dezembro

feita por ponte terrestre entre a Sibéria e o Alasca, no estreito de Bering e pelas ilhas Aleutas.

Para os estudiosos que questionavam as descobertas de 1978, as fogueiras encontradas nas escavações poderiam ter sido resultado de combustão espontânea. Niède Guidon argumentou que todo o entorno da encosta foi vasculhado, sem que tivesse sido localizado qualquer sinal de carvão, presente apenas no recinto abrigado. Os críticos diziam, também, que os objetos eram apenas pedras que rolaram e se quebraram naturalmente, impressão que começou a mudar já na década de 1990, quando o arqueólogo norte-americano Tom Dillehay, da Universidade do Kentucky, reconheceu que alguns daqueles instrumentos teriam sido feitos por seres humanos.

O estudo de Eric Boëda confirma as análises de Dillehay. Considerado um dos maiores especialistas do mundo em tecnologia lítica (de pedra) pré-histórica, o francês desvendou a cadeia operatória dos artefatos, ou seja, a sequência de fabricação manual das peças, algumas pontiagudas, outras usadas para raspagens ou cortes.

O Boqueirão da Pedra Furada faz parte do Parque Nacional da Serra da Capivara, unidade de conservação arqueológica e natural de proteção integral, localizada nos municípios piauienses de Canto do Buriti, Coronel José Dias, São João do Piauí e São Raimundo Nonato. A área de 135 mil hectares é preservada em parte graças ao trabalho da arqueóloga Niède Guidon e da Fundação Museu do Homem Americano, com gestão do Instituto Chico Mendes de Conservação da Biodiversidade.

Você sabia?

Maior concentração de sítios arqueológicos da América, a serra da Capivara é Patrimônio Cultural da Humanidade, pela UNESCO.

Foram catalogados artefatos líticos, esqueletos e cerca de 30 mil pinturas rupestres com cenas de sexo, dança, parto e caçadas.

20 de dezembro

Nasce a Cidade de Deus
1964

Giuseppe Badolato, que chegou ao Brasil em 1948, aos treze anos, com a imagem da Itália arrasada pela Segunda Guerra Mundial ainda viva na memória, conheceu como poucos o que não deu certo nos programas de moradia popular no Rio de Janeiro. Trabalhou duro como alfaiate até concluir a faculdade de arquitetura e, no começo dos anos 1960, passou em primeiro lugar em concurso público para implantação da antiga Companhia de Habitação do Estado da Guanabara, criada pelo governo de Carlos Lacerda.

Talentoso e já devidamente adaptado à cidade que o acolheu na infância, o jovem italiano assumiu a chefia de projetos da estatal e passou a liderar a equipe responsável pela implantação de novos bairros na periferia, a exemplo dos núcleos das vilas Aliança, em Bangu, com 2.187 casas; Kennedy, em Senador Camará, com 4.751; e mais 464 em Esperança, Vigário Geral, totalizando 7.402 unidades em dois anos. Foi ele quem coordenou também a construção da Cidade de Deus, ou simplesmente CDD, conforme aprovação assinada oficialmente em 20 de dezembro de 1964.

Passadas as festas de virada de ano e as férias de janeiro, as obras começaram em 1º de fevereiro de 1965, já na gestão de Negrão de Lima, sucessor de Lacerda, com a terraplenagem de 70,14 hectares, em Jacarepaguá. A previsão inicial era de que seriam erguidos 3.053 imóveis de alvenaria, em duas glebas, com ruas pavimentadas, redes de drenagem pluvial e saneamento básico, água encanada, eletricidade, praças, escolas, creches, serviço de saúde, comércio e até cinema.

Convidado pela líder comunitária Rosalina Brito, que foi morar na Cidade de Deus ainda inacabada, em 1966, o arquiteto Giuseppe Badolato voltou lá em 18 de abril de 2009. Ficou desolado com o que viu: esgoto a céu aberto, lixo acumulado nas ruas, tráfico de drogas e um aglomerado de favelas que se proliferaram no entorno da antiga estrada Edgard Werneck, às margens do que sobrou do rio Grande, resultado de pelo menos quatro décadas de ocupação desordenada e omissão da prefeitura e do governo do estado.

Atualmente são cerca de 40 mil moradores isolados do resto da cidade pela via Amarela, ainda mais marginalizados e estigmatizados depois da repercussão internacional do filme homônimo lançado em 2002, por Fernando Meirelles e Kátia Lund, que aborda a violência do poder paralelo. Badolato contou que o projeto original para o bairro era inovador, buscava a integração da comunidade. Foram projetadas, por exemplo, várias praças, uma para cada grupo de setenta famílias em casas de um, dois e até três pavimentos. A capacidade máxima inicial era de 15 mil moradores.

A Cidade de Deus, segundo o arquiteto que a projetou, foi idealizado para trabalhadores de baixa renda com empregos garantidos na faixa litorânea vizinha a Jacarepaguá, em particular na elitizada Barra da Tijuca. No papel, deveria ter sido um bairro moderno, planejado, com equipamentos urbanos necessários para permitir a educação e o desenvolvimento da comunidade com capacidade de autogestão e, consequentemente, de viabilizar o próprio crescimento social. Chegou ao ponto de ter sido escolhido como modelo para o programa de moradia popular do Rio de Janeiro nos primeiros anos de operação do Banco Nacional da Habitação (BNH), uma das iniciativas do governo militar de 1964.

Você sabia?

Em um ano foram construídas 1.500 casas na Cidade de Deus, ocupadas emergencialmente por flagelados da enchente de 1965, no Rio de Janeiro.

Em 2003, foi criado o Comitê Comunitário da Cidade de Deus, comunidade visitada pelo ex-presidente dos Estados Unidos, Barack Obama, em março de 2011.

21 de dezembro

Morre Nelson Rodrigues
1980

Autor tachado de imoral, obsceno e vulgar, Nelson Rodrigues foi na verdade um atento observador dos costumes cotidianos da sociedade brasileira, tendo extraído de sua experiência inicial como repórter policial boa parte do universo passional que levou para suas crônicas e, especialmente, para sua dramaturgia.

Pernambucano do Recife, onde nasceu em 23 de agosto de 1912 e viveu até os quatro anos, antes de se tornar um dos mais controversos dramaturgos do Brasil, ele trabalhou no primeiro jornal fundado por seu pai, Mário Rodrigues, ex-deputado federal e também jornalista. Era o jornal *A Manhã* (depois *A Crítica*), que Mário criou após ter trabalhado no *Correio da Manhã*, de Edmundo Bittencourt.

Para o Rio de Janeiro, a numerosa família Rodrigues se mudara em busca de oportunidades e foi na cidade maravilhosa que Nelson, o quinto de catorze irmãos, ficou até sua morte, aos 68 anos, ocorrida na manhã de 21 de dezembro de 1980. Estava debilitado por vários problemas, inclusive as sequelas da tuberculose nunca curada e agravada pelo hábito de fumar desde a adolescência. E como em uma de suas histórias intrigantes, ele não teve tempo de conferir o resultado da Loteria Esportiva no fim daquele dia, quando acertou os treze pontos em bolão feito em sociedade com o irmão Augusto e alguns amigos da redação do jornal *O Globo*.

Dois meses depois, a primeira mulher com quem se casou oficialmente e o acompanhou no final, Elza Bretanha, cumpriu um dos últimos pedidos dele e gravou os nomes de ambos acima da frase "Unidos para além da vida e da morte", na lápide do túmulo no cemitério São João Batista, em Botafogo.

Depois de escrever textos antológicos dedicados ao futebol e verdadeiras obras-primas que desnudaram a hipocrisia e as paixões dos comportamentos, boa parte reunida em *A vida como ela é...*, série mais tarde adaptada

21 de dezembro

para a TV pela Rede Globo, a última década de vida de Nelson Rodrigues foi pouco produtiva – e bem dolorosa.

Em 1973, escreveu *Anti-Nelson Rodrigues*, sucesso no palco do Serviço Nacional do Teatro, mas ele teve um aneurisma na aorta, o que não o demoveu do hábito de fumar. Em abril de 1977, acabou internado com arritmia ventricular grave e insuficiência respiratória, e houve a reconciliação definitiva com Elza. Eles já se encontravam todas as noites no restaurante do filho Joffre, em Vila Isabel.

A última peça, *A serpente*, foi concluída em meados de 1979, pouco antes de o segundo filho, Nelsinho, militante de esquerda, entrar em greve de fome com outros doze presos políticos do Rio de Janeiro, para exigir anistia ampla, geral e irrestrita no governo do general João Figueiredo. No aniversário de 67 anos do pai, o rapaz foi liberado para assistir ao nascimento da filha Cristiana, dois meses antes da liberdade condicional. Nelson era anticomunista e amigo dos generais do golpe de 1964.

Sua primeira peça foi *A mulher sem pecado*, mas o sucesso começou com *Vestido de noiva*, que quebrou paradigmas quando levada ao teatro, em três planos simultâneos, pelo diretor polonês Ziembinski. Em dezembro de 1929, ele viu o irmão Roberto ser assassinado na redação do jornal, por Sylvia Seraphim, cujo divórcio havia sido noticiado na primeira página. Homem de várias paixões e romances, Nelson Rodrigues teve filhos também com Lúcia Cruz Lima (Daniela) e com Yolanda Camejo dos Santos (Maria Lúcia, Sonia e Paulo Cesar, não reconhecidos por ele).

Você sabia?

Nelson Rodrigues alternou períodos de fartura e miséria, quando foi amparado por amigos, entre eles Roberto Marinho, do grupo Globo.

Torcedor do Fluminense, Nelson era irmão de Mário Filho, nome original do estádio do Maracanã.

22 de dezembro

Chico Mendes é assassinado na floresta
1988

Encomendado e planejado por fazendeiros de Xapuri (AC), o assassinato do seringueiro, sindicalista e ambientalista Chico Mendes, ou Francisco Alves Mendes Filho, aos 44 anos, foi a típica morte anunciada. Ele próprio havia denunciado as ameaças recebidas desde 1977, agravadas na década seguinte, em represália à liderança exercida na luta dos povos extrativistas da Amazônia por reforma agrária e criação de reservas extrativistas para garantir a manutenção dos meios tradicionais de subsistência e a preservação da floresta.

A imprensa nacional, porém, nunca lhe deu atenção, a exemplo do *Jornal do Brasil*, que, sob alegação de que politizava em demasia as questões ambientais, se recusou a publicar a última entrevista dele quatro dias antes do crime. Chico Mendes foi executado no fim da tarde de 22 de dezembro de 1988, em emboscada executada por Darly Alves da Silva e Darcy Alves Ferreira, pai e filho, na porta da casa onde morava com a mulher Ilzamar Mendes e dos filhos Sandino e Elenira, de dois e quatro anos de idade. Baleado no peito com tiro de escopeta, caiu morto a poucos metros do banheiro erguido nos fundos, para enfim ser destaque na edição especial de Natal do mesmo *JB*, com uma reportagem reforçada com editorial inédito na primeira página.

O assassinato silenciou a voz que denunciou ao mundo a utilização de financiamentos do Banco Interamericano de Desenvolvimento (BID) em empreendimentos que estavam devastando a Floresta Amazônica. Mas criou o mito. Depois da morte do líder seringueiro, dezenas de entidades sindicais, religiosas, políticas, de direitos humanos e ambientalistas formaram o Comitê Chico Mendes para exigir a punição dos matadores. Em dezembro de 1990, finalmente, Darly e o filho Darcy foram condenados a dezenove anos de prisão, tendo como testemunha Genésio Ferreira da Silva, empregado

22 de dezembro

do seringal Cachoeira, pertencente aos matadores e desapropriado para implantação de reserva extrativista.

Com a confirmação da sentença em fevereiro de 1992, eles fugiram um ano depois. Darly foi recapturado em junho e Darcy em novembro de 1996, mas, entre fugas, recursos judiciais e benefícios da lei, cumpriram apenas metade da pena.

A repercussão do crime na imprensa internacional ampliou o apoio à causa dos seringueiros. Uma das consequências foi a criação da reserva extrativista Chico Mendes na área onde ele morava, e de outras vinte semelhantes com abrangência superior a 32 mil quilômetros quadrados. Ilzamar e a filha Elenira receberam ajuda para criação de instituto também batizado com o nome dele e com a missão de desenvolver projetos socioambientais no Acre.

Em 1989, o grupo Tortura Nunca Mais criou o prêmio Medalha Chico Mendes de Resistência, no mesmo ano em que o ex-Beatle Paul McCartney lançou a faixa "How Many People", em homenagem ao seringueiro, no álbum *Flowers in the Dirt*. Outros músicos, como Clare Fischer, Pepeu Gomes, o grupo mexicano de rock Maná e a banda brasileira Sepultura, entre outras manifestações artísticas, também exaltaram o nome dele. Em 2007, o governo Luiz Inácio Lula da Silva criou o Instituto Chico Mendes de Conservação da Biodiversidade (ICMBio), autarquia federal que faz a gestão do Sistema Nacional de Unidades de Conservação Ambiental.

Você sabia?

Chico Mendes começou a trabalhar na infância e só foi alfabetizado aos vinte anos pelo militante comunista Euclides Távora, que atuou no levante comunista de 1935, em Fortaleza, e na revolução de 1952 na Bolívia.

A socióloga Mary Alegretti foi fundamental para o reconhecimento internacional da luta dos seringueiros na proteção da floresta.

23 de dezembro

Nasce o poeta Gregório de Matos, o Boca do Inferno
1636

Era baiano o primeiro poeta genuinamente brasileiro: Gregório de Matos Guerra, ou apenas Gregório de Matos, nascido em 23 de dezembro de 1636, em Salvador, ele que foi o grande representante do barroco no período colonial do Brasil do século XVII. Mas essa é uma afirmação carregada de significado.

O motivo está na acalentada discussão literária dos anos 1990 entre dois grandes críticos, Antonio Candido, de um lado, e Haroldo de Campos, de outro, sobre associar ou não o início da literatura brasileira ao barroco e a Gregório de Matos. Prevaleceu, afinal, o reconhecimento da verve do poeta baiano e a impertinência de sequestrá-lo de seu lugar na cultura literária do país.

Considerado como o primeiro maldito da literatura nacional, ele deu início a um estilo poético que repercutiria no futuro da literatura brasileira. Sarcástico, ridicularizava com seus versos políticos o governo imperial, toda a corte portuguesa, autoridades religiosas e até costumes da cidade, por isso o apelido de "Boca do Inferno" ou "Boca de brasa". Mas esse seu lado mais conhecido era também intercalado com momentos de profundo lirismo e romantismo.

Antes de Gregório de Matos, apenas viajantes europeus e jesuítas escreviam sobre o cotidiano da colônia. Nascido em família rica, com propriedades rurais e engenhos de cana-de-açúcar, ele teve uma boa formação que lhe serviu para apurar o olhar crítico sobre seu tempo. Na infância, fez as séries iniciais em colégio jesuíta e, aos catorze anos, viajou para completar os estudos até se formar em Direito, na Universidade de Coimbra, em 1661.

Ainda em Portugal, onde o estilo mordaz de sua poesia já fazia sucesso, em 1663 foi nomeado pelo rei de Portugal, Afonso VI, juiz em Alcácer do Sal, na região litorânea do Alentejo. Mais tarde, em 27 de janeiro de 1668, e de-

23 de dezembro

pois em 20 de janeiro de 1674, ele representou a Bahia nas Cortes de Lisboa. Em 1672, assumiu o cargo de procurador. No retorno a Salvador, em 1679, foi nomeado desembargador da relação eclesiástica. Em 1682, dom Pedro II de Portugal o nomeou tesoureiro-mor da Sé da Bahia, mas a situação política e administrativa da primeira capital brasileira serviu para apimentar ainda mais seus escritos. A reação dos poderosos foi imediata.

Acusado de libertinagens e difamação ao cristianismo, além de desacatar ordens superiores, de se recusar a usar batina e desrespeitar a passagem de procissões ao não tirar o barrete da cabeça, Gregório foi destituído de seus cargos pelo arcebispo frei João da Madre de Deus. Passou então a levar vida boemia e a carregar ainda mais no tom erótico e irreverente da sua poesia, o que aumentou a lista de seus desafetos.

Ameaçado de morte pelos filhos do governador baiano Antônio Luiz Gonçalves da Câmara Coutinho, em 1695 foi deportado para Luanda pelo então governador-geral do Brasil, João de Alencastro. Voltou no mesmo ano, como prêmio por ter ajudado a sufocar conspiração militar portuguesa em Angola. Morou no Recife até morrer, em 26 de novembro de 1696, provavelmente vítima de febre amarela contraída durante o exílio na África.

Você sabia?

A primeira publicação do poeta baiano data do começo do século XVIII. Manuel Pereira Rabelo recolheu e publicou poemas que circulavam oralmente e em folhas volantes, prefaciando-os com breve biografia do autor.

Em 1840, o cônego Januário da Cunha Barbosa incluiu dois poemas atribuídos a Gregório na 9ª edição da *Revista do Instituto Histórico e Geográfico Brasileiro*.

A obra completa só saiu em 1968, pelo trabalho de James Amado. Em 2014, foi lançada a biografia do poeta, pela escritora Ana Miranda.

24 de dezembro

Getúlio Vargas triplica salário mínimo
1951

Quinta-feira, véspera de Natal de 1951. No primeiro ano do segundo mandato como presidente da República, dessa vez eleito pelo voto direto, o gaúcho Getúlio Vargas assinou decreto para triplicar o salário mínimo nacional, que na época variava em catorze valores de acordo com cada região do país. Congelado nos últimos oitos anos, praticamente triplicou o valor médio, de 380 cruzeiros para 1.200 cruzeiros. Foi o começo da política de reajustes periódicos para garantir e, em algumas situações, até elevar o poder de compra do trabalhador assalariado.

Foram seis aumentos até 1961, já no governo de João Goulart, em intervalos cada vez mais curtos, sendo o último de doze meses, com prioridade para quem ganhava mais. A variação entre a maior e a menor faixa de remuneração do salário mínimo foi de 4,33% em julho de 1954, o mais alto valor histórico.

A partir de 1962, apesar de outros dois reajustes serem autorizados pelo então presidente João Goulart, a inflação acelerada corroeu novamente o poder de compra do trabalhador brasileiro. Depois do golpe militar de 1964, foi abandonado o mecanismo de recomposição anual, com manutenção do valor médio calculado de acordo com a elevação projetada para o custo de vida, e ganho real apenas com aumento de produtividade. O resultado foi o achatamento salarial decorrente da subestimação e manipulação dos dados econômicos pelo governo.

Em 1968, passou a ser corrigida a diferença inflacionária, sem a devida reposição das perdas dos últimos três anos. Até 1974, houve forte redução dos diversos patamares do salário mínimo nacional, de 38 em 1963 para cinco. Também caiu a relação entre o maior e o menor valor, que chegou a 1,41%. Do ano seguinte até 1982, os reajustes elevaram gradualmente o poder de compra, com ganho real de 30%.

24 de dezembro

Em 1979, o governo adotou reajustes semestrais, com até 110% da variação do Índice Nacional de Preço ao Consumidor (INPC). A partir de 1983, o crescimento da inflação novamente derrubou o poder aquisitivo dos assalariados, com unificação do valor nacional no ano seguinte. As perdas chegaram a 24% em 1990. Nos quatro anos seguintes, houve crescimento real de 10,6% em relação à inflação medida pelo INPC. Até 1999, de acordo com cálculos do Departamento Intersindical de Estudos e Estatísticas Socioeconômicas (DIEESE), houve reajustes de 28,3%, com 56% de ganho real.

Reivindicado desde a greve geral de 1917, o salário mínimo nacional foi criado também por Getúlio Vargas, no primeiro governo, às vésperas do Estado Novo. Foi instituído pela Lei nº 185, de janeiro de 1936, e regulamentado pelo Decreto-lei nº 399, de abril de 1938, para entrar em vigor a partir de 1º de maio de 1940, Dia do Trabalhador, conforme o Decreto nº 2.162. Eram catorze diferentes valores, com a variação entre o menor e o maior chegando a 2,67%.

Para viabilizar a operação, o Brasil foi dividido em 22 regiões, ou seja, os vinte estados até então existentes, mais o Acre, ainda território, e o Distrito Federal, na época o Rio de Janeiro. A primeira tabela teve vigência de três anos, até 1943, quando houve reajustes em julho e dezembro, antecedendo ao período de oito de congelamento. A queda real foi de 65%, em relação à inflação.

Você sabia?

A Constituição de 1988 determina que o salário mínimo cobrirá despesas do trabalhador e familiares com moradia, comida, saúde, educação, vestuário, higiene, lazer, transporte e previdência social.

Reajustes anuais pela inflação incluem aposentados da Previdência Social.

25 de dezembro

Folia de Reis chega ao Brasil
1534

Herança da colonização, a Folia de Reis, que originalmente divertia a população de Portugal entre a véspera de Natal e a primeira semana de janeiro, chegou ao Brasil na bagagem dos primeiros padres jesuítas que aportaram no litoral nordestino, onde agregou características próprias e foi utilizada como instrumento de catequização dos índios e, mais tarde, dos negros escravos trazidos da África.

A primeira manifestação oficial teria sido em 25 de dezembro de 1534, incluída a partir de então no calendário católico como festa religiosa e folclórica para simbolizar a jornada dos Três Reis Magos na anunciação do nascimento de Jesus Cristo. Formados por cantadores e instrumentistas populares, os grupos fazem a peregrinação de casa em casa entoando versos que variam de acordo com cada região do país, em troca de oferendas – prato de comida, guloseimas especialmente preparadas para a ocasião ou até alguns trocados em dinheiro para bancar as despesas de logística e garantir a repetição no ano seguinte.

O ponto alto da festa é 6 de janeiro, Dia de Reis, e coincide com a tradição de desmontar presépios e árvores de Natal, embora no Rio de Janeiro seja mantida até 20 do mesmo mês para homenagear o padroeiro, são Sebastião. Os cantadores apresentam versos típicos da cantoria ritmada por instrumentos de corda, especialmente cavaquinho, rabeca e violão, com acompanhamento de pandeiros, pistão, tantã, sanfonas, triângulos e caixas na percussão.

Os grupos mais organizados existentes pelo Brasil afora vestem uniformes próprios compostos por calças e camisas sociais e chapéu, o que caracteriza a supremacia masculina, embora em alguns lugares as mulheres venham, aos poucos, superando também esse paradigma. Tudo sob a bênção da bandeira de pano brilhante que representa a presença de Baltazar, Gaspar e Belchior – ou Melchior – e o Menino Jesus.

25 de dezembro

Introduzida no Nordeste, a Folia de Reis se espalhou pelo interior de São Paulo e Minas Gerais e ocorre também no litoral sul do Brasil. Ganhou características diferentes e novos personagens de acordo com cada região onde é praticada, mas sem abrir mão da estrutura comandada pelo mestre ou embaixador, a quem cabe a organização da apresentação e improvisação dos versos.

A formação básica inclui dois ou três palhaços ou bastiões, que, mascarados, representam Judas ou a encarnação do demônio e são os responsáveis pelas alegorias, recolhimento dos donativos e proteção do bandeireiro ou alferes da bandeira. O festeiro é o dono da casa escolhida para a apresentação, enquanto o coro de seis vozes dita a entonação da cantoria e, normalmente, é formado pelas mesmas pessoas que tocam os instrumentos. O que permanece original são as cantigas da chegada, na qual o mestre pede permissão ao dono da casa para entrar, e da despedida, para agradecer as doações e a acolhida.

Enraizada na cultura barroca e representada pela mistura da religiosidade trazida de Portugal com danças indígenas e música africana, a manifestação recebeu diferentes denominações nas diversas regiões do Brasil. Pode ser, por exemplo, Terno Folia de Santos Reis, Terno de Reis, Reisado, Reiseiro, Santos Reis, Bando de Reis, Tiração de Reis, Reis de Careta ou apenas Festa de Reis.

Você sabia?

O Reisado tem origem na festa do Sol Invencível, no Egito. Na Europa, foi adotada pelos italianos de Roma, mas também na França, Espanha e Portugal.

Com receitas distintas em cada região, no bolo de Reis é escondido amuleto que indica sorte a quem o achar, além da incumbência de manter a tradição de servir o doce no ano seguinte.

26 de dezembro

Sancionada a Lei do Divórcio
1977

Demorou, mas o Estado de Direito prevaleceu à tutela da Igreja Católica sobre a relação matrimonial entre homem e mulher. Até ser finalmente instituído no Brasil, o divórcio direto exigiu secular maratona jurídica e política, com desfecho nem sempre razoável para as duas partes e, muitas vezes, tendo enveredado pelos caminhos da intolerância e da violência.

Os passos definitivos rumo à desburocratização do processo de separação de casais foram dados em 26 de dezembro de 1977, quando a Lei nº 6.515/77 foi sancionada pelo então presidente da República, general Ernesto Geisel, um dos generais do golpe militar que perdurou entre 1964 e 1985. Denominada Lei Nelson Carneiro, em homenagem ao senador baiano que elaborou a proposta de emenda constitucional, houve apoio da maioria em plenário, com 226 votos favoráveis e 159 contrários na votação de junho daquele ano, apesar da polêmica e da influência religiosa ainda reinante nas instituições governamentais e na sociedade brasileira.

De acordo com a proposta de Nelson Carneiro, a Emenda Constitucional nº 9/1977 permitiu a extinção de todos os vínculos do casamento. Assim, homem e mulher poderiam recomeçar a vida legalmente ao lado de outra pessoa. Até aquele ano, os casados mantinham vínculo jurídico perpétuo e, caso a convivência mútua fosse impraticável, poderiam, no máximo, dar entrada no Fórum com o pedido de desquite, que interrompia os deveres e a sociedade conjugais. Os bens comuns eram então partilhados, encerrava-se a coabitação, mas sem direito ao respaldo legal para um novo relacionamento. Na época, tampouco existia lei para proteger a união estável ou resguardar aqueles que viviam juntos informalmente, os amasiados, como eram classificados pejorativamente.

De lá para cá, foram constatadas pelo menos duas importantes inovações na legislação brasileira. Uma delas ocorreu em 2007, por meio da Lei nº 11.441, que possibilitou a homologação em cartório, sem a conhecida mo-

26 de dezembro

rosidade ou os inevitáveis e traumáticos desgastes do processo na Justiça. A outra foi a Emenda Constitucional nº 66/2010, que acabou com a exigência do prazo mínimo de um ano de fim formal do casamento ou de dois anos de residências distintas, além da necessidade de prévia separação judicial.

Antes das atualizações legislativas, o magistrado poderia recusar a homologação, se durante o processo fosse apurado que não preservaria os interesses de filhos menores ou incapazes, ou mesmo de um dos cônjuges. Outra hipótese de judicialização acontece se a mulher estiver grávida, critério ainda em vigor, de acordo com Conselho Nacional de Justiça.

Desde então, tornou-se possível assinar a certidão de casamento de manhã e a escritura do divórcio à tarde, procedimento que pode ser feito em apenas quinze minutos no cartório. Podem se beneficiar casais sem filhos menores de 21 anos ou incapazes e já devidamente acertados quanto aos bens a serem divididos. O procedimento implica a contratação de advogado para acompanhamento de ambos ao tabelionato onde foi emitida a certidão de casamento, com carteira de identidade e CPF, para assinatura da averbação e alteração do estado civil. Na condição de divorciada, a pessoa fica livre para novo relacionamento, independentemente do gênero escolhido.

Você sabia?

De janeiro de 2007 a novembro de 2016, foram lavrados 421.187 divórcios diretos em cartórios do Brasil. O processo sem intervenção judicial economizou 3,5 bilhões de reais aos cofres públicos.

O decreto imperial de 1827 vinculava questões matrimoniais a disposições do Concílio de Trento e da Constituição do Arcebispado da Bahia, primeira capital do Brasil.

27 de dezembro

Protesto culmina com massacre em Serra Pelada
1987

Serra Pelada remete ao sonho de poder e fama e também à imagem do formigueiro humano no vaivém frenético em busca da fortuna instantânea. O maior garimpo a céu aberto do mundo deixou também o legado da degradação ambiental, da omissão do poder público, da impunidade, da miséria e da violência estatal ou de pistoleiros. Assim como é imensurável a quantidade de ouro arrancado do subsolo da montanha desde a chegada dos primeiros aventureiros ao Acre, no começo da década de 1980, é impossível contar o número de corpos que ficaram para trás.

Foram muitos os massacres naquela região, e um dos mais sangrentos foi registrado em 1987. O número oficial de mortos e desaparecidos, de acordo com o inquérito da Polícia Federal, foi de 79 homens e mulheres, mas sobreviventes que preferem se proteger no anonimato falam em até 133 vítimas.

A mobilização dos garimpeiros que reivindicavam caminhões e tratores para rebaixamento da cava e a retomada da exploração da jazida ganhou força em 27 de dezembro daquele ano, quando foi realizada uma das maiores assembleias de trabalhadores de todos os tempos. Parte deles, cerca de 4 mil, seguiu em carros particulares, caminhões e ônibus pelo trajeto de 160 quilômetros até Marabá, coordenados por Jane Rezende, a primeira mulher líder de garimpo no Brasil.

Como não foram atendidos pelas autoridades do governo do estado, colocaram em prática o que haviam planejado e interditaram com uma caçamba de brita o acesso à ponte sobre o Tocantins no trecho entre a rodovia estadual PA-150 e a ferrovia utilizada pelas locomotivas da Companhia Vale do Rio Doce, a grande interessada na área. Enquanto isso, em Serra Pelada, cerca de 10 mil trabalhadores permaneceram em vigília, liderados por Vitor Hugo Rosa, com a missão de recolher alimentos e garantir suporte logístico aos colegas mobilizados no bloqueio.

27 de dezembro

A chacina ocorreu em 29 de dezembro, dia de são Bonifácio. Por volta das sete da noite, sob as ordens do então governador do Acre, Hélio Gueiros, na época filiado ao PMDB, quinhentos homens da Polícia Militar armados de fuzis e metralhadoras avançaram estrategicamente. Comandados no local pelo tenente-coronel Reinaldo Pessoa, eles encurralaram os garimpeiros de um lado da ponte, enquanto a tropa do Exército brasileiro fechou a outra cabeceira. E assim abafaram a tiros e bombas de gás lacrimogênio as primeiras estrofes do Hino Nacional ensaiadas pelos manifestantes. Dezenas tombaram ali mesmo e tiveram os corpos pisoteados por aqueles que tentaram escapar correndo na escuridão. Outros se jogaram do alto do vão central, de altura superior a 75 metros, caindo sobre pedras no leito seco do rio.

O garimpo abrange 5 mil hectares concedidos à exploração pelo Departamento Nacional de Pesquisas Minerais. A estimativa é de que ainda existam 350 toneladas de metais preciosos, entre ouro, platina e paládio, o que explica a reabertura de diversas áreas desativadas na parte baixa da encosta, nos sedimentos chamados de "montueira". Em 2011, a mineradora canadense Colossus Minerals se associou à Cooperativa de Mineração dos Garimpeiros para criação da *joint venture* Serra Pelada Companhia de Desenvolvimento Mineral. Porém, suspendeu as atividades no início de 2014, após demissão coletiva.

Você sabia?

Cerca de 120 mil pessoas viveram em Serra Pelada no auge da produção, de 1982 a 1986. A primeira pepita foi encontrada em dezembro de 1979.

A mesma estratégia da PM do Acre foi repetida nos massacres de Eldorado dos Carajás, em 1996, e de Pau d'Arco, em 2017.

28 de dezembro

Fim de *A escolinha do professor Raimundo*, de Chico Anysio
2001

Chico Anysio foi único e, ao mesmo tempo, vários. O seu talento em criar personagens, dirigir e interpretar para fazer todo mundo rir, seja no mundo imaginário do rádio, na intimidade do teatro ou no glamour da televisão e do cinema, de maneira multifacetada, ficou imortalizado em *A escolinha do professor Raimundo*, programa muitas vezes copiado e que foi exibido pela última vez em 28 de dezembro de 2001.

Naquele ano, incomodada com o sucesso alcançado pela *Escolinha do barulho*, similar apresentado desde 1999 na concorrente TV Record, com direção de Homero Salles em parceria com as produtoras Câmera 5 e GPM e a presença de diversos integrantes da turma original, a Rede Globo resolveu apostar novamente na produção de Chico, com exibição de segunda a sexta-feira, nos fins de tarde.

Na nova temporada, porém, apesar dos bons momentos, a audiência não atingiu os índices suficientes para agradar a direção da emissora, que simplesmente optou por tirá-lo do ar definitivamente. O cancelamento do contrato a três meses do cinquentenário do programa, segundo a viúva Malga di Paula, foi recebido como uma punhalada, onze anos antes da morte dele, em 23 de março de 2012, aos oitenta anos.

Um programa similar, pioneiro, tinha tido lugar no rádio, com um suposto professor e seus alunos na chamada Escolinha da dona Olinda, criação de Nhô Totico e transmitido pela EPR nos anos de 1930. Foi em 1952 que surgiu a Escolinha do professor Raimundo, produzido por Haroldo Barbosa para a rádio Mayrink Veiga, já com a presença de Chico Anysio como o mestre Raimundo Nonato em uma sala de aula com apenas três alunos: o sabichão interpretado por Afrânio Rodrigues, enquanto João Fernandes fazia o papel do desprovido de inteligência e Zé Trindade era o esperto do trio. Algum tempo depois, entrou Antônio Carlos Pires, o mineiro desconfiado.

28 de dezembro

O sucesso da *Escolinha do professor Raimundo* chegou à televisão em 1957, como quadro do programa *Noites Cariocas*, da TV Rio. Temporadas na Excelsior e na Tupi antecederam à estreia na Globo, em 1973, como quadro do programa *Chico City* e com apenas três alunos. Em 1988, no *Chico Anysio Show*, o professor Raimundo Nonato passou a interagir com uma classe de vinte alunos e abriu caminho ao programa solo, que estreou em 4 de agosto de 1990, sob direção de Cassiano Filho, Paulo Ghelli e Cininha de Paula. Exibido aos sábados, às nove e meia da noite, era gravado na Tupi, na Cinédia e nos estúdios de Renato Aragão, no Rio de Janeiro. O programa de número quinhentos foi ao ar em 11 de junho de 1992.

A partir de 29 de outubro foi exibido diariamente, no final da tarde, com 23 atores em sala de aula. O elenco chegou a ter 37, contando personagens de apoio. Em 1995, na busca por audiência, as edições vespertinas passaram a ser reprisadas, houve exibições aos sábados, às quartas-feiras e aos domingos, mas, depois de cinco anos de superexposição, veio a substituição pela novela adolescente *Malhação*.

Em 1999, Chico Anysio levou a *Escolinha* ao teatro em turnê nacional e, no mesmo ano, voltou à Rede Globo como quadro do Zorra Total, até outubro de 2000. A última temporada como programa solo, com 25 minutos, foi de março a dezembro de 2001.

Você sabia?

Depois da morte de Chico Anysio, a Globo reprisou a *Escolinha* em edições reduzidas e diárias no *Vídeo Show*. Para a viúva Malga di Paula, não foi homenagem, mas uma forma de continuar obtendo lucro com um produto de sucesso.

Em 2015, a Globo e o canal Viva passaram a produzir nova versão da *Escolinha*, com novo elenco para os personagens clássicos. O professor Raimundo é interpretado por Bruno Mazzeo, filho de Chico Anysio.

29 de dezembro

Morre Cássia Eller
2001

Nascida em pleno verão carioca, em 10 de dezembro de 1962, Cássia Eller pertence à geração rebelde com causa. Filha de sargento paraquedista do Exército e dona de casa suburbana, nunca foi herdeira da ditadura. Pelo contrário. Sempre assumiu com transparência e coragem as próprias opções e viveu intensamente para compensar as restrições impostas pelo regime dos militares e a pretensa redemocratização que se sucedeu duas décadas depois.

A sua morte, aos 39 anos, na plenitude da carreira artística, surpreendeu o Brasil em 29 de dezembro de 2001, quando o país estava praticamente parado para as festas de final de ano. Depois de três paradas cardíacas causadas por infarto do miocárdio, processo agravado provavelmente pela excessiva carga de trabalho – foram mais de uma centena de shows em várias partes do Brasil, em apenas sete meses –, Cássia não resistiu. Ela estava internada na clínica Santa Maria, em Laranjeiras, bairro da Zona Sul do Rio de Janeiro.

A suspeita de overdose de cocaína, droga que a cantora consumia assumidamente desde a adolescência, foi descartada pelos exames de necropsia realizados no Instituto Médico Legal. O corpo foi sepultado no cemitério Jardim da Saudade, no bairro Sulacap, Zona Oeste da cidade maravilhosa.

O ano de 2001 tinha sido intenso na carreira de Cássia Eller. A maratona de shows começara em 13 de janeiro, na terceira edição do Rock in Rio, em noite que antes dela teve ainda R.E.M., Foo Fighters, Beck, Barão Vermelho e Fernanda Abreu. Foram 190 mil pessoas na plateia. De maio a dezembro, ela fez 95 shows, mais o DVD ao vivo, o *Acústico MTV*, gravado nos dias 7 e 8 de março, em São Paulo. Composto por dezessete faixas, *making-of*, galeria de fotos, discografia, o álbum superou 1 milhão de cópias vendidas, tornando-se o maior sucesso da carreira da cantora e responsável pela consagração popular da artista.

Cássia Eller fecharia a temporada de trabalho com apresentação na festa de Réveillon na praça do Ó, na Barra da Tijuca, mas terminou substituída

29 de dezembro

por Luciana Mello, sendo homenageada com um minuto de silêncio por grupos de fãs e outros artistas reunidos em vários pontos do Rio de Janeiro para as festas da virada.

Cantora e instrumentista, Cássia Eller compôs pouca coisa do repertório gravado em dez álbuns. Nos anos de 1990, foi eleita a 18ª maior voz e a 40ª maior artista da música brasileira pela revista *Rolling Stone Brasil*, e dez anos depois venceu o prêmio Grammy Latino de melhor álbum de rock em língua portuguesa, em 2002. Sempre gostou de música, mas o interesse tornou-se coisa séria mesmo aos catorze anos, quando ganhou o primeiro violão de presente e começou a tocar, principalmente, versões próprias para sucessos dos Beatles.

Ela cantou em coral, fez testes para musicais, trabalhou em óperas e foi até vocalista de forró, antes de ser apresentada ao mundo artístico em 1981, aos dezenove, durante show de Oswaldo Montenegro. A carreira profissional começou logo depois. Um de seus tios gravou fita com a canção "Por enquanto", de Renato Russo, e levou para a PolyGram. As bases do primeiro contrato foram acertadas imediatamente.

Cássia viveu os últimos anos ao lado do filho Francisco Ribeiro, o Chicão, concebido durante curto namoro com o baixista Tavinho Fialho, e da companheira Maria Eugênia Vieira Martins, que passou a criá-lo com a morte repentina da cantora.

Você sabia?

Em doze anos de carreira, Cássia compôs três canções: "Lullaby", com Márcio Faraco; "Eles", com Luiz Pinheiro e Tavinho Fialho; e "O marginal", com Hermelino Neder, Luiz Pinheiro e Zé Marcos.

Homossexual assumida desde a adolescência, tinha orgulho de sua família "não tradicional".

30 de dezembro

Nasce o folclorista Câmara Cascudo
1898

Tico-Tico, a primeira revista em quadrinhos publicada no Brasil, lançada por Luís Bartolomeu de Souza e Silva em outubro de 1905, foi também a primeira leitura do menino Luís da Câmara Cascudo, aos seis anos, antes mesmo de a primeira professora, Totonha Cerqueira, amarrar-lhe uma fitinha azul no punho direito, na tentativa de assumir para si a autoria da alfabetização dele.

Nascido no dia dedicado a são Sabino, 30 de dezembro de 1898, em família abastada de Natal, ele cresceu cercado de luxo, da religiosidade herdada dos avós portugueses e de excessivos cuidados paternos, inclusive com aulas domiciliares, para não sucumbir como os irmãos Maria Otávia, Antonio Haroldo e Maria Severina aos surtos de difteria e crupe (inflamação das vias respiratórias), moléstias comuns e responsáveis por alto índice de mortalidade infantil na virada do século XIX. Com restrições para brincar ao ar livre com os demais garotos do bairro da Ribeira, teve tempo de sobra de tomar cada vez mais gosto pelos livros e pelos escritos em geral.

O seu primeiro emprego foi em 1918, na redação de *A Imprensa*, jornal fundado pelo pai, Francisco Justino de Oliveira Cascudo, militar e comerciante de prestígio. Escreveu para outros periódicos do Rio Grande do Norte e atuou como historiador, antropólogo e advogado, até se tornar o mais importante folclorista brasileiro.

A adolescência de Câmara Cascudo transcorreu no bairro Tirol, reduto da elite de Natal, na mansão contornada pelo imenso jardim de rosas e dálias cultivadas pela mãe, Ana Maria da Câmara Pimenta, e frondosos cajueiros, sapotizeiros e mangueiras nos fundos da chácara Vila Cascudo. Ali, o rapaz magro e pálido deu lugar ao inquieto e destemido que aprendeu a burlar as regras de casa com discrição para usufruir de raros momentos de molecagem no topo das árvores.

A falência dos pais foi decisiva para mudar os rumos do jovem, que

30 de dezembro

havia despertado também para os mistérios da ciência. Chegou a pensar em ser médico, aprofundar os estudos na medicina tradicional, e ingressou na faculdade em 1918, na Bahia, mas abandonou por falta de dinheiro. Passou a trabalhar como professor em colégios e cursos particulares. Na época da decadência financeira da família, manteve-se em Natal, em retribuição ao esforço de Francisco e Ana Maria em criá-lo.

Estreou como escritor com *Versus reunidos*, em 1920, antologia de Lourival Açucena, primeiro poeta do Rio Grande do Norte ligado ao romantismo e ao arcadismo. No ano seguinte, lançou *Alma patrícia*, primeiro livro inteiramente dele, com crítica literária dos poetas potiguares. Na *Revista do Brasil*, editada por Monteiro Lobato, publicou *O aboiador*, texto que trata de temas da cultura popular. Em 1928, formado pela Faculdade de Direito do Recife, concluiu também o curso de Etnografia na Faculdade de Filosofia do Rio Grande do Norte.

No ano seguinte, em 21 de abril, se casou com Dhália Freire, que tinha o nome da flor predileta da mãe dele, com quem teve dois filhos, Fernando Luís e Anna Maria. O folclorista escreveu trezentos artigos e 150 livros, entre os quais *O dicionário do folclore brasileiro*, de 1954, primeira compilação acadêmica do tema e resultado de uma década de pesquisas. Luís da Câmara Cascudo morreu em 30 de julho de 1986.

Você sabia?

Cascudo foi monarquista, combateu o comunismo, desencantou-se com os integralistas e apoiou o golpe militar de 1964, mas sem nunca deixar de abrigar conterrâneos perseguidos pela ditadura.

Cascudo foi um sobrenome incorporado pelo pai do folclorista ao nome familiar, em homenagem ao avô, Antônio Justino, assim apelidado por sua devoção ao Partido Conservador.

31 de dezembro

Naufrágio do *Bateau Mouche*
1988

No mar, a combinação de negligência, desleixo, omissão, ganância e ostentação quase sempre acaba em tragédia. Exemplo clássico disso foi o naufrágio do *Bateau Mouche IV*, velha embarcação de pesca adaptada para transporte turístico que naufragou dez minutos antes da contagem regressiva e da queima de fogos da virada do ano, em 31 de dezembro de 1988, na Baía de Guanabara, no Rio de Janeiro.

A capacidade máxima de lotação era de 62 pessoas, mas, das 153 a bordo, entre passageiros, marinheiros e funcionários de apoio, 55 morreram. Os sobreviventes foram resgatados por pescadores da comunidade de Jurujuba, em Niterói, e tripulantes do iate *Casablanca*, entre a ilha de Cotunduba e o morro da Urca, perto do pontal do Leme e a um quilômetro da Praia Vermelha. A profundidade no local era de 22 metros.

Todos navegavam rumo a Copacabana naquela noite festiva, com ondas de até dois metros de altura. Fabricada como pesqueiro em 1970, em Fortaleza, e batizada originalmente como *Kamaloka*, a embarcação fora modificada várias vezes. O casco achatado, sem quilha, era inadequado para navegação em mar aberto. Quando cruzaram com o *Bateau Mouche* superlotado, os pescadores Jorge de Souza, João Batista de Souza Abreu, Marcos Vinícius Lourenço da Silva, Francisco Carlos Alves de Moraes, Jorge Luiz Soares de Souza e respectivas famílias, a bordo da traineira *Evelyn Maurício*, ainda viram as luzes acesas e ouviram o burburinho dos passageiros.

Atingida pelas ondas, a embarcação adernou e as pessoas foram jogadas ao mar. Os pescadores, assim como o comandante do iate *Casablanca*, Valentim Lima Ribeiro, que a tudo assistiram, chegaram a tempo de jogar cordas, boias e coletes, e resgataram sessenta pessoas. No depoimento à Capitania dos Portos e à Polícia Civil do Rio de Janeiro, o capitão Valentim disse que deu alerta de naufrágio e pediu socorro às demais embarcações, mas foi ignorado. Durante as investigações, além da superlotação negligenciada pela

31 de dezembro

fiscalização da Marinha e da falta de coletes salva-vidas para todos os embarcados, foram constatadas diversas outras irregularidades.

A instalação de duas caixas-d'água no teto da embarcação e a substituição do piso de madeira original do convés superior por concreto, por exemplo, deslocaram o centro de gravidade para cima, situação agravada pelo posicionamento da maioria dos passageiros a boreste. As escotilhas e vigias não eram estanques, ficaram abaixo do nível do mar e alagaram os compartimentos inferiores, enquanto as bombas de esgotamento interno não funcionaram.

Em 1990, onze réus no processo foram absolvidos pelo juiz Jasmin Simões Costa, da 12ª Vara Criminal, que responsabilizou pelo acidente Camilo Faro, mestre-arrais do barco, e Mário Trillo, engenheiro que não fiscalizou a reforma. Três anos depois, os sócios da empresa Bateau Mouche Rio Turismo, Faustino Puertas Vidal e Avelino Rivera, espanhóis, e o português Álvaro Costa foram condenados por homicídio culposo (sem a intenção de matar), sonegação fiscal e formação de quadrilha.

A sentença foi de quatro anos de prisão em regime semiaberto, mas em 1994 eles fugiram para a Europa. Em 2002, o Tribunal Regional Federal da 2ª Região manteve em 3 mil salários mínimos a indenização a Bernardo e João Mário, filhos da atriz Yara Amaral, uma das vítimas ao lado da mãe, Elisa.

Você sabia?

O ministro do Planejamento na época, Aníbal Teixeira, foi um dos sobreviventes. A mulher dele, Maria José, morreu no naufrágio.

A Marinha chegou a reter a embarcação no cais por superlotação, mas depois a liberou para navegar.

though
HISTORY
365
DIAS QUE MUDARAM O MUNDO

Planeta

Dias que mudaram o mundo, que modificaram nossa maneira de contemplar a história, que promoveram mudanças abruptas para o homem: este livro aborda 365 eventos que influenciaram para sempre o curso da humanidade. Elaborada com a equipe do History Channel, esta obra reúne alguns dos feitos e curiosidades que marcam o "antes e depois" em nossa vida. Momentos incríveis da humanidade, passando por todos os séculos e diferentes culturas: uma verdadeira referência para compreendermos o mundo em que vivemos. Nestas páginas o leitor encontra desde a liberação do voto feminino até a invenção da lata de cerveja, do lançamento do iPhone ao fim do apartheid, da primavera árabe à primeira partida de futebol jogada no Brasil, da morte de Cleópatra à aplicação cirúrgica da anestesia... Para cada dia do ano, um fato histórico acompanhado de um quadro com informações curiosas e divertidas sobre o tema abordado.

THALES GUARACY

A CRIAÇÃO DO
BRASIL
1600–1700

COMO UMA GERAÇÃO DE DESBRAVADORES DESAFIOU COROAS, RELIGIÕES E FRONTEIRAS, DANDO AO PAÍS 5 DOS SEUS 8,5 MILHÕES DE KM² E ILIMITADAS AMBIÇÕES DE GRANDEZA

DO MESMO AUTOR DE A CONQUISTA DO BRASIL 1500–1600

Planeta

Depois da conquista do litoral, narrada em A conquista do Brasil, o segundo livro de Thales Guaracy, A criação do Brasil, mostra como a colônia brasileira foi consolidada ao longo de um século de lutas, guerras e conflitos religiosos e políticos.

Rico em detalhes e instigante nas questões levantadas, o livro explica como uma geração de desbravadores implacáveis desafiou Coroas, leis, fronteiras e exércitos católicos e protestantes, dando ao país 5 dos seus 8,5 milhões de km². Com o know-how do jornalista e profundidade do cientista social, Guaracy passou anos fazendo uma pesquisa minuciosa. Aqui, apresenta o Brasil português, espanhol e holandês, para concluir com a sua versão do Brasil brasileiro.

THALES GUARACY

A CONQUISTA DO
BRASIL
1500–1600

COMO UM CAÇADOR DE HOMENS, UM PADRE GAGO E UM EXÉRCITO EXTERMINADOR TRANSFORMARAM A TERRA INÓSPITA DOS PRIMEIROS VIAJANTES NO MAIOR PAÍS DA AMÉRICA LATINA

"ESTE LIVRO MERECE SER LIDO POR TODOS AQUELES QUE SE INTERESSAM PELA HISTÓRIA DO BRASIL E BUSCAM ENTENDER O NOSSO PAÍS DE HOJE."
LAURENTINO GOMES, AUTOR DE *1808*.

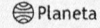

Planeta

De um profundo mergulho nos documentos mais antigos e relatos de jesuítas e viajantes, emerge aqui um redescobrimento do país: uma história contemporânea e realista do Brasil, diferente da que nos acostumamos a ver em livros escolares.

Em A conquista do Brasil, enxergamos claramente nosso verdadeiro dna, distante do país do "samba, carnaval e futebol". Vê-se que a colônia portuguesa foi implantada a ferro e fogo, sob a égide da Inquisição, levada a cabo contra todos os "hereges" – os índios antropófagos e os franceses protestantes que impuseram a última resistência ao império.

O Brasil não foi descoberto, ocupado ou colonizado, e sim conquistado em um século de lutas. Ficamos surpresos diante da verdadeira face de homens como o jesuíta José de Anchieta, o santo brasileiro, para quem o problema do índio somente seria resolvido com "a espada ou a vara de ferro". Ou do governador Mem de Sá, que em março de 1560 já escrevia ao rei contando ter ele povoado aquelas terras com "degradados malfeitores que mais mereciam a morte", e lhe pedia que enviasse, se quisesse ver algum futuro na colônia, "capitães honrados e de boa consciência".

Um relato em linguagem clara e com ritmo de aventura, capaz de mudar a maneira como encaramos o Brasil, nosso presente e também nosso futuro.

Este livro foi composto em Baskerville e Helvetica Neue
e impresso pela RR Donnelley para a Editora Planeta
do Brasil em outubro de 2018.